Baedeker

Allianz Reiseführer

Indien

www.baedeker.com

Verlag Karl Baedeker

TOP-REISEZIELE ★★

Seit jeher hat Reisende die Vielfalt der Menschen, Kulturen und Landschaften auf dem indischen Subkontinent fasziniert. Tauchen Sie ein in diese fremde Welt mit ihren prächtigen Palästen, quirligen Metropolen, beeindruckenden Landschaften, duftenden Basaren und paradiesischen Stränden. Sie bietet für jeden etwas, egal ob man abenteuerliche Trekkingtouren, anregende Begegnungen oder entspannende Ayurvedakuren sucht.

Erstes Tierschutzgebiet
Der Corbett-Nationalpark wurde bereits 1936 gegründet.

Besucherinnen in Hampi
bei den faszinierenden Ruinen von Vijayanagar

Postkartenmotiv
Die chinesischen Fischernetze in Kochi

19 ✶✶ Konark
Tempel in Form eines Gespanns des Sonnengottes Surya mit Wagenrädern und Pferden ▸ **Seite 418**

20 ✶✶ Mumbai
Die europäischste der indischen Großstädte gilt als wirtschaftliches Zentrum des Landes und besitzt weltweit die größte Filmindustrie. ▸ **Seite 478**

21 ✶✶ Badami • Aihole • Pattadakal
Kostbarkeiten der altindischen Höhlen- und Tempelarchitektur ▸ **Seite 518**

22 ✶✶ Goa
Kleinster indischer Bundesstaat, aber eines der attraktivsten Reiseziele des Subkontinents! ▸ **Seite 442**

23 ✶✶ Hampi
Atemberaubend: Relikte des Königreichs Vijayanagars inmitten bizarrer Felsformationen ▸ **Seite 554**

24 ✶✶ Belur • Halebid
Zwei der interessantesten Tempel aus der Hoysala-Zeit ▸ **Seite 530**

25 ✶✶ Kanchipuram
Einzige der sieben heiligen Städte der Hindus in Südindien ▸ **Seite 549**

26 ✶✶ Mamallapuram
Malerisch am Strand gelegene Tempelstadt mit dem größten Felsrelief der Welt ▸ **Seite 593**

27 ✶✶ Thanjavur
Bedeutender Hindu-Wallfahrtsort mit dem beeindruckenden Brihadeshvara-Tempel zu Ehren Shivas ▸ **Seite 619**

28 ✶✶ Kochi
Bekannt ist die alte Hafenstadt an der Malabarküste für das Kolonialviertel Fort Cochin und die riesigen »chinesischen Fischernetze«. ▶ Seite 578

29 ✶✶ Madurai
Kulturelles Zentrum der Tamilen mit dem unvergleichlichen Meenakshi-Tempel ▶ Seite 589

30 ✶✶ Periyar-Nationalpark
Naturschutzgebiet in den »Cardamon Hills«, in dem mehr als 1000 indische Elefanten leben ▶ Seite 611

31 ✶✶ Backwaters
Besonders empfehlenswert ist es, dass riesige Labyrinth aus Flüssen, Seen, Kanälen und Lagunen per Boot zu erkunden. ▶ Seite 513

DIE BESTEN BAEDEKER-TIPPS

Von allen Baedeker-Tipps in diesem Buch haben wir hier die interessantesten für Sie zusammengestellt. Erleben und genießen Sie Indien von seiner schönsten Seite!

! Bollywood hautnah

Ein unvergessliches Erlebnis ist es, sich einen Hindifilm im Original und mit indischem Publikum anzusehen – am besten in der Filmmetropole Mumbai selbst! ► **Seite 111**

Bollywood
Dramen, Action und große Gefühle

! Ein Lassi, bitte!

Sind die Speisen zu scharf für europäische Gaumen und der Mund brennt wie Feuer, bestellt man ein Lassi. ► **Seite 145**

! Gesunder Durstlöscher

Sie ist nicht nur gut gegen den Durst, sondern auch sehr gesund: die Kokosnuss. Verkäufer bieten in der Regel zwei Varianten an: die »Paniwalla« mit viel Wasser (pani) oder die »Malaiwalla«, sie hat weniger Kokoswasser, dafür aber mehr von dem weißen, süßen Fleisch (malai), das der Händler nach dem Trinken herausschält.
► **Seite 151**

! Strumpf ist Trumpf

Die auf bis zu 30 / 40° C aufgeheizten Steinplatten in Indiens Tempeln machen vielen barfüßigen Touristen zu schaffen. Da die Schuhe draußen bleiben müssen, empfiehlt es sich, Socken mitzunehmen, um so gelassen wie die indischen Besucher durch die heiligen Gemäuer schreiten zu können. ► **Seite 153**

! Verloren und verirrt

Die Suche nach dem gewünschten Hotel oder Restaurant erweist sich manchmal als Odyssee. Ans Ziel seiner Wünsche kommt man schneller, wenn man vorher bei der jeweiligen Adresse anruft und die Route direkt an den Taxifahrer durchgeben lässt. ► **Seite 156**

! Indisches Nachtstück

Nächtliche Dachreparaturen, Tempelglocken, Hochzeitsmusik, Hupkonzerte und Hundegebell: Hellhörige Besucher sollten für ihre Nachtruhe Ohrstöpsel mitbringen! ► **Seite 186**

! Bootsfahrt bei Sonnenaufgang

Zu den unvergesslichsten Erlebnissen in Varanasi gehört eine Bootsfahrt auf dem Ganges im Morgengrauen, wenn das Leben an den Ghats erwacht.
► **Seite 292**

! Morgens durch die Gassen

Ahmedabads Geschichte wird beim »Heritage Walk« durch Tempel, Moscheen und das Gassengewirr der Altstadt lebendig. ► **Seite 307**

! Achtung Kamelverkehr!

Der Kamelritt zu Sonnenuntergang in den Dünen von Sam gehört zum Standardprogramm eines jeden Touristen. Doch

Sonnenaufgang am Ganges
Früh morgens kommen die Pilger an den Fluss, um zu beten und ihre Opfer darzubringen.

Vorsicht an Sonn- und Feiertagen, da gerät man mitunter in Staus – mit Kamelen.
▸ **Seite 344**

A cup of tea, please!
Was alles passieren muss, bevor man das goldgelbe Getränk genießen kann, erfährt man in einer der vielen Teeplantagen Darjeelings. ▸ **Seite 387**

Süßes Kolkata
Rossogolla, Barfi, Sandesh, Gulab Jamun – für Leckermäuler ist Kolkata ein Paradies, denn bengalische Süßigkeiten sind in ganz Indien berühmt. ▸ **Seite 397**

Köstlichkeiten im Fastenmonat
Im Ramadan werden manche Moslem-Viertel in Mumbai abends zu Schlemmermeilen. Delikat gekochte Ziegenzungen, Siruppfannkuchen oder gewürzter Milchreis gelten mittlerweile auch bei Gourmets als schick. ▸ **Seite 491**

Perlenparadies
Hyderabad zu verlassen, ohne einen Blick in die Perlengeschäfte beim Charminar zu werfen, wäre sträflich. ▸ **Seite 567**

Wo der Biopfeffer wächst
Auch in Indiens Gewürzplantagen ist organischer Anbau ein Thema. Besonders interessant ist ein Besuch der Pfefferplantagen in der Nähe des Periyar-Parks, die von der örtlichen Stammesbevölkerung bewirtschaftet werden. ▸ **Seite 616**

Lieber Kaffee gefällig?
Indiens Antwort auf die Kaffeehäuser Wiens bis zu Starbucks und Co. heißt »Indian Coffee House«. Die Kette der Indian Coffee Workers Cooperative unterhält ungefähr 160 Cafés in ganz Indien, viele davon in Kerala. Hier bekommt man ein leckeres indisches Frühstück und guten Kaffee zu günstigen Preisen. ▸ **Seite 627**

Toller Tagesausflug
Als kleine Abwechslung vom geruhsamen Strandleben in Kovalam bietet sich ein Ausflug mit dem Taxi nach Kanyakumari an die Südspitze Indiens an.
Nicht auslassen sollte man dabei den wunderbaren Holzpalast von Padmanabhapuram und das Tempelstädtchen Suchindaram. ▸ **Seite 628**

Miniaturmalerei
Krishna im Basholistil
▸ **Seite 105**

HINTERGRUND

Preiskategorien

Hotels
Luxus: ab 65 €
Komfortabel: 25 – 65 €
Günstig: unter 25 €
(für eine Übernachtung im Doppelzimmer)

Restaurants
Fein & teuer: ab 10 €
Erschwinglich: 5 – 10 €
Preiswert: bis 5 €
(für eine Mahlzeit)

PRAKTISCHE INFORMATIONEN VON A bis Z

TOUREN

Farbenprächtige Kleidung *wird besonders in Rajasthan getragen.*
► Seite 175

Baumnymphe
an einem der Steintore von Sanchi
► **Seite 441**

204 REISEZIELE VON A bis Z

Rotes Fort
Massive Festung in Old Delhi
► **Seite 261**

Kathakalitänzer
bei der aufwändigen Schminkprozedur
► **Seite 513**

Hintergrund

KURZ UND KNAPP, VERSTÄNDLICH GESCHRIEBEN UND SCHNELL NACHZUSCHLAGEN: WISSENSWERTES ÜBER INDIEN, ÜBER LAND UND LEUTE, WIRTSCHAFT UND POLITIK, GESELLSCHAFT UND ALLTAGSLEBEN.

MYTHOS, MAGIE UND MODERNE

Indien boomt und ist »in« – als Wirtschaftspartner und als Reiseland. Es besitzt mit China die am schnellsten wachsende Ökonomie der Welt und hat sich in den letzten Jahren auch als politisches Schwergewicht etabliert. Ungleich dem östlichen Nachbarn hat man in der Heimat Gandhis allerdings nie in so großem Maße mit den alten Traditionen und religiösen Glaubensvorstellungen gebrochen.

Wer nach Indien fährt, der reist darum nicht nur durch ein landschaftlich und kulturell sehr vielfältiges Land, sondern er reist auch durch die Zeit. Es gibt wenige Orte auf der Welt, wo Altes und Neues so aufeinanderprallen wie auf dem Subkontinent und wo sie eine derartige Synthese eingegangen sind.

Menschen *von besonderer Gastfreundschaft*

Die Religion bestimmt den Alltag der Mehrheit der Menschen, gleichzeitig sind modernste Wissenschaft und Technologie auf dem Vormarsch. Aber Softwareproduktion und Seelenwanderung stehen sich nicht zwangsläufig im Wege.

Selbst im modernen Geschäftsalltag spielen die Götter nach eine maßgebliche Rolle, denn wo sonst werden sie zur Eröffnung einer Firmenzentrale eingeladen? Regelmäßig geben der Elefantengott Ganesha oder die Glücksgöttin Lakshmi ihren Segen zur Gründung einer Softwarefirma und nehmen einen festen Platz zwischen Computern, Chips und Coca-Cola ein.

Selbstbewusst ist Indien auf den internationalen Plan getreten, denn es weiß, dass es der Welt einiges zu bieten hat: eine Jahrtausende alte Philosophie und Geschichte sowie lebendige Wissenstraditionen, die mittlerweile auch im Westen große Beachtung finden – Yoga und Ayurveda sind nur zwei Beispiele dafür. Die »größte Demokratie der Welt« ist aber auch stolz auf ihre wissenschaftliche Elite und den wachsenden Binnenmarkt mit einem riesigen Potenzial an Konsumenten. Bildung und sozialer Aufstieg gehören zu den Motoren der Entwicklung – die wachsende Mittelschicht ist ein Indiz dafür.

Verbergen kann das aufstrebende Land allerdings nicht, dass der Fortschritt bei einem Großteil seiner Bevölkerung noch nicht angekommen ist.

Gewürze
Auf ihrer Vielfalt beruht der gute Ruf der indischen Küche.

Tempelstätten
gibt es in den unterschiedlichsten Baustilen und Typen.

Tropische Vegetation
– aber auch Teeplantagen, sanfte Berghänge und unzählige Reisfelder prägen die Landschaft.

Taj Mahal
Märchenhaftes Symbol für den Subkontinent

Farben
scheinen in Indien besonders intensiv zu leuchten.

Elefanten
Schwerarbeiter, aber auch heilige, von Mythen umrankte Tiere

Mehr als Paläste und Palmenstrände

Trotz seiner vielerorts sichtbaren Armut ist Indien ein ungemein gastfreundliches Land. Die Menschen sind stolz auf ihr reiches kulturelles Erbe und der Tourismus ist ein aufstrebender Wirtschaftszweig – nicht nur im Wüstenstaat Rajasthan. Lange Zeit haben dessen prächtige Maharadschapaläste und Festungen unser Bild von Indien geprägt. Die palmenumsäumten Sandstrände Goas sind schon seit den 1970er-Jahren ein populäres Reiseziel. Inzwischen haben auch die anderen Regionen ihre Schätze neu entdeckt. Allen voran Kerala, Indiens tropisch grüner Bundesstaat im Südwesten und Heimat des Ayurveda, wo man sich in vielen ausgezeichneten Hotels verwöhnen lassen kann. Doch der Subkontinent hat mehr zu bieten als Paläste und Palmenstrände, Wüsten und Wellness. Im Norden locken die Achttausender des Himalaja, im Süden Tempelstädte und üppige Reislandschaften. Im Westen gibt es nicht nur Wüsten, sondern auch farbenfrohe Feste und glanzvolle Tempelanlagen. Indiens Osten mit seinen Teeplantagen und regenreichen Dschungeln ist kein weißer Fleck mehr auf der touristischen Landkarte. Megastädte wie Delhi, Bangalore, Mumbai oder Kolkata – die letzten beiden noch besser unter ihren alten Namen Bombay und Kalkutta bekannt – warten mit exzellenten Hotels und einem überreichen kulturellen Angebot auf.

Glaube *bestimmt den Alltag der meisten Inder.*

Wer eine Reise von Rajasthan im Nordwesten nach Tamil Nadu im Südosten unternimmt, dem wird klar: Indien ist ein kleiner Kontinent für sich. Denn so unterschiedlich wie die Natur sind auch die Menschen, ihre Sitten und Gebräuche. Hinduistische und muslimische Traditionen bestehen nebeneinander, viele andere Religionsgemeinschaften haben hier ebenfalls ihren Platz. Unglaublich facettenreich ist aber auch das Essen auf dem Subkontinent: chilischarf und zuckersüß, ölig schwer oder fruchtig leicht. Indien ist in jeder Hinsicht vielschichtig und intensiv. Es spricht zu uns in seinen Geschmacksrichtungen und Farben, in seinen Geräuschen und Gerüchen. Überwältigt wird man immer wieder versuchen, die Fülle der Reize zu verdauen, die das Land tagtäglich präsentiert. Indien erfordert alle Sinne. Es fasziniert und schockiert, es belebt und betäubt, es zieht an und schreckt ab – doch eines wird es bei seinen Besuchern sicherlich nicht hinterlassen: das Gefühl der Gleichgültigkeit.

Fakten

Die reiche Geschichte und Kultur Indiens spiegeln sich in einer Fülle imposanter Bauten sowie in vielfältigen religiösen Traditionen, Sprachen und Dialekten wider. Doch Indien lebt nicht nur in der Vergangenheit: Als eine der größten Industrienationen der Welt hat es die Tore für die Herausforderungen der Zukunft bereits weit geöffnet.

Natur

Der indische Subkontinent läßt sich ganz grob in drei Großräume unterteilen. Den nördlichen Gebirgsrahmen bildet der Himalaja mit seinen von ewigem Eis und Schnee bedeckten Sieben- und Achttausendern. Südlich legt sich das Indus-Ganges-Brahmaputra-Tiefland halbmondförmig an das Hochgebirge. Dann folgt die eigentliche und geologisch sehr alte indische Halbinsel mit dem Hochland von Dekkan.

Drei Großräume

Himalaja

Im Nordwesten und Nordosten hat Indien einen etwa 10 % umfassenden Anteil an dem rund 2500 km langen Hochgebirgssystem des Himalaja. Höchster Berg der Indischen Union ist der 7817 m hohe **Nanda Devi** im westlichen Himalaja (Kumaon-Himalaja). Im östlichen Himalaja (Sikkim) ist der **Kanchenjunga** mit 8586 m der höchste Gipfel. Schneebedeckte Gipfel, schroffe Felswände, scharfe Zinnen, tiefe Schluchten und Kerbtäler prägen das Bild der Siwali-Ketten, des Vorderen und des Hohen Himalaja. Ähnlich den Vorbergen der Alpen weisen die südlichsten, nur rund 2500 m hohen Gebirgszüge des Himalaja weichere Formen auf.

Hochgebirge

Zwischen den beiden Hauptketten des Himalaja liegt das sehr fruchtbare, von einem Nebenfluss des Indus durchflossene **Kaschmirtal** mit seiner Hauptstadt Srinagar in etwa 1600 m Höhe. Die enge Schlucht des Jhelum versperrt den Zugang und muss seitlich umgangen werden. Nach Süden hin wird die starke Längsgliederung der Himalaja-Gebirgsketten besonders augenfällig. Dies gilt insbesondere für die **Siwaliks** (Siwali-Ketten) genannte Vorbergzone des westlichen Himalaja, die grasbewachsene Längstäler und Beckenlandschaften vom eigentlichen Hochgebirge trennt.

Weiter östlich schließen eine recht feuchte Vorbergzone sowie ein ziemlich stark beregneter Hochgebirgsfuß an. Hier gibt es die berüchtigten, von den Einheimischen als **»Tarai«** bezeichneten Wald- und Grassümpfe, die als Urform des Dschungels betrachtet werden können. Die breite Vorbergzone des östlichen Himalaja ist von Regenwald, vor allem aber von Teekulturen bedeckt. Auf den von vielen Flussläufen zergliederten, aber klimatisch sehr angenehmen **Höhen von Darjeeling und Shimla** sind bereits während der Kolonialzeit Luftkurorte entstanden. Weiter östlich wird die Vorbergzone schmäler. Das Gebirge selbst ist wesentlich stärker gegliedert und über weite Strecken nicht mehr so hoch wie im Westen.

Nördlich von Darjeeling, im einstigen Himalajakönigreich **Sikkim**, ragt der Gebirgsstock des Kanchenjunga bis 8586 m auf. Die den Faltengebirgen vorgelagerten und fast 2000 m hohen Khasi Hills bilden

← *Namaste! – Willkommen in Indien!*

das Rückgrat von **Assam**. Hier liegen einige der regenreichsten Orte der Erde, an denen im Jahresdurchschnitt rund 12 000 mm Niederschlag (zum Vergleich: Frankfurt a. M. 676 mm) gemessen werden. Die **Khasiberge** trennen das 700 km lange und etwa 80 km breite, vom Brahmaputra durchflossene Tal von Assam vom **Surmagebiet** im Süden. Während im Assamtal fast durchweg Reis angebaut wird, sind die stark beregneten Hügelländer von Südassam eines der bedeutendsten Teeanbaugebiete der Erde. Südlich von Assam erstreckt sich die Überschwemmungsebene der **Sylhets**. Sie leitet über zur riesigen Deltalandschaft am Golf von Bengalen.

Die wichtigsten Flüsse

Der **Indus**, mit knapp 3200 km der längste indische Fluss, entspringt im Hochland von Tibet, windet sich durch den westlichen Himalaja (Ladakh Range) und durchfließt dann das Hochland von Kaschmir, bevor er sich seinen Weg ins fruchtbare Tiefland sucht. Dieses gehört heute größtenteils zu Pakistan. In einem gewaltigen Delta mündet der Indus südöstlich von Karachi ins Arabische Meer. Der wichtigste Strom Nordindiens und heiligste Fluss der Hindus, der **Ganges**, entsteht am 7817 m hohen Massiv des Nanda Devi im westlichen Himalaja aus zwei Quellflüssen. Nach rund 2700 km langem Lauf durch die Gangestiefebene mündet er zusammen mit dem Brahmaputra in

Kloster über dem Nubratal in Ladakh

den Golf von Bengalen. Der **Brahmaputra**, der in Tibet als Tsangpo entspringt, ist der wichtigste Strom Ostindiens. Er durchfließt den indischen Bundesstaat Assam und mündet nach ca. 2900 km in Bangladesch in einem riesigen, 44 000 km² großen Delta, das er zusammen mit dem Ganges bildet, in den Golf von Bengalen. Sein Einzugsgebiet umfasst nicht weniger als 670 000 km². Das ganze Jahr über besteht Überschwemmungsgefahr.

Indus-Ganges-Brahmaputra-Tiefland

Halbmondförmige Großlandschaft

Das riesige und fruchtbare Tiefland von Indus, Ganges und Brahmaputra, das eine Fläche von mehr als 650 000 km² einnimmt, trennt das geologisch junge Faltengebirge des Himalaja von der »alten« Scholle des Hochlands von Dekkan.

Der **Ganges** fließt in einer flachen Talmulde dahin. Im westlichen **Gangestiefland** ist es im Vergleich zum östlichen recht trocken. Während im feuchten Osten viel Reis und Jute angebaut wird, sind Hirse, Gerste, Weizen und Zuckerrohr die Wirtschaftspflanzen im trockenen Westen. Ganges und Brahmaputra haben inzwischen ein rund 80 000 km² großes **Delta** aufgebaut. Diese amphibische Landschaft befindet sich in ständiger Veränderung, die nicht nur auf die Hochfluten der beiden Ströme, sondern auch auf Gezeitenschwankungen und vor allem auf die von den Bengalzyklonen verursachten Sturmfluten zurückzuführen ist. Trotz **höchster Überschwemmungsgefahr** hat die stark steigende Bevölkerungszahl dazu geführt, dass inzwischen auch die flachen Sandrücken zwischen den einzelnen Mündungsarmen besiedelt werden. Alljährlich wiederkehrende Sturmflutkatastrophen mit vielen Toten werden in Kauf genommen. Die Mangrovensumpfwälder des südwestlichen Deltagebietes sind unter der Bezeichnung **Sundarbans** bekannt. Ein Teil dieses einmaligen Naturraums ist als Wildschutzgebiet ausgewiesen, in dem noch über 250 Bengaltiger leben. Im Westen des Deltas liegt die Stadt **Kolkata** am Hoogli, einem schiffbaren Nebenarm des Ganges.

Zwischen die Gangesebene im Osten und das Indus-Tiefland im Westen schiebt sich die **Pforte von Delhi**, deren höchster Punkt knapp 400 m ü. d. M. liegt. Das nordwestlich von Delhi gelegene **Fünfstromland Punjab** (heute teils in Indien, teils in Pakistan) ist nach den Flüssen Sutlej, Jhelum, Bias, Ravi und Chinab benannt. In historischer Zeit war diese an sich ausreichend durchfeuchtete Landschaft von lichtem Monsunwald bewachsen. Heute trifft man hier auf trockene Grassteppe und sogar auf Dornbuschsavanne. Im Frühsommer klettert das Thermometer über die 40 °C-Marke. Entlang der wasserreichen Flüsse wird intensiver Bewässerungsfeldbau betrieben.

Zwischen den zum Himalaja gehörenden Bergen der Siwaliks und dem Indus erstreckt sich die alte Landschaft **Westhindustan**, die sich Indien und Pakistan teilen. Die trockenen Savannengebiete werden vielerorts als Weideland genutzt. In den letzten Jahrzehnten hat man

aber auch zahlreiche Speicherbecken (Tanks) und Bewässerungssysteme angelegt, die einen lukrativen Anbau von Getreide und Baumwolle ermöglichen. Zu Füßen der Siwaliks erstrecken sich ehemals wasserreiche Schwemmlandflächen (**Sirwah**), auf denen Getreide, Mais und Zuckerrohr kultiviert werden können. Allerdings hat sich die Abholzung der Wälder in den Siwaliks sehr nachteilig auf die Wasserführung der Flüsse ausgewirkt.
Südwestlich von Delhi erstreckt sich die nur sehr dürftig bewachsene und etwa 260 000 km² große **Wüstensteppe Thar**, deren Westteil eine richtige Wüste mit sehr unwirtlichen Salzböden und Sanddünen ist. Die wichtigsten Städte, Jodhpur, Jaisalmer und Bikaner, liegen an alten Karawanenstraßen. Durch den Bau des Indira-Gandhi-Kanals konnte man in den letzten Jahren zumindest einige Gebiete im Norden der Wüstensteppe für die Landwirtschaft nutzbar machen. Südlich der Wüstensteppe Thar und östlich des Indusdeltas dehnt sich die rund 60 000 km² große Salzwüste von **Kutch** (Großer Rann von Kutch) aus, die sich während des Monsuns in ein Sumpfgebiet verwandelt.

Vorderindische Halbinsel • Hochland von Dekkan

In der frühen Erdgeschichte entstandene Großscholle

Die Auffaltung des Himalaja im Tertiär ging mit einer starken tektonischen Beanspruchung der geologisch alten Großscholle einher. Sie zerbarst in mehrere Teile. Ihre während dieser Vorgänge aufgebogenen Ränder am Arabischen und am Bengalischen Meer treten heute als **West- bzw. Ostghats** genannte Küstengebirge in Erscheinung. Sie fallen zum Meer hin ziemlich schroff ab, landeinwärts hingegen flachen sie eher sanft ab.
Die Flüsse im Hochland von Dekkan sind sehr stark von der Ergiebigkeit der Monsunregenfälle abhängig. Dementsprechend schwankt ihr Wasserstand enorm. Die wichtigsten Ströme sind: Mahanadi, Krishna und Godavari (alle drei fließen nach Osten in den Golf von Bengalen) sowie Narmada und Tapi, die nach Westen ins Arabische Meer strömen. Unter den heiligen Flüssen der Hindus ist Narmada der zweitwichtigste. Bekannt wurde er durch den Bau des umstrittenen Narmada-Staudamms.

Gebirgszüge und Hochplateaus

Das nordwestliche Hochland von Dekkan bricht in Gestalt des **Aravalligebirges** jäh zum Industiefland ab. Dieses etwa 1 Mrd. Jahre alte Faltengebirge bildet auch die Landschaftsnaht zwischen der trockenen Wüstensteppe Thar und dem häufiger beregneten Hügelland von Rajasthan bzw. den Gebirgen und Tafelländern Zentralindiens. In südöstlicher Richtung leiten horstartige Bergzüge zum **Plateau von Malwa** über, das den äußersten Norden der nach vulkanischer Tätigkeit entstandenen Trappdecke einnimmt. Schwarze tropische, als »Regur« bezeichnete Böden ermöglichen hier – trotz Dürrerisikos – eine höchst ertragreiche Landwirtschaft. Wichtigste Wirtschaftspflanze der Region ist die Baumwolle.

Zahlen und Fakten Indien

Fläche

- 3,29 Mio. km²
- Anrainerstaaten: Bangladesch, Bhutan, Myanmar, China, Nepal und Pakistan

Staat

- Regierungsform: Parlamentarische Demokratie
- Hauptstadt: Neu-Delhi
- Verwaltung: 28 Bundesstaaten und sieben Unionsterritorien
- Zweikammerparlament: Oberhaus (Rayja Sabha) und Unterhaus (Lok Sabha)
- Regierungschef: Dr. Manmohan Singh (seit Mai 2004), Staatsoberhaupt: Avul Pakir Jainulabdeen Abdul Kalam (seit Juli 2002)
- Nationalflagge: waagerecht gestreifte Trikolore (safrangelb, weiß und grün) Im weißen Feld befindet sich das Rad der Lehre, der Dharma Chakra. Dieses Motiv entstammt dem Löwenkapitell von Sarnath, das im 3. Jh. v. Chr. von Kaiser Ashoka errichtet wurde (Abb. S. 67).

Bevölkerung

- 1,1 Mrd. Menschen
- Ethnische Gruppen: 72 % Indoarier, 25 % Draviden, 3 % Mongolen u. a.
- Bevölkerungsdichte: 358 Einw. / km²
- Bevölkerungswachstum: 1,7 %

Wirtschaft

- Bruttoinlandsprodukt: 548 Mrd. Euro
- Pro-Kopf-Einkommen: 441 Euro
- Wirtschaftsstruktur (in Anteilen am BIP): Landwirtschaft (ca. 24 %), Industrie (ca. 24,5 %), Dienstleistungen (ca. 51,5 %)

Religion

- 80,5 % Hindus, 13,4 % Muslime, 2,3 % Christen, 1,9 % Sikhs, ca. 1% Buddhisten, 0,5 % Jainas, ca. 200 000 Parsen und ca. 12 000 Juden

Sprachen

- 22 anerkannte Sprachen, daneben viele weitere Regionalsprachen und Dialekte
- Staatssprache: Hindi
- Verkehrssprache: Englisch

Bevölkerungsreichtum
Etwa ein Drittel der Inder ist unter 15 Jahre alt.

Die **Trappdecken** im Nordwesten und Westen des Hochlands von Dekkan sind vulkanischen Ursprungs. Vor 65 Mio. Jahren hat sich auf dem heutigen Hochland von Dekkan ein tief greifendes Spaltensystem gebildet, aus dem mehrere hunderttausend Jahre lang enorme Lavamengen herausquollen. Diese erstarrten zu 1000 bis 2000 m mächtigen Decken, die heute das Landschaftsbild prägen. In der **gebirgigen Landschaft von Bihar, Chhattisgarh und Orissa** werden beträchtliche Mengen an Bodenschätzen gefördert, darunter Eisenerze, Mangan und Kohle. In den tief eingeschnittenen Tälern kann ertragreicher Feldbau (Reis, Hirse und Mais) betrieben werden. Im rohstoffreichen **Bergland von Chota Nagpur** ist eine florierende Hüttenindustrie aufgebaut worden mit Schwerpunkten in den beiden Städten Jamshedpur und Tatanaga. Außerdem hat die Industrie von Kolkata hier ihre Rohstoffbasis.
Westlich der Satpura Range haben die Flüsse Narmada und Tapi die fruchtbaren **Schwemmlandebenen von Gujarat** geschaffen, wo seit langem mit größtem Erfolg Baumwolle kultiviert und verarbeitet wird. Der wirtschaftliche Mittelpunkt dieser Landschaft ist die Stadt Ahmedabad. Sie ist eines der Zentren der Textilindustrie in Südasien.
Der südliche Teil des Hochlands von Dekkan mit dem **Maharashtra-Trapp-Plateau** sowie dem Telangana-Plateau und dem Karnataka-Plateau ist – verglichen mit dem nördlichen Hochland von Dekkan – ziemlich einförmig. Örtlich sorgen Felsbastionen, einzelne Härtlinge und tief eingeschnittene, manchmal sogar schluchtartige Täler für Abwechslung im Landschaftsbild. Offene Monsunwälder und Savannen haben bis vor wenigen Jahrzehnten diesen Naturraum geprägt. Inzwischen sind die Wälder größtenteils abgeholzt und die Grasländer in Kulturland umgewandelt worden. Da das Hochland jedoch im Regenschatten der Westghats liegt, lassen die Erträge zu wünschen übrig. Nun versucht man die Situation durch die Anlage von Tanks (Wasserspeicherbecken) zu entschärfen.

West- und Ostghats

Der Gebirgszug der **Westghats** folgt der Küste des Arabischen Meeres vom Tapital im Norden bis an die Südspitze der Vorderindischen Halbinsel. Das zum Meer hin steil abfallende Gebirge fängt einen Großteil der Regenfälle ab und ist von dichtem tropischem Regenwald bedeckt. Die Westghats nehmen von Norden nach Süden an Höhe zu. Nordöstlich von Mumbai erreichen sie 1646 m ü. d. M. und im Süden (Kardamomberge) ragt der Anai Mudi bis 2695 m ü. d. M. auf. Vor den nördlichen Westghats liegt ein schmaler Küstenstreifen mit der Landschaftsbezeichnung **Konkan**, auf dem praktisch alles wächst und gedeiht. Die Küste selbst ist bis auf den Bereich um Mumbai nur wenig gegliedert. Die Hafenstadt hat sich zur überragenden Metropole und zum wichtigsten Industriestandort Indiens entwickelt. Die den südlichen Westghats vorgelagerte **Malabarküste** zeichnet sich durch hohe Feuchtigkeit aus.
Zwei wichtige Teilräume dieses Küstensaums sind Kanara und der dicht besiedelte Bundesstaat Kerala ganz im Süden. Im Hinterland

An der südlichen Malabarküste durchzieht ein unübersichtliches, vielfach von Wasserhyazinthen überwuchertes Netz von Kanälen, Seen, Lagunen und Flüssen die Landschaft: die Backwaters.

von Kerala erheben sich die über 2600 m hohen **Nilgiris** (Blaue Berge) sowie die von ihnen durch die Palghat-Senke getrennten Höhen der **Kardamomberge** mit dem 2695 m hohen Anai Mudi. Die äquatornahe Lage mit ziemlich gleichmäßig verlaufenden Temperaturkurven und relativ hoher Feuchtigkeit hat zumindest auf den Luvseiten der Gebirge eine lukrative Kaffee-, Tee- und Gewürzplantagenwirtschaft ermöglicht.

Ursprünglich bedeckte Trockensavanne die **Binnenhochländer** im Regenschatten der Ghats. Nach Osten haben Flüsse weite Beckenlandschaften ausgeräumt. Einzelne Inselberge treten im Landschaftsbild hervor. An einigen Stellen findet man wertvolle Rohstoffe. Berühmt sind die Goldfelder östlich von Bangalore. Von Natur aus können Wirtschaftspflanzen in diesem Raum nur lokal in größerem Umfang kultiviert werden. In den letzten Jahrzehnten hat man versucht, durch die Anlage von Speicherbecken die Möglichkeiten für den Bewässerungsfeldbau zu verbessern, leider mit wenig Erfolg, da die »Tanks« oft austrocknen. Dort, wo Landwirtschaft betrieben werden kann, ist Hirse die wichtigste Kulturpflanze.

Die **Ostghats** folgen der Küste am Golf von Bengalen. Sie erreichen nördlich der Mündung des Godavari in den Shevaroybergen eine Höhe von 1628 m ü. d. M. und erhalten, solange der Nordostmonsun weht, Niederschläge in ausreichender Menge. Monsunwälder prägen daher auch das Bild der ursprünglichen Naturlandschaft. Den Ostghats sind im Süden die breiten Ebenen der **Koromandelküste** vorgelagert. Hier schieben sich die Deltalandschaften der drei großen Flüsse Krishna, Godavari und Mahanadi zwischen herausgehobene und von Lateriten durchsetzte Strandplatten sowie sandige Strandebenen mit Nehrungen und flachen Lagunen. Seit langer Zeit wird hier Bewässerungsfeldbau betrieben. Das Godavaridelta sowie der Küstenraum südlich von Chennai gehören heute zu den am dichtesten besiedelten Gebieten ganz Indiens. Angebaut werden vor allem Reis und Hirse. Daneben spielen aber auch Kokospalmen und Baumwolle eine wichtige Rolle.

Klima

Jahreszeiten

Indien steht fast zur Gänze unter dem Einfluss des tropischen Klimaregimes. Die Hochgebirgsbarriere des Himalaja schützt das Land vor starken Kälteeinbrüchen aus dem Norden. Im Januar und Februar ist es relativ kühl und trocken. Die Tagestemperaturen liegen dann bei 20 bis 25 °C. Nachts kann die Quecksilbersäule schon spürbar unter die 20 °C-Marke sinken. Empfindlich kalt kann es in Nordwest- und Nordindien werden. Im April und Mai ist es sehr trocken und heiß. Temperaturen oberhalb der 35 °C-Marke sind keine Seltenheit. In Rajasthan hat man schon Werte bis fast 50 °C gemessen. In den Trockengebieten können sich Staub- und Sandstürme entwickeln.

Fluch und Segen für Indien: Leben mit dem Monsun

Bereits Anfang Juni bricht der **Sommermonsun** (auch Südwestmonsum) an der Malabarküste bzw. im Raum Mumbai los, d. h. nach der langen Trockenzeit peitschen Gewitterstürme mit heftigen Starkregen über das Land. Bis September ist es dann tropisch warm und feucht. In dieser Zeit fallen in den meisten Gebieten Indiens etwa 80 bis 90 % der Jahresniederschlagsmenge. Die Niederschlagsintensität schwankt jedoch regional und zeitlich beträchtlich. Typisch für die Monsunzeit ist der rasche Wechsel von Regentagen und trockeneren Abschnitten. Die stärksten Niederschläge verzeichnet man an der Malabar- und Konkanküste, in Assam, Bengalen und Chota Nagpur sowie an den Südhängen des östlichen Himalaja. Relativ trocken ist es hingegen in Zentralindien, auf dem westlichen Dekkanplateau, im Südosten (Tamil Nadu) sowie im Westen bzw.

Indien Klimastationen

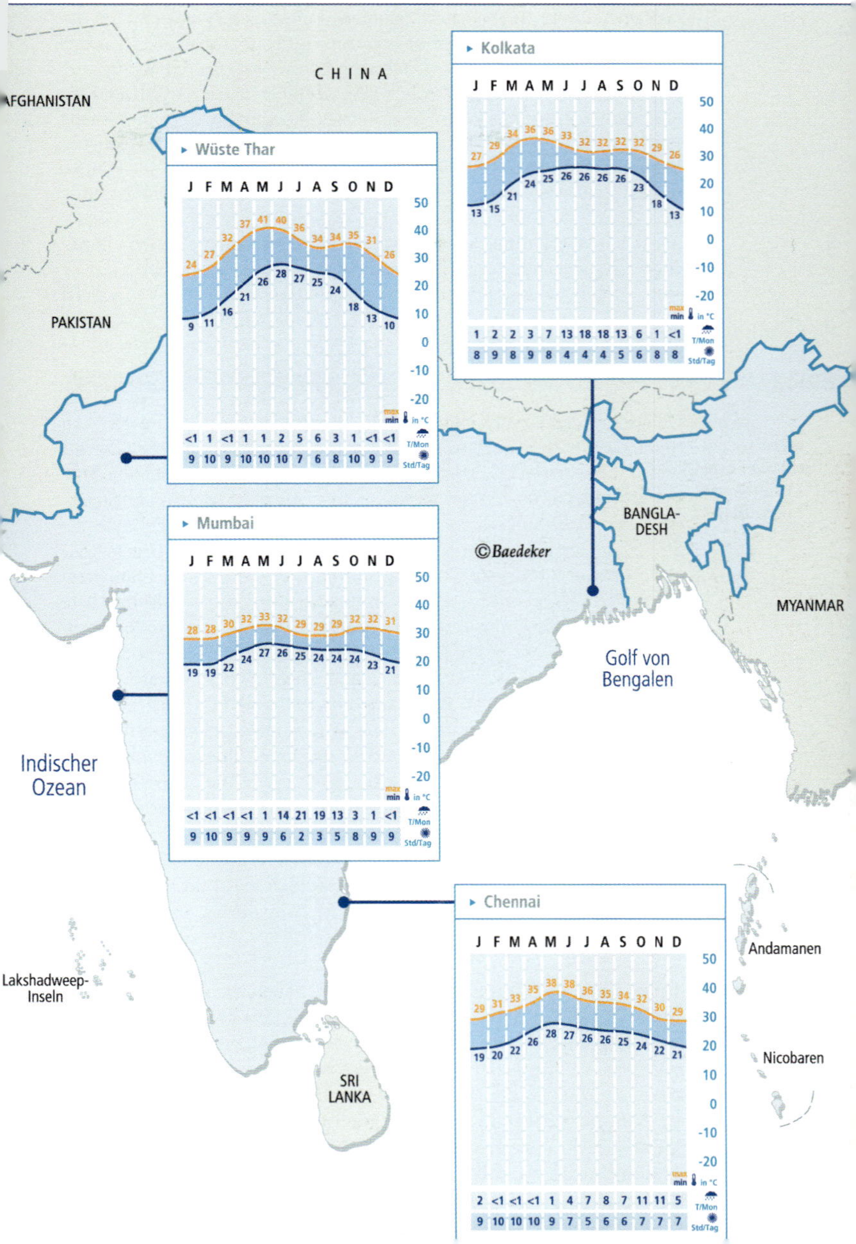

Nordwesten (Wüste Thar). Die Juli-Lufttemperaturen bewegen sich zwischen 28 °C im Gangestiefland und 30 °C in Neu-Delhi. Nach dem allmählichen Abflauen des Sommermonsuns bzw. der Umkehr der Hauptwindrichtung stellt sich eine relativ trockene Übergangsperiode ein, die meist von Oktober bis Dezember anhält. In dieser Zeit hat man nur an der Koromandelküste mit nennenswerten Niederschlägen zu rechnen. Tiefdruckgebiete über dem südlichen Golf von Bengalen können sich zu katastrophalen Wirbelstürmen (»Bengalzyklonen«) auswachsen und die Tiefländer von Orissa, Andhra Pradesh und Bengalen heimsuchen. Von Dezember bis Februar / März dominiert der **Wintermonsun** (Nordostmonsun), der vor allem in manchen Himalajaregionen, z. B. Kaschmir, Niederschläge bringt.

Pflanzen und Tiere

Vom artenreichen Dschungel zum artenarmen Kulturland

Je nach Lage und klimatischen Verhältnissen trifft man auf unterschiedliche Natur- und Kulturlandschaften mit der entsprechenden Pflanzen- und Tierwelt. In Indien kann man praktisch **alle Vegetationsstufen** kennen lernen, vom tropischen Mangrovensumpf an der Küste über den feuchten Regenwald und die trockene Strauchsteppe bis zu den Matten und Felsregionen des Hochgebirges. Der klassische indische Dschungel, wie man ihn aus so manchem Abenteuerfilm kennt – mit Bambusdickichten, üppig blühenden Schlinggewächsen und umherstreichenden Tigern –, ist nur noch in wenigen schwächer besiedelten Regionen anzutreffen. Der größte Teil des Landes ist inzwischen in Kulturland umgewandelt. Entsprechend dramatisch ist auch der **Rückgang der Artenvielfalt**, insbesondere im Hochland von Dekkan. Seriöse Schätzungen gehen davon aus, dass in Indien mindestens 45 000 verschiedene Pflanzenarten gedeihen, darunter 15 000 Blütenpflanzen. Etwa ein Drittel dieser Blütenpflanzen ist endemisch, d. h. sie kommen nur in Indien vor. Inzwischen hat man mehr als 1500 Pflanzenarten registriert, die in ihrem Bestand bedroht sind. Welche Gefahren für das genetische Potenzial bestehen, kann man sich anhand dieser Zahlen leicht ausmalen.

Flora

Gebirgsregion

Alpine Matten trifft man im **Himalaja** in Höhenlagen zwischen 4000 und 5000 m ü. d. M. (Schneegrenze) an. Die Waldgrenze liegt etwas über 4000 m ü. d. M. Steigt man nun bergab, so gelangt man in gemäßigten Gebirgsnadelwald. Charakteristische Gewächse sind hier Rhododendron, Birke, Tanne, Kiefer und Zeder. Auf einer Höhe von ca. 2700 m ü. d. M. erreicht man die Mischwaldstufe und darunter, bis etwa 2000 m ü. d. M., den feuchten und immergrünen Gebirgswald mit Eiche, Bambus und Kiefer als typischen Bäumen. Getreideanbau kann bis 2600 m ü. d. M. betrieben werden. Die Grenze des

Banyanbäume können gewaltige Dimensionen erreichen. In Indien werden sie als heilig verehrt.

Maisanbaus liegt knapp unter der 3000-m-Marke, die des Reisanbaus knapp über der 2000-m-Marke. Zwischen 1000 m ü. d. M. und 2000 m ü. d. M. erstreckt sich subtropischer Höhenwald mit Eichen, Kiefern, Kastanien, Lorbeer und Magnolien. Darunter breitet sich tropischer Monsunwald (Regenwald) mit laubabwerfenden Bäumen aus. Neben üppigen Baumfarnen, vielerlei Schlinggewächsen (Lianen), Gummibäumen und Feigenbäumen findet man hier noch das eine oder andere Edelholz (u. a. Teak). In den leeseitigen Becken und Tälern des Hochgebirges ist Trockenbuschvegetation keine Seltenheit. Vor dem Südfuß des Himalaja breitet sich wasserreiches und daher oft sumpfiges Land mit schier undurchdringlichem Bambusdickicht und mannshohen Gräsern aus. Auch einige Zwergpalmenarten gedeihen hier.

Große Vielfalt

Die **Wüste Thar** gehört zu den trockensten Gebieten Indiens. Hier findet man Sukkulenten, Dornbüsche und anspruchslose Gräser, aber auch wilde Dattelpalmen. Wo bewässert wird, z. B. in den Ebenen des **Punjab**, können Reis, Weizen, Baumwolle und Datteln geerntet werden. Während im Westen des Tieflands noch Steppenvegetation vorherrscht, wird das Pflanzenkleid nach Osten – korrespondierend mit zunehmendem Niederschlag – dichter und artenreicher. Zunächst kommen die Trockenwaldgebiete mit laubabwerfenden Bäumen. Direkt an den Wasserläufen stehen immergrüne Galeriewälder. Das **Ganges-Brahmaputra-Tiefland** wird landwirtschaftlich stark genutzt. Etwa 70 bis 80 % des Landes werden bestellt, wobei Weizen,

Heilige Haine gelten als Weihestätten der Volksgottheiten.

VEREHRT UND ZERSTÖRT

Die Verehrung der Natur und ihrer vielfältigen Erscheinungen wie Sonne, Mond, Berge, Flüsse, Pflanzen und Tiere war in Indien bereits vor 5000 Jahren weit verbreitet. In der Volksreligion und den Glaubensvorstellungen der Adivasis, der indischen Stammesangehörigen, ist sie bis heute lebendig, aber auch im Hinduismus spielt die Natur eine zentrale Rolle.

Einige der hinduistischen Gottheiten, denen jeden Tag Blumen und Blätter geopfert werden, haben Lieblingspflanzen: Vishnu die Tulsipflanze und Shiva den Bilvabaum. Und in der Regel haben sie auch Begleittiere, die ebenfalls als heilig gelten: Brahma reitet auf einer Gans, Shiva auf dem Stier, Durga auf dem Löwen, Vishnu auf dem Seeadler und Ganesha auf einer Ratte. Viele Jahrtausende lang war das Überleben in hohem Maße von den Pflanzen abhängig. Bäume boten Schutz vor der heißen Sonne und lieferten Rohmaterial für Werkzeuge, Jagdgeräte, Hütten und Paläste sowie Feuerholz, um Essen zuzubereiten. Heiler fanden in der reichen indischen Pflanzenwelt viele Gewächse, deren Wurzeln, Harz, Blätter und Samen sie als Heilmittel gegen Krankheiten verwendeten. Den Indern, deren Landwirtschaft in besonderer Weise vom Monsun abhängt, war bereits vor Jahrtausenden bekannt, dass die Bergwälder den Regen anzogen und gleichzeitig seine große zerstörerische Kraft bremsten, daher galten diese **Wälder als Wohnsitz der Götter**. Nicht nur einzelne Bäume, sondern bestimmte Baumarten, Haine und ganze Wälder wurden verehrt. Dieser Kult bot den notwendigen Schutz vor dem kurzsichtigen Zugriff durch einzelne Menschen. Den heiligen Bäumen oder Wäldern durften nur in besonderen Fällen, z. B. für medizinische Zwecke, Blätter, Zweige oder Samen entnommen werden.

Heilige Haine

Weihestätten der Volksgottheiten liegen meist außerhalb des Dorfs an entlegenen Orten. Auch heute noch findet man in der Umgebung vieler Dörfer solche heiligen Haine. Die Menschen vermeiden es selbst in Zeiten größter Not, dort Bäume zu fällen oder Tiere zu jagen, um nicht den Zorn der Gottheit auf sich zu ziehen. Der kleine Wald ist nicht nur eine **Oase für Tiere und Pflanzen**, Verehrungsplatz der Menschen, sondern auch eine medizinische Schatzkammer der Natur. Es gibt einige Menschen, die von weither kommen,

nicht wegen der dort verehrten Gottheit, sondern wegen der seltenen Pflanzen. Sie kennen nicht nur die Namen der Pflanzen, sondern auch deren Verwendung als Heilmittel. Sie sammeln hier Blätter, Rinden, Harz, Blüten und Samen und stellen daraus höchst wirksame Heilmittel her.
Die Ausprägungen der modernen Gesellschaft – Individualisierung und modernes Konsumverhalten – führen auch in Indien zu einem langsamen Verfall altüberlieferter Glaubensvorstellungen und zur Missachtung traditioneller Autoritäten. Das jähe Auseinanderbrechen der dörflichen Strukturen zieht meist auch die Zerstörung der heiligen Haine nach sich. Wo es keine Dorfgemeinschaft gibt, gibt es auch keine Pflege und keinen Schutz der Dorfheiligtümer. Traditionelle Autoritäten, die die Missachtung der religiös begründeten Verbote geahndet haben, verlieren an Einfluss. So geschieht es mittlerweile, dass in heiligen Hainen Holz gesammelt oder Bäume gefällt werden. Besitzer angrenzender Felder vergrößern von Jahr zu Jahr ihre Flächen auf Kosten der Haine, ohne dass es im Dorf zu einem Protest kommt. Innerhalb weniger Jahrzehnte werden so jahrtausendealte Wälder aus kurzsichtigem Profitdenken (Edelholzgewinnung, Holz für Papierindustrie etc.) vernichtet.

Naturzerstörung

Der indische Staat verstärkt diese Zerstörung zudem durch Großprojekte: Staudämme, Kernkraftwerke und auch Ledergerbereien zerstören das Gefüge der Natur für immer. Allein der Narmada-Staudamm, der 30 große und 3000 kleinere Staudämme umfasst, hat über 100 000 ha Land überflutet. Dabei wurden 40 000 ha Wald vernichtet und 200 000 Menschen aus 500 Dörfern umgesiedelt. Das Staudammprojekt soll den indischen Großgrundbesitzern ermöglichen, ihre Landwirtschaft zu modernisieren.
Trotzdem ist das Denken und Handeln der indischen Bevölkerung bis heute von **großem Respekt vor allem Lebendigen** geprägt. Dies zeigt sich z. B. darin, dass selbst in intensiv genutzten Reisfeldern einzelne Bäume als heilig angesehen und nicht gefällt werden, obwohl sie eine moderne Bewirtschaftung erschweren. Der Widerstand der Adivasis gegen den Bau der Staudämme am Narmada speist sich aus einer tief verwurzelten Verehrung der Natur. Die **Chipko-Bewegung**, eine der bekanntesten Umweltgruppen der Welt, versucht seit 30 Jahren die Zerstörung der Umwelt in Indien zu verringern. Sie machen zu Recht darauf aufmerksam, dass Ökologie nichts anderes ist als nachhaltige Ökonomie.

Reis, Zuckerrohr, Baumwolle und Jute die wichtigsten Kulturpflanzen sind. Das Hügelland von **Assam** im östlichen Himalaja-Vorland ist eines der regenreichsten Gebiete Asiens. Große Teile des natürlichen Waldbestandes sind hier abgeholzt worden. Dafür hat man riesige Teeplantagen angelegt. Charakteristisch für das **Ganges-Brahmaputra-Delta** sind schier undurchdringliche Bambusdickichte und weiträumige Mangrovengebiete wie die **Sundarbans**. Landeinwärts bilden bis zu 30 m hohe Sundribäume ganze Wälder. Die vom Sommermonsun mit reichlichen Niederschlägen bedachte **Malabarküste** und das dazugehörige Schwemmland sind von einem besonders dichten und vielgestaltigen Pflanzenkleid bedeckt. Zahlreiche Palmenarten, darunter Kokos-, Betelnuss- und Ölpalmen, eine vielfältige Strauch- und Buschvegetation (u. a. Tee, Kaffee, diverse Gewürze, z. B. Zimt und Tamarinde) sowie Sandelholz (Santalum album) und Bambus sind typisch für diesen Küstensaum. Eine wichtige Rolle spielt auch Teakholz (Tectona grandis). Die typischen natürlichen Vegetationsformen des **Hochlands von Dekkan** sind Savanne, Buschwald und Steppe mit Teak, Mahagoni, Salbäumen, Akazien, Flamboyant und Dattelpalme. Die wichtigsten Kulturpflanzen sind Baumwolle, Zuckerrohr, Reis, Hirse, Kichererbsen, Hanf, Leinsaat, Erdnüsse und Tabak. Da die **Ostghats** durch den Nordostmonsun auch im Winter Niederschläge erhalten, gibt es hier noch große Bestände tropischen Regenwalds. Hier wird sehr viel Nassreis angebaut. Kokospalmenwälder prägen die Küstenlandschaft. Im Bereich der Flussmündungen suchen Mangroven Halt. An den Sandküstenabschnitten der **Koromandelküste** gedeihen Kasuarinen. Im Hinterland wird Bewässerungsfeldbau betrieben. Die wichtigsten Kulturpflanzen sind Kokospalmen, Tabak und Erdnüsse.

Fauna

Angesichts der vielgestaltigen Natur- und Kulturräume verwundert es nicht, dass man in Indien auch eine überaus artenreiche und der jeweiligen Landschaft bestens angepasste Tierwelt vorfindet. Zwischen den Schneegipfeln des Himalaja und den Mangrovensümpfen Südindiens zählt man **viele tausend Tierarten**, darunter weit über 300 Säugetierarten und mehr als 1200 Brutvogelarten.

Katzen und Hundeartige

Wer an die indische Tierwelt denkt, dem fällt zunächst einmal der **bengalische Tiger** ein. Er steht zwar an der Spitze der Nahrungskette in Südasien, ist aber durch übermäßiges Bejagen erheblich dezimiert worden. In ganz Indien werden heute nur noch 4000 bis 6000 Tiere vermutet. Noch vor wenigen Jahrzehnten lebten hier mehrere zehntausend Tiger. Ihr Überleben kann wegen der fortschreitenden Zerstörung ihres Lebensraums allerdings nur noch in speziellen Schutzgebieten sichergestellt werden. Im Jahr 1973 wurde das »Project Tiger« ins Leben gerufen, in dessen Folge man mehrere Reservate ausgewiesen hat, zudem wurde die Tigerjagd untersagt. Es passiert

So neugierig wie alle Babys: kleiner Elefant im Training Centre in Korny

gelegentlich, dass Tiger ihr Reservat verlassen und Haustiere wie Büffel und Kühe reißen, wofür eine Entschädigung der Besitzer vorgesehen ist. Menschen tötende Tiger werden geschossen oder in den Zoo gebracht. Neben den wenigen noch verbliebenen Tigern treten gelegentlich **Löwen**, **Leoparden** und **Geparden** in Erscheinung, wobei sich die letzten Vertreter dieser Großkatzenarten in die Dornstrauchsteppe des westindischen Bundesstaats Gujarat (Gir-Wildreservat) zurückgezogen haben.
In Indien kennt man über ein Dutzend Schleichkatzenarten. Am bekanntesten und am häufigsten sind **Mungos**, die als Schlangenbezwinger sehr geschätzt werden. Im westindischen Gir-Reservat kann man noch einige **Streifenhyänen** beobachten. Das große Revier der Hundeartigen ist jedoch das Hochland von Dekkan, wo noch ganze Rudel von Rothunden und zahlreiche Bengalfüchse jagen. Im Veldavar-Nationalpark leben noch einige der letzten indischen **Wölfe**, in den Grasländern der **Goldschakal**, einer der letzten wichtigen Aasfresser.

Bären

In Indien kennt man drei Bärenarten, deren bekannteste der endemische **Lippenbär** ist. Mit etwas Glück kann man Vertreter dieser Spezies im westindischen Gir-Reservat sowie im Kumbhalgarh-Schutzgebiet beobachten.

Hirsche, Antilopen und Gazellen

Noch weit verbreitet und als jagdbares Wild sowohl von Großkatzen als auch von Menschen geschätzt sind die über 30 verschiedenen in Indien heimischen Paarhufer, darunter die Vierhorn- und die Hirschziegenantilope. Die Letztgenannte ist heute wegen Überjagung vom Aussterben bedroht. Besonders erwähnenswert ist die **Nilgaiantilope**, die mit einer Schulterhöhe von 1,50 m zu den größten Vertretern ihrer Art auf der Welt gehört. In den von Monsunwäldern umsäumten Grasländern und Sumpflandschaften sieht man den Barasingha (Zackenhirsch) mit seinem mächtigen Geweih, ferner den Axis- und den Schweinshirsch. Zu den Paarhufern gehören ferner verschiedene Wildziegen und Wildschafe. In den Sumpfgrasländern des Himalaja-Vorlandes leben auch heute noch zahlreiche **Gaur** (wilde Rinder), Büffel und Wildschweine.

Die Dickhäuter – Nashörner und Elefanten

In den unwegsamen Bambusdickichten und Sumpfgrasländern fühlen sich auch Elefanten und Nashörner wohl. Das **indische Panzernashorn** ist jedoch vom Aussterben bedroht. Nennenswerte Bestände gibt es praktisch nur noch im Kaziranga-Nationalpark. Auch der **indische Elefant** ist in freier Wildbahn immer seltener anzutreffen, da sein Lebensraum, der Urwald, inzwischen stark zurückgedrängt worden ist. Bereits im 3. Jtd. v. Chr. ist der asiatische Elefant als Reit- und Arbeitstier domestiziert worden. Auch heute noch bewährt sich der Indische Elefant in unwegsamem Gelände, so beispielsweise in der Forstwirtschaft. Er ist bis zu 3 m hoch und 3 bis 5 t schwer. Kopf, Ohren und Stoßzähne sind kleiner als beim afrikanischen Artverwandten. Indische Elefanten leben als Paare oder in kleinen, etwa ein Dutzend Tiere umfassenden Herden zusammen (Baedeker-Special S. 612).

Affen

Was die Primaten betrifft, so kann man in Indien noch über ein Dutzend verschiedene Arten sehen. Am häufigsten bekommt man Languren, Makaken, Hutaffen und **Rhesusaffen** zu Gesicht. Letztere genießen in einigen Tempeln besonderen Schutz und kommen sogar in den Städten in größerer Zahl vor.

Vögel

Wie bereits erwähnt, gibt es in Indien besonders viele verschiedene Vögel. Von den mehr als 1200 Brutvogelarten sind mindestens 160 endemisch. Im Winter erhöht sich die Zahl der Vogelarten auf über 2000, wenn die Zugvögel aus Innerasien eintreffen. Indischer »Nationalvogel« ist der **Pfau**, der noch häufig in freier Wildbahn zu sehen ist, aber auch gern als »Haustier« gehalten wird. Diese großen Vögel verlieren ihre Schmuckfedern während der winterlichen Mauser, so dass man überall mit Pfauenfedern drapierte Souvenirs erwerben kann.

Schlangen und Krokodile

Auf dem südasiatischen Subkontinent leben über 500 verschiedene Reptilienarten. Die größte Gruppe bilden die Schlangen mit mehr als 200 Arten, von denen über 50 giftig sind. Überall, wo es jagdbares

Kleinwild gibt, ist die **Kobra** (Brillenschlange) nicht fern. Die sehr giftige und bekannteste Schlange Indiens ist praktisch eine »Kulturfolgerin«. Sie wird einerseits hoch verehrt, andererseits aber auch von zahlreichen Schlangenbeschwörern zur Schau gestellt. Sie kann mehrere Meter lang werden und gilt als recht angriffslustig. Die größte indische Giftschlange ist die Königskobra, die bis zu 5 m lang werden kann und vor allem im dichten Dschungel heimisch ist. In Acht nehmen sollte man sich auch vor dem Krait, der Bungare, der Sandrasselotter und vor allem vor den vielen Grubenottern und Vipern, die praktisch überall vorkommen. In den großen Feuchtgebieten trifft man des Öfteren auf **Sumpfkrokodile**. Gleiches gilt für das **Leistenkrokodil**, das sich besonders in den abgelegenen Mangrovenwäldern im Bereich der Flussmündungen am Golf von Bengalen wohl fühlt.

Fische

In indischen Gewässern leben mehr als 2000 verschiedene Fischarten. Am bekanntesten ist wohl die Meeräsche. Auch Haifische kommen recht häufig vor, darunter der Hammerhai und der Walhai.

Warum in Indien Kühe heilig sind

Für Mitteleuropäer schwer zu verstehen ist die Tatsache, dass Kühe in Indien als heilige – und unantastbare – Tiere betrachtet werden. Doch die Verehrung der Kuh in dieser Form war nicht immer selbstverständlich. In vedischen Texten wird berichtet, dass Rindfleisch

Nicht nur wunderschön, sondern auch laut: Dank ihres guten Gehörs und Geruchsinns können Pfauen frühzeitig vor Gefahren warnen.

Heiliges Wesen, harter Arbeiter und geliebtes Haustier: Kühe in Indien

verzehrt und Kühe geopfert wurden. Als sich die indoarischen Einwanderer ansiedelten und begannen, Ackerbau zu betreiben, gewann die Kuh eine zentrale Bedeutung. Man profitierte von ihr nicht nur als Arbeitstier, das den Pflug zog, sondern auch von ihrer Milch und dem Mist – als Baumaterial und Brennstoff. Zu diesen rein pragmatischen Gründen kam der buddhistische Einfluss der Ahimsa, der Nichtverletzung des Lebens, hinzu – beides führte schließlich zu dem Tötungsverbot. Kosten und Nutzen des Rinds sind auch Themen neuerer Untersuchungen, besonders im Hinblick auf die Tatsache, dass in Indien viele Menschen Hunger leiden: Ein indischer Bauer braucht, um überleben zu können, mindestens drei Rinder, nämlich zwei Zugtiere und eine Kuh, die für den Nachwuchs sorgt. Muss dieser Bauer seine Tiere während einer Dürreperiode verkaufen oder gar schlachten, um mit seiner Familie einigermaßen über die Runden zu kommen, so bleibt ihm im Folgejahr nicht viel anderes übrig, als auch sein Land zu verkaufen. Denn ohne Tiere kann er kein Land bestellen und für neue Rinder fehlt ihm das Geld. Das Ergebnis liegt auf der Hand: Das Rind ist wesentlich mehr wert als Nutztier denn als Nahrungsmittel auf dem Teller – abgesehen davon, dass das Fleisch bei der kostenintensiven Aufzucht sowieso für die meisten Inder zu teuer wäre und auch die notwendigen Weideflächen fehlen.

Tierschutz und Nationalparks

Geschichte

Der Gedanke des Tierschutzes ist in Indien sehr alt. So stellte bereits im 3. Jh. v. Chr. der zum Buddhismus bekehrte Kaiser Ashoka Gesetze zum Schutz der Tierwelt auf. In allen wichtigen indischen Religio-

nen spielen Tiere und Pflanzen eine wichtige Rolle. Viele Tiere wie Kuh, Affe, Elefant, Kobra, Adler und Pfau genießen seit Jahrtausenden religiöse Verehrung.
Mit der Mogul-Herrschaft wurde die Jagd zu einem königlichen Privileg, das von den rajputischen Herrschern und den Engländern weiter kultiviert wurde. Neben diesem blutigen Sport trug die Zerstörung der Wälder und Intensivierung der Landwirtschaft zur Dezimierung der Artenvielfalt Indiens bei. Die ersten Schutzgebiete wurden bereits unter den Engländern (Vedanthangal) geschaffen, der Corbett-Nationalpark wurde als erster Nationalpark 1936 gegründet. Nach der Unabhängigkeit erklärte man zwar viele ehemalige Jagdreviere von Fürsten und Maharadschas zu Schutzgebieten, aber erst mit dem **Indian Wildlife Protection Act** von 1972 wurden die gesetzlichen Rahmenbedingungen für einen umfassenden Schutz der Natur geschaffen.

Sanctuaries und Nationalparks

In Indien wird zwischen »Sanctuaries« und »Nationalparks« unterschieden. In Sanctuaries stehen Pflanzen und Tiere unter Schutz, aber die Region ist oft von Menschen bewohnt. Die Nationalparks weisen eine nur für Tiere reservierte Kernzone auf, die noch durch eine Pufferzone geschützt ist. Darüber hinaus wurden im Rahmen von »Project Tiger« Sanctuaries und Nationalparks als Tigerreservate ausgewiesen, was sich in besonderen personellen und sachlichen Aufwendungen äußert.

Project Tiger

Nur dank der großen Kampagne »Project Tiger« konnte dieses Raubtier vor seiner völligen Ausrottung gerettet werden. Das Projekt, dessen Mittel vorwiegend von Indien selbst aufgebracht wurden, gilt als eines der weltweit erfolgreichsten Beispiele für die Rettung einer vom Aussterben bedrohten Art. Hierbei wurde versucht, sich nicht auf den Tiger allein zu konzentrieren, sondern vielmehr ein komplexes natürliches System zu unterstützen. Nur so konnte es gelingen, den Tiger, der am Ende einer langen Nahrungskette steht, wirkungsvoll zu schützen. Die Wahrscheinlichkeit, einen Tiger zu Gesicht zu bekommen, ist am ehesten in den Nationalparks Corbett, Kanha oder Bandhavgarh gegeben.

Bevölkerung • Politik • Wirtschaft

Mehr als eine Milliarde Menschen

In Indien leben derzeit 1,1 Milliarden Menschen. Indien ist damit **nach China das bevölkerungsreichste Land der Erde**. Auf 2,4 % der Fläche wohnen 17 % der Weltbevölkerung. Die Bevölkerungsdichte beträgt 348 Einwohner / km² (2004) und entspricht damit etwa der der Bundesrepublik Deutschland. Diese statistische Größe sagt jedoch wenig über die tatsächliche Verteilung der indischen Bevölke-

rung aus. Die fruchtbaren Flusstäler (Ganges, Brahmaputra, Krishna etc.) und die niederschlagsreichen Küstenlandschaften der Malabar- und Koromandelküste weisen eine Bevölkerungsdichte von bis zu 1000 Menschen pro km^2 auf. Unter den Unionsstaaten sind Westbengalen (904 Einw. / km^2) und Kerala (819 Einw. / km^2) die am dichtesten bevölkerten Regionen, wohingegen der Bundesstaat Arunachal Pradesh die niedrigste Dichte aufweist (13 Einw. / km^2).
Die indische Bevölkerung zeigt in ihrem Altersaufbau einen **hohen Anteil junger Menschen**: 32,7 % waren bei der Volkszählung von 2001 jünger als 15 Jahre. Nur 4,7 % waren älter als 65 Jahre. Die Lebenserwartung erhöhte sich von 32 Jahren (1951) auf 62 (Männer), bzw. 63 (Frauen) Jahre. Das Bevölkerungswachstum liegt bei 1,9 %. Um 2050 wird Indien China als bevölkerungsreichstes Land ablösen. Die durchschnittliche Lebenserwartung in Indien beträgt 64 Jahre.

Ethnische Zusammensetzung

Wie kaum ein anderes Land ist Indien durch eine **ethnische, kulturelle und sprachliche Vielfalt** geprägt. Die Mehrheit der Bevölkerung ist indoarischer Herkunft (Nachfahren von aus Zentralasien eingewanderten Volksgruppen), die andere wichtige Gruppe der dravidischen Bevölkerung konzentriert sich in den südlichen Unionsstaaten Tamil Nadu, Karnataka, Andhra Pradesh und Kerala. Daneben leben in den nordöstlichen Himalajaregionen mongolische Völker (Naga, Bodo oder Mizo) und zahlreiche weitere Stammesvölker in Zentralindien. Die Gesamtzahl der Angehörigen von Stammesvölkern (Adivasis) wird auf 80 Millionen geschätzt.

22 indische Sprachen

In Indien gibt es 22 von der Verfassung anerkannte Haupt- und Regionalsprachen. Sie können in zwei Hauptgruppen eingeteilt werden: die in Nordindien verbreiteten indoarischen Sprachen (Hindi, Bengali, Gujarati, Marathi, Urdu u. a.) und die dravidischen Sprachen (Tamil, Telugu, Malayalam und Kannada), die in Südindien gesprochen werden. Daneben werden viele weitere Sprachen und Dialekte unterschieden. Das hauptsächlich im Norden Indiens gesprochene **Hindi** in der Devanagari-Schrift ist Staatssprache. Der Versuch der Zentralregierung, Hindi als offizielle Staatssprache in ganz Indien durchzusetzen, war bis jetzt jedoch nicht wirklich erfolgreich. So haben die südindischen Unionsstaaten sich immer wieder gegen die Verbreitung von Hindi als Lingua franca gewehrt.
Die Kolonialsprache **Englisch** ist Verkehrssprache. Nicht nur wichtige Zeitungen erscheinen auf Englisch, auch in vielen Schulen und Universitäten ist Englisch Unterrichtssprache. Die Einführung des Satellitenfernsehens mit englischen bzw. amerikanischen Sendern hat diese Entwicklung weiter beschleunigt. Die relativ weite Verbreitung der englischen Sprache macht es dem Reisenden leicht, fast überall Gesprächspartner zu finden.

Bildung

Große Gegensätze prägen die Bildungssituation in Indien. Noch immer kann über ein Drittel der Bevölkerung weder schreiben noch le-

sen. Der Zensus von 2001 zeigt eine **Alphabetisierungsquote von durchschnittlich 64,8 %** – bei Männern beträgt der Anteil ca. 75 %, bei Frauen ca. 54 %. In dieser Volkszählung wurde außerdem ermittelt, dass 65 Millionen der 6- bis 14-jährigen Kinder nicht zur Schule gehen. Hier sieht man jedoch große regionale Differenzen. Besonders hoch ist diese Zahl in den armen und bevölkerungsreichen Staaten wie z. B. Bihar und Uttar Pradesh, im vergleichsweise reichen Kerala gehen fast alle Kinder zur Schule. Indien hat diesbezüglich auch ein Stadt-Land-Gefälle, da es in vielen ländlichen Gebieten wenige Schulen gibt bzw. der Unterricht nicht regelmäßig stattfindet.
Während einerseits der Primarschulbereich stark verbesserungswürdig ist, kann Indien andererseits mit **ausgezeichneten höheren Bildungsinstitutionen** aufwarten und wird schon als »Bildungsmacht der Zukunft« bezeichnet. An den ungefähr 300 Universitäten des Landes studieren etwa 10 Mio. Studenten. Darunter sind einige Elite-Universitäten wie das Indian Institute of Technology (ITT) oder das Indian Institute of Management, die weltweit zu den besten Hochschulen zählen. Indische Spezialisten mit hervorragenden Qualifikationen finden sich heute in vielen Berufssparten, besonders in der Softwarebranche. Dort sind sie nach den US-Amerikanern zahlenmäßig am häufigsten zu finden. Während noch vor einigen Jahren viele indische Fachleute ins Ausland abwanderten, kehrt sich dieser Trend allmählich um – der Grund ist die bessere Entlohnung für Fachkräfte im Land selbst. Aufgrund der hohen Bevölkerungszahl und den weiterhin großen Investitionen in die höhere Bildung wird der Anteil indischer Spitzenkräfte in den nächsten Jahren weiter rasant ansteigen, sodass die Bezeichnung »Bildungsmacht« in der Zukunft durchaus angebracht sein könnte. Entscheidend für die gesamtgesellschaftliche Entwicklung des Landes wird jedoch sein, wie sehr sich der Staat um eine bessere Bildung und Ausbildung der benachteiligten Bevölkerungsschichten kümmert und insbesondere den vernachlässigten Elementarschulbereich fördert.

Schulunterricht – noch nicht für alle Kinder eine Selbstverständlichkeit

Soziale Unterschiede

Die indische Gesellschaft zeigt große soziale Unterschiede. Die rasante wirtschaftliche Entwicklung im letzten Jahrzehnt hat in Indien zu einer wachsenden Mittelklasse geführt. Man schätzt sie mittlerweile auf 300 bis 400 Mio. Menschen. Ihre Kaufkraft zeigt sich unter anderem in der stark ansteigenden Zahl von Autos, den boomenden Ein-

Strahlende Zukunftsträume und ernüchternde Realität

kaufs- und Vergnügungszentren und einer wachsenden Tourismusindustrie. Andererseits lebten 44 % der Inder im Jahr 2004 unterhalb der von der UNO definierten Armutsgrenze. Sie haben kein festes Dach über dem Kopf, keinen Zugang zu ausreichender Gesundheitsversorgung, kein sauberes Trinkwasser und keine oder nur eine ungenügende Schulbildung. Auch hier gibt es große regionale Unterschiede. Reichere Bundesstaaten wie Kerala oder der Punjab gewährleisten eine wesentlich bessere Versorgung ihrer Bevölkerung als beispielsweise die ärmeren Staaten Bihar und Rajasthan.

Die indische Bevölkerung hat sich im letzten Jahrhundert bis heute vervierfacht. Von den über eine Millarde Menschen leben circa 70 % in Dörfern und ungefähr 30 % in Städten. Megastädte wie Mumbai mit 16 Millionen oder Kolkata mit 13 Millionen Einwohnern stellen den Staat vor vielfältige Herausforderungen. Doch die Verbesserung der Infrastruktur hält mit dem **Wachstum der Städte** kaum Schritt. Die Wasser- und Energieversorgung für die städtische Bevölkerung wird zunehmend schwieriger und die Verkehrssituation ist mancherorts dem Kollaps nahe, wie beispielsweise in Bangalore.

Kinderarbeit

Armut zeigt sich in Indien auch in der Anzahl der arbeitenden Kinder, die zum Familieneinkommen beitragen müssen. Nach dem Zensus von 2001 ist ihre Zahl seit 1991 um über eine Million auf 12,66 Millionen gestiegen. Nach inoffiziellen Schätzungen liegt sie jedoch bei **25 bis 30 Millionen Kindern**. Ungefähr 90 % davon leben auf dem Land. Besonders hoch ist ihre Zahl im bevölkerungsreichsten Staat

Uttar Pradesh. Sie arbeiten in der Landwirtschaft, aber auch in Glasfabriken oder Webereien, vor allem in der Teppichindustrie. Seit Jahrzehnten versuchen Nichtregierungsorganisationen und auch der indische Staat, die Situation der Kinder zu verbessern. Indische und deutsche Nichtregierungsorganisationen führen beispielsweise seit über 10 Jahren eine Kampagne gegen die Kinderarbeit in Teppichwebereien durch.

Frauen in Indien

An prominenten und hervorragend ausgebildeten Frauen herrscht in Indien kein Mangel. Da gab es Indira Gandhi, Indiens langjährige Ministerpräsidentin, und es gibt die Schriftstellerin und Aktivistin Arundhati Roy, die für die Rechte ihrer benachteiligten Mitbürger und Mitbürgerinnen kämpft. Indien schickte die erste Frau ins All und vor vielen Jahren das weltweit erste Flugzeug mit rein weiblicher Besatzung in die Luft. Frauen in Indien sind Ministerinnen und Softwarespezialistinnen, sie leiten Wirtschaftsimperien und drehen Filme. Doch wie ihre Geschlechtsgenossinnen im Westen sind sie in leitenden Bereichen von Wirtschaft und Politik unterrepräsentiert. Eine wachsende Anzahl von Frauen und Mädchen genießt heutzutage eine höhere Bildung. Doch immer noch ist die Mehrzahl der Inderinnen immensen **Formen der Benachteiligung** ausgesetzt:
Dies zeigt sich beispielsweise in höheren Analphabetenquoten bei Frauen (46 %) gegenüber Männern (25 %) im Zensus von 2001. Die

Initiative zur Unterstützung von Frauen und Kindern

gute Nachricht ist, dass die Zahl der Frauen, die lesen und schreiben lernen, schneller steigt als die der Männer. Eine besonders schwere Form der Benachteiligung zeigt die Tatsache, dass es **mehr Männer als Frauen** in Indien gibt. 2001 zählte man 933 Frauen auf 1000 Männer. Bei Kindern unter 6 Jahren ist das Geschlechterverhältnis weiter auseinander gedriftet. So wurden 2001 927 Mädchen auf 1000 Jungen geboren – 1991 waren es noch 945 Mädchen. Mit der zunehmenden Zahl von Abtreibungskliniken steigt auch die Zahl der abgetriebenen weiblichen Föten, ein Zeichen für die fortdauernde Diskriminierung von Frauen in einer Gesellschaft, in der die Geburt einer Tochter vielen als Unglück gilt, weil sie als finanzielle Bürde angesehen wird, die Ankunft eines Sohnes aber als freudiges Ereignis gefeiert wird. Das Resultat daraus, dass nämlich nicht genügend Frauen für die heiratsfähigen Männer vorhanden sind, leistet nun einer besonderen Form der Kriminalität Vorschub: dem Frauenhandel. Mädchen aus armen Familien werden an Familien, für deren Söhne keine Frau gefunden wurde, verkauft.

Die meisten Ehen werden auch heutzutage in Indien entsprechend der Tradition arrangiert, d. h. die Familien der Brautleute verhandeln und entscheiden darüber, nicht die Partner selbst. Eine Bürde für die Familien der Frauen ist oftmals die Forderung nach einer **Mitgift**, d. h. finanzielle oder materielle Geschenke an den Bräutigam und dessen Familie, wo sie nach der Heirat leben wird. Über die schockierenden Auswüchse dieses Systems, die so genannten Mitgiftmorde, kann man regelmäßig in indischen Zeitungen lesen. Da die Forderungen nach Gut und Geld in manchen Familien auch nach der Eheschließung nicht aufhören, ist die Frau vielfältigen Schikanen ausgesetzt. Im schlimmsten Fall endet es in der Ermordung der eigenen Ehefrau bzw. Schwiegertochter aus Habgier, dem Mitgiftmord.

Gegen Unterdrückung, Demütigung und Benachteiligung erheben jedoch auch viele Inderinnen ihre Stimme. In selbst geschaffenen Organisationen und mit Unterstützung der vielen Nichtregierungsorganisationen, die im ganzen Land aktiv sind, versuchen Frauen ihr Leben zu verändern und mehr Selbstbestimmung zu erlangen.

Gesundheitswesen

In den letzten Jahrzehnten ist die Lebenserwartung der Menschen kontinuierlich gestiegen. Die Kindersterblichkeit (unter 1 Jahr) lag 2004 bei 62 auf 1000 Geburten. Schlechte hygienische Bedingungen, insbesondere unsauberes Trinkwasser, führen immer noch dazu, dass jährlich ca. 400 000 Kinder unter 5 Jahren an Durchfallerkrankungen sterben. Nach UNICEF-Angaben haben nur 30 % der Bevölkerung Zugang zu adäquaten sanitären Anlagen, wobei es hierbei ein starkes Stadt-Land-Gefälle (58 % : 18 %) gibt. Krankheiten und Seuchen wie Hepatitis A, Tuberkulose, Typhus oder Malaria sind verbreitet. Aids ist eine ständig zunehmende Bedrohung. Jedes dritte Kind in Indien gilt als unterernährt. Der **Zusammenhang zwischen Armut und Krankheit** wird hier besonders deutlich. Auch bei der gesundheitlichen Versorgung zeigt sich wiederum das starke regionale Gefälle

Straßenzahnarzt in Rajasthan

zwischen ärmeren und reicheren Bundesstaaten sowie den Großstädten. In Metropolen wie Mumbai, Delhi oder Bangalore gibt es hervorragend ausgestattete Krankenhäuser und manche von ihnen werben auch um Patienten aus dem Ausland.

Indien verfügt über mehrere **traditionelle Medizinsysteme**, von denen **Ayurveda, Siddha und Unani** die bekanntesten sind. Der indische Staat fördert die traditionelle Medizin, und vor allem bei der Landbevölkerung, die oftmals kaum Zugang zu moderner Medizin hat, spielt sie eine große Rolle. Ayurveda ist – nicht zuletzt durch das Interesse des Westens – auch in seiner Heimat wieder aufgewertet worden. In ganz Indien, vor allem in Kerala, kann man sich in ayurvedischen Kliniken behandeln lassen (► Praktische Informationen, Ayurveda).

Politik

Bevölkerungsreichste Demokratie der Welt

Die Republik Indien (Bharat Juktarashtra) ist ein **parlamentarischer Bundesstaat** mit föderalistischer Grundstruktur unter Beibehaltung starker zentralistischer Elemente. Sie besteht aus **28 Bundesstaaten und sieben zentral regierten Unionsterritorien** (siehe Karte S. 44). Ihre Hauptstadt ist New Delhi. Die Bundesstaaten sind in Distrikte, Kreise und Gemeinden unterteilt. In vielen Bundesstaaten besteht außerdem das sogenannte Panchayat-System, d. h. die Selbstverwaltung auf Dorfebene durch Dorfräte (Panchayats) und Dorfparlamente (Gram Sabhas). Entscheidungsbefugnisse über die verschiedenen politischen Bereiche sind entsprechend dieser Ebenen aufgeteilt. Mit seinen 1,1 Mrd. Einwohnern ist Indien die bevölkerungsreichste Demokratie der Welt.

Verfassung Am 26. Januar 1950 trat die neue Verfassung in Kraft, die in großen Teilen auf die schon 1935 formulierte Vorlage zurückgreift. Sie weist deswegen in ihren Grundzügen große Gemeinsamkeiten mit der britischen Verfassung auf. Die indische Verfassung basiert auf dem **Grundgedanken der säkularen Demokratie**. Die Freiheit des Gedankens, der Meinungsäußerung und des Glaubensbekenntnisses sind

Indien Bundesstaaten • Unionsterritorien

niedergeschrieben. Auch der Anspruch auf Gleichheit des Status und der Chancen wurde festgelegt, ein besonderer Artikel bekräftigt die Abschaffung der »Unberührbarkeit«, wobei allerdings in der Praxis Anspruch und Wirklichkeit auseinander klaffen. Der Staat versucht aber, durch Quotenregelungen im öffentlichen Dienst die Chancen für unterprivilegierte Kasten und Ethnien (»scheduled castes and tribes«) zu erhöhen.

Legislative, Justiz und Militär

Die Gesetzgebung liegt beim Bundesparlament. Es besteht aus **zwei Kammern**, der Volkskammer (Lok Sabha) und der Staatenkammer (Rayja Sabha). Der eigentliche Ort politischer Entscheidungen ist die Volkskammer. Neben der allgemeinen Gerichtsbarkeit existieren **Sonderregelungen im Zivilrecht für die einzelnen Religionsgemeinschaften**. Dies bedeutet konkret, dass juristische Entscheidungen über Ehe, Scheidung, Erbrecht, Unterhalt, Vormundschaft und Adoption innerhalb der einzelnen religiösen Gruppen geregelt werden können – ein Zugeständnis des Staats, das zu ständigen politischen Kontroversen führt. Die indische Armee ist eine **Berufsarmee** mit 1,3 Millionen Soldaten. Das Problem der Konkurrenz zwischen Staatsapparat und Militär oder gar die Gefahr eines Militärputsches hat sich in Indien nie gestellt. Oberbefehlshaber des Heeres ist der Verteidigungsminister, dessen Posten grundsätzlich nur an zivile Politiker vergeben wird, nie an Generäle oder Exgeneräle. Seit 1974 ist Indien **Atommacht**.

Parteien und Regierung

Indien besitzt eine bunte Parteienlandschaft. Bei den letzten Wahlen im Jahr 2004 traten 220 Parteien und 5435 Kandidaten zur Wahl der 543 Sitze in der Volkskammer an. Neben den zwei großen Parteien, der Kongresspartei (Indian National Congress) und der Indischen Volkspartei BJP (Bharatiya Janata Party) bewarben sich viele Regionalparteien sowie Gruppierungen, die die Interessen bestimmter Bevölkerungsgruppen bzw. Kasten vertreten.
Die traditionsreichste Partei ist die **Kongresspartei**. Sie führt derzeit auch die Regierung unter Ministerpräsident Manmohan Singh in einer Koalition (United Progressive Alliance) an. Seit Indiens Unabhängigkeit im Jahr 1947 stellt sie, von kürzeren Unterbrechungen abgesehen, immer wieder die Ministerpräsidenten, die oftmals aus der Nehru-Gandhi-Dynastie stammten (Jawaharlal Nehru, seine Tochter Indira Gandhi und deren Sohn Rajiv Gandhi).
Die **Bharatiya Janata Party** ist momentan die zweitgrößte Partei in Indien. Sie führte von 1998 bis 2004 auch die Regierung des Landes, bis sie vom Congress abgelöst wurde. Die BJP ist der parlamentarische Arm der so genannten Hindutva-Bewegung (Hindutva bedeutet »Hindutum«), die die kulturellen Interessen der Hindus über die anderer Religionen stellt und den säkularen Staat unterminieren möchte. Drittstärkste Kraft ist die **Kommunistische Partei**. Sie stellt auch seit vielen Jahren die Regierungen in den Bundesstaaten Kerala und Westbengalen.

Wahlkampfveranstaltung der Kongresspartei in Delhi – die alten Leitfiguren werden aufgefahren.

Zu den verschiedenen **Regionalparteien** und Gruppierungen, die die Interessen bestimmter Kasten bzw. Bevölkerungsgruppen vertreten, gehören die Samajwadi-Partei und die Rashtriya Janata Dal als Vertreterinnen der unteren Kasten und die Bahujan Samaj Party als Vertreterin der so genannten Kastenlosen. Auch die dravidischen Parteien, allen voran die DMK (Dravida Munnetra Kazagham) aus Tamil Nadu haben politisches Gewicht.

Aufstrebende neue Weltmacht

Indien ist die bedeutendste Regionalmacht im südasiatischen Raum. Als aufstrebende neue Weltmacht erhebt das Land auch Anspruch auf einen ständigen Sitz im Sicherheitsrat der UN. Es unterhält mittlerweile enge Beziehungen zu den USA, aber auch zur EU und weiterhin zu Russland. Schwierigstes außenpolitisches Problem für Indien sind seine Beziehungen zum Nachbarn Pakistan und die **ungelöste Kaschmirfrage**. Seit einiger Zeit kommen sich die beiden Staaten diesbezüglich ein klein wenig näher. Innenpolitisch hat Indien immer wieder mit dem **Problem des Kommunalismus** zu kämpfen: Regelmäßig versuchen bestimmte politische Parteien wie etwa die oben erwähnte BJP, verschiedene Religionsgruppen gegeneinander auszuspielen. Daraus resultiert ein Aufflammen teilweise gewalttätiger Auseinandersetzungen vor allem zwischen Hindus und Muslimen, die an den säkularen Grundfesten des Staates rütteln.

Wirtschaft

Nach der Unabhängigkeit

Die jahrhundertelange Kolonialherrschaft hatte die Wirtschaft Indiens zu großen Teilen in einem desolaten Zustand hinterlassen.

Nach der Unabhängigkeit entschied sich Indien unter seinem ersten Ministerpräsidenten Jawaharlal Nehru für eine sozialistisch orientierte Wirtschaftspolitik. Wichtige Schlüsselindustrien wie Schwerindustrie, Bergbau, Transport, Kommunikation und Energie wurden verstaatlicht. Andere Wirtschaftsbereiche wie die Konsumgüterindustrie und die Landwirtschaft dagegen wurden der Privatwirtschaft überlassen. Diese **»gemischte Wirtschaftsweise«** ergänzte man durch einen Schutz des einheimischen Markts vor dem Weltmarkt.
Die erste Phase von 1947 bis 1966 war durch den Versuch Indiens geprägt, durch massive Investitionen die Schwerindustrie zu fördern und dadurch eine **schnelle Industrialisierung** zu erreichen. Nehru sah in den neuen Industrien die zukünftigen Tempel der Inder, wohingegen dem landwirtschaftlichen Sektor kaum Beachtung geschenkt wurde. Die Trockenheiten der Jahre 1965/66 und der Krieg mit Pakistan (1965) führten jedoch zu einer Hungerkatastrophe, die die Vernachlässigung der Landwirtschaft dramatisch vor Augen führte. Nach der Revision der Fünfjahrespläne wurde in der zweiten Phase ab 1966 **die Landwirtschaft stärker gefördert**. Durch ein Bündel von verschiedenen Maßnahmen sollte die Produktion gesteigert werden. Die als **Grüne Revolution** bezeichnete Modernisierung der Landwirtschaft in den 1970er-Jahren hat zu einer beträchtlichen Ausweitung der bewässerten Fläche, einer höheren Technisierung und einem verstärkten Einsatz von Kunstdünger, Pestiziden und modernen Hochertragssorten geführt. Der Erfolg zeigt sich in einer stetig wachsenden Produktion von Nahrungsmitteln. Im Gegensatz zu früher, wo Indien Getreide importieren musste, kann es heute Getreide exportieren. Allerdings hatte die Grüne Revolution auch ihre Schattenseiten. Trotz der Produktionserhöhung und des subventionierten Verkaufs von Grundnahrungsmitteln fristen viele Menschen ihr Leben am Rand des Existenzminimums. Eine der Ursachen dafür liegt an der ungleichen Verteilung des Landes. Seit der Kolonialzeit kontrolliert eine kleine Gruppe von Landbesitzern einen Großteil der landwirtschaftlichen Nutzfläche.

Umwandlung in Marktwirtschaft: Indien als neue Wirtschaftsmacht

Nach jahrzehntelanger am Binnenmarkt und sozialistischen Prinzipien orientierter Wirtschaftspolitik kam 1991 die **neoliberale Wende**. Aufgrund einer Zahlungsbilanzkrise wurde unter der Regierung Rao nach Vorgaben des IWF eine Öffnung Indiens zum Weltmarkt eingeleitet. Indien hat nach anfangs zögerlichen Zuwächsen in den letzten Jahren Wachstumsraten von 6 bis 8 % erzielt und **gilt zusammen mit China als führende Wirtschaftsmacht der Zukunft**. Ungefähr ein Drittel der 1,1 Mrd. Bürger werden zur Mittelschicht gezählt. Boomregionen wie die südindischen Metropolen Bangalore und Hyderabad stehen weltweit für Indiens herausragende Rolle in der Softwarebranche und fast jeder dritte IT-Experte kommt mittlerweile aus Indien. Auch in der Raumfahrt, der Genforschung sowie der Nuklearforschung gehört Indien zu den Spitzenreitern. Doch die ökonomischen Zentren, die sich um die großen Städte des Landes

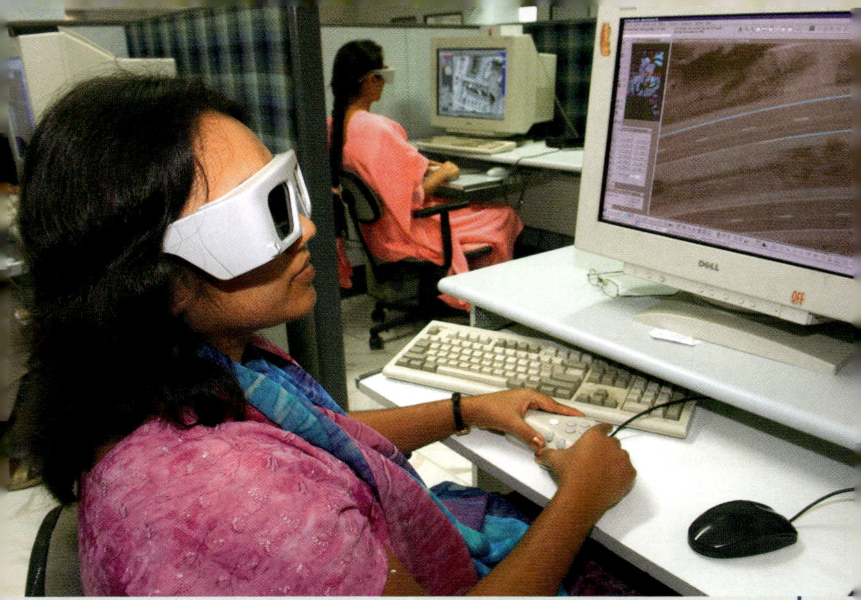

Wegweisend: Jeder dritte IT-Experte kommt mittlerweile aus Indien.

entwickelt haben, stehen in starkem Gegensatz zu den vielen vernachlässigten und unterentwickelten ländlichen Gebieten. Der erfolgreichen ökonomischen Bilanz hinkt die soziale Realität großer Schichten der Bevölkerung weit hinterher. Auch in den neu gegründeten Staaten Chhattisgarh und Jharkand, wo überwiegend indigene Völker (Adivasis) leben, ist von ökonomischen und sozialen Verbesserungen bisher wenig zu spüren. Für das Jahr 2004 wurde das durchschnittliche Pro-Kopf-Einkommen mit 572 US-Dollar angegeben, realistischerweise muss man jedoch hinzufügen, dass über 35 % der Bevölkerung immer noch mit weniger als einem Dollar pro Tag auskommen müssen.

Wichtige Wirtschaftssektoren

Indien ist immer noch ein Land der Dörfer, dort leben 70 % seiner Bewohner und zwei Drittel aller Erwerbstätigen sind in **Land- und Viehwirtschaft** beschäftigt. 43 % der Landesfläche sind Agrarland. Hier wird jedoch weniger als ein Drittel des Bruttoinlandsproduktes (BIP) erwirtschaftet. Die meisten Bauern arbeiten für den Eigenbedarf. Reis ist das wichtigste Anbauprodukt. Andere Getreidesorten wie Weizen und Hirse sowie verschiedene Ölsaaten gehören ebenfalls dazu. Auch Zuckerrohr, Baumwolle, Tee und Jute sind typische Anbauprodukte des Landes. Schwankungen der Ernteerträge sind an der Tagesordnung, da diese stark vom Monsunregen abhängig sind. Die Tierhaltung ist in Indien ebenfalls wichtig. Derzeit wird der Rinderbestand auf fast 200 Millionen Tiere geschätzt – das ist mehr als in jedem anderen Land der Erde. Zudem spielen Büffel, Ziegen und Kamele eine große Rolle als Arbeitstiere und für die Ernährung.

Küsten- und Hochseefischerei gewinnen immer mehr an Bedeutung. Die Flotten wurden im Rahmen der Blauen Revolution modernisiert und an der Küste Farmen für Meerestiere angelegt. Der Export von Fisch und Krabben erbringt heiß begehrte Devisen. Für die einheimische Bevölkerung spielt die Binnenfischerei eine wichtige Rolle für die Proteinversorgung.

Die **Forstwirtschaft** floriert ebenfalls: Indiens Wälder werden zunehmend für industrielle Zwecke (Papier und Möbel) gerodet und die ärmeren Bevölkerungsgruppen fällen Bäume, um ihren Brennholzbedarf zu decken. Da die staatliche Aufforstung mit den Rodungen kaum Schritt hält, nimmt der Anteil des Walds an der Gesamtfläche ständig ab. Es wird geschätzt, dass in Indien jedes Jahr 2,5 Mio. ha (0,76 % der Landfläche) Wald verschwinden. In den Bergregionen sind deshalb schon **gewaltige Schäden durch Erosion** zu spüren. Entgegen der staatlichen Zielsetzung, 33 % der Fläche als Wald zu erhalten, ist Indien nur noch zu 23 % bewaldet. Immer wieder versuchen die Bewohner der Waldregionen durch friedlichen Widerstand gegen die Vernichtung der Wälder zu protestieren. In manchen Fällen, wie im Falle der **Chipko-Bewegung**, waren die Aktionen erfolgreich.

Reiche Kohlevorkommen ermöglichen eine relativ hohe Selbstversorgung mit **Energie** (fast 90 %). Neben Kohle spielen Mineralölpro-

Beim Beschlagen eines Rinds sind viele Hände vonnöten.

dukte, Wasser- und Kernkraft eine wichtige Rolle. Erdöl wird trotz gesteigerter Förderung hauptsächlich importiert und belastet die Zahlungsbilanz.

Im **industriellen Sektor** arbeiten ungefähr 14 % der Erwerbstätigen und produzieren circa ein Viertel des BIP. Hochentwickelt sind in Indien die Luft- und Raumfahrtindustrie, die Rüstungsindustrie, die Pharmaindustrie und natürlich die Softwarebranche. Zu den Schlüsselindustrien gehören die Stahl- und Baustoffindustrie, die chemische Industrie sowie die Textilindustrie. Auch Zucker, Tabak, Lederwaren und Papier werden in großen Mengen hergestellt.

Im stark boomenden **Dienstleistungssektor** arbeitet ca. ein Fünftel der Erwerbstätigen. Dort wird allerdings die **Hälfte des jährlichen BIP produziert**. Dies liegt unter anderem an den vielfältigen »Outsourcing«-Angeboten, die indische Dienstleistungsbetriebe ausländischen Firmen machen. Von Callcentern bis zur Abrechnung von Versicherungsbeträgen und der Erstellung von Steuererklärungen reichen heute die Serviceangebote an Kunden in der ganzen Welt.

Nicht vergessen darf man in Indien den **riesigen informellen Sektor** der selbst geschaffenen Dienste und Dienstleistungen, vom Straßenhändler bis zum Schuhputzer und Dienstmädchen. Hier arbeiten zwischen 300 und 400 Mio. Menschen.

Religion

Glaubensbekenntnisse in Indien

Die überwiegende Mehrheit der indischen Bevölkerung (80,5 %) bekennt sich zum Hinduismus, daneben gibt es fast alle Weltreligionen in Indien. Unter ihnen hat der Islam die meisten Anhänger (mit 13,4 %), gefolgt von Christen, Sikhs und Jainas. Buddhisten und Parsen sind als kleine Religionsgemeinschaften vertreten.

Hinduismus

Der Name Hinduismus ist von den Europäern geprägt und eine **Sammelbezeichnung für die vielfältigen Glaubensvorstellungen** der Bewohner des Subkontinents. Deswegen ist es auch schwierig, den Hinduismus präzise zu beschreiben. Heute beinhaltet dieser Glaube in seiner klassischen Ausprägung den Shivaismus, Vishnuismus und Shaktismus sowie weitere Elemente wie die Verehrung von Natur und Volksgottheiten. Es ist immer wieder betont worden, dass der Hinduismus mehr eine Lebensweise als eine Religion ist. Im Gegensatz zu anderen Weltreligionen hat der Hinduismus nämlich **keinen Gründer oder Propheten und keine feste Doktrin**. Der Hinduismus zeichnet sich vielmehr durch eine Vielfalt aus, die den westlichen Besucher oftmals verwirrt.

Die Vielfalt der Religionen prägt den indischen Subkontinent. →

Red

Geschichte Der Hinduismus zählt zu den ältesten Religionen der Welt, seine Wurzeln reichen bis in das 3. Jahrtausend v. Chr. So wird ein berühmtes Steatitsiegel aus der **Harappa-Periode** (2500 – 1700 v. Chr.), das einen dreigesichtigen Mann mit Hörnern in meditierender Haltung zeigt, als der Prototyp des hinduistischen Gottes Shiva gedeutet. Die ursprünglich nomadischen **arischen Einwanderer** besiedelten um 1000 v. Chr. die Flusstäler Nordindiens. Im Laufe mehrerer Jahrhunderte verschmolzen ihre Glaubensvorstellungen mit denen der **ursprünglichen dravidischen Bevölkerungsgruppen** zu einem Ganzen, dem Hinduismus. Die erste Etappe dieses Syntheseprozesses wird als **vedische Periode** bezeichnet, weil die Glaubensvorstellungen jener Zeit in den heiligen Schriften, den Veden (Wissen), überliefert sind. Ursprünglich wurden die Veden von Rishis (Sehern) mündlich überliefert, später, zwischen 1000 v. Chr. und 500 n. Chr., wurden wichtige Texte niedergeschrieben. Das älteste dieser Werke ist der **Rig Veda**, eine Sammlung von über 1000 Hymnen, die sich an wichtige Naturgottheiten wie Indra, Agni und Varuna richten und in der alten indogermanischen Sprache Sanskrit verfasst sind. Danach entstanden die **Brahmanas**, in denen beschrieben wird, wie bestimmte Rituale zu Ehren der Götter durchgeführt werden müssen. Diese Schriften waren ausschließlich den Brahmanen, den Priestern, vorbehalten. Nur sie hatten die Macht, diese Rituale auszuführen und die Götter gnädig zu stimmen. Als letztes entstanden die Aranyakas (aranya =

Baumheiligtum mit Shiva, Parvati und dem Nandi

Wald), die wegen ihres geheimen Charakters an einsamen Orten wie Wäldern gelehrt wurden. Ein Teil davon sind die **Upanishaden**; dort stehen weniger Rituale denn philosophische Betrachtungen im Vordergrund.

Samsara, Karma und Moksha

Zentral und wiederkehrend in den umfangreichen Schriften der Upanishaden ist die Idee der **Einheit von Weltseele und Individualseele**, aber auch andere wichtige Ideen wie **Samsara (Wiedergeburt)**, **Karma (Vergeltung für die Taten)** und **Moksha (Erlösung)** wurden hier ausformuliert. Die zyklische Vorstellung von Geburt, Tod und Wiedergeburt ist ein fundamentaler Teil aller indischen Religionen. Die Individualseele (Atman) wechselt den Körper und wandert von einem Leben zum nächsten, bis sie endlich durch Einswerden mit der Weltseele (Brahman), das als Erlösung (Moksha) gilt, von diesen zyklischen Wiedergeburten befreit wird. Der Kreislauf von Geburt und Wiedergeburt wird vom Karma, dem Prinzip von Ursache und Wirkung, bestimmt. Die Gedanken und Taten in diesem Leben sind verantwortlich für das Schicksal im nächsten Leben. Um die Erlösung zu erlangen, muss der Hindu die ihm auferlegten **Pflichten (Dharma) gewissenhaft und vollkommen erfüllen**. Die Pflichten der Menschen sind abhängig von ihrer Kaste, wie dies im klassischen Werk Bhagavatgita des späteren brahmanischen Hinduismus verdeutlicht wird.

Hinduistisches Gesellschaftssystem

In den alten Schriften Dharma Shastra, die zur gleichen Zeit wie die Veden niedergeschrieben wurden, werden vier gesellschaftliche Gruppen beschrieben, die mit **Varna (Farben)** bezeichnet sind. Jede dieser Gruppen hat einen festen Platz in der Gesellschaft und bestimmte religiöse und soziale Pflichten. Die Arier, die damals das Land erobert hatten, stellten sich selbstverständlich ganz an die Spitze der sozialen Schichtung. Die vier Varnas sind Brahmanen (Priester), Kshatryas (Krieger und Herrscher), Vaishyas (Kaufleute und Landwirte) und Shudras (Diener). Die ersten drei Gruppen sind die im ewigen Kreislauf von Geburt und Wiedergeburt zweimal Geborenen, denen die Ausübung der Rituale und das Studium der Texte vorbehalten ist. Die letzte Gruppe steht außerhalb des hinduistischen Gesellschaftssystems, ihr werden die Menschen, die die unreinen Tätigkeiten ausführen, zugeordnet. Neben den Varnas gibt es noch die **Jatis (Kasten)**, die eine feinere Klassifizierung ermöglichen, denn es gibt ungefähr 3000 Jatis. Jede dieser Jatis, welche immer mit einem Beruf assoziiert sind, unterwirft ihre Anhänger einer Vielfalt von Regelungen wie z. B. die Wahl der Speisen, die einzuhaltenden religiösen Pflichten und den Umgang mit Menschen aus anderen Kasten. Heirat war nur innerhalb der Kasten erlaubt, ein Vergehen gegen diese Regelung wurde hart sanktioniert.

Brahmanischer Hinduismus

Nach dem Ende der vedischen Periode (ca. 800 v. Chr.) entstanden die Puranas und die **großen Epen Mahabharata und Ramayana**, die

die Taten der Gottheiten verherrlichen und zentrale Ideen des Hinduismus beschreiben. Zunehmend ins Zentrum rückten die zwei zentralen Gottheiten Vishnu und Shiva. Aber auch viele andere Gottheiten und deren Vahanas (Begleittiere), die den hinduistischen Pantheon für den Uneingeweihten so verwirrend erscheinen lassen, wurden in dieser Zeit entwickelt. Diese brahmanischen Gottheiten, die die Menschen in religiöser Zuwendung (Bhakti) direkt verehren, haben bis heute große Bedeutung.

Vishnuismus Vishnu wird von den Hindus als Gott der Gnade und Güte angesehen, er ist der **Gottkönig, der die ewige Ordnung des Universums aufrecht erhält**. In seinen unterschiedlichen Inkarnationen (Avataras) kehrt Vishnu immer wieder auf die Welt zurück, um diese zu retten, wenn sie von dämonischen Kräften bedroht wird. Vishnu wird in all seinen **zehn Inkarnationen** verehrt, welche in den Vishnutempeln immer wieder dargestellt werden. Die ersten drei Inkarnationen sind Matsya (Fisch), Kurma (Schildkröte) und Varaha (Eber), die vierte ist Narasimha (halb Löwe, halb Mensch). Danach erschien Vishnu in der Menschenform als Vamana (Zwerg) und Parashurama (Held). Die siebte und achte Inkarnation als Rama und Krishna sind die beliebtesten Formen von Vishnu. In der neunten war er Buddha, und die zehnte Inkarnation als Kalki steht noch aus. Die Inkarnation **Krishna** nahm er an, um die Welt von einem bösen Dämon zu befreien. Er ist eine Schlüsselfigur im Mahabharata, wo er als Wagenlenker die Dynastie der Pandyas gegen die der Kauravas unterstützt. Der Flöte spielende blaue Krishna wurde von den Hirtenfrauen verehrt und die Beziehung zu seiner Geliebten Radha ist ein beliebtes Thema von Dichtung und bildender Kunst.

Shivaismus Shiva ist eine der ältesten Gottheiten Indiens, die in der Form des Rudra bereits vor 3000 Jahren von den Nichtaiern verehrt wurde. Im Zeitalter der Brahmanas und Upanishaden (800 – 300 v. Chr.) wurde er mit anderen Gottheiten vereinigt und verkörpert seitdem in seinen verschiedenen Formen (Murtis) unterschiedliche Aspekte. So ist es auch nicht verwunderlich, dass er von den Gläubigen mit 1008 Namen angerufen wird. Er gilt als der **große Yogi, Gott der Fruchtbarkeit, Herr der Toten und der Zerstörung**. Im Gegensatz zu Vishnu wird er in seiner Grundform als der große Yogi dargestellt, bekleidet nur mit einem Lendenschurz aus Tigerfell und geschmückt mit der Mondsichel. Sein **Begleittier, der Stier (Nandi)**, wird in Tempeln häufig vor dem Haupttempel für Shiva aufgestellt. Weitere Tiere, mit denen er in Verbindung gebracht wird, sind die Schlange als Zeichen der Fruchtbarkeit und Lebensenergie wie auch die Gazelle, die ihn vor allem in südindischen Darstellungen als Herrn der Tiere und aller Lebewesen trägt.

Eine seiner beliebtesten Formen in Südindien ist **Nataraja**, der König des Tanzes. Diese Form wurde meisterhaft in der Bronzekunst Südindiens dargestellt. Durch seinen kosmischen Tanz soll er die Welt erschaffen haben und wird sie einst wieder zerstören. In seiner Hand hält er die Flamme, Symbol der Zerstörung und Erneuerung, und eine Sanduhrtrommel, mit der er dem Universum den Rhythmus gibt. Er tanzt auf einem Zwerg, der als Dämon der Unwissenheit gedeutet wird. Shiva ist der Erleuchtete, der durch Meditation die innere Wahrheit der Welt erkannt hat, was durch sein drittes Auge symbolisiert wird. Eine weitere Verehrungsform von Shiva ist **Linga**, das Phallussymbol, welches aus der Yoni ragt, einem ringförmigen Sockel, der das weibliche Geschlechtsorgan symbolisiert. In vielen Shivatempeln werden Linga und Yoni verehrt.

Shaktismus

Als Shaktismus wird eine relativ spät entstandene Richtung des Hinduismus bezeichnet, die alles göttliche Wirken auf eine **weibliche Kraft** zurückführt. Demnach sind auch die Kräfte hinter den männlichen Gottheiten wie Shiva oder Vishnu weiblich. Diese Theologie wurde im 5. bis 7. Jh. voll entwickelt. Sie identifizierte allgemein die Aktivität (Potenz) mit Shakti, die im polaren Gegensatz zum Bewusstsein steht, das als männlich begriffen wird. Viele lokale Göttinnen und Muttergottheiten, die bei der Stammesbevölkerung Indiens verbreitet waren, wurden mit dem Shakti-Kult vereint. Im 11. Jh. wurde Shakti von ihren Anhängern als die höchste Kraft überhaupt begriffen, der Shiva und Vishnu untergeordnet sind. Bis heute ist der Shaktikult in Regionen wie Bengalen, Assam, Orissa und Gujarat sehr einflussreich.

Weitere wichtige Gottheiten

Der vierköpfige **Brahma** ist die Personifizierung des Weltgeistes Brahman und eine der drei obersten Gottheiten (Trimurti). Er gilt als der Schöpfergott. Heute gibt es kaum noch spezielle Brahmatempel, sondern er wird meist mit anderen Gottheiten zusammen verehrt. Das alljährliche Pushkar-Fest in Rajasthan wird zu Ehren von Brahma gefeiert. Verschiedene weibliche Gottheiten werden als **Devi** (Göttin) bezeichnet. Von ihren zahlreichen Erscheinungen sind die wichtigsten **Uma, Parvati, Durga, Kali und Bhairavi**. Sie vereinigt sowohl mütterliche und liebliche wie auch schreckliche Aspekte. Ihre zerstörerische Seite spiegelt sich am offenkundigsten in der blutrünstigen, v. a. in Bengalen verehrten Kali. Eine ihrer häufigsten Darstellungen zeigt sie als Mahishasuramardini, wie sie den Dämon in Büffelgestalt Mahisha oder Mahis-

Mahishasuramardini: Durga, auf einem Löwen sitzend, tötet den Büffeldämon

hasura tötet. **Ganesha**, Sohn von Shiva und Parvati, ist zweifellos der beliebteste Gott in Indien und es gibt fast keinen Tempel, in dem er nicht verehrt wird. Er gilt als der große Helfer der Menschen bei der Überwindung von Hindernissen, weswegen er auch bei allen größeren Vorhaben wie Hochzeit, Reisen, Hausbau oder Prüfungen angerufen wird. Zudem ist er auch der Gott der Weisheit und des Lernens. Seine beiden Ehefrauen heißen Siddhi (Erfolg) und Buddhi (Einsicht) und sein Reittier (Vahana) ist eine Ratte (►Baedeker-Special S. 612). **Hanuman** ist der Ratgeber des Affenkönigs Sugriva aus dem Ramayana, der als Ramas treuer Diener diesem in seinem Kampf gegen den Dämonenkönig Ravana hilft. **Lakshmi** ist die Gemahlin Vishnus und gilt als die Göttin des Reichtums und Wohlstands. Sie wird auf einer Lotusblüte stehend oder sitzend dargestellt; aus einer ihrer vier Hände fallen Goldmünzen. Von ihren vielen Erscheinungen sind Sita und Radha die wichtigsten. **Sarasvati** ist die Personifikation eines inzwischen versiegten heiligen Flusses. Sie wurde die erste Gemahlin Brahmas und gilt als Göttin der Gelehrsamkeit und der Künste. In ihrer Hand hält sie ein Musikinstrument. **Skanda**, der zweite, jüngere Sohn Shivas wird als Kriegsgott (auch unter den Namen Kartikeya, Subramaniya oder Murugan) verehrt. Der Sechsköpfige trägt in seinen vielen Armen unterschiedliche Waffen, wobei die Lanze für ihn charakteristisch ist. Sein Reittier ist der Pfau, auf dem er durch die Luft fliegt. **Surya**, der Sonnengott, wird als schöner Jüngling auf einem Pferdewagen dargestellt. Wichtige Tempel zu seinen Ehren stehen in Modhera und Konark.

Hinduistische Verehrungspraxis

Viele Hindus haben in ihrem Haus in einer Ecke oder einem Raum einen kleinen Schrein mit Darstellungen von Gottheiten, die sie besonders verehren. Täglich oder an Feiertagen werden zu Ehren der Götter **Rituale (Pujas)** veranstaltet. Neben dem Singen von Liedern oder Vorlesen aus den heiligen Büchern werden auch Blumen und Speisen als Opfer dargebracht. Feuer und Wasser als reinigende Elemente spielen eine wichtige Rolle. Die zahlreichen Tempel werden mehr oder weniger regelmäßig von Pilgern aufgesucht. Priester (Pujaris) vollführen Rituale, sagen Sanskritsprüche auf und verteilen an die Gläubigen **Prasad (geweihtes Essen)**. Im Gegenzug schenken die Gläubigen dem Tempel Geld oder Naturalien wie Kokosnüsse und Ghee (geklärte Butter).

Priester bei der Vorbereitung der Pujas

Für die Hindus sind **Wallfahrten** ein zentraler Bestandteil ihrer

Glaubenspraxis. Da der Hinduismus keine regelmäßigen Predigten oder Gebete kennt, sind sie die einzige Möglichkeit, kollektive religiöse Erfahrungen zu machen. Hunderttausende machen sich jährlich auf den Weg, um besonders heilige Plätze aufzusuchen, die meist am Fluss oder Meer liegen und mit den zentralen Gottheiten Vishnu und Shiva assoziiert werden. Der heiligste Platz ist **Varanasi** am Gangesufer. Ein Bad im heiligen Fluss oder die Verbrennung der Toten hier mit anschließender Ausstreuung der Asche gelten als aussichtsreiche Möglichkeiten, vom ewigen Kreislauf von Geburt und Wiedergeburt erlöst zu werden (►Baedeker-Special S. 296). Neben Varanasi zählen zu den klassischen sieben heiligen Städten Indiens Haridwar, Mathura, Ayodhya, Ujjain, Dwarka und Kanchipuram. Aber es gibt noch viele andere Städte, die wichtige Pilgerzentren sind wie z. B. Puri, Rameshwaram, Srirangam oder Pushkar. An diesen Orten kann man bis heute die lebendige Kraft des Hinduismus erleben.

Jainismus

Mahavira

Der Begründer des Jainismus, Mahavira (geb. 599 v. Chr.), lebte fast zur gleichen Zeit wie Buddha. Er gilt als der letzte von **24 Furtenbereitern (Tirthankaras)**, die die Erlösung gefunden haben. Ebenso wie Buddha entstammte er einem edlen Haus und war mit dem verkrusteten Kastensystem und der besonderen Stellung der Brahmanen, die Opferrituale zwischen Menschen und Göttern vermittelten, unzufrieden.

Erlösung

Wie der Hinduismus erkennt der Jainismus den Kreislauf von Wiedergeburten und die Existenz einer Weltseele an, wobei jedoch nicht nur der Mensch, sondern auch Tiere und Pflanzen als beseelte Wesen gelten. Für die Jainas existiert kein Gott, der das Weltgeschehen lenkt, sondern es gilt allein das Gesetz des Karma. Der einzige Weg, den **ewigen Kreislauf von Geburt und Wiedergeburt** zu überwinden, besteht in Askese, Meditation und Ausübung reiner Handlungen. Die Bedeutung von Meditation für diesen Glauben kommt in den Darstellungen der Tirthankaras, die sämtlich in meditierender Pose dargestellt werden.

Ahimsa

Aus diesem Grund ist auch Ahimsa, die **Nichtverletzung von Lebewesen**, ein zentrales Element dieser Lehre. Manche jainistische Mönche verbinden sich Nase und Mund, um nicht versehentlich ein Insekt einzuatmen. Außerdem führen sie ständig einen Besen mit sich, um den Platz, an dem sie sich hinsetzen wollen, von kleinen Lebewesen zu säubern. Das Mönchtum gliedert sich in die **Digambaras (Luftgekleideten)**, die auf Kleidung verzichten und sich meist in den Klöstern aufhalten, und die **Shwetambaras (Weißgekleideten)**. Die Achtung vor allem Lebendigen verbietet es den Jainas, verschiedene Berufe einschließlich die der Landwirtschaft zu ergreifen. Viele von ihnen haben sich intellektuellen Tätigkeiten oder dem Handel zuge-

Manche Jainas tragen einen Mundschutz, damit sie nicht versehentlich ein Insekt verschlucken.

wandt und haben heute trotz ihrer geringen Zahl von ca. 4,5 Millionen einen erheblichen Einfluss. Die meisten von ihnen leben in Gujarat.

Pilgerorte In den Heiligtümern der Jainas, zu denen die Gläubigen von weither pilgern, sind die verschiedenen Tirthankaras dargestellt, die vom Typ her alle sehr ähnlich aussehen und sich voneinander nur durch kleine Symbole unterscheiden. Wichtige Tempel befinden sich in Gujarat (Shatrunajaya und Girnar) und Rajasthan (Ranakpur, Jaisalmer und Mount Abu), aber auch in Karnataka (Sravana Belgola).
Generell müssen, da für die Jainas **Leder unrein** ist, alle Gegenstände aus Leder (auch Gürtel) vor dem Besuch der Heiligtümer abgegeben werden.

Buddhismus

Buddha In seinem 80-jährigen Leben entwickelte und verkündete Buddha, der Erleuchtete, eine Lehre, die heute mehr Anhänger außerhalb Indiens zählt als im Ursprungsland Indien selbst. Die Lehre Buddhas baut wie der Hinduismus auf dem Gedanken der **Wiedergeburt** und der kosmischen Zyklen auf, bestreitet aber die Existenz eines Gottes, der für die Schöpfung verantwortlich sein soll und den Menschen die Erlösung bringen könnte. **Siddharta Gautama** wurde um 560 v. Chr. als Sohn eines Fürsten in Lumbini (Nepal) geboren. Im Alter von 29 Jahren verließ er seine Familie und ging auf die Suche nach erlösender Erkenntnis. Er versuchte durch Selbstkasteiung und harte Askese die Erlösung zu finden, jedoch ohne Erfolg. Dann schließlich, nach Jahren langer Wanderschaft, gelang es ihm, bei der Meditation unter einem Bodhibaum in Bodhgaya (Bojar) die Ursachen für das Leid auf der Welt zu erkennen und den Weg, um dem ewigen Kreislauf der Wiedergeburten zu entrinnen. Er verkündete seine Lehre mit den **vier edlen Wahrheiten und dem edlen achtfachen Pfad**, um den Kreislauf zu brechen, zuerst in Sarnath, unweit von Varanasi (Benares), und setzte so das Rad seiner Lehre in Bewegung. Die ersten zwei Wahrheiten besagen, dass alles Leben Leiden ist und die Ursache für das Leiden das Begehren des Menschen. Die dritte Wahrheit sagt aus, dass Erlösung möglich ist, und die vierte zeigt den Weg, der zum **Nirvana (Auslöschen)** führt, nämlich die Befolgung des achtfachen Pfads. Der achtfache Pfad des Buddhas sind rechte Erkenntnis, Gesinnung, Rede, Tat, Lebenswandel, Anstrengung, Achtsamkeit und rechte Sammlung (Meditation).

Verbreitung der Lehre

Mit der Zeit sammelten sich Mönche um Buddha und er wanderte lehrend durch die Ganges-Ebene. Erst einige Jahrhunderte nach seinem Tod wurde seine Lehre von seinen Schülern aufgeschrieben. Nach buddhistischer Überlieferung ging der Erleuchtete im Alter von 80 Jahren ins Nirvana ein. Die ländliche Oberschicht spendete den Mönchen Gelder und Nahrung und erhoffte sich auch einen Segen. So entwickelte sich der Buddhismus zu einer großen Bewegung, die sich über ganz Indien ausbreitete. Der Buddhismus wurde durch Kaiser Ashoka (268 – 239 v. Chr.) entscheidend gefördert und danach zu einer Weltreligion. Ashoka ließ unzählige Stupas errichten und sandte nach nah und fern Missionare aus.

Unterschiedliche Schulen

Im Lauf der Zeit entwickelten sich innerhalb des Buddhismus unterschiedliche Schulen. Die **Hinayanaschule**, auch »Kleiner Wagen« genannt, sieht Erlösung als einen Prozess, den nur das Individuum gestalten kann. Buddha wurde hier meist nur durch Symbole – den Fußabdruck, das Rad (für die Lehre) oder den Bodhibaum (für die Erleuchtung) – dargestellt. Diese Glaubensrichtung ist in Indien durch den später entstandenen **Mahayana-Buddhismus** verdrängt worden. Dieser entwickelte sich ab dem 1. Jh. v. Chr. und wird auch »Großer Wagen« genannt. Boddhisatvas spielen hier als Helfer beim Erlösungsstreben der Menschen eine wichtige Rolle. Die Boddhisatvas sind erleuchtete Wesen, die aber nicht ins Nirvana eingehen, sondern weiter auf der Erde wei-

Fußabdruck Buddhas in Bodhgaya

len, um die Menschen bei ihren Bemühungen zu unterstützen. Im Mahayana-Buddhismus wird Buddha in vielfältigen Posen dargestellt und zunehmend wie ein Gott verehrt. In der zweiten Hälfte des ersten Jahrtausends entwickelte sich der **Vajrayana-Buddhismus** (»Diamantenes Fahrzeug«), der durch Zauberformeln und magische Praktiken überirdisches Heil zu erlangen suchte.
Wichtige **Pilgerorte** der Buddhisten sind Bodhgaya, Sarnath und Kushnagar, der Ort, wo Buddha starb. Bei den Pilgerreisen spielen Lieder und Meditationen eine wichtige Rolle.

Sikhismus

Glaubensinhalt Der Gründer dieser Bewegung war Guru Nanak (1469 – 1539), der im Punjab geboren wurde. Die von ihm gegründete Religion basiert auf einer **Synthese von islamischen und hinduistischen Vorstellungen**. Der Sikhismus ist wie der Islam monotheistisch und bildlos. Vom Hinduismus hat er den Wiedergeburtsglauben übernommen, bestreitet jedoch Wunder und Kastensystem. Der Weg der Erlösung führt über Predigt, Gotteshingabe (Bhakti) und Meditation und steht allen offen, unabhängig von Rasse, Kaste oder Geschlecht. Im Punjab zählen die Sikhs zu den wirtschaftlich erfolgreichsten Gruppen, was wiederum zu Vorurteilen und Verfolgungen führt. Im Gegensatz zu anderen Hochreligionen Indiens sind die religiösen Werke der Sikhs nicht in klassischen Sprachen verfasst, sondern in der lokalen Sprache Punjabi. Äußerlich sind die männlichen Sikhs (Jünger) am Turban und fünf Merkmalen zu erkennen: dem nicht geschnittenen Haupt- und Barthaar, dem Kamm, dem Dolch, der kurzen Kniehose und dem eisernen Armreif.

Guru Die Sikhgemeinde hat einen Guru (Lehrer) als religiösen Führer mit den Sikhs als Schülern. Die Tradition der Gurus, die als Inkarnation der früheren Gurus galten, ist lang. Der vierte Guru Ramdas legte den Grundstein für den **Goldenen Tempel in Amritsar**, das heutige religiöse Zentrum der Sikhs. Guru Ramdas wurde von Mogulherrscher Akbar geachtet und die Sikhs genossen religiöse Freiheit. Als in der Folgezeit mehrere Gurus von moslemischen Herrschern gefoltert und getötet wurden, veränderte sich die Gemeinschaft zu einem militanten Orden mit dem Ziel, ihren Glauben auch mit Waffengewalt zu verteidigen. Der zehnte Guru Govind Singh (1675 – 1708) erklärte schließlich die Tradition der Gurus für beendet – und fortan wurde das **heilige Buch Adi Granth** direkt als Guru verehrt. Deswegen wird es seither auch Guru Granth Sahib genannt.

Islam, Zoroastrismus und Christentum

Zu den Religionen, die von außen nach Indien kamen, zählen der Islam, das Christentum, der Zoroastrismus (Parsen), die Glaubensgemeinschaft der Bahai und das Judentum.

Islam

Die jüngste der Weltreligionen, die von dem **Propheten Mohammed** Mohammed (570 n. Chr. – 632 n. Chr.) gepredigt wurde und deren Gehalt im Koran niedergeschrieben wurde, gelangte bereits im 7. Jh. durch Händler und vereinzelte militärische Übergriffe nach Indien. Ab dem 12. Jh. kamen moslemische Eroberer in mehreren Wellen nach Nordindien und gründeten zuerst die Delhi-Sultanate und später das Mogulreich. Dadurch breitete sich der Islam in Indien in größerem Umfang aus. Wesentlich dafür waren **Sufis**, heilige Männer, die Gotteserfahrung durch Meditation und Mystik suchten. Zur religiösen Praxis der Muslime gehört die Einhaltung einiger Regeln: Man muss in der Lage sein, das Glaubensbekenntnis zu sprechen, muss fünfmal täglich gen Mekka beten, muss den Fastenmonat Ramadan einhalten, den Armen Almosen geben, darf kein Schweinefleisch essen, keinen Alkohol trinken und sich an keinem Glücksspiel beteiligen.

Obwohl die moslemischen Eroberer ständig mit den indischen Königreichen Kriege führten, waren diese **keine Glaubenskriege**, sondern Kriege um Einfluss und Macht. So heirateten mogulische Herrscher ohne Bedenken hinduistische Prinzessinnen und hatten häufig Feldherren anderen Glaubens als Führer ihrer Streitkräfte. Über Jahrhunderte hinweg lebten beide Religionsgemeinschaften einträchtig nebeneinander und die **Kulturen befruchteten sich gegenseitig** – in

Delhis Jami Masjid ist die größte Moschee Indiens.

der Architektur (indosarazenischer Stil), in der Synthese von arabischer und indischer Medizin (Unani-Medizin) und im kulinarischen Bereich (mogulische Küche). Als Folge der Teilung des Landes in die Staaten Indien und Pakistan kam es jedoch zu zahlreichen Gewalttaten und einer **Massenflucht** von indischen Muslimen nach Pakistan und Hindus aus Pakistan nach Indien. Das unabhängige Indien, das sich als ein säkularer Staat ohne Staatsreligion begreift, ist seit Jahren immer wieder Schauplatz von Auseinandersetzungen zwischen Moslems und Hindus. Die Zerstörung der Babri-Moschee in Ayodhya im Jahr 1992 durch militante Hindus und die darauf folgenden Kämpfe im ganzen Land haben gezeigt, dass der Friede zwischen den Religionen im Land von Gandhi keineswegs gesichert ist.

Zoroastrismus

Der persische Prophet **Zarathustra** verkündete 1500 v. Chr. die Kerngedanken dieser nach ihm benannten Religion, die über 1000 Jahre lang – vom 5. Jh. v. Chr. bis zum 7. Jh. n. Chr. – Staatsreligion in Persien war, bis die muslimische Eroberung des Landes die Anhänger des Zoroastrismus zur Flucht zwang. Eine Gruppe der Flüchtlinge gelangte damals nach Nordwestindien. Sie werden in Indien **»Parsen«** genannt nach ihrem einstigen Herkunftsgebiet. Von den ca. 100 000 Glaubensanhängern leben die meisten in Mumbai und Gujarat. Der Glaube der Parsen ist von der Vorstellung geprägt, dass die zwei völlig gegensätzlichen Kräfte, die mit den Wesen **Ohrmuzd (das Gute) und Ahirman (das Böse)** identifiziert werden, sich in einem ständigen Kampf befinden. Die gesamte Schöpfung wird in Gegensätze wie Gut und Böse, Tag und Nacht, Tod und Unsterblichkeit etc. eingeteilt, wobei die beiden Kontrahenten für die jeweiligen Gegensätze verantwortlich sind. Den Tod sehen die Parsen in Verbindung mit Ahirman, weswegen der Leichnam auch als von Dämonen behaust und verunreinigt gilt. Um nicht die heiligen Elemente Erde, Feuer und Wasser zu verunreinigen, wird der Tote zur Begräbnisstätte gebracht, den so genannten **Türmen des Schweigens**. Dort wird der Leichnam entkleidet und den Naturkräften Wind und Wetter und den Geiern überlassen. Dieser Brauch, der von der nomadischen Lebensweise in Persien herrührt, ist in Mumbai, wo die Geierpopulation auf Grund von Umweltverschmutzungen am Schwinden begriffen ist, nicht ganz unproblematisch.

Trotz Hindu- und Moslemherrschaft konnten die Parsen in Indien in Frieden ihren Glauben ausüben. Ab der Mitte des 18. Jh.s entwickelten sie sich zu einer erfolgreichen Händlergruppe, die eng mit den Engländern zusammenarbeitete. Sie gehören auch heute noch zu den reichsten Bevölkerungsgruppen Indiens.

Christentum

Bevor das Christentum nach Europa kam, hatte es sich bereits in Indien ausgebreitet. Die syrischen Christen in Kerala berufen sich auf die frühe Missionierung durch den **Apostel Thomas**, der im 1. Jh. die Malabarküste besucht und christliche Gemeinden gegründet haben soll, bevor er als Märtyrer nahe Madras starb. Der Mönch Thomas Indikopleustes, der im 6. Jh. Südindien besuchte, berichtet von christlichen Gemeinden. Vermutlich waren es Nestorianer, die sich von Persien aus hier angesiedelt hatten. Im 16. Jh. erlebte das Christentum einen erneuten Aufschwung, als die **Portugiesen** Goa zur Basis einer katholischen Missionierung wählten. Innerhalb ihres Einflussbereichs zerstörten die Portugiesen indische Tempel und es kam zur gewaltsamen Bekehrung der Bewohner. Während der Kolonialherrschaft waren christliche Missionare ebenfalls sehr aktiv, wobei ihr besonderes Interesse der Stammesbevölkerung und den unteren Kasten galt. Obwohl die Christen heute nur 3,5 % der Bevölkerung stellen, sind sie in einigen Regionen (Kerala, Goa) sehr einflussreich und haben einen bedeutenden Beitrag für das Erziehungs- und Gesundheitswesen Indiens geleistet. Interessanterweise haben die neu bekehrten Christen in Indien häufig das Kastensystem nicht abgelegt und auch ihre Liturgie hat mehrere Elemente der hinduistischen Rituale übernommen.

Geschichte

Wussten Sie, dass die Arier um 1750 v. Chr. Nordindien eroberten? Wer waren die Mogulkaiser? Was bezweckte Gandhi mit dem legendär gewordenen Salzmarsch? Wer war nach der Unabhängigkeit 17 Jahre lang Ministerpräsident? Und wo liegen die Ursprünge des noch heute schwelenden Kaschmirkonflikts?

Industal-Kultur

3. Jtd. v. Chr.	Stadtkulturen von Mohenjo Daro und Harappa im Industal

Frühe Metropolen am Indus

Mehr als 4000 Jahre sind vergangen, seit an den Ufern des Indus, im heutigen Pakistan, die erste Hochkultur auf dem Boden des Subkontinents entstanden war. Etwa 1000 Siedlungsplätze sind bei Grabungen bisher gefunden worden. Seit ihrer Entdeckung in den 1920er-Jahren bilden **Harappa und Mohenjo Daro** den Schwerpunkt der archäologischen Forschungen. Sie waren die urbanen Zentren einer am Indus und seinen Nebenflüssen siedelnden Bauernkultur, die auf dem fruchtbaren Schwemmland Weizen, Gerste, Hülsenfrüchte, aber auch Senf, Sesam und Baumwolle kultivierte. Ihren Reichtum erlangten die beiden 600 km auseinander liegenden Metropolen durch den intensiven Handel mit der arabischen Halbinsel; dabei wurde der Indus als günstiger Transportweg genutzt.

Über die Herrschaftsverhältnisse und die Religion der Bewohner ist wenig bekannt. Grabungen haben **großflächige Wohn- und Produktionsstätten** zum Vorschein gebracht ohne deutliche Anzeichen einer besonderen Herrschafts- und Religionsarchitektur. Weitere Funde zeigen Götterfiguren, die auf eine Verwandtschaft mit dem späteren Hinduismus hindeuten könnten. Da jedoch bis heute die Schrift dieser Menschen nicht entziffert werden konnte, bleiben viele Fragen im Hinblick auf diese frühe Zivilisation unbeantwortet. Über den Untergang des Reichs wird ebenfalls spekuliert. Man geht von einem **gewaltsamen Ende** der Kultur um das Jahr 1750 v. Chr. aus. Unbeerdigte Leichen in der obersten Schicht Mohenjo Daros werden hierfür als Beweis angeführt. Ob kriegerische Auseinandersetzungen oder aber eine große Flut verantwortlich waren, ist eines der vielen Geheimnisse, die sich um die Industal-Kultur ranken.

Einwanderung der Arier

um 1750 v. Chr.	Eindringen der Arier nach Nordwestindien, Entstehung des Hinduismus

Arya, die Edlen

Mit der **Einwanderung der Arier**, nomadisierender Rinderhirten aus Zentralasien, um 1750 v. Chr. vollzog sich das bis heute einschnei-

← Nehru mit seinen Enkeln Sanjay und Rajiv, die beide politische Karrieren machen und auf tragische Weise ums Leben kommen sollten.

dendste Ereignis der indischen Geschichte. Die genaue Herkunft der Eroberer, die sich selbst stolz Arya, die Edlen, nannten, ist unbekannt. Sie fielen von Nordwesten her, über den Khyberpass, nach Indien ein und setzten sich zuerst im Punjab fest. Über ihr Leben, ihre Sitten und Gebräuche geben die Veden, das gesammelte Wissen dieses Volkes, Auskunft.

Eroberung des Subkontinents nach Osten

Erst nach einigen Jahrhunderten stießen die Arier weiter in den indischen Subkontinent nach Osten vor und **besiedelten allmählich die Gangesebene** (1000 – 600 v. Chr.). Lange Zeit galt es dabei als wissenschaftlich unumstritten, dass sie dabei auf die Draviden, die man für die Urbevölkerung Indiens hielt, trafen und diese unterwarfen. Neuere Untersuchungen erhärten aber die These, dass die Draviden erst nach den Ariern auf dem Seeweg vom Irak und Iran her kamen und sich in Südindien niederließen, wo sie sich mit der einheimischen Bevölkerung vermischten. Im Lauf der Zeit entwickelten sich viele kleinere Herrscherstaaten im Norden und Nordosten Indiens, die sich gegenseitig befehdeten.

Entstehung der großen Epen

Dies war auch die Geburtsstunde der beiden großen Epen, des **Mahabharata** und des **Ramayana**. Mit der legendären Stadt Ayodhya, dem Sitz des Königs Rama, wird das Idealbild von der Herrschaft eines gerechten Königs entworfen.

Rolle der Priester

Neben dem König erwiesen sich v. a. die Priester als einflussreichste Gruppe der Bevölkerung. Ihr Monopol auf sämtliche religiösen Rituale machte sie zu unentbehrlichen Mittlern zwischen Göttern und Menschen. Auch die Könige erfuhren ihre Legitimation über die regelmäßigen Opfer, für die sie der Priester, Brahmanen genannt, bedurften. So erfuhr deren Rolle eine Aufwertung, die sich auch in der Sozialstruktur der Gesellschaft ausdrückte. In dieser Zeit wurde das **Kastensystem** mit den Brahmanen an der Spitze geschaffen, dessen Nachwirkungen auch im modernen Indien noch präsent sind.

Erstes indisches Großreich

272–231 v. Chr. Der buddhistische Kaiser Ashoka (Maurya) beherrscht fast den gesamten Subkontinent.

Kultivierung der Gangesebene

Um das Jahr 500 v. Chr. kam es zu einer Reihe von neuen Entwicklungen, die das Gesicht des Subkontinents entscheidend verändern sollten. Die Verwendung von Eisen setzte sich vollständig durch und war Voraussetzung für verbesserte Anbaumethoden in der Landwirtschaft. Dies führte letztendlich zur Verwandlung der Gangesebene in eine fruchtbare Reislandschaft. Doch nicht nur auf materiellem Gebiet tat sich Entscheidendes. Jetzt schlug auch die Stunde der neuen religiösen Strömungen des **Buddhismus und Jainismus**, die das Machtmonopol der Priesterkaste in Frage stellten.

Die Mauryas

All dies bereitete den Boden für den Aufstieg der Dynastie der Mauryas (322–185 v. Chr.), die sich als erste Großmacht Indiens erweisen sollte. Vor allem dem großen **Kaiser Ashoka** (um 272–232 v. Chr.) gelang es, das Reich zu konsolidieren und den Machtbereich weiter auszudehnen. Nach seiner gewaltsamen Unterwerfung des Kalinga-Reiches im heutigen Orissa konvertierte er zum Buddhismus, den er daraufhin zur Staatsreligion erklärte.

Herrschaft Ashokas

Unter seinem Protektorat entwickelten sich zahlreiche Mönchsgemeinden, die ihre Ideen in alle Teile des weiten Staatsgebiets brachten. Erstmals wurden unter Ashoka **einheitliche Verwaltungseinrichtungen** geschaffen, mit deren Hilfe er in zentralistischer Führung von der Hauptstadt Pataliputra (Patna im heutigen Bihar) aus das Land regierte. Seine politischen und ethischen Vorstellungen ließ er durch Felsen- und Säulenedikte im ganzen Land verbreiten. Obwohl sie in der Tendenz eher pazifistisch waren, entsprechend seiner neuen **buddhistischen Weltanschauung**, zögerte er nicht, gleichzeitig auf die wahren Machtverhältnisse hinzuweisen. So zeugen die in Stein gemeißelten Botschaften, die von Kandahar im heutigen Afghanistan bis ins südliche Dekkanhochland reichen, nicht nur von seinem ethischen und religiösen Missionsgeist, sondern vor allem von seinem imperialen Herrschaftsanspruch, der weit über die Grenzen seines Territoriums hinausreichte. Nur 50 Jahre überdauerte das große Reich Ashokas Tod, doch hatte mit ihm zum ersten Mal ein Herrscher eine kulturelle Einheit auf überregionaler Ebene geschaffen.

Ashoka-Säule
Vorbild des indischen Wappens

Entstehung von Regionalstaaten

185 v. Chr.	Reich zerfällt in Einzelstaaten
50–320 n. Chr.	Kushana-Reich: Förderung und Entfaltung des Buddhismus

Zerfall der Maurya-Dynastie

Nach dem Zerfall der Maurya-Dynastie kam es zu einem **Wiedererstarken der brahmanischen Orthodoxie**, da die Patronage für die buddhistischen Klöster und ihre Mönche ausblieb. In den vielen kleinen Königtümern, die an ihrer Stelle entstanden, nahmen die Priester wieder die Rolle ein, die sie schon in früheren Zeiten innehatten. Als Wahrer und Mittler einer alten Tradition hatten sie eine entscheidende Funktion an den Höfen und bestimmten nicht selten das Geschick des Staats.

Der Hinduismus entsteht

Die Wanderung der Brahmanen nach Süden führte auch zu einer Streuung ihrer religiösen und sozialen Vorstellungen im ganzen Land und damit zu einer **Angleichung regionaler Kulte und Glaubensvorstellungen**. In dieser Zeit entstand der Hinduismus. Neben vielen unbedeutenden Staaten kannte diese Periode vier Hauptakteure: die Sungas im Norden, die Kalingas im Osten, die Satavahanas im Dekkanhochland und im Nordwesten die Sakas (Skythen).

Kushana-Epoche

Doch nicht alle Herrscher übernahmen wieder die alten Glaubensvorstellungen. Kanishka, der große Kushanakönig, der im 1. Jh. n. Chr. ein Reich im Nordwesten des Subkontinents errichtete, war ein Anhänger des Buddhismus und verhalf diesem zu weiterer Verbreitung. Sein Staat war auch die Geburtsstätte der einzigartigen Synthese indischer und griechischer Kunstvorstellungen, die sich in der so genannten **Gandhara-Kunst** ihren Ausdruck verschafften.

Hinduistische Großreiche

320 – 510	Gupta-Dynastie beherrscht Nordindien.
980 – 1250	Großreich der Cholas in Südindien

Entfaltung von Kunst und Kultur

Eine gewisse innere Stabilität schuf die Voraussetzung für die unvergleichliche Entfaltung von Kunst und Kultur in dieser Periode, die als **das Goldene Zeitalter hinduistischer Reiche** in die Geschichte eingegangen ist und in der einige der schönsten Denkmäler Indiens geschaffen wurden. Abgesehen von den Hunnen, die sich im 5. / 6. Jh. in weiten Teilen Nordindiens festgesetzt hatten, drangen keine weiteren fremden Völker auf den Subkontinent vor. Dies führte zu einer allmählichen Vereinheitlichung des Herrschaftsstils in den Königtümern und zu allgemein verbindlichen Regeln bei der Anerkennung von Bündnispartnern und der Austragung von Konflikten.

Skulptur der Ganga (Gupta-Periode, 5. Jh.)

Die Dynastie der **Guptas** (320 bis 500 n. Chr.) stieg zur wichtigsten Macht des Nordens auf und ihr Hof galt als vorbildlich für die **Pflege höfischer Kultur**. Nach der Zerschlagung dieses Reichs durch die Hunnen entstanden an seiner Stelle verschiedene neue Machtzentren, aus denen sich das des Königs Harshavardhana (606–647 n. Chr.) als Vormacht herauskristallisierte. Gleichzeitig trat auch der Süden verstärkt auf die Bühne geschichtlicher und kultureller Prozesse.

Der Süden erwacht

Erstaunlich war der rasche **Aufstieg der Chalukyas** von Badami, die unter ihren großen Königen Pulakeshin I. (543–566 n. Chr.) und Pulakeshin II. (609–642 n. Chr.) zu erheblicher Macht gelangten. Auch die **Pallavas** unter ihrem König Narasimhavarman (630–660 n. Chr.) entwickelten sich zu einer bedeutenden Vormacht im Süden. Doch schon bald bestimmten wieder andere Herrschergeschlechter den Gang der Geschichte. Die **Rashtrakutas** aus Ellora (757–973 n. Chr.) verdrängten die Chalukyas und schwangen sich zu den Herren des Dekkan auf. Die Dynastie der Pallavas wurde von den wieder auferstandenen **Cholas** (von 985 bis zum Ende des 13. Jhs.) in ihre Schranken verwiesen. Die unvergleichlichen Cholabronzen und die hohe Blüte der Tamilliteratur, als deren unermüdliche Förderer sie sich erwiesen, waren ihr Verdienst. Das Erscheinen der **Hoysalas** (1110–1310 n. Chr.) mit ihrer Hauptstadt Halebid markiert einen weiteren Höhepunkt im Auf und Nieder der verschiedenen Herrschergeschlechter. Ihre Kultur, die unvergessliche Denkmäler in den Tempeln von Halebid, Belur und Somnathpur geschaffen hat, zeigt aber gleichzeitig schon das Ende der Periode klassischer Kunst und Kultur an. **Politische Zersplitterung und lebhafte Rivalitäten bei gleichzeitiger Dominanz des Hinduismus** kennzeichneten diese Epoche, deren Dynastien im machtpolitischen und religiösen Wetteifer einige der schönsten Kulturdenkmäler Indiens hervorbrachten. Auch der Prozess der »Hinduisierung« regionaler Kulte nahm seinen Lauf und führte zu einer weiteren Angleichung der Glaubensvorstellungen unter Beibehaltung der regionalen und lokalen Vielfalt.

Ausbreitung des Hinduismus nach Südostasien

Gleichzeitig breitete sich der Hinduismus nach Südostasien aus. Vietnam, Kambodscha, Java und auch Sumatra übernahmen nicht nur die religiösen Ideen des Subkontinents, sondern auch dessen Herrschaftsstil, die Baukunst und die Schrift. Das Jahrtausend hinduistischer Großreiche fand mit dem verstärkten Eindringen islamischer Eroberer ab dem 12. Jh. ein Ende und wurde abgelöst durch das erneute Aufeinanderprallen verschiedener Kulturen, das im Lauf der Jahrhunderte immer wieder sowohl zu Verständigung und Synthese als auch zu Kampf und Zerstörung führte.

Sultanat von Delhi

1206–1526	Muslimische Herrschaft erst über Nordindien, dann auch über andere Teile des Subkontinents

Ausbreitung des Islam Die allmähliche Ausbreitung des Islam und die territorialen Eroberungen seiner Verfechter mussten zwangsläufig auch auf eine Konfrontation mit den Herrschern des Subkontinents hinauslaufen. Die Raubzüge Mahmud von Ghaznis (997 – 1030), eines türkischen Heerführers, in das nordwestliche Indien waren das Vorspiel zur späteren Festsetzung islamischer Herrscher in Indien. Dies geschah mit der Errichtung des Sultanats von Delhi im Jahr 1206 durch Qutb-ud-din-Aibak (1206 – 1210). Zuvor hatten die Armeen der aus Afghanistan kommenden Ghuriden unter ihrem Führer Mohammed von Ghur (1150 – 1206) weite Teile Nordindiens unter ihre Kontrolle gebracht. Aibak war als Statthalter in Delhi eingesetzt worden und machte sich nach dem Tod seines Herrn selbstständig. Dies war der **Beginn einer 200 Jahre währenden Herrschaft der Delhi-Sultane**, die sich mit ihren starken Armeen immer weiter nach Süden vorkämpften. Unter dem Feldherrn Malik Kufur eroberten die Heere der Muslimherrscher verschiedene Hindukönigreiche, das der Yadavas auf dem nördlichen Dekkan, Warangal im Osten und das Gebiet der Hoysalas auf dem südlichen Dekkan.

Das Großreich unter Tughluk So wurde der Boden bereitet für die Errichtung eines in diesen Ausmaßen nie zuvor dagewesenen Großreichs unter der Regierung des Sultans Mohammed von Tughluk (1325 – 1351). Gleichzeitig hatte das Reich nun eine solche Ausdehnung erreicht, dass es vom fernen Delhi kaum regiert werden konnte. 1327 verlegte der Herrscher seine Hauptstadt auf die Festung Daulatabad (das frühere Devagiri) in den nördlichen Dekkan. Doch schon zwei Jahre später musste der Regent seinen neuen Herrschaftssitz wieder verlassen, da ihm der Norden, seine eigentliche Hausmacht, zu entgleiten drohte. Der **machtpolitische Zenit der Delhi-Sultane war damit überschritten**, da es nicht gelang, das riesige Reich auf Dauer zusammenzuhalten.

Grenzen der Macht Der Rückzug Tughluks nach Norden setzte das Signal für die Gründung des letzten hinduistischen Großreichs **Vijayanagar** durch die Brüder Harihara und Bukka 1336 und die Errichtung eines unabhängigen **Sultanats unter Ala-ud-din-Bahman Shah** 1347 auf dem Dekkanhochland. Auch im Norden bröckelten die Fronten und so mussten sich die nachfolgenden Dynastien der Sayyids (1414 bis 1451) und der Lodis (1451 – 1526) mit ihren Ambitionen auf den Großraum Delhi beschränken. Endgültig abgetreten sind die Delhi-Sultane, als 1526 der Mogulherrscher **Babur** (1483 – 1530) in Indien einfiel und den Grundstein für das zweite islamische Großreich legte.

Herrschaft der Moguln

1504 – 1739 Herrschaft der muslimischen Mogulkaiser

Humayun

Babur hatte seit 1504 in Kabul geherrscht und in mehreren Eroberungszügen die nordindische Ebene unterworfen (1526–1530). Weniger glücklich gestalteten sich die Konsolidierungsversuche seines Sohns Humayun (1530–1556), der das eroberte Gebiet nach einer Niederlage an den afghanischen Feldherrn Sher Shah abtreten und nach Persien fliehen musste. Erst nach dessen Tod und den daraus resultierenden Wirren gelang es Humayun, wieder Fuß in Indien zu fassen. Es sollte jedoch Humayuns Sohn **Akbar** (1556–1605) vorbehalten sein, das ruhmreichste Kapitel der Mogulherrschaft auf dem indischen Subkontinent zu schreiben.

Akbars Großreich

Unter seiner Führung erwuchs ein Großreich, das sich in Idee und Anspruch nur mit dem des Mauryakaisers Ashoka vergleichen lässt. Akbars Politik war bestimmt von dem pragmatischen Gedanken, dass sich eine dauerhafte Herrschaft der Muslime in Indien nur unter Respektierung der Glaubensvorstellungen der hinduistischen Mehrheit durchsetzen ließe. Diese Einsicht hatte zur Folge, dass Akbar nicht, wie einige seiner Vorgänger, sein Heil in der Konfrontation suchte, sondern durch den Aufbau verschiedenster Beziehungen, beispielsweise einer **gezielten Heiratspolitik** mit den Rajputenhöfen, hinduistische Herrscher an seinen Hof binden konnte. Die ihm zugeschriebene große Toleranz fand aber dort ihre Grenzen, wo machtpolitische Interessen gefährdet waren. Dennoch ging Akbar als **ein für seine Zeit aufgeklärter Geist** in die Annalen der Geschichte ein. So wird beispielsweise über die Einrichtung von Religionsdisputen in seiner zeitweiligen Residenz Fatehpur Sikri berichtet, wo Anhänger unterschiedlichster Glaubensrichtungen um die Wahrheit wetteiferten. Auch die von ihm verkündete eklektizistische **Religion Din-i-Illahi** hat sicher nicht den Gefallen der islamischen Orthodoxie gefunden.

Akbars Trumpf bei der Beherrschung des weiten Landes lag in

Szene aus dem Akbarnam, einer Miniaturensammlung der Taten des Mogulkaisers: Akbar überquert den Ganges.

seiner straffen, zentralistisch geführten Verwaltung, mit der er einmal unterworfene Gebiete regierte. Neben der weitgehenden Monetarisierung des Reichs durch die Silberrupie, die die Erhebung von Steuern und den interregionalen Handel erleichterte, war es vor allem seine strategische Überlegenheit durch den Gebrauch von Feuerwaffen, die seine Macht sicherte. Von seiner Hauptstadt Agra aus regierte er sein Land, das den Punjab und Teile Rajasthans ebenso umfasste wie einen Teil der Gangesebene und später auch Bengalen. Im Süden zeigten die dort entstandenen Dekkansultanate und das riesige Vijayanagar-Reich die Grenzen seiner Macht an.

Die Erben Akbars

Während Akbar vor allem als politischer Stratege in die Geschichte einging, taten sich seine Nachfolger **Jehangir** (1605 – 1627) und **Shah Jahan** (1628 – 1658) vor allem mit der Förderung der Künste hervor. Jehangirs Entscheidungen waren weitgehend beeinflusst von seiner politisch fähigen Gemahlin **Nur Jahan**, auch die Erinnerung an Shah Jahan ist verknüpft mit der Rolle seiner Frau. Zu Ehren seiner Gattin Mumtaz ließ er das berühmte Mausoleum **Taj Mahal** in Agra errichten. Letztendlich waren es die mit dem Bau solcher pompöser Anlagen verbundenen enormen finanziellen Belastungen, die den Staat in den Bankrott trieben. Dies war ein willkommener Anlass für Shah Jahans Sohn Aurangzeb (1658 – 1707), den Vater zu entmachten, gefangenzunehmen und sich selbst an die Spitze des Reichs zu stellen.

Aurangzeb

Aurangzebs Politik der Herrschaftssicherung stand in krassem Gegensatz zu der seiner Vorgänger. Vor allem seine Zerstörung von Hinduheiligtümern zeigte ihn als einen **rücksichtslosen Vertreter eines aggressiven Fundamentalismus**. Unter seinem Regiment erreichte das Mogulreich fast die Ausmaße wie zu Zeiten der Tughluks. Allerdings hatte Aurangzeb bei der Verfolgung seiner ehrgeizigen machtpolitischen Ziele die Ressourcen seines Staats bis aufs Äußerste ausgereizt und während er an der südlichen Front kämpfte, rebellierten die von Steuern gedrückten Nachbarn im Norden gegen die Zentralregierung.

Die **allmähliche Auflösung des Reichs** konnte nicht mehr aufgehalten werden. Auch erwuchsen dem Mogulreich mit dem **Aufstieg der Marathen** die Widersacher, die nicht mehr ausgeschaltet werden konnten. Von Pune aus, im Hochland südwestlich von Mumbai, eroberten sie unter ihrem Führer **Shivaji** große Teile der umliegenden Regionen. Aurangzebs schwache Nachfolger konnten sich nicht mehr durchsetzen und mit dem Einfall Nadir Shahs aus Persien endete im Jahr 1739 die mehr als zwei Jahrhunderte dauernde Herrschaft der Moguln über Indien. Erneut zerfiel das Land in viele kleine Regionalreiche, denn weder die Marathen noch eine andere Macht konnten das politische Vakuum, das nun entstanden war, ausfüllen. Damit waren ideale Voraussetzungen für den Expansionshunger der europäischen Mächte geschaffen, die schon längst ein Auge auf Indien geworfen hatten.

Europäische Kolonialherrschaft

1498	Landung Vasco da Gamas in Calicut
1600	Gründung der englischen Ostindien-Kompanie
1757	Beginn der britischen Vorherrschaft nach dem Sieg bei Plassey

Erste europäische Eroberer

Nachdem Vasco da Gama 1498 den Seeweg nach Indien entdeckt hatte, begannen die Portugiesen schon in der ersten Hälfte des 16. Jh.s Handelsniederlassungen an der Westküste des Subkontinents zu gründen. Ihnen folgten Briten, Holländer und Franzosen. Das Ziel der Europäer waren die begehrten Gewürze Indiens, aber auch Baumwolle, Indigo, Seide und Salpeter.

Kappad Beach bei Kozhicode: Hier betrat Vasco da Gama zum ersten Mal indischen Boden.

Bereits im Jahr 1600 wurde die **Ostindische Kompanie** mit dem Monopol für den britischen Indienhandel ausgestattet und sie erwirtschaftete schon bald ein riesiges Vermögen. Die Küstenstädte Surat und Bombay im Westen sowie Madras und Kalkutta im Osten wurden Ausgangsbasis für das immer stärker werdende Engagement der Briten auf dem Subkontinent. Dabei schlugen sie im Lauf der Zeit die anderen Kolonialmächte in zahlreichen Auseinandersetzungen aus dem Rennen. Frankreich war zum schärfsten Gegner britischer Interessen avanciert, wurde aber nach drei Kriegen im 18. Jh. in seine Schranken verwiesen. Standen für die Kolonialmächte zunächst nur rein **ökonomische Interessen** im Vordergrund, so kamen mit der Zeit immer mehr **machtpolitische Überlegungen** ins Spiel. Eine militärische Eroberung Indiens war letztendlich der einzige Garant für eine kontinuierliche und gesicherte Ausbeutung der indischen Rohstoffquellen. Das Signal dazu setzte die Einnahme des britischen Handelspostens Kalkutta durch den Nawab von Bengalen, dem die immer stärker werdende Präsenz der Briten verdächtig geworden war. Ein Jahr später schlug die britische Armee unter Führung von General Clive die Bengalis vernichtend.

Militärische Eroberung Indiens

Dieser Sieg, der als die Schlacht von Plassey (1757) in die Geschichte einging, markierte den Beginn der politisch-militärischen Eroberung Indiens. Von ihrer neuen Bastion Bengalen aus drangen die Briten in den kommenden Jahrzehnten in alle Landesteile vor und unterwar-

Krönung Georgs V. zum Kaiser von Indien am 12. Dezember 1911 in Delhi

fen die regionalen und lokalen Machthaber, deren Uneinigkeit nicht wenig zum Erfolg der Eindringlinge beitrug. Dabei **beließen sie den Maharadschas formal ihre Unabhängigkeit, faktisch jedoch wurden diese ein Teil der britischen Oberhoheit** und konnten weder politisch noch ökonomisch eigene Entscheidungen treffen. Mit dem zunehmenden politischen Engagement in Indien mehrten sich die Stimmen im Mutterland, die Macht der Ostindischen Kompanie auf rein ökonomische Fragen zu begrenzen.

Indien unter der Britischen Krone

Ein entsprechendes Gesetz wurde 1784 verabschiedet, das die militärischen, zivilen und finanziellen Angelegenheiten nun einem Vertreter der Britischen Krone unterstellte. Der gezielte Ausbau der Verwaltung mittels fest besoldeter Beamter und verstärkte Infrastrukturmaßnahmen, besonders der Aufbau eines riesigen Eisenbahnnetzes zur Erschließung des Inneren des Subkontinents, wurden vehement vorangetrieben. **Neben der administrativen Einigung des Landes wurden auch eine einheitliche Rechtsprechung und eine allgemein gültige Währung eingeführt.** Diese Verdienste, derer sich die Kolonialmacht gern rühmte, wurden allerdings in den Schatten gestellt durch die **katastrophalen wirtschaftlichen Folgen**, die die jahrhundertelange Präsenz der Europäer für Indien hatte. Der **kontinuierliche Abzug von Rohstoffen** ohne Entrichtung eines adäquaten Gegenwerts, die Kontrolle des indischen Binnenmarkts durch die Briten mit Hilfe einer Zollpolitik, die die einheimischen Händler stark be-

nachteiligte, und die Monopolisierung der Salzgewinnung sind nur einige Beispiele für die **rein an britischen Interessen orientierte Wirtschaftspolitik**. Noch verheerender waren die sozialen Folgen wie Arbeitslosigkeit aufgrund der Zerstörung ganzer Berufszweige, Landflucht und Massenarmut.
Dieses System wäre allerdings nicht aufrecht zu erhalten gewesen ohne die **Kollaboration** vieler lokaler Herrscher und derjenigen, die schon in früheren Zeiten auf die Patronage der Herrschenden angewiesen waren, der Brahmanen und Schreiberkasten, die Dienste in der britischen Verwaltung übernahmen. Der Bedarf an einheimischen qualifizierten Arbeitskräften führte zu Beginn des 19. Jh. auch zur Übernahme westlicher Bildungsinstitutionen, in denen sich junge Inder für eine Karriere als Beamter, Anwalt oder Lehrer ausbilden lassen konnten. Welcher Geist diesen Institutionen innewohnte, geben am besten die Worte des britischen Justizministers Macaulay wieder, der 1835 sagte: »Es ist das Ziel der neuen Bildung, Menschen heranzuziehen, die Inder nur noch dem Blut nach, aber britisch in Geschmack und Denkart sind«. Dass diese Rechnung nicht aufgehen sollte, zeigte sich kurze Zeit später. Denn es waren die Zöglinge jener Schulen und Universitäten, die als erste gegen die britischen Machthaber den Mund aufmachten und nach Mitbestimmung und Freiheit verlangten.

Beginn des Freiheitskampfs

1857/58	Sepoy-Aufstand
1885	Gründung des Nationalkongresses

Sepoy-Aufstand

Nationalistisches Gedankengut kreiste schon Mitte des 18. Jahrhunderts innerhalb der neuen indischen Oberschicht, die sich langsam herausbildete. Zum ersten organisierten gewaltsamen Widerstand kam es jedoch von anderer Seite. **1857 rebellierte ein großer Teil der britisch-indischen Armee im Verbund mit den Grundherren Nordindiens** gegen die Kolonialmacht. Der Sepoy-Aufstand, der seine Zentren in Lucknow, Delhi und Meerut hatte, wurde allerdings wegen mangelnder Führung und Koordination nach ein paar Monaten niedergeschlagen. Für kurze Zeit war die britische Herrschaft ernsthaft bedroht gewesen und man zog weit reichende Konsequenzen aus diesem Vorfall: Die Ostindische Kompanie wurde abgeschafft und **Indien direkt der Krone unterstellt**. Der Generalgouverneur, bisher oberster Befehlshaber, erhielt den Titel Vizekönig und die britische Regierung wurde durch ein Indienministerium erweitert. Verstärktes Misstrauen der Briten gegenüber ihren Untertanen, speziell der neuen Bildungsschicht, folgte.

Nationalistische Ideen

War der Sepoy-Aufstand mehr eine Rebellion der traditionellen Kräfte Indiens, so orientierte sich die neue Generation der Intellektuellen auch an **westlichen Ideen von Mitbestimmung, Demokratie und Nationalismus**. Entsprechend forderte sie die Beteiligung der Inder an der Gesetzgebung, Zugang zum höheren Verwaltungsdienst und die Senkung der Steuern. Die Forderungen fanden schließlich ihren organisatorischen Ausdruck in der **Gründung des Nationalkongresses** 1885 in Bombay. Der vorwiegend von Liberalen dominierte Zusammenschluss führender indischer Politiker setzte sich für eine kontinuierliche Entwicklung des Landes im Rahmen des britischen Weltreichs ein. Bald wurde der Nationalkongress jedoch auch eine Plattform für radikalere Ideen, insbesondere die nach der totalen Unabhängigkeit von der Kolonialmacht. Auch fand eine **erneute Zuwendung zu den alten Traditionen Indiens** statt, die für viele identisch waren mit hinduistischem Gedankengut. Eine Spaltung der nationalen Bewegung war damit vorprogrammiert, denn die Muslime konnten solche Ideen nicht mittragen. Dies führte schließlich 1906 zur Gründung der **Muslim-Liga** und ein Jahr später der Hindu-Mahasabha, während im Nationalkongress weiter Politiker aller Religionen zusammenarbeiteten. Hier verlief der Graben zwischen gemäßigten, auf Reformen hoffenden Anhängern und den Radikalen, die den Kongress zum Boykott der anstehenden Verfassungsreform bewegen wollten, was 1907 auch im Nationalkongress zur Spaltung führte.

Mahatma Gandhi

1920	Gandhi übernahm die Führung des Nationalkongresses, der wichtigsten Institution der Unabhängigkeitsbewegung.
1930	Kampagne des zivilen Ungehorsams, Salzmarsch
15.8.1947	Unabhängigkeit; blutige Auseinandersetzungen zwischen Hindus und Moslems in Punjab und Bengalen

Der Motor der Freiheitsbewegung

Der Freiheitskampf trat in die entscheidende Phase, als Mahatma Gandhi sich an die Spitze der Bewegung stellte. Dieser Mann besaß nicht nur genügend Charisma und schlagkräftige politische Ideen, sondern erwies sich als die **ideale Integrationsfigur**, die die verschiedenen politischen, sozialen und religiösen Gruppierungen zusammenführen konnte. Er war in jeder Hinsicht ein Glücksfall und treibender Motor auf dem Weg in die Freiheit. 1915 war Gandhi aus Südafrika zurückgekehrt und hatte sich sofort in die politische Diskussion eingemischt. **Nichtzusammenarbeit mit den Briten und gewaltfreier Widerstand** waren seine Parolen, mit denen er 1920 die Führung des Nationalkongresses übernahm und die Ideen des Freiheitskampfs von einer Sache bürgerlicher Intellektueller zu einem Anliegen der Massen machte.

Auf dem Weg zur Freiheit

Mit einer Reihe spektakulärer Aktionen zwang er die Briten immer wieder an den Verhandlungstisch. Der legendäre **Salzmarsch**, mit dem Gandhi das Salzmonopol der Briten brechen wollte, war nur eine davon. Gewalt gegen die Aufmüpfigen, die Abdrängung des Kongresses in die Illegalität und die regelmäßige Verhaftung seiner führenden Köpfe, darunter auch **Jawaharlal Nehru**, der der erste Ministerpräsident Indiens werden sollte, waren die gängigen Antworten der Kolonialmacht.
Andererseits versuchten die Briten mit einigen allerdings nur halbherzigen Verfassungsreformen der Unabhängigkeitsbewegung gegenüber Zugeständnisse zu machen. Im Lauf der Zeit traten dabei die unterschiedlichen Vorstellungen zwischen dem Kongress und einem Teil der Muslime zu Tage, als deren Wortführer sich der Rechtsanwalt **Mohammed Ali Jinnah** präsentierte.

Forderung nach einem eigenen Staat für die Muslime

Diese hatten die Befürchtung, in einem zentralistischen, von der Mehrheit der Hindus dominierten Staat zu kurz zu kommen, und optierten deswegen für eine föderalistische Verfassung mit weitgehender Autonomie der Provinzen. Zunächst kristallisierte sich dies in der Forderung nach separaten Wählerschaften für ihre Religions-

Nehru und Gandhi bei der Eröffnungssitzung des Kongresses im Juli 1946

gruppe. Die Briten, die mit ihrer Politik der Unterstützung von Minderheiten ein Gegengewicht zu dem immer stärker werdenden Kongress schaffen wollten, gingen darauf ein. Bei den ersten Wahlen 1936 kam es zu einem überwältigenden Sieg des Kongresses, außer in den Muslimmehrheitsprovinzen. 1940 vertrat der inzwischen zum Führer der Muslim-Liga aufgestiegene Jinnah erstmals die Zwei-Nationen-Theorie, nach der Hindus und Muslime zwei verschiedene Nationen seien.
Die **Forderung nach einem eigenen Staat Pakistan** ließ dann auch nicht lange auf sich warten. Damit stand Jinnah in krassem Gegensatz zu seinen ehemaligen Kongressmitstreitern Gandhi und Nehru, die auf ein einiges, säkulares Indien, in dem Platz für alle ethnischen, sozialen und religiösen Gruppen sein sollte, hinarbeiteten. Auf der im Jahr 1945 stattfindenden Konferenz von Shimla scheiterte die Bildung einer Interimsregierung an der Vetopolitik Jinnahs und seiner erneuten Forderung nach einem autonomen Staat. Die Briten stärkten ihm dabei mit ihrer **»Teile-und-herrsche-Politik«** kräftig den Rücken.

Unruhen zwischen Hindus und Muslimen

Am 16. August 1946 ließ Jinnah einen »Direct-Action-Day« ausrufen, um seinem Plan Nachdruck zu verleihen. In dessen Gefolge kam es zu blutigen Unruhen in Kalkutta, wo Muslime die ortsansässigen Hindus aus der Stadt vertrieben, um einen Anschluss der Stadt an die Muslimmehrheitsprovinz Bengalen zu erzwingen. Aus Rache töteten die in die Provinz Bihar geflohenen Hindus zahlreiche dort lebende Muslime. Mehrfach stand das Land in diesem Jahr **am Rand eines Bürgerkriegs** und der Druck auf die Briten, die aus den Fugen geratene Kolonie endgültig und möglichst schnell in die Unabhängigkeit zu entlassen, wurde immer größer.

Lord Mountbatten als »Retter in der Not«

Rettung in dieser Stunde versprachen sie sich von dem ehemaligen Feldherrn ihrer Südostasienkampagnen, Lord Mountbatten, der, mit weitgehenden Vollmachten versehen, als neuer Vizekönig nach Indien geschickt wurde. Dieser bereitete in atemberaubender Geschwindigkeit einen Aktionsplan vor, der die Teilung der Kolonie in zwei Staaten vorsah.

Teilung und Unabhängigkeit

Am 15. August 1947 wurde die Unabhängigkeit Indiens verkündet, nachdem am Tag zuvor der neue Staat Pakistan ins Leben gerufen worden war. **In die Freude über die lang ersehnte Freiheit mischten sich aber die grausamen Botschaften von Vertreibung, Gewalt und Tod.** Im Gefolge der Teilung und Unabhängigkeit verloren über 250 000 Menschen ihr Leben. Besonders in den geteilten Provinzen Punjab und Bengalen fanden schreckliche Massaker statt, auch die Hauptstadt Delhi glich streckenweise einer Hölle. Der Traum von Freiheit wurde bezahlt mit dem Trauma von Hass und Zwietracht, einer Bürde, an der sowohl Indien als auch Pakistan immer noch zu tragen haben.

Indien nach der Unabhängigkeit

30.1.1948	Ermordung Mahatma Gandhis
26.1.1950	Inkrafttreten der Verfassung, Indien wird Republik.

Unabhängigkeit

»Vor langen Jahren haben wir einen Pakt mit dem Schicksal geschlossen und nun naht die Zeit, dass wir unser Gelöbnis einlösen werden (...). Wir schreiten aus dem Alten ins Neue, ein Zeitalter geht zu Ende und die Seele einer so lange unterdrückten Nation findet ihre Sprache.« So Jawaharlal Nehrus Worte vor der verfassunggebenden Nationalversammlung am Tag der Unabhängigkeit.

Ermordung Mahatma Gandhis

Sprachlos waren er und die ganze Nation nur ein halbes Jahr später, als am 30. Januar 1948 Mahatma Gandhi von einem fanatischen Hindu erschossen wurde. Wie kein anderer war der liebevoll »Babu« genannte Vater der Nation ein **Symbol für Frieden, Toleranz und Gewaltlosigkeit** und sein Tod stürzte Indien in große Trauer. Dennoch erinnerte die Tat schmerzhaft an die Keime der Gewalt, die sich schon zu Anbeginn in dem jungen Staat festgesetzt hatten. Gleich nach der Unabhängigkeit war es zu einem ersten Krieg mit Pakistan um das von einer Muslimmehrheit bevölkerte, aber von einem Hindufürsten regierte Kaschmir gekommen. Trotz eines 1949 von der UNO vermittelten Friedensschlusses sollte der Himalaja-Staat auch weiterhin eines der Hauptstreitobjekte mit dem neuen Nachbarn bleiben.

Nehru als Ministerpräsident

Mit Jawaharlal Nehru als Ministerpräsident einer starken Kongressregierung stand einer der großen Männer der Unabhängigkeitsbewegung an der Spitze des Staats, der sowohl im Inland als auch im Ausland großes Ansehen genoss. Seine Amtszeit war außenpolitisch geprägt von einer **globalen Neutralitäts- und Friedenspolitik** in Zeiten des Kalten Kriegs bei gleichzeitig währendem Konflikt mit den unmittelbaren Nachbarn Pakistan und China. Mit China kam es 1962 ebenfalls zu kriegerischen Auseinandersetzungen um die Grenzziehung.
Kennzeichnend für Nehrus Innenpolitik war der Versuch, mit Hilfe eines starken Staats die von den Briten behinderte Industrialisierung und soziale Reformen voranzutreiben. Auch die Eingliederung der ehemaligen Fürstentümer, die immerhin zwei Fünftel des Staatsgebiets ausmachten, und die Neuordnung der Staaten nach Sprachgrenzen fand unter seiner Federführung statt. Als Nehru 1964 starb, verlor Indien einen der führenden Architekten des neuen Staats. Sein Nachfolger Lal Bahadur Shastri blieb nur kurze Zeit im Amt. Sein plötzlicher Tod machte den Weg frei für Nehrus Tochter Indira Gandhi, die das Geschick des Landes für fast zwanzig Jahre maßgeblich mitbestimmen sollte.

Die Ära Indira Gandhi

1966	Indira Gandhi wird Ministerpräsidentin.
1969	Spaltung der Kongresspartei
1971	Krieg gegen Pakistan, Unabhängigkeit Bangladeschs
1975-77	Notstandsregime
1980	Überwältigender Sieg der Kongresspartei I, Indira Gandhi wird wieder Ministerpräsidentin.
1984	Ermordung durch zwei Sikh-Leibwächter

»Indien ist Indira«

»Indien ist Indira und Indira ist Indien« war einer der Slogans, mit denen die Ministerpräsidentin in späteren Zeiten den Sieg für ihre Kongresspartei davontragen wollte. Die Bescheidenheit, mit der die Generation ihres Vaters und vor allem jener selbst die Politik prägten, sollte mit der Ära Indira Gandhi zu Ende gehen. Innenpolitisch waren mit der **Entstehung neuer Parteien**, vor allem in Südindien, neue Konkurrenten für die regierende Kongresspartei entstanden.

? WUSSTEN SIE SCHON ...?

- ... dass Indira Gandhi nicht mit Mahatma Gandhi verwandt war? Sie heiratete den Parsen Feroze Gandhi. Die Namensgleichheit mit Indiens Symbolfigur war ihr aber von großem Nutzen.

Auch innerparteilich stand die Partei vor der Zerreißprobe. Hier konnte Indira Gandhi einen ersten Beweis ihres machtpolitischen Geschicks liefern, als sie nach einer von ihr forcierten **Spaltung des Kongresses** die Mehrheit der Abgeordneten auf ihre Seite brachte. Mit ihrer »neuen alten« Partei, die nun ihr Kürzel (**Congress I**) trug, gewann sie unter der populistischen Parole »Garibi Hatao« (»Bekämpft die Armut«) die nächsten Wahlen.

Militärische Intervention in Ostpakistan

Den Höhepunkt ihrer Beliebtheit erreichte sie 1971 nach der Intervention im krisengeschüttelten Ostpakistan, aus dem unter kräftiger Mithilfe der indischen Armee der **neue Staat Bangladesch** hervorging. Doch schon bald darauf geriet ihr Stern ins Sinken. Soziale Unruhen und Streikwellen mahnten die Regierung daran, dass ihr Versprechen, die Armut zu bekämpfen, nicht eingelöst worden war. Nachdem der Ministerpräsidentin 1975 auch noch das Abgeordnetenmandat wegen korrupter Wahlkampftaktiken aberkannt worden war, rief sie den Notstand aus.

Notstandsregime 1975–1977

Dies bedeutete den schwerwiegendsten **Bruch mit den Spielregeln der Demokratie** seit der Unabhängigkeit. 100 000 Oppositionelle wurden verhaftet, die Presse zensiert und die für das kommende Jahr angesetzten Wahlen verschoben.

Indira Gandhi mit ihrem Sohn Rajiv

Ihre Popularität sank weiter in den Keller, als ihr Sohn Sanjay mit rigiden Maßnahmen eine Kampagne zur Zwangssterilisation durchführen ließ.

Turbulente Jahre

Bei den 1977 verspätet durchgeführten Wahlen erlitt die Kongresspartei I eine klare Niederlage und wurde von der Janata-Partei, einem Bündnis von fünf Oppositionsparteien, überrundet. Doch schon bald reichte das gemeinsame Feindbild Kongresspartei nicht mehr aus, um die Koalition aufrechtzuerhalten. 1980 kam es zu vorgezogenen Neuwahlen, aus denen Indira Gandhi erneut als Siegerin hervorging. Die letzte Wahlperiode der Ministerpräsidentin war von zunehmender Instabilität gekennzeichnet. Gewalttätige Auseinandersetzungen und eine **Erosion der Macht** in den nordwestlichen und nordöstlichen Bundesstaaten kennzeichneten die Lage. In Assam kam es zu einem Bürgerkrieg zwischen Einheimischen einerseits und den Repräsentanten des indischen Staates, der Verwaltung und dem Militär andererseits. Gescheitert ist Indira Gandhi aber am **Punjabproblem**. Der Punjab, 1947 zwischen Indien und Pakistan aufgeteilt, ist die traditionelle Heimat der Sikhs, die sich von Anfang an von der Zentralregierung in Neu-Delhi benachteiligt fühlten. Der Streit zwischen beiden Partien, der sich anfangs um Land- und Wasserrechte gedreht hatte, eskalierte auf beiden Seiten und fand seinen vorläufigen Höhepunkt in der **Stürmung des Goldenen Tempels von Amrit-**

sar, dem höchsten Heiligtum der Sikhs, durch indische Truppen, da sich dort militante Sikh-Rebellen verschanzt hatten. Dieses Sakrileg führte nicht nur zu einer weiteren Radikalisierung unter den Sikhs, sondern Indira Gandhi musste diese Entscheidung auch mit ihrem Leben bezahlen.

Ermordung Indira Gandhis

Im Oktober 1984 wurde sie von zweien ihrer Sikh-Leibwächter erschossen. Die daraufhin einsetzenden Unruhen forderten in New Delhi das Leben von Tausenden Anhängern dieser Religionsgemeinschaft, die aus Rache von fanatischen Hindus umgebracht wurden. Um ein weiteres Chaos zu vermeiden, ernannte man nach nur kurzen Beratungen Indira Gandhis Sohn Rajiv zu ihrem Nachfolger. Seine Mutter hatte den ehemaligen Air-India-Piloten gezielt zu ihrem Nachfolger aufgebaut, nachdem ihr favorisierter Sohn Sanjay 1980 bei einem Flugzeugabsturz ums Leben gekommen war. Die **Machtübergabe innerhalb der Nehru-Gandhi-Dynastie**, von deren Fortbestand der Einfluss führender Kongresspolitiker abhing, war damit geglückt.

Rajiv Gandhi

1984	Rajiv Gandhi wird als Ministerpräsident vereidigt.
1991	Ermordung bei Wahlkampfveranstaltung in Tamil Nadu

Neuer Hoffnungsträger

Mit Rajiv Gandhi betrat zum ersten Mal ein Vertreter der jüngeren Generation die politische Bühne und entsprechend groß waren die Erwartungen, die vor allem seine Altersgenossen und die nachwachsende Generation in ihn setzten. Die **Hoffnungen auf einen grundlegenden politischen und gesellschaftlichen Wandel** waren immens und Rajiv Gandhi versprach denn auch bei seinem Machtantritt, ein »Indien des 21. Jahrhunderts« aufzubauen. Das Rezept für diesen großen Sprung nach vorn bestand in einer allmählichen Öffnung der Wirtschaft und der verstärkten Einführung moderner Technologien. Von seinem konsumorientierten, sehr von Importen abhängigen Wirtschaftsmodell profitierte zwar die wachsende Mittelschicht, für die Masse der Bevölkerung, die nach wie vor in der Landwirtschaft tätig ist, konnten aber keine Verbesserungen erreicht werden.

Immer höher wuchs der Schuldenberg, bis der Staat 1991 vor der Zahlungsunfähigkeit stand. Auch die Lösung der nach wie vor drängenden regionalen Konflikte gestaltete sich äußerst schwierig. Der junge Ministerpräsident signalisierte zwar Dialogbereitschaft im Assam- und Punjabkonflikt, konnte 1985 auch ein Abkommen mit den Assamesen aushandeln, das zur Beruhigung der Lage führte, doch bis heute ist die Nordostregion ein Krisenherd geblieben. Auch im Punjab zeigte die erneute Belagerung des Goldenen Tempels 1988, dass man von einer Lösung des Konflikts noch weit entfernt war, und mit dem Ausbruch eines Bürgerkriegs in Kaschmir 1989 meldete sich auch Indiens Krisenregion Nummer eins erneut lautstark zu Wort.

Schwindende Popularität

Rajiv Gandhis Image als junger, dynamischer Erneuerer, das ihm bei den Wahlen ein überwältigendes Mandat in Form einer Dreiviertelmehrheit eingebracht hatte, schwand zusehends dahin. Nicht wenig ins Gewicht fiel dabei der so genannte **Bofors-Skandal**, ein Waffengeschäft mit dem schwedischen Rüstungskonzern, bei dem die beträchtliche Summe von rund 200 Millionen Dollar in die Taschen führender Regierungsmitglieder gewandert war und Gandhis Ruf als Mr. Saubermann schwer ins Wanken geriet. Den Denkzettel erhielt die Kongresspartei bei den folgenden Wahlen 1988, bei denen sie das Zepter an ein neu formiertes Bündnis unter Führung von V. P. Singhs Janata-Partei abgeben musste. Doch auch die politische Kraft dieser Koalition war schnell verbraucht und schon 1991 mussten Neuwahlen angesetzt werden. Erneut stürzte sich Rajiv Gandhi als Kandidat des Kongresses in den Wahlkampf und suchte den Kontakt zu dem Volk, das ihn zuvor verlassen hatte. Das Bad in der Menge sollte ihm aber zum Verhängnis werden.

Ermordung Rajiv Gandhis

Bei einer Wahlkampfveranstaltung nahe Chennai fand er 1991 durch die Explosion einer Bombe, die ein Mitglied der Tamilischen Befreiungsorganisation **Tamil Tigers** in der Menge gezündet hatte, den Tod.

Neue Entwicklungen

1991	Einleitung einer wirtschaftlichen Liberalisierung
1998 bis 2005	Nach dem Wahlsieg der BJP wird Atal Bihari Vajpayee Ministerpräsident.
2005	Sieg der Kongresspartei, neuer Ministerpräsident: Dr. Manmohan Singh

Ende der Nehru-Gandhi-Dynastie

Das tragische Ende Rajiv Gandhis setzte gleichzeitig auch den zumindest vorläufigen Schlusspunkt unter die Herrschaft der Jahrzehnte währenden Nehru-Gandhi-Dynastie. Die Konzentration der Macht auf eine Familie war lange Zeit Garant für die politische Stabilität des Landes gewesen. Dies hatte aber gleichzeitig zu einer Schwächung der demokratischen Institutionen und zu einem **Machtvakuum** nach der Beendigung der Familienherrschaft geführt.

Öffnung des Markts

Die neue Kongress-Regierung unter **P. V. Narasimha Rao** leitete 1991 die Öffnung des indischen Markts ein. Die neoliberale Politik führte zu einem Anwachsen der Mittelschicht einerseits, zu verschärften gesellschaftlichen Konflikten andererseits, denn die Situation der Ärmsten verschlechterte sich. Ein Resultat der gesellschaftlichen Spannungen war auch das **Erstarken des Hindu-Nationalismus** (Hindutva) und der Partei BJP (Bharata Janata Party). Seit Ende der 1980er-Jahre hatte diese immer mehr Unterstützung gewonnen und war bei den Wahlen 1996 erstmals stärkste Partei im Parlament. Sie scheiterte allerdings an der Regierungsbildung. Von 1996 bis 1998 regierte eine Vielparteien-Koalition mit den Ministerpräsidenten H. D. Deve Gowda und Inder Kumar Gujral.

Die BJP an der Macht

Bei den Wahlen im März 1998 schaffte es die BJP dann, die Regierung anzuführen. Ministerpräsident wurde **Atal Bihari Vajpayee** bis zur Niederlage bei den nächsten Wahlen im Frühjahr 2005. Während seiner Amtszeit führte er die wirtschaftsliberale Politik seiner Vorgänger zwar fort, schlug aber immer wieder nationalistische Töne an. Seine Abwahl ist auf die Enttäuschung vor allem der ärmeren Bevölkerungsschichten zurückzuführen, deren Lage sich unter der BJP nicht verbessert hatte.

Sonia Gandhi mit ihrem Sohn Rahul und Indiens Ministerpräsident Dr. Manmohan Singh bei einer Trauerfeier zum Gedenken an ihren ermordeten Gatten Rajiv Gandhi

Neueste Entwicklungen und Ausblick

Seitdem regiert wieder die Kongresspartei. Ministerpräsident ist der Wirtschaftsexperte **Dr. Manmohan Singh**, nachdem Rajiv Gandhis Witwe Sonia auf das Amt verzichtet hatte. Sie ist aber seit 1998 Vorsitzende der Kongresspartei. **Durch Indiens wachsendes ökonomisches Potenzial hat sich seine weltpolitische Rolle verändert.** Das Land ist nicht nur die erste Macht in Südasien, sondern erhebt auch Anspruch auf eine angemessene Rolle innerhalb der führenden Nationen der Welt wie zum Beispiel einen ständigen Sitz im Sicherheitsrat der UN. Zu den wichtigsten Themen indischer Politik gehören nach wie vor die Beziehungen zum Nachbarn Pakistan und die Kaschmirfrage. Seit einiger Zeit ist ein Entspannungsprozess im Gang, der jedoch immer wieder Störungen unterworfen ist. Innenpolitisch steht der Staat regelmäßig vor der Herausforderung, kommunalistische Auseinandersetzungen, die von Extremisten verschiedener Parteien und Religionsgemeinschaften geschürt werden, einzudämmen.

Kunst und Kultur

Worin unterscheiden sich nordindische und südindische Tempel? Was ist das Mahabharata? Welcher indischstämmige Schriftsteller erhielt Morddrohungen iranischer Mullahs? Und womit hat Bollywood seine amerikanische Schwester schon längst überholt?

Architektur

Die indische Architektur ist, abgesehen von Festungs- und Palastbauten, v.a. eine Sakralarchitektur. Die Schutz- und Repräsentationsfunktion stand bei den Festungen und Palästen im Vordergrund, wohingegen sich in der Sakralarchitektur die Vorstellungen der unterschiedlichen Religionen widerspiegeln. Erst in der modernen Architektur seit der Unabhängigkeit und bei den Bauten der Metropolen kommen andere Kriterien zur Anwendung.
Entsprechend ihrer geschichtlichen Entstehung kann die indische Architektur in drei wesentliche Perioden eingeteilt werden, die jeweils bestimmte Typen entwickelt haben. Bis zum 6. Jh. wurde sie **stark vom Buddhismus beeinflusst**, danach entstanden hinduistische Regionalreiche, in denen sich unterschiedliche Arten von Tempelbauten entwickelten. Von diesen sind der **Nagarastil** der nordindischen Tempel und der **Dravidastil** Südindiens die wichtigsten. Ab dem 12. Jh. entstand schließlich der **islamische Bautyp** mit den Hauptbauten Moschee, Grabbauten und Palästen. Die von den Engländern gebauten Anlagen waren meist an der europäischen Architektur orientiert und dienten vor allem der Repräsentation. Nach der Unabhängigkeit gab es nur wenige ambitionierte Projekte, in denen Sakralbauten (Bahaitempel in Delhi) oder auch ganze Städte (►Chandigarh) entworfen und gebaut wurden.

Buddhistische Architektur

Stupa

Zu den ältesten noch vorhandenen historischen Bauten gehören die Reste der Stupas, **halbkugelförmige Monumente**, in denen Reliquien von Buddha aufbewahrt wurden. Der Stupa (Haarschopf) besteht aus einem Unterbau (Medhi) und einer sich darüber wölbenden Halbkugel (Anda). Diese Gedächtnisstätten werden als Abbild des Kosmos gedeutet und die einzelnen architektonischen Teile als symbolische Repräsentationen der verschiedenen Ebenen des Weltberges Meru. Die Stupas werden von einem runden Schirm, Symbol der Herrschaft und des Schutzes, gekrönt und die Mittelachse der Stupas symbolisiert die Weltachse. Manchmal sind die Stupas von Mauern umgeben, die durch Tore (Toranas) den Pilgern Einlass gewähren. Die Toranas von **Sanchi** mit ihren ausgezeichneten Skulpturen, die symbolisch die buddhistische Lehre darstellen, sind ein besonders schönes Beispiel. Waren die Stupas zu Zeiten von Ashoka noch kleine Hügel, wurden sie im Lauf der Zeit zu riesigen Steinkuppeln, die über mehrstufige Sockel in den Himmel ragten. Der Stupa von Sanchi hat einen Durchmesser von 36 m und ist ohne Aufsatz 16,5 m hoch.

← *»Das wunderbare Flötenspiel« (Indische Miniatur, um 1700)*

Stupa in Sarnath

Daneben entwickelten sich in dieser Zeit auch die **Höhlenklöster** mit großen Gebetshallen (Chaitya-Hallen) und einfachen Wohnräumen für die Mönche (Viharas). Sie wurden während der Zeit des Hinayana-Buddhismus errichtet. In den Chaitya-Hallen wurde jedoch nie Buddha selbst dargestellt, da er nie als Gott verehrt werden wollte, sondern Symbole wie der Bodhibaum, das Rad oder seine Fußabdrücke. In späterer Zeit entstanden in den buddhistischen Zentren Nordindiens Klosteranlagen. Schöne Beispiele finden sich um Leh.

Stambhas

Eine weitere besondere buddhistische Architekturform sind die Stambhas, **monolithische Säulen** mit aufgesetzten Kapitellen, auf denen Bäume, Stiere oder Elefanten dargestellt wurden. Auch Kaiser Ashoka ließ solche Stambhas mit eingravierten Edikten im ganzen Reich aufstellen, wobei auf seinen Säulen jedoch nur Löwenkapitelle auftauchen. Dies weist auf die Übernahme des Löwen als Herrschaftssymbol aus dem iranischen Raum hin.

Hinduistische Architektur

Die ältesten Hindutempel, Bauten aus Holz und Lehm, haben die Jahrtausende nicht überlebt. Die späteren Steintempel versuchten jedoch, die Holztempel nachzuahmen. Der Hindutempel entwickelte sich als eine Synthese aus Architektur, Skulptur und Malerei. In den Shilpashastras (Traktate über die Baukunst) wurden der Grundriss und die Verhältnisse zwischen den einzelnen Teilen des Tempels genau festgelegt. Die Zahlenverhältnisse und die architektonischen Elemente sind Versuche, ein komplexes religiöses System von Symbolen über Zahlenmystik in die Architektur zu übertragen. Der gesamte Tempel ist eine architektonische Umsetzung symbolischer Gedanken.

Der Tempel als Kosmos

Der Tempel ist eine Miniaturreproduktion des Kosmos und der Tempelturm spiegelt die Weltachse, die die Erde mit dem Himmel verbindet, wider. Deswegen spielen beim Tempelbau die **Ausrichtung zur Sonne** und die Anordnung von Figuren, die Tierkreiszeichen symbolisieren, eine wichtige Rolle. Der Tempel wird sowohl als Repräsentation des Universums als auch als Repräsentation des menschlichen Körpers begriffen. Die kleine **Cella (Garbhagriha)**, in der sich die zentrale Götterfigur befindet, gleicht dem Herz oder der Seele. Die oberen Teile des Tempels werden meist von Figuren, die sich in Bewegung befinden, wie Tänzern, göttlichen Nymphen und Musikern bevölkert, die das Element Luft verkörpern. Im unteren

Bereich sind alle Naturkräfte dargestellt, die nötig sind, den Tempel zu beschützen. Auch die Darstellung von Liebespaaren (Mithuna-Figuren) soll ihn vor Blitzen und anderen Naturgewalten schützen.

Grundmuster der Tempelanlage

Die Garbhagriha, der Schrein, in dem die zentrale Götterfigur dargestellt wird, ist nach Osten gerichtet, sodass die Strahlen der aufgehenden Sonne die Gottheit bescheinen können. Um den Schrein herum verläuft ein Korridor (Pradakshina Patha), der von den Gläubigen benutzt wird, um die Gottheit im Uhrzeigersinn zu umkreisen. Dies ist ein wichtiger Bestandteil des Gebets. Über der Cella erhebt sich ein Turm, der als Shikhara oder Vimana bezeichnet wird. Dem Schrein vorgelagert ist häufig eine Gebetshalle (Mandapa). Typologisch lassen sich zwei Hauptstile identifizieren, die sich vor allem in der Form der Bedachung unterscheiden: der Nagara- und der Dravidastil. Diese grobe Klassifikation soll jedoch nur eine Orientierung geben, da auch Übergangsformen vorkommen.

Nagarastil

Der Nagarastil ist vornehmlich in **Nordindien** verbreitet. Charakteristisch ist der als **Shikhara** bezeichnete parabelförmige Turm über der Cella. Der Cella vorgelagert sind mehrere Hallen, die zum Teil von kleineren pyramidalen Türmen bekrönt werden. Die frühesten Beispiele dieses Typs aus der Guptazeit wurden von den ersten islami-

Ein Beispiel für den Nagarastil: der Mukteshavara-Tempel in Bhubaneshwar

schen Eroberern zerstört. Die Tempel in **Osiyan** (Rajasthan) aus dem 8. Jh. gehören zu den wenigen, die noch eine Vorstellung dieser relativ kleinen Tempel geben. Später entstand unter den Solankiherrschern in Gujarat der Sonnentempel in **Modhera** (11. Jh.). Der Shikara ist einteilig, ihm vorgelagert ist eine Vorhalle. Besonders beeindruckend sind die reichen Skulpturen an den Außenwänden des Tempels. Gute Beispiele für die nächste Phase der Entwicklung sind die Tempel von **Bhubaneshwar** und **Puri**. Den einzelnen, sich allmählich entwickelnden Teilen des Tempels wurden Namen gegeben. Die Cella wurde Deul genannt, die Vorhalle Jagamohan. Zwischen diesen beiden Teilen, die von einem konischen, mehrteiligen Turm bekrönt werden, besteht nur eine enge Verbindung. Dem eigentlichen Tempel sind noch eine Tanzhalle (Nata Mandapa) und eine Essenshalle (Bhog Mandapa) angeschlossen, die jedoch ein pyramidales Dach aufweisen. In den Tempeln von **Khajuraho** (11. / 12. Jh.) ist der sehr steile Turm konisch und besteht aus vielen kleinen Shikharas, die sich zu einem organischen Ganzen verbinden. Jeder dieser kleinen Shikharas erhebt sich über der Darstellung einer Nebengottheit und stellt die hierarchische Ordnung des Götterhimmels plastisch dar. Auch die Türme der Vorhallen wachsen langsam im gleichen Stil empor und bilden mit dem Hauptturm eine komplexe Einheit. In Khajuraho ist der Gang um die Cella durch Fenster erhellt und mit Figuren ausgestaltet.

Dravidastil

Der dravidische Stil entwickelte sich um das 7. Jh. herum speziell in **Tamil Nadu**. Die frühesten Beispiele dafür sind die Tempel in **Mamallapuram** und **Kanchipuram**. Die von der Pallava-Dynastie erbauten Tempel hatten nicht nur auf den Tempelbau in Indien, sondern auch auf den in Java und Kambodscha großen Einfluss.

Besonders charakteristisch für diesen Stil sind die **Vimana**, die Türme, die sich über der Garbhagriha erheben. Ist der Tempelturm des Ufertempels in Mamallapuram noch bescheiden, so wurde er im Lauf der Zeit immer höher: Der Vimana von **Thanjavur** ist mit seinen 58 m ein weithin sichtbares Zeichen der Stadt. Er soll so berühmt gewesen sein, dass er dem Prambanan-Tempel in Indonesien als Vorbild diente. Dem Vimana vorgelagert ist die Ardha Mandapa (Vorhalle). Im Lauf der Zeit kamen neue Elemente hinzu wie die Maha Mandapa (große Halle), die für Musikveranstaltungen genutzt wurde, und die Kalyana Mandapa (Hochzeitshalle), wo alljährlich die Hochzeit der residierenden Gottheit mit seiner Begleiterin gefeiert wurde. Der durch eine Mauer geschützte Tempelbereich hatte vier Tore, über die die **Gopurams** – Türme, die sich über dem Eingang zum Tempel erhoben –, gebaut wurden. Die Pandyas, die nach den Pallavas die Macht übernahmen, entwickelten die Gopurams zur besonderen Vollendung. Sie waren die neuen, von weitem sichtbaren Zeichen der sich entfaltenden Tempelstädte. Der Gopuram wurde mit Tausenden von Figuren versehen, die der Landbevölkerung die indischen Legenden bildlich vor Augen führten. Am Ende dieser Ent-

Typische südindische Tempelanlage, hier in Tirukkalikundram (bei Mamallapuram)

wicklung entstanden komplette Tempelstädte, die manchmal riesige Ausmaße annahmen. Besonders gute Beispiele sind die Tempelanlagen von **Sri Rangam**, **Madurai** und **Thanjavur**.

Jainistische Architektur

Die Jaintempel unterscheiden sich architektonisch nicht wesentlich von den Hindutempeln. Sie weisen jedoch einige bemerkenswerte Besonderheiten auf. Im Gegensatz zu den Hindutempeln wirken sie von außen schlicht, ihren Reichtum an Skulpturen entfalten sie im Innenbereich. Die Cella ist manchmal nach allen vier Himmelsrichtungen geöffnet (chaumukh). Generell sind die Jaintempel lichtdurchflutet. Manchmal besitzen sie auch geschlossene Räume, in die sich die meditierenden Gläubigen zurückziehen können. Der große Chaumukhtempel zu Ehren von Adinath in **Ranakpur** (Rajasthan) ist mit seinen 29 Hallen und 1444 fein geschnitzten Säulen ein sehr schönes Beispiel dafür. In anderen Regionen entstanden durch den Bau immer neuerer Tempel riesige Tempelstädte. In **Palitana** (Gujarat) findet man auf dem Shatruyanaberg 863 Tempel, viele von ihnen mit feinen Marmorfiguren im Innenbereich.

Mogulische Architektur

Einige indische Bauten von Weltrang stammen aus der Mogulperiode. Die wichtigsten Bauten der Moguln sind **Grabanlagen, Moscheen, Paläste und Gartenanlagen**. Häufig sind die Gartenanlagen

Teil von Palästen oder Grabanlagen. Während der Herrschaft Shah Jahans entstanden einige der elegantesten Bauten der Mogulperiode. Die Verwendung von Marmor, Einlegearbeiten aus Halbedelsteinen und vielfach gefächerten Bögen verliehen seiner Architektur Leichtigkeit und Eleganz. Das Meisterwerk **Taj Mahal** vereint persischen und hinduistischen Stil zu einem harmonischen Ganzen. In Shah Jahans Regierungszeit entstanden auch das Rote Fort und die große Moschee Jami Masjid in Delhi, die Maßstäbe für alle nachfolgenden Bauten setzten.

Grundform der Moschee

Der Grundtyp einer Moschee besteht aus einem überdachten Gebetsraum (Haram) und dem davor liegenden Hof. Im Gebetsraum ist die Wand in Richtung Mekka durch ein Mihrab (Gebetsnische) gekennzeichnet, daneben befindet sich in den Hauptmoscheen der Predigtstuhl Minbar. Häufig ist der Hof durch eine umliegende Pfeilerhalle umschlossen, die am Gebetsraum ihren Anfang und Ende findet. Im Hof befindet sich meist ein Brunnen für die vor jedem Gebet notwendigen rituellen Waschungen. Besonders auffallend sind die Minarette, von denen aus der Muezzin zum Gebet ruft.

Mogulische Moscheen

Die ersten Moscheen wurden aus den Bauteilen zerstörter Hindutempel von indischen Handwerkern gebaut (S. 258). Die Kragbögen dieser Moscheen verdeutlichen den noch sehr starken hinduistischen

Symbol einer großen Liebe – das Taj Mahal, Grabmal für Mumtaz Mahal

Einfluss. Später entstanden auch in Indien die Kuppeln – nach dem Vorbild der Moscheen aus dem arabischen Raum – in Wölbtechniken mit radialem Steinschnitt. Die mogulischen Herrscher ließen Handwerker aus der Türkei und Persien kommen, damit die Moscheen den Vorbildern in ihrer ursprünglichen Heimat ähnelten. Im Gegensatz zu den hinduistischen oder jainistischen Tempeln ist die Moschee, der islamischen Tradition folgend, schmucklos, nur manchmal werden für Verzierungen Blumen- und Pflanzenmotive verwendet. In Gujarat entwickelte sich der indosarazenische Stil, bei dem Säulen und Wände der Moschee äußerst feine Reliefstrukturen aufweisen. Besonders schöne Beispiele sind die **Jami Masjid in Delhi** und die **Moti Masjid in Agra**.

Festungsanlagen

Die mogulischen Eroberer, die ständig Krieg mit ihren Nachbarn führten, ließen zahlreiche Festungen bzw. ganze Städte bauen, bei denen Schutz und Repräsentation im Vordergrund standen. Außer dem Roten Fort in Delhi und der Festung in Agra ist die heute verlassene Stadt Fatehpur Sikri ein gelungenes Beispiel für diese Bemühungen der Mogulherrscher. Sie ließen sich bei ihren Bauten von älteren indischen Vorbildern wie den Anlagen von Mandu oder der Festung von Gwalior inspirieren.

Grabanlagen

Die Anlagen für die Verstorbenen in Form von Tombs (Grabmälern) entwickelten sich unter den Moguln zur Vollendung. Neben dem bekanntesten Bauwerk Indiens, dem Taj Mahal, sind Humayuns Grabmal in Delhi, das Itimad ud-Daulain Agra sowie die Qutb Shahi Tombs in Hyderabad zu nennen.

Gartenanlagen

Char Bagh (vier Gärten), der geometrisch angelegte Garten, ist ein wesentlicher Bestandteil von Grabanlagen und Festungen. Manchmal wurden auch eigenständige Gartenanlagen geschaffen, die eng mit moslemischen Paradiesvorstellungen verknüpft sind. Diese erstmals in Persien angelegten Gärten wurden durch den Mogulherrscher Babur nach Indien gebracht und im Lauf der Jahrhunderte weiterentwickelt. Wichtige Beispiele findet man bei Humayuns Grabmal in Delhi oder im Shalimar-Garten in Srinagar.

Kolonialarchitektur

Repräsentationsbauten

Die Engländer erbauten neben Festungen und Verwaltungsgebäuden auch einige Repräsentationsbauten, um ihren Herrschaftsanspruch zu unterstreichen. Das **Victoria Memorial** in Kolkata, eine Gedächtnisstätte für Queen Victoria, und Neu-Delhi, das als Verwaltungszentrum komplett neu gebaut wurde, gehörten zu den ambitionierten Projekten der Engländer.

Paläste

Während der Kolonialzeit entstanden in mehreren Städten neue Paläste der indischen Maharadschas, die oft europäische Stile nachahm-

VICTORIA MEMORIAL

Eines der gewichtigsten Relikte aus der Zeit, als Kolkata noch britisch war und Calcutta hieß, ist das Victoria Memorial. Das Gebäude aus weißem Marmor mit seinen formal gestalteten Gärten und Wasserläufen wurde von dem britischen Außenminister Lord George Nathaniel Curzon (1859–1925) geplant, um dem Empire in seiner höchsten Blüte ein Denkmal zu setzen. Entworfen wurde es von Sir William Emerson, fertiggestellt im Jahr 1921.

Öffnungszeiten:
tgl. außer Mo. 10.00 – 17.00 Uhr. In den Innenräumen ist fotografieren verboten. Interessant ist eine englischsprachige Sound-and-Light-Show, die um 19.15 (Okt. – Febr.) oder 19.45 Uhr (März – Sept.) stattfindet.

1 Bronzestatue
Vor dem Nordeingang ragt eine Statue Victorias von England auf, zu deren Ehren das Memorial errichtet wurde. Von 1877 bis 1901 war die britische Königin auch Kaiserin von Indien.

2 Bauwerk
Mit seinen romanischen Statuen über dem Eingang, mogulischen Eckkuppeln und eleganten hohen Kolonnaden an den Seiten erscheint das Bauwerk wie eine Mixtur aus klassischer europäischer Architektur und dem Stil der Mogulzeit. Böse Zungen bezeichnen es als einen misslungenen Versuch, ein besseres Taj Mahal zu bauen. Der Grundstein für das 103 m lange Gebäude wurde 1906 vom späteren König Georg V. gelegt.

3 Zentralkuppel
Drei Tonnen wiegt die 5 m hohe, drehbare Siegesfigur auf der mächtigen Kuppel.

4 Museum
Hier werden vor allem Werke präsentiert, die sich mit der britisch-indischen Geschichte befassen. Dazu gehören ein echter Reynolds, Victorias Klavier aus Rosenholz, ein Modell des Fort William sowie Schmuck, Rüstungen, Waffen und Originalverträge der Ostindischen Kompagnie. Gemälde zeigen indische Landschaften und Gebäude neben Porträts britischer Kolonialbeamter und Szenen aus militärischen Konflikten. So sieht man Edward VII. bei seinem prachtvollen Einzug in Jaipur (1876) sowie französische Gewehre, die bei der Schlacht von Plassey erobert wurden, ferner den schwarzen Thron des Nabobs, den Clive 1757 besiegte. Außerdem finden sich auch sehr schöne indische und persische Miniaturen sowie seltene Bücher und Manuskripte. Über das Leben der Inder erfährt man zudem einiges, wenn man liest, wie durchschnittliche britische Familien im damaligen Kalkutta lebten. Mehr als 100 Dienstboten – vom Koch über den Gärtner und dem Kindermädchen bis zum Punkah-Wallah, der frische Luft zufächeln durfte – waren keine Seltenheit. Nicht versäumen sollte man auch die Abteilung über die indische Unabhängigkeitsbewegung.
Tipp: Besonders schön ist der Blick auf den Park (Maidan) vom Balkon über dem Eingang!

»Kricketspiel in Kalkutta« (Farblithografie, 1861)

Teil jener Zeugnisse – ihre schriftliche Fixierung statt. Es ist deshalb oft schwierig, Werke einem einzelnen Autor zuzuweisen.

Spricht man heute von »indischer Literatur«, so sollte berücksichtigt werden, dass dieser Begriff in keiner Weise etwa mit dem der »deutschen Literatur« vergleichbar ist. Die Dichter und Schriftsteller Indiens schrieben und schreiben nicht in »indisch«. Die alten Texte sind in Sanskrit, Pali, Prakriti oder Tamil abgefasst.
Erst sehr viel später entstanden das auf verschiedenen Mundarten basierende Hindi und das arabisch-persisch beeinflusste Urdu als wichtige Literatursprachen. Moderne indische Autoren aber stehen vor der brisanten Frage, wie man jenes multilinguale Publikum erreicht, das die Leserschaft des Landes darstellt.

Auszug aus dem indischen Nationalepos, dem Mahabharata

Veden

Die ältesten literarischen Zeugnisse des Subkontinents, die Veden (veda = Wissen), sind in Sanskrit abgefasst, jener Sprache, deren indogermanische Wurzeln in vielen Wörtern zu Tage treten. Es handelt sich um eine **Sammlung von religiösen Schriften**, entstanden ungefähr im Zeitraum zwischen 1200 – 500 v. Chr. Der älteste Teil, der **Rigveda**, enthält 1028 Hymnen an die verschiedenen Götter des damaligen Nomadenvolks der Arier.
Nach und nach folgten der **Samarveda**, eine Zusammenstellung von Liedern, die teilweise mit dem Rigveda identisch sind, und der **Yajurveda**, Sprüche, die bei Opferhandlungen hergesagt wurden. Den Abschluss bildet der **Atharvaveda**, im Wesentlichen aus Zauberformeln zur Abwehr von Krankheiten und Dämonen bestehend. In die Übergangsphase vom Vedismus zum Hinduismus fallen die **Brahmanas**, das sind Texte, die komplizierte Opferrituale zum Inhalt haben (900 bis 400 v. Chr.). Dies war auch die Zeit, in der die Rolle der Priester als Mittler zwischen Gott und den Menschen eine starke Aufwertung erfuhr.

Upanishaden

Demgegenüber beinhalten die Upanishaden (Geheimlehren), die um 600 v. Chr. entstanden, die **philosophischen Anschauungen** der Inder. Sie bilden kein fest umrissenes philosophisches System, da verschiedene Denker und Schulen an ihrer Entwicklung beteiligt waren.

Mahabharata und Ramayana

Wirklich populär im wahrsten Sinne des Wortes sind die zwei großen Epen, das Mahabharata und das Ramayana, geworden. Der Zeitpunkt ihrer Entstehung ist nicht klar einzugrenzen, da sie vermutlich das Werk vieler Generationen waren. Genannt wird von der westlichen Geschichtsschreibung gemeinhin eine Periode, die sich vom 4. Jh. v. Chr. bis zum 4. Jh. n. Chr. erstreckt. In Indien jedoch betrachtet man beide Epen als Werk eines bestimmten Dichters: Das Mahabharata wurde demnach von dem Weisen Vyasa verfasst, das Ramayana von dem Dichter Valmiki. Beide Werke sollten die Themen der künftigen Literatur bis hin zur Moderne entscheidend beeinflussen. Das gilt besonders für das berühmte Lehrgedicht, die **Bhagavat Gita**, die das Herz des Mahabharata bildet. Noch heute wächst in Indien jedes Kind mit den Bildern und Geschichten von den fünf Pandava-Brüdern des Mahabharata heran. Am beliebtesten sind nach wie vor die Erzählungen über den großen Helden Rama, seine Frau Sita, den Affenführer Hanuman und den bösen Dämonen Ravana. Von der Gute-Nacht-Geschichte über Straßentheater bis zur panindischen Fernsehserie repräsentieren die Figuren des Ramayana auch im Zeitalter von Satellitenfernsehen und Internet noch immer Muster nachahmbarer und verwerflicher Verhaltensweisen, an denen sich viele Menschen orientieren.

Verschiedene Literatursprachen

Obwohl viele Texte in **Sanskrit** verfasst waren, war dies nicht die einzige Literatursprache jener Zeit. So sind zahlreiche Texte der Buddhisten und Jainas in den Sprachen **Sanskrit** und **Pali** überliefert. Auch aus dem **Tamil**, der zweitältesten indischen Sprache, sind reichhaltige Textsammlungen vorhanden. Mit der Eroberung von weiten Teilen Indiens durch muslimische Herrscher gelangte im Mittelalter die persisch-arabische Literaturtradition nach Indien. In der neuen Sprache Urdu, in der das Persische und Arabische mit dem vorherrschenden Hindi verschmolzen, sind einige der schönsten Liebesdichtungen Indiens entstanden. Als große Förderer jener Kunst galten vor allem die nordindischen Moguln, an deren Höfen die Dichter meist lebten. Ihre Blütezeit erlangte die **Urdupoesie** vor allem im 18. / 19. Jh. durch berühmte Namen wie Meer, Zafar und vor allem Ghalib.

Bhaktiliteratur

Doch auch in der religiösen Literatur der Hindus kam es ab dem 10. Jh. zu großen Umwälzungen. So entstand als Gegenbewegung zur sehr exklusiven, von nur wenigen verstandenen Sanskritliteratur die so genannte Bhaktiliteratur. Gemeint ist eine **hingebungsvolle religiöse Lyrik**, geschrieben in den verschiedenen Regionalsprachen, die somit auch vom Volk verstanden werden konnte. Der Populärste und Einflussreichste unter den vielen Bhaktidichtern war **Tulsi Das** (1532 – 1623), doch auch ein weiblicher Name erlangte große Berühmtheit: **Mirabai** (um 1500 – um 1550), deren leidenschaftliche Verse an Gott Krishna sie unsterblich machten. Und geradezu modern klingen die Worte des radikalen Kritikers **Kabir** (1440 – 1518), der die zementierten Rituale sowohl von Hinduismus als auch Islam attackierte: »Wenn mich ein steinernes Idol zu Gott geleiten kann / So lass mich gehen und einen ganzen Berg verehren« oder »Der Mullah krächzt von der Spitze der Moschee / Als ob Allah taub wäre«.

Westlicher Einfluss

Entscheidend für die Entwicklungen in der modernen indischen Literatur war die Einführung des westlichen Bildungssystems und der englischen Sprache. Dies führte unter den indischen Intellektuellen zu unterschiedlichen Reaktionen. Viele Literaten fühlten sich bald im Englischen so sehr zu Hause, dass sie auch ihre Werke in jener Sprache verfassten. Andere besannen sich gerade jetzt auf eine nationale Identität und schrieben in ihren Muttersprachen wie Hindi, Bengali, Marathi oder Tamil.

Rabindranath Tagore

Der berühmteste bengalische Poet gilt auch gleichzeitig den Titel als der größte moderne Dichter Indiens: Rabindranath Tagore (1861 bis 1941) wurde im Jahr 1913 für sein Werk »Gitanjali« mit dem **Literatur-Nobelpreis** bedacht (►Berühmte Persönlichkeiten).

Englischsprachige indische Literatur

Seit den 1930er-Jahren bedienten sich immer mehr indische Schriftsteller der Sprache der Kolonialherren, die für viele Intellektuelle zur zweiten Muttersprache geworden war. Hierzu gehören die großen Romanciers **R. K. Narayan**, **Raja Rao** und **Mulk Raj Anand**. Alle greifen hauptsächlich auf Themen zurück, die von vorwiegend indischen Figuren auf überwiegend heimischem Terrain bevölkert werden. Ebenfalls in englischer Sprache schreiben Kamala Das, Anita Desai, deren Mutter aus Deutschland stammte, und Shashi Deshpande. In ihren Romanen, Erzählungen und Kurzgeschichten setzen sie sich insbesondere mit der Rolle der Frau im modernen Indien auseinander. Große Erfolge erzielt auch der Schriftsteller Anantha Murthy aus Karnataka; sein Roman »Sanskara« wurde erfolgreich verfilmt.

Neuere Entwicklungen: Eher kosmopolitisch gibt sich dagegen eine neue Generation von Schriftstellern, die seit Anfang der 1980er-Jahre die Literaturszene mitbestimmt. Allen voran sind hier **Salman Rushdie** (►Berühmte Persönlichkeiten) und auch **Amitav Ghosh** zu nennen. Rushdie wurde durch seinen Bestseller »Mitternachtskinder« bekannt, der ihm 1981 den Booker's Prize einbrachte. Danach folgten viele Romane. Nach Veröffentlichung der »Satani-

Salman Rushdie

schen Verse« war er gezwungen, für einige Jahre im Untergrund zu leben, da von fundamentalistischen Muslimen Morddrohungen gegen ihn ausgesprochen worden waren. Amitav Ghosh gehört zur jüngeren Generation indischer Schriftsteller. Seine Romane wie »Bengalisches Feuer«, »Das Kalkutta-Chromosom« oder »Der Glaspalast« machten ihn in aller Welt bekannt. In diese Gruppe gehört auch die politisch engagierte Schriftstellerin **Arundhati Roy**, der mit »Der Gott der kleinen Dinge« ein Überraschungserfolg gelungen war (► Berühmte Persönlichkeiten). Auch die in den USA bzw. Kanada lebenden »NRIs« (Non Residental Indians), der UN-Beamte **Shashi Tharoor**, der parsische Schriftsteller **Rohinton Mistry** oder die aus Bengalen stammende **Jhumpha Lahiri**, zählen zum Kreis der jüngeren erfolgreichen Autoren.

Übersetzungen und internationale Bedeutung

Gleichzeitig ist und bleibt das Schreiben in der Muttersprache für viele Schriftsteller das einzige Mittel, indische Realität und indisches Gedankengut adäquat auszudrücken. Leider finden nur wenige dieser oft brillanten Werke ihren Weg zu einer größeren, die regionalen oder gar nationalen Grenzen sprengenden Leserschaft, da gute Übersetzungen schwierig und rar sind. Einen Aufschwung verzeichneten literarische Übersetzungen aus verschiedenen indischen Sprachen ins Deutsche durch die Nominierung Indiens als Gastland auf der Frankfurter Buchmesse 2006.

Musik

Klassische indische Musik

Unsere Wahrnehmung ist kulturell geprägt, heißt es. Stimmt der Satz, so gilt dies auch für unsere Ohren. Geschult in Opernhäusern oder Open-Air-Konzerten, ist das westliche Gehör meist nicht erbaut bei seiner ersten Begegnung mit der klassischen indischen Musik.

Grundlagen

Was ist nun das für uns Fremde an der klassischen indischen Musik? Warum unterscheidet sie sich so sehr von den uns vertrauten Klängen von Bach bis zum Hip-Hop? Indiens klassische Musik war immer Hof- und Tempelmusik. Daraus ergibt sich ihr **kontemplativer und meditativer Charakter**, der durch den Filter unserer Hörgewohnheiten und unserer Unkenntnis oft nur als monoton und langweilig begriffen wird. Fremd für unsere Ohren ist nicht nur das Tonsystem, fremd sind auch die Melodien, Rhythmen und Instrumente. Aufmerksame Besucher eines Konzerts werden eines sofort feststellen: Stets gibt es ein Soloinstrument, das von einem oder mehreren Instrumenten begleitet wird. Schon hierin zeigt sich eines ihrer wichtigsten Merkmale: Die indische Musik ist rein **einstimmig**, d.h. modal, ohne polyphone Elemente oder Harmonien. Ihre Basis ist die

Ravi Shankar, der Meister des Sitar

menschliche Stimme. Gesangstexte bilden die Grundlage der Musikstücke und entsprechend bewegen sich die Instrumente im Spielraum der ungefähr drei Oktaven, die die Stimme umfasst.

Tonsystem

Das indische Tonsystem ist nicht temperiert, nur die relative Tonhöhe ist entscheidend. **Sieben Haupttöne** besitzt die Sangama, die indische Tonleiter. Diese werden durch zweiundzwanzig ungleiche Intervalle voneinander getrennt. Es ist das Verhältnis dieser Intervalle, bei frei gewähltem Grundton, das der indischen Musik ihre Klangfarbe gibt. Ein Begleitinstrument, oft die viersaitige Tambura, gibt den Grundton, seine Quinte und deren Oktaven an. Dieser Grundakkord ist die Stütze, um die sich das Spiel der Musiker aufbaut.

Raga und Tala

Wie alle Musik hat auch die indische ihre Wurzeln in der Religion. Sie lässt sich zurückverfolgen zu den Melodien vedischer Gesänge und Opferrituale, deren wesentlichen Bestandteil sie darstellte. Der Samarveda, jene Sammlung von Texten, die auch einen Teil des Liedguts der damaligen Arier enthält, gibt Aufschluss über Theorie und Grundbegriffe. **Raga (Melodie)** und **Tala (Rhythmus)** bilden das Gerüst der Musik. Jeder Raga basiert auf einer Folge von fünf bis zwölf Tönen, die durch eine bestimmte Anordnung miteinander kombiniert werden und dadurch **besondere Gefühlsstimmungen** vermitteln sollen. So entstehen Morgenragas und Abendragas, Ragas für die verschiedenen Jahreszeiten und nicht zuletzt männliche Ragas und weibliche Raginis. Je nach der Zeit, in der sie gespielt werden, sollen

sie ihre besondere Wirkung entfalten. Die Talas, von denen mehrere Hundert existieren, sind die Grundstrukturen der indischen Rhythmik. Sie sind, wie in der europäischen Musik, in Takte gegliedert. Der wichtigste Akzent eines Talas liegt immer auf dem ersten Schlag. Eine **lautmalerische Silbe**, vom Musiker rezitiert, begleitet jeden einzelnen Schlag. Der Aufbau eines Ragas ist normalerweise dreigeteilt. Der erste Teil, Alap genannt, ist ohne rhythmische Begleitung. Im Gap, dem zweiten Teil, setzt die Begleitung durch Trommeln ein; feste Kompositionen liegen ihm zugrunde. Den Abschluss bildet der Jhala, er endet in schnellem Tempo auf einem Höhepunkt. Natürlich kam es auch in der klassischen Musik im Lauf der Zeit zu unterschiedlichen Ausprägungen.
Unter den verschiedenen Stilen lassen sich zwei Hauptrichtungen herauskristallisieren. Im Norden Indiens dominiert die von islamischen Elementen durchsetzte **Hindustani-Musik**. Der ursprünglichen Form näher ist die südindische Variante, die als **karnatische Musik** bezeichnet wird. Was lange Zeit für die indische Literatur galt, war bis ins 20. Jh. auch ein Kennzeichen der Musik. Sie wurde nicht niedergeschrieben und nach der Partitur gespielt, sondern mündlich überliefert. Dies geschah und geschieht noch heute innerhalb der Familientradition. Indiens Musiker stammen aus alten Musikerfamilien, wo die künstlerischen Fertigkeiten direkt an die nachfolgende Generation weitergegeben werden.

Neuere Entwicklungen

Wie lebendig die Tradition ist, wird jeder Besucher eines klassischen indischen Konzerts erleben. Doch die indischen Töne haben im Zuge der Globalisierung schon lange Einzug in die westliche Musik gehalten. Das erste Konzert Ravi Shankars mit den Beatles fand bereits in den 1960er-Jahren statt. Heutzutage sind indische Klänge in Bars und Discos auf der ganzen Welt zu hören. Auch die populäre indische Musik, die so genannten **Hindischlager**, haben durch die immer bekannter werdenden Bollywood-Filme neue Anhänger gefunden.

Tanz

Göttliche Vorbilder

Tanz ist Imitation der göttlichen Welt auf der Bühne. Seine Stoffe und Themen schöpfen aus dem schier unermesslichen Fundus der Mythen und Legenden Indiens. Besonders die großen Epen, das Mahabharata und das Ramayana, sind seit jeher populäre Vorlagen für die Künstler. Individuelle Charaktere gibt es nicht, es treten vielmehr die typischen Figuren der hinduistischen Gesellschaft auf: der Asket, der Priester, der König, die Prinzessin und natürlich die ganze Götterwelt.

Natyashastra

Das Kompendium der klassischen Tanzliteratur ist das Natyashastra aus dem 2. Jh. n. Chr. Die angeblich auf den Weisen Bharata zurückgehende Textsammlung behandelt jedoch nicht nur den Tanz, sondern auch seine »Begleitkünste«, die Musik und den Gesang. Hier wird die komplizierte Sprache der Schritte, Gesten und Blicke eines Tänzers festgelegt. Das Buch ist gleichzeitig eine Abhandlung über Sinn und Funktion der Aufführung selbst. Zwei Arten des Tanzes unterscheidet der Natyashastra: den rein rhythmischen Tanz (Nritta) und den theatralischen Tanz (Abhinaya).

Eine der 64 Handgesten im indischen Tanz

Ausführlich und exakt werden Bewegungen und Bewegungsfolgen dargestellt: vom Kopf über Nacken, Brust, Bauch, Hände, Finger, Gesäß bis zu den Füßen. **108 verschiedene Körperhaltungen** kennt der klassische Tanz, **64 Handgesten** und allein **36 Formen für die Blicke** mit sieben verschiedenen Möglichkeiten, die Augenbrauen hoch zuziehen. So werden Götter, Menschen, Tiere und Objekte dargestellt und es ist auch für Einheimische schwer, die komplizierte Sprache des Körpers sofort zu verstehen. Die erlaubten Bewegungen sind strengstens vorgegeben und Improvisationen nicht gestattet.
Doch das Werk ist nicht nur ein Leitfaden für den praktischen Gebrauch der Künstler. Eingehend befasst es sich mit der **Wirkung, die die Tänzer auf ihre Zuschauer haben**. Verbunden damit ist die Frage: Wie kann der Darsteller Gefühlshaltungen (Bhavas) so echt ausdrücken, dass sie beim Publikum entsprechende Gefühlszustände (Rasas) auslösen? Nur jahrelanges Training macht dies dem Künstler möglich. Am überzeugendsten ist jener, dem es gelingt, die ganze Skala der Gefühle – von Verliebtheit über Zorn bis hin zur Furcht – bei seinen Zuschauern hervorzubringen.

Wiederbelebung klassischer Tanzstile

Es ist der Hartnäckigkeit einiger weniger Familien und Tänzer zu verdanken, dass die klassische indische Tanzkunst nicht in Vergessenheit geraten ist. Heute gibt es in allen Landesteilen Schulen, in denen die klassischen Tanzstile unterrichtet werden. Auch hat sich aus diesen Einrichtungen heraus eine moderne Tanztheaterbewegung entwickelt, die traditionelle Elemente mit moderner Choreographie verbindet. Die wichtigsten und bekanntesten Formen des klassischen Tanzes sind in Südindien der **Bharata Natyam** aus Tamil Nadu, der **Kathakali** aus Kerala und das **Kuchipudi-Tanztheater** aus Andhra Pradesh. In Nordindien ist der **Kathak** beheimatet, aus Orissa stammt der **Odissi** und von den Bergvölkern des östlichen Himalaja der **Manipuri**.

Kunsthandwerk

Kunsthandwerkliche Tradition

Tänzer und Musiker, Bildhauer und Maler, aber auch Weber, Töpfer, Schneider – für alle kennt das Sanskrit nur den einen Namen: Shilpa. Sie alle werden als Abkömmlinge Vishvakarmas, des Architekten der Götter, betrachtet. In der traditionellen indischen Gesellschaft gab es keine Trennung zwischen Kunst und Handwerk. Der Handwerker war immer auch ein Künstler und der Künstler auch ein Handwerker. So vielfältig wie Indiens Landschaften, so unerschöpflich ist auch die Fülle seiner kunsthandwerklichen Traditionen. Von der archaischen und lebendigen Ausdruckskraft seiner dravidischen Bewohner über den 3000 Jahre alten ästhetischen Code der Veden bis zu den Innovationen der islamischen Eroberer – dieser in Jahrtausenden angehäufte Schatz an künstlerischem Wissen trägt zum großen kulturellen Reichtum des Subkontinents bei.

Bearbeitung einer Bronzeskulptur

In den Dörfern werden die **kunsthandwerklichen Fertigkeiten seit jeher innerhalb bestimmter Kasten und Familien weitergegeben**. Vom einfachen Tongefäß bis zur genau proportionierten, feinstgemeißelten Tempelfigur – die Kunst reicht vom Profanen bis zum Religiösen. Von Generation zu Generation überlieferte Regeln und Gesetze bestimmen den Produktionsprozess. Materialien, Formen, Farben, Muster und Proportionen sind verbindlich vorgegeben. Doch der Kunsthandwerker gilt – im Westen oft schwer verständlich – nicht als mechanischer Produzent, sein Werk ist Ausdruck kreativen und vor allem spirituellen Schaffens.

Besonders gefördert wurden die Shilpis früher von den Höfen und Tempeln, von denen sie Aufträge erhielten bzw. wo sie direkt arbeiteten. Im Zuge der Kolonisation Indiens und vor allem seit der industriellen Revolution hat der Status der Kunsthandwerker stark gelitten. Die Konkurrenz der Maschinen und die Überschwemmung des indischen Markts mit britischen Fertigprodukten haben ganze Berufszweige, wie z. B. die Weber, fast vernichtet. Mahatma Gandhi bewahrte durch sein Konzept zur Stärkung der Dorfökonomie die indische Handwerkskunst vor dem Zusammenbruch. Das einfache Spinnrad wurde zum Symbol für Selbstvertrauen und politischen Widerstand. Indiens kunsthandwerkliche Traditionen sind daher noch nicht in Museen und Bücher verbannt. Es gibt sie noch, die Kasten der Töpfer und Korbflechter, der Holzschnitzer, Metallschmiede und Goldschmiede und natürlich auch der Bildhauer. In jeder Region des riesigen Landes führen sie ihre eigenen Traditionen fort und sind Symbole für kulturelle und soziale Beständigkeit und Kraft (►Praktische Informationen, Shopping).

Malerei

Industal-Zivilisation

Die Ausgrabungen aus der Periode der Industal-Zivilisation (3000 bis 1500 v. Chr.) haben viele Keramiken mit Darstellungen von Pfauen, Rehen und Blumenmotiven zu Tage gefördert. Einige besonders sehenswerte Objekte sind im Museum in Delhi und in dem kleinen Museum im Fundort Lothal in Gujarat zu besichtigen. Originalmalereien sind jedoch nicht erhalten, da es entweder wenige derartige Werke gab oder weil sie die lange Zeitspanne nicht überlebt haben.

Höhlenmalereien von Ajanta und Ellora (3D-Abbildung S. 436)

Die Höhlenmalereien von Ajanta und Ellora sind herausragende Zeugnisse für eine in Indien schon sehr früh hoch entwickelte Malerei. Die **kunstvollen Fresken** stellen meist Geschichten aus dem Leben Buddhas dar. Die Meisterwerke des Mahayana-Buddhismus wurden nach und nach vom 1. Jh. bis zum 8. Jh. n. Chr. geschaffen.

Beispiel aus der Basholischule: Krishna berichtet von seiner Verliebtheit.

Miniaturmalerei

Die **Mogulherrscher** unterhielten große Malerateliers, in denen die besten Künstler aus dem Reich versammelt waren. Entsprechend den Vorlieben der Herrscher beschäftigten sich die protegierten Maler mit unterschiedlichen Themen und die Miniaturmalerei erlebte eine Hochblüte. Von Anfang an wurde sie von den Herrschern auch dazu genutzt, ihre Taten darzustellen und sich so verewigen zu lassen. Daneben entwickelte sich die **Kunst der Porträtmalerei**. Akbar ließ durch seine Hofmaler alle wichtigen Persönlichkeiten seines Reichs porträtieren. Die Hofmaler gingen in ihrem Bemühen, Einzelheiten darzustellen, so weit, dass sie mit feinen Pinseln arbeiteten, die nur aus einem einzigen Haar bestanden. Damit erreichten sie Details wie einzelne Barthaare, die man erst mit einer Lupe erkennen kann.
Im Gegensatz zur aristokratischen Malerei der Moguln wurden bei der **rajputischen Miniaturmalerei** kaum Schatten verwendet, sondern großflächige reine Farben ohne Binnenzeichnungen. Rajputische Bilder wirken oft wie Kulissen einer Bühne. Ein Baum deutet einen Wald an, ein rosa Fleck Steine, Wellenlinien Wasser oder der Pfau den Monsun. Der rajputische Maler verwendet ein Sammelsurium von Zeichen für bestimmte Gegenstände der Realität oder Stimmungen. Dieses vom Maler verwendete Alphabet kann nur von dem gelesen werden, der es kennt. Da die Malerei oft zur Illustration von religiösen Texten verwendet wurde, ist es einem Betrachter, der die dargestellte Legende oder Geschichte nicht kennt, unmöglich, die Bedeutung der Bilder zu verstehen. Legenden aus dem Leben Krishnas wurden zum beliebtesten Thema der rajputischen Malerei. Wichtige **Regionalschulen entstanden in Mewar, Bundi, Kotah und Malwa**. Im 13. und 14. Jh. siedelten sich Hindus, die vor der islamischen Eroberung flohen, im westlichen Himalaja an und gründeten die Pahari-(Hügel)-Staaten. Hier in dieser kaum besiedelten Rückzugsregion gelangte die Miniaturmalerei der **Paharischule** im 18. Jh. zur Blüte und wurde über die Grenzen hinaus als Basohli- und Kangraschule bekannt. Der **Kangrastil** ist durch sanfte Landschaftsdarstellungen und wenige Figuren gekennzeichnet, der **Basohlistil** dagegen durch kontrastreich glühende Farben und scharf umrandete Figuren. Zu den beliebten Themen dieser Schule zählen Geschichten aus dem Leben von Krishna und der Göttin Durga.

Volksmalerei

Malerei war und ist in Indien nicht nur eine Kunst der Herrscher und der Reichen, sondern ebenso des einfachen Volks. Vor allem auf dem Land sind verschiedene Traditionen erhalten, dabei reicht die Bandbreite von den täglich neu angefertigten Bildern an Hauseingängen (**Rangolis**) bis zu den Hausmalereien, die jedes Jahr erneuert werden. Die **Madhubani-Malereien** aus Bihar werden nicht nur dort, sondern auch auf Papier angefertigt und in den Großstädten als Gemälde verkauft. Die **reichen Maltraditionen der Stammesbevölke-**

← Housepainting ist in vielen Regionen Indiens eine Kunstform der Frauen.

rungen finden zunehmend in Indien und auch international Anerkennung. Die filigranen Malereien der Warlis aus Maharashtra oder der Gonds aus Madhya Pradesh sind in vielen Galerien weltweit ausgestellt.

Westlicher Einfluss und Fortführung der Tradition

Die britische Herrschaft hatte im 19. Jh. einen großen Einfluss auf die Maler aus der städtischen Mittel- und Oberschicht – allerdings mit unterschiedlichen Auswirkungen. Maler wie **Ravi Varma** versuchten den westlichen, realistischen Stil nachzuahmen, andere wie **Abanindranath Tagore** strebten danach, aus den rein indischen Traditionen von Ajanta und Ellora, dem mogulischen Stil und der Miniaturmalerei einen eigenen Stil zu entwickeln. Zu den wichtigen modernen indischen Malern zählen **Jamini Roy** mit seinen Stillleben und **Amrita Shergil** mit ihren Bildern punjabischer Bauern, die sehr viel Einfühlungsvermögen zeigen. Sie versuchte in ihren Bildern eine Synthese aus westlichen und indischen Maltraditionen zu entwickeln.

Zeitgenössische Malerei

Angesichts der Fülle traditioneller Kunstformen, die heute noch lebendig sind, wird leicht übersehen, dass auch die moderne Kunst in Indien ihren Platz hat. Dies gilt insbesondere für die Malerei, deren wichtigste Vertreter inzwischen weit über die Landesgrenzen hinaus ihren Ruf etabliert haben. Der modernen indischen Malerei sind nicht nur zwei große Galerien in Mumbai und New Delhi gewidmet. Die Bilder der herausragendsten Künstler unter ihnen werden mittlerweile bei Christies und Sothebys in London und New York versteigert und erzielen beachtliche Summen.

Progressive Artists Group

Die Geburtsstunde der zeitgenössischen indischen Malerei fällt ungefähr zusammen mit der des indischen Staates. In Mumbai taten sich mehrere Künstler unter dem Namen Progressive Artists Group zusammen. Sie waren entschlossen, in der Auseinandersetzung mit der traditionellen indischen und der westlichen Malerei ihren eigenen Weg zu beschreiten. Aus diesem Zirkel gingen einige der großen modernen Maler Indiens wie M. F. Husain, Raza, F. N. Souza, Gaitonde u. a. hervor, die auch die nächste Generation entscheidend beeinflussten. **M. F. Husain**, der bekannteste jener Veteranen, machte nicht nur als Maler von sich reden: Sein Film »Through the eyes of a painter« gewann 1967 den Goldenen Bären bei der Berlinale.

Kunstszene im heutigen Indien

In den 1950er-Jahren machte eine neue Generation von Malern und Malerinnen von sich reden. Tyeb Mehta, Akbar Padamsee, Anjolie Ela Menon oder Nalini Malani sind einige der Gesichter, die bis heute die Szene neben Altmeister Husain entscheidend mitbestimmen.
Zur jüngeren Generation indischer Malerinnen und Maler, die über die Grenzen des Landes hinaus bekannt sind, gehören Jogen Chowdhury, Manjit Bawa, Meera Mukherjee und Arpita Singh. Doch inzwischen konkurrieren viele noch jüngere Künstler um Aufmerksam-

keit. Als besonders Erfolg versprechend gelten die Arbeiten des Malerehepaars Atul und Anju Dodiya.

Bildhauerei

Industal-Zivilisation

Die Bildhauerei Indiens hat eine mehrtausendjährige Tradition und einige Werke von Weltrang hervorgebracht. Funde aus der Zeit der Industal-Zivilisation haben Terrakotta-, Stein-, Bronzeskulpturen und Siegel von herausragender Qualität zu Tage gefördert. Sie verweisen auf eine frühe Entwicklung der indischen Bildhauerkunst.

Maurya-Periode (322 – 104 v. Chr.)

Die frühesten großformatigen Skulpturen stammen aus der Zeit der Maurya-Periode, die 322 v. Chr. von Chandragupta begründet wurde. Die Eroberungszüge Alexanders des Großen und vor allem die Unterwerfung des Archaemenidischen Reichs führten dazu, dass viele Künstler aus dem Vorderen Orient in den indischen Kulturraum flüchteten. Besonders deutlich wird dieser Einfluss am Beispiel von Skulpturen wie dem berühmten monumentalen **Löwenkapitell**, das die einst von Ashoka aufgestellten Säulen schmückte. Ein Meister-

In den Anlagen von Khajuraho scheinen die Tempel nur noch als Kulisse für die wunderbaren Figuren und Ornamente zu dienen.

stück eines solchen Löwenkapitells, das zum Nationalemblem Indiens avanciert ist, befindet sich im Museum von Sarnath.

Kushana-Periode (2./3. Jh. n. Chr.)

Das Kushana-Reich, das sich unter Kanishka von Pataliputra bis ins heutige Pakistan erstreckte, profitierte vor allem von den aus alexandrischen Königreichen eingewanderten griechischen Künstlern. Die **Gandharaschule**, die sich aus dieser Synthese entwickelte, hat Buddhafiguren hinterlassen, die griechischen Figuren erstaunlich ähnlich sehen.

Gupta-Periode (320 – Ende 5. Jh.)

Während der Herrschaftszeit der Guptas (300 – 600) erlebte die Bildhauerkunst einen Höhepunkt. Die Meisterwerke jener Epoche stellen meist **Buddhafiguren** in stehender oder sitzender Haltung dar. Sie erlangten, weit über Indien hinaus bis in den ganzen südostasiatischen Raum eine Vorbildfunktion.

Pallavas und Cholas (500 – 1050)

Die Bildhauerstadt Mathura spielte vom 6. Jh. v. Chr. bis in das 5. Jh. n. Chr. für den gesamten indischen Raum eine Vorreiterfunktion in der Herstellung von Skulpturen. Die wichtigste Entwicklung nach der Gupta-Periode fand 1000 km südlich Mathura in Südindien statt. Die Pallava-Dynastie, die vom 4. bis 9. Jh. weite Teile des südlichen Indiens beherrschte, entfaltete in ihrer Hauptstadt Kanchipuram und der Hafenstadt Mamallapuram eine rege Bautätigkeit, wobei Skulpturen eine entscheidende Bedeutung hatten.
Ein besonderes Meisterwerk ist das 12 x 18 m große **Granitrelief in Mamallapuram**, eine wunderbare Komposition aus Tieren, Menschen, Heiligen und Göttern. Die Nachfolger der Pallavas, die Cholas, setzten die Tradition der Granitsteinbildhauerei fort und entwickelten darüber hinaus den Bronzeguss zu bis dahin unerreichter Meisterschaft.
Die **südindischen klassischen Bronzefiguren** gehören zu den bedeutendsten Skulpturen der Welt. Ein wichtiges Thema der im Cire-Perdue-Verfahren hergestellten Bronzefiguren ist **Nataraja**, der tanzende Shiva (Abb. S. 1).

Skulpturenfülle an Tempelanlagen (11. – 12. Jh.)

Im Gegensatz zu den Chola-Skulpturen, die als Einzelobjekte konzipiert wurden, entstanden ab dem 12. Jh. große Tempelanlagen mit unzähligen Skulpturen als wesentlichem gestalterischen Mittel. Schöne Beispiele sind die von der Hoysala-Dynastie erbauten Tempel von Somnathpur, Belur und Halebid, die Anlagen in Khajuraho und die jainistischen Tempel von Ranakpur, Mount Abu und Palitana.

Delhi-Sultanate (1206 – 1526)

Unter der islamischen Herrschaft kam es in Indien zu einem drastischen Rückgang der Herstellung von Skulpturen, da kaum hinduistische oder jainistische Tempel gebaut wurden und in den islamischen Sakralbauten praktisch keine Skulpturen verwendet wurden. Interessante Ausnahmen sind kunstvoll gemeißelte Steinfenster. Ein schönes Beispiel findet sich an der Sayyid-Moschee in Ahmedabad.

Gegenwart

Da heute immer noch Hindu- und Jaintempel gebaut werden, gibt es nach wie vor eine lebendige Bildhauerkunst. Sie orientiert sich seit jeher in ihren Darstellungen und Ausführungen an der Tradition und den klassischen Schriften der Bildhauerlehre. In den zahlreichen Werkstätten in Mamallapuram z. B. hat man die Möglichkeit, die Fertigkeiten der indischen Bildhauer zu bewundern. Jüngere Künstler orientieren sich auch an westlicher Ästhetik. Ihre Werke kann man in den Galerien der Metropolen oder in der Künstlerkolonie Cholamandal, unweit von Chennai, sehen.

Film

Mit dem **Siegeszug der Bollywood-Movies**, der auch das deutsche Fernsehen erreicht hat, sind indische Filme hierzulande bekannt geworden. Die Fangemeinde von **Shah Rukh Khan** und **Amitabh Bachchan** reicht mittlerweile bis Deutschland. Doch das indische Kino ist nicht identisch mit Bollywood, auch wenn dessen Produktionen am bekanntesten sind. In den südindischen Metropolen Chennai und Hyderabad werden ebenso viele melodramatische Romanzen wie in den Studios von Mumbai gedreht, vielleicht sogar noch mehr. Indien hat außerdem eine interessante alternative Filmszene und kann auf eine lange und bewegte Kinogeschichte zurückschauen.

Produzenten, Regisseure, Schauspieler

D. G. Phalke (1870 – 1944), Maler und Fotograf, gilt der Begründer des indischen Kinos. Im Jahr 1913 drehte er seinen ersten Spielfilm »Raja Harishendra«, der von einer Episode aus dem Mahabharata inspiriert war, gründete seine eigene Produktionsgesellschaft und fabrizierte in den kommenden Jahrzehnten über hundert Spielfilme.
Die frühe indische Filmgeschichte ist auch verbunden mit dem Namen des deutschen Kameramanns und Regisseurs **Franz Osten** (1876 – 1956), der an zahlreichen deutsch-indischen Koproduktionen mitarbeitete und am Aufbau der berühmten Filmgesellschaft **»Bombay talkies«** in den 1930er-Jahren beteiligt war. Damals entwickelte sich auch das für Indien typische Musical und schon damals überschritt die jährliche Filmproduktion die Marke 100. Wurden bisher nur Unterhaltungsfilme gedreht, so trat in den 1950er-Jahren eine stärkere Differenzierung ein: Zu dem Genre des populären Films gesellte sich nun der sozialkritische und künstlerisch anspruchsvollere Film.

! *Baedeker* TIPP

Bollywood hautnah

Ein Erlebnis ist es, sich einen Hindifilm im Original und mit indischem Publikum anzusehen – am besten in der Filmmetropole Mumbai selbst. Die alten Art-déco-Kinos wie das »Regal«, das »Eros« oder auch das »Metro« sind alle in Süd-Mumbai und jeder Taxifahrer kennt sie. Wer die Überlängen nicht durchhält, kann ja in der Pause den Saal verlassen.

»Sex and crime« auf indische Art

TRAUMFABRIK BOLLYWOOD

Ein hügeliges Gelände, von der Sonne verbrannt. Dichtes, dorniges Gebüsch zieht sich entlang der asphaltierten Straße. Plötzlich gerät Bewegung in die Sträucher und hervor springt Rambo oder Terminator.

Nein, das ist nicht Hollywood. Wir befinden uns am nördlichen Zipfel von Mumbai, dort wo die Millionenstadt übergeht in die sanften Hügelketten, die sich der Küste anschließen. Filmcity heißt jener Ort, an dem täglich Dutzende von Helden siegen, Heldinnen umworben werden und Bösewichte ihr Leben lassen müssen. Hier an dieser Grenze zwischen traurigen Vorstädten und ödem Niemandsland werden Indiens Träume fabriziert. Mit **über 950 Filmen pro Jahr** liegt die Filmproduktion des Subkontinents weltweit an erster Stelle noch vor den USA. Ein ganzer Industriezweig lebt von der Leinwand und Indiens Kinomärchen werden überallhin exportiert, nach Russland bis Südafrika und neuerdings auch zu uns. Millionen Dollars oder besser Milliarden Rupien fließen jährlich in die Taschen der Filmbosse, denn Kino ist, trotz Video und Satellitenfernsehen, noch immer die Nummer 1 unter den Vergnügungen des armen Mannes. Mumbai ist das Mekka des Kommerzfilms und heißt bei vielen »Bollywood«. Das ganze Jahr hindurch herrscht in den Filmstudios Hochbetrieb und es vergeht fast kein Tag, an dem nicht irgendeine Ecke in der Innenstadt wegen Filmaufnahmen abgesperrt ist.

Trotz des Siegeszugs des Hindifilms gibt es Konkurrenz im eigenen Land. Denn im multilingualen Indien kann und will nicht jeder Hindi sprechen und verstehen. Dies gilt vor allem für den Süden und so entstehen in Chennai und Hyderabad, in Bangalore und Thiruvananthapuram **regionale Varianten** der populären Kassenschlager. Auch Kolkata hat seine eigene Filmindustrie, aber Kolkatas Geschmack ist ja schon immer ein bisschen anders gewesen.

»Kollektive Fantasien«

nennt der indische Psychoanalytiker Karkar den Stoff, aus dem die Träume sind. Sehnsüchte werden geweckt im Halbdunkel der gefüllten Kinosäle und auch gleich gestillt, bevor der Zuschauer wieder entlassen wird in die meist raue Wirklichkeit Indiens. Der kommerzielle Film kennt meist nur den **Sieg des Guten über das Böse**, den Triumph der Liebe über Lüge und Hass – kurz das Happyend. Lange

Zeit galt ihm Hollywood als Vorbild, doch hat er heute seine eigene Couleur. Der populäre Film ist Melodram und Actionfilm, Komödie und Thriller in einem, indisiert mit Songs und Tanzeinlagen, die unverzichtbarer Bestandteil einer jeden Produktion sind und ihm eine Durchschnittslänge von drei Stunden geben.

Wie im traditionellen Volkstheater erscheinen auf der Leinwand nur Figuren, die jeder kennt. Da ist der junge Held, der um die schöne Dame seines Herzens wirbt und von einem brutalen Schurken daran gehindert wird. Im Hintergrund wirkt die meist leidende Mutter, dann ist da noch der zusätzlich Probleme bereitende Vater, ergänzt von all jenen Protagonisten, die entweder dem Guten zum Durchbruch verhelfen oder im Pakt mit den dunklen Mächten stehen. Das Publikum feuert durch seinen Beifall begeistert den mutigen Helden an, hebt zornig die Fäuste gegen den bösen Gangster, beweint mitfühlend den Tod der alten Mutter und ist entzückt über das wundersame Ende der Geschichte.

Das Rezept ist so alt wie die Currys und Masalas in der Küche und heißt im Volksmund auch **Masala-Film**. Damit allein werden jedoch keine Kinosäle gefüllt, kein Publikum in Rage gebracht und keine Millionen eingespielt. Es sind die Stars, die aus jeder Story einen Dauerbrenner machen, dessen Lieder am nächsten Morgen jeder singt, von Delhi bis Chennai. Oder den Streifen nach nur zehn Vorstellungen verschwinden lassen in den Regalen der Flops.

Heiß begehrt sind die Großen des Filmgeschäfts. Doch so schnell wie ihr Stern gestiegen ist, so plötzlich sinkt er oft wieder. Nicht nur Filmstars werden hier geboren: Die Branche schafft auch Götter, Gangster und Politiker, die Grenzen sind nicht immer fest gezogen. Vom Ruhm lässt sich's eine Weile komfortabel leben. Sind die Gagen aber verbraucht und der Einstieg ins private Business nicht geschafft, gibt es genügend Connections zwischen Film- und Unterwelt, um das Taschengeld auf andere Weise aufzubessern. Vom Drogenhandel bis zur Waffenschieberei ist alles schon mal da gewesen. Gar nicht selten werben Indiens Leinwandgötter für die Wählerstimmen weltlicher Parteien – gegen gutes Geld versteht sich, und so manch ein Rambo hat sich dabei ins Parlament oder gar auf den Stuhl eines Ministerpräsidenten verirrt. Und so spielen sie weiter die längst schon wohlbekannten Rollen, vom heldenhaften Sunnyboy bis zum allseits geächteten Schurken und verkünden uns die frohe Botschaft, dass es im Hindifilm doch zugeht wie im richtigen Leben.

Absolute Spitzenreiter und bis heute Dauerbrenner waren die Melodramen des Allroundgenies **Raj Kapoor**, der nicht nur singen, tanzen und schauspielern konnte, sondern seine Filme teils auch selbst in Szene setzte. Mit seinen traurig-komischen Außenseiterfiguren in »Awaara« (»Der Vagabund«, 1951), »Shree 420« (»Herr 420«, 1954) und dem berühmten Nachzügler »Meera Nam Joker« (»Ich bin ein Clown«, 1971) füllte er jahrelang die Kinosäle und bezauberte das Publikum nicht nur in Indien.

Einige Meisterwerke des indischen Films in den 1950er-Jahren schufen auch die Regisseure **Guru Dutt** und **Bimal Roy**.

Internationale Anerkennung fanden vor allem die beiden bengalischen Filmemacher **Satyajit Ray** und **Mrinal Sen** (► Berühmte Persönlichkeiten). Weltruhm erlangte Rays »Apu-Trilogie« (»Pather Panchali«/»Aparajito«/»Apur Sansar«), zwischen 1955 und 1959 entstanden, die die Lebensstationen eines Jungen auf dem Weg zum Mann erzählt. Poetisch und realistisch, sensibel und souverän, vielschichtig und aufmerksam – mit diesen Prädikaten wurde sein Werk versehen. Rays Filme gehörten in den Jahrzehnten bis zu seinem Tod zum Stammrepertoire der Internationalen Filmfestivals.

Mrinal Sens Name ist eng verbunden mit der von ihm ins Leben gerufenen **New-Cinema-Bewegung**.

Die meist jungen Filmemacher, die sich dieser Gruppe anschlossen, einte große Unzufriedenheit mit dem alles beherrschenden Kommerzfilm. Sozialkritik, politisches Engagement und die Entwicklung einer neuen Filmästhetik waren ihre vorrangigen Ziele. Auch wenn anspruchsvolle Filme in Indien zum Schattendasein verurteilt sind, weil es kaum Programmkinos gibt, hat sich doch eine bunte, dem dominierenden Hindifilm die Stirn bietende Szene alternativen Filmschaffens entwickelt, die auch international Furore macht. Aus Indiens kultureller Metropole Kolkata kommen immer wieder neue Impulse, auch im südindischen Kerala ist eine lebendige Filmbewegung entstanden, deren Produktio-

Filmplakat zu Mira Nairs »Salaam Bombay«

nen nicht nur unter Indiens Cineasten bekannt sind. Sogar in Mumbai, der Hochburg kommerzieller Hindifilme, ist immer noch genügend Platz für Avantgardisten, Ästheten und sonstige Außenseiter.
Zu den bekanntesten indischen Filmemacherinnen gehört heute **Mira Nair**, deren Produktionen »Salaam Bombay«, »Monsoon Wedding« oder »Kamasutra« weltweit in den Kinos liefen. Sie versucht, ernsthafte Themen filmisch mit Bollywood-Elementen umzusetzen.

Berühmte Persönlichkeiten

Welcher indische Dichter erhielt 1913 den Literatur-Nobelpreis? Wen nannte Churchill respektlos einen »halbnackten aufrührerischen Fakir«? Wer verwandelte sich von einer literarischen Hoffnung zur politischen Aktivistin? Und war Ihnen bekannt, dass die Familien von Zubin Mehta und Freddie Mercury aus Mumbai stammen?

Sri Aurobindo (1872 – 1950)

Philosoph

Liest man die Lebensgeschichte Sri Aurobindos, seine erstaunliche **Verwandlung vom aktiven Revolutionär in der Freiheitsbewegung zum spirituellen, Yoga praktizierenden Philosophen und Meister**, dann hat man das Gefühl, man befinde sich in einem abenteuerlichen Entwicklungsroman. Nach dem Willen seiner Familie verbrachte Aurobindo seine Schul- und Studienzeit in England, was ihm eine Karriere beim Indian Civil Service ermöglichen sollte. 1893 kehrte er nach Indien zurück, knüpfte Kontakte zu einem Teil der bengalischen Freiheitsbewegung, die als besonders radikal galt, siedelte 1906 nach Kalkutta über und mischte sich aktiv ins Geschehen ein. Zwei Jahre später wurde er von den Briten im Zusammenhang mit einer Serie von Bombenanschlägen verhaftet, da sie ihm aber nichts nachweisen konnten, wurde er 1909 aus der Haft entlassen. Dennoch wurde Aurobindo als einer der größten Staatsfeinde betrachtet und stand unter ständiger Beobachtung. Um einer neuerlichen Verhaftung zu entgehen, floh er 1910 ins französische Pondicherry nach Südindien. Diese Flucht markierte auch das Ende seiner politischen Aktivitäten. Die Verwandlung, die hier mit dem einstigen Revolutionär vor sich ging, war jedoch keine plötzliche. Sein Rückzug in die Meditation und seine Vertiefung in die Praktiken des Yoga hatten bereits eine Vorgeschichte. Schon während der Jahre in Baroda hatte sich Aurobindo mit spirituellem Gedankengut beschäftigt und den Gefängnisaufenthalt in Kalkutta hatte er zum Studium des Yoga genutzt. Umgeben von einem kleinen Kreis von Jüngern entfaltete er allmählich das spirituelle und philosophische Netz seiner Ideen und seiner speziellen Praxis des Yoga. Jährlich wuchs die Zahl seiner Anhängerschaft, die nach Pondicherry strömte, darunter auch die Französin **Mira Richard**, die seine zweite Hand werden und unter dem Namen »die Mutter« sein Werk fortführte. Von 1926 an zog sich Aurobindo von seiner Umgebung zurück und überließ »der Mutter« die Führung seiner Gemeinde.

Indira Gandhi (1917 – 1984)

Langjährige Ministerpräsidentin

Fast 16 Jahre stand Indira Gandhi, die **Tochter Nehrus**, an der Spitze des indischen Staats und gehörte damit zu den wenigen Frauen, die es geschafft hatten, sich in dieser Männerdomäne erfolgreich zu behaupten. 1942 heiratete sie Feroze Gandhi, 1944 und 1946 wurden ihre **Söhne Rajiv und Sanjay** geboren. Im Jahr 1948 siedelte sie mit ihnen nach New Delhi um, begleitete ihren Vater auf Auslandsreisen und sammelte erste politische Erfahrungen. 1959 wurde sie Präsidentin der Kongresspartei, nach dem Tod Nehrus 1964 übernahm sie das Ministerium für Information und Rundfunk und schon zwei

← Noch heute sprechen die Inder voll Respekt von »Gandhiji«: Mahatma Gandhi

Jahre später war sie Ministerpräsidentin. Mit einer gezielt populistischen Politik unter dem Slogan »Garibi Hatao« (»Beseitigt die Armut«) schaffte sie es, die Massen der Bevölkerung hinter sich zu bringen, und nach der erfolgreichen Intervention der indischen Armee in Ostpakistan war sie 1971 auf dem Gipfel ihrer Popularität angelangt. Doch dies währte nicht lange – eine Dürreperiode mit daraus resultierenden Unruhen und Streiks endete mit der Ausrufung des Notstands am 26. Juni 1975. Massenverhaftungen von unliebsamen Oppositionspolitikern, Pressezensur, Streik- und Demonstrationsverbot sowie die Zwangssterilisationskampagne ihres Sohnes Sanjay kosteten Indira Gandhi bei den 1977 verspätet abgehaltenen Wahlen ihr Amt. Doch auch die neue Regierung hatte sich schnell in Misskredit gebracht, was Indira Gandhi **1980 zum dritten Mal das Amt der Ministerpräsidentin** einbrachte. Ihre letzten Jahre waren gekennzeichnet von den Auseinandersetzungen in Assam und im Punjab. Kommunale Konflikte zwischen Hindus und Sikhs führten zur President's Rule, der Ausübung der Regierungsgewalt von New Delhi aus. Dies gipfelte im Juni 1984 in der **Stürmung des Goldenen Tempels von Amritsar**, dem höchsten Heiligtum der Sikhs, durch indische Truppen, da sich dort militante Sikhs verschanzt hatten. Die »Operation Bluestar« kostete nicht nur zahllosen Soldaten und Sikhs das Leben, sondern führte in letzter Konsequenz auch zum Tod der Ministerpräsidentin. Aus Rache für ihr Vorgehen wurde Indira Gandhi am 31. Oktober von zweien ihrer Sikh-Leibwächter erschossen.

Nehru mit seiner Tochter Indira (um 1940)

Mahatma Gandhi (1869 – 1948)

Verfechter des gewaltlosen Widerstands

Als Mahatma (Große Seele) bezeichnete der Dichter Rabindranath Tagore Mohandas Gandhi, Babu (Vater) nannte ihn sein Volk und heute noch sprechen Inder voll Respekt nur von »Gandhiji«.

Sein Weg zur Schlüsselfigur des indischen Freiheitskampfs und zum »**Vater der Nation**« war lang und führte ihn vorher durch die halbe Welt. Er wurde 1869 in Porbandar (Gujarat) als Sohn einer Händlerfamilie geboren. Nach seinem Jurastudium in England kehrte Gandhi 1891 nach Indien zurück und nach einigen glücklosen Versuchen, sich dort als Anwalt niederzulassen, ging er 1893 nach Südafrika. 20 Jahre sollte er dort bleiben und die Erfahrungen, die er dort sammelte, prägten seine politischen Ideen und sein praktisches politisches Geschick. Demütigungen und die rücksichtslose Diskriminierung

seiner Landsleute trieben Gandhi dazu, dem Rassismus in Südafrika den Kampf anzusagen. Sowohl als Anwalt als auch durch politische Aktionen engagierte er sich unermüdlich für die Belange der Inder und wurde von ihnen bald als ihr Führer angesehen. Hier entwickelte Gandhi auch sein Konzept des **Satyagraha** (Festhalten an der Wahrheit), dem **gewaltlosen Widerstand gegen die Obrigkeit**, der das Vorbild für so viele spätere Aktionen werden sollte.
Als Gandhi nach Indien zurückkehrte, war er bereits ein bekannter politischer Führer und es dauerte nicht lange, da stand er an der **Spitze der indischen Freiheitsbewegung**. Seine in Südafrika erprobten Methoden des Widerstands wurden zum kraftvollen Motor auf dem Weg in die Unabhängigkeit. Das Programm des Mahatma beinhaltete eine groß angelegte Kampagne der Nichtzusammenarbeit mit den Briten, verschiedenste Boykottmaßnahmen sowie den berühmten Salzmarsch. Damit fand er breite Unterstützung sowohl bei den Intellektuellen des Landes, als auch bei den Massen der armen Bauern, die seine Anliegen begeistert unterstützten. Doch nicht nur mit der Kolonialmacht, auch mit den Problemen des eigenen Systems setzte sich Gandhi auseinander.
Obwohl er sich nie für eine Abschaffung des Kastensystems einsetzte, focht er unbeirrbar **gegen die Diskriminierung der Unberührbaren**, die er Harijans (Kinder Gottes) nannte. Er war die Integrationsfigur, die dank ihres Charismas und ihrer außergewöhnlichen politischen Fähigkeiten zwischen den Lagern vermitteln konnte. Sein oberstes Gebot war der gegenseitige Respekt und Friede zwischen den Religionen. Für diese Ziele setzte er sich bis zu seinem Lebensende ein und konnte so, gerade in den Wirren vor und nach der Unabhängigkeit, manches Blutbad verhindern. »Der Tod wäre für mich eine überwältigende Befreiung. Lieber möchte ich sterben, als die Zerstörung Indiens, des Hinduismus, der Sikhreligion und des Islam zu erleben. Ich bin in Gottes Hand.« Dies waren die Worte des 78-jährigen Mannes bei seinem letzten Fasten für den Frieden unter den Religionen und nur kurze Zeit später wurden sie auf tragische Weise wahr. Am 30. Januar 1948 wurde Mahatma Gandhi von einem fundamentalistischen Hindu erschossen.

Jiddu Krishnamurti (1897 – 1986)

Philosoph

Vielen gilt Jiddu Krishnamurti als der wichtigste indische Philosoph des 20. Jahrhunderts. Der große geistige Lehrer, der keiner sein wollte und sich zeitlebens **gegen jeden Personenkult wehrte**, hob sich weit ab vom traditionellen Bild eines indischen Gurus. Krishnamurti bot weder eine feste Lehre noch eindeutige Glaubenssätze und schon gar keine Sekte für den Weg zu Weisheit und Erkenntnis. Diesen Weg durchs »pfadlose Land der Wahrheit« muss jeder selbst finden – zu dieser Auffassung war Krishnamurti nicht zuletzt durch seinen eigenen von zahlreichen Hindernissen gesäumten Entwicklungsweg gelangt.

Am 11. Mai 1895 wurde Jiddu Krishnamurti in Madanapalle (Andhra Pradesh) geboren. Eine entscheidende Wendung erhielt sein Leben durch die Verbundenheit des Vaters mit der Theosophischen Gesellschaft, einer esoterischen Gesellschaft, die von buddhistischem Gedankengut beeinflusst war. Die Präsidentin der Sekte, Annie Besant, sah in dem 14-jährigen Jiddu die zukünftige Erlöserfigur und machte ihn zum Haupt des neu gegründeten Östlichen Sternordens, eine Rolle, die er anfangs auch ohne Widerspruch akzeptierte. Doch je älter er wurde, desto deutlicher wurden seine Zweifel an dem gesamten Projekt. 1929 veranlasste er schließlich die Auflösung dieses Ordens. Seine damalige Begründung enthielt bereits den Kern dessen, was er von nun an unablässig kundtat: »Die Wahrheit ist ein unwegsames Land. Es gibt keine Pfade, die zu ihr hinführen, keine Religionen, keine Sekten (...). Der Glaube ist eine absolut individuelle Angelegenheit und man kann und darf ihn nicht in Organisationen pressen.«
Krishnamurti zog nun nach Ojai in Kalifornien. Von hier aus reiste er um die ganze Welt, hielt Vorträge und führte Gespräche mit seinen Zuhörern. In England, den USA und Indien gründeten sich sog. **Krishnamurti-Foundations**. Sein Abscheu gegen jede Art von Personenkult und sein Denken, das das Individuum in den Mittelpunkt jeglicher geistiger Entwicklung stellt und dessen Selbstverantwortung betont, haben ihm im Westen mehr Anhänger und mehr Bekanntheit verschafft als in der eigenen Heimat. Im Alter von 90 Jahren verstarb Krishnamurti 1986.

Zubin Mehta (geb. 1936)

Dirigent

Den Zugang zur klassischen westlichen Musik erhielt Zubin Mehta durch sein Elternhaus in Mumbai. Sein Vater war ein angesehener Konzertgeiger und der Gründer sowohl des Bombay Symphony Orchestra als auch des Bombay String Quartett. Schon im Kindesalter erhielt Mehta Klavierstunden, lernte Geige spielen und hatte mit 16 Jahren erstmals Gelegenheit, seinen Vater beim Bombay Symphony Orchestra zu vertreten. 1954 schickte ihn die Familie nach Wien an die Musikakademie. Vier Jahre später legte Mehta das Examen ab und gewann den ersten Preis beim Dirigentenwettbewerb in Liverpool, was ihm seine erste feste Anstellung als Assistenzdirigent beim Liverpool Philharmonic Orchestra einbrachte. Von 1960 bis 1967 arbeitete Mehta als Chefdirigent mit dem Montreal Symphony Orchestra, ab 1962 übernahm er gleichzeitig diese Funktion beim Los Ange-

Auf der ganzen Welt gefeiert: Zubin Mehta

les Philharmonic Orchestra. Gastspiele in den großen Häusern Europas, wie 1961 mit den Berliner und Wiener Philharmonikern, standen ebenfalls auf dem Programm. Eng ist die Verbindung des großen Dirigenten auch mit Israel – das Israel Philharmonic Orchestra ist eines von Mehtas favorisierten Ensembles. Sein Schwerpunkt lag jedoch lange Zeit, insgesamt 17 Jahre, in der Arbeit mit den Philharmonikern von Los Angeles. Dort blieb er bis 1978 und wechselte dann an die Metropolitan Opera von New York. Seit September 1998 ist Mehta **Bayerischer Generalmusikdirektor**. Er leitet die Bayerische Staatsoper und auch das Bayerische Staatsorchester.

? WUSSTEN SIE SCHON ...?

- ... dass die Familie von Freddie Mercury aus Mumbai stammte und zur Glaubensgemeinschaft der Parsen gehörte? Der berühmte Sänger der Gruppe »Queen« hieß eigentlich Farrokh Bulsara.

Jawaharlal Nehru (1889 – 1964)

Erster indischer Ministerpräsident

Wohl niemand genoss neben Mahatma Gandhi ähnlich hohes Ansehen und Beliebtheit beim eigenen Volk wie sein politischer Mitstreiter Jawaharlal Nehru. Der **langjährige Freiheitskämpfer** und spätere Ministerpräsident Indiens verkörperte wie kein anderer die Kontinuität der politischen Ideen und die kompromisslose Ethik der Unabhängigkeitsbewegung im neuen Indien. Schon früh kam er in Berührung mit nationalistischem Gedankengut, da sein Vater Motilal Nehru zu den führenden Figuren des Indischen Nationalkongresses gehörte. Nach Abschluss seines Jurastudiums in Cambridge kehrte er 1912 nach Indien zurück und schon bald beteiligte er sich aktiv an der Freiheitsbewegung, entwickelte sich zu einem glühenden Verfechter der Idee der vollständigen Unabhängigkeit und zum führenden Kopf der Bewegung neben Gandhi. Nach der Unabhängigkeit 1947 stand Nehru bis zu seinem Tod im Jahr 1964 als Ministerpräsident an der Spitze des Staates. Außenpolitisch erwarb er sich in den Zeiten des Kalten Kriegs Respekt und Anerkennung als **zentrale Figur der Blockfreien Bewegung**. Als Nehru starb, verlor Indien eine der schillerndsten und tatkräftigsten Persönlichkeiten beim Aufbau des neuen Staats.

Ramakrishna (1834 – 1886)

Hinduistischer Reformer

Ramakrishna entstammte einer armen Brahmanenfamilie und wurde 1836 in Bengalen geboren. Durch seine geistigen Übungen als Priester wurden ihm Gotteserfahrungen zuteil, die seine Lehren prägten. Immer wiederkehrende Trancezustände bescherten ihm die Vision des Göttlichen in Gestalt der Göttin Kali, Ramas, Krishnas und später sogar Mohammeds und Jesus. Ramakrishna war ein **Mystiker**, ein Anhänger der Bhakti, der totalen inneren Hingabe an das Göttliche. Seine Erkenntnisse und Weisheiten, die er in zahlreichen bildhaften

Geschichten und Sprüchen kundtat, konnten auch vom Volk verstanden werden, was einen nicht unerheblichen Teil seiner Beliebtheit ausmachte. Ein besonderes Anliegen war Ramakrishna die **Harmonie der Religionen**. Gestützt auf eine intensive Auseinandersetzung mit den verschiedenen Glaubensbekenntnissen predigte er Toleranz, denn für ihn führten alle Religionen zu dem gleichen Ziel. Mit der Zeit scharte der Meister eine immer größere Anzahl von Jüngern um sich. Sein Lieblingsschüler wurde Narendranath Datta, der spätere Vivekananda. Er sollte auch nach dem Tod Ramakrishnas dessen Werk durch die Gründung der **Ramakrishna-Mission**, einer reformerischen hinduistischen Organisation, die heute noch in Indien und im Ausland aktiv ist, fortsetzen und die Gedanken seines Lehrers in alle Welt tragen.

Satyajit Ray (1922 – 1992)

Filmregisseur

Der bengalische Drehbuchautor und Regisseur gilt international als einer der größten Filmkünstler und als **berühmtester Filmemacher Indiens**. Ray gründete die Calcutta Film Society, assistierte Jean Renoir 1950 bei seinem berühmten Film »The River« über den Ganges. 1955 konnte der erste Teil der Filmtrilogie »Pather Panchali« beendet werden und fand ein starkes Echo bei den Festspielen von Cannes 1956. Im darauf folgenden Jahr erhielt Ray für den zweiten Teil »Aparajito« den Goldenen Löwen von Venedig und 1959 vollendete er mit »Apu Sansar«» die Trilogie. Seit den 1960er-Jahren gewannen seine Werke immer wieder zahlreiche nationale und internationale Auszeichnungen, darunter mehrmals den Goldenen und Silbernen Bären der Berliner Filmfestspiele, wo er schon des Öfteren Mitglied der Jury war.

Arundhati Roy (geb. 1961)

Schriftstellerin und politische Aktivistin

Über Nacht international bekannt wurde Arundhati Roy 1997 mit ihrem Debütroman »**Der Gott der kleinen Dinge**«. Bis heute ist es ihr einziges literarisches Werk geblieben, dennoch sorgt die sozial engagierte Autorin immer noch weit über Indien hinaus für Schlagzeilen.

Roy wurde 1961 in Indien geboren; ihr Vater stammte aus Bengalen, die Mutter aus Kerala. In dem tropischen Bundesstaat an der Südwestküste Indiens wuchs sie auf und fand dort das Material für ihren späteren Roman. Nachdem Roy mit 16 Jahren von zuhause ausgebüchst war und sich in ihrer neuen Heimat Delhi mit dem Sammeln alter Flaschen über Wasser gehalten hatte, begann sie später ein Architekturstudium. Zum Schreiben fand sie in den 1980er-Jahren. Zuerst zusammen mit ihrem Ehemann, dem Regisseur Pradeep Krishen, später auch allein, schrieb sie Drehbücher und Stücke. Ihren ersten Roman »Der Gott der kleinen Dinge« verfasste sie in den Jahren 1992 bis 1996 und gewann damit 1997 den Booker's Prize. Das

Von der Literatur zum Kampf gegen Krieg und Globalisierung

Buch führte lange die Bestsellerlisten an und wurde in über 30 Ländern veröffentlicht. Es machte Roy zu einer umworbenen und nachgefragten Persönlichkeit. Ihre Bekanntheit nutzt sie seither für den Einsatz gegen Krieg und Ungerechtigkeit. Sie gilt als eine der heftigsten Kritikerinnen des Narmada-Staudamms in Westindien und kämpft zusammen mit der ansässigen Bevölkerung gegen die sozialen und ökologischen Folgen des Großprojekts. Roy schreibt als politische Journalistin engagiert, leidenschaftlich, mitunter auch sehr subjektiv, was ihr von Kritikern wiederholt zum Vorwurf gemacht wurde. Einige ihrer Schriften und Essays sind ins Deutsche übersetzt. Sie zählt heute zu den prominentesten Aktivistinnen der **Globalisierungskritiker**, die sich gegen die negativen Folgen der zunehmenden Internationalisierung wenden.

Salman Rushdie (geb. 1947)

Britischer Schriftsteller indischer Herkunft (Abb. S. 99)

»Tags darauf, während noch immer pausenlos Menschen erscheinen, um sich zu unterwerfen, wird Salman, der Perser, vor den Propheten gezerrt. »(...) Salman Farsi«, der Prophet hebt an, das Todesurteil zu verkünden, doch der Gefangene beginnt, die Qualmah herauszuschreien: »La ilaha illallah. La Ilala!« Mahound schüttelt den Kopf. »Deine Gotteslästerung, Salman, wird dir nicht vergeben. Hast du geglaubt, ich würde nicht drauf kommen? Deine Worte an die Stelle von Gottes Wort zu setzen!« – Diese Zeilen aus Salman Rushdies umstrittenem Roman **»Die Satanischen Verse«** sind nicht die einzigen, die in geradezu frappierender Weise dem realen Schicksal des Autors vorauseilten.

Wie sein fiktiver Namensvetter in der Geschichte musste sich der Autor vor seinen Häschern verstecken, die ihm wegen angeblich blasphemischer Worte den Tod androhten, und wie Salman Farsi hatte auch Salman Rushdie versucht, sich für seine »Entgleisung« im Nachhinein zu entschuldigen. Durch das **»Todesurteil«**, das der iranische Ayatollah Khomeini am 14. Februar 1989 gegen den Schriftsteller Rushdie verhängte, war dieser mit einem Schlag in aller Munde und musste in die Anonymität abtauchen.

Dabei entstammt der 1947 in Mumbai geborene Schriftsteller selbst einem muslimischen Elternhaus. Die Kindheit verbrachte er in seiner Geburtsstadt, später in der pakistanischen Metropole Karachi. Er studierte Geschichte an der Cambridge-University. Nach verschiede-

nen Schreibversuchen verhalf ihm sein zweites Werk zum Durchbruch: Mit dem fiktiv-historischen Roman **»Mitternachtskinder«**, der die Geschichte Indiens nach der Unabhängigkeit erzählt, gewann Rushdie 1981 den Booker's Prize. Auch sein folgendes Buch »Scham und Schande« erntete viel Lob.
1989 erschien schließlich jenes Werk, das dem normalen bürgerlichen Leben des Salman Rushdie ein Ende setzte und den Autor in ständig wechselnde Verstecke zwang. Zwar hat die damalige iranische Regierung Ende der 1990er-Jahre das Todesurteil öffentlich zurückgezogen, doch der Schriftsteller ist weiterhin Drohungen fundamentalistischer Kreise ausgesetzt. Dies hindert ihn jedoch nicht am Verfassen neuer Romane und Erzählungen. Nachfolgend sind die wichtigsten aufgelistet: »Harun und das Meer der Geschichten« (1990), »Des Mauren letzter Seufzer« (1995), »Der Boden unter ihren Füßen« (1999), »Wut« (2002) und »Shalimar, der Narr« (2005).

Ravi Shankar (geb. 1920)

Sitarspieler und Komponist **(Abb. S. 101)**

Dass der Sitar ein indisches Saiteninstrument ist und der Raga eine musikalische Form, ist beim westlichen Publikum dank unzähliger Konzerte des Sitarmeisters Ravi Shankar bekannt geworden.
Der 1920 in Varanasi geborene Musiker widmete sich seit 1938 vollständig dem Studium der klassischen Musik. Bei einer Tour durch die Vereinigten Staaten 1957 begeisterte sich das Publikum sowohl für die klassische indische Musik als auch für Shankar selbst. Seit dieser Zeit hat der indische Sitarvirtuose nicht nur das westliche Publikum für die Klänge des Raga eingenommen, sondern auch zahlreiche unterschiedliche Musiker mit östlichen Klängen inspiriert. Durch die Beatles hielt der Sitar auch Einzug in die Popmusik. Auch mit der klassischen westlichen Musik hatte Shankar keine Berührungsängste. Berühmt geworden ist die Reihe seiner Konzerte mit dem Geiger Yehudi Menuhin unter dem Titel »East meets West«. Ravi Shankar gilt als **der bekannteste indische Musiker**, doch sein Flirt mit der westlichen Musik hat ihm in Indien unter Puristen auch viel Kritik eingebracht.

Rabindranath Tagore (1861 – 1941)

Dichter und Philosoph

Poet und Maler, Feudalherr und Lehrer, Familienvater und Einzelgänger, Eremit und Kosmopolit – es scheint schwierig, die vielen Facetten der Persönlichkeit Rabindranath Tagores, **Indiens berühmtestem Dichter der Moderne**, zu fassen.
Der Bengale Tagore wurde 1861 in Kalkutta geboren. Schon mit 14 Jahren veröffentlichte Tagore sein erstes Gedicht, im Alter von 20 Jahren schrieb er seinen ersten Roman, und von da an folgte die bis zu seinem Tod nie enden wollende Flut literarischer Erzeugnisse. Eine Quelle der Bereicherung, in die er einen großen Teil seiner Energie einbrachte, war die **Schule in Santiniketan** (Ort des Friedens),

nördlich von Kalkutta, die Tagore 1901 gegründet hatte. Hier konnte er seine Ideen einer reformerischen Erziehung in die Praxis umsetzen. »Zusammen leben und arbeiten« hieß die Devise, dabei sollte der Lehrer nicht nur als purer Wissensvermittler, sondern als Vorbild für die Schüler dienen. Praktische, intellektuelle und spirituelle Lebensbereiche waren nicht getrennt, und so umfasste das Lehrprogramm auch Gesang und Tanz, Theater und Handwerk.
Auf zahlreichen Vortragsreisen im Ausland warb Tagore für seine Ideen und hielt Dichterlesungen. Seinen größten Erfolg verschaffte ihm der Lyrikband »Gitanjali« (Liedopfer), zwischen 1907 und 1910 entstanden, für dessen eigens verfasste englische Prosaübersetzung er 1913 den **Literatur-Nobelpreis** erhielt. Tagores Drang zu ständig neuen Ufern wurde auch im Alter nicht geringer: Mit 60 Jahren fing er noch zu malen an, 1939 trat er, mittlerweile 78-jährig, noch in einem eigenen Tanzdrama auf. Zwei Jahre später starb Tagore in seinem Geburtshaus.

Rabindranath Tagore bei einem Besuch Gandhis in seinem Ashram in Santiniketan (1940)

Praktische Informationen

WIE BEREITE ICH MICH AUF EINE REISE DURCH DEN SUBKONTINENT VOR? WAS IST DAS GEHEIMNIS DER INDISCHEN KÜCHE? WIE VERHALTE ICH MICH BEIM BESUCH EINES TEMPELS? WELCHE TREKKINGTOUREN SIND EMPFEHLENSWERT UND WORAUF MUSS MAN BEI AYURVEDA-KUREN ACHTEN?

Anreise • Reiseplanung

Mit dem Flugzeug Die internationalen Flughäfen von Delhi und Mumbai werden von fast allen großen europäischen Fluggesellschaften angeflogen, auch nach Kolkata, Chennai, Hyderabad und Bangalore gibt es mittlerweile Direktflüge. Die Lufthansa fliegt täglich von Frankfurt nach Mumbai und nach Delhi und mehrmals wöchentlich nach Chennai, Hyderabad und Bangalore. Weiter bieten British Airways, KLM, All Italia, Air France, Austrian Airlines und Swiss zahlreiche Flüge nach Indien an, Air India ebenfalls. Ein Non-Stop-Flug von Deutschland nach Indien dauert ungefähr acht Stunden. Aufgrund der Zeitverschiebung und des Nachtflugverbots in Deutschland starten und landen die Flugzeuge in Indien meist gegen Mitternacht.

Je nach Saison bieten die Fluglinien Sonderpreise an. Am teuersten ist es während der Hauptsaison im Dezember und Januar. Wer in dieser Zeit nach Indien reisen möchte, sollte sein Ticket schon sehr frühzeitig, d. h. ein halbes Jahr im Voraus, buchen.

Größere Flughäfen wie Delhi, Mumbai, Bangalore, Chennai und Kolkata besitzen einen speziellen **Taxiservice** (Prepaid Taxi Service), der Fahrgäste gegen Vorausbezahlung des Fahrpreises am Schalter zum gewünschten Bestimmungsort bringt. Der Taxifahrer erhält dann nur die Quittung und ein Trinkgeld.

Mit dem Schiff Es gibt keine Passagierschiffe, die direkt nach Indien fahren. Es besteht aber die Möglichkeit, auf Frachtern nach Indien zu reisen, z. B. von Hamburg aus mit der NSB Frachtschiff Touristik in Bremen (Tel. 04 21 – 338 80 20, www.nsb-reisebuero.de).

Mit dem Pkw Vor der Planung einer solchen Reise sollte man sich genauestens über die aktuelle politische Situation in den Ländern, die man passiert, informieren.

Ein- und Ausreise

Visum erforderlich Für eine Reise nach Indien benötigt man einen gültigen Reisepass und ein Visum. Visaanträge sind bei den indischen Konsulaten und im Reisebüro erhältlich – man kann sich das entsprechende Antragsformular aber auch aus dem Internet (www.india-tourism.de, Visaformular) herunterladen.

Gebiete mit Sonderstatus Für die Einreise in folgende Bundesstaaten bzw. Unionsterritorien müssen derzeit Sondergenehmigungen erworben werden: Manipur, Andamanen und Nicobaren, Sikkim, Arunachal Pradesh und Mizoram. Für Darjeeling, Assam, Meghalaya, Nagaland und Tripura ist keine Genehmigung mehr vorgeschrieben. Da sich die Bestimmungen häufig ändern, sollte man die aktuell geltenden Regelungen erfragen.

Sondergenehmigungen sind bei den indischen Konsulaten und Botschaften erhältlich. Siehe dazu auch den Link auf der Seite des Indischen Fremdenverkehrsamts (www.india-tourism.com).

Hinweis

Empfehlenswert ist es, sich von allen wichtigen Reisedokumenten Kopien zu machen und diese getrennt aufzubewahren, um sich im Falle des Verlusts der Originalpapiere vor weiteren Unannehmlichkeiten zu schützen.

Zollbestimmungen

Alle persönlichen Gegenstände sind zollfrei. Darunter fallen: persönliche Schmuckgegenstände, 200 Zigaretten, 50 Zigarren und 0,95 l alkoholische Getränke. Artikel, die einen hohen Wert haben, wie Videokameras oder Laptops können nur dann zollfrei importiert werden, wenn der Reisende eine Erklärung abgibt, dass diese Sachen wieder exportiert werden.

Reiseversicherungen

Empfohlen wird, eine Reisekrankenversicherung abzuschließen. Bei der Behandlung in indischen Hospitälern wird in der Regel Barzahlung erwartet – deshalb die Belege und Rechnungen unbedingt aufbewahren! Zudem sollte die Versicherung einen Krankenrücktransport beinhalten. Sinnvoll sind ebenfalls Versicherungen gegen Diebstahl und gegen Gepäckverlust. Meist wird von den Versicherungen allerdings ein Verlustprotokoll erwartet, das von der indischen Polizei oft schwer zu bekommen ist.

Auskunft

WICHTIGE ADRESSEN

BOTSCHAFTEN UND KONSULATE

► **Indische Botschaft Berlin**
Tiergartenstr. 17
10785 Berlin
Tel. 030 – 25 79 50
Fax 030 – 25 79 51 02
www.indischebotschaft.de
Zuständig für Berlin, Brandenburg, Mecklenburg-Vorpommern, Sachsen, Sachsen-Anhalt und Thüringen

► **Indisches Generalkonsulat München**
Widenmayerstr. 15
80536 München
Tel. 089 – 21 02 40 (-42)
Fax 089 – 21 02 39 80
Zuständig für Bayern und Baden-Württemberg

► **Konsularabteilung der Indischen Botschaft**
Germaniastr. 253, 45359 Essen
(Visumservice: jeder erste und

dritte Di. im Monat), zuständig für Nordrhein-Westfalen

► **Indisches Generalkonsulat Frankfurt / Main**
Friedrich-Ebert-Anlage 26
60325 Frankfurt / M.
Tel. 069 – 153 00 50, 15 30 05 48
Fax 069 – 55 41 25
www.cgifrankfurt.de
Zuständig für Hessen, Rheinland-Pfalz, Saarland und Nordrhein-Westfalen

► **Indisches Generalkonsulat Hamburg**
Raboisen 6
20095 Hamburg
Tel. 040 – 33 80 36
Fax 040 – 32 37 57
Zuständig für Hamburg, Bremen, Niedersachsen und Schleswig-Holstein

► **Indische Botschaft in Österreich**
Kärntnerring 2
A – 1015 Wien
Tel. 02 22 – 505 86 66
Fax 02 22 – 505 92 19
Zuständig für Österreich

► **Indische Botschaft in der Schweiz**
Kirchenfeldstr. 28
CH – 3005 Bern
Tel. 031 – 351 11 10
Fax 031 – 351 15 57
Zuständig für alle Kantone außer Genf, Neuchâtel, Waadt und Wallis

► **Indisches Generalkonsulat Genf**
9, rue du Valais
CH – 1202 Genf
Tel. 022 – 738 45 48
Fax 022 – 731 51 29
Zuständig für Genf, Neuchâtel, Waadt und Wallis

VERTRETUNGEN IN INDIEN

► **Deutsche Botschaft Neu-Delhi**
6, Shantipath, Chanakyapuri,
PO Box 613, New Delhi – 110021
Tel. 011 – 26 87 18 31
Fax 011 – 26 87 31 17
www.germanembassy-india.org

► **Botschaft der Schweizerischen Eidgenossenschaft**
Nyaya Marg
Chanakyapuri
New Delhi – 110021
Tel. 011 – 26 87 83 72
Fax 011 – 26 87 30 93

► **Botschaft der Republik Österreich**
EP / 13 Chandragupta Marg
Chanakyapuri
New Delhi – 10021
Tel. 011 – 26 88 90 50
Fax 011 – 26 88 69 29

► **Deutsches Generalkonsulat Mumbai**
Hoechst House, 10th floor
Nariman Point, Mumbai – 021
Tel. 022 – 22 83 24 22
Fax 022 – 22 02 54 93
www.germanconsulatemumbai.org

► **Deutsches Generalkonsulat Chennai**
49, Ethiraj Road
MICO Building
Chennai – 600 008
Tel. 044 – 28 21 08 01, 28 21 08 24
Fax 044 – 28 27 35 42

► **Deutsches Generalkonsulat Kolkata**
1, Hastings Park Road
Alipore

Kolkata – 700021
Tel. 033 – 24 79 11 41, 24 79 11 42
Fax 033 – 24 79 30 28

WEITERE INFORMATIONEN

► **Indisches Fremdenverkehrsamt**
Baseler Str. 46-48
60329 Frankfurt / M.
Tel. 069 – 24 29 49 0
Fax 069 – 24 29 49 77
www.india-tourism.com

► **Deutsch-Indische Gesellschaft**
Schulze-Delitzsch-Str. 24-26
70565 Stuttgart
Tel. 07 11 – 29 70 78
Fax 07 11– 299 14 50

INTERNET

Allgemeine Informationen zu Indien erhält man auf folgenden Webseiten: www.india-tourism.com (Fremdenverkehrsbüro), www.suedasien-online.de oder www.auswaertiges-amt.de (aktuelle Informationen zu Politik, Wirtschaft und sozialen Themen) und www.indiatimes.com. Wer Genaueres über die Bundesstaaten wissen möchte, kann auch auf deren jeweiligen Webseiten nachschauen. Ein ständig aktualisiertes Hotelverzeichnis findet sich auf der Webseite des indischen Hotel- und Gaststättenverbandes (www.fhrai.com).

Ayurveda

Klassische Heilmethode

In den letzten Jahren hat das Interesse an Ayurveda, einer der klassischen medizinischen Heilmethoden Indiens, auch im Westen immens zugenommen. Ayurveda (**Wissen vom Leben**) geht wie die chinesische Medizin von einem ganzheitlichen Menschenbild aus. Nach dem Ayurveda ist eine den alten Vorschriften entsprechende Lebenshaltung die Voraussetzung für eine stabile Gesundheit des Menschen. Besondere Bedeutung kommt dabei der richtigen Ernährung zu. Ayurvedische Therapien beinhalten neben Diäten, die auf das Krankheitsbild des Patienten abgestimmt sind, vor allem Ölbehandlungen, insbesondere Ölmassagen, und die Einnahme von Arzneimitteln, die aus alten indischen Heilpflanzen zubereitet werden. Als besonders erfolgreich erweisen sich ayurvedische Behandlungsmethoden z. B. bei Asthma, Leberleiden, Allergien und den verschiedensten psychosomatischen Störungen.

Hinweis

Wer in Indien eine ayurvedische Kur machen oder sich einer ayurvedischen Behandlung unterziehen möchte, hat zwei Möglichkeiten. Entweder man bucht einen Aufenthalt in einem der zahlreichen Wellness-Resorts mit ayurvedischer Behandlung oder man meldet sich in einer ayurvedischen Klinik an. Wer sich für ein Krankenhaus entscheidet, sollte allerdings nicht von den organisatorischen, technischen und hygienischen Bedingungen deutscher Kliniken ausgehen. Zahlreiche Wellness-Resorts findet man in Kerala, aber auch in anderen Bundesstaaten Indiens. Das indische Fremdenverkehrsamt führt

Gewürze und Kräuter machen das Essen nicht nur schmackhaft, sondern unterstützen auch die Verdauung.

ALTES WISSEN NEU ENTDECKT

Ayurveda ist »in« und das schon seit einiger Zeit. Ayurvedische Kochbücher und Massagekurse, Naturkosmetika und Teemischungen – überall beruft man sich auf die alte und traditionsreiche Gesundheitslehre. Auch in der Heimat des Ayurveda, in Indien und Sri Lanka, wo schon seit mehreren tausend Jahren nach dessen Methoden geheilt wird, locken immer mehr Hotels ihre Gäste mit ayurvedischen Kuraufenthalten und Wellnessangeboten.

Mindestens so alt wie die frühesten literarischen Zeugnisse der Inder sind auch einige medizinische Erkenntnisse des Ayurveda. Kräuter und ihre Heilkräfte werden schon im **Rigveda**, der ältesten Textsammlung aus der Zeit um 1200 v. Chr. besungen. Heute glaubt man, dass der ayurvedische Erfahrungsschatz ein über viele Jahrtausende gesammeltes Wissen beinhaltet. Die meisten Schriften stammen aus der Zeit von 500 v. Chr. bis 1000 n. Christus.

»Wissen vom Leben« bedeutet die Übersetzung aus dem Sanskrit und umfasst nicht nur Erkenntnisse aus dem medizinischen Bereich. Ayurveda versteht sich auch als Philosophie vom richtigen Umgang des Menschen mit sich selbst und seiner Umwelt. Innere sowie äußere Harmonie und Balance sind die Grundziele. Der **ganzheitliche Anspruch der Lehre** umspannt dabei nicht nur physische und mentale Aspekte, sondern auch emotionale und spirituelle.

Selbstheilungskräfte

Nach der ayurvedischen Lehre wird der Mensch als Spiegelbild des Kosmos gesehen. In beiden herrschen die gleichen Elemente: Erde, Wasser, Feuer, Luft und Äther. Sie prägen die menschliche Konstitution und manifestieren sich in den **drei Doshas: Vata, Pitta und Kapha**. Vata oder Wind/Äther wird mit Bewegung in Verbindung gebracht und im Körper auf Nervensystem, Kreislauf, Atmung und Prozesse der Ausscheidung bezogen. Pitta oder Feuer sieht man im Zusammenhang mit Stoffwechsel, Verdauungsaktivitäten und dem Wärmehaushalt. Kapha oder Wasser/Erde bezieht sich auf den Flüssigkeitshaushalt und die natürlichen Abwehrkräfte des Körpers. Der Mensch ist gesund, wenn die drei Doshas im Gleichgewicht zueinander stehen. Krankheit zeigt sich daran, dass unter ihnen ein Ungleichgewicht auftritt. Mittels **Pulsdiagnose, Untersuchung der Zunge und Augen**, aber auch

Klassische Behandlung: der Stirnguss

durch eine **ausführliche Anamnese** untersucht der ayurvedische Arzt seine Patienten und kann dabei bestimmen, welches Dosha oder welche zwei Doshas jeweils vorherrschen. Dies gibt ihm Aufschluss über die Verfassung des Kranken und die Ursprünge seiner Beschwerden. Die ayurvedische Therapie setzt allerdings nicht an der Heilung von Symptomen an, sie hat den ganzen Menschen im Blick. Die Behandlung braucht Zeit und bedeutet nicht nur die Einnahme von Medikamenten. Sie ist ein Geflecht unterschiedlicher Methoden mit dem Ziel, die Selbstheilungskräfte des Körpers zu steigern. Dazu gehören **Ölmassagen** und **Ölbehandlungen, Einläufe, Wärmebehandlungen** und vor allem die richtige **Diät**.

»Nahrung ist Medizin«

heißt einer der Leitsätze. Je nachdem, welches Dosha vorherrscht und welche Beschwerden vorhanden sind, kommen unterschiedliche Speisen auf den Menüplan. Wer zuviel Feuer oder Pitta hat, für den sind Chilis und Pfeffer tabu, denn die Hitze im Körper soll reduziert werden. Eine richtige Ernährungsweise kann nicht nur heilen, sie beugt auch vielen Übeln vor. Gegen unsere heutigen Zivilisationskrankheiten wie Übergewicht oder Herz-Kreislauf-Erkrankungen kannten schon die alten Inder Rezepte. Gesundheit durch **richtige Ernährung** und **genügend Bewegung** sind alte ayurvedische Weisheiten, denn auf die **richtige Lebensweise** kommt es an. **Emotionale und geistige Ausgeglichenheit** gehören dazu und so werden **Meditation und Yoga** oftmals in die Behandlungen integriert.

Ayurvedische Behandlung

Interessiert und hoffnungsvoll blicken heute viele Patienten aus dem Westen und immer mehr Schulmediziner auf das Jahrtausende alte Wissen Indiens. In vielen Fällen kann die ayurvedische Medizin Erfolge aufweisen, insbesondere bei der **Behandlung chronischer Krankheiten**. Doch die neue Popularität der Lehre führt manchmal auch zum Missbrauch des in vielen Ländern ungeschützten Begriffs »ayurvedischer Arzt«. Wer sich einer seriösen Behandlung unterziehen möchte, sollte unbedingt auf die entsprechende Ausbildung der Ärzte achten. Diese umfasst mindestens sechs Jahre und kann nicht in Wochenendkursen erworben werden, wie sie bei uns manchmal angeboten werden. Angesehene Hotels und Resorts informieren bei Anfrage über die Ausbildung ihres medizinischen Personals.

AYURVEDA

WELLNESS-RESORTS UND KLINIKEN IN KERALA

▶ **Arya Vaidya Sala**
676503 Kottakal
Tel. 04 93 – 74 22 16
www.aryavaidyasala.com. Bekannteste der staatlichen ayurvedischen Kliniken im Norden Keralas.

▶ **Sahyadri**
Peermade, Tel. 048 63 – 320 97
bzw. in Kottayam
Tel. 04 82 – 87 20 47
und Kochi
Tel. 04 84 – 34 65 06

▶ **Coconut Lagoon**
P. B. 2, Kumarakom
Kottayam
Tel. 04 81 – 252 44 91
www.cghearth.com

▶ **Surya Sadmudra Beach Garden**
Pulinkudi Mullur
P. O. Thiruvananthapuram
Tel. 04 71 – 248 04 13
www.suryasamudra.com

▶ **Kairali Health Resort**
Kodumbu, Pallakad District
Tel. 04 92 – 232 25 53
www.kairali.com

▶ **Nagarjuna Ayurvedic Resort**
Thannipuzha Okkal P. O.
Tel. 04 84 – 248 33 50
nagarjuna@giasmd01.usnl.net.in

▶ **Kalari Kovilakom**
Kollengode – 678 506, Palakkad, Kerala, Tel. 049 23 – 26 31 55
www.cghearth.com

▶ **Spice Village**
Thekkady
Kumaly Road
Tel. 048 69 – 22 45 14
www.cghearth.com

▶ **Marari Beach**
Mararikulam, Allapuzha – 688549
Tel. 0478 – 286 38 01
www.cghearth.com

▶ **Somatheeram Ayurvedic Beach Resort und Manaltheeram Ayurvedic Beach Village**
Chowara P. O.
Thiruvananthapuram – 695501
Tel. Somatheeram 0471 – 226 81 01
Tel. Manaltheeram
0471 – 226 86 10
www.somatheeram.in und
www.manaltheeram.in

eine Liste mit empfehlenswerten ayurvedischen Kliniken und Wellness-Resorts in Indien herausgegeben (s. a.: www.india-tourism.com, Link: Wellness, Ayurveda).

Badeurlaub

5000 km Küste besitzt der indische Subkontinent, der größte Teil davon unberührt vom Tourismus. Die Badestrände für Urlauber konzentrieren sich in Goa, daneben gibt es Strände mit touristischer Infrastruktur in Kerala, Karnataka, Maharashtra und Gujarat an der Westküste, in Tamil Nadu und Orissa an der Ostküste sowie auf den Lakshadweep-Inseln im Arabischen Meer und den Andamanen und Nicobaren im Golf von Bengalen.

In **Goa** ist fast der gesamte Küstenbereich mit seinen wunderschönen Sandstränden touristisch entwickelt. Hier sind vor allem Calangute, Baga Beach und Colva Beach zu nennen. Dort findet man Fünf-Sterne-Hotels mit Privatstränden und Hotels niederer Kategorie, außerdem Tourist Cottages und Jugendherbergen. Zu den wichtigen Badeorten **Orissas** gehört der aufstrebende Ort Gopalpur-on-Sea mit diversen Strandhotels. Zudem hat Puri, eines der größten Pilgerzentren der Hindus, einen sehr schönen Strand zu bieten; dort gibt es Drei- und Vier-Sterne-Hotels, Touristenbungalows und eine Jugendherberge.

Vagator Beach: einer der schönsten Strände an der Küste Nordgoas

In **Gujarat** gibt es Badestrände und Hotels in Diu und Daman, doch auch Chorwad, Dahan, Dwarka und Mandvi besitzen Strände mit Unterkünften in verschiedenen Preisklassen. Weiter südlich, an der Küste **zwischen Mumbai und Goa** in Maharashtra, existieren einige Badestrände mit Unterkünften, z. B. in Alibag, Ganapatipule bei Ratnagiri und Murud Janjira.

Bisher wenig touristische Infrastruktur besteht an der Küste von **Karnataka**, aber sehr schöne Strände befinden sich z. B. in Karwar und Ullal (Cottages), Malpe, Udipi und Mangalore. Als Geheimtipp gelten die Strände bei Gokarna in Nordkarnataka, besonders der Om Beach, seit neuestem mit der schönen Hotelanlage SwaSwara. In **Kerala** zählen Kovalam und Varkala zu den bekanntesten Stränden. Doch auch bei Allapuzha (Marari Beach) und Kozhikode (Kappad Beach) gibt es sehr schöne Strände mit guten Hotels. **Tamil Nadus** Resorts befinden sich in Kanyakumari, Tiruchendur, Rameswaram, Karikal, Pondicherry und Mamallapuram.

Traumhaft sind die Strände auf den **Andamanen**, z. B. bei Corbyn's Cove (South Andaman Island) und auf Havelock Island. Auch die **Lakshadweep-Inseln** sind mit ihren weißen Stränden und vielfältigen Tauchmöglichkeiten auf Bangaram Island ein schönes Reiseziel.

Mit Behinderung unterwegs

In Indien begegnet man so gut wie nie behinderten Reisenden. Kein Wunder: Das Land ist bislang kaum darauf eingestellt. Halbwegs behindertengerecht sind bislang lediglich einige internationale Hotels. Wer als Behinderter Indien bereisen möchte, sollte daher Begleitung mitbringen und vor allem mit Hilfe eines deutschen Reiseveranstalters vorher die Details, was Unterbringung und Transport angeht, genau abklären.

▸ **BSK-Reisehelferbörse**
Altkrautheimerstr. 17
D-74238 Krautheim/Jagst
Tel. 06294 – 428 10
www.bsk-ev.de

▸ **Verband aller Körperbehinderten Österreichs**
Lützowgasse 24–28
A-1140 Wien
Tel. 01 – 914 55 62

▸ **Mobility International Schweiz**
Froburgstr. 4
CH-4600 Olten
Tel. 062 – 206 88 35
Fax 062 – 206 88 34
www.mis-ch.ch

Elektrizität

Hinweis Die Stromspannung beträgt in der Regel 220 Volt Wechselstrom; in einigen Regionen gibt es Gleichstrom. Da die Spannungen manchmal erheblich schwanken, besteht Gefahr für sensible Geräte wie Notebooks (Überspannungsschutz notwendig!).

Die indischen Steckdosen sind dreipolig, dennoch passen in der Regel Schukostecker – Handy oder Kamera laden ist also kein Problem. Wer aufs Land fährt oder in Billighotels übernachtet, sollte eine Taschenlampe mitnehmen, da es mitunter zu Stromausfällen kommen kann. In besseren Hotels kann man unbesorgt sein, da alle ihr eigenes Notstromaggregat haben.

Essen und Trinken

Nordindische Küche

Die indische Küche ist vielfältig wie kaum eine andere. Grundsätzlich lassen sich einige Charakteristiken nennen, die die Eigentümlichkeiten der nordindischen Küche gegenüber der südindischen kennzeichnen. Die allgemeine Meinung, indisches Essen sei grundsätzlich scharf, werde mit Reis gereicht und Tee dazu getrunken, stimmt so nicht. In Nordindien bevorzugt man **Brot als Beilage**. Es wird relativ fetthaltig, oft mit Fleisch und **nicht so scharf** gekocht. Danach wird gerne Tee gereicht. In Südindien dagegen trinkt man mehr Kaffee und das Essen ist leichter, meist vegetarisch und wesentlich schärfer. Auf den Speisekarten nordindischer Restaurants findet man häufig diese Gerichte:

i Preiskategorien

- Fein und teuer: ab 10 Euro
- Erschwinglich: 5 bis 10 Euro
- Preiswert: bis 5 Euro

(Preis für eine Mahlzeit)

SPEISEKARTE

Vegetarische Gerichte

Alu Gobi	Kartoffeln mit Kraut
Alu Mattar	Kartoffeln und Erbsen
Alu Palak	Kartoffeln und Spinat
Baingan Bharta	Auberginen in Sauce
Bhindi Masala	Okraschoten in Sauce
Channa	Kichererbsen
Dal	Linsen in gewürzter Sauce
Malai Kofta	Gemüsebällchen in Sauce
Mulligatawny Soup	traditionelle angloindische Suppe auf Linsenbasis
Navrattan Korma	mild gewürztes Gemüse
Paneer Palak	Käse mit Spinat
Paneer Mattar	Käse mit Erbsen
Shahi Paneer	Käse in gewürzter Sauce

Zubereitungsarten

Tandoori-Gerichte sind Speisen, bei denen Gemüse oder Fleisch mit einer Gewürzmischung und Joghurt bestrichen und in einem speziellen Ofen gebacken wurde, z. B. Tandoori Chicken.

dopiaza	mit viel Zwiebeln, mittelscharf
jalfrezi	mit Tomaten und grünen Chilis, scharf
keema	Hackfleischbasis
kofta	Fleischbällchen
kurma	Sauce mit Joghurt, angereicherte Sauce, mild
malai	cremige Sauce, mild
masala	mit scharfer Gewürzmischung

muglai	nach Art der Moguln, d. h. cremig mit Sah oft mit Mandeln und Rosinen, mild
tikka	klein geschnittenes Fleisch

Fleischgerichte

Chicken Masala / Muglai	Hähnchen in scharfer / milder Sauce
Shahi Chicken	Hähnchen in milder Sauce
Kheema (Khima)	Hackfleischsauce
Mutton Masala	Lamm in scharfer Sauce
Mutton Muglai	Lamm in milder Sauce
Mutton Rogan Josh	Lamm in scharfer Sauce

Reisgerichte

Biryani	Reisgericht mit einer besonderen Gewürzm schung, gilt als Festtagsgericht, z. B. Chicke Biryani (gibt es auch mit Lamm, Ei, Gemü
Pulao	mildes Reisgericht, z. B. Chicken Pulao. Gi es auch in Kombination mit Gemüse, Krab ben, Fisch oder als »Kashmiri Pilao« ange- reichert mit Rosinen und Mandeln.)

Brote

Batura	aufgeblähtes, großes Fladenbrot
Chapati	rundes, dünnes Fladenbrot aus Weizenmel
Naan	dickes, festes Fladenbrot (ähnlich wie Pizz
Papad	hauchdünne, in Öl gebackene Fladen auf Linsenmehl-Basis
Paratha	dicker Fladen, manchmal auch mit Gemüs gefüllt (stuffed Paratha)
Puri	kleine Teigtaschen aus Weizenmehl
Roomali Roti	sehr dünnes Fladenbrot
Roti	rundes Fladenbrot, meist wie Chapati

Beilagen und Snacks

Raita	gewürzter Joghurt, als Beilage
Samosas	Teigtaschen mit Fleisch- oder Gemüsefüllu (Kartoffeln, Erbsen, Spinat etc.)
Pakoras	Gemüse in einem Mantel aus Kichererbse mehl in Öl gebacken

Eine Symphonie der Gewürze und Aromen

KÜCHEN, CURRIES, KÖSTLICHKEITEN

»If I go abroad, I always carry my own kitchen with me.« – Diese Bemerkung charakterisiert wie keine andere das Verhältnis, das die meisten Inder ihren Speisen gegenüber haben, denen ihrer Meinung nach keine andere Kost der Welt gleichkommt.

Noch heute vermeiden viele Leute, besonders Brahmanen, Speisen außerhalb der eigenen Haustür. Es ist kein Wunder, dass die meisten vegetarischen Restaurants traditionell in den Händen dieser Kaste liegen, denn nur ihre Mitglieder sind in der Lage, entsprechend der umfangreichen und vielfältigen Reinheitsgebote zu kochen. Auch die **Dabbawallahs**, die »Essensbringer« – an ihren weißen Mützen und den Bergen von silbernen Töpfen zu erkennen, die sie mit Behändigkeit zu Fuß, auf Fahrrädern, in Bussen und Zügen durchs dichteste Gewühl der Großstadt transportieren –, können nur dort überleben, wo »Homemade Food« an erster Stelle steht. Dort, wo eine fleißige Ehefrau oder deren Koch das Mittagessen für den Ehemann zubereitet und Dienstleistungen so preiswert sind, dass es günstiger ist, das eigene Essen durch die Millionenmetropole zu schicken als in die Kantine zu gehen.

Kein Currygewürz

Meist verbindet man mit der indischen Küche einen Begriff: Curry. Curry ist alles, was scharf macht und dem Essen den unvergleichlich »indischen« Geschmack verleiht. Curry ist gelb und eine Prise des Pulvers verfeinert im Westen jedwede Speise, vom milden Fischgericht bis zur

Frische Zutaten sind das A und O der indischen Küche.

pikanten Salatsoße – nicht zu vergessen die begehrte Currywurst – und gibt dem sonst oft faden Mahl einen exotischen Touch. Curry ist das »indischste« aller Gewürze, es ist auf der ganzen Welt zu finden – mit nur einer Ausnahme: in Indien selbst. Wer hier Curryreis bestellt und auf gelb gefärbten Reis mit Fleisch oder Gemüse hofft, wird bitter enttäuscht und auf taube Ohren stoßen. Er wird vielleicht von einer besonders verständnisvollen Seele mit ein paar Zweigen des Karistrauchs bedacht. Vielleicht hat er auch das Glück, auf einen in westliche Sitten eingeweihten Kellner in einem Fünf-Sterne-Hotel zu treffen. Dem Mann und der Frau auf der Straße, den vielen Besitzern kleinerer Restaurants, den unzähligen Betreibern der Dhabas, Indiens Straßenbuden, ist Curry ein unbekanntes Wort. Urheber dieser Verwirrung sind die britischen Kolonialherren, die in Unkenntnis der tatsächlichen Geheimnisse der indischen Küche alle dort gebräuchlichen Mischungen mit dem Namen Curry betitelten. Eingeweihte wissen, dass es **unzählige, meist frisch gemahlene Gewürze** sind, die, in den verschiedensten Kombinationen miteinander gemischt und dann in Öl gebraten, den indischen Speisen ihren unvergleichlichen Geschmack und ihre Variationsbreite verleihen. **Masala** nennen die Inder den Mix verschiedener Ingredienzen und jeder Haushalt hat sein eigenes Rezept, ein Gericht zuzubereiten, obwohl mittlerweile Instantpulver und Maggiprodukte auch in indischen Küchen ihren Einzug halten. Grundlage der nordindischen Küche sind Kreuzkümmel (Cumin), Kardamom, Ingwer, Zimt und Nelken, die grünen Blätter des Korianders und Gelbwurz, jenes Pulver, das den Gerichten die gelbliche Farbe verleiht. Senfsamen, Kariblätter, Asafoetida, Tamarinde und natürlich das weiße Fleisch der

Kokosnuss sind die Basis vieler südindischer Speisen. Nicht zu vergessen die roten getrockneten Chilis oder ihre grüne frische Variante, die sowohl im Norden als auch im Süden dem Essen die bekannte und teils auch gefürchtete Schärfe geben. Unserer Vorstellung von Curry am nächsten kommt der **Garam Masala**, ein Mix aus Kardamom, Zimt, Nelken und Pfeffer, der bei der Zubereitung von Fleischgerichten und Kichererbsen Verwendung findet und mittlerweile auch in unseren Gewürzregalen zu finden ist.

Mild oder scharf?

Große regionale Unterschiede kennzeichnen die indische Küche. Schmackhaft sind die in Ghee gebackenen Brote, die in Nordindien beliebt sind: Parathas und Naan. Auch bei vielen Fleisch- und Gemüsegerichten darf die geklärte Butter nicht fehlen. Cremig-milde Speisen, meist mit dem Attribut »Muglai« versehen, verweisen auf die Zeit, als im Norden die Moguln regierten und der Küche einen persisch-arabischen Zug verliehen. Leichter, aber meist schärfer wird im Süden Indiens gegessen. Hier entfaltet der Reis seine wirkliche Bedeutung und ist unabdingbar, sowohl mittags als auch abends. Neben allerlei leckeren Gemüsegerichten findet man, v. a. in Kerala, köstliche Fischgerichte. Schätzen kann man diese Leckerbissen aber nur dann, wenn die Geschmacksnerven ihre Toleranzschwelle für Chili in beträchtlichem Maße gesteigert haben. Dem, dessen Gaumen sich gar nicht mit den Köstlichkeiten der indischen Küche anfreunden möchte, bleibt die Flucht ins vergleichsweise milde chinesische Essen oder der Rückzug auf europäisch Bekanntes – eine Option, die vielerorts möglich ist, aber keinen Ersatz für die Vielfalt der heimischen indischen Küche darstellt.

Südindische Küche

Thalis Südindische Restaurants bieten sehr oft einen so genannten Thali an. Thali bedeutet Teller und besteht aus einer **Platte mit verschiedenen Gemüsen, Joghurt und Pickles** (Veg Thali) manchmal auch mit Fleisch (Non Veg Thali), dazu gibt es Chapatis oder Puris und Reis. Sehr schmackhaft sind die Snacks in südindischen Restaurants, die traditionell entweder als spätes Frühstück oder am Nachmittag verspeist werden. Die südindische Küche ist **generell etwas schärfer** als die nordindische. Auf Speisekarten südindischer Restaurants findet man häufig diese Gerichte:

Snacks

Dosa	Fladen aus Reis- und Linsenmehl in Öl gebacken, wird meist mit Kokosnusschutn[ey] und Sambar (scharfer Sauce) gereicht
Masala Dosa	Dosa mit Kartoffelfüllung
Paper Dosa	besonders dünner, großer Dosa
Idli	gekochtes Küchlein aus Reismehl, wird ebenfalls mit Kokosnusschutney und Samb[ar] gereicht
Appam	Reisküchlein, meist mit scharfer Sauce, Spezialität aus Kerala
Uttapam	dicker Fladen aus Reis- und Linsenmehl, d[er] meist mit Zwiebeln oder Tomaten zubereit[et] wird, dazu Chutney und Sambar
Wada	in Öl gebackene Küchlein aus Linsenmehl, Chutney und Sambar als Beilage

Traditionelle Gerichte

Lemon Rice	mit Limonen gewürzter Reis
Pongal	mild gewürzter Reis mit Joghurt
Rasam	sehr scharfe Suppe auf Tomatenbasis
Sambar	sehr scharf gewürzte Sauce auf Linsenbasis, meist mit etwas Gemüse angereichert
Basundi und Payasam	Desserts auf Milchbasis mit Gewürzen

Desserts

Leckermäuler werden angesichts der vielen verschiedenen Süßigkeiten und Desserts, die die indische Küche zu bieten hat, gerne für einige Zeit auf Pralinés und Schokolade verzichten. Eine Bedingung muss jedoch erfüllt werden – man sollte Zucker lieben und vertragen. In der Regel sind Desserts für unseren Geschmack sehr süß, was einen aber nicht abhalten sollte, Barfi, Halva oder ähnliche Köstlichkeiten zu probieren.

Barfi	Dessert auf Milchbasis mit Kardamom und anderen Gewürzen, Nüssen und manchmal mit dünner Silberfolie überzogen
Gulab Jamun	in Öl gebackene und in Sirup getauchte Bällchen auf Milchbasis, extrem süß
Halva	Milch mit Gewürzen und Zucker (so lange gekocht, bis sie fest wird). Halva gibt es mit verschiedenen Zutaten; am berühmtesten ist der Gajjar Halva aus gekochten Karotten, den man am besten im Basar von Old Delhi probiert, wo er während der Saison (Winter) in großen Eisenpfannen angeboten wird
Jalebi	orangefarbene Süßigkeit aus Sirup, gebraten und sehr süß.
Kulfi	indisches Eis mit Kardamom- oder Pistaziengeschmack (kann in allen guten Restaurants bedenkenlos gegessen werden!)
Laddu	Süßigkeit auf Weizenmehlbasis, mit viel Zucker und Rosinen angereichert
Ras Malai	Dessert aus Milch und Käse (Paneer) in gekochter Milch mit Kardamom und anderen Gewürzen
Rasgulla	Dessert auf Käsebasis, mit Rosenwasser durchsetzt und in Sirup getaucht

Groß ist die **Auswahl an Früchten**, die auf dem Markt erhältlich sind. Während bestimmte Sorten nur saisonal oder regional angeboten werden, bekommt man andere, wie z. B. Bananen, überall und immer. Idealerweise sollten Früchte immer geschält werden oder, wenn dies nicht möglich ist, in einer jodhaltigen Lösung oder Potassium Permanganat für eine halbe Stunde eingelegt werden. Berühmt sind

Unwiderstehliche Frucht: der Granatapfel

Indiens Mangos, wie z. B. die Alfonso-Mango in Mumbai und an der Konkanküste; sie sind allerdings nur während der Saison (März bis Juni) wirklich schmackhaft. Papayas, Ananas, Melonen, Orangen und Granatäpfel sind vielerorts erhältlich. Interessant schmeckt auch der Sitafal, eine runde, grüne Frucht mit gewellter Oberfläche oder der Chiku, eine kleine, runde Frucht mit brauner Schale. Probieren sollte man auch das Fleisch der riesigen Jackfruits.

? WUSSTEN SIE SCHON ...?

- .. dass es in Indien ungefähr 1000 verschiedene Mangosorten gibt und die Mango ein Symbol für Liebe und Erotik ist? Die beste Mangosorte ist die Alfonso-Mango; sie wächst an der Küste zwischen Mumbai und Goa und man genießt sie am besten in den Monaten April und Mai.

Getränke

Das Hauptgetränk der Inder, das Wasser, sollte von Ausländern unter keinen Umständen genossen werden, es sei denn, es ist abgekocht oder gut gefiltert. Auf dem Markt werden verschiedene Sorten Mineralwasser angeboten. Man sollte beim Kauf darauf achten, dass die Flaschen noch versiegelt sind, da sie von cleveren Händlern manchmal wieder gefüllt und so verkauft werden.

Bedenkenlos kann man dagegen überall **Tee und Kaffee** trinken. Tee wird traditionellerweise mit Milch und Zucker getrunken und auch so serviert – es sei denn, man befindet sich in einem Hotel oder Restaurant mit westlichem Standard, das gleiche gilt für Kaffee. Während das Teetrinken in ganz Indien verbreitet ist, hat der Kaffee vor allem in Südindien eine lange Tradition und ist dort besonders schmackhaft – im Norden bekommt man meistens löslichen Kaffee serviert. Probieren sollte man auch den mit Gewürzen angereicherten Tee (**Masala Chai**), der vor allem in einfachen Restaurants angeboten wird.

Alkoholkonsum ist mit Ausnahme weniger Bundesstaaten erlaubt und wird in Bars und Restaurants mit »Permit« ausgeschenkt. Ein totales Verbot besteht in Gujarat; in einigen anderen Bundesstaaten ist der Konsum eingeschränkt.

! *Baedeker* TIPP

Ein Lassi bitte!

Sind die Speisen zu scharf und der Mund brennt wie Feuer, bestellt man sich am besten ein Lassi. Das Joghurtgetränk der Punjabis löscht nicht nur das Brennen im Mund, sondern es schmeckt auch gut: Lassi natur, salzig oder süß, Mango-Lassi und Lassi mit Mandeln und Pistazien (Badam-Pista-Lassi) gibt es in den meisten nordindischen Restaurants.

Feiertage • Feste • Events

In Indien gibt es einige säkulare Feiertage und eine Vielzahl von religiösen Festen, die aufgrund anderer kalendarischer Berechnungen teilweise zu einem jeweils anderen Datum stattfinden. An jenen Tagen sind Banken, Behörden und größere Geschäfte meist geschlossen. Dies wird in den verschiedenen Bundesstaaten allerdings unterschiedlich gehandhabt und hängt auch von der Bedeutung der jeweiligen Religionsgemeinschaft vor Ort ab (▶ Baedeker-Special S. 398). Unter www.india-tourism.com gibt es einen Link, der die genauen Daten der Feste anzeigt.

RELIGIÖSE FEIERTAGE

HINDUISTISCHE FESTE

▶ **Pongal**
Erntefest, das in Südindien und hier vor allem in Tamil Nadu gefeiert wird (13.-16. Januar).

▶ **Makar Sankranti**
wird auch unter vielen anderen Namen vor allem in Nordindien begangen und fällt immer auf den 14. Januar, das Datum der Tag- und Nachtgleiche. Berühmt sind die Wettbewerbe im Drachensteigen an diesem Tag in Ahmedabad.

▶ **Kumbha Mela (S. 240)**
Das größte religiöse Fest des Hinduismus (und der Welt). Sie findet alle zwölf Jahre – dem Zyklus des Jupiters um die Sonne folgend – in vier verschiedenen Orten Indiens statt: Allahabad (Prayag), Haridwar, Ujjain und Nashik (Januar / Februar).

Holi ist eines der vielen Frühlingsfeste in Indien, doch mit Abstand das fröhlichste und farbenprächtigste.

▶ **Shivratri**
Fest zu Ehren von Gott Shiva, das in ganz Indien mit Musik und Gesang gefeiert wird (Februar/März).

▶ **Holi**
Ausgelassenes Fest zu Beginn des Frühlings. Man übesteht den Tag im Freien am besten in alter Kleidung, da es eine Tradition ist, sich mit Farbpulver und Wasserbeuteln zu bewerfen (Februar/März).

▶ **Rath Yatra**
Wird in Orissa und hier vor allem in Puri gefeiert (Juni/Juli). Drei große Tempelwagen werden zu Ehren von Gott Jagannath geschmückt und durch die Stadt gezogen.

▶ **Teej**
Farbenfrohes Fest für die Göttin Parvati um den Monsun willkommen zu heißen. Es ist hauptsächlich in Rajasthan populär (Juli/August).

▶ **Ganesh Chaturthi (S. 481)**
ist dem beliebten Elefantengott Ganesha (in Maharashtra auch Ganapati genannt) gewidmet. Statuen werden in Prozessionen durch die Stadt getragen und im Meer/Fluss versenkt. Besonders in Mumbai und anderen Teilen Maharashtras finden große Feierlichkeiten statt (August/September).

► **Onam (S. 515)**
Erntefest, das vor allem in Kerala begangen wird und von den berühmten Schlangenbootrennen in den Backwaters und farbenprächtigen Elefantenprozessionen begleitet wird (August/September).

► **Dussera (S. 389)**
(in Südindien Navaratri, in Bengalen Durga Puja genannt): Das Fest erinnert an den Sieg der Göttin Durga über einen Dämonen nach neuntägigem Kampf. Die bekannteste Prozession zu diesem Anlass ist in Mysore (September/Oktober).

► **Diwali (S. 399)**
Lichterfest (Oktober/November), mit dem der Beginn des Neuen Jahrs nach dem Hindukalender gefeiert wird. Man schmückt die Häuser mit bunten Lampions und Öllampen und es gibt überall Feuerwerk.

MUSLIMISCHE FESTE

Diese Feste wandern durchs Jahr, da für Muslime der Mondkalender gilt.

► **Id-ul-Zuha (Bakr Id)**
Opferfest zum Gedenken an das Opfer Abrahams. Es gilt als wichtigstes islamisches Fest bei dem ein Tier (oft ein Lamm) geschlachtet wird und Teile des Fleisches an Bedürftige verteilt werden.

► **Id-ul-Fitr (Ramzan Id)**
Fest des Fastenbrechens nach dem Fastenmonat Ramadan

► **Muharram**
Gedenkfeier der Schiiten an das Martyrium des Imam Hussain. Sie wird vor allem in Lucknow begangen.

FESTE ANDERER RELIGIONSGEMEINSCHAFTEN

► **Ostern und Weihnachten**
Einen beachtlichen Anteil von Christen findet man in den Bundesstaaten Goa und Kerala, daher werden diese Feste dort besonders gefeiert.

► **Mahavir Jayanthi**
Festtag zu Ehren Mahavirs, des Begründers der Jainreligion, v. a. in Gujarat und Rajasthan, da dort viele Jainas leben (März/April).

► **Jamshed Navroz**
21. März, Neujahrsfest der Parsen. Die Religionsgemeinschaft ist vor allem in Mumbai stark vertreten.

► **Buddha Jayanthi**
Erinnert an Buddhas Geburt, Erleuchtung und Tod, die alle in dieser Jahreszeit stattfanden (April/Mai). Das Fest wird besonders in Sarnath begangen.

► **Baishakhi**
Die Sikhs im Punjab feiern den Beginn der Erntesaison (April/Mai) mit Musik und Tanz.

KULTURELLE VERANSTALTUNGEN

Während der Wintermonate, insbesondere im Dezember / Januar, haben kulturelle Events wie Musik-, Tanz-, Theater-, und Filmfestivals Hochkonjunktur. Ein besonderes Bonbon sind die von den staatlichen Fremdenverkehrsämtern organisierten Festivals an historischen Orten, die alljährlich stattfinden.

Geld

Wert des Geldes Indien ist für Touristen aus Ländern mit harter Währung ein billiges Reiseland. Was bei uns eine Tasse Kaffee kostet, reicht in Indien für ein gutes Mahl. Dienstleistungen sind extrem preiswert und Produkte aller Art zu einem für uns günstigen Preis zu haben. Wie einfach es sich mit Dollars oder Euro in ihrer Heimat leben lässt, ist vielen Indern, vor allem in touristischen Gebieten, sehr wohl bekannt. Es ist daher nicht verwunderlich, dass Serviceleistungen und Waren Ausländern manchmal zu erhöhtem Preis angeboten werden. In diesen Situationen ist sorgfältig abzuwägen, ob der Streit um ein paar Rupien wirklich lohnt. Dies ist am besten dadurch zu umgehen, dass man sich vorher über Preise informiert und einen Vergleich anstellt. Andererseits gehört das Feilschen um einen angemessenen Deal oft zum Geschäft, vor allem beim Straßenverkauf jeder Art, und das ständige Zahlen überhöhter Summen kann bisweilen auch die Kosten für Einheimische in die Höhe schnellen lassen, wie z. B. in Goa. Die Eintrittspreise für viele touristische Sehenswürdigkeiten sind für Ausländer oftmals erheblich höher als für Inder.

i Wechselkurs

- 1 Euro = 59,4 INR
  1 INR = 0,02 Euro
  1 CHF = 37,40 INR
  10 INR = 0,27 CHF

(Stand Juni 2006)

Währung Die indische Währung heißt Rupie. Eine Rupie sind hundert Paisa. Es gibt Münzen zu 1, 5, 10, 20, 25 und 50 Paisa. Im normalen Zahlungsverkehr werden hauptsächlich 25- und 50-Paisa-Münzen benutzt. Rupien gibt es in den Einheiten 1, 2, 5, 10, 20, 50, 100, 200, 500 und 1000 als Scheine sowie 1, 2 und 5 Rupien auch als Münzen. In den letzten Jahren schwankte der Kurs der Rupie (INR) zum Euro um die 50 : 1-Marke (ca. 50 Rupien für 1 Euro).

Öffnungszeiten Banken haben in der Regel Mo. – Fr. 10.00 – 14.00, Sa. 10.00 bis 12.00 Uhr geöffnet, Wechselbüros meist bis in die Abendstunden. Internationale Flughäfen bieten einen 24-Stunden-Service.

Geldwechsel Travellerschecks sind die sicherste Lösung bei einer Reise. Sie können bei einer Reihe von Banken, Wechselbüros und Hotels eingelöst werden. Beste Adresse ist die State Bank of India, sie wechselt sowohl Travellerschecks als auch Bargeld. Das Gleiche gilt für Wechselbüros und für viele Hotels der oberen Preisklasse, wobei der Kurs in den Hotels zu Ungunsten des Touristen ausfallen kann. Die großen Flughäfen besitzen ebenfalls Wechselbüros. Man sollte sein Geld am besten in größeren Städten oder Touristenzentren wechseln; abgelegene oder kleinere Städte bieten selten die Möglichkeit zum Tausch.

Der Euro gehört zu den anerkannten Währungen, d.h. es müssen keine Dollars mitgenommen werden. Rupien werden normalerweise in 50- oder 100-Rupien-Paketen ausgehändigt. Die dort erhaltene **Quittung ist aufzubewahren**. Sie wird in manchen Fällen als Nachweis für offiziellen Tausch verlangt (z.B. beim Erwerb von Bahn- oder Flugtickets).

Zerrissene Banknoten sollte man sofort zurückgeben, da man sie nur sehr schwer wieder los wird.

Beim Wechseln sollte man immer darauf achten, auch eine Anzahl kleinerer Banknoten (10- und 5-Rupien-Scheine) zu bekommen, um passende Beträge für Trink- oder Wechselgeld in der Tasche zu haben.

Indische Rupien

Kreditkarten

Kreditkarten werden von allen besseren Hotels und einer wachsenden Anzahl von Restaurants und Läden sowie von Fluggesellschaften akzeptiert. Am weitesten verbreitet sind Visa, American Express, MasterCard und Diners Club. Die Bank of Baroda zahlt gegen Vorlage der VISA Card Bargeld bis zu 20 000 Rupien pro Tag aus.

Schwarzgeldhandel verboten!

Auf ein Geschäft mit einem der vielen Schwarzmarkthändler, von denen man vor allem in den Touristenhochburgen immer wieder angesprochen wird, sollte man verzichten – abgesehen davon ist es natürlich auch verboten.

Ebenfalls nicht erlaubt ist die Ein- und Ausfuhr von Rupien. Reisende, die mehr als 2 500 $ Bargeld sowie über 10 000 $ in Reiseschecks oder Bargeld (Gesamtwert) einführen wollen, müssen diese auf dem Currency Declaration Form bei der Einreise angeben.

i Sperr-Notrufnummer:

- Den Verlust von Bank- bzw. Kreditkarte muss man sofort melden, die Karte wird dann umgehend gesperrt. Die entsprechende Notrufnummer für Bank-, Kredit- und Krankenversicherungskarten sowie Handy lautet: Tel. (0049) 116 116.

Gesundheit

Die Schreckensmeldungen in unseren Medien über Pest und Cholera, Malaria, Typhus und andere ansteckende Krankheiten, von denen der indische Subkontinent bisweilen heimgesucht wird, wirken si-

Beim Kauf von Obst sollte man sich auf geschlossene Früchte mit Schale beschränken.

cherlich nicht besonders einladend auf Indientouristen. Solche Berichte über Epidemien, die immer wieder durch unsere Medien geistern, sind jedoch mit entsprechender Vorsicht zu genießen, da die Situation oft übertrieben dargestellt wird.
Es ist andererseits nicht zu leugnen, dass die hygienischen Verhältnisse vielerorts schlecht sind. Dies gilt in besonderem Maße für die ärmsten Schichten der Bevölkerung. Der alarmierende Gesundheitszustand eines großen Teils der Menschen ist in erster Linie in ihrer Armut und im fehlenden Einsatz auf Seiten der politisch Verantwortlichen begründet. Der Durchschnittsbesucher wird sich in der Regel nicht dort bewegen, wo ein beträchtlicher Teil der Bevölkerung sein Leben verbringen muss, in den Slums der Großstädte oder in Dörfern mit verschmutztem Brunnenwasser.

Vorsichtsmaßnahmen

Verschiedene Vorsichtsmaßnahmen sind jedoch für Reisende unabdingbar. Als oberstes Gebot zur Vermeidung von Durchfallerkrankungen gelten folgende Verhaltensregeln: Alle abgekochten Getränke wie Tee, Kaffee oder Suppen sind unbedenklich, Softdrinks und bekannte Alkoholmarken ebenfalls. Ansonsten gilt:

1. Nur abgekochtes Wasser oder Mineralwasser aus Flaschen trinken. Bei Mineralwasserflaschen prüfen, ob der Verschluss richtig versiegelt ist, da bisweilen leere Flaschen mit normalem Wasser aufgefüllt werden.
2. Auf Eiswürfel in allen Getränken verzichten.
3. Speiseeis nur in sehr guten Restaurants oder Hotels essen.

4. Beim Zähneputzen kein Leitungswasser schlucken.
5. Beim Genuss von frischen Fruchtsäften darauf achten, dass sie nicht mit Wasser vermischt werden.

Alle gekochten Speisen sind in der Regel unbedenklich. Vegetarisches Essen ist besonders sicher. Bei Fleisch und Fisch ist Frische nicht immer gewährleistet. Man sollte sie am besten nur in guten Restaurants und Hotels essen. Ansonsten gilt:

1. Auf Salat und sonstige rohe Speisen verzichten.
2. Früchte entweder schälen oder in eine Kalium-Permanganat-Lösung einlegen (am besten für eine halbe Stunde).
3. Auch wenn die Snacks an Straßenständen verführerisch aussehen und riechen – man sollte besser darauf verzichten.

! *Baedeker* TIPP

Gesunder Durstlöscher

Sie ist nicht nur gut gegen den Durst, sondern auch sehr gesund: die Kokosnuss. Verkäufer bieten in der Regel zwei Varianten an: die »Paniwalla« mit viel Wasser (pani) oder die »Malaiwalla«, sie hat weniger Kokoswasser, dafür aber mehr von dem weißen, süßen Fleisch (malai), das der Händler nach dem Trinken herausschält.

Vermeidung von Durchfallerkrankungen

Häufigstes Übel, mit dem Ausländer in Indien zu kämpfen haben, sind Durchfallerkrankungen. Diese sind im harmlosesten Fall eine Reaktion des Körpers auf die ungewohnten Gewürze (besonders den scharfen Chili) und können durch eine behutsame Gewöhnung an die fremden Speisen gemildert oder vermieden werden. In schlimmeren Fällen handelt es sich meist um Darminfektionen verschiedenen Grades durch schlechte Speisen oder verseuchtes Wasser.

Malaria

Malaria gehört zu jenen Krankheiten, die sich in den letzten Jahren auf dem Subkontinent stark vermehrt haben. Ein Malariaschutz ist daher unumgänglich, es sei denn, man reist nur in den hoch gelegenen Himalajaregionen. Der Hausarzt und / oder ein Tropeninstitut geben die entsprechenden Auskünfte. Einen zusätzlichen Schutz bietet ein Moskitonetz, besonders wenn man in einfachen Unterkünften übernachten möchte. Auch Räume mit Air Condition gewährleisten keine hundertprozentig fliegenfreie Zone. Die »indische Methode«, sich die kleinen Biester zumindest im Zimmer vom Leib zu halten, ist das Einschalten des Deckenventilators auf Hochtouren. Schutzcremes und lange Kleidung sind eine zusätzliche Hilfe.

Erkältungskrankheiten

Oft fangen sich Reisende auch die typischen Erkältungskrankheiten wie Halsweh, Schnupfen, Husten und einen steifen Nacken ein. Zugluft, Ventilatoren, offene Fenster in Zügen, Bussen und Taxis oder der unvermittelte Übergang von der tropischen Hitze in von Klimaanlagen gekühlte Hotelzimmer oder Restaurants bereiten dem Nasen-Hals-Brust-Bereich einigen Kummer. Neben den entsprechenden Gegenpräparaten ist ein Baumwollschal sehr nützlich.

Hygiene Hitze, Schmutz und Feuchtigkeit sind eine Brutstätte für allerlei Bakterien. Auf Körperhygiene ist bei diesem tropischen Klima besonders zu achten. Händewaschen vor jeder Mahlzeit ist ein absolutes Muss.

In das Gepäck eines jeden Reisenden gehören neben der üblichen Reiseapotheke und den oben erwähnten Durchfallmitteln ein Set mit sterilen Injektionsnadeln, Alkohol und antiseptische Binden. Dies soll als Sicherheitsmaßnahme angesehen werden, wenn man in ländlichen Gegenden unterwegs ist, wo die medizinische Versorgung teilweise zu wünschen übrig lässt.

Ungeziefer Die Hotels versuchen zwar mit allerlei chemischen Mitteln so manchem Kleingetier, das sich in den Betten einnisten könnte, an den Kragen zu gehen. Trotzdem kann es, v. a. in billigen Unterkünften, zu dem einen oder anderen Floh- oder Wanzenstich kommen.

Sonnenschutz Indien ist ein tropisches Land. Die Hitze kann, vor allem vor und nach dem Monsun, in manchen Gegenden die 40°C-Marke übersteigen. Sonnenschutz in Form von Cremes, Sonnenhut und Sonnenbrille sind für den Besucher ein unbedingtes Muss. Man sollte einen allzu langen Aufenthalt in der prallen Sonne vermeiden.

Impfungen Derzeit sind keine verbindlichen Impfungen für Indien vorgeschrieben. Tropeninstitute geben Empfehlungen entsprechend der aktuellen Situation. Dazu gehören in der Regel eine Impfung gegen Meningitis, Typhus und Hepatitis B. Polioimpfungen sollten, falls notwendig, aufgefrischt werden, auch eine Tetanusimpfung kann nicht schaden.

Wer sich innerhalb der letzten sechs Tage vor der Einreise nach Indien in einem Land, in dem Gelbfieber verbreitet ist, aufgehalten hat, muss eine gültige Impfbescheinigung vorweisen (die Liste der betroffenen Staaten ist beim Konsulat erhältlich).

Nach der Rückkehr Manche Krankheiten haben eine lange Inkubationszeit, z. B. Malaria. Sollten nach der Rückkehr in die Heimat Beschwerden, insbesondere hohes Fieber, Darminfektionen etc. auftreten, sollte man sofort einen Arzt aufsuchen und ihn über die Reise informieren. Zu einem Sicherheitscheck in einem Tropeninstitut wird nur nach längeren Aufenthalten geraten.

Ärztliche Hilfe

Die meisten Ärzte in den Städten sprechen Englisch. Wer der Sprache nicht mächtig ist, sollte ein Lexikon mit sich führen, um sich im Notfall verständlich machen zu können. In den größeren Hotels gibt es oft einen Arzt, der sich speziell um die Gäste kümmert. Untersuchungen finden in der Regel bekleidet statt. Abhängig von der Größe der Stadt, hat der Patient die Wahl zwischen allopathischen, homöopathischen und ayurvedischen Ärzten.

Notfall und stationäre Behandlung

Der Abschluss einer Auslandskrankenversicherung, die einen Rücktransport im Notfall sowie die Übernahme sonstiger Kosten übernimmt, ist empfehlenswert. Falls eine stationäre Behandlung unumgänglich sein sollte, empfiehlt es sich, sich bei der nächsten deutschen Botschaft oder dem nächsten deutschen Konsulat über angesehene Kliniken in der Region zu informieren. Im Falle einer notwendigen Bluttransfusion ist unbedingt zu kontollieren, ob die Konserven auf HIV-Erreger getestet wurden!

Mit Kindern unterwegs

Indien ist ein sehr kinderfreundliches Land. Familien mit Kindern sind überall willkommen. Familienurlaub in Indien muss allerdings gut geplant werden. Unbedingt vermeiden sollte man die heißeste Jahreszeit, also den Sommer und auch die Regenzeit. Für einen Badeurlaub sind die flachen Strände von Goa ideal. Tierparks, Kamel- und Elefantenritte gehören zu den Highlights für die Kleinen. Unter **www.travelforkids.com** findet man Tipps für Aktivitäten mit Kindern in verschiedenen Regionen und Städten Indiens.

Knigge für Indien

Beim Kontakt mit einer ganz anderen Kultur sind die Gelegenheiten, ins Fettnäpfchen zu treten, besonders zahlreich. Folgende Verhaltensregeln stellen einen kleinen Knigge für Indienreisende dar, damit man die gröbsten Schnitzer vermeiden kann.

> ! *Baedeker* TIPP
>
> **Strumpf ist Trumpf**
>
> Die auf bis zu 30 / 40 °C aufgeheizten Steinplatten in Indiens Tempeln machen vielen barfüßigen Touristen zu schaffen. Da die Schuhe draußen bleiben müssen, empfiehlt es sich, Socken mitzunehmen, um so gelassen wie die indischen Besucher durch die heiligen Gemäuer schreiten zu können.

Wie kleide ich mich richtig?

In Großstädten wie Mumbai, Delhi, Bangalore oder an den Stränden Goas und teilweise auch Keralas hat die westliche Mode mit Shorts und Miniröcken schon längst Einzug gehalten. Generell sind kurze Hosen und speziell kurze Röcke, tiefe Ausschnitte und unbedeckte Schultern aber nicht gerne gesehen. Dies gilt insbesondere auf dem Land und natürlich beim **Besuch von religiösen Stätten**. Bevor man Tempel und Moscheen betritt, müssen am Eingang die Schuhe ausgezogen werden. Manche religiösen Stätten dürfen nur von Angehörigen der entsprechenden Religionsgemeinschaft besucht werden; dies gilt beispielsweise für die zahlreichen Tempel Keralas, Tamil Nadus sowie für manche in Orissa. In einige Tempelanlagen, insbesondere die Heiligtümer der Jainas, dürfen keine Lederartikel (z. B. Handtaschen) mitgenommen werden. Wer den Segen eines Priesters im Tempel annimmt, von dem wird eine kleine Spende erwartet. Almosen nach dem Besuch eines Tempels oder einer Moschee an die davor sitzenden Bedürftigen sind ebenfalls üblich.

Oben ohne ist an Indiens Stränden überall tabu.

Badeferien und Schwimmen gehören nicht zu den typischen indischen Gepflogenheiten. Traditionelle Inder gehen normalerweise nur zu einem rituellen Bad ins Wasser und bleiben dabei bekleidet. Außerhalb der Ferienstrände und Hotelswimmingpools gelten Touristen in Badehosen oder Bikinis als seltene Attraktion. Nacktbaden ist in Indien verboten und wird im Zweifelsfall bestraft.

Begegnung mit der Armut

Von der über eine Milliarde Menschen zählenden Bevölkerung lebt ein großer Teil unter der Armutsgrenze. Staatliche Hilfen für arme, kranke oder alte Menschen gibt es nicht. Die Sorge für Bedürftige wird in der Regel von Familienmitgliedern übernommen. Doch wie in vielen anderen Ländern bricht auch in Indien das soziale Gefüge auf und lässt viele Menschen allein und oft hilflos zurück.

Das Teilen, z. B. in Form von **Almosen** nach einem Tempel- oder Moscheebesuch ist ein fester Bestandteil der Kultur und wird von vielen Indern selbstverständlich praktiziert. Schwierig ist es für Fremde »richtig« zu reagieren, vor allem wenn sie erstmals mit dem Problem solch massiver Armut konfrontiert werden. Niemandem kann die persönliche Entscheidung abgenommen werden, in welcher Situation man wem wie viele Rupien gibt.

Folgende Informationen können aber behilflich sein: Die **Bettelei** in großen Touristenzentren ist oft organisiert. Die Menschen, denen man das Geld gibt, müssen es später an einen Boss abgeben und sehen den geringsten Teil davon selbst. Dies gilt insbesondere auch für bettelnde Kinder, die von Eltern auf die Straße geschickt werden, um zum Familienunterhalt beizutragen – das Erlernen eines Handwerks oder gar ein Schulbesuch stehen somit nicht zur Debatte. Sind alte Menschen gezwungen, auf der Straße zu sitzen und auf Almosen zu hoffen, so handelt es sich in der Regel um eine große Notlage. Auch für behinderte und kranke Menschen ist die Bettelei in vielen Fällen die einzige Möglichkeit, um zu etwas Geld zu kommen.

Vom Umgang mit dem Geld

Feilschen

Auf **Basaren** und in vielen Geschäften ist es üblich, dass man um die Ware feilscht, es wird geradezu erwartet. Vor größeren Einkäufen erkundigt man sich am besten vorher an verschiedenen Stellen nach dem Preisniveau. Besonders Straßenhändler sind sehr kommunikationsfreudig. Ihre Angebote sollte man nicht als »Anmache« missverstehen. Wer sich nach dem Preis für eine Ware erkundigt, wird als ernsthafter Interessent betrachtet.

Trinkgeld

Ein großer Teil der Menschen ist im Dienstleistungsbereich beschäftigt. Arbeitskraft ist günstig, deswegen sind Dienstleistungen billig. Trinkgeld bessert das geringe Einkommen der Beschäftigten in Hotels und Restaurants auf – man sollte hier also nicht mit dem Cent geizen. Von Reisenden, die in Luxushotels nächtigen, wird verständlicherweise eine größere Freigebigkeit erwartet als von Rucksacktouristen.
In **Hotel-Restaurants** der Fünf-Sterne-Klasse wird ein Trinkgeld von 10 % erwartet. In normalen **Restaurants** hängt es vom Umfang des Mahls und der Anzahl der bedienten Personen ab, man sollte aber die 5%-Marke nicht unterschreiten. Freundlicher und guter Service hat überall seinen Wert. Gerade in Billigrestaurants ist es nicht angebracht, geizig zu sein, denn die Kellner in diesen Lokalitäten haben ein wesentlich geringeres Einkommen als ihre Kollegen in den Luxushotels.
Für Dienstleistungen im **Hotel**, vom Gepäcktragen bis zum Zimmerservice, wird ebenfalls ein Trinkgeld erwartet. Bleibt man längere Zeit in einem Hotel, sollte man die Putzfrauen / Putzmänner und den Portier am Hoteleingang nicht vergessen.
Taxifahrer erwarten in der Regel kein Trinkgeld, rechnen aber manchmal damit, dass sie kleinere Summen von Wechselgeld behalten können, wenn sie kein Kleingeld haben. Sind sie beim Beladen und Entladen des Gepäcks behilflich, ist ein Trinkgeld unbedingt angebracht.

Fotografieren

Für Fotografen ist Indien mit seiner Farbenpracht ein Paradies. Man sollte aber beim Fotografieren nicht vergessen, die **Gefühle der Menschen zu respektieren**. Die meisten Leute haben nichts gegen ein Foto einzuwenden. Es ist aber in jedem Fall eine Sache der Höflichkeit, bei Nahaufnahmen vorher zu fragen. Beim Fotografieren religiöser Zeremonien sollte man äußerst zurückhaltend sein, auf keinen Fall aber ohne die Einwilligung der betroffenen Personen Bilder machen.

Auch in Tempeln, in denen noch Zeremonien stattfinden, ist es eine Sache des Anstands, vorher den Priester zu fragen. Menschen zu fotografieren und sie danach mit einem Almosen abzufinden ist ein weit verbreitetes Übel unter Touristen, die in arme Länder reisen. Dieses Benehmen fördert, besonders unter Kindern, die Bettelei.
Bei einigen archäologischen Denkmälern ist eine Genehmigung des Archaeological Survey of India, New Delhi, Janpath, erforderlich, wenn man mit Blitz und Stativ fotografieren will. In den Wildreservaten ist das Fotografieren gegen eine festgelegte Gebühr erlaubt; in Stammesgebieten ist es generell verboten.
Es ist kein Problem, in den Städten und in der Nähe touristischer Sehenswürdigkeiten Foto- und Filmmaterial zu erstehen. Man sollte jedoch auf das Produktionsdatum und den Lagerort (nicht in der prallen Sonne!) achten.

Einladung bei einer indischen Familie

Beim Eintritt in die Wohnung sollten die **Schuhe ausgezogen** werden, es sei denn, man wird extra davon abgehalten. Händeschütteln zur Begrüßung ist in traditionellen Familien unüblich, in westlich orientierten Familien, insbesondere unter Männern, aber sehr verbreitet. Zur traditionellen Begrüßungsgeste werden die Hände vor dem Gesicht gefaltet und mit dem Kopf leicht genickt.
Wer zum Abendessen eingeladen ist, sollte einen allzu knurrenden Magen vorher mit einem kleinen Snack besänftigen. In indischen Familien wird meist sehr spät gegessen. Gibt es Alkohol, so wird zuerst getrunken und dann gegessen. Dies kann sich mitunter bis nach 23.00 Uhr ausdehnen. Nach dem Abendessen geht man normalerweise nach Hause.

! *Baedeker* TIPP

Verloren und verirrt

Die Suche nach dem gewünschten Hotel oder Restaurant erweist sich manchmal als Odyssee. Ans Ziel seiner Wünsche kommt man schneller, wenn man vorher bei der jeweiligen Adresse anruft und die Route direkt an den Taxifahrer durchgeben lässt.

Tischregeln

Traditionellerweise wird in Indien **mit der rechten Hand gegessen**. Sollte man in die Verlegenheit kommen, kein Besteck zur Verfügung zu haben – das kann beispielsweise in ländlichen Gegenden vorkommen – so sollte man sich unbedingt an diese Regel halten. Die linke Hand gilt nämlich als unrein, da sie für andere Zwecke benutzt wird (WC).
Alkohol bestellen kann man nur in Restaurants mit Bar. Alle vegetarischen Restaurants sind absolut alkoholfreie Zonen. Zur besseren Verdauung wird nach dem Essen meist ein Schälchen mit Fenchelsamen gereicht – man sollte deren Wirkung ausprobieren, insbesondere nach schweren nordindischen Speisen, die oft mit geklärter Butter (Ghee) oder Sahne zubereitet werden.

Beim Fotografieren von Personen – besonders von Frauen – sollte man Feingefühl an den Tag legen und vorher um Erlaubnis bitten.

Weitere Quellen für Missverständnisse

Eine wichtige, aber leicht falsch zu verstehende Geste ...

Zu welchen Missverständnissen die falsche Interpretation von Gesten führen kann, sei am besten durch diese kleine Anekdote des berühmten Jazzmusikers Duke Ellington während seines Aufenthalts im Taj Mahal Hotel in Mumbai erläutert, die er in »Music is my Mistress« beschreibt: »... als chronischer Room-Service-Typ läute ich nach dem Zimmerjungen und beginne ihn nach der Speisekarte zu fragen. Ich zähle zuerst meine Lieblingsspeisen auf und lande schließlich bei Brathähnchen, aber er reagiert bei jedem Gericht mit einem Hin- und-Herschütteln seines Kopfes. Obwohl ich mich hier direkt am Meer befinde, schüttelt er auch bei dem Wort Fisch den Kopf. Da ich es nicht besser wusste, endete ich schließlich bei Lamm-Curry für die vier folgenden Tage, danach entdeckte ich, dass ein Schütteln des Kopfes ›Ja!‹ bedeutet.«

? WUSSTEN SIE SCHON ...?

- ...dass das Hindiwort »kal« gestern, morgen oder auch in 10 000 Jahren bedeuten kann? Es verrät Einiges über den Umgang mit der Zeit, die besonders auf dem Land nicht in Minuten gemessen wird.

Literatur • Film

Belletristik

Desai, Anita: Baumgartners Bombay (Paul List Verlag 1989). Die Lebensgeschichte des deutschen Juden Hugo Baumgartner, den es aus dem Berlin der 1930er-Jahre nach Bombay verschlägt.

Ghosh, Amitav: Bengalisches Feuer (Rowohlt 1989). Die Irrfahrt Alus, eine tragikomische Geschichte zwischen Realität und Magie.
Der Glaspalast (btb 2002). Kolonialgeschichte und eine Lovestory sind in dieser Familiensaga miteinander verwoben, in der das ehemalige Burma, Malaysia und Indien die Schauplätze der Handlung sind.
Hunger der Gezeiten (Blessing 2004). Mit großer Erzählkraft schildert der Autor die schicksalhafte Begegnung zwischen der »amerikanischen Inderin« Piyali Roy, dem Geschäftsmann Kanai Dutt aus Delhi und dem Fischer Fokir in den bengalischen Sundarbans. Natur und Kultur, Liebe und Tod prallen aufeinander.

Kaye, M. M.: Palast der Winde (Fischer 1984). Unterhaltsamer Schmöker, der die im 19. Jh. angesiedelte Liebesgeschichte zwischen einem in Indien aufgewachsenen Offizier und einer indischen Prinzessin erzählt.

Lahiri, Jhumpha: Melancholie der Ankunft (Goldmann 2002). Sammlung von Kurzgeschichten aus dem Milieu im Ausland lebender Inder. Lahiris Debüt wurde im Jahr 2000 mit dem Pulitzerpreis bedacht.

Lapierre, Dominique: Stadt der Freude (Goldmann 1996). Roman über die Erlebnisse eines amerikanischen Arztes in den Slums von Kolkata.

Nagarkar, Kiran: Krishnas Schatten (List 2004). Das Fürstentum Mewar im Rajasthan des 16. Jh.s ist Schauplatz dieses Romans, in dem der Kronprinz und seine Gemahlin, die Dichterin Mirabai, im Zentrum von Intrigen und Eifersucht stehen.

Nair, Anita: Das Salz der drei Meere (dtv 2004). Auf einer nächtlichen Zugfahrt erzählen sich sechs Frauen ihre Lebensgeschichten.

Roy, Arundhati: Der Gott der kleinen Dinge (btb 1999). Der Rhythmus des Lebens im ländlichen Kerala und die Liebe zu einem »Unberührbaren« sind die zentralen Themen des erfolgreichen Romans.

Rushdie, Salman: Mitternachtskinder (Rowohlt Tb. 2005), Scham und Schande (Piper 1985), Die Satanischen Verse (Knaur 1997), Harun und das Meer der Geschichten (Kindler 1991), Des Mauren letzter Seufzer (Rowohlt Tb. 2006), Der Boden unter ihren Füßen

(Kindler 1999), Shalimar der Narr (Rowohlt 2006). Rushdies fantasievolle Romane schwanken zwischen historischer Realität und magischen Traumwelten. Seine unruhigen Helden treibt es von Mumbai nach London oder Mekka oder von Kaschmir nach Kalifornien. Im modernen Staat Indien sind sie ebenso zu Hause wie in den alten Legenden und Mythen.

Seth, Vikram: Eine gute Partie (Fischer Tb. 2006). Auf 1500 Seiten schildert Seth das Leben von vier Großfamilien im Indien nach der Unabhängigkeit und gibt Einblicke in die sozialen und politischen Realitäten des Subkontinents.

Suri, Manil: Vishnus Tod (Goldmann 2002). Sein ganzes Leben zieht an ihm vorbei, als Vishnu, der auf der Treppe eines Mumbaier Mietshauses wohnt, mit dem Tod ringt. Suris hochgelobtes Debüt.

Tagore, Rabindranath: Gesammelte Werke. Lyrik, Prosa, Dramen, hg. von Martin Kämpchen (Winkler Weltliteratur 2005). Die Werke des bengalischen Dichters und Literatur-Nobelpreisträgers in einer neuen Ausgabe.

Tharoor, Shashi: Aufruhr. Eine Liebesgeschichte (Insel Verlag 2002). Die amerikanische Mitarbeiterin einer internationalen Hilfsorganisation wird während religiöser Unruhen in einer Kleinstadt östlich von Delhi ermordet. Was steckt dahinter?

i Indien im Film

- »Apu-Trilogie« von Satyajit Ray: Meisterwerk des bengalischen Filmemachers aus den 1950er-Jahren, das die Lebensgeschichte eines Dorfjungen und seinen Weg in die Großstadt erzählt. Die Trilogie besteht aus den Filmen »Pather Panchali«, »Aparajito« und »Apu Sansar«.
- »Salaam Bombay«: Mira Nairs preisgekrönter Film über ein Straßenkind in Mumbai
- »Monsoon Wedding« ebenfalls von Mira Nair, eine indische Hochzeit als Spiegel der Gesellschaft und ihrer Widersprüche
- »Fire«, »Earth«, »Water«: In ihrer Trilogie thematisiert die Filmemacherin Deepa Mehta Themen wie lesbische Liebe (»Fire«), die Folgen der Teilung Indiens (»Earth«) und das Schicksal von Witwen in Varanasi am Ganges (»Water«).
- »The River«: Jean Renoirs legendärer Film über den Ganges von 1951
- »Gandhi«: Die Geschichte des großen indischen Freiheitskämpfers von Richard Attenborough
- Sehenswerte Bollywood-Filme:»Lagaan« ist ein 4-Stunden-Epos über Kolonialismus und Kricket mit großen Gefühlen. Die Situation ethnischer Minderheiten im heutigen Indien wird in dem Thriller »Dil Se« (»Von ganzem Herzen«) mit Superstar Shah Rukh Khan thematisiert. Den engagierten, pädagogisch sehr eigenwilligen Lehrer eines taubstummen Mädchens spielt in »Black« Bollywoods Altmeister Amitabh Bachchan.

Sachbücher

Dalrymple, William: City of Djinns. A year in Delhi (Penguin Books 2003). Die Geschichte von Indiens Hauptstadt Delhi verwebt Dalrymple mit Begegnungen im heutigen Delhi. Sein Humor und seine Beobachtungsgabe sind ein Genuss.

Frater, Alexander: Regen-Raga. Eine Reise mit dem Monsun (dtv 1997). Der Korrespondent des Observer berichtet von einer Reise,

Filmplakat zu »Gandhi« mit Ben Kingsley in der Hauptrolle (1982)

die er während des Monsuns von Kanyakumari in Südindien nach Cherrapunjee im Nordosten Indiens unternommen hat.

Gandhi, Mahatma: Mein Leben (Suhrkamp 2004). Die Lebenserinnerungen Gandhis.

Kakar, Sudhir: Die Gewalt der Frommen. Zur Psychologie religiöser und ethnischer Konflikte (C. H. Beck 1997). Auseinandersetzungen verschiedener religiöser Gruppen in Hyderabad nimmt der indische Psychoanalytiker Kakar zum Anlass, den Ursachen der Konflikte in Indien nachzugehen.

Kulke, Hermann u. Dietmar Rothermund: Geschichte Indiens. Von der Induskultur bis heute (C. H. Beck 1998). Standardwerk zur indischen Geschichte.

Michaels, Axel: Der Hinduismus. Geschichte und Gegenwart (C. H. Beck 1998). Übersichtlich und kompetent beschreibt der Indologe die größte Religion Indiens. Für Leser, die einen tieferen Einblick in den Hinduismus gewinnen wollen.

Tharoor, Shashi: Eine kleine Geschichte Indiens (Suhrkamp 2005). Einführung in die neuere indische Geschichte seit der Unabhängigkeit.

Sprachführer

In der Regel kommt man auf Reisen durch Indien mit Englisch gut zurecht. Doch wer die Vielfalt der indischen Sprachen besser kennen lernen möchte, bekommt mit der **Kauderwelsch-Reihe** einen ersten Einblick. Sie orientiert sich am Reisealltag und bietet neben »Englisch für Indien« auch Bände an zu Hindi, Bengali, Gujarati, Malayalam, Marathi, Pandschabi, Tamil, Tibetisch, Urdu und sogar Sanskrit (Verlag Reise Know-How).

Maße und Gewichte

In Indien werden sowohl die englischen als auch die bei uns gebräuchlichen Maßeinheiten benutzt. Gewichtseinheiten und Temperaturen werden meist entsprechend unserem System benutzt.

Für die Zahl 100 000 wird in Indien der Begriff **1 lakh** benutzt. Eine Million sind demnach 10 lakh. Die Zahl 10 000 000 wird auch **1 crore** genannt.

MASSEINHEITEN

▸ Flächenmaße

1 square inch (in^2) = 6,45 cm^2
1 cm^2 = 0,155 in^2
1 square foot (ft^2) = 9,288 dm^2
1 dm^2 = 0,108 ft^2
1 square yard (yd^2) = 0,836 m^2
1 m^2 = 1,196 yd^2
1 square mile (mi) = 2,589 km^2
1 km^2 = 0,386 mi^2
1 acre = 0,405 ha
1 ha = 2,471 acres

▸ Raummaße

1 cubic inch (in^3) = 16,386 cm^3
1 cm^3 = 0,061 in^3
1 cubic foot (ft^3) = 28,32 dm^3
1 dm^3 = 0,035 ft^3
1 cubic yard (yd^3) = 0,765 m^3
1 m^3 = 1,308 yd^3

▸ Flüssigkeitsmaße

1 gill = 0,118 l
1 l = 8,474 gills
1 pint (pt) = 0,473 l
1 l = 2,114 pt
1 quart (qt) = 0,946 l
1 l = 1,057 qt
1 gallon (gal) = 3,787 l
1 l = 0,264 gal

▸ Längenmaße

1 inch (in; Zoll) = 2,54 cm
1 cm = 0,39 in
1 foot (ft; Fuß) = 30,48 cm
10 cm = 0,33 ft
1 yard (yd; Elle) = 91,44 cm
1 m = 1,09 yd
1 mile (mi; Meile) = 1,61 km
1 km = 0,62 mi

Medien

Tagespresse Englischsprachige Zeitungen stellen ein Viertel der gesamten indischen Tagespresse dar. Sie werden nur übertroffen von den hindisprachigen Publikationen, deren Marktanteil bei 30 % liegt. Den Rest teilen sich die verschiedenen Regionalsprachen.

Die bekanntesten, überregionalen Tageszeitungen sind »Indian Express«, »The Times of India«, »The Statesman«, »The Pioneer«, »The Asian Age«, »The Hindu« und »The Hindustan Times«. Besonders interessant sind die Sonntagsausgaben der »Times of India« (»Sunday Times«), des »Indian Express« und der »Asian Age« mit Hintergrundberichten und Beilagen zu Kultur und Gesellschaft. Sehr angesehen sind regionale Tageszeitungen wie »The Telegraph« (Kolkata) oder »Deccan Herald« (Bangalore).

Zeitschriften / Magazine Bekanntestes und wichtigstes Nachrichtenmagazin ist nach wie vor »India Today« aus New Delhi, das wöchentlich erscheint. Daneben gibt es eine breite Palette von Zeitschriften, seriösen Fachmagazinen bis hin zur Regenbogenpresse.

Vom Wirtschaftsmagazin zur Modezeitschrift – die ganze Bandbreite der indischen Printmedien

Nationalparks • Wildreservate

In Indien gibt es **93 Nationalparks und fast 500 Wildreservate**. Insgesamt nehmen diese Parks, denen eine wichtige Rolle beim Tier- und Pflanzenschutz zukommt, ca. 4,7 % der Fläche Indiens ein. Um die einzigartige Vielfalt der Ökosysteme in Indien zu bewahren und zu erforschen, wurden **14 Biosphärenreservate** eingerichtet. Nachfolgend werden einige der bedeutendsten kurz beschrieben. Es ist empfehlenswert, im Voraus eine Unterkunft zu buchen. Informationen sind bei den örtlichen State Tourism Development Corporations oder der Verwaltungsbehörde der betreffenden Parks erhältlich.

Nationalparks Orientierung

NATIONALPARKS

► Bandhavgarh-Nationalpark
Madhya Pradesh (175 km nordöstlich von Jabalpur)
Größe: 449 km²
Saison: Anfang Nov. – Mitte Juni; Di. geschlossen.
Waldgebiet und sumpfiges Grasland; sehr gute Möglichkeiten zur Tigerbeobachtung (Gaur, Axishirsche, Affenarten, zahlreiche Vögel, u.a. der Doppelhornvogel). Fahrten im Jeep, Elefantenritte, Wanderwege, Beobachtungstürme. Unterbringung: Forest Lodge im Park. Information: Bandhavgarh National Park, Director, Umaria – 486 661, Dist. Shahdol, Madhya Pradesh.

► Corbett-Nationalpark (S. 246)
Uttaranchal, in den Vorbergen des Himalaja (294 km nordöstlich von Delhi)
Größe: 520 km²
Saison: November – Mai
Ältester Nationalpark und berühmtes Tigerschutzgebiet. Laubwald und Grasland. Neben Tigern bevölkern Elefanten, zahlreiche Hirscharten, Leoparden, Schakale und verschiedene Affenarten den Park. Greifvögel, Reiher und andere Vogelarten sowie Sumpfkrokodile gehören ebenfalls zu seinen Bewohnern. Rundfahrten im Jeep oder Ritte auf dem Elefantenrücken. Unterbringung im Park. Information: Corbett National Park, Field Director, Ramnagar, Dist. Nainital, Uttaranchal.

► Dachigam-Wildschutzgebiet
Kaschmir (20 km nördlich von Srinagar)
Saison: Juni / Juli

Axishirsche im Bandhavgarh-Nationalpark

Weites Tal, Berghänge. Heimat des seltenen Hangul-Rotwildes, Bären, Leoparden, Reiherhorste. Unterbringung: Hausboote auf dem Dal- und Naginsee. Information: Jammu & Kashmir Tourist Reception Centre, Srinagar – 190 001, Kashmir.

Dandeli-Nationalpark
Karnataka (140 km südlich von Belgaum)
Park mit Bisons, Tigern, Panthern und Sambarhirschen. Von Goa aus leicht zu erreichen. Unterbringung: Rasthaus in Kulgi Forest und Mandurli sowie Bungalows mit Blick auf den Fluss in Dandeli. Information: Government of India Tourist Office, KFC Building, 48 Church St., Bangalore – 560 080, Karnataka.

Dudhwa-Nationalpark
Uttar Pradesh, an der Grenze zu Nepal (430 km nordöstlich von Delhi)
Größe: 815 km^2
Saison: Dezember – Mai
Feuchter Laubwald, Grassteppe. Heimat der seltenen Barasinghahirsche, Ansiedlungsprojekt für Panzernashörner, bekannt für seine artenreiche Vogelwelt, insbesondere viele Eulen- und Storcharten. Rundfahrten im Jeep, Elefantenritte, Beobachtungstürme. Unterbringung im Park. Information: Dudhwa Project Tiger & National Park, Field Director, Lakhimpur, Dist. Kheri, Uttar Pradesh.

Govind-Sagar-Vogelschutzgebiet
Himachal Pradesh (135 km nordwestlich von Chandigarh)
Vogelschutzgebiet mit Kranichen, Enten und Gänsen. Unterbringungsmöglichkeit in Bhakra. Information: Chandigarh Tourism, Sector 17, Chandigarh, Himachal Pradesh.

Hazaribagh-Nationalpark
Bihar (100 km nördlich von Ranchi)
Saison: Februar – März
Sambar und Nilgai, Tiger und Leoparden, gelegentlich Muntjac-Rotwild. Unterbringung im Park. Information: Government of India Tourist Office, Sudama Palace, Kakarbagh Rd., Patna – 800 020, Bihar.

Jaldapara-Wildschutzgebiet
Westbengalen (150 km östlich von Bagdogra)
Saison: März – Mai
Tropenwald und Grasland. Großer Vogelbestand, Rhinozerosse und Elefanten. Unterbringung: Rasthaus in Jaldapara. Besondere Erlaubnis zum Besuch des Parks erforderlich. Information: Government of India Tourist Office, »Embassy«, 4, Shakespeare Sarani, Kolkata – 700 071, West Bengal.

Jawahar-Nationalpark (S. 571)
Zum Gebiet des Jawahar-Nationalparks gehören der Bandipur- und der Nagarhole-Nationalpark und die Wildschutzgebiete Mudumalai und Wyanad. Er zeichnet sich durch ausgedehnte Mischwälder aus und verfügt über den größten Elefantenbestand Indiens.

Nagarhole-Nationalpark
Südliches Karnataka (100 km südwestlich von Mysore)
Größe: 640 km^2; trockener Laubwald und Graslandschaft, Stausee. Günstig für Elefantenbeobach-

tung, daneben Sambar- und Axishirsche, Gaur, Tiger, Leoparden, Schakale, Affen, Sumpfkrokodile, Schildkröten und Wasservögel. Rundfahrten mit Jeep, Bootsfahrten auf dem See. Unterbringung: Besucherbungalows.

Bandipur-Nationalpark
Südliches Karnataka (80 km südlich von Mysore)
Größe: 865 km²
Hügellandschaft mit trockenem Laubwald und Grasland, Stausee. Tigerreservat; große Elefantenherden, Axis- und Sambarhirsche, Leoparden, Dekkhan-Rothunde, verschiedene Affenarten, Sumpfkrokodile, Wasserschildkröten und Wasservögel. Rundfahrten mit Minibussen, Elefantenritte. Unterbringung im Park.

Mudumalai-Nationalpark
Tamil Nadu (70 km nordwestlich von Ooty)
Größe: 321 km²
Hügeliges Gelände, Sümpfe, feuchter und trockener Laubwald. Elefanten, Axis- und Sambarhirsche, Gaur, Tiger, verschiedene Affenarten, Dekkan-Rothunde. Rundfahrten im Jeep oder Pkw, Elefantenritte, Wanderwege in den Randbereichen, Camps im Freien, Beobachtungstürme. Information: Mudumalai Wildlife Sanctuary, Mahalingam Building, Coonor Road, Ooty – 643 001, Tamil Nadu.

Wyanad-Nationalpark
Kerala (110 km nordöstlich von Kozhicode)
Unterbringung im Waldrasthaus. Spezielle Genehmigung erforderlich. Information: Government of India Tourist Office, Willingdon Island, Kochi – 682 009, Kerala.

► **Kanha-Nationalpark**
Madhya Pradesh (170 km südöstlich von Jabalpur)
Größe: 940 km²
Saison: November – Juni
Waldgebiet und Grasflächen. Tiger (gute Beobachtungsmöglichkeiten), Leoparden und andere Raubkatzen, Heimat des Zackenhirsches und des Gaur, artenreiche Vogelwelt. Rundfahrten im Jeep oder Pkw, Elefantenritte, Spaziergänge. Unterbringung im Park, in Kanha oder Kisli. Dienstags geschlossen. Information: Kanha Tiger Reserve, Field Director, Mandla – 481 661, Madhya Pradesh.

► **Kaziranga-Nationalpark**
Assam, am Ufer des Brahmaputra (220 km östlich von Guwahati)
Größe: 430 km²
Saison: November – April
Sumpflandschaft zwischen Wasserarmen und Seen mit Gras- und Waldgebieten. Der Nationalpark ist berühmt für seine Panzernashörner, daneben gibt es Elefanten, Hirsche, Wildschweine und viele Wasservögel. Eindrucksvolle Elefantenritte, Rundfahrten mit Jeep oder Pkw, Aussichtstürme. Unterbringung im Park. Spezielle Erlaubnis zum Besuch des Parks ist erforderlich. Information: Kaziranga National Park, Director, Bokkhat – 785 612, Dist. Jorhat, Assam.

► **Keoladeo-Ghana-Vogelschutzgebiet (Bharatpur, S. 238)**
Rajasthan, zwischen Jaipur und Agra
Größe: 29 km²; Saison: September – Februar. Bekanntes Vogelparadies, Überwinterungsort für zahlreiche Zugvögel, natürliches

Feuchtgebiet mit zusätzlichen künstlich angelegten Seen und Kanälen sowie Buschlandschaft und Wald. Neben verschiedenen Hirscharten und Affenarten beherbergt der Park ca. 370 Vogelarten, davon 130 Brutvögel, in den Wintermonaten stellen sich Enten, Gänse, verschiedene Greifvögel und die seltenen Nonnenkraniche ein; ideal für Spaziergänge und Radtouren. Unterbringung im Park. Information: Keoladeo National Park, Director, Shanti Kutir, Bharatpur – 321 001, Rajasthan.

► Krishnagiri-Upavan-Nationalpark (Borivili)
Maharashtra (20 km nördlich von Mumbai)
Saison: Oktober – Juni
Naturschutzgebiet, auch unter dem Namen Borivili-Park bekannt, mit Kanherihöhlen und den Tulsi- und Powariseen. Wasservögel und kleinere Arten von Wildtieren. Information: MTDC-Büro am Gateway of India, Mumbai.

► Little-Rann-of-Kutch-Wildschutzgebiet
Gujarat (195 km westlich von Ahmedabad)
Saison: Oktober – Juni
Salzwüste, Herden indischer Wildesel, Wölfe, Caracal. Unterbringung im Schutzgebiet / Dhrangdrha. Information: Gujarat Tourism, HK House, Ground Floor, Opp. Gandhi Ashram, Ashram Road, Ahmebad – 380 009, Gujarat.

► Manas-Wildschutzgebiet
Assam, an der Grenze zu Bhutan (180 km westlich von Guwahati)
Größe: 2837 km²

Unterwegs mit dem Elefantenführer

Saison: Januar – März
Flusslandschaft mit Grasland, trockenem und feuchtem Laubwald. Tiger, Elefanten, Panzernashörner, Gaur, Hirscharten sowie der seltene Gold-und Schopflangur. Rundfahrten im Jeep, Reitelefanten, Bootsfahrten. Unterbringung im Schutzgebiet. Spezielle Erlaubnis zum Besuch des Parks wird benötigt. Information: Manas Project Tiger, Field Director, Barpeta Road, 781 315, Assam.

► Marine-Nationalpark
Gujarat, Küstenregion im Golf von Kutch (zwischen Okha im Westen und Jodia im Osten)
Vorgelagerte Inseln mit Korallenbänken und Mangroven. Im Winter leben hier viele Zugvögelarten, auf manchen Inseln befinden sich

Brutkolonien. Information: Director, Marine National Park, Forest Department, Pradashan Ground, Jamnagar, 361 005-Gujarat.

► **Naina-Devi-Wildschutzgebiet**
Uttaranchal (280 km von Rishikesh)
Saison: Juni – Juli. »Dachgarten« in voller Blüte. Für den Besuch des Parks ist eine besondere Erlaubnis erforderlich. Information: www.ua.nic.in/uttaranchaltourism.

► **Nal-Sarovar-Vogelschutzgebiet**
Gujarat (65 km westlich von Ahmedabad)
Saison: November – Februar
See, Flamingos und wandernde Wasservögel. Unterbringung in der Nähe des Sees. Information: Nal Sarovar Bird Sanctuary, Range Forest Officer, Vekaria, P. O. Sanand, Dist. Ahmedabad, Gujarat.

► **Palamau-Tigerreservat**
Bihar (155 km nordwestlich von Ranchi)
Saison: Februar – März
Auslaufende bewaldete Hügel. Tiger, Leoparden, Elefanten, gelegentlich Wölfe. Unterbringung in Betla. Information: Palamau Project Tiger, Field Director, Daltonganj – 822 101, Bihar.

► **Periyar-Wildschutzgebiet (S. 611)**
Kerala, in den Western Ghats (190 km südöstlich von Kochi)
Größe: 350 km²
Feuchter, tropischer Laubwald, Grasland und weit verzweigter Stausee; attraktiver Park mit sehr guten Gelegenheiten zur Wildbeobachtung. Elefanten, Sambar- und Axishirsche, Gaur, verschiedene Affenarten, artenreiche Vogelwelt. Schiffsausflüge, Elefantenritte, begrenzt Wanderungen möglich. Unterbringung: diverse Hotels in der Nähe.

► **Point Calimere-Vogelschutzgebiet (Kodikkarai)**
Tamil Nadu (200 km südöstlich von Tiruchirapalli)
Größe: 25 km²
Saison: November – Januar
Das Vogelschutzgebiet ist vor allem für seine Flamingos bekannt, aber auch für Herons, Teals, Brachvögel, Strandläufer und für Wildschweine. Unterbringung im Waldrasthaus. Information: Point Calimere Wildlife Sanctuary, Kadampadi, Nagapattinam – 611 001, Tamil Nadu.

► **Pulicat-Vogelschutzgebiet**
Andhra Pradesh (60 km nördlich von Chennai)
Flamingos, Pelikane, Herons und Seeschwalben. Unterbringung in Nellore. Information unter www.aptourism.com.

► **Ranthambor-Tigerreservat (S. 355)**
Rajasthan (130 km südöstlich von Jaipur)
Größe: 392 km²
Eines der bekanntesten Tigerreservate. Saison: November – Mai. Hügelige Landschaft, mit trockenem Laubwald und Grasland bedeckt, z. T. schroffe Felswände und enge Täler. Neben dem Tiger sind verschiedene Hirscharten, am bekanntesten der Sambarhirsch, beheimatet. Auch Sumpfkrokodile, Pythons und Schildkröten sowie eine vielfältige Vogelwelt sind hier zu Hause. Rundfahrten im Jeep.

Unterbringung im Park. Information: Ranthambhore National Park, Field Director, Sawai Madhopur – 322 001, Rajasthan.

► Sariska-Wildschutzgebiet
Rajasthan, in den Aravallibergen zwischen Delhi und Jaipur (40 km südwestlich von Alwar)
Größe: 800 km²
Saison: Februar – Juni
Trockener Laubwald und Buschlandschaft; künstliche Wasserstellen entlang der Straße ermöglichen Tierbeobachtung aus dem Auto; gehört zu den Tigerschutzgebieten. Zu sehen sind verschiedene Huftiere, u. a. Sambarhirsche und Axishirsche, Leoparden, Schakale, Wüstenluchse, verschiedene Affen- und Vogelarten, insbesondere Pfauen. Rundfahrten im Jeep oder Pkw. Unterkünfte verschiedener Preiskategorien im Park. Information: Sariska Wildlife Sanctuary, The Field Director, Project Tiger, Dist. Alwar, Rajasthan.

► Sasan-Gir-Nationalpark (Gir-Nationalpark, S. 330)
Gujarat (400 km südwestlich von Ahmedabad)
Größe: 259 km²
Saison: Januar – Mai
Hügeliges Gebiet mit trockenem Laubwald und Dorngebüsch. Rückzugsgebiet der letzten asiatischen Löwen (zur Zeit ungefähr 350), daneben Leoparden und andere Raubkatzen, Hirsche, Antilopen und viele Vogelarten. Rundfahrten im Jeep, Fußweg, Beobachtungstürme. Unterbringung im Park. Information: Sasan Gir National Park, Sanctuary Superintendent, Dist. Junagadh, Gujarat.

► Shivpuri-Nationalpark
Madhya Pradesh (120 km südöstlich von Gwalior)
Saison: Februar – Mai
Waldgebiet mit See. Antilopen, Tiger, Leoparden und Wasservögel. Unterbringung: Waldrasthaus, Hotel in Shivpuri. Dienstags geschlossen. Information: MPTDC Tansen, 6A, Gandhi Road, Gwalior, Madhya Pradesh, und unter www.mptourism.com.

► Simlipal-Tigerreservat
Orissa, an der Grenze zu Jharkhand (220 km nordöstlich von Bhubaneshwar)
Größe: 2750 km²
Saison: November – Juni
Hügellandschaft mit dichtem Laubwald, Tälern und Wasserfällen. Tigerschutzgebiet, daneben Elefanten, Hirsche, Wildschweine und viele Vögel, so z. B. der Beo. Rundfahrten mit Jeep. Unterbringung in Touristenrasthäusern in der Nähe des Parks. Information: Similipal Project Tiger, Field Director, Baripada – 757 002, Orissa.

► Sundarbans-Tigerreservat (S. 404)
Westbengalen, Mündungsdelta des Ganges (60 km südlich von Kolkata)
Größe: 1330 km² (Kernzone)
Saison: Februar – März
Mangrovensümpfe und vielfach verzweigtes Flusssystem. Schutzgebiet des Bengalischen Königstigers (derzeit 270), ca. 260 Vogelarten, Wasserschlangen, Leistenkrokodile, Schildkröten. Rundfahrten per Boot. Besuchserlaubnis für Ausländer notwendig. Information: Sundarbans Tiger Reserve, Field Director, Canning,

Gaur leben in kleinen Herden, um ihre Jungen besser vor den Tigern schützen zu können.

Dist. 24 Parganas, West Bengal oder www.wbtourism.com.

- **Tadoba-Nationalpark**
Maharashtra (208 km südlich von Nagpur)
Saison: März – Mai
Teakwälder und See. Tiger, Leoparden, Nilgaiantilopen, Gaur und Krokodile. Unterbringung im Park. Information: Government of India Tourist Office, 123 M. Karve Rd., Opp. Churchgate, Mumbai – 400 020, Maharashtra.

- **Valley-of-Flowers-Nationalpark**
Uttaranchal (160 km nordöstlich von Rishikesh)
Saison: Juli / August ist Hauptblütezeit
Größe: 87 km^2
Wunderschönes Blumental u. a. mit Fingerkraut, Scheinmohn, Frauenschuh und Enzian. 4 km lang und bis zu 2 km breit, liegt 3400 – 3700 m hoch im Gebiet des Garwhal-Himalaja. Webseite der Garhwal Mandal Vikas Nigam: www.gmvnl.com.

- **Vedanthangal-Wasservogelschutzgebiet**
Tamil Nadu (85 km südwestlich von Chennai)
Saison: Oktober – März
Einer der wichtigsten Brutplätze in Indien; Kormorane, Herons, Störche, Pelikane u. a.; Übernachtungsmöglichkeit im Waldrasthaus. Information: Wildlife Warden, 50, Fourth Main Road, Gandhi Nagar, Adyar, Chennai – 600 020, Tamil Nadu.

- **Velvadar-Nationalpark**
Gujarat (65 km von Bhavnagar)
Saison: Oktober – Juni.
Neudeltagrasland, große Ansammlung von Hirschziegenantilopen (Blackbucks).
Unterbringung im Park. Information: Deputy Conservator of Forests, Bhavnagar Division, Multistory Building, Bhavnagar, Gujarat.

Notrufe

WICHTIGE RUFNUMMERN

Feuerwehr: Tel. 101
Krankenwagen: Tel. 102
Polizei: Tel. 100

Post • Telekommunikation

Post

Zur Zeit (Stand 2006) beträgt das Porto für eine Postkarte nach Deutschland 8 Rupien, für einen Brief 15 Rupien. Für einen Brief, der innerhalb Indiens verschickt wird, benötigt man eine 5-Rupien-Marke.
Die meisten Postämter haben von 10.00 bis 17.00 geöffnet, samstags von 10.00 bis 14.00 Uhr. Abweichungen sind möglich.

Telefonieren im Hotel

Die telefonischen Verbindungen ins Ausland und auch innerhalb Indiens sind in der Regel sehr gut. Wer in einem Hotel der oberen Preiskategorie übernachtet, hat immer die Möglichkeit, direkt oder über einen Operator zu wählen. Die meisten besseren Hotels verfügen auch über einen Internetanschluss.

Private Telefonstationen

Wesentlich günstiger sind Gespräche von den zahlreichen Servicestationen, die inzwischen ihren Weg bis in abgelegene Dörfer gefunden haben. Sie sind erkennbar an der Aufschrift ISD / STD. ISD bedeutet, dass eine internationale Verbindung hergestellt werden kann, STD weist auf die Möglichkeit hin, innerhalb Indiens zu telefonieren.
Viele dieser Stationen sind inzwischen auch mit Fax und Internetanschluss ausgestattet. Die Preise für Surfgebühren sind zu erfragen, für Telefongespräche ist ein Einheitenzähler vorhanden.

TELEFONIEREN

► **von Indien nach Deutschland**
Tel. 00 49

► **von Deutschland nach Indien**
Tel. 00 91

► **Internationale Telefonvermittlung**
Tel. 186

► **Nationale Telefonvermittlung**
Tel. 197

Preise

WAS KOSTET WIE VIEL?

Taxifahrt
4 – 6 Rupien / km

Übernachtung (Pension)
ab 500 Rupien

Einfaches Essen
ab 50 Rupien

Wasser (1-l-Flasche)
20 Rupien

Indien lädt ein ...

Reiseveranstalter

Von vielen Veranstaltern werden gute Rund- und Studienreisen nach Indien angeboten. Im Folgenden findet sich eine kleine Auswahl empfehlenswerter Veranstalter. Eine große Liste ist auf der Webseite des Indischen Fremdenverkehrsamts einzusehen.

REISEVERANSTALTER

IN DEUTSCHLAND

▶ **Studiosus Reisen**
Postfach 500609, 80976 München
Tel. 008 00 – 24 02 24 02
(Servicenummer, Freecall)
www.studiosus.de
Rund- und Studienreisen

▶ **Hauser Exkursionen Int. GmbH,**
Spiegelstr. 9, 81241 München
Tel. 089 – 23 50 06-0
www.hauser-exkursionen.de
Bietet Trekkingtouren im Himalaja an.

▶ **Comtour**
Ruhrstr. 40, 45219 Essen
Tel. 020 54 – 954 70
www.comtour.de
Bietet Individual- und Gruppenreisen an. Comtour gilt als Spezialist für Südindien und hat ein großes Angebot an Reisen nach Kerala, Ayurvedakuren, Hausbootkreuzfahrten in den Backwaters, Kochkurse etc.

▶ **Asra Orient Reisen**
Kaiserstr.50, 60329 Frankfurt/M.

Tel. 069 – 256 27 20
www.asraorient.de
Über diesen Veranstalter können z. B. Reisen mit den Luxuszügen »Palace on Wheels« oder »Deccan Queen« gebucht werden.

▸ **Surya Reisedienst**
Bleichstr. 5, 63 065 Offenbach
Tel. 069 – 55 03 46
www.suryareisedienst.de
Zum Angebot gehören sowohl Pauschalreisen als auch Individualtouren. Neben den indischen Highlights wie Rajasthan oder Kerala stehen auch Reisen in unbekanntere Gebiete wie Gujarat, Andhra Pradesh, verschiedene Wildreservate sowie der Besuch von speziellen Festen auf dem Programm.

IN INDIEN

▸ **Jungle Lodges and Resorts Ltd.**
2nd floor, Shrungar Shopping Centre, MG Road, Bangalore
Tel. 080 – 25 59 70 21
www.junglelodges.com
Ist auf Naturreisen und Dschungelsafaris spezialisiert.

▸ **Orient Travels**
3, June Calls Vidyanagari Marg, Kalina, Mumbai – 098
Tel. (022) 26 65 06 16
www.orienttravelsindia.com
Bietet u. a. Reisen »auf den Spuren Buddhas« nach Ladakh und Bhutan, Jeepsafaris durch den Himalaja und Rundreisen z. B. durch Kerala, Rajasthan oder Gujarat, außerdem »Naturewalks« im Borivili-Park bei Mumbai.

▸ **Swosti Travels**
103, Janpath, Bhubaneshwar – 001, Tel. 06 74 – 253 57 73
www.swosti.com
Organisiert u.a. Reisen innerhalb Orissas, z. B. zu kunsthandwerklichen Produktionsstätten.

▸ **Indo Asia Tours**
Tel. (011) 246 93 3574
www.indoasia-tours.com
Bietet Kultur- und Studienreisen, aber auch individuelle Programme an; dazu gehören Reisen in die Nachbarländer Nepal, Bhutan, Sri Lanka, Bangladesh und Myanmar.

▸ **Pioneer Travels**
Pioneer House, 5th Cross Road, Kochi-003, Tel. 04 84 – 266 61 48,
www.pioneertravels.com
Organisiert Backwater-Trips, Hausbootaufenthalte und verfügt über einen eigenen Taxifuhrpark.

Reisezeit

Beste Reisezeit: Oktober – März

Beste Reisezeit sind die Monate Oktober bis März. Besonders in den Wintermonaten ist das Wetter angenehm. Die Nächte sind kühl und die Tagestemperaturen erträglich. In Nordindien muss allerdings verbreitet mit kalten Nächten, besonders im Januar, gerechnet werden. Reizvoll ist auch die Periode direkt nach dem Monsun im September / Oktober, da dann das Land besonders grün ist. Die Regenzeit selbst ist nicht ideal für Touristen. Heftige Regenfälle, extreme Luftfeuchtigkeit, tropische Hitze und Überschwemmungen behindern das Reisen. Dennoch hat auch diese Jahreszeit ihren Reiz, denn die Regenfälle beschränken sich in der Regel (Ausnahme: Küstenregionen) auf einige Stunden des Tages. Im Südosten kann es im November und Dezember wegen des Nordostmonsuns zu Regenfällen kommen.

Nicht zu empfehlen ist der Monat Mai als Reisezeit. Er beschert Indien die größte Hitze: in Rajasthan und Teilen Zentralindiens klettert das Thermometer oft auf fast 50 °C. Zudem ist der Mai die Hauptferienzeit für die Inder, d. h. mit vollen Hotels und Verkehrsmitteln ist zu rechnen.

Die richtige Kleidung

Je nach Region und Jahreszeit ist unterschiedliche Kleidung angebracht. Insbesondere im Januar kann es in Teilen Nordindiens empfindlich kalt werden. Die Temperaturen sinken dann bis auf wenige Grad über Null, in den Himalajaregionen natürlich noch viel tiefer. Wollpullover, warme Jacken und Strümpfe gehören unbedingt ins Reisegepäck. In weiten Teilen Südindiens sinken die Temperaturen im Winter auch nachts nicht unter 15 bis 20 °C. Tagsüber wird es – wie auch in Nordindien – sehr warm: 25 bis 30 °C, im Landesinnern auch darüber. Leichte Baumwollkleidung ist am angenehmsten. Festes Schuhwerk sollte ebenfalls mitgenommen werden.

Die Vormonsunmonate sind die heißeste Jahreszeit in Indien. Leichte Baumwollkleidung ist am besten, auch für die Nachmonsunzeit. Unerlässlich ist auch Schal oder Halstuch, da Zugluft, Ventilatoren und ständiger Wechsel von AC-gekühlten Restaurants und Hotels nach draußen zu schaffen machen.

Regenzeit ist in der Regel von Juni bis September, in Südindien auch im November / Dezember. Die heftigen Regenfälle, v. a. in den Küstenregionen und Gebirgen, erfordern sehr gute Regenkleidung.

Shopping • Souvenirs

Es ist ratsam, nicht mit allzu voll gepackten Koffern nach Indien zu reisen. Immens sind die Verlockungen, denen der Reisende hier ausgesetzt ist. Exzellente Rohstoffe und Materialien, eine lebendige und **hochwertige Handwerkskunst mit Jahrtausende alter Tradition** und nicht zuletzt die für uns günstigen Preise lassen das Herz vieler Reisender bei der Jagd nach dem einen oder anderen Schnäppchen und Souvenir höher schlagen. Jede Region Indiens wartet mit speziellen Kostbarkeiten auf, basierend auf lokalen Rohstoffen und Fertigkeiten. Freunde kostbarer Seiden-

? WUSSTEN SIE SCHON …?

- … dass der Sari, das indische Kleidungsstück für Frauen, mindestens 5,5 m lang ist und dass man an seinem Muster und seiner Borte ablesen kann, aus welcher Region oder Stadt er stammt?

stoffe werden in Varanasi oder Chennai mehr auf ihre Kosten kommen als in Mumbai oder Delhi. Silberschmuck ist eher in den Basaren und Antiquitätenläden Jaipurs und Jodhpurs zu Hause als im Süden des Subkontinents und Schnitzereien aus Mysore-Sandelholz sind natürlich am leichtesten an Ort und Stelle erhältlich. All dies kann man jedoch auch in den großen Metropolen und in den Touristenzentren erwerben.

In Rajasthan kleiden sich die Frauen besonders farbenfroh.

Indische Kostbarkeiten

Großes Ansehen in aller Welt genießen **Seiden- und Baumwollstoffe** aus Indien. Berühmt sind Seidenfabrikate aus Chennai (Kanchipuram Silk), Bangalore, Mysore und Varanasi. Im Überfluss vorhanden sind auch Baumwollstoffe aller Art. Farben, Muster und Machart unterscheiden sich je nach Herkunftsgebiet und ein geschultes Auge erkennt am spezifischen Muster sofort, welcher Region das Fabrikat entstammt. Weit über die Grenzen Indiens hinaus bekannt sind die Stickereiarbeiten aus Gujarat und Rajasthan, die oft mit kleinen Spiegeln durchsetzt sind. **Saris, Schals und Bettdecken**, im speziellen Tie-and-Dye-Verfahren (Abbinden und Färben) hergestellt und in ihrer Heimat als **Bandhni** bezeichnet, sind ebenfalls eine Spezialität dieser beiden Bundesstaaten. Großer Beliebtheit erfreuen sich auch Ikat-Stoffe. **Ikat**, in einer speziellen Webart hergestellte geometrische Muster, finden ihren Platz auf Decken, Saris und anderen Kleidungsstücken und werden bevorzugt in Orissa und Andhra Pradesh hergestellt.

Soll es nicht nur warm, sondern auch noch edel sein, so fällt die Wahl auf einen **Kaschmirschal**. Shah Tush oder König der Wolle heißt das Spitzenprodukt dieser Gattung, dessen Wolle von einer seltenen tibetischen Antilope stammt. Sein Material ist so anschmiegsam, dass es durch einen Fingerring passt, und soll auch -40 °C standhalten. Der Erwerb des Shah Tush ist mittlerweile illegal. Legal und auch erschwinglich sind Produkte aus **Pashmina-Wolle**, einer Bergziegenart und weltweit als Kaschmirwolle bekannt. Schals aus normaler Schafwolle, bestickt und in den verschiedensten Farben, sind sowohl in Kashmir als auch in anderen Himalaja-Bundesstaaten erhältlich. In ganz Indien verkauft werden die so genannten Kulu-Schals aus Himachal Pradesh.

Teppiche und Läufer

Begehrt und umstritten ist der Kauf von Teppichen aus Indien. Eine Jahrhunderte alte Tradition hat die Teppichknüpferei in Kashmir, auch im Punjab, in Rajasthan und Uttar Pradesh ist dieses Handwerk verbreitet. Die unsichere politische Lage hat viele kashmirische Händler in den Süden des Landes abgedrängt. So sind heute ihre Teppichgeschäfte in allen großen Städten und Touristenzentren zu finden. **Kaschmirteppiche** sind handgeknüpft, entweder aus Seide, aus Wolle oder aus Wolle mit etwas Seide, um ein glänzendes Aussehen zu bekommen (silk touch). Ein Etikett auf der Rückseite weist auf das Material und die Anzahl der geknüpften Knoten pro Quadratinch hin. Etwa 150 Knoten pro Quadrat markiert Durchschnittsqualität, während über 300 Knoten auf derselben Fläche den Teppich als edles Produkt ausweisen. Die Teppiche haben persische Namen, da die Designs aus dem ehemaligen Persien stammen.
Um gegen die schlechten Arbeitsbedingungen für Kinder in Indiens Teppichindustrie vorzugehen, entstand in Zusammenarbeit mit Brot für die Welt, Misereor, Terre des Hommes und mit der Unterstützung des Bundesministeriums für wirtschaftliche Zusammenarbeit die Initiative Rugmark. Teppiche, die mit diesem Label gekennzeichnet sind, stammen von Produzenten, die sich verpflichtet haben, keine Kinder zu beschäftigen und internationale Kontrollen zuzulassen. Solche Teppiche sind auf dem deutschen Markt erhältlich (s. www.rugmark.de)

Gold- und Silberschmuck

Was bei uns ein Sparkonto oder eine Lebensversicherung bedeutet, ist für viele indische Frauen ihr Goldschmuck, den sie bei ihrer Hochzeit erhalten. Gold wird meist in 22 Karat verkauft und gehört aufgrund seiner hohen Besteuerung nicht gerade zu den Schnäppchen des Marktangebots. Ausgesprochen vielfältig und vergleichsweise günstig ist dagegen Silberschmuck. **Armreifen, Ketten, Ringe, teils mit wertvollen Steinen versehen**, bestimmen die Schaufenster vieler Schmuckläden. Ein großer Teil der Waren stammt aus Rajasthan, Bengalen, Tibet und Nepal. Liebhaber von altem Silberschmuck werden in Jaipur und Jodhpur auf ihre Kosten kommen. Das Angebot ist groß und preiswert. Ketten, Reifen und Ringe aus echten **Perlen** werden in Hyderabad hergestellt, sind dort besonders günstig und in großer Auswahl zu haben.

Silberschmuck aus Jodhpur

Große Berühmtheit erlangten die **Bronzefiguren** der Cholas, die heute in den Museen zu bewundern sind. Die Nachfahren der damaligen Meister stellen noch heute im sog. Cire-Perdue-Verfahren **Götterstatuen** her, die in Tempeln und

Reproduktionen alter Miniaturmalereien sind weit verbreitet.

Haushalten und immer mehr auch bei Kunstliebhabern ihren Platz finden. Südindien, besonders Tamil Nadu, ist die Heimat der Bronzeschmiede. Töpfe, Teller, Becher, aber auch Öllampen und Götterfiguren werden aus Kupfer und Messing in vielen Teilen des Landes fabriziert.

Holz und Stein

Walnussschalen aus Kaschmir, Bambusstühle aus den Bambuswäldern des Nordostens, Sandelholzfiguren aus Mysore, Teak- und Rosenholzmöbel, die Liste der Produkte aus Holz ist schier unendlich. **Möbel**, von spanischen Wänden mit Jalischnitzwerk über bemalte, niedrige Tische aus Rajasthan bis zu schweren Schränken, Truhen und Betten in traditionellem Design sind trotz der hohen Verschiffungskosten gefragt und werden in alle Welt verfrachtet.
Vor allem aus Agra kommen die **Einlegearbeiten** aus Holz und Marmor. Ein kleines Taj Mahal aus weißem Marmor, besetzt mit wertvollen Steinen, ein hölzernes Beistelltischchen mit eingelegten Blütenmustern oder nur ein Kochlöffel, im selben Verfahren hergestellt, erinnern an die Meisterschaft der Erbauer des großartigen Grabmals. Findet man in einem Laden **Götterfiguren** aus Stein, so ist die Wahrscheinlichkeit, dass sie aus dem Örtchen Mamallapuram südlich von Chennai stammen, besonders groß. Dort lebt in zahlreichen Werkstätten das alte Handwerk der Steinskulpteure fort und die Künstler erschaffen den ganzen Götterpantheon der Hindus in allen Größen immer wieder von Neuem. Wer daran Gefallen gefunden hat, sollte sich nicht durch das enorme Gewicht der Statuen abschrecken lassen. Größere Statuen, die leicht über fünfzig Kilo wiegen können, werden bei Bedarf per Schiff versandt. Besonders zuverlässig ist Poompuhar, das staatliche Geschäft für Kunsthandwerk.

Ton- und Keramikwaren Nicht komplett wäre die Liste der traditionellen Kunsthandwerkswaren ohne eine der ältesten Handwerksformen. **Tongefäße** in allen Formen und Größen, schlicht oder mit üppigem Zierschmuck, sind in ganz Indien zu haben.

Malereien Ein beliebtes Erinnerungsstück an ihre Indienreise ist für viele Besucher eine **Miniaturmalerei**. Diese Tradition, die an den Höfen der Moguln und Rajputen ihre Blüte erlebte, wird in Rajasthan gepflegt. Der Preis für eine Malerei hängt von der Arbeit ab, die der Maler in das Bild investiert hat, und natürlich von seinem Können. An einem ausgereiften und komplizierten Bild arbeitet der Künstler mehrere Wochen oder gar Monate. Wer ältere Miniaturen kaufen möchte, sollte sich nicht allein auf die Worte der Händler verlassen, sondern eine Person mit Sachverstand zur Seite haben.

Antiquitäten Neben den Antiquitätengeschäften, die sich oft in den Touristenvierteln oder den großen Luxushotels befinden, gibt es zahlreiche Märkte für Antiquitäten. Man sollte beim Kauf von antiker Ware jedoch nicht vergessen, dass es in Indien eine Kunst für sich ist, neue Objekte auf alt zu trimmen. Größere Geschäfte übernehmen auch den Versand der Ware ins Ausland.

Wer Antiquitäten oder andere Kunstgegenstände kaufen und nach Hause mitnehmen will, sollte sich an die Niederlassungen des **Ar-**

Auf den Märkten bekommt man eine Vielzahl unterschiedlicher Gewürze.

chaeological Survey of India (www.asi.nic.in) wenden. Dort kann man Expertisen bekommen und auch Ausfuhrgenehmigungen. Man sollte allerdings wissen, dass es verboten ist, Antiquitäten und Kunstobjekte, die über 100 Jahre alt sind, sowie Häute oder Produkte von geschützten Tieren zu exportieren. Informationen in New Delhi unter Tel. 23 01 74 43.

Lebensmittel

Lebensmittel wie Pickles, Gewürze (Kurcuma, Kardamom, Ingwer, Koriander, Muskatnuss, Mohnsamen) und Tee erhält man günstig auf allen größeren Märkten.

Sicherheit

Verhaltenstipps

In Indien besteht kein besonders hohes Risiko für die persönliche Sicherheit, wenn man sich an allgemein anerkannte Regeln hält. Verlassene Gegenden und Parks sind nachts zu meiden, das gilt insbesondere für Frauen. Slums sollte man entweder gar nicht und wenn, dann nur in Begleitung von Einheimischen besuchen und dabei den Fotoapparat in der Tasche lassen. Beim Reisen verzichtet man am besten auf die Mitnahme wertvoller Schmuckstücke, insbesondere Gold. Sein Geld (möglichst keine großen Beträge) und seine Wertpapiere trägt man am besten in einem Beutel am Körper. Vorsicht ist geraten in großen Menschenmengen, besonders auf Bahnhöfen und auf Märkten. Sie sind, wie überall, ein Tummelplatz für Diebe. Das Aufschlitzen von Handtaschen in vollen Bussen und Zügen ist eine besonders verbreitete Methode. Keinesfalls sollte man Gepäckstücke irgendwo unbeaufsichtigt stehen lassen.

Hotel

Im Hotel sind Wertgegenstände unbedingt in Sicherheit zu bringen, d. h. entweder im Hotelsafe oder in einem abschließbaren Schrank oder Koffer zu deponieren. Die Mitnahme eines kleinen Sicherheitsschlosses ist von Vorteil, man kann dies in Indien jedoch überall kaufen. Zimmertüren sollte man besser abschließen.

Reisen mit Bus und Bahn

Gelegentlich hört man von Überfällen auf Busse und Züge in den Nachtstunden, tagsüber ist das Reisen aber unbedenklich. Gehäuft treten solche Vorfälle im ärmsten der indischen Bundesstaaten, in Bihar, auf. Dort sollte man keinesfalls nachts reisen. Bei Nachtfahrten im Zug sollten Gepäckstücke verschlossen gehalten und möglichst angebunden werden.

Sicherheitstipps für Frauen

Allein reisende Frauen sind in Indien keine Seltenheit, dennoch haben sie mitunter mit Belästigungen zu rechnen. Dies gilt mehr für den Norden des Landes als für den Süden. Unauffällige Kleidung, insbesondere das Tragen indischer Kleidung (z. B. Salwar Kameez), kann von großem Vorteil sein. Übernachtungen im Schlafwagen in den Zügen sind in der Regel problemlos. Manche Züge besitzen eigene Frauenabteile, sog. »Ladies Compartments«.

Kashmir Für Reisen nach Kashmir besteht aufgrund der unsicheren politischen Situation ein Sicherheitsrisiko. Über die neuesten Entwicklungen informieren das Indische Fremdenverkehrsamt in Frankfurt, das Auswärtige Amt in Berlin oder die indischen Botschaften und Konsulate.

Drogen Obwohl Haschisch, dort Ganja genannt, in Indien eine alte Kulturdroge ist, ist jeglicher Besitz und Konsum von Haschisch, Marihuana und sonstigen Drogen (Ausnahme: Alkohol, bis auf wenige Bundesstaaten) verboten und wird mit harten Strafen geahndet.

Sprache

SPRACHFÜHRER ENGLISCH

Auf einen Blick

Ja / Nein	Yes / No
Vielleicht.	Perhaps. / Maybe.
Bitte	Please.
Danke. / Vielen Dank!	Thank you. / Thank you very much.
Gern geschehen.	You're welcome.
Entschuldigung!	I'm sorry!
Wie bitte?	Pardon?
Ich verstehe Sie / dich nicht.	I don't understand.
Ich spreche nur wenig ...	I only speak a bit of ...
Können Sie mir bitte helfen?	Can you help me, please?
Ich möchte ...	I'd like ...
Das gefällt mir (nicht).	I (don't) like this.
Haben Sie ...?	Have you got ...?
Wie viel kostet es?	How much is this?
Wie viel Uhr ist es?	What time is it?

Kennen lernen

Guten Morgen!	Good morning!
Guten Tag!	Good afternoon!
Guten Abend!	Good evening!
Hallo! Grüß dich!	Hello! / Hi!

Passt das noch in mein Gepäck?

Mein Name ist ...	My name's ...
Wie ist Ihr / Dein Name?	What's your name?
Wie geht es Ihnen / dir?	How are you?
Danke. Und Ihnen / dir?	Fine thanks. And you?
Auf Wiedersehen!	Goodbye! / Bye-bye!
Tschüss!	See you! / Bye!
Bis bald!	See you later!

Auskunft unterwegs

links / rechts	left / right
geradeaus	straight on
nah / weit	near / far
Bitte, wo ist ...?	Excuse me, where's ..., please?
... die Bushaltestelle	... the bus stop
... der Hafen	... the harbour
... der Flughafen	... the airport
Wie weit ist das?	How far is it?
Ich möchte ... mieten.	I'd like to hire ...
... ein Auto	... a car
... ein Fahrrad	... a bike

Panne

Ich habe eine Panne.	My car's broken down.
Gibt es hier in der Nähe eine Werkstatt?	Is there a service garage nearby?

Würden Sie mir bitte einen Abschleppwagen schicken?	Would you send a breakdown truck, please

Tankstelle

Wo ist die nächste Tankstelle?	Where's the nearest petrol station?
Ich möchte ... Liter	...liters of ...
... Normalbenzin.	... three-star.
... Super.	... four-star.
... Diesel.	... diesel.
Volltanken, bitte.	Full, please.

Unfall

Hilfe!	Help!
Achtung!	Attention!
Vorsicht!	Look out!
Rufen Sie bitte ...	Please call ...
... einen Krankenwagen.	... an ambulance.
... die Polizei.	... the police.
Es war meine Schuld.	It was my fault.
Es war Ihre Schuld.	It was your fault.
Geben Sie mir bitte Ihren Namen und Ihre Anschrift.	Please give me your name and address.

Essen

Wo gibt es hier ...	Is there ... here?
... ein gutes Restaurant?	... a good restaurant
... ein typisches Restaurant?	... a restaurant with local specialities?
Gibt es hier eine gemütliche Kneipe?	Is there a nice pub here?
Reservieren Sie uns bitte für heute abend einen Tisch.	Would you reserve us a table for this evening, please?
Auf Ihr Wohl!	Cheers!
Bezahlen, bitte.	Could I have the check, please?

Einkaufen

Wo finde ich ... eine / ein ..?	Where can I find a ...?

Tafeln in der Devanagari-Schrift zum Erlernen von Hin

हिन्दी वर्णमाला
आ
आम
इ
इमली
ई
ईख
मात्राएँ
आ = ा
इ = ि
ई = ी
उ = ु
ऊ = ू
ऋ = ृ
ऊ
ऊन
ऋ
ऋषि
ए
एड़ी
ओ
ओखली
औ
औरत
अं
अंगूर
अः
ख
खरगोश
ग
गमला
घ
घड़ी
ङ
छ
छतरी
ज
जहाज
झ
झंडा
ञ
ठ
ठठेरा
ड
डमरू
ढ
ढक्कन
ण
थ
थरमस
द
स्याही
दवात
ध
धनुष
न
नल
फ
फल
ब
बत्तख
भ
भालू
म
मछली
र
रथ
ल
लट्टू
व
वक
श
शलगम
स
सपेरा
ह
हाथी
क्ष
क्षत्रिय
त्र
त्रिशूल
ज्ञ
ज्ञानी
एक से दस तक गिनती
२
दो
३
तीन
४
चार
५
पाँच
७
८
९
१०

Apotheke	chemist's
Bäckerei	bakers's
Fotogeschäft	photographic materials
Kaufhaus	department store
Lebensmittelgeschäft	food store
Markt	market

Übernachtung

Können Sie mir ... empfehlen?	Could you recommend ... ?
... ein Hotel / Motel	... a hotel / motel
... eine Pension.	... a guest-house
Ich habe ein Zimmer reserviert.	I've reserved a room.
Haben Sie noch ...?	Have you got ...?
... ein Einzelzimmer	... .a single room
... ein Doppelzimmer	... a double room
... mit Dusche / Bad	... with a shower / bath
... für eine Nacht	... for one night
... für eine Woche	... for a week
Was kostet das Zimmer	How much is the room
... mit Frühstück?	... with breakfast?
... mit Halbpension?	... with half board?

Arzt

Können Sie mir einen guten Arzt empfehlen?	Can you recommend a good doctor?
Ich brauche einen Zahnarzt.	I need a dentist.
Ich habe hier Schmerzen.	I've got pain here.

Bank / Post

Wo ist hier bitte eine Bank?	Where's the nearest bank?
Ich möchte ... Euro (Franken) wechseln.	I'd like to change ... Euro (Swiss Francs).
Was kostet ...	How much is ...
... ein Brief ...	... a letter ...
... eine Postkarte ...	... a postcard ...
nach Deutschland?	to Germany?

Zahlen

1	one	2	two
3	three	4	four

5	five	6	six
7	seven	8	eight
9	nine	10	ten
11	eleven	12	twelve
13	thirteen	14	fourteen
15	fifteen	16	sixteen
17	seventeen	18	eighteen
19	nineteen	20	twenty
21	twenty-one	30	thirty
40	forty	50	fifty
60	sixty	70	seventy
80	eighty	90	ninety
100	hundred	1000	(a) one thousand
100 000	one hundred thousand; auch: one lakh	1/2	a half
		1/3	a third
		1/4	a quarter

Übernachten

Empfehlungen für Übernachtungsmöglichkeiten in den größeren Städten und Touristenzentren werden unter den einzelnen Stichworten im Teil »Reiseziele von A bis Z« aufgeführt. Eine ausführliche und regelmäßig aktualisierte Hotelliste ist im Internet auf der Homepage des indischen Hotel- und Gaststättenverbandes (www.fhrai.-com) zu finden.

Auch die Homepage des indischen Fremdenverkehrsamtes in Frankfurt hat einen Link zu einer ausführlichen Hotelliste (www.india-tourism.com/hotels). Die meisten Hotels der höheren Kategorien besitzen eigene Webseiten oder zumindest E-Mail-Adressen. Erfahrungsgemäß ändern sich diese von Zeit zu Zeit – die Telefonnummern sind in der Regel konstanter und sicherer.

i Preiskategorien

- Luxus: ab 65 Euro
- Komfortabel: 25 bis 65 Euro
- Günstig: bis 25 Euro
(Preis für ein Doppelzimmer)

Hausboote

In den Backwaters von Kerala kann man Hausboote für einen Tag oder auch mehrere Tage mieten. Die Größe der Boote variiert: Es gibt kleine Boote für zwei Personen, große Boote für bis zu 12 Personen. Im Service inbegriffen ist in der Regel Vollpension. Außer dem Steuermann sind meist noch ein Koch und ein Bootsjunge an Bord. Weitere Informationen zu solchen Bootstrips erhält man beim Frem-

! *Baedeker* TIPP

Indisches Nachtstück

Nächtliche Dachreparaturen, Tempelglocken, Hochzeitsmusik, Hupkonzerte und Hundegebell: Da die durchschnittliche indische Geräuschkulisse nicht der mitteleuropäischen entspricht, sollten hellhörige Menschen zur Vorsorge Ohrstöpsel mitnehmen.

denverkehrsamt des Bundesstaates Kerala und auch unter der Webseite www.keralatourism.org.

Jugendherbergen bieten in Indien bequeme und günstige Übernachtungsmöglichkeiten für Fahrten, Wanderungen und Bergtouren. Jede Herberge hat eine Kapazität von etwa 40 Betten (Frauen- und Männerschlafsäle). Betten mit Bettwäsche, Decken, verschließbare Kleiderschränke, elektrisches Licht, Gemeinschaftsküche und Parkplätze sind vorhanden. Informationen erhält man unter www.yhaindia.org, der Webseite der Youth Hostel Association of India.

Rest Houses

Viele der kleineren und unbekannteren Orte auf dem Land, die von touristischem Interesse sind, besitzen keine Hotels. Rest Houses der Regierung (Einrichtungen mit hotelähnlichem Charakter für durchreisende Regierungsbeamte) sind oft die einzigen Möglichkeiten, in denen man übernachten kann. Diese staatlichen Rasthäuser, manchmal »Circuit Houses« oder »Dak Bungalows« genannt, stehen auch Touristen offen. Die Rest Houses liegen meist nahe der Nationalstraßen.

Unterkünfte bei Familien

Die Government of India Tourist Offices können einen Aufenthalt als »paying guest« in einer indischen Familie arrangieren.

Urlaub aktiv

Sportliche Aktivitäten

In Indien bestehen die verschiedensten Sportmöglichkeiten – von Trekking und Wintersportarten im Norden bis zum Wassersport an den Küsten, auch Golf, Polo, Hockey und vieles mehr. Detailierte Informationen erteilt das Indische Fremdenverkehrsamt in Frankfurt a. M.

Tauchen

In **Goa** werden organisierte Touren mit dem Boot zu interessanten Tauchplätzen in der Regel von verschiedenen Veranstaltern durchgeführt: z. B. Water-Sports Bogmalo Beach (Tel. 08 32 – 51 23 05). Auf den **Lakshadweep-Inseln** ist Poseidon Neptun Professional auf Bangaram Island (c/o Casino Hotel, Willingdon Island, Kochi - 68 20 03, Tel. 04 84 – 266 82 21, www.cghearth.com) für einen Einführungskurs oder sechstägigen Zertifikatskurs die erste Adresse. Organisierte Bootsfahrten zu den Riffs und einzelne Tauchstunden sind ebenfalls

möglich (Saison: Oktober bis Mai). Informationen erhält man auch bei Lakshadweep Tourism (Tel. 04 84 – 66 83 87, www.lakshadweep-tourism.com).
Herrliche Korallenriffe vor den **Andamanen und Nicobaren** bieten exzellente Tauchmöglichkeiten. Bei der Andaman and Nicobar Scuba Diving Society (c/o Fortune Resort Bay Island (Welcomegroup), Marine Hill, Port Blair – 101, Tel. 031 92 – 23 41 01) können Taucher mit Zertifikat Ausrüstungen leihen und Tagestouren buchen. Für erfahrene Taucher werden auch zweitägige Advanced Open Water Courses angeboten, die u. a. Unterwassernavigation, Nachttauchgänge und Tauchgänge in größere Tiefen einschließen. Für Anfänger besteht die Möglichkeit, an Schnupperkursen oder fünftägigen Lehrgängen mit PADI-Zertifikat als Abschluss teilzunehmen (Saison: November bis April). Auch andere Hotels bieten Tauchkurse an. Näheres kann man beim Directorate of Tourism Andaman and Nicobar (Port Blair, Tel. 031 92 – 232 69 94, www.tourism.andaman.nic.in) erfragen.

Trekking

Indiens nördlichste Grenze, der Himalaja, ist ein begehrtes Ziel für Trekker und Bergsteiger aus aller Welt. Treks werden organisiert in der Garhwal Region (Uttaranchal), in Himachal Pradesh, in Jammu – Kashmir, in Ladakh, in Zanskar, in Darjeeling und in Sikkim.
Die beste Saison für Treks in **Garhwal** ist vor und nach dem Monsun, d. h. im April / Mai und im September / Oktober. In dieser Region, in der viele Mythen und Legenden angesiedelt sind, befindet sich die Quelle des Ganges – und auch andere große Flüsse entspringen hier. Der Höhenort Mussoorie bietet sich an als Ausgangspunkt für Treks in die Täler der Flüsse Yamunotri und Gangotri. Von Rishikesh aus gelangt man über das wunderschöne Valley of Flowers (Blütezeit: August) zum heiligen Reliquienschrein Badrinath. Ein weiteres Trekkingzentrum ist Almora, Ausgangspunkt für Wanderungen in Pinien- und Rhododendronwälder der Umgebung. Weitere Informationen sind erhältlich auf der Webseite von Uttaranchal (www.ua.nic.in/uttaranchaltourism), unter www.gmvnl.com oder kmvn.org.
Die Landschaftsformen **Himachal Pradeshs** reichen von den unfruchtbaren Felsen und Sturzbächen der Täler Spiti und Lahaul im Norden bis zu den fruchtbaren Obstgärten in Kangra und Chamba. Besonders sehenswert sind das Kullutal, der Rohtangpass, Chamba und die ehemalige Sommerhauptstadt der Briten, Shimla. Es existieren zahlreiche Trekkingrouten aller Schwierigkeitsstufen. Saison: Mitte Juni bis Ende Oktober. Informationen erhält man bei der Himachal Pradesh Tourism Development Corporation, Shimla, oder auf den Webseiten www. himachaltourism.nic.in bzw. hptdc.nic.in.
Die beste Trekkingzeit in **Jammu – Kashmir** ist von Mitte Juni bis Ende Oktober; im Sommer muss mit Regenfällen gerechnet werden. Beliebte Ausgangspunkte sind Srinagar, Gulmarg und Pahalgam.
Informationen über Trekkingtouren um **Darjeeling** gibt es beim Department of Tourism in Darjeeling, Silver Fir Building, Banu Sarani.

Es werden Touren in niedrigeren und höheren Lagen und mit unterschiedlichem Schwierigkeitsgrad durchgeführt. Im Angebot stehen auch Spezialtreks für Tier-und Pflanzenfreunde. Informationen auch unter www.wbtourism.com.

Sikkim: Von Yoksum aus in Westsikkim können Treks nach Dzongri mit wunderbarer Aussicht auf das Kanchenjunga-Massiv unternommen werden. Autorisierte Agenturen in Gangtok bieten verschiedene Routen an.

Die Saison in **Ladakh / Zanskar** reicht von Ende Juni bis Ende Oktober. Ladakh liegt im Regenschatten der Bergketten und erhält keinen Monsunregen, in Zanskar ist etwas Regen im Sommer möglich.

Beste Trekkingmöglichkeiten hat man von Leh aus. Information und Ausrüstung beim Jammu & Kashmir Tourist Office in Leh.

Ideale Ausgangsbasen für die **Western Ghats** sind im Norden das Städtchen Mahabaleshwar oder die Region Coorg im Süden. Information: Tourist Offices von Maharashtra (für Mahabaleshwar) und Karnataka (für Coorg).

Für viele Reisende eine besondere Inspiration: Meditiationskurse in Indien, der Wiege des Yoga

◄ Hinweis

Zusätzliche Informationen und Genehmigungen für Trekker und Bergsteiger: Indian Mountaineering Foundation, Benito Juarez Road, New Delhi – 021, Tel. 011– 241 11 12 11, www.indmount.org.

Pferde-und Kamelsafaris

Auf dem Rücken eines Pferdes oder Kamels kann man die Wüste Rajasthans erkunden. Es werden mehrtägige Touren angeboten, übernachtet wird meist in Zelten. Beliebte Ausgangspunkte sind Jodhpur, Jaisalmer und Bikaner. Informationen erhält man beim Rajasthan Tourist Office (www.rajasthantourism.gov.in) oder den Reisebüros in den genannten Orten.

Wildwasserfahren

Zu den neueren Sportarten in Nordindien gehört das River Rafting. Auf verschiedenen Gebirgsflüssen des Himalaja ist Wildwasserfahren möglich. Dazu gehören Zanskar, Indus, Chenab und Lidder in der Kashmir-Ladakh-Region, Beas und Sutlej in Himachal Pradesh, Ganga, Bhagirathi, Tons und Sarda in Uttaranchal und Teesta und Rangit in Sikkim. Weitere Informationen erhält man bei den zuständigen Tourist Offices.

Wintersport

Gulmarg (2730 m) in Kashmir ist der bekannteste und am besten ausgebaute Wintersportort in Indien (schneesicher von Dezember bis April, verschiedene Pisten). Josimath im Garhwal, eigentlich ein Pilgerort, wird als Wintersportort ausgebaut. Eine Seilbahn führt zu den Pisten von Auli und Gorsain nahe des Kuaripasses mit einmaliger Aussicht. Saison von Januar bis März, absolut schneesicher.

Motorradreisen

Informationen und Angebote für Motorradreisen durch Südindien, Rajasthan und Ladakh erhält man bei www.wheelofindia.com.

Yoga

Eine der großen philosophischen Traditionen des Hinduismus gewinnt auch im Westen immer mehr Anhänger: der Yoga, wörtlich übersetzt »Vereinigung«. Er stellt eine Methode der spirituellen Entwicklung des Menschen dar. Geistige und körperliche Übungen werden im Yoga als ein Instrument zur Befreiung von der materiellen Welt gesehen. Unter den vielen verschiedenen Schulen des Yoga hat die Praxis des Hatha-Yoga die zahlreichsten Nachahmer gefunden. Genau festgelegte Körperpositionen (asanas), Atemübungen (pranayama) und geistige Konzentration sind die drei Hauptstützen des Hatha-Yoga, der mittlerweile auch bei uns in vielen Yogazentren gelehrt wird.
Wer Yoga in Indien lernen oder üben will, dem stehen eine Vielzahl von Yogazentren in fast jeder größeren Stadt zur Verfügung. Auch Ashrams bieten oftmals Yogakurse oder andere Kurse mit meditativen Übungen an. Eine ausführliche Liste ist beim Indischen Fremdenverkehrsamt (www.india-tourism.com, Links: Wellness, Yoga) und bei den Government of India Tourist Offices erhältlich.

Verkehr

Von der Riksha, die in Kolkata immer noch von Männern gezogen wird, bis zum superschnellen Düsenjet reicht die Palette der Fortbewegungsmöglichkeiten in Indien. Dazwischen rangieren die Fahrradrikshas und ihre moderne Variante, der Scooter, ein dreirädriges, schrill hupendes Gefährt, dessen Ton jedem Indienbesucher noch lange im Ohr klingen wird. Da sind die geräumig-robusten Ambassadors, Oldtimer im Design, aber noch immer ohne wirklich bemerkenswerte Konkurrenz im Taxitransport auf allen Straßen. Rote Doppeldeckerbusse, die an Besuche in der britischen Hauptstadt erinnern, schieben sich tagtäglich durchs unvermeidliche Mumbaier Verkehrschaos. Reisebusse, von der klapprigen, zerbeulten Blechschachtel bis zum Luxusschlitten mit AC, Video und Kühlschrank, befördern jahrein, jahraus Massen von Menschen in alle Himmelsrichtungen. Ein ausgezeichnet ausgebautes und sehr komfortables, aber mit gewissen Sicherheitsmängeln versehenes Eisenbahnnetz zieht sich durch den gesamten Subkontinent. Luftkissenboote bringen Reisende in wenigen Stunden vom Mumbai in die Touristenhochburg Goa. Und der Luftraum ist hart umkämpft zwischen der staatlichen Indian Airlines und verschiedenen privaten Anbietern.

Straßenverkehr

Verhaltensregeln für Fußgänger

Indiens Straßenverkehr wird bestimmt vom Gesetz des Stärkeren. Kings of the Road sind unbestreitbar die vielen Lastwagen und nur waghalsige Busfahrer fordern die großen Trucks zu riskanten Ausweichmanövern auf, die immer wieder zu Unfällen führen. Pkws stehen an dritter Stelle der Rangliste, gefolgt von Autorikshas und Fahrradfahrern. Das Ende der Kette bilden die Fußgänger, was gewisse Verhaltensregeln mit sich bringt, die überlebenswichtig sein können.

Generell gilt Folgendes: Eine grüne Ampel für Fußgänger bedeutet nicht automatisch, dass Fahrzeuge anhalten. Wer eine Straße überquert, sollte nicht damit rechnen, dass Autos und Fahrräder bremsen, meist wird versucht, dem lästigen Zweibeiner durch einen Schlenker auszuweichen. Dies funktioniert in den meisten Fällen, setzt aber voraus, dass man die Straße auf »indische« Weise überquert, d. h. langsam, und es hinnimmt, dass man bisweilen mitten auf der Straße warten muss, bis man den zweiten Abschnitt passieren kann. Auf keinen Fall sollte man über eine Straße rennen, sondern als Neuling am besten eine wirklich günstige Situation abwarten. Nicht zu vergessen ist zudem die Tatsache, dass in Indien Linksverkehr herrscht. Von diesen Schutzregeln ausgenommen sind nur die zahlreichen als »heilig« geltenden Kühe, die es sich mitunter sogar auf sechsspurigen Highways bequem machen, getragen von dem Vertrauen, dass auch der letzte Lastwagenfahrer ihren besonderen Status respektiert.

Die heiligen Kühe lassen sich vom Straßenverkehr keineswegs aus der Ruhe bringen.

Stadtverkehr

Busse und Taxis sind die Hauptverkehrsmittel innerhalb der Städte. In Mumbai ist die schnellste Verbindung zu den Außenbezirken im Norden, vor allem während des Tages, die Fahrt in einem der Vorortzüge. Kolkata besitzt eine Straßenbahn, die sich im Verkehrsgewühl der Metropole auch nur im Schneckentempo fortbewegen kann, und eine moderne U-Bahn, die für bestimmte Bezirke eine Alternative darstellt. Auch Delhi hat seit neuestem eine moderne Metro. Stadtbusse sind in der Regel überfüllt, aber sehr billig. Als Alternative bieten sich die Taxis, meist Ambassadors, oder Motorrikshas, in kleineren Städten auch Fahrradrikshas und Pferderikshas an. Taxis und Motorrikshas besitzen normalerweise einen Zähler außen am Fahrzeug, der die Fahreinheiten misst und dem gemäß man seine Rupien bezahlen muss – im Idealfall hat der Fahrer auch eine Liste mit den aktuellen Fahrpreisen bereit.
Dies gilt jedoch nur für den Idealfall (Mumbai ist in dieser Hinsicht vorbildlich – schwarze Schafe gibt es überall). Vielerorts muss man den Fahrpreis vorher aushandeln, dabei ist es günstig, wenn man eine ungefähre Ahnung vom Preisniveau hat. An großen Flughäfen und Bahnhöfen wird oftmals ein so genannter Prepaid-Taxi-Service angeboten, d. h. man bezahlt für die Entfernung im Voraus und hat so nicht die Mühe, in einer vollständig fremden Stadt einen Preis aushandeln zu müssen. An internationalen Flughäfen gibt es einen privaten und einen öffentlichen Prepaid-Taxi-Service – der öffentliche ist in der Regel sehr viel billiger als der private und genauso gut.

Busverbindungen Dorthin, wo die Schiene nicht reicht, führt zumindest eine Straße. Vor allem viele Himalajatäler und Bergstationen sind nur per Bus oder Taxi zu erreichen. In der Regel ist das Busfahren unbequemer als das Zugfahren erster und zweiter Klasse. Manchmal sind Busse aber schneller oder kürzen umständliche Schienenverbindungen ab.

Mietwagen und Touristentaxis

Aktiv am indischen Straßenverkehr teilzunehmen erfordert Kenntnis aller besonderen Regeln, großes Geschick im Umgang mit den Massen von Fahrzeugen, Fußgängern, Kühen und sonstigem Getier, das sich vor allem in ländlichen Gegenden auf den Straßen befindet. Dies kann in der Regel von Touristen nicht geleistet werden. Aus diesem Grund bieten Mietwagenfirmen ihre Fahrzeuge meist mit Chauffeur an. Bei Reisen, die sich über mehrere Tage ausdehnen, schläft der Fahrer im Auto oder in dafür vorgesehenen Unterkünften des Hotels. Dasselbe gilt für die Touristentaxis, die über Tourist Offices oder Reisebüros gemietet werden können. Es ist empfehlenswert, sich über die staatlichen Touristenbüros ein Taxi zu mieten, aber es gibt auch viele private Mietwagenfirmen.

i Mietwagenfirmen

- Car Rental India, Delhi, Tel. 011 – 29 81 22 00
- Aelpe Services, Delhi, Tel. 011 – 24 62 37 23
- State Express, Delhi, Tel. 011 – 26 85 54 83
- Hertz, Mumbai, Tel. 022 – 496 17 14 / 15
- Hertz, Chennai, Tel. 044 – 433 06 84

Eisenbahn

Indien besitzt das sechstgrößte Eisenbahnnetz der Welt. 63 000 km Schienen führen kreuz und quer durch den Subkontinent und dringen in die abgelegensten Winkel vor. Das Land per Bahn zu erkunden ist eine gute Idee, besonders wenn man genügend Zeit zur Verfügung hat. Nur so erhält man einen wahren Eindruck von seiner Weite, von seiner geografischen Vielfalt und nicht zuletzt vom Alltag der Menschen – Blickwinkel, auf die Vielflieger zu einem beträchtlichen Teil verzichten müssen.

Zugverbindungen Zwischen den großen Städten verkehren mehrfach am Tag Züge, meist als Express- oder Mail-Trains bezeichnet, mit stark unterschiedlichen Fahrzeiten. Am schnellsten sind die so genannten **Rajdhani-Express-Trains**; sie verkehren zwischen den großen Metropolen und sind teils doppelt so schnell wie die herkömmlichen Züge, allerdings auch teurer.

Klassen und Preise Die Hauptverkehrszüge besitzen normalerweise eine 1. Klasse (mit oder ohne Air-Condition) und eine 2. Klasse (mit oder ohne AC), Passenger-Trains auch eine 3. Klasse. Die Wagen der 1. und 2. Klasse mit AC sind zahlenmäßig sehr begrenzt und ihr Preis ist um ein

REISEN WIE EIN MAHARADSCHA

Zurück zu den Zeiten von Pomp und Luxus, hinein in die Märchenwelt von Tausendundeiner Nacht, eingebettet in den Komfort der Fünf-Sterne-Klasse – all das verspricht der Veranstalter von Palace on Wheels.

Die Paläste und Festungen Rajasthans und Indiens größte Attraktion, das Taj Mahal, stehen auf dem Programm der einwöchigen Tour im »Palast auf Rädern«, einem supermodernen Luxuszug, dessen Inneres dem **Ambiente alter Rajputen-Gemächer** nachempfunden wurde.

Luxus pur auf Schienen

Jeden Mittwoch von September bis April starten die 14 Waggons von New Delhi westwärts in die Wüste. Jaipur mit dem Palast der Winde ist die erste Station der Reise. Von dort fährt der Zug durch die Wüste Thar nach Jaisalmer. Die mittelalterliche Wüstenstadt mit ihrem Sandsteinfort, Palästen und Havelis gehört zu den großen Attraktionen Rajasthans. Weiter westwärts wendet sich der rollende Palast nach Jodhpur mit seinen blauweißen Häusern, überragt vom beeindruckenden Meherangarh Fort. Danach geht es in den für seine Tiger berühmten Nationalpark Rathambore, dann zur mächtigen Festung Chitaurgarh und schließlich nach Udaipur. Durchs Vogelparadies des Keoladeo-Ghana-Nationalparks bei Bharatpur erreicht man Agra, den Sitz des berühmten Taj Mahal. Auch ein Besuch der verlassenen Paläste von Fatehpur Sikri steht noch auf dem Programm, bevor der Zug wieder in seinen Heimatbahnhof New Delhi rollt.

Neben sämtlichen Eintrittsgeldern zu den Sehenswürdigkeiten beinhaltet die Tour Mittagessen in den berühmten Palasthotels der erwähnten Städte sowie sonstige Extras. Der Zug ist mit zwei Restaurantwagen, einer Bar und luxuriös eingerichteten Doppelzimmern mit Bad, Klimaanlage und den sonstigen Fünf-Sterne-Standards ausgestattet. Wer in diese Märchenwelt eintauchen möchte, braucht zwar nicht die Reichtümer eines Maharadschas zu besitzen, aber ohne einen tieferen Griff in die Tasche ist das Vergnügen nicht zu haben.

Weitere Informationen zu dieser Traumreise auf Schienen kann man in Reisebüros, direkt bei »Palace on Wheels« (Tourist Reception Center, Bikaner House, New Delhi, Tel. 011 – 23 38 18 84) und im Internet unter www.india-tourism.com oder unter www.palaceonwheels.com erhalten.

Vielfaches höher als der der normalen 2. Klasse. Die Abteile der 1. und 2. Klasse AC sind sehr geräumig und besitzen zwei bzw. vier Betten. Bei Nachtfahrten wird Bettzeug – teils umsonst, teils gegen Entgelt – zur Verfügung gestellt, das Gleiche gilt für sämtliche Mahlzeiten.

Die 2. Klasse AC (»Second AC«) ist sehr zu empfehlen. Viel billiger, mit besserem Ausblick, da die Fenster geöffnet werden können, aber unbequemer sind die Wagen der 2. Klasse, die in normale und Schlafwagen unterteilt sind. Einige Züge auf den Hauptverkehrsstrecken besitzen so genannte AC-Chair-Cars, die den Großraumwagen unserer Intercitys ähnlich sind. Für allein reisende Frauen stellen viele Züge sog. Lady's Compartments bereit, allerdings nur in der 2. Klasse.

? WUSSTEN SIE SCHON ...?

- ... dass man für viele ausgebuchte Züge trotzdem noch Tickets bekommen kann? Das Zauberwort hierfür heißt TATKAL. Man wird am Bahnschalter in der Regel leider nicht auf diese Möglichkeit hingewiesen. Erst bei Schalteröffnung am Tag vor der Abfahrt bzw. 24 Stunden vor Abfahrt des Zuges wird dieses Kontingent, die so genannte Tatkal-Quote, angeboten. Das Ticket ist dann etwas teurer und man kann es nicht zurückgeben.

Fahrpläne und Tickets

Indian Railways veröffentlicht jährlich einen aktualisierten Fahrplan, aus dem sowohl sämtliche Züge und ihre Abfahrtszeiten als auch Preistabellen ersichtlich sind. **»Trains at a Glance«**, so der Name der Broschüre, ist an den Informationsbüros der großen Bahnstationen erhältlich. Die Fahrpläne und die wichtigsten Streckenverbindungen findet man auch auf der Webseite der staatlichen indischen Eisenbahngesellschaft »Indian Railways« (www.indianrail.gov.in) oder über den Link »Zugfahrplanauskunft« auf der Seite des Fremdenverkehrsamts (www.india-tourism.com).

Der Erwerb eines Zugtickets ist für Ausländer in der Regel sehr viel einfacher als für indische Fahrgäste, die oft monatelang im Voraus ihre Reise buchen müssen. Alle ganz großen Städte und viele der touristischen Hauptorte mit Bahnverbindung besitzen **spezielle Schalter für Touristen**, die sich entweder auf dem Bahnhof selbst oder in seiner Nähe befinden. Die Erkundung der richtigen Stelle verschlingt meist mehr Zeit als der Erwerb des Tickets selbst. Am besten fragt man am Informationsbüro auf dem Bahnhof oder auf dem Tourist Office nach der genauen Adresse und lässt sich durch Zweifach- und Dreifachgänge nicht abschrecken.

Tourist Quota

Um das Reisen für Touristen bequemer zu machen, hat der Staat eine so genannte Touristenquote eingeführt, auf die sich die Reisenden in größeren Städten und Orten mit wichtigen touristischen Attraktionen berufen können. Sie ermöglicht den Erwerb des Zugtickets für eine bestimmte Strecke vom Ausgangsbahnhof zu einem anderen Ort – am Tag vor der Abreise oder am Morgen desselben Tages, sofern der Zug am Abend abfährt. Das gilt jedoch nicht für alle Züge und Bahnhöfe. Indische Züge ohne Reservierung zu besteigen ist zwar möglich, aber nicht zu empfehlen, vor allem wenn es sich um Nachtfahrten handelt. Die Wagen sind fast immer überfüllt und man muss sich auf eine äußerst unbequeme Reise einstellen. In den Wagen der 1. und 2. Klasse AC ist der Aufenthalt ohne Reservierung auch nicht erlaubt.

Indrail Pass

Der Indrail Pass berechtigt zur Benutzung sämtlicher Schienenverbindungen innerhalb Indiens. Er kann in Deutschland bei Reisebüros, die auf Indien spezialisiert sind, oder an großen Bahnstationen in Indien erworben werden. Sein Preis richtet sich nach der erwünschten Fahrklasse und der Dauer, für die der Pass gelten soll (maximal 90 Tage).

Luxuszüge

Nachdem sich der Luxuszug »Palace on Wheels« in Rajasthan als äußerst erfolgreiches Unternehmen erwiesen hat, sind andere Bundesstaaten mit ähnlichen Angeboten gefolgt (►Baedeker Special S. 193), so z. B. Maharashtra mit der »Deccan Queen«.

Vorstadtzüge sind in der Regel während des Berufsverkehrs heillos überfüllt.

Flugverkehr

Wer auf ein und derselben Reise das Taj Mahal sehen möchte, den Strand von Kovalam nicht missen will und auch sonst nicht viel Zeit hat, der sollte für große Strecken einen Flug einplanen. Für die Fahrt von Delhi bzw. Mumbai nach Chennai braucht der Zug 26 Stunden, durch die Luft ist die Entfernung in eineinhalb Stunden zurückzulegen. Flugtickets für Flüge innerhalb Indiens können auch bei Reisebüros im Ausland oder über das Internet erworben werden.
Indien wird von einem immer dichter werdenden Flugnetz überzogen. Mehrere private Fluggesellschaften konkurrieren mittlerweile mit der staatlichen Indian Airlines. Die wichtigsten privaten Airlines sind Jet Airways, Air Sahara, Deccan Air, Kingfisher Airlines und Spice Jet.

FLUGGESELLSCHAFTEN

INTERNET

- **Indian Airlines**
  www.indian-airlines.nic.in
- **Jet Airways**
  www.jetairways.com
- **Air Sahara**
  www.airsahara.net
- **Deccan Air**
  www.deccanair.com
- **Spice Jet**
  www.spicejet.com
- **Kingfisher Airlines**
  www.flykingfisher.com

TELEFONNUMMERN VON INDIAN AIRLINES

- **Mumbai**
  Tel. 022 – 22 02 30 31
- **Delhi**
  Tel. 011 – 24 62 05 66
- **Kolkata**
  Tel. 033 – 22 11 07 30
- **Chennai**
  Tel. 044 – 23 45 33 02
- **Bangalore**
  Tel. 080 – 22 10 26 34

Schiffsverkehr

Bootsverbindungen Bootsverbindungen gibt es von Chennai nach Sri Lanka und auf die Andamanen und von Kochi auf die Lakshadweep-Inseln. Panaji in Goa ist von Mumbai aus per Schiff erreichbar. In Kerala können verschiedene Strecken innerhalb der Backwaters auf dem Wasserweg zurückgelegt werden.

Die Hauptpassagierhäfen in Indien sind Mumbai, Kolkata, Kochi, Chennai, Kozhicode, Panaji und Rameshwaram.

Hauptpassagierhäfen

Verbindungen bestehen zwischen Kolkata und Chennai nach Port Blair auf den Andamanen. Sie sind allerdings saisonbedingt und während des Monsuns generell eingestellt.

Katamaran

Besonders attraktiv sind die Backwaters-Exkursionen in der Umgebung von Kochi in Kerala. Hierbei werden verschiedene Touren angeboten wie Kozhicode – Kochi und Alapuzzha – Kottayam.

Backwaters-Exkursionen

Zeit

Trotz seiner Ausdehnung besitzt Indien nur eine Zeitzone. Der Zeitunterschied bezogen auf die mitteleuropäische Winterzeit (MEZ) beträgt + 4,5 Stunden, auf die Sommerzeit + 3,5 Stunden. Die Stunden von Mitternacht bis 12.00 Uhr mittags werden mit a. m. (ante meridiem) bezeichnet, die folgenden 12 Stunden mit p. m. (post meridiem).

Zeitunterschied

Touren

AUF JEDER REISE DURCH DIESES WUNDERBARE CHAOTISCHE LAND WIRD MAN EINE NEUE FACETTE KENNEN LERNEN – NICHT NUR KULTURREISENDE, BADEURLAUBER UND YOGA-ANHÄNGER KOMMEN HIER AUF IHRE KOSTEN!

TOUREN DURCH INDIEN

Spannend und unerschöpflich ist die Vielfalt Indiens. Jeder kann hier sein ganz persönliches Paradies finden: traumhafte Sandstrände, abenteuerliche Trekkingtouren, prunkvolle Paläste, quirlige Metropolen, heilige Stätten, atemberaubende Landschaften, duftende Gewürzbasare oder aber Meditation und entspannende Ayurvedakuren.

TOUR 1 **Große Indienreise**
Reise zu den herausragendsten Sehenswürdigkeiten, die der indische Subkontinent zu bieten hat ► **Seite 206**

TOUR 2 **Der exotische Süden**
Diese Tour zeigt das alte Indien, das fast unberührt von den Moguln im Norden das legendäre tropische Traumziel geblieben ist. ► **Seite 208**

TOUR 3 **Das Land der Könige**
Rajasthan zeigt sein märchenhaftes Gesicht: prunkvolle Paläste, wehrhafte Festungen, stolze Rajputen, Frauen in wundervollen farbigen Saris und meisterhaftes Kunsthandwerk. ► **Seite 212**

TOUR 4 **Durch Gujarat**
Der aus seinem Dornröschenschlaf erwachte Bundesstaat besticht durch wundervolle Jaintempel, Paläste, Naturparks und sagenhafte Palmenstrände. ► **Seite 215**

TOUR 5 **Pilgerzentren im Nordosten**
Auf den Spuren Buddhas und zu nur selten besuchten Hinduheiligtümern ► **Seite 216**

TOUR 6 **Im Dekkanhochland**
Auch ausgesprochene Indienkenner werden in dieser Region viel Neues entdecken. ► **Seite 218**

Sternenförmiges Heiligtum
Keshava-Tempel in Somnathpur

Blaue Stadt
Blick von der Festung auf Jodhpurs Altstadt

Bodhibaum
Wo Buddha erleuchtet wurde …

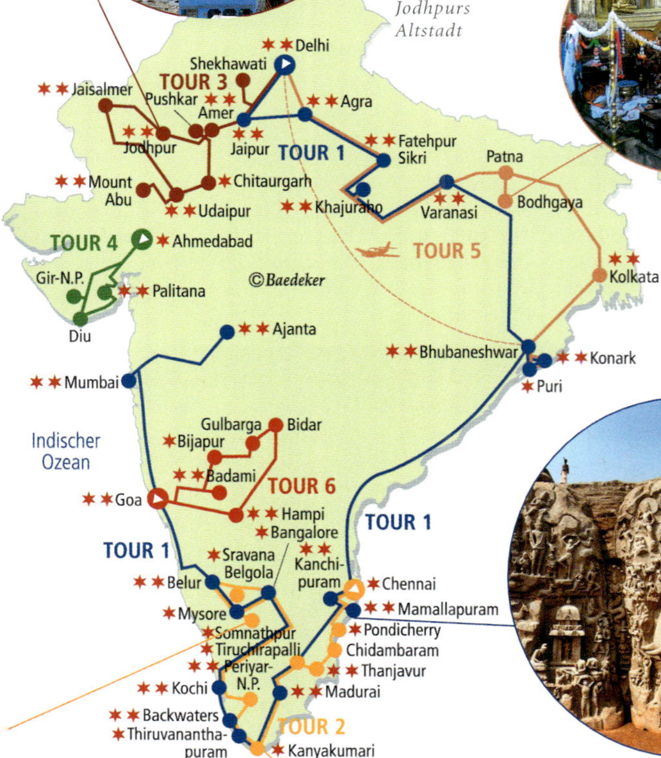

Riesiges Relief
Es beschreibt den Enstehungsmythos des Ganges.

Indiens südlichster Punkt
Hier treffen das Arabische Meer, der Golf von Bengalen und der Indische Ozean zusammen.

Unterwegs in Indien

Über 3000 km liegen zwischen den schneebedeckten Gipfeln Kashmirs und Kanyakumari, Indiens südlichstem Zipfel. Itanagar, die Hauptstadt Arunachal Pradeshs, des östlichsten der Bundesstaaten, trennen ebenfalls fast 3000 km von der Wüstenstadt Jaisalmer im Westen an der Grenze zu Pakistan. Dazwischen erstreckt sich Indien mit seinen 28 Bundesstaaten und sieben Unionsterritorien – ungefähr so groß wie Europa und ebenso verschieden.

Der Nordwesten: Wüsten, Paläste und Feste

Wüsten und palastartige Festungen, Kamelsafaris und farbenprächtig gekleidete Menschen – das verbinden viele mit den zwei nordwestlichsten der indischen Bundesstaaten: Rajasthan und Gujarat. **Rajasthan ist immer noch das Reiseziel Nr. 1 in Indien**. Seine ausgezeichnete touristische Infrastruktur mit einer Vielzahl von Unterkünften – vom Palasthotel bis zum Zeltlager in der Wüste – und seine historischen Städte, allen voran Jaipur, Udaipur und Jaisalmer, locken jedes Jahr neue Besucherscharen an. Die alljährliche Pushkar Mela, ein zweiwöchiges Fest im Pilgerort Pushkar, ist weit über die Landesgrenzen hinaus bekannt.

Märchenhaft: prachtvolle Ausstattung im Palast von Jodhpur

Doch auch **Gujarat** ist aus seinem Dornröschenschlaf aufgewacht und setzt seine Sehenswürdigkeiten ins rechte Licht. Die berühmten jainistischen Tempel von Palitana, der Sonnentempel von Modhera oder die Wüstenregion Kutch sind nur drei der großen Attraktionen des Bundesstaates. Ziemlich kalt ist es hier im Winter und sehr heiß im Sommer, darum ist geeignete Kleidung besonders wichtig.

Die Himalajaregion: Hohe Gipfel und heilige Stätten

Die Bergregionen Indiens sind gleichermaßen interessant für Heilssucher und Gipfelstürmer. Spirituelle Stätten wie Haridwar und Rishikesh, das tibetisch geprägte Dharamsala, die Pilgerorte an den Gangesquellen oder die Klöster Ladakhs und Sikkims ziehen neben indischen Touristen auch viele ausländische Besucher an. Für **Trekkingtouren** aller Art sind die Himalajaberge wie geschaffen. Die Bundesstaaten Himachal Pradesh und Uttaranchal bieten eine Vielzahl von Aktivitäten vom Bergwandern bis zum Rafting. Auch Darjeeling und Sikkim sind hervorragende Ausgangsorte für Bergtouren.

Nordindien: Von den Moguln zur Metro

Indiens berühmtestes Bauwerk, das **Taj Mahal in Agra**, sollte man auf einer Nordindienreise nicht verpassen. Nur vier Zugstunden von Delhi entfernt, lässt es sich gut mit einem Besuch der Hauptstadt verbinden. Auch diese hat jede Menge Bauwerke aus der Mogulzeit zu bieten. In **Old Delhi** mit seinen geschäftigen Basaren ist man in einer anderen Welt als im modernen **New Delhi** mit seinen hervorragenden Hotels und seiner vielfältigen Gastronomie. Verbunden sind die Stadtteile neuerdings auch unterirdisch durch die neue Metro. Im Punjab liegt die berühmte Stadt **Amritsar** mit dem Goldenen Tempel, dem größten Heiligtum der Sikh-Religionsgemeinschaft.

Die Nordoststaaten: Teeplantagen und Trekking

Bis vor kurzem galten die Nordoststaaten als weiße Flecken auf der touristischen Landkarte Indiens. Dies ändert sich allmählich. Nach Assam mit seinen Nationalparks und Teeplantagen öffnen auch andere Regionen wie Meghalaya und Tripura ihre Pforten für ausländische Besucher. Sogar in Nagaland wird der Tourismus inzwischen gefördert. **Ursprüngliche Natur** lädt zum Wandern, Bergsteigen, Rafting, Fischen und anderen Aktivitäten ein.

Die Gangesebene und der Osten: Heiliges Land

Für beide Religionen ist die fruchtbare Gangesebene ein bedeutsamer Ort: Hier liegt **Varanasi**, ein Zentrum hinduistischer Spiritualität, und hier befinden sich die Stätten, an denen Buddha gelebt und gelehrt hatte: **Bodhgaya** und Nalanda. An der Mündung des Ganges liegt die Millionenmetropole **Kolkata** mit ihrem reichen historischen Erbe und ihrer lebendigen Kulturszene.

Im tropischen Orissa mit seiner üppigen Vegetation trifft der Besucher ebenfalls auf eine Reihe wichtiger religiöser Orte, allen voran den Tempelstädten **Bhubhaneshwar** und **Puri** sowie **Konark** mit seinem Sonnentempel, der einen Höhepunkt hinduistischer sakraler Architektur darstellt. Auch die Buddhisten haben in Orissa viele Bauwerke und Klöster hinterlassen.

Zentralindien: Wo die Adivasis leben

Große Teile Zentralindiens sind **Stammesgebiete**, wo indigene Völker, die Adivasis, wohnen. Besonders in Madhya Pradesh, den neuen Bundesstaaten Chhattisgarh und Jharkand sowie in Teilen Bihars und Orissas leben viele Stämme. Große **Naturparks** sind hier ebenfalls zu finden, wie der Bandhavagarh-Park oder der Kanha-Nationalpark, wo man Tigern begegnen kann. In Madhya Pradesh liegen die berühmten Tempel von **Khajuraho** mit ihren erotischen Skulpturen sowie weitere interessante Orte wie zum Beispiel die Maharajastädte Gwalior und Orchha.

Die Dekkanhochebene: Historische Stätten und Hightech

Viele Herrscher sah das Dekkanhochland im Lauf der Jahrhunderte und alle haben sie Spuren hinterlassen. Die alten Tempelstädte Badami, Aihole und Pattadakal gehören zu den ältesten Zeugen. Großartig sind die Ruinen von **Hampi**, die vom Glanz des mittelalterlichen Vijayanagar-Reiches zeugen. Beide sind hinduistische Stätten. Doch auch die Muslime haben eindrucksvolle Städte und Bauwerke hinterlassen: in Bijapur, Bidar und Gulbarga zum Beispiel oder in **Hyderabad**. Letzteres wird mittlerweile auch Cyberabad genannt, weil es sich wie **Bangalore**, die größte Stadt des Dekkan, zu einem Zentrum der Softwareindustrie entwickelt hat.

Die Westküste Indiens: Wo nicht nur der Pfeffer wächst

Zwischen Gujarats Küste im Norden über die 16-Millionen-Metropole **Mumbai** bis zu Indiens Südspitze liegen ungefähr 2000 km Strand, Palmen und tropische Vegetation. Besonders im Badeparadies **Goa** mit seinen kilometerlangen Sandstränden kann man sich wunderbar erholen. Der südwestlichste Bundesstaat **Kerala** lockt mit üppiger tropischer Vegetation in den Backwaters und in den Western Ghats, wo neben Pfeffer und Kardamom viele andere Gewürzpflanzen wachsen. **Schöne Strände** in Kovalam, Varkala und anderen Orten sowie viele sehr gute Hotels bieten den Reisenden Erholung. **Ayurvedische Behandlungen** haben in Kerala eine alte Tradition und werden in vielen Resorts angeboten. Nicht zuletzt lockt die Region mit einer kulturellen Vielfalt und unzähligen traditionellen Festen.

Der Südosten: Land der tausend Tempel

Nirgends in Indien findet man alte Tempel und Tempelstädte in so großer Zahl wie in **Tamil Nadu**, denn bis dorthin gelangten die fremden Eroberer des Subkontinents nicht. Thanjavur, Chidambaram oder Kanchipuram sind nur drei der bekanntesten von ihnen. Auch in Teilen **Andhra Pradeshs** sind viele heilige Stätten zu besichtigen. Fruchtbare Reislandschaften prägen die Region. Von Tamil Nadus Hauptstadt **Chennai** bis zur Südspitze von Kanyakumari gibt es zahlreiche interessante Plätze an der Küste wie zum Beispiel die Tempelstadt Mamallapuram und die ehemals französische Kolonie Pondicherry. Schöne Sandstrände laden zum Baden ein.

Indien für Naturliebhaber

Große Teile des Subkontinents sind zu **Naturschutzgebieten** erklärt worden. Dort kann man Tiger, Elefanten und viele andere wilde Tiere beobachten. Der Jawahar-Nationalpark im Süden ist der größte Indiens. Er verfügt über die höchste Elefantenpopulation. Auch für Vogelliebhaber ist Indien ein Paradies. Naturparks wie das Schutzgebiet von Bharatpur in Rajasthan sind ideal für die Beobachtung von zahlreichen Arten.

Badeurlaub in Indien

Die attraktivsten Strände finden sich in **Goa**. Doch auch die anderen Bundesstaaten mit Küste haben ihre Strände für Touristen ausgebaut. In Kerala sind **Kovalam** und Varkala am bekanntesten, aber auch an anderen Küstenabschnitten wurden schöne Anlagen gebaut. An der Westküste locken außerdem die Unionsterritorien Daman und Diu, ehemals portugiesische Kolonien, mit weißen Sandstränden. Entlang der Ostküste entwickeln sich Badeorte an den Stränden Orissas, Andhra Pradeshs und Tamil Nadus. Ein **Paradies für Taucher** sind die Inselgruppen der Andamanen und Nicobaren sowie die Lakshadweep-Inseln vor der Südwestküste Indiens.

Ayurveda in Indien

Viele ausgezeichnete Hotels und Resorts bieten Ayurvedakuren und Behandlungen an. Wohl kein anderer Bundesstaat kann diesbezüglich mit dem tropischen **Kerala** im Südwesten des Subkontinents konkurrieren, denn es hat hier eine lange Tradition. Doch auch in Goa und in einigen Orten des Himalaya gibt es schöne Resorts für das Wohlbefinden.

Trekking und Bergsteigen in Indien

Ausgezeichnete Möglichkeiten bietet hierfür der **Himalaja**. Besonders die Bergstaaten Himachal Pradesh und Uttaranchal ziehen Wanderfreunde an. Von Ladakh, Darjeeling und Sikkim aus lassen sich Hochgebirgstouren organisieren. Man braucht allerdings Spezialgenehmigungen, wenn man in große Höhen des Himalaya vorstoßen möchte (►Praktische Informationen, Urlaub aktiv).

Das richtige Verkehrsmittel

Indien verfügt über ein sehr gut ausgebautes Flughafennetz und eines der längsten nationalen Schienensysteme der Welt. Inzwischen kann der Reisende unter vielen verschiedenen Fluglinien wählen, um längere Strecken innerhalb des Subkontinents zurückzulegen.

Auch Bahnfahren ist in Indien recht bequem, wenn man erster Klasse reist. Ideal für Überlandfahrten ist es, ein Taxi samt Fahrer zu nehmen, was an jedem größeren Ort möglich ist. Busfahren ist billig, aber auch unbequem und anstrengend.

Gute Alternative: Touren mit dem Taxi

Tour 1 Große Indienreise

Start und Ziel: Von Delhi nach Ajanta und Ellora **Dauer:** mind. 30 Tage

Verführerisch ist für manchen die Vorstellung, den gesamten Subkontinent im Rahmen einer einzigen Reise zu erkunden. Dies ist zwar möglich, braucht aber viel Zeit – zumindest wenn man auf eigene Faust reisen möchte. Wer diese hat, dem soll die Tour 1 als Orientierungshilfe dienen. Sie ist allerdings mit einigen Strapazen verbunden und erfordert eine gute Vorbereitung. Weit angenehmer und bequemer ist es, die Reise bei einem der zahlreichen auf Indien spezialisierten Veranstalter zu buchen. Man spart zwar kein Geld, dafür aber viel Zeit und Nerven.

Indiens Highlights

Ausgangspunkt der Reise ist ❶ ** **Delhi**, die Hauptstadt Indiens. Die Stadt mit ihren zahlreichen Museen, den aus der Mogulepoche stammenden Festungen und Moscheen und den schönen Gärten bietet dem Besucher Gelegenheit, sich in Indien zu akklimatisieren. Von hier aus lässt sich das berühmte »Goldene Dreieck« Jaipur – Agra – Delhi bequem erkunden. ❷ ** **Jaipur** mit seinen gut erhaltenen Palastbauten und seinen rosa gestrichenen Häusern in der Innenstadt vermittelt einen Eindruck vom Leben der Maharajas von Rajasthan und ist eine pulsierende Basarstadt. Von Jaipur aus geht es zum berühmtesten Denkmal des Landes, dem sagenumwobenen Taj Mahal in ❸ ** **Agra**. Sehr sehenswert sind auch das Rote Fort sowie die etwa 40 km entfernt liegende, verlassene Palastanlage von ❹ ** **Fatehpur Sikri**.

Von Agra aus kann man direkt in die kleine Tempelstadt ❺ ** **Khajuraho** fliegen. Ihre zahlreichen Tempel aus der Chandella-Zeit sind bekannt für die herausragenden, erotischen Steinskulpturen. Ein weiterer Kurzflug führt von Khajuraho nach ❻ ** **Varanasi**, der heiligsten Stadt der Hindus. Sie liegt am beeindruckenden Flussufer des Ganges und besitzt zahlreiche Tempel, die täglich von Tausenden Pilgern aufgesucht werden.

Weiter führt die Reise nach ❼ ** **Bhubaneshwar**, der alten Tempelstadt Orissas. Hier lockt eine Vielzahl von gut erhaltenen Tempeln aus dem 8. bis 12. Jahrhundert, die mit feinstgearbeitetem Skulpturwerk versehen sind. Von hier aus können in einem Tagesausflug der berühmte Sonnentempel von ❽ ** **Konark** und das Pilgerzentrum ❾ * **Puri** mit dem Jagannath-Tempel besichtigt werden.

Anschließend fliegt man von Bhubaneshwar nach ❿ * **Chennai**, der Hauptstadt von Tamil Nadu. Eine Stadtbesichtigung sollte den Besuch des sehenswerten Government-Museums mit seiner Sammlung südindischer Bronzen unbedingt einschließen. Besonders lohnenswert sind Tagesausflüge in die alte Pallava-Hauptstadt ⓫ ** **Kanchipuram** und zu den Strandtempeln in ⓬ ** **Mamallapuram**.

Taj Mahal
Für viele der Inbegriff von Schönheit und Harmonie

Götter und Fabelwesen
bevölkern die Tempel Khajurahos.

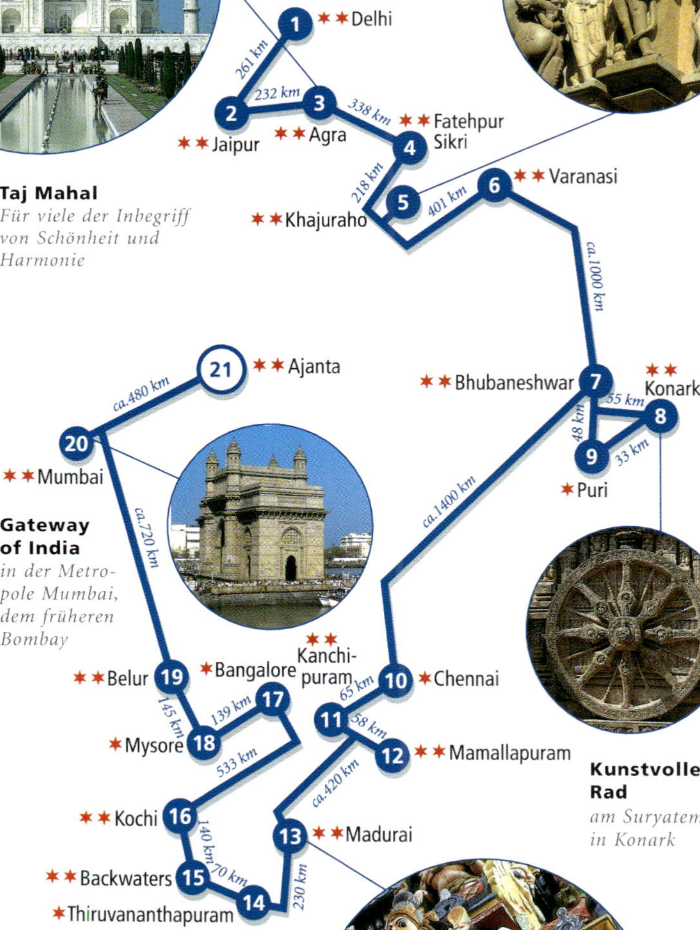

Gateway of India
in der Metropole Mumbai, dem früheren Bombay

Kunstvolles Rad
am Suryatempel in Konark

Farbenfrohe Skulpturen
schmücken den Meenakshi-Tempel in Madurai.

⓭ ✶✶ **Madurai** mit dem Meenakshi-Tempel, einer großen Tempelanlage im klassisch südindischen Dravidastil mit hohen Gopurams, ist das nächste Etappenziel.
Nach ⓰ ✶✶ **Kochi**, der wohl interessantesten Stadt an der gesamten Küste Keralas, gelangt man per Flugzeug nur durch einen Umweg über ⓮ ✶ **Thiruvananthapuram**. Mit dem Taxi ist es eine Tagesfahrt (8 Std.) durch wunderschöne Berglandschaften. Die auf sieben Inseln erbaute Stadt war früher der wichtigste Gewürzhafen der Malabarküste. Kolonisatoren und Händler aus aller Welt haben hier ihre Spuren in Form verschiedenster Bauwerke hinterlassen. Kochi eignet sich auch als Standquartier für einen Bootstrip in die faszinierende Welt der ⓯ ✶✶ **Backwaters**, einem Labyrinth aus unzähligen Lagunen, Flüssen und Kanälen.
Nächstes Ziel ist ⓱ ✶ **Bangalore**, die Hauptstadt Karnatakas. Sie bietet sich als Ausgangsbasis für eine ungefähr dreitägige Tour zur alten Maharadschstadt ⓲ ✶ **Mysore** und nach ⓳ ✶✶ **Belur und Halebid** an. Prachtstück Mysores ist der Palast der Wodejars, der Herrscher des ehemaligen Fürstentums. Zeugen des speziellen Baustils der Hoysala-Herrscher sind die Tempel von Belur und Halebid aus dem 11. und 12. Jahrhundert. Sie können in einer eintägigen Tour von Hassan aus besucht werden.
Von Bangalore fliegt man nun in die 16-Millionen-Metropole ⓴ ✶✶ **Mumbai**, dem wirtschaftlichen Zentrum des Landes. Man sollte sich von dem Moloch Mumbai nicht abschrecken lassen: Vor allem die südlichen Stadtteile Colaba und Fort sowie die Altstadt mit ihren Basaren zeigen dem Reisenden besondere Facetten einer indischen Großstadt.
Wer noch nicht genug gesehen hat, den bringt ein kurzer Flug auf das Dekkan-Hochland nach Aurangabad, von wo aus man in einer Tagestour die berühmten Höhlentempel von ㉑ ✶✶ **Ajanta und Ellora** besichtigen kann. Die sehr gut erhaltenen Zeichnungen und das eindrucksvoll gearbeitete Skulpturwerk der Heiligtümer gehören zum Feinsten, was die indische Kunst zu bieten hat. Für die Heimreise bietet sich dann ein Rückflug von Mumbai oder Delhi aus an.

Tour 2 Der exotische Süden

Start und Ziel: Von Chennai nach Bangalore

Dauer: ca. 30 Tage

Als Alternative zu solch einem Mammutprogramm (Tour 1) empfiehlt es sich für Individualreisende, nur einen Teil des riesigen Landes zu besuchen. Die Routen 2 bis 6 sind Vorschläge für Regionaltouren, die in zwei bis vier Wochen durchführbar sind und mit weiteren Zusatzprogrammen wie einem Badeurlaub in Goa kombiniert werden können.

Ausgangspunkt der zweiten Tour ist die Hauptstadt Tamil Nadus, ❶ ✶ **Chennai**, eine wichtige wirtschaftliche und kulturelle Metropole Südindiens. Die Museen, die Tempel und der berühmte Strand Marina Beach bieten zahlreiche Möglichkeiten, die Vielfalt des alten Kulturlandes Tamil Nadu zu entdecken. Nicht versäumen sollte man einen Ausflug in die etwa 70 km entfernte »Goldene Stadt der tausend Tempel«, ❷ ✶✶ **Kanchipuram**.
Von der alten Pallava-Hauptstadt aus hat man die Möglichkeit, entweder wieder zurück nach Chennai zu fahren oder über Chengalpat direkt nach ❸ ✶✶ **Mamallapuram** weiterzureisen. Die äußerst angenehme Strecke an der Ostküste Indiens von Chennai nach Mamallapuram ist gesäumt von Kokosplantagen. Ungefähr 20 km südlich von Chennai kann man die Künstlerkolonie Cholamandal besuchen. Auch die bei Kilometer 42 gelegene Krokodilfarm lohnt einen Abstecher. In der kleinen Stadt Mamallapuram mit ihren schönen Tempeln aus der Pallava-Zeit und einem angenehmen Strand kann man sich nach dem Aufenthalt im hektischen Chennai gut erholen.

Bahubali
Geste der Verehrung für den Begründer des Jainismus

Marina Beach
Spass am Strand von Chennai

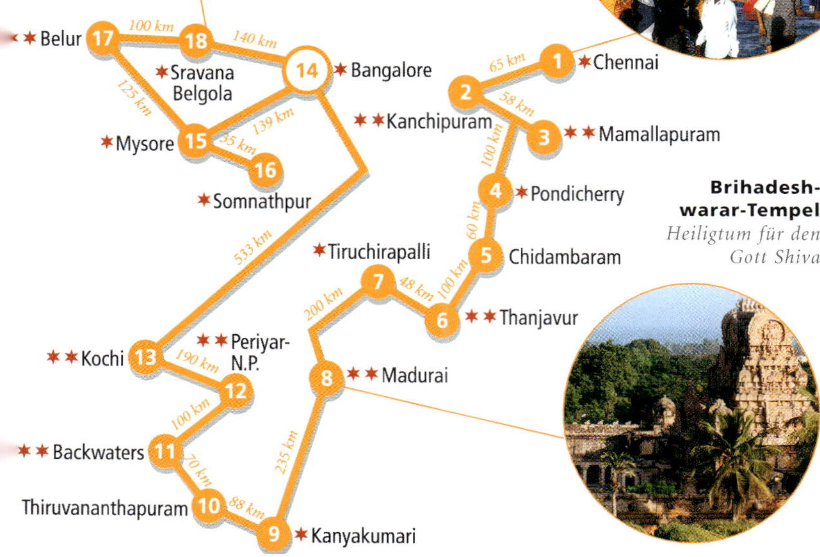

Brihadeshwarar-Tempel
Heiligtum für den Gott Shiva

Den Bananenmarkt in Kochi sollte man nicht versäumen!

Die nächste Etappe der Reise in Richtung Süden ist die 100 km entfernte ehemalige französische Kolonie ❹ ✶ **Pondicherry** mit dem Aurobindo Ashram als geistig-kulturellem Zentrum für seine weltweit verstreuten Anhänger. Der Ort konnte viel von seinem französischen Flair erhalten und ist eine schöne Abwechslung.

Von Pondicherry führt eine gute Schnellstraße über Cuddalore nach ❺ **Chidambaram**, der Stadt mit dem beeindruckenden Tempel für Nataraja, den tanzenden Shiva. Für Naturliebhaber empfiehlt sich ein Ausflug ins 25 km entfernte Picchavaram mit seinen Mangrovenwäldern. Von Chidambaram geht es nach Westen ins Landesinnere, durch das fruchtbare Kaveridelta in Richtung ❻ ✶✶ **Thanjavur**. Reisfelder, palmblattgedeckte Häuser und Lotusteiche prägen die Landschaft. Thanjavur beherbergt den vielleicht schönsten Tempel Tamil Nadus, den Brihadeeshvara-Tempel. Die 56 km weiter westlich gelegene Geschäftsstadt ❼ ✶ **Tiruchirapalli** ist ein idealer Ausgangspunkt für einen Besuch Sri Rangams, einer riesigen, auf einer Flussinsel gelegenen Tempelstadt.

Von Tiruchirapalli aus kann man mit dem Bus, mit der Bahn oder mit dem Flugzeug die im Herzen Tamil Nadus gelegene Stadt ❽ ✶✶ **Madurai** erreichen. Der dortige Meenakshi-Tempel ist einer der besten Orte, um die bis heute lebendig gebliebene Religiosität der Hindus unmittelbar zu erleben. Die Reise von Madurai an die Südspitze Indiens nach ❾ ✶ **Kanyakumari** führt überwiegend durch das trockene Landesinnere, bis man die bergigen Ausläufer der westlichen Ghats erblickt. Südlich der vor allem bei indischen Touristen beliebten Pilgerstadt Kanyakumari treffen das Arabische Meer, der Indische Ozean und die Bucht von Bengalen aufeinander.

Von dort aus führt eine malerische, überwiegend von Kokospalmen und Lotosteichen gesäumte Straße nach ⑩ ✶ **Thiruvananthapuram**. Auf der Strecke sollte man den wunderbaren Holzpalast der Rajas von Travancore, Padmanabhapuram, besichtigen. Weiter geht es durch üppig grüne Landschaft bis zum Strand von Kovalam, Keralas bekanntestem Badeort. Hier kann man sich eine Ruhepause gönnen und sich von den Anstrengungen der bisherigen Reise erholen. Keralas Hauptstadt Thiruvananthapuram liegt dann nur noch 13 km weiter in nördlicher Richtung. Außer seinem interessanten Museum mit einer beeindruckenden Skulpturensammlung sowie exzellenten Schnitzereien und dem Padmanabhaswami-Tempel hat der Ort allerdings wenig touristische Sehenswürdigkeiten zu bieten.
Nordwärts geht nun die Fahrt mit Zug oder Bus bis Kollam. Wer mit dem Taxi unterwegs ist, kann einen Abstecher zum schönen Strand von Varkala unternehmen. Ab Kollam beginnt sich Kerala von seiner schönsten Seite zu zeigen: Von hier erstreckt sich nach Norden eine der faszinierendsten Landschaften Indiens, die ⑪ ✶✶ **Backwaters**. Sie bestehen aus einem unüberschaubaren Netz von Seen, Flüssen und Kanälen. Als Alternative zu Bus oder Taxi bietet sich nunmehr das Fährboot oder die Buchung eines Hausbootes an, um zum nächsten Etappenziel Allapuzzha zu gelangen. Die alte Handelsstadt, heute ein Zentrum der Kokosverarbeitung, erreicht man allerdings schneller auf dem Landweg.
Noch schöner und abwechslungsreicher geben sich die Backwaters zwischen Allapuzzha und Kottayam, der nächsten Reisestation. 2,5 Stunden dauert die Bootsfahrt durch das Labyrinth unzähliger Wasserstraßen. Kottayam selbst hat wenig Sehenswertes zu bieten, eignet sich aber sehr gut als Ausgangspunkt für einen Besuch des ⑫ ✶✶ **Periyar-Nationalparks**. Die Busfahrt führt durch dicht besiedeltes, grünes Hügelland mit Reisfeldern, Palmen, Kakao- und Bananenplantagen. In den sich anschließenden Kardamom Hills werden allerlei Gewürze, Kaffee und Tee angebaut. Das Periyar-Reservat liegt auf einer Höhe von 750 m bis 1500 m und gehört zu den größten Schutzgebieten Indiens. Es ist bekannt für seine großen Elefantenherden und seinen Artenreichtum an Wasservögeln. Eine direkte Busverbindung durch üppige Tropenlandschaft führt zurück zur Küste nach ⑬ ✶✶ **Kochi**. Die auf sieben Inseln erbaute Stadt ist wohl der interessanteste Ort an der ganzen Malabar-Küste. Zahlreich sind die Spuren, die verschiedene Eroberer hier hinterlassen haben. Sie geben Kochi sein einzigartiges Flair.
Per Flugzeug oder Zug gelangt man nach ⑭ ✶ **Bangalore**, der Hauptstadt Karnatakas. Die 6,5-Millionen-Metropole ist mehr für ihre ausgezeichneten Shoppingmöglichkeiten, Hotels und Restaurants als für überragende Sehenswürdigkeiten bekannt. Bangalore ist die Ausgangsbasis für die letzte Etappe der Reise zur Maharajastadt ⑮ ✶ **Mysore**. Die etwa vierstündige Fahrt mit Bus oder Taxi führt durch das eher trockene, leicht hügelige südliche Dekkanhochland. Hauptattraktion Mysores ist der große Palast der Maharadschas. Sehr

sehenswert ist auch der Hoysala-Tempel von 16 ✶ **Somnathpur**, 40 km östlich von Mysore gelegen und am besten per Taxi zu erreichen. Mit dem Bus geht es gen Norden in etwa 3 Stunden zum 120 km entfernten Hassan. Von hier aus lassen sich die Tempel der Hoysalas in 17 ✶✶ **Belur und Halebid** mit ihrem einzigartigen Baustil und ihrem kunstvoll gefertigten Skulpturwerk in einer bequemen Tagestour (Bus oder Taxi: 30 bis 40 km) besuchen.
Der Rückweg von Hassan nach Bangalore kann entweder direkt oder mit einem Abstecher nach 18 ✶ **Sravana Belgola** zurückgelegt werden. Die heilige Stätte der Jainas beherbergt die 17 m hohe Statue eines Tirthankara, die als die größte Skulptur der Welt angesehen wird. Von dort erreicht man 14 ✶ **Bangalore** per Bus in ungefähr 3 Stunden.

Alternative Wer nicht den weiten Weg bis an die Südspitze Indiens zurücklegen will, kann die Strecke auch abkürzen und mit einem Direktbus oder Taxi von Madurai ins Periyar-Wildreservat fahren.

Tour 3 Das Land der Könige

Start / Ziel: Delhi **Dauer:** 7 bis 14 Tage

Das Wüstenland Rajasthan ist trotz seiner kargen Landschaft eines der beliebtesten Ziele in Indien. Seine märchenhaften Paläste, filigranen Jain-Tempel und mittelalterlichen Städte erwecken den Zauber vergangener Epochen. Rajasthan, das Land der Könige, lässt sich am besten von Delhi aus über Jaipur erschließen. Die nachfolgende Reise setzt sowohl den Einsatz von Flugzeug und Bahn wie auch von Bus bzw. Taxi voraus. Wer die manchmal beschwerlichen Bahn- bzw. Busfahrten vermeiden will oder nur wenig Zeit hat, kann die wichtigsten Städte Jaipur, Jodhpur und Udaipur auch per Flugzeug innerhalb einer Woche besuchen.

Die Reise beginnt in 1 ✶✶ **Delhi** und führt in der ersten Etappe nach 2 ✶✶ **Jaipur**, der Hauptstadt Rajasthans. Sehr zu empfehlen ist eine Anreise (5 Std.) mit dem Pink City Express. Für die Besichtigung der Sehenswürdigkeiten der Stadt (Stadtpalast, Palast der Winde, Observatorium) und der Highlights in der Umgebung wie der Festungsstadt 3 ✶✶ **Amer** und des Schlosses Samode sollte man sich fünf Tage Zeit lassen. Wer nicht nur die Städte, sondern auch die ländliche Region erkunden will, kann von Jaipur aus das Gebiet 4 **Shekhawati** (Taxi von Jaipur nach Nawalgarh 3 Std.) bereisen, das für seine bemalten Havelis (Kaufmannshäuser) bekannt ist. Diese Rundfahrt dauert mehrere Tage. Es empfiehlt sich, für die Tour ein Taxi zu mieten.

Feinverzierte Havelis
in Jaisalmer

Palast der Winde
Hauptattraktion in Rajasthans Hauptstadt Jaipur

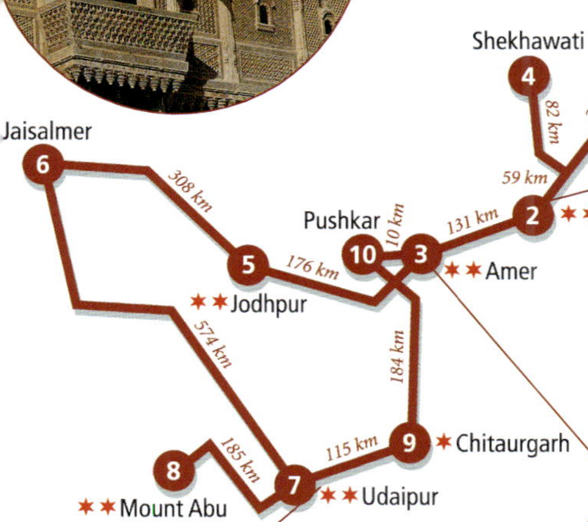

Auf einem Elefanten
Ritt hinauf zur Festung

Pfauen-mosaik
am Mor Chowk

Von Jaipur geht es nach ❺ ✶✶ **Jodhpur**, der Stadt am Rand der Wüste Thar mit ihrer beeindruckenden Meherangarh-Festung und dem Umaid-Bhavan-Palast. In Tagestouren kann man von hier aus die nahe gelegene alte Hauptstadt Mandore und die alte Tempelstadt Osiyan besuchen.

Jodhpur ist auch der Ausgangspunkt für eine Reise in die mittelalterliche Karawanenstadt ❻ ✶✶ **Jaisalmer** inmitten der Wüste. Abseits der großen Städte hat man hier die Möglichkeit, eine große Festung, Jaintempel und kunstvoll verzierte Kaufmannshäuser zu bewundern oder durch die verwinkelten Gassen zu streifen. Ebenso aufregend ist es, eine Kameltour zu den Sanddünen zu unternehmen und den Sonnenuntergang zu genießen. Von Jodhpur aus kann man nach Jaisalmer mit dem Bus / Auto (6 Std), Zug (10 Std.) oder einer kleinen Propellermaschine gelangen. Am angenehmsten ist eine Fahrt mit dem Bus oder Auto, da die Straßen sehr gut und wenig befahren sind. Von der trockenen Wüstenregion aus geht es über Jodhpur in den Süden nach ❼ ✶✶ **Udaipur** mit seinen bezaubernden Seen und Palästen. Wer es nicht eilig hat und nicht fliegen will, sollte unbedingt mit dem Bus oder Auto nach Udaipur fahren und unterwegs den Jaintempel von Ranakpur besichtigen. Man kann dort übernachten und sich von den Strapazen der Reise erholen.

Von Udaipur aus sind es nur noch 185 km nach ❽ ✶✶ **Mount Abu**, der am südlichsten gelegenen Touristenattraktion Rajasthans. Mount Abu mit seiner üppigen Vegetation und den kühlen Bergen ist ein angenehmer Gegenpol zur heißen Wüstenstadt Jaisalmer im Norden. In Mount Abu kann man die Dilwara-Tempel besichtigen.

Von Mount Abu aus geht es zurück nach Udaipur und von dort nach ❾ ✶ **Chitaurgarh**, der einst ruhmreichen Festung der Rajputen-Herrscher, die sich bei der moslemischen Eroberung bis zum letzten Mann bzw. Frau opferten. Die zerstörte riesige Festung ist ein Mahnmal für die heldenhaften bis selbstmörderischen Versuche der Rajputen-Könige, der islamischen Eroberung standzuhalten. Von Chitaurgarh kann man über ❿ **Pushkar**, die heilige Stadt des Gottes Brahma, nach Delhi zurückfahren. Pushkar ist außer im November, wenn die berühmte Pushkar Fair stattfindet, eine idyllische Stadt am See mit unzähligen Tempeln, wo man die tiefe Religiösität der Hindus erleben kann. Von hier sind es nur noch 140 km bis nach ❷ ✶✶ **Jaipur**. Von dort aus ist Delhi dann bequem zu erreichen. Oder man kürzt die Reise ab, indem man von Udaipur aus direkt nach Delhi oder Mumbai fliegt.

Die auf einem Felsen erbaute Festung überragt Jodhpur.

Verlängerungstipps

An eine Rajasthan-Reise lässt sich gut eine Gujarat-Rundreise oder ein Badeaufenthalt in Goa anschließen. Möchte man die Reise mit einer Tour durch den weniger bekannten Bundesstaat Gujarat fortsetzen, fährt man von Mount Abu nach Ahmedabad mit dem Bus bzw. Auto oder man nimmt die Bahn ab Abu Road.

Wer auf dem Landweg nach Ahmedabad fährt, sollte versuchen, den Sonnentempel in Modhera zu besuchen. Nach Goa gelangt man von Udaipur aus über Mumbai. Hier gibt es zu einem Flug nur sehr lange Bus- oder Bahnreisen als Alternativen.

Tour 4 Durch Gujarat

Start / Ziel: Ahmedabad **Dauer:** 10 Tage

Das Land der Jainas und das Geburtsland Gandhis ist heute eine der modernsten Industrieregionen Indiens. Gleichzeitig gibt es aber im äußersten Westen noch von der Zivilisation kaum berührte Ecken. Bislang wird der Bundesstaat Gujarat nur von wenigen Touristen aufgesucht, dabei findet man hier auf engem Raum herausragende Tempel, Paläste, Naturparks und Palmenstrände, die zudem über gute Straßen zu erreichen sind. Das Hotelangebot ist zwar nicht so vielfältig, aber dafür kann man um einiges billiger reisen als im benachbarten Rajasthan.

Die Reise beginnt man am besten in ❶ ✶ **Ahmedabad**, das von Mumbai und Delhi aus mit dem Flugzeug gut zu erreichen ist. Von Mumbai gibt es auch gute Zug- und Busverbindungen. Ahmedabad verfügt über interessante Museen, die Gandhi-Gedenkstätte und verschiedene Moscheen. Darüberhinaus bietet es sich als Ausgangspunkt für Exkursionen nach Modhera oder Lothal an. In Modhera kann man einen der schönsten Hindutempel Indiens besichtigen, in Lothal entdeckte man bei Ausgrabungen Relikte aus der Harappa-Zeit, den ältesten Spuren einer Hochzivilisation in Indien (ca. 4 Tage).

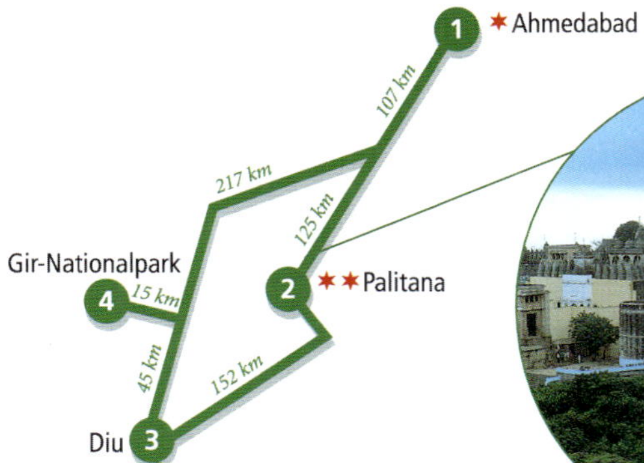

Diu
Gespräche am Hafen

Palitana
Wichtiges Jainheiligtum auf dem Berg Shatrunajaya

Von Ahmedabad aus geht die Reise mit dem Bus nach Bhavnagar (180 km südwestlich), wo man in einem Palasthotel übernachten kann. Von hier aus ist es nicht mehr weit nach ❷ ✶✶ **Palitana**, der Tempelstadt der Jainas auf dem Shatrunajaya-Berg. Ein Fußmarsch zu diesen Tempeln gehört sicher zu den schönsten Erlebnissen in Indien. Von Palitana aus besteht die Möglichkeit, nach ❸ **Diu** (152 km) zu fahren, das mit seiner portugiesischen Atmosphäre und einsamen Sandstränden lockt. Strandleben und Hotelkomfort sind zwar nicht vergleichbar mit Goa, aber das Leben der Bewohner ist noch ursprünglich, es gibt kaum Touristen und oft hat man den Strand ganz für sich allein. Von Diu aus geht es zur alten Tempelstadt Somnath. Über den Ort Keshod (56 km) erreicht man den bekannten ❹ **Gir-Nationalpark**, in dem noch asiatische Löwen leben. Nach einer Übernachtung dort fährt man über Junagadh (40 km) und einem Abstecher in die Girnar-Berge über Rajkot (102 km) nach Ahmedabad (226 km) zurück.

Weitere Abstecher

Weitere Besuchsmöglichkeiten: Von Rajkot aus kann man noch über Jamnagar (88 km) die Krishna-Pilgerstadt Dwarka (108 km von Rajkot) besuchen oder von Jamnagar in die entlegene Wüstenstadt Bhuj, dem Zentrum der Region Kutch, fliegen und von dort zurück nach Mumbai.

Tour 5 Pilgerzentren im Nordosten

Start / Ziel: Delhi **Dauer:** 21 Tage

Die Route durch den Nordosten Indiens ermöglicht den Besuch einiger der wichtigsten Pilgerzentren des Hinduismus und Buddhismus. Für diese Rundreise, bei der man zwischen Flugzeug, Bahn und Bus wechseln muss, sollte man etwa drei Wochen einplanen.

Die Reise beginnt in Indiens Hauptstadt ❶ ✶✶ **Delhi**. Nach Akklimatisation und Besuch der zahlreichen Sehenswürdigkeiten der Stadt fliegt man weiter nach ❷ ✶✶ **Bhubaneshwar** an der Ostküste und erkundet die Region von Osten nach Westen. Bhubaneshwar, die Hauptstadt Orissas, soll einst 7000 Tempel beherbergt haben, von denen noch viele zu sehen sind. Besonders bekannt sind der berühmte Mukteshvara-Tempel und die jainistischen Höhlenklöster auf den nahe gelegenen Zwillingsbergen Udayagiri und Khandagiri. In der Umgebung von Bhubaneshwar kann man in Ratnagiri Überreste aus der buddhistischen Periode Orissas sehen. Zudem bietet sich Bhubaneshwar als Ausgangsstation für Tagesausflüge zum zum Sonnentempel von ❸ ✶✶ **Konark** oder zum Jagannath-Tempel in ❹ ✶ **Puri** (60 km). Anschließend besteht im Badeort Gopalpur-on-Sea die Möglichkeit, noch ein paar Tage am Strand zu entspannen.

Humayuns Grab
gilt als Vorbild für das Taj Mahal.

Meditation
am Ufer des Ganges

Bemalte Häuser
in Puri

Durga Puja
Wichtigstes Fest in Westbengalen

Von Bhubaneshwar geht es nach ❺✶✶ **Kolkata**. Die Metropole am Ganges besitzt viele Bauten aus der britischen Kolonialzeit wie z. B. das Victoria Memorial. Nicht versäumen sollte man zudem einen Besuch im Indian Museum.

Von Kolkata geht die Reise nach ❻**Patna**. Von hier aus besucht man die wichtigen buddhistischen Städte ❼**Bodhgaya**, Nalanda und Rajgir. Bodhgaya, wo Buddha seine Erleuchtung fand, beeindruckt mit dem Mahabodhi-Tempel. Man erreicht Bodhgaya am besten über Gaya (12 km), das sowohl mit der Eisenbahn als auch per Bus oder Taxi (105 km) gut mit Patna verbunden ist. Nalanda (90 km südöstlich), einst eine Universitätsstadt mit 2000 Lehrern, ist heute eine Ruinenstadt. Nur 12 km weiter südlich gelangt man an den Ort Rajgir, den Buddha sehr geliebt haben soll. Nach seinem Tod fand hier das erste buddhistische Konzil statt.

Von Patna aus geht es weiter mit Bus (250 km, 5 Std.) oder Bahn (knapp 5 Std.) zur heiligen Stadt der Hindus, ❽✶✶ **Varanasi**. Die Hauptattraktion dieser Stadt ist der heilige Fluss Ganges mit seinen

Badetreppen. Von Varanasi lohnt sich ein Ausflug nach Sarnath (10 km), wo Buddha seine erste Predigt hielt.

Auf dem Rückweg Der Flug von Varanasi nach Delhi ermöglicht Zwischenaufenthalte in Khajuraho und Agra: 9 ** **Khajuraho** ist berühmt für seine zahlreichen Tempel aus der Chandelazeit mit ihren herausragenden Steinskupturen. Bekannt ist die wunderschöne Anlage vor allem wegen ihrer erotischen Darstellungen. Wer noch Zeit hat, sollte unbedingt einen Abstecher in die verlassene Kaiserstadt 10 ** **Fatehpur Sikri** machen. 11 ** **Agra** mit dem berühmtesten Monument Indiens, dem Taj Mahal, ist dann ein krönender Abschluss der Reise.

Tour 6 Im Dekkanhochland

Start / Ziel: Goa **Dauer:** 10 bis 12 Tage

Diese Tour kann von Mumbai, Goa, Bangalore oder auch von Hyderabad aus unternommen werden und führt zu touristisch weniger besuchten Stätten im Dekkanhochland. Sie eignet sich als Zusatz- bzw. Kombinationsprogramm und ist für diejenigen gedacht, die die bekannten Highlights Indiens schon gesehen haben.

Ausgangspunkt der hier beschriebenen Route ist 1 ** **Goa**. In einer Tagesfahrt mit dem Taxi oder per Bus (über Dharwad / Hubli) erreicht man die erste Station der Reise. Die Fahrt zu den berühmten Höhlen und Tempeln von 2 ** **Badami, Pattadakal und Aihole** führt durch die fruchtbaren West-Ghats hinauf ins eher trockene Dekkan-Hochland. Sein Standquartier zur Besichtigung der Tempelstätten schlägt man in Badami auf, wo es mehrere Hotels zur Auswahl gibt. An den beiden darauf folgenden Tagen können die eindrucksvollen Stätten der Chalukyas besichtigt werden.

Am vierten Tag geht die Reise per Bus oder Taxi weiter durchs Hochland ins 140 km nördlich davon gelegene 3 * **Bijapur**. Die alte Muslim-Metropole ist schon von weitem durch die riesige Kuppel des Grabmals Gol Gumbaz zu erkennen. Die in der weitläufig angelegten, sehr grünen Stadt verstreuten Moscheen, Grabmäler und die Zitadelle lohnen einen Besuch, sodass sich der darauf folgende Tag noch gut hier verbringen lässt.

Von Bijapur führt die Reise in eine weitere Hochburg der ehemaligen Dekkansultanate, nach 4 **Gulbarga**. Die Stadt ist berühmt durch die einzigartige Bauweise ihrer Moschee und vor allem für Liebhaber islamischer Kunst ein Höhepunkt. Wer über genügend Zeit verfügt, sollte einen Abstecher ins das nordöstlich gelegene 5 **Bidar** machen. Auch dort finden sich zahlreiche Zeugen aus der Zeit, als hier von den muslimischen Dynastien Geschichte geschrieben wurde.

In einer Tagesreise per Bus, Zug und / oder Taxi geht es zur ehemaligen Hauptstadt der Vijayanagar-Herrscher, der großen Widersacher der Dekkan-Sultane, nach ❻ ✶✶ **Hampi**. Das früher weniger bekannte Hampi wird inzwischen trotz anstrengender Anreise immer häufiger von Touristen besucht. Vom Standquartier in Hospet aus gibt es regelmäßige Verbindungen zu den Ruinen. Man sollte zwei Tage für den Besuch der in einer eindrucksvollen Felslandschaft gelegenen alten Stadt einplanen. Von Hampi bietet sich eine Weiterreise nach Bangalore oder Mumbai mit dem Zug ab Guntakal an oder die (Rück)-Fahrt nach Goa mit Bus oder Taxi.

Gol Gumbaz
Mausoleum für Mohammed Adil Shah

Narasimha
halb Löwe, halb Mensch

Goa
heißt seine Urlauber herzlich willkommen.

Reiseziele von A bis Z

INDIEN HAT VIELE GESICHTER – HOHE BERGE, AUSGEDEHNTE WÜSTEN, TROPISCHE DSCHUNGEL, WUNDERVOLLE STRÄNDE, EINZIGARTIGE KULTURDENKMÄLER, FARBENFROHES KUNSTHANDWERK UND VIELE FRÖHLICHE ODER BESINNLICHE FESTE.

NORDINDIEN

BUNDESSTAATEN UND UNIONSTERRITORIEN
Chandigarh: Unionsterritorium
Delhi: Unionsterritorium
Haryana: Hauptstadt Chandigarh
Himachal Pradesh: Hauptstadt Shimla
Jammu • Kashmir: Hauptstadt Srinagar
Punjab: Hauptstadt Chandigarh
Uttar Pradesh: Hauptstadt Lucknow
Uttaranchal: Hauptstadt Dehra Dun

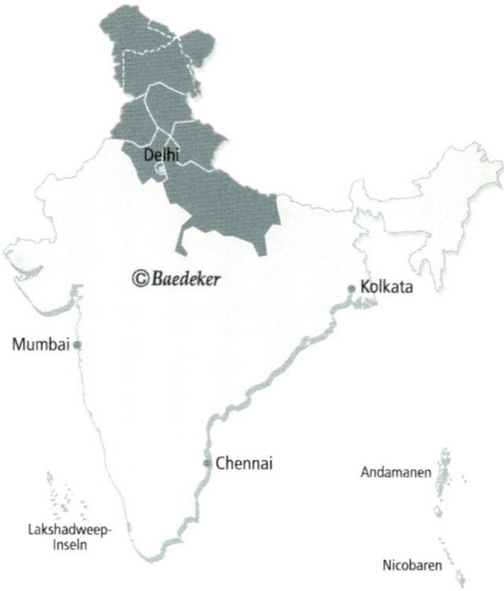

Von den Himalajahöhen zur Ebene des Ganges

Der Norden Indiens wird überwiegend bestimmt von den hohen Gebirgszügen des Himalaja und der von Flüssen geprägten Gangesebene. Die Himalajaketten durchziehen die nördlichen Bundesstaaten Jammu, Kashmir, Himachal Pradesh und Uttaranchal. In Kashmir und Uttaranchal findet man die **höchsten Berggipfel**, nicht wenige mit einer Höhe von über 7000 m. Der südliche Teil Nordindiens wird vom gewaltigen Ganges und seinen Nebenflüssen dominiert. In Jahrtausenden haben die Menschen an den Ufern dieser Flüsse eine intensiv genutzte Agrarlandschaft entwickelt, die vielen Millionen Menschen das Überleben sichert. Die beiden kleineren Bundesstaaten Punjab und Haryana, zwischen dem Vorgebirge des Himalaja und der Wüste Rajasthans gelegen, werden klimatisch durch kalte Winter und heiße Sommer geprägt. Beide sind inzwischen **intensiv genutzte Agrarregionen** mit enormen Überschüssen. Die Bundesstaaten Himachal Pradesh und Jammu • Kashmir sind dünn besiedelte und extensiv bewirtschaftete Regionen, in denen nur in wenigen Hochtälern und auf Terrassen Ackerbau betrieben wird. Uttar Pradesh verfügt über die fruchtbare Gangesebene, die intensiv genutzt wird und ziemlich dicht besiedelt ist. Einen Sonderstatus nimmt Delhi ein, das seit 400 Jahren das wichtigste Herrschaftszentrum des indischen Subkontinents ist. Das heiße Klima von Delhi hat nicht nur die Moguln, sondern auch die Engländer dazu veranlasst, zahlreiche Bergstationen im Himalaja zu Sommerresidenzen auszubauen.

Wirtschaft

Die Bundesstaaten Punjab, Haryana und Uttar Pradesh sind vorwiegend agrarische Regionen. In Haryana werden Reis, Weizen, Zuckerrohr, Baumwolle und Ölsaaten produziert, im Punjab kommen Mais und Linsen hinzu. Die im Zuge der **»Grünen Revolution«** modern-

← *Ein Bad im Ganges soll alle Sünden abwaschen und die Gläubigen aus dem Kreislauf der Wiedergeburten befreien.*

isierte Landwirtschaft ist durch einen hohen Einsatz von Traktoren, Düngemitteln und Pestiziden gekennzeichnet, die Staaten zählen in Indien zu den Spitzenreitern der Reis- und Weizenproduktion. Die wohlhabenden Bauern des Punjab versorgen die Metropole Delhi und andere Städte mit ihren landwirtschaftlichen Produkten. Haryana ist bekannt für Elektronik, Traktoren, landwirtschaftliche Maschinen und Sanitärwaren. **Uttar Pradesh, der bevölkerungsreichste Bundesstaat**, ist trotz der Bewässerung durch den Ganges eine der ärmsten Regionen Indiens. Neben Getreide werden Zuckerrohr, Kartoffeln und Ölsaaten angebaut und industriell verarbeitet. Die großen Industriezweige konzentrieren sich auf die Lebensmittelverarbeitung und die Herstellung von Düngemitteln, Zement und Glas. Der **neue Bundesstaat Uttaranchal** wurde im Jahr 2000 geschaffen. Er umfasst etwa 60 000 m², die ehemals zur Himalajaregion von Uttar Pradesh gehörten.

Geschichte

Nach hinduistischen Legenden war die Region nördlich von Delhi das Zentrum mythischer Königreiche. So soll die Schlacht aus dem Mahabharata zwischen den Brüdern der Kaurava- und der Pandava-Dynastie in Kurukshetra bei Panipat in Haryana stattgefunden haben. Buddha predigte zum ersten Mal in Sarnath unweit von Varanasi. **Neben dem Buddhismus entwickelte sich auch der Jainismus im heutigen Uttar Pradesh**. Beide Religionen waren eine Antwort auf den erstarrten orthodoxen Hinduismus jener Zeit. Im nördlichen Punjab entstand der Sikhismus als Reaktion auf die gewaltsamen Auseinandersetzungen zwischen Muslimen und Hindus. Im Altertum umfasste das Maurya-Reich (321 – 185 v. Chr.) ganz Nordindien. Unter dem Herrscher Ashoka wurden buddhistische Missionare bis nach Kaschmir geschickt. Das Kushana-Reich (50 – 320 n. Chr.) und das Gupta-Reich (320 – 535 n. Chr.) haben die Region nachhaltig geprägt.

Der Nordwesten Indiens war von jeher ein Einfallstor für Eroberer. Von Parthern über Hunnen, Mongolen, Persern, Afghanen und Griechen drangen viele Völker nach Indien ein und zogen sich meist nach Plünderungen wieder zurück. Der islamische Herrscher Babur begründete in der ersten Hälfte des 16. Jh.s die Moguldynastie, die für 150 Jahre das gesamte Nordindien von Delhi aus beherrschte. Im Punjab wurde von Guru Nanak (1469 – 1539) der Sikhismus begründet. In Auseinandersetzung mit den Mogulherrschern entstand von 1799 bis 1830 ein Sikhreich, das jedoch von den Engländern besiegt wurde. Die Engländer machten **Delhi 1911 zur neuen Hauptstadt** ihres Imperiums. Seit der Unabhängigkeit ist Delhi das Zentrum der indischen Demokratie. Uttar Pradesh als der bevölkerungsreichste Bundesstaat hat bei den Parlamentswahlen besonderes Gewicht. Bis auf zwei Ausnahmen stammen alle Premierminister aus dieser Region. Der nördlichste Bundesstaat Kashmir ist seit Jahrzehnten ein Unruheherd, da er sowohl von Indien als auch von Pakistan beansprucht wird.

Varanasi: Treppen zum heiligen Fluss

Die Region ist **reich an Kulturdenkmälern** aus verschiedenen Epochen und besitzt wichtige Zentren mehrerer Religionen wie des Hinduismus (Varanasi), des Buddhismus (Sarnath), des Islam (Delhi) und des Sikhismus (Amritsar). Die herausragenden Sehenswürdigkeiten um Delhi sind die Relikte der Moguldynastie: Festungen, Moscheen und Grabmäler zeugen von der damaligen Blüte der Architektur. Die Hauptstadt Indiens bietet neben der Roten Festung, Humayuns Grabmal und der Freitagsmoschee imposante Kolonialbauten der Engländer und herausragende Museen. Die von Akbar erbaute und nun verlassene Hauptstadt Fatehpur Sikri zeugt von den architektonischen Visionen des größten Mogulherrschers Indiens. Entlang des Ganges reihen sich die für die Hindus **wichtigen Pilgerstädte** Rishikesh, Allahabad und Varanasi. Varanasi, in das das ganze Jahr lang hinduistische Pilger auf der Suche nach Erlösung strömen, ist zweifellos die beeindruckendste Pilgerstadt Indiens. Vor den Toren Varanasis liegt Sarnath, wo Buddha das »Rad der Lehre« durch seine erste Predigt in Bewegung setzte. Während man dort nur noch Überreste der einstigen buddhistischen Blüte findet, kann man in **Ladakh** zahlreiche Klöster besichtigen, in denen der Buddhismus bis heute lebendig ist. Eine besondere Stellung nimmt dabei Dharamsala ein, wo sich tibetische Flüchtlinge niedergelassen haben – auch der **Dalai Lama**, das religiöse Oberhaupt der Tibeter, lebt hier. Schließlich findet man in der Hauptstadt von Punjab, Amritsar, das religiöse Zentrum der Sikhs mit dem Goldenen Tempel.

Außer den kulturellen Sehenswürdigkeiten hat der Norden Indiens auch landschaftliche Besonderheiten zu bieten, allen voran natürlich die **großartige Gebirgswelt** des Himalaja. Himachal Pradesh, Uttaranchal sowie Jammu und Kashmir bezaubern mit Blumenwiesen, Obstgärten sowie Seen und entführen den Besucher in äußerst karge Gebiete fernab der Zivilisation. Shimla, Kullu, Manali und Srinagar bieten gute Möglichkeiten, die Welt des Himalaja kennen zu lernen. Auch der **Corbett-Nationalpark, das älteste Naturreservat Indiens**, ist für Naturliebhaber ein absolutes Muss.

★★ Agra

E/F 6

Bundesstaat: Uttar Pradesh
Einwohner: 1,45 Mio.
Höhe: 169 m ü.d.M.
Entfernung: 204 km südlich von Delhi

Agra – mit dem Namen dieser Stadt verknüpft ist unweigerlich ein zweiter, nämlich der von Indiens berühmtestem Bauwerk, dem Taj Mahal. Millionen von Besuchern aus dem In- und Ausland zieht es jedes Jahr in den am Westufer der Yamuna gelegenen Ort.

In aller Welt bekannt: das Taj Mahal

Über Agra, das manche sogar mit Legenden um den Gott Krishna in Verbindung bringen, gibt es erst ab dem 16. Jh. gesicherte historische Erkenntnisse. In dieser Zeit verlegte der Lodiherrscher Sikander (1489 – 1517) seine Residenz von Delhi in das etwa 10 km von Agra entfernte, später nach ihm benannte Sikandra. Agra selbst gewann erst an Bedeutung, nachdem die Großmoguln, allen voran der mächtige Herrscher Akbar (1542 – 1605), erkannt hatten, dass sie von dem am Ufer der Yamuna errichteten Fort ihren Machtbereich geschickt gegen Invasoren aus dem Süden verteidigen konnten. Während der Akbar-Enkel **Shah Jahan** (1592 – 1666) die Stadt durch den Bau des berühmten Grabmals einzigartig machte, wurde der politische Mit-

Zum Träumen: Blick von den Privatgemächern Shah Jahans im Roten Fort auf das Taj Mahal

AGRA ERLEBEN

AUSKUNFT

UP Tourism
64, Taj Road
Tel. 05 62 – 222 64 31
www.up-tourism.com

EINKAUFEN

Agra ist berühmt für Marmorobjekte mit Einlegearbeiten, z. B. Vasen und Schalen. Auch Lederartikel gibt es in großer Auswahl. Im Shilpagram, einem »Handwerkerdorf« mit Verkaufsständen nahe dem East Gate gibt es Kunsthandwerk aus ganz Indien sowie Kulturveranstaltungen. Bekannte Einkaufsstraßen sind die Mall, die MG Road und die Munro Road.

ESSEN

► Fein & teuer

① *Nauratna*
Im Mughal Sheraton
Tel. 05 62 – 233 17 01
Ausgezeichnete nordindische Mogulküche in angenehmem Ambiente.

► Preiswert

② *Dasaprakash*
Meher Theater Complex
1, Gwalior Road
Tel. 05 62 – 236 35 35
Wer hier im Norden Lust auf Dosas, Idlis oder Wadas hat, ist in diesem südindischen Restaurant bestens bedient.

ÜBERNACHTEN

► Luxus

① *Welcomgroup Mughal Sheraton*
6 B, Fatehabad Road
Tel. 05 62 – 233 17 01
www.welcomgroup.com
Exklusives Hotel mit großem Sport- und Freizeitangebot. Bekannt ist auch die sehr gute Küche.

② *Taj View*
Fatehabad Road
Tel. 05 62 – 223 24 00
www.tajhotels.com
Wie der Name schon verrät, haben einige Zimmer Aussicht auf das legendäre Taj Mahal. Pool, mehrere Restaurants und Bars sind zudem vorhanden.

► Komfortabel / Günstig

③ *Grand Hotel*
137, Station Road
Tel. 05 62 – 222 75 11
Ordentliches Mittelklasse-Hotel mit Restaurant und Bar.

► Günstig

④ *Amar Yatri Nivas*
Fatehabad Road
Tel. 05 62 – 223 30 30
Nur einen Kilometer vom Taj entfernt. Einfache, saubere Zimmer mit Klimaanlage und einem Multicuisine-Restaurant.

telpunkt wieder zurück nach Delhi verlagert. Die Gründung von Shahjahanabad, der siebten Stadt Delhis, und der Bau des dortigen Roten Forts brachten diese Machtverschiebung augenfällig zum Ausdruck. Nicht mehr in der Lage, sich zu verteidigen, hatte das von seinen Beschützern verlassene Agra in der Folgezeit zwei Plünderungen, 1761 durch die Jats und 1770 durch die Marathen, durchzustehen, die beträchtliche Schäden an den Bauwerken anrichteten. Heute sind

Agra *Orientierung*

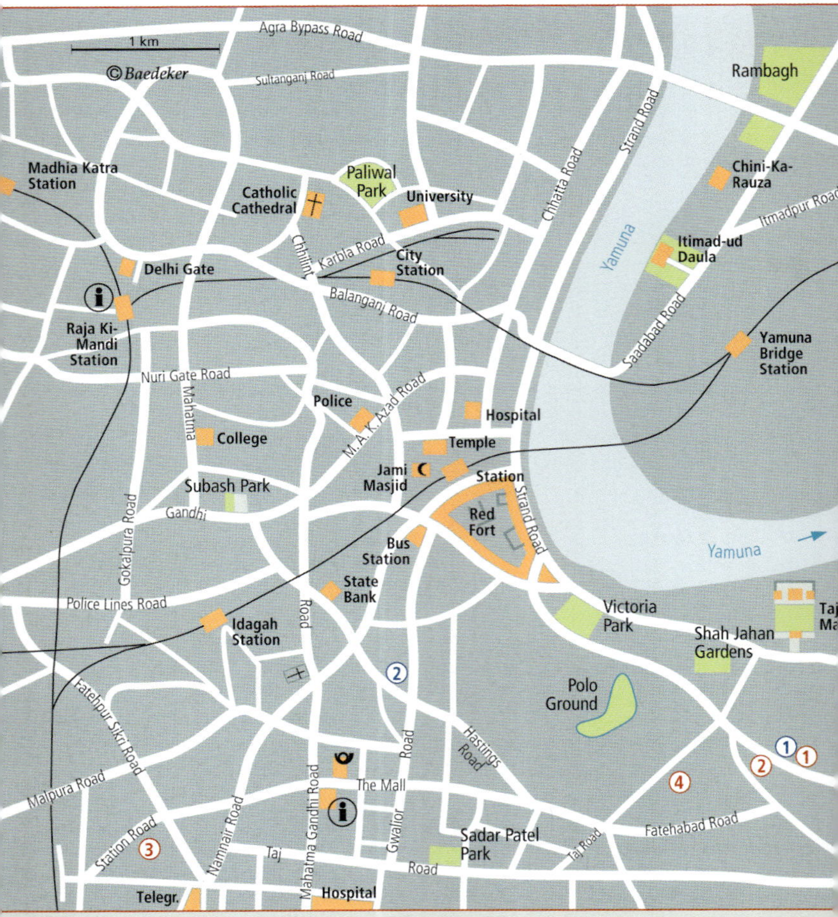

Essen
① Nauratna
② Dasaprakash

Übernachten
① Mughal Sheraton
② Taj View
③ Grand Hotel
④ Amar Yatri Niva

die Denkmäler jener Epoche vor allem durch die ständig zunehmende Umweltverschmutzung bedroht, die schon unwiderrufliche Spuren hinterlassen hat.

Agra besteht aus der im Norden gelegenen Altstadt und der südlich daran anschließenden Neustadt Agra Cantonment. Dort befinden

Die große Audienzhalle mit ihren Fächerbögen

Khas). Davor breitet sich der Fischpalast (Macchi Bhavan) aus, hinter dessen Namen sich jedoch nur ein Hof verbirgt, in dem früher ein Fischteich lag. An seiner Nordwestseite steht die **Juwelenmoschee** (Nagina Masjid), die speziell für die Frauen bestimmt war.

Wenn man den Macchi Bhavan über die Treppe an seiner Westseite verlässt, gelangt man in eine große Gartenanlage mit der **Großen Audienzhalle** (Diwan-i-Am). In dem davor liegenden Grab ist der britische Befehlshaber Colvin beigesetzt, der 1857 während des Sepoy-Aufstands in Agra fiel. Nördlich des Hofs erhebt sich die berühmte **Perlmoschee** (Moti Masjid), zu der der Zugang allerdings seit Jahren versperrt ist, ebenso wie zu allen anderen Teilen der Festung, die vom indischen Militär genutzt werden.

Weitere Sehenswürdigkeiten in Agra

✶ **Itimad-ud-Daula**

Weniger bekannt, dennoch unbedingt sehenswert ist das Grabmal des Itimad-ud-Daula, Minister unter den Kaisern Akbar und Jehangir. Seine Tochter Nur Jahan, die mit Jehangir verheiratet war, ließ dieses kleine Juwel unter den hiesigen Mausoleen erbauen.

Das Grab liegt am östlichen Ufer der Yamuna und kann über eine nahe gelegene Brücke erreicht werden. Inmitten eines stillen Gartens erhebt sich auf einer rechteckigen Plattform die kleine, marmorne Ruhestätte, **eines der schönsten Beispiele der Mogularchitektur**. Sie wurde zwischen 1622 und 1628 als viereckiger Bau (20 m Länge) mit jeweils in den Ecken befindlichen Minaretten und in der Mitte liegendem, ebenfalls viereckigem Pavillon angelegt. Bemerkenswert sind vor allem das wunderschöne Marmorgitterwerk und die prachtvollen Pietra-Dura-Arbeiten an Außenfassade und Innenwänden, die Impulse für die spätere Verkleidung des Taj gaben (Öffnungszeiten: Sonnenaufgang bis Sonnenuntergang).

Chini-ka-Rauza Etwa 800 m vom Mausoleum entfernt steht Chini-ka-Rauza, das Grab des Afzal Khan, Minister unter Shah Jahan. Chinesische Kacheln schmücken diese nach persischer Tradition mit schönen geometrischen Mustern verzierte Stätte (Öffnungszeiten: Sonnenaufgang bis Sonnenuntergang).

Umgebung von Agra

✶ Sikandra

Öffnungszeiten: Sonnenaufgang bis Sonnenuntergang

Etwa 10 km nördlich von Agra, an der Straße nach Mathura, liegt Sikandra. Von der Stadt des Lodiherrschers Sikander (1489 – 1517) ist, abgesehen von ein paar unbedeutenden Monumenten, nur das berühmte **Grabmal Akbars** übrig geblieben. Der Bau wirkt durch die Vermischung buddhistischer, hinduistischer und islamischer Architekturstile sehr ungewöhnlich und erinnert an die weltoffene Geisteshaltung des hier beigesetzten Herrschers. Viele der islamischen Elemente wurden nachträglich unter Jehangir und Shah Jahan hinzugefügt. Durch das reichlich verzierte Südtor gelangt man in die Gartenanlage, in deren Zentrum das Mausoleum, ein fünfstöckiger Bau aus rotem Sandstein und weißem Marmor, steht. Er ist 25 m hoch, die Stockwerke sind stufenweise zurückversetzt und von kleinen, mit Kuppeln überdachten Pavillons, die an die Paläste in Fatehpur Sikri erinnern, umrahmt. Im fünften Stockwerk befindet sich ein **Marmormonolith mit den 99 Namen Allahs**; das echte Grab Akbars liegt versteckt in einer kleinen Gruft im Erdgeschoss.

Ram Bagh Als frühestes Beispiel eines Mogulgartens gilt der 11 km von Agra entfernte Ram Bagh. Er wurde schon unter dem Herrscher Babur 1526 angelegt (Öffnungszeiten: Sonnenaufgang bis Sonnenuntergang).

Mathura Mathura (54 km nördlich von Agra, 250 000 Einw.) ist **eine der sieben heiligen Städte der Hindus**, von ihnen auch Braj Bhoomi genannt. Der populäre Gott Krishna soll hier in einer Gefängniszelle geboren worden sein und in der Umgebung seine Jugend verbracht haben. Deswegen finden sich hier **unzählige Krishna geweihte Stätten** und Tempel. Auch die Hare-Krishna-Sekte hat im nahe gelegenen Vrindaban ihren Hauptsitz. Doch die Stadt war nicht nur ein bedeutendes Zentrum des Hinduismus, auch die Buddhisten hatten sich hier angesiedelt. Schon der buddhistische Kaiser Ashoka ließ hier verschiedene Stupas bauen. Vom 1. bis zum 3. Jh. machte das zentralasiatische Herrschergeschlecht der Kushanas Mathura zur Hauptstadt seines Reichs und zu einem Zentrum buddhistischer Kunst. Der chinesische Reisende Hiuen Tsang berichtete noch im

7. Jh. von 20 Klöstern und 2000 Mönchen. Im Zuge der islamischen Eroberung Nordindiens war die Stadt wiederholten Zerstörungen und Plünderungen ausgesetzt, angefangen von Mahmud von Ghaznis Raubzug im Jahr 1017 über Sikanders Einfall im Jahr 1500 und Aurangzebs Anwesenheit in der Mitte des 17. Jahrhunderts. Dieser ließ im Zentrum der Stadt die heute noch vorhandene Jami Masjid, die wichtigste Moschee der Stadt, erbauen.
Ein bedeutendes Pilgerziel für Hindus ist der **Sri-Krishna-Janmbhoomi-Tempel**, der über einer Gefängniszelle, dem legendären Geburtsort Krishnas, errichtet worden war. Auch die Ghats am Ufer der Yamuna, allen voran der Vishram Ghat, wo der Gott den blutrünstigen Herrscher Kamsa getötet haben soll, sind wichtige Stationen der Gläubigen. Weiterhin gehört der ebenfalls Krishna gewidmete Dwarkadheesh-Tempel zu den bevorzugten Zielen der Besucher.
Sehr sehenswert ist das **Archäologische Museum** mit einer bedeutenden Skulpturensammlung aus der Kushana-Zeit (Öffnungszeiten: tgl. außer Mo. 10.30 – 16.30 (Juli bis Mitte April) bzw. 7.30 – 12.30 Uhr (Mitte April bis Juni).

Vrindaban

In Vrindaban (69 km nördlich von Agra) soll Gott Krishna seine legendären Liebesabenteuer mit den Gopis (Kuhhirtinnen) erlebt, den badenden Frauen ihre Kleider gestohlen und viele andere Jugendstreiche ausgeheckt haben. Die Stadt besitzt unzählige ihm geweihte Tempel, die meisten sind neueren Datums.

✶ Fatehpur Sikri E 6

Auf einem Hügel, etwa 40 km westlich von Agra, liegt die verlassene Kaiserstadt Fatehpur Sikri, eine der imposantesten Hinterlassenschaften des Mogulreichs. Eine Legende erzählt von ihrer Gründung an diesem zwar entlegenen, jedoch äußerst Glück verheißenden Ort, der im 16. Jh. Sitz des berühmten Sufiheiligen Shaikh Salim aus dem Chistiorden war. Im Jahr 1569 wandte sich Kaiser Akbar, der bis dahin kinderlos geblieben war, an den heiligen Mann und dieser prophezeite ihm nicht nur einen, sondern gleich drei Söhne. Als ein Jahr später der erste Nachkomme geboren wurde, nannte Akbar ihn Salim (der spätere Jehangir) und ließ aus Dankbarkeit eine große Moschee erbauen. Die Bauarbeiten für die Stadt Fatehpur Sikri (Stadt des Siegs) in Erinnerung an Akbars Eroberung von Gujarat begannen 1572. Doch kaum fertig gestellt, wurde der Herrschersitz schon wieder verlassen. Wassermangel und Zwischenfälle an der Nordwestgrenze des Reichs führten dazu, dass der Ort dem Verfall und Plünderungen preisgegeben wurde. Akbar verlegte seinen Regierungssitz nach Lahore und Jehangir zog sich danach in das geschütztere Agra zurück. Schon ab 1590 war Fatehpur Sikri eine tote Stadt.

Anlage der Stadt

Fatehpur Sikri ist in **zwei getrennte Komplexe** aufgeteilt, in den Palastbereich und die etwas südwestlich davon gelegene Moschee. Die

Fatehpur Sikri Orientierung

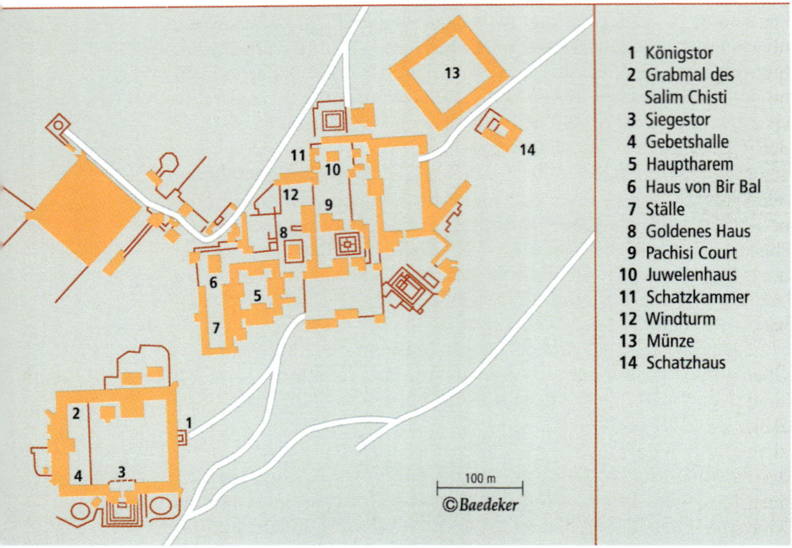

gesamte Anlage erstreckt sich – den geografischen Gegebenheiten angepasst – auf einem Felsenhügel und war von einer – z. T. noch erkennbaren – etwa 10 km langen Befestigungsmauer umgeben.

Palastbereich

Man betritt den großzügig angelegten Palastbereich von Agra kommend durch die Öffentliche Audienzhalle (Diwan-i-Am), einen von Säulen umstandenen Innenhof, und gelangt so in das Innere des zweiten Palasthofs (Pachisi Court). Der zweigeschossige, freistehende Sandsteinbau an seiner Nordseite wird heute als Private Audienzhalle des Kaisers (Diwan-i-Khas) bezeichnet; seine ursprüngliche Bestimmung ist aber bislang ungeklärt. Pavillons an vier Ecken des Dachs schmücken das Haus, dessen geräumiger Innenraum von einer mächtigen, reich skulptierten Mittelsäule mit ausladendem Kapitell beherrscht wird. An der Nordwestecke des Wasserbeckens (Anup Talao) befindet sich ein kleiner, eleganter und reich verzierter Bau, der als Haus des Türkischen Sultans bezeichnet wird. Beherrscht wird der Pachisi Court vom **Panch Mahal**, einem luftigen, fünfstöckigen Pavillon, der die ganze Palastanlage überragt. Aus den oberen Stockwerken genießt man einen hervorragenden Rundblick. Der von 176 Säulen getragene Turm verjüngt sich nach oben – das Erdgeschoss ruht auf 84 Säulen, der oberste, überdachte Pavillon nur noch auf vier Säulen.

✶ Pavillon ►

Südwestlich des Panch Mahal beginnt der **Haremsbereich** mit den Wohnstätten der Frauen. Davor liegt eine kleine Residenz, bekannt als Maryams Haus oder Goldenes Haus (Sunahra Makan), in dem

Akbars Mutter Maryam, eine Christin, wohnte, wenn sie sich in der Stadt aufhielt. Direkt dahinter ist der Eingang zum Harem zu finden, über dem sich zwei Davidsterne befinden. Die Zahl der Frauen, die hier lebten, ist unbekannt, doch man weiß, dass viele seiner Bewohnerinnen von Fürstenhöfen aus Rajasthan stammten und Hindus waren. **Akbars Vorliebe für den Hinduismus** zeigte sich nicht nur bei der Wahl seiner Ehefrauen, sondern auch in Architektur und Innenausstattung der Paläste. Besonders auffällig ist dies im Haremsbereich, dessen Dekorationen und Ornamente vielfach an Tempel erinnern und damit in starkem Kontrast zu seinen blau gekachelten Dächern persischer Tradition stehen. Außerhalb des Harems, an seiner nordwestlichen Seite, steht das Haus des Birbal, Minister unter Akbar, der aber nicht hier lebte. Das Gebäude wurde ebenfalls von Akbars Frauen bewohnt.

Sakraler Bereich

Über einen schmalen Weg verlässt man den Palastbereich und gelangt direkt zum Königstor (Badshahi Darwaza), einem der zwei Eingänge, die in den großen Innenhof der Moschee führen. Dort fällt das kleine Marmormausoleum für Sheikh Salim Chisti auf, das Akbar zu dessen Gedenken errichten ließ. Noch heute ist das Grab des Sufiheiligen ein **beliebtes Pilgerziel**, vor allem für Frauen mit unerfülltem Kinderwunsch. Sie flechten Fäden in das marmorne Gitterwerk des Mausoleums, das in seiner Feinheit in ganz Indien als unübertroffen

★

◄ Mausoleum

Pilger am Grab des Sufiheiligen Sheik Salim Chisti

gilt. Entlang der Westseite des Hofs verläuft die Gebetshalle. Sie wird von Pfeilern, die der hinduistischen Tempelarchitektur entlehnt sind, getragen. An die Triumphbogenarchitektur der klassischen Antike fühlt man sich beim Anblick des monumentalen, 54 m hohen Siegestors (Buland Darwaza) erinnert. Der **repräsentative Torbau** mit drei rundbogigen Durchgängen und aufwändigen Verzierungen aus Sandstein und Marmor wurde zum Gedenken an Akbars Sieg über Gujarat als Haupteingang der Moschee errichtet. Eine steile Treppe führt hinunter zu einem kleinen, von lokalen Händlern bevölkerten Platz.

✶ ✶ Siegestor ►

✶ Keoladeo-Ghana-Nationalpark E 6

Vogelparadies

Der 52 km² große Keoladeo-Ghana-Nationalpark (55 km westlich von Jaipur) liegt in einer natürlichen Senke und bietet mit seinen Seen und Marschgebieten ideale Voraussetzungen für Vögel. Bis jetzt wurden hier über **350 Arten** beobachtet. Viele Vögel kommen aus nordischen Ländern, um hier zu überwintern und ihre Jungen aufzuziehen. Die beste Beobachtungszeit ist zwischen August und Oktober. Die Vegetation wird von Akazien, Beer- und Kapernsträuchen bestimmt. Zu den Säugetieren, die hier leben, zählen Sambar- und Axishirsche, Nilgaiantilopen, Wildschweine und Rhesusaffen. Man kann das Gebiet zu Fuß oder mit dem Fahrrad entdecken. Es gibt aber auch die Möglichkeit, Rikshas zu mieten und mit Booten auf den See zu fahren.

Anreise und Hotels

Da das Schutzgebiet an der Hauptstecke Delhi – Mumbai liegt, kann man es mit der Bahn von Jaipur und Delhi gut erreichen. Busverbindungen gibt es u. a. von Jaipur, Agra und Fatehpur Sikri. Auskünfte und preiswerte Übernachtungsmöglichkeiten bietet das RTDC Hotel Saras (Agra Road, Tel. 056 44 – 22 542).
Eine weitere gute Option ist die komfortablere Bharatpur Forest Lodge direkt im Park (Tel. 056 44 – 22 27 60).

Halsbandsittich

Ein guter Ausgangspunkt für einen Besuch im Keoladeo-Ghana-Nationalpark ist die einstige Festungsstadt **Bharatpur** (3 km nördlich). Ihr Fort Lohargarh, die von zwei Lehmwällen und Graben geschützt ist, wurde von dem Rajputenkönig Suraj Mal 1732 gegründet. Im Festungsgelände sieht man drei Paläste, von denen der Maharadschapalast und der Kamrapalast, der ein Museum beherbergt, am beeindruckendsten sind.

★ Allahabad

G 7

Bundesstaat: Uttar Pradesh
Einwohner: 1,05 Mio.
Höhe: 98 m ü.d.M.
Entfernung: 583 km südöstl. von Delhi

Die Stelle, an der sich die großen Flüsse Ganges und Yamuna vereinen, gilt seit jeher als besonders heiliger Platz und so sind mit diesem Ort unzählige Mythen und Legenden verbunden. Für den gläubigen Hindu fließen an jenem Punkt nicht zwei, sondern drei Flüsse zusammen: Die (unsichtbare) Sarasvati schließt sich hier der Überlieferung nach ihren beiden Schwesterflüssen an.

★ Pilgerfeste

Sangam wird der Ort genannt, wo die Flüsse zusammenfließen. Alle zwölf Jahre (das nächste Mal 2013) findet hier die Allahabad **Kumbha Mela** statt, das größte Pilgerfest, das im dreijährigen Wechsel in Allahabad, Nasik, Ujjain und Haridwar gefeiert wird (Baedeker-Special S. 398).

Geschichte

Allahabad geht auf eine Gründung des Kaisers Akbar zurück. Er hatte an jenem Ort, wo früher die alte Stadt Prayag gelegen hatte, ein Fort und Siedlungen errichten lassen. Im Jahr 1801 übernahmen die Briten die Stadt. Zu einem Zentrum in Uttar Pradesh wurde Allahabad 1858; im Kampf um die Unabhängigkeit spielte es eine wichtige Rolle.

Sehenswertes in Allahabad

Befestigungsanlage

Die Befestigungsanlage ist heute noch vorhanden, kann allerdings nur von außen besichtigt werden, da dort Militär stationiert ist. Aus diesem Grund ist auch der Zugang zur darin stehenden, mit Edikten versehenen **Ashoka-Säule** (um 230 v. Chr.), die vermutlich von Akbar hierher gebracht wurde, versperrt.

ALLAHABAD ERLEBEN

AUSKUNFT

Tourist Office
Hotel Ilawart
35, MG Marg
Civil Lines
Tel. 05 32 – 260 18 73

ANREISE

Bahn (liegt an der Hauptverbindungslinie zwischen Delhi und Kolkata) oder Bus

ESSEN / ÜBERNACHTEN

► **Komfortabel**

Yatrik
33, Sardar Patel Marg
Tel. 05 32 – 260 17 13
Zentral gelegen mit Restaurant, schönem Garten und Swimmingpool. Die Zimmer sind geräumig und schön möbliert; sie verfügen über eine Klimaanlage, manche auch über eine Badewanne.

Anand Bhavan

Tiefere Einblicke in die neuere Geschichte Allahabads erhält der Fremde beim Besuch des Anand Bhavans. Der ehemalige **Familiensitz der Nehrus** wurde 1970 von Indira Gandhi dem Staat übergeben und als Museum eingerichtet (Öffnungszeiten: tgl. außer Mo. 9.30 bis 13.00 und 14.00 – 17.30 Uhr).

Allahabad Museum

Sehenswert ist auch das inmitten eines Parks gelegene Allahabad Museum mit lokalen Funden (Terracottafiguren, Steinskulpturen) sowie einer ansehnlichen Sammlung von Miniaturmalereien aus Rajasthan und Bildern des russischen Malers Nicolaus Roerich (Öffnungszeiten: tgl. außer Mo. 10.30 – 16.30 Uhr).

* Amritsar

D 4

Bundesstaat: Punjab
Einwohner: 1,01 Mio.
Höhe: 234 m ü. d. M.
Entfernung: 446 km nordwestl. v. Delhi

Amritsar, nur 26 km vom Nachbarland Pakistan entfernt, ist die zweitgrößte Stadt des Punjab. Die einzige Landverbindung von Indien nach Pakistan führt über Amritsar und war früher mit der Seidenstraße verbunden.

Der moderne Teil der Stadt liegt nordöstlich des Bahnhofs, hier befinden sich die Einkaufsstraßen um The Mall und Lawrence Road. In den Ram-Bagh-Gärten findet man ein kleines Museum mit einer Waffensammlung und Porträts einiger Herrscher des Punjab. Die Altstadt mit zahlreichen Tempeln und Moscheen erstreckt sich südlich der Bahngleise. Der berühmte **Goldene Tempel** ist das Zentrum dieses Stadtteils.

Geschichte

Der Mogulherrscher Akbar der Große schenkte das Gebiet rund um Amritsar dem vierten religiösen Führer der **Sikhs**, Ram Das (1574 bis 1581), der an dieser wichtigen Landverbindung des Ost-West-Handels eine Stadt gründete. Sein jüngster Sohn Guru Arjun vergrößerte den künstlichen See Amrit Sarovar und baute von 1589 bis 1601 inmitten des Sees den ersten Tempel. Dieser wurde jedoch durch den afghanischen Eroberer Ahmed Shah Durani 1757 besetzt und entweiht. Den Sikhs gelang es zwar, den Tempel zurückzugewinnen, aber vier Jahre später wurden sie besiegt und der Tempel gesprengt. Nachdem die Eroberer abgezogen waren, baute man ihn wieder auf. Maharadscha Ranjit Singh (1780 – 1839), der größte weltliche Herrscher der Sikhs, spendete **100 kg Gold, mit dem 1830 das Dach beschlagen wurde** – daher der Name »Goldener Tempel«.

← *Alle zwölf Jahre wird Allahabad, wo die heiligen Flüsse Ganges und Yamuna zusammentreffen, zum Zentrum des Hinduuniversums.*

AMRITSAR ERLEBEN

AUSKUNFT

Tourist Office
Im Pegasus Palace Hotel
Queens Road
Tel. 01 83 – 240 24 52
oder auf der Webseite von Punjab Tourism: www.ptdc.com

ANREISE

Flug- und Zugverbindung von Delhi oder Chandigarh

FESTE

Baisakhi wird im April begangen. Es ist das Neujahrsfest nach dem Sonnenkalender und gleichzeitig Erntedankfest. Guru Govind Singh gründete an diesem Tag die Kampfbruderschaft der Sikhs, Khalsa. Die Geburtstage des ersten Gurus, Nanak (Oktober / November), und des letzten Gurus, Govind Singh (Dezember / Januar), ziehen viele Besucher an.

ÜBERNACHTEN / ESSEN

▸ Komfortabel
Mohan International
Albert Road
Tel. 01 83 – 222 78 01
Eines der Tophotels, Restaurant mit Punjabi-Küche.

▸ Komfortabel / Günstig
Mrs. Bhandari's Guest House
10, Cantonement
Tel. 01 83 – 222 85 09
12 Zimmer (bei Bedarf Ofenheizung) in einem schönen alten Haus mit Garten und Pool, Restaurant, Zelten gegen Gebühr im Garten möglich.

▸ Günstig
Grand Hotel
Gegenüber dem Bahnhof
Tel. 01 83 – 256 24 24
Sehr zentral gelegen mit einfachen, sauberen Zimmern.

Bekannt wurde Amritsar in jüngerer Zeit, als sich eine militante Gruppe von Sikhs unter Führung von Sant Jaranil Singh Bhindranwale in einem Teil des Goldenen Tempels, dem Akal Takht, verschanzte und ein unabhängiges Land der Sikhs forderte. Auf Anordnung von Indira Gandhi stürmte das Militär im Juli 1984 den Tempelbezirk und tötete die Rebellen. Bei dem massiven Einsatz kamen auch 1200 unschuldige Pilger ums Leben. Diese Aktion führte zu großer Empörung bei den Sikhs und vier Monate danach wurde die Premierministerin von Sikhs in ihrer eigenen Leibgarde erschossen.

★★ Hari Mandir – Der Goldene Tempel

Tempelanlage

Der Goldene Tempel, auch Darbar Sahib, Hof des Herrn, genannt, liegt in einem fast quadratischen See mit einer Seitenlänge von etwa 130 m. Um den See verläuft ein Marmorgang und eine fast 30 m lange Brücke aus Marmor verbindet den Tempel mit dem Westufer. Legenden zufolge soll der See mit dem Namen Amrit Sarovar (See des Unsterblichkeitsnektars) **heilende Kräfte** besitzen, weswegen sich bis heute viele Pilger an den Badetreppen des Ostufers reinigen.

Der Haupteingang des Tempels befindet sich auf der Nordseite neben dem Uhrturm. Gleich nachdem man den Eingangsbereich überquert hat, sieht man den Goldenen Tempel und den See im Sonnenschein glitzern. Man hat hier die Möglichkeit, wie die Pilger im Uhrzeigersinn auf dem breiten Marmorgang (Parikrama) um den See herumzugehen. Zuerst kommt man dabei an den Badestellen und den vielen Schreinen vorbei, die 68 wichtige heilige Plätze Indiens repräsentieren. In östlicher Richtung außerhalb des eigentlichen Tempelkomplexes befinden sich die Wirtschaftsgebäude, die Schlafmöglichkeiten bieten und in denen täglich Tausende von Pilgern mit Essen verköstigt werden. Wenn man den Weg am See weiterläuft, erreicht man am Südufer den Schrein zu Ehren von Baba Deep Singh, der 1758 sein Leben im Kampf gegen Ahmad Shah Durani verloren hat.

An der Westseite führt eine Marmorbrücke zum Goldenen Tempel. Direkt gegenüber befindet sich das zweitheiligste Gebäude, das **Akal Takht**. Jeden Tag am frühen Morgen wird das Heilige Buch der Sikhs (Guru Granth Sahib), eine Sammlung von über 3000 Hymnen zu Ehren des einen Gottes, vom Akal Takht in einer feierlichen Zeremonie zum Har Mandir gebracht und abends wieder zurückgetragen. Das Akal Takht wurde bereits 1609 vom Guru Har Govind gebaut, aber im 18. und 19. Jh. stark verändert. Die Erstürmung des Akal Takht durch indische Soldaten im Jahr 1984 hat das Gebäude teilweise zerstört. Inzwischen wurde es mit Hilfe von Spenden zum größten Teil wieder hergestellt.

Man betritt den **Hari Mandir**, den **heiligsten Tempel der Sikhs**, über einen 60 m langen Marmorsteg. Das Gebäude ist bis auf das Erdgeschoss mit Kupferplatten verkleidet und der Zwiebelturm hat eine Goldauflage. Auf den Kupferplatten sind Texte aus dem Heiligen Buch eingraviert. Erker und Pavillons lockern das eher kompakte Erscheinungsbild des Tempels auf. Im Innersten wird das **Heilige Buch der Sikhs** aufbewahrt. Am Osteingang des Tempels rezitiert ein Priester daraus und die vielen Pilger singen mit. Auch im ersten Stock sieht man, wie die Sikhs das Ritual des Akhand Path, des ununterbrochenen Rezitierens aus dem Heiligen Buch, durchführen.

Die Pilger opfern Blumen und Geld in der Nähe des Buchs und können sich gegen eine Spende aus dieser Schrift vorlesen lassen. Ein professioneller Vorleser braucht zwei ganze Tage, um das Buch vollständig zu rezitieren.

Der heiligste Tempel der Sikhs: Hari Mandir

Weitere Sehenswürdigkeiten in Amritsar

Jallianwalla Bagh Jallianwalla Bagh ist heute ein Mahnmal für 379 unter der britischen Herrschaft ermordete Zivilisten. Die unbewaffneten Menschen wurden von englischen Soldaten im Jahr 1919 beschossen, weil sie sich unerlaubt versammelt hatten. Bei dem verzweifelten Versuch, den Gewehrkugeln zu entkommen, warfen sich viele in den Brunnen und fanden dort den Tod. Bei genauerem Hinsehen kann man am Brunnen des Parks noch Einschläge von Gewehrkugeln erkennen. Dieses Massaker war der direkte Anlass für die Bewegung des zivilen Ungehorsams (Non Cooperation Movement) von Mahatma Gandhi (►Berühmte Persönlichkeiten), die zur Unabhängigkeit Indiens führte. Heute erinnern ein Schild und ein kleines Museum mit Fotos an dieses dunkle Kapitel der Kolonialherrschaft.

Durgiana Mandir Dieser Durgatempel mit vergoldetem Tempelturm und Silberportalen ist ein wichtiges Heiligtum der Hindus.

* Chandigarh

E 4

Bundesstaat: Punjab / Haryana
Einwohner: 642 000
Höhe: 1250 – 1980 m ü. d. M.
Entfernung: 250 km nördlich von Delhi

Chandigarh, zugleich die Hauptstadt von Haryana und Punjab, ist berühmt für seine Stadtarchitektur. Die moderne Kapitale besitzt keine besonderen Sehenswürdigkeiten, außer den Gebäuden von Le Corbusier, die Architekturinteressierte aus aller Welt anziehen.

Der Ort ist sehr weitläufig angelegt und in 48 Sektoren eingeteilt, wodurch es relativ leicht ist, sich zu orientieren. Ansonsten ist Chandigarh eine notwendige Zwischenstation für alle, die auf dem Landweg in den Himalaja unterwegs sind. Chandigarh liegt in einem Tal inmitten der Shivalikberge. Bei der Abspaltung Pakistans von Indien wurde der Bundesstaat Punjab ebenfalls geteilt. Lahore ging zusammen mit dem westlichen Teil des Landes an Pakistan. Als Ersatz dafür wurde Chandigarh als neue Hauptstadt ausgewählt. Nach dem Wunsch des damaligen Ministerpräsidenten Jawaharlal Nehru sollte die als »fortschrittlich, modern und offen« geltende Kapitale ein Symbol für das neue demokratische Indien darstellen.

Sehenswertes in und um Chandigarh

*** Stadtbild von Le Corbusier** Die ersten Pläne für die Stadt wurden in New York von Albert Mayer und Methew Novicki entworfen. Als einer der Architekten 1950 bei einem Flugzeugunglück ums Leben kam, wurde die weitere Planung dem berühmten französischen Architekten Le Corbusier übertragen.

CHANDIGARH ERLEBEN

AUSKUNFT

Chandigarh Tourism
Interstate Bus Terminus
Sector 17
Tel. 01 72 – 270 46 14
www.chandigarhtourism.gov.in
In diesem Gebäude befinden sich auch Büros von Himachal Tourism und Punjab Tourism. Ein weiteres Büro findet man am Plaza, Sector 17.

ÜBERNACHTEN / ESSEN

► Luxus

Taj Chandigarh
Sector 17/A
Tel. 01 72 – 551 30 00
www.tajhotels.com
Elegantes Hotel mit mehreren Restaurants.

► Komfortabel / Günstig

Aroma
Himalaja Marg
Sector 22/C
Alteingesessenes, mit vielen Kunstwerken ausgestattetes Zwei-Sterne-Hotel. Zudem gibt es einen rund um die Uhr geöffneten Coffeeshop sowie ein elegantes Restaurant mit Wasserfall und abendlicher Livemusik.

Unter Leitung von Le Corbusier und seiner Kollegen Pierre Jeanneret, Jane Drew und Maxwell Fry wurde die Stadt im Zeitraum von 15 Jahren, von 1951 bis 1964, erbaut. Le Corbusier entwarf eine vollkommen moderne, **an westlicher Ästhetik orientierte Architektur**, die keine indischen Stile übernahm.
Die in 48 Sektoren angeordneten Stadtblöcke mit breiten Straßen und ausgedehnten Grünflächen werden von den großen Gebäuden wie dem High Court, dem Regierungsgebäude und dem Landesparlament beherrscht. All diese Repräsentationsbauten befinden sich im Sektor 1 im nördlichen Teil der Stadt. Die Bauten haben längst an Schönheit eingebüßt, doch ihre kraftvollen Formen sind immer noch beeindruckend. Le Corbusiers Stadt hatte großen Einfluss auf die westlich orientierten Architekten Indiens und half dabei, diese Architektur schnell durchzusetzen.

★ Steingarten

Der Steingarten in der Nähe des High Court ist einer der bizarrsten Kunstgärten Indiens. Der Künstler **Nek Chand** brachte einen Großteil seines Lebens damit zu, aus Fundstücken **surrealistische Skulpturen und Objekte** zu schaffen. Das nahezu zwei Hektar große Gelände ist durch die Früchte seiner jahrzehntelangen Tätigkeit inzwischen ein Labyrinth von Figuren, an denen Kinder und Erwachsene ihren Spaß haben.

Museum und Galerie

Das Museum zeigt Fossilien aus prähistorischer Zeit, die Fine Art Gallery eine Sammlung indischer Miniaturen der Rajasthani-, Kangra- und Mogulschule. Daneben sind einige Skulpturen aus der hellenistisch beeinflussten Gandharaschule zu sehen. Das Museum und die Galerie findet man im Sektor 10.

Zakir Hussain Rosengarten

Dieser Garten zwischen den Sektoren 16 und 17 verfügt über **eine der größten Anlagen Asiens für Rosenzucht**. Man kann hier etwa 1000 verschiedene Rosensorten auf einer Fläche von fast 10 ha bewundern. Besonders empfehlenswert ist ein Besuch im Winter in der Blütezeit.

Pinjore-Garten

Etwa 32 km von Chandigarh entfernt befindet sich der Pinjore Garden, ein auf einer Terrasse angelegter Garten aus dem 17. Jahrhundert.

★★ Corbett-Nationalpark

F 5

Bundesstaat: Uttaranchal
Entfernung: 295 km nordöstl. v. Delhi
Höhe: 400 – 1000 m ü. d. M.

Am Fuß des Himalaja, durchzogen von drei in ostwestlicher Richtung verlaufenden Hügelketten, liegt das älteste Tierschutzgebiet Indiens, der Corbett-Nationalpark.

Bereits 1936 entstand das erste Tierschutzgebiet Indiens, der Corbett-Nationalpark. Weit über die Grenzen des Landes bekannt wurde er durch das »Project Tiger«.

Über 50 Säugetierarten, 25 Reptilienarten und ungefähr 580 Vogelarten gibt es in dem 520 km² großen Gebiet. Berühmt ist er vor allem wegen seiner Tiger. Eine durch ein ehrgeiziges Staudammprojekt verursachte Überschwemmung überflutete ein Zehntel des Parks, wodurch außer den Wasservögeln alle Tierarten in höhere Regionen ausweichen mussten.
Die im Corbett-Nationalpark lebenden Tiger wurden bis in die 1930er-Jahre hinein sowohl von Einheimischen als auch von den Briten gejagt, sodass sich ihr Bestand mehr und mehr dezimierte. Ausgerechnet einem Jäger, der sich eines Besseren besann, ist es zu verdanken, dass **1936 die erste Schutzzone** für die gefährdeten Tiere entstand. In Erinnerung an die Verdienste Jim Corbetts erhielt der Park später seinen Namen. 1973 startete hier das vom World Wildlife Fund unterstützte **»Project Tiger«**, ein später auf 18 andere Parks ausgedehnter Versuch, die bedrohten Großkatzen vor dem Aussterben zu bewahren. Neben Tigern sind auch andere Wildkatzen zu beobachten, wie z. B. Leoparden und Bengalkatzen. Eine große Attraktion bilden die **Elefanten**, die das Gebiet in Herden durchziehen, und die zahlreichen Hirscharten, wie z. B. Sambar, Axis und viele andere.

Hinweis

Im Park gibt es mehrere Resthouses, die als Ausgangslager für die Tierbeobachtung dienen. Das bekannteste liegt in Dhikala. Nähere Informationen gibt es beim Uttaranchal Tourism in Delhi. Organisierte Touren werden von Delhi und Nainital, von Garhwal Mandal Vikas Nigam und Kumaon Mandal Vikas Nigam durchgeführt. Saison: Mitte November bis Mitte Juni.

CORBETT-NATIONALPARK ERLEBEN

AUSKUNFT

Project Tiger Büro
Ramnagar
Tel. 059 47 – 25 14 89
Für Besuchserlaubnis, Übernachtungen und Touren im Park.

ANREISE

Bahn- und Busverbindungen von Delhi

SAISON

Mitte November bis Mitte Juni

ÜBERNACHTEN

Günstige Übernachtungen im Park über »Project Tiger«, über Uttaranchal Tourism in Delhi und www.ua.nic.in

► Luxus
Infinity Resorts
Ramnagar
Tel. 059 47 – 280 41 03
Am Ufer des Flusses Kosi gelegen, mit vielfältigem Angebot, die Natur zu erkunden.

► Komfortabel
Corbett Inn
Ramnagar
Tel. 059 47 – 25 17 55
Saubere, geräumige Zimmer. Nur fünf Min. vom Empfangszentrum entfernt.

✶✶ Delhi (Unionsterritorium)

E 5

Hauptstadt Indiens
Einwohner: 12,8 Mio.

Höhe: 216 m ü. d. M.
Entfernung: 1408 km nordöstl. von Mumbai, 1442 km westl. von Kolkata

Indiens Hauptstadt ist wie die anderen Metropolen des Landes ein Spiegelbild seiner rasanten wirtschaftlichen Entwicklung. Mehrspurige Highways durchkreuzen die Stadt auf verschiedenen Ebenen und Blechlawinen rauschen an den Gräbern der Mogulfürsten vorbei. Seit kurzem verfügt die Stadt auch über eine supermoderne Metro, die in den nächsten Jahren weiter ausgebaut werden soll. Nirgends in Delhi wird dem Besucher dieses Nebeneinander zwischen Tradition und Moderne so sehr bewusst wie an der Metrostation Chawri Chowk: Dort entlässt einen die kühle, mit Aircondition, digitalen Anzeigen und Glasfronten ausgestattete Welt in das Getümmel der Basare von Old Delhi.

Delhi besteht einerseits aus **Old Delhi**, das mit seinen verwinkelten, engen Gassen sowie zahlreichen Geschäften und Märkten ständig von Menschen überfüllt ist, und aus dem großzügigen, von dem englischen Architekten Lutyen als Hauptstadt des kolonialen Indien entworfenen **New Delhi**, das sich um das Parlamentsgebäude herum erstreckt. Aus den letzten 1500 Jahren der Stadtgeschichte sind einige berühmte Bauwerke zu besichtigen, die jedoch in der riesigen Stadt weit voneinander entfernt liegen. Delhi bietet mit seinen ausgezeichneten Museen und Veranstaltungen eine gute Möglichkeit, verschiedene Facetten der indischen Kultur kennen zu lernen. Auch die neuere Kunst in Indien wird hier in zahlreichen Galerien ausgestellt.

ca. 1500 v. Chr.	Legendäre Stadt Indraprastha
12. Jh.	Bedeutendstes hinduistisches Zentrum in Nordindien
1206 – 1526	Sultanat von Delhi
1526 – 1857	Herrschaft der Mogulkaiser
1857	Beginn der englischen Kolonialherrschaft
1911	Delhi wird Hauptstadt
seit 1947	Nach der Unabhängigkeit: wirtschaftlicher Aufschwung und Expansion zur Weltmetropole

Geschichte

Die heutige **Hauptstadt der größten Demokratie der Welt** kann auf eine über 3000-jährige Geschichte zurückblicken. Legenden zufolge befand sich an diesem Ort um 1500 v. Chr. die Hauptstadt der Pandavakönige Indraprasatha. Der Platz am Ufer der Yamuna galt seit je-

Blick von der Freitagsmoschee über die Dächer der Metropole

her als strategisch günstig, weswegen hier wiederholt Städte gegründet, erobert, zerstört und wieder aufgebaut wurden. Der römische Indienreisende Ptolemäus, der diese Region im 2. Jh. n. Chr. besuchte, erwähnt in seinen Berichten bereits eine Stadt namens **Dilli**. Von den zahllosen Stadtgründungen gelten sieben als bedeutend. Die früheste historisch belegte Gründung geht auf die Tomara-Rajputen zurück, die hier im Jahr 736 n. Chr. eine Stadt namens Lal Kot bauten. Von dieser Stadt sind heute nur noch einige Mauern in der Nähe des Qutb Minar (Siegesturm) zu sehen. Die Tomaras wurden jedoch von den Chauhans vertrieben, die 1180 Quila Rai Pithora erbauten, die als erste Stadt Delhis gilt. Aber bereits 1191 wurde sie von dem afghanischen Eroberer Mohammed von Ghur eingenommen. Dessen General Qutb-ud-din gründete das erste **Delhi-Sultanat**. Das aus dieser Zeit stammende architektonische Meisterwerk Qutb Minar kann noch heute im südlichen Delhi besichtigt werden. Die nächsten Eroberer, die die zweite Stadt Delhis namens Siri gründeten, waren ebenfalls innerasiatischer Herkunft. Siri, in der Nähe des heutigen Hauz Khas, wurde vom Ghiyas-ud-din Tughluq, dem selbst ernannten Sultan, im Jahr 1321 durch eine Festung weiter im Süden zu Tughluquabad erweitert. Diese dritte Stadt und auch die vierte Stadt Jahapanah, die zwischen Siri und Lal Kot lag, hatten jedoch nur kurzen Bestand. 1328 verlegten die mogulischen Herrscher ihre Hauptstadt von Delhi in das 1000 km entfernt gelegene und besser geschützte Daulatabad auf dem Dekkanhochland. Die fünfte Stadt Firozabad, von Sultan Firoz Shah im Rahmen der Rückverlegung der Hauptstadt nach Delhi gegründet, wurde durch den zentralasiatischen Turkkönig Timur 1398 geplündert. Für eine kurze Periode

konnten sich die Sayyids (1414–1451) in Delhi etablieren, wurden jedoch von Bhulul Lodi vertrieben, der die **Lodidynastie** (1456 bis 1526) gründete. Aus ihrer Zeit sind wunderbare Bauwerke in den Lodigärten zu besichtigen. Von dem afghanischen König Babur wurden die Herrscher 1526 in einer Schlacht nördlich von Delhi besiegt. Dessen Dynastie mit dem Namen Mogul, abgeleitet von dem Wort »Mongolen«, sollte auf ganz Indien großen Einfluss haben.
Von den neunzehn **Mogulkaisern** sind Humayun, Akbar, Jehangir, Shah Jahan und Aurangzeb die berühmtesten. Zu Zeiten von Aurangzeb umfasste ihr Reich fast ganz Indien. Delhi galt als die prächtigste Stadt Indiens und viele Monumente, die heute touristische Attraktionen darstellen, wurden in der Zeit der Moguln erbaut. Humayun, der Sohn von Babur ließ die Festung Din-Panah, die später Purana Qila (Alte Festung) hieß, errichten, die heute eine der wichtigsten Sehenswürdigkeiten Delhis ist. Humayun musste aber bereits nach 10 Jahren vor dem afghanischen König Sher Shah fliehen. Der Eroberer Sher Shah baute die sechste Stadt, Shergarh, um die Festung von Humayun herum. Diesem gelang es jedoch 1555, Delhi zurückzuerobern, und von da an kehrte für einige Jahrhunderte Frieden in Delhi ein. Shah Jahan baute Shah Jahanabad, die siebente Stadt, mit der Jami Masjid als religiösem und dem Purana Qila als Herrschaftszentrum. Der Reichtum der Moguln zog viele Eroberer an. Dem Herrscher von Persien, Nadir Shah, gelang es schließlich, 1738 Delhi zu erobern. Bei der darauf folgenden Plünderung nahm er neben dem berühmten Pfauenthron viele Frauen aus dem Harem, fähige Architekten und Handwerker, 1000 Elefanten, 7000 Pferde sowie 10 000 Kamele in sein Reich mit. Auch der berühmte Diamant Koh-i-Noor fiel in seine Hände. Von dieser Plünderung erholte sich das Mogulreich nicht mehr, die geschwächte Stadt wurde 1803 von den Engländern erobert und der damalige Mogul Shah Alam II. (1759–1806) ins Gefängnis geworfen, wo er verstarb.

! *Baedeker* TIPP

Delhis Geister werden lebendig

Leider noch nicht ins Deutsche übersetzt, aber sehr lesenswert ist William Dalrymples »City of Jinns«. Wie eine Zwiebel enthäutet der britische Schriftsteller die indische Hauptstadt und legt mit viel Humor, Wissen und Sinn für die richtigen Details die verschiedenen Schichten und Zeitperioden Delhis frei.

1 Kashmiri Gate
2 Bus Terminal
3 St. James' Church
4 Delhi Municipal Corporation and Town Hall
5 Bhagirath Palace
6 Digamber Jain Temple
7 Shanti Vana
8 Shakti Sthal
9 Vir Buhmi
10 Rauoa Begum's Tomb
11 International Dolls Museum
12 Gandhi Memorial Hall
13 State Emporia
14 Sacred Heart Cathedral
15 Jantar Mantar
16 Museum of Natural History
17 Lalitkala Gallery
18 All India Fine Arts & Crafts Society
19 National Archives
20 National Museum
21 National Gallery of Modern Art
22 National Stadium
23 Crafts Museum

Essen
① Punjabi by Nature
② Spice Route
③ United Coffee House
④ Karim's
⑤ Sagar Ratna
⑥ Chandni Chowk Basar

Überna
① Imp
② Obe
③ Nir
④ YW
⑤ Aja
⑥ Shr For

Delhi Orientierung

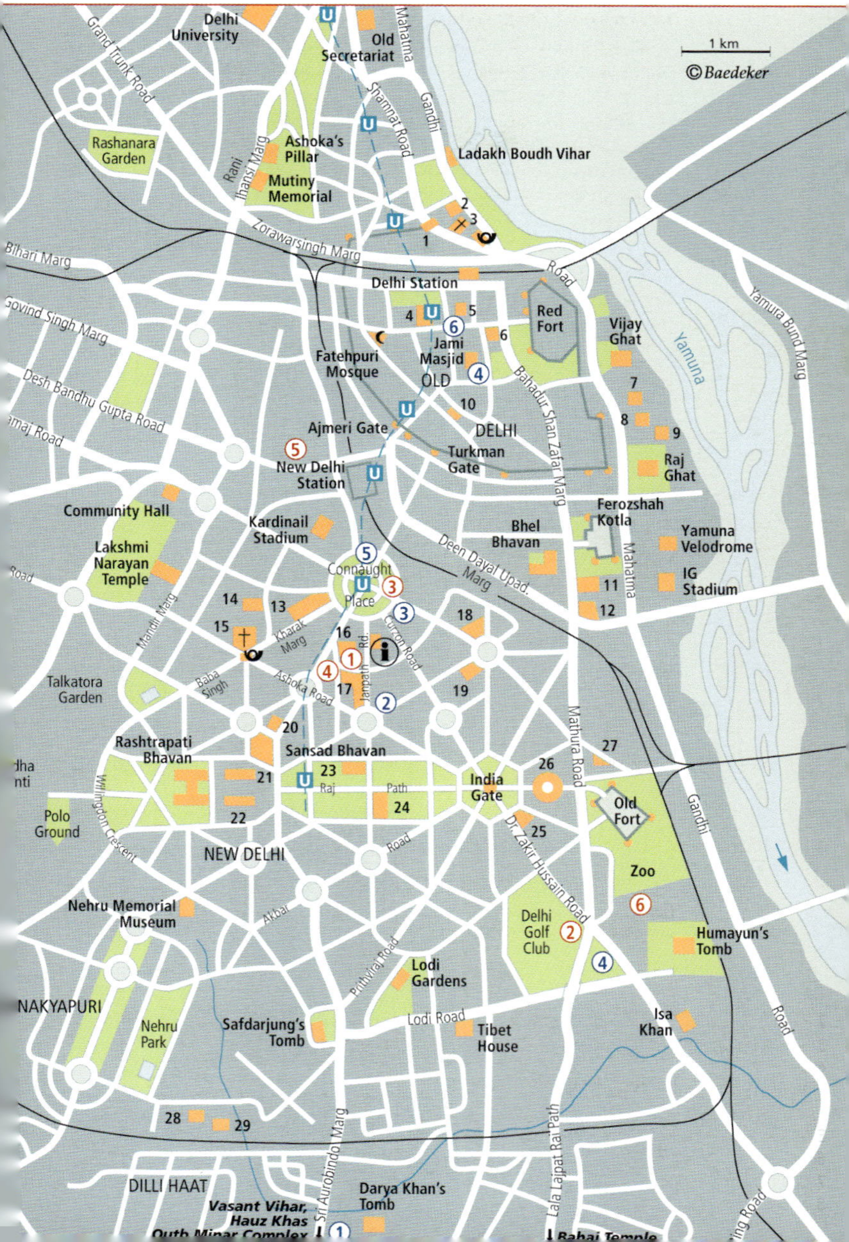

Im Jahr 1857 versuchten indische Soldaten durch einen Aufstand die Engländer zu vertreiben. Der Aufstand wurde jedoch blutig niedergeschlagen und viele Mitglieder der Königsfamilie ermordet. Deswegen nennt man den Eingang zum Roten Fort bis heute auch Khuni Darwaza, das blutige Tor. Damit war das Ende der Moguldynastie und der **Beginn der englischen Kolonialherrschaft** in Nordindien besiegelt. Im folgenden Jahr ging die Herrschaft über Indien von der East India Company in die Hand der Britischen Krone; Kalkutta wurde die neue Hauptstadt der Kolonie. König Georg V. erklärte jedoch 1911 Delhi erneut zur Hauptstadt der indischen Kronkolonie und ließ viele Gebäude für den Regierungssitz und die Verwaltung bauen. Nur zwei Jahre später wurde der Grundstein für die neue Hauptstadt des kolonialen Indien gelegt. Bis zur Vollendung der umfangreichen Bauten vergingen 20 Jahre. Delhi wurde schließlich 1931 mit einer großen Feier offiziell als Hauptstadt der größten britischen Kolonie eingeweiht. Nach der **Unabhängigkeit** Indiens am 15. August 1947 blieb Delhi weiterhin Hauptstadt. Seitdem expandiert die Stadt ständig und ist heute eine Weltmetropole.

DELHI ERLEBEN

AUSKUNFT

Informationsbüro von Delhi Tourism
N-36 Connaught Place
Middle Circle
Geöffnet: tgl. von 7.00 bis 21.00 Uhr
Tel. 011 – 23 31 53 22 od. 23 31 42 29
www.delhitourism.nic.in

India Tourism Office
88, Janpath
Tel. 011 – 23 32 00 05 / 08

»The Delhi City«
14-tägig erscheinendes Stadtmagazin

FESTE • MESSEN

Gartenfestival (Ende Febr.), Qutub Festival für klassische Musik und Tanz (Okt.), große Kunsthandwerksmesse Suraj Kund in Haryana (8 km südlich von New Delhi (Anfang Febr.)

SHOPPING

Delhi hat viele Einkaufsstraßen, Basare und Märkte. Hier ein paar populäre Adressen:

Baedeker-Empfehlung

Ethnisch einkaufen und essen
Textilien aus allen Bundesländern Indiens und die dazugehörigen kulinarischen Spezialitäten gibt es in Dilli Haat im Süden New Delhis. Die staatlich organisierte Verkaufsschau mit fast 200 Ständen samt Imbissbuden ist ganzjährig geöffnet von 11.00 bis 22.00 Uhr (Sri Aurobindo Marg, gegenüber INA-Market).

New Delhi
Am Connaught Place gibt es Geschäfte mit westlicher Kleidung, am Janpath finden sich kleine Läden mit billigen Textilien, Schuhen, Schmuck und Geschenkartikeln, populär sind auch der Khan Market, der Markt in der Defense Colony und Hauz Khas Village mit seinen kleinen Boutiquen und Galerien, alle im Süden New Delhis. Im Sunder Nagar Market südlich von Purana Quila findet man Antiquitäten.

Old Delhi
Wer die Basaratmosphäre liebt, kann im Chandni Chowk, dem Basarviertel von Old Delhi, alles finden – z. B. Schmuck, bedrucktes Papier, Kunsthandwerk und vieles mehr; es besteht für Ortsunkundige jedoch die Gefahr, sich in dem Gassengewirr zu verlaufen. Am besten orientiert man sich an der Hauptstraße Chandni Chowk oder an der Metrostation Chawri Bazar. Abends und nachts sollten vor allem Frauen dieses Viertel jedoch meiden.

Khadi Gramodyog
Laden, der Artikel aus den Gandhi-Produktionsstätten verkauft; hier gibt es Textilien, Kosmetikartikel und Nahrungsmittel (24 Regal Building am Connaught Place).

Fab India
Indische Textilien von der Bluse bis zum Vorhang (Khan Market).

Buchläden
Gute Auswahl und Beratung in »Bahrisons« (Khan Market) und »The Bookworm« (B 29, Connaught Place).

Emporium Komplex
Geschäfte der verschiedenen Bundesstaaten Indiens: Hier findet man eine große Auswahl von Kunsthandwerk – vom Kaschmirschal bis zur Bronzefigur (Baba Kharak Singh Marg).

Cottage Industries Emporium
Kunsthandwerk auf mehreren Etagen inklusive Café (Janpath, gegenüber dem Imperial Hotel).

ESSEN

► Fein & teuer

① ***Punjabi by Nature***
Vasant Vihar
Priya Cinema Complex
Tel. 011 – 51 51 66 66
Gilt derzeit als das beste Restaurant für nordindische Küche in Delhi.

Zubereitung der leckeren Malpura (Siruppfannkuchen)

② ***Spice Route***
Im Imperial Hotel
Janpath
Tel. 011 – 23 34 12 34
Eines der Toprestaurants in Asien, südostasiatische Küche vom Feinsten.

► Erschwinglich

③ ***United Coffee House***
15-E, Connaught Place
Restaurant, Bar und Café in einem, sehr gute Tandoori-Gerichte, Snacks und Kaffee.

④ ***Karim's***
2 Niederlassungen:
Gali Kababian, beim Südeingang der Jami Masjid in Old Delhi (Tel. 011 – 23 26 98 89) und in New Delhi »Dastarkhwan-e-Karim«, 168/2 Nizamuddin West (Tel. 011 – 24 35 54 85).
Berühmte Adresse für Kebabs und andere leckere Speisen der Mogulküche.

► Preiswert

⑤ ***Sagar Ratna***
K-15, Outer Circle
Connaught Place
Tel. 011 – 23 41 24 70
Vegetarische Gerichte aus Süd- und Nordindien.

⑥ ***Chandni Chowk Basar***
Delhi hat viele berühmte Süßspeisen; man kann sie im Basar probieren, wo sie in großen Töpfen gekocht werden. Besonders bekannt ist das Karottenhalva (gajar-ka-halva), eine traditionelle Süßspeise im Winter, oder die orangefarbenen Jalebis.

ÜBERNACHTEN

► Luxus

① ***The Imperial***
Janpath, New Delhi
Tel. 011 – 23 34 12 34
www.theimperialindia.com
Traditionsreiches Luxushotel mit mehreren sehr guten Restaurants und Bars, zentral gelegen.

② ***The Oberoi***
Dr. Zakir Hussain Marg-3
in der Nähe von Humayuns Grab
Tel. 011 – 24 36 30 30
www.oberoihotels.com
Hotel der Luxusklasse mit fünf Restaurants und zwei Bars.

► Komfortabel

③ ***Nirula's Hotel***
L-Block, Connaught Circus
New Delhi
Tel. 011 – 23 41 74 19
www.nirulas.com
Zentral gelegenes Drei-Sterne-Hotel mit zwei Restaurants, Bar und Internetcafé. Alle Räume sind mit Aircondition ausgestattet.

► Komfortabel / Günstig

④ ***YWCA***
10, Sansad Marg
New Delhi
Tel. 011 – 23 36 16 62
www.ywcaindia.org
Angenehme Zimmer, Frühstücksbüffet und Abendessen. Günstig für seine zentrale Lag.

⑤ ***Ajanta***
36, Arakashan Road
Ram Nagar
Tel. 011 – 23 62 09 27
In der Nähe vom Bahnhof gelegen, große Zimmer, Internetcafé und Restaurant.

⑥ ***Shrawani Fort View***
11, Sunder Nagar
Tel. 011 – 24 35 96 70
Angenehmes, günstiges Hotel mit Blick auf den Zoo im Statdtteil Sunder Nagar.

Highlights Delhi

Red Fort
Das größte Bauwerk der Mogulherrscher im Herzen Old Delhis
► Seite 260

Humayuns Grab
Wunderbar angelegtes Gartengrabmal
► Seite 257

Jami Masjid
Die Freitagsmoschee am besten bei Sonnenuntergang besuchen
► Seite 262

Nationalmuseum
Größtes Museum mit bedeutender Skulpturen- und Miniaturensammlung
► Seite 256

Qutb Minar
Der 72,5 m hohe Turm ist das älteste Bauwerk der muslimischen Herrscher.
► Seite 258

Connaught Place
Das Herz New Delhis mit vielen Restaurants und Geschäften. Von hier führen breite Alleen in alle Himmelsrichtungen.
► Seite 255

Jantar Mantar
Die Sternwarte des Maharadschas Jai Singh
► Seite 255

Chandni Chowk
Bummel durch die Gassen und Basare Old Delhis
► Seite 260

Lodigärten
Grüne Oase in der Großstadt
► Seite 258

Crafts Museum
Traditionelles Kunsthandwerk in einem Bau von Charles Correa
► Seite 256

Kebab bei Karim's
Die Kunst muslimischer Kochtraditionen
► Seite 254

New Delhi

✶ Connaught Place

Connaught Place besteht aus drei konzentrisch angelegten Ringstraßen und mehreren Straßen, die strahlenförmig vom Zentrum wegführen. Er ist das pulsierende Herz der aufstrebenden Geschäftsstadt, in dem viele große Banken, namhafte Juwelen- und Modegeschäfte sowie Büros der wichtigsten Fluggesellschaften zu finden sind.

✶ Jantar Mantar

Öffnungszeiten:
tgl. 9.00 – 17.00

Wenn man vom Connaught Place die Sansad Marg (Parliament Street) einschlägt, kommt man nach ungefähr fünf Minuten zu einem kleinen Park mit futuristisch anmutenden roten Bauten. Die Gebäude sind Teile einer **Sternwarte**, die der Maharadscha Jai Singh 1724 erbauen ließ, um astronomische Daten für den Hindukalender und astrologische Rechentafeln zu erhalten. Maharadscha Jai Singh, der König von Jaipur, war ein begeisterter Sternenkundler. Er baute noch an vier anderen Orten, in Jaipur, Mathura, Varanasi und Ujjain, solche Observatorien. Mit Hilfe dieses Instrumentariums konnte man die Bewegungen der Sonne, des Mondes und anderer Himmelskörper bestimmen, ebenso die genaue Zeit.

Lakshmi Narayan Temple

Westlich des Connaught Place steht der Lakshmi-Narayan-Tempel, der 1938 von der Industriellenfamilie Birla gestiftet und dem Gott Vishnu geweiht wurde. Er ist einer der wenigen großen Hindutempel Delhis und wird täglich von vielen Gläubigen aufgesucht.

★ India Gate

Südöstlich des Connaught Place liegt das India Gate. Seine Wände enthalten über 3000 Namen indischer Soldaten, die im Ersten Weltkrieg an der Seite der Engländer ihr Leben ließen. Das Sandsteindenkmal (1931) wurde von Sir Edward Lutyen entworfen.

★ National Gallery of Modern Art

Ganz in der Nähe ist die National Gallery of Modern Art im Jaipur House untergebracht. Sie bewahrt eine **ausgezeichnete Sammlung** mit Werken zeitgenössischer indischer Künstler (Öffnungszeiten: tgl. außer Mo. 10.45 – 17.15 Uhr).

★ Old Fort (Purana Qila, Altes Fort)

Südöstlich vom India Gate befinden sich auf einem Hügel die Reste vom Alten Fort, das der afghanische Herrscher Sher Shah erbauen ließ. Jüngsten Ausgrabungen zufolge soll hier das alte Indraprashtra gelegen haben. Betritt man die Anlage durch das südliche Tor, stößt man auf den achteckigen, roten Sandsteinturm Sher Mandal, den der Mogulkaiser Humayun als Bibliothek genutzt hatte. Der Ort wurde ihm zum Verhängnis, als er 1556 auf den Treppen ausrutschte und zu Tode stürzte.

★ Crafts Museum

Öffnungszeiten: tgl. außer Mo. 9.30 – 18.00

In der direkten Nachbarschaft, am Pragati Maidan, liegt das interessante Crafts Museum (Kunsthandwerksmuseum). Hier versucht man die **vielfältigen Handwerkstraditionen Indiens** zu bewahren und sie dem Publikum nahe zu bringen. Das von Charles Correa entworfene Gebäude lässt die Exponate aus verschiedenen Teilen Indiens wunderbar zur Geltung kommen. Zahlreiche Veranstaltungen mit Musik und Tanz finden hier ebenso statt wie Vorführungen traditionellen Handwerks, die den Betrachter unter anderem das Können der Töpfer und Weber live erleben lassen.

★★ National Museum

Öffnungszeiten: tgl. außer Mo. 10.00 – 17.00

Das größte Museum Delhis, das Nationalmuseum, wurde erst 1960 erbaut. Sein Kern geht auf eine Ausstellung in London 1947 / 1948 zurück, zu der einige der **bedeutendsten Exponate indischer Kultur** zusammengetragen wurden. Heute beinhaltet das Museum eine umfassende Sammlung von der Frühgeschichte (2400 – 1500 v. Chr.) Indiens bis zu den Miniaturmalereien des 18. Jahrhunderts. Die verschiedenen Abteilungen zeigen unter anderem Funde der Induszivilisation, Steinfiguren der Maurya-Dynastie, Terracottafiguren aus der Gupta-Periode, südindische Bronzeskulpturen und einige Holzschnitzereien aus Gujarat. Es lohnt sich, einige Stunden einzuplanen, um diese einmalige Sammlung in Ruhe genießen zu können.

Sansad Bhavan (Abgeordnetenhaus)

Auf dem Weg zum Regierungspalast stößt man am südwestlichen Ende der Parliament Street auf ein kreisrundes Gebäude mit vorge-

In architektonischer Hinsicht war Humayuns Grabmal ein Vorbild für das Taj Mahal in Agra.

blendeten Säulen, das Abgeordnetenhaus Indiens. Hier tagen die gewählten Vertreter aus den Bundesstaaten.

Rashtrapati Bhavan (Regierungspalast)

Folgt man dem Weg weiter in westlicher Richtung, trifft man auf den Rashtrapati Bhavan, einst Sitz der britischen Vizekönige. Beide Bauten sind durch die breite, von Gärten gesäumte Paradestraße Rajpath verbunden. Während der Unabhängigkeitsfeiern (26. Januar) versammeln sich hier Hunderttausende, um die Paraden zu bestaunen. Während der turbulenten Zeit vor der Unabhängigkeit Indiens residierte hier **Lord Mountbatten**. Verantwortlich für den sehr europäisch anmutenden Bau war wiederum der englische Architekt Edwin Lutyen, der mit Herbert Baker das gesamte Regierungszentrum von New Delhi entwarf, nachdem König Georg V. 1911 angekündigt hatte, dass die Hauptstadt von Kalkutta nach Delhi verlegt werden würde. Heute dient das riesige Gebäude als Präsidentenpalast.
Südlich davon liegt das **Diplomatenviertel Chanakyapuri** mit den Botschaften, die häufig im Stil des jeweiligen Landes gestaltet sind.

Rail Transport Museum

Eisenbahnfreunden ist das Rail Transport Museum wärmstens zu empfehlen. Hier sind die Waggons von Maharadschas und einige alte Lokomotiven zu besichtigen (Öffnungszeiten: tgl. außer Mo. 9.30 bis 17.00 Uhr).

★★ Humayun's Tomb

Das Grabmal von Humayun, das seine Frau Bega Begum 1565 erbauen ließ, **zählt zu den schönsten mogulischen Bauwerken Delhis**. Dieser Bau ist das erste ausgereifte Beispiel für ein Gartengrabmal, d. h. die Synthese von Gartenanlage und Grabmalbau. In Agra fand dieser Typ einer Grabstätte in dem weltbekannten Taj Mahal seine vollkommenste Ausformung. Der quadratische, vierteilige Garten (Char Bagh) wird durch Kanäle in weitere Vierecke zerlegt, die wiederum von kleinen Wasserkanälchen durchzogen werden. Humayuns Grabmal steht auf einer hohen Plattform und wirkt dadurch noch monumentaler. Das vorwiegend aus rotem Sandstein errichtete Gebäude mit **Intarsien aus weißem und schwarzem Marmor** wird von einer weißen Marmorkuppel bekrönt. Unterhalb des Gebäudes sind die Gebeine von Humayun und seiner Frau Bega Begum in einer Krypta untergebracht. Der letzte Mogulkaiser Bahadur Shah suchte hier Zuflucht, wurde jedoch von den Engländern 1857 gefangen genommen und in den Kerker geworfen.

Bu Halimas Gardens

Vor dem Grabmal Humayuns befindet sich der Bu Halimas Gardens, von dem aus das noch ältere Grabmal von Isa Khan besichtigt werden kann, welches sowohl hinduistische als auch mogulische Stilelemente vereinigt.

Tibet House Museum

Das Tibet House Museum in der Lodi Road stellt eine interessante Sammlung tibetischer Kunst aus (Öffnungszeiten: tgl. außer So. 10.00 bis 17.00 Uhr, über Mittag geschlossen.

✶ Safdarjungs Tomb

Safdarjungs Mausoleum inmitten eines großen Gartens wurde 1753 von Nawab Shauja-ud-Daula für seinen Vater gebaut und ist ein ausgezeichnetes Beispiel für die Spätphase der Mogularchitektur. Heute ist der Bau mit den Gärten ein **beliebtes Ausflugsziel** der Stadtbewohner.

Hinduistische Relikte in der Qutb-Minar-Anlage

Die kühlen **Lodigärten** mit den Grabmälern aus dem 15. Jh. sind eine **Oase in der hektischen Großstadt Delhi**. Das größte der Grabmäler, das von Sikandar Lodi, besitzt einige sehr schöne Säulen und Torbögen und ist an einem künstlichen See gelegen.

Der 72,5 m hohe Turm am **Qutb Minar Komplex** aus rotem Sandstein mit Versen aus dem Koran ist **das älteste Bauwerk der muslimischen Herrscher in Delhi**. Das erste Stockwerk des Turms wurde 1199 von Qutb-ud-din als Siegesturm erbaut und später von seinem Nachfolger vollendet. Die Spitze ließ Firoz Shah 1369 teilweise renovieren, wobei Teile der Sandsteinfassade durch Marmorplatten ersetzt wurden. Von diesem Turm aus rief der Muezzin zum Gebet.

Unweit des Siegesturms sind die **Relikte der ersten Moschee Indiens** (12. Jh.) zu sehen, die aus den Überresten hinduistischer Tempel mit Hilfe indischer Handwerker erbaut wurde. An den Säulen sind noch **diverse hinduistische Glückszeichen** (mangalas) wie das Motiv des überquellenden Krugs oder das lachende Ruhmesantlitz deutlich zu erkennen. Der Erbauer Qut al-Din Aibek war wohl mit dem Ergebnis nicht sehr zufrieden, weswegen er 1198 einen steinernen »Vorhang« vor der Predigthalle bauen ließ, wohl damit sie mehr wie eine afghanische Moschee aussah.
Im Innenhof steht die **Eiserne Säule** mit Inschriften aus der Gupta-Periode. Diese nicht rostende Säule, die 7,2 m hoch ist und 37 cm im Durchmesser beträgt, zeugt von der großen Meisterschaft des Metall verarbeitenden Handwerks im alten Indien.

Bahai Temple (Lotus Temple)

Dieser lotusförmige Tempel aus weißem Marmor inmitten eines großen gepflegten Gartens gilt als gelungenes Beispiel für die moderne Tempelarchitektur. Das Heiligtum auf dem Kalkajihügel ist das religiöse Zentrum für die Anhänger der Bahai-Religion, die 1868 von Mirza Husain gestiftet wurde.

Old Delhi

Stadtbild

Die ursprünglich durch eine 7 km lange Mauer geschützte Stadt Shahjahanabad mit ihren 15 Toren wird heute als Old Delhi bezeichnet. Wer starke Nerven hat und sich auf das Abenteuer »Old Delhi« einlassen will, wird in der Hauptgeschäftsstraße Chandni Chowk oder auf den engen, überlaufenen Märkten Kinaari Bazar, Naya Bazar oder Meena Bazar sicher auf seine Kosten kommen. Einige Bauwerke wie die Rote Festung (Red Fort) oder die Jami Masjid können ohne Mühe besichtigt werden und vermitteln ein lebendiges Bild der einstigen Blütezeit Delhis unter der mogulischen Herrschaft.

★★ Red Fort (Lal Qila)

Das Rote Fort ist das **größte Monument der mogulischen Herrscher**. Sein Bau dauerte von 1639 bis 1648 und die Reste der älteren Städte Firozabad und Shergarh wurden großzügig für den Festungsbau benutzt. Das 1 km lange und 500 m breite Gelände der Festung erstreckt sich in Nord-Süd-Richtung am Ufer des Flusses Yamuna am östlichen Rand der damaligen Stadt Shahjahanabad. Eine hohe Sandsteinmauer und ein tiefer Wassergraben, der sein Wasser vom Fluss Yamuna bezog, sicherten die Festung vor Eindringlingen.
Man betritt die Festung durch das gewaltige dreistöckige **Lahore Gate** in der Mitte des Westwalls. Zuerst durchschreitet man den **Chatta Chowk**, einen von einem hohen Arkadengang vor Wind und Wetter geschützten Basar. Dort, wo heute Händler ihre Waren feilbieten, befanden sich bereits zu Zeiten von Shah Jahan vornehme Geschäfte für Seide, Schmuck und Edelsteine. Nur an wenigen Stellen sieht man noch die ursprüngliche Architektur, beispielsweise am Geschäft mit der Nummer 19. Nachdem man diesen geschäftigen Markt pas-

siert hat, gelangt man zum Naqqar Khana (**Trommelhaus**), an dem früher alle mit Ausnahme der königlichen Familie ihre Reittiere zurücklassen mussten. Den Namen erhielt das Haus wegen der Musiker, die täglich fünfmal zu Ehren des Mogulkaisers spielten. Neu ankommende Fürsten wurden mit einer speziellen Melodie begrüßt, wodurch die Bewohner des Palasts genau wussten, wer nahte. Das vierstöckige Trommelhaus aus rotem Sandstein ist mit schönen Pflanzenmotiven geschmückt, die jedoch inzwischen ihre einstige Goldauflage verloren haben.

An der Grenze zwischen erstem und zweitem Innenhof folgt die Empfangshalle, **Diwan-i-Am**. Hier gewährte der Kaiser den Edlen seines Landes Audienz. So war die heute eher schlicht wirkende Halle einst mit allem versehen, was den Glanz des Monarchen zur Schau stellte. Der Boden war mit kostbaren Teppichen ausgelegt, die kahlen Wände hatten einen weißen Belag, der so poliert wurde, dass er wie Marmor schimmerte. Darauf waren farbige Blumenmotive gemalt. An der Rückwand der Halle kann man **schöne Einlegearbeiten mit Vögeln und Pflanzen** sehen.

Davor befindet sich die Plattform für den Thron des Königs. Geländer aus Gold und Silber trennten die Edlen des Landes entsprechend ihrem Stand. Ein drittes Geländer aus Sandstein war für die weniger bedeutenden Besucher bestimmt.

Hinter der Empfangshalle befinden sich sechs **Privatpaläste** und eine riesige Gartenanlage. Die Paläste liegen an erhöhter Stelle direkt am Flussufer. Auf diese Weise waren sie einerseits geschützt, andererseits kam eine kühle Brise vom Fluss.

Unmittelbar östlich der Empfangshalle Diwan-i-Khas in Richtung Fluss steht der Palast der Farben Rang Mahal und südlich davon der Mumtaz Mahal genannte Palast der Juwelen. Beide Paläste waren einst den Frauen des Harems und den Prinzessinnen vorbehalten. Im **Rang Mahal** sind fein gearbeitete Marmorfenster und Räume mit Spiegelwänden zu bewundern, die die Moguln von den Palastbauten Rajasthans übernommen hatten. Im **Mumtaz Mahal** ist heute ein sehenswertes Museum mit einer Sammlung von Waffen, Teppichen, Textilien und Schachspielbrettern untergebracht.

Links vom Rang Mahal liegt der **Mussaman Burj**, ein Teil des Khas Mahal, des Privatpalasts des Herrschers, mit einem achteckigen Raum an der Ostwand der Festung. Auf dem Jharokah-i-Darshan (Balkon) zeigte sich der Herrscher dem Volk. Im Tosh Khana ist eine ausgezeichnete filigrane Marmorwand zu sehen. Alle diese Paläste wurden durch einen Kanal mit Springbrunnen verbunden, der die Räume kühlte.

Weiter nördlich trifft man auf den großen **Diwan-i-Khas**, in dem Gäste zu Privataudienzen empfangen wurden. Hier stand einst der berühmte Pfauenthron, der nach der Plünderung Delhis durch Sher Shah nach Persien gebracht wurde. Gegenüber dem Diwan-i-Khas liegt die kleine, sehr schöne **Moti Masjid**, die erst später unter Aurangzeb erbaut wurde.

Im **archäologischen Museum** sind Objekte und Kunstwerke aus der Mogulperiode ausgestellt (Öffnungszeiten: tgl. 10.00 – 17.00 Uhr). Zudem findet um 19.30 und 20.30 Uhr eine **Light-and-Sound-Show** in englischer Sprache statt.

★★ Jami Masjid (Freitagsmoschee)

Shah Jahan begann 1650 mit dem Bau der Jami Masjid auf einer Erhebung unweit des Roten Forts. 5000 Arbeiter brauchten sechs Jahre, um diese riesige Moschee zu vollenden. Der Mogulherrscher besuchte sie jeden Freitag mit seinem Gefolge, um seine Gebete zu verrichten. Diese **größte Moschee Indiens** ist zugleich die drittgrößte der Welt.

Mit ihren drei Zwiebeltürmen über der Hauptmoschee, den Minaretten und dem Hof mit den Maßen eines Fußballfeldes gilt sie als Höhepunkt der Mogularchitektur. Von den drei Eingangstoren war das Osttor, das größte von allen, allein den Mogulherrschern vorbehalten. An der Nord- und Südseite des Komplexes erheben sich jeweils zwei 40 m hohe Minarette. Die Haupthalle ist nach Mekka ausgerichtet. Auf der Westseite befindet sich die Nische (Mihrab), von der aus der Priester vorliest. Vor allem an Freitagen kommen mehrere tausend Gläubige, um im Innenhof zu beten. Die Moschee beherbergt einige Reliquien wie die Sandalen von Mohammed, Barthaare des Propheten und ein Kapitel des Korans, das er selbst diktiert ha-

Imposant erhebt sich das Rote Fort über Old Delhi.

Ganz schön anstrengend, das Leben in solch einer umtriebigen Metropole: Rast nach getaner Arbeit

ben soll. Die Moschee beeindruckte einst den Eroberer Timur so, dass er eine Kopie von ihr in Samarkand bauen ließ.

Ashoka's Pillar

Von der Freitagsmoschee aus gesehen in nördlicher Richtung steht eine der Ashoka-Säulen. Diese 14 m hohe Säule aus dem 3. Jh. v. Chr. verkündet die **Edikte Ashokas** in der Brahmischrift. Sie wurde von Firozeshah Tughlaq aus der Region um Meerut im 14. Jh. nach Delhi gebracht und steht nun zwischen den Überresten von Firozabad, der fünften Stadt, die um 1354 erbaut wurde. Heute sind nur noch Ruinen dieser Siedlung zu sehen, so auch die Reste ihrer Jami Masjid.

Denkmäler für politische Führer

Zu den modernen sehenswerten Bauten Old Delhis zählen u. a. die Denkmäler für politische Führer des unabhängigen Indien. Sie liegen zwischen der Mahatma-Gandhi-Straße und dem Fluss Yamuna südlich der Roten Festung. Das bekannteste Grabmal, **Raj Ghat**, ein schwarzer Marmorblock, ist **Mahatma Gandhi** gewidmet, der an diesem Platz 1948 eingeäschert wurde. Dazu kommen noch Shanti Vana, das Mahnmal für **Jawaharlal Nehru**, den ersten Premierminister Indiens, Vijay Ghat für Lal Bahadur Shastri und Mahnmale für **Indira Gandhi** (Shakti Stala, alle ► Berühmte Persönlichkeiten) und ihren Sohn **Rajiv Gandhi** (Vir Bhumi).

Dolls Museum

Ganz in der Nähe, in der Bahadur Shah Zafar Marg, zeigt das Shankars International Dolls Museum eine Sammlung von Puppen aus der ganzen Welt (Öffnungszeiten: tgl. außer Mo. 10.00 – 18.00 Uhr).

Umgebung von Delhi

Dehra Dun

Dehra Dun (235 km nordöstlich von Delhi, 535 000 Einw.), Hauptstadt des neuen Bundesstaats Uttaranchal, liegt in einem weiten Tal zwischen den Shivalikbergen im Süden und den Ausläufern des Himalaja im Norden. Touristen dient die Stadt meist als Ausgangspunkt für einen Besuch der Pilgerstädte ►Haridwar und Rishikesh am oberen Ganges oder als erste Basis für Trekking in den Bergen.

Mussoorie

Ein schöner Ausflug führt von Dehra Dun zur 34 km nördlich, schon in den Ausläufern des Himalaja gelegenen Bergstation Mussoorie. »Queen of the hills« nannten die Briten den Ort, in dem sie vor der Gluthitze des indischen Sommers Zuflucht suchten. **Pittoresk gelegen**, zieht sich Mussoorie (269 km nordöstlich von Delhi, 20 000 Einw.) entlang eines Bergrückens, der schon zu den Ausläufern des Himalaja gehört und steil ins Tal von Dehra Dun abfällt. Das ganzjährig angenehme Klima und die gesunde Luft waren wohl der Hauptgrund für die Ansiedlung zahlreicher bekannter Eliteinternate und so trifft man in dem kleinen Städtchen allenthalben auf Gruppen von uniformierten Schülern. Neben erholsamen Spaziergängen lohnen Ausflüge in die nähere Umgebung, wie zum Kempty-Wasserfall (15 km) oder zum malerischen Örtchen Dhanolti (28 km). Von der zweithöchsten Erhebung Mussoories aus, dem Gun Hill, auf den man mit der Seilbahn hinauffahren kann, hat man bei klarem Wetter einen hervorragenden Blick auf die im Norden sich erhebenden schneebedeckten Sechstausender der Himalajakette. Mussoorie ist von Dehra Dun aus mit dem Taxi oder Bus zu erreichen.

★ Dharamsala (Dharmsala, Darmshala)

E 3

Bundesstaat: Himachal Pradesh
Einwohner: 17 000
Höhe: 1250 – 1800 m ü. d. M.
Entfernung: 520 km nördlich von Delhi

Dharamsala liegt an den Hängen, die sich vom Kangratal bis zur Dauladharbergkette (4750 m) hinziehen. Die von den Engländern zum Luftkurort erklärte Stadt wurde 1905 durch ein Erdbeben völlig zerstört.

Heute besteht sie aus zwei sich stark voneinander unterscheidenden Teilen. Der untere Teil ist von Geschäften, Verwaltungsgebäuden und Busbahnhöfen dominiert und bietet wenig touristisch Interessantes. Den oberen Teil, McLeodganj, fast 600 m oberhalb des unteren Stadtteils gelegen, erreicht man über eine 9 km lange Straße. Mc Leodganj ist stark tibetisch geprägt. **Hier residiert auch der Dalai Lama**, das geistige Oberhaupt der tibetischen Buddhisten. Obwohl die

DHARAMSALA ERLEBEN

AUSKUNFT

Tourist Office
In McLeodganj
Tel. 018 92 – 22 12 32
Siehe auch die Webseiten von Himachal Pradesh Tourism (www.himachaltourism.nic.in), speziell für Informationen über die Hotels siehe Himachal Tourism (www.hptdc.nic.in).

ANREISE

Es gibt eine Flugverbindung mit Delhi. Zudem fahren Busse hierher von Delhi, Manali, Kangra, Pathankot und Mandi.

ÜBERNACHTEN · ESSEN

► Komfortabel
Chonor House
Nahe Thekchen Choeling Gompa
Tel. 018 92 – 22 10 06
Gehört zum Norbulinka-Institut für tibetische Kultur; sehr schöne Zimmer und ausgezeichnetes Restaurant.

► Komfortabel / Günstig
HPTDC Dhauladhar
Dharamsala
Tel. 018 92 – 22 49 26
Große Zimmer mit Balkon und toller Aussicht, Restaurant, Bar und nette Terrasse.

Stadt nur wenige architektonische Denkmäler besitzt, ist sie ein wichtiges Zentrum für all diejenigen, die an tibetischer Kultur interessiert sind.

Sehenswertes in Dharamsala

McLeodganj Seinen Namen verdankt dieser Stadtteil dem britischen Gouverneur David McLeod, der diesen Ort 1848 gründete. Die St.-Johns-Kirche mit dem Grab von Lord Elgin, einem Vizekönig von Indien, verweist noch auf die Bedeutung von Dharamsala als Hill Station für die Engländer. Vom Busbahnhof erreicht man nach 15 Gehminuten den neuen **Buddhatempel** Tsuglagkhang, der sich gegenüber der Residenz des Dalai Lama befindet. In diesem Tempel werden täglich Predigten gehalten und man kann hier **Thangkas**, religiöse Rollbilder, anschauen. Wenn der Dalai Lama hier ist, hält er Predigten in Tsuglagkhang.

Mönche bei der Meditation

Die **Tibetische Bibliothek** auf der Straße von Dharamsala nach Mc-

Leodganj besitzt neben ausgezeichneten, zum Teil sehr alten buddhistischen Schriften auch eine Sammlung von Buddhafiguren. Hier kann man sich intensiv mit dem Buddhismus beschäftigen (Öffnungszeiten: Mo. – Sa. 9.00 – 13.00 u. 14.00 – 17.00 Uhr, am 2. und 4. Sa. im Monat geschlossen).

Umgebung von Dharamsala

Wanderwege

In der Umgebung von Dharamsala gibt es gute Wanderwege. Beliebt sind Ausflüge zum Dal Lake (3 km, 1837 m) mit guter Aussicht auf Dharamsala und das Kangratal. Am See liegt das Tibetische Kinderdorf, das sich um die verwaisten Flüchtlingskinder aus Tibet kümmert. Abwechslungsreich ist auch eine Wanderung über Bhagsunath (2 km von McLeodganj), wo man einen Brunnen und einen Tempel besichtigen kann, nach Dharamkot (3 km von Bhagsunath).

Bergsteigen

Auch zum Bergsteigen bietet Dharamsala vielfältige Möglichkeiten, wobei die Vormonsunmonate April bis Juni am besten geeignet sind. Informationen bei Himachal Tourism Development Cooperation, Kotwali Bazar, Tel. 018 92 – 22 42 12 oder unter www.hptdc.nic.in.

Haridwar

F 5

Bundesstaat: Uttaranchal
Einwohner: 200 000
Höhe: 294 m ü. d. M.
Entfernung: 214 km nordöstl. v. Delhi

Am Fuß der Shivalikkette, wo der Ganges das Gebirge verlässt und in die Ebenen eintritt, liegt Haridwar, einer der heiligsten Orte des Subkontinents.

Alle 12 Jahre findet hier die **Kumbha Mela** statt, das wichtigste Pilgerfest der Hindus, das in dreijährigem Wechsel in den Städten Allahabad, Nashik, Ujjain und Haridwar gefeiert wird.
Noch eine andere Legende verbindet sich mit dieser kleinen Stadt: Hier soll Prinz Bhagirath in jahrelanger Askese gelebt haben, um die Seelen seiner durch einen Fluch des Weisen Kapila umgekommenen Vorfahren zu erlösen. Seine Buße wurde von Gott Shiva mit der Entsendung des Ganges auf die Erde beantwortet, in dessen Wasser die Seelen der 60 000 Getöteten gereinigt und damit befreit wurden (Baedeker-Special S. 296). Die Badetreppen am Flussufer sind daher das ganze Jahr hindurch ein **wichtiges Ziel für die Pilger**, die auf die besonders reinigende und erlösende Kraft des Ganges an dieser Stelle vertrauen. Für die Daheimgebliebenen wird in großen Plastikbehältern abgefülltes Flusswasser mitgenommen.
Wer einen Einblick in das religiöse Leben der Hindus bekommen möchte, in die vielen Zeremonien und alltäglichen Verrichtungen im

HARIDWAR • RISHIKESH ERLEBEN

AUSKUNFT

Uttaranchal Tourist Office
In Haridwar
Tel. 013 34 – 26 53 04

In Rishikesh
Railway Road
Tel. 01 35 – 243 02 09

Siehe auch die Webseite von Uttaranchal Tourism (www.ua.nic.in)

ANREISE

Mit Zug oder Bus bis Haridwar oder Rishikesh. Der nächste Flughafen ist Jolly Grant, 18 km von Rishikesh.

URLAUB AKTIV

Trekking
Uttaranchal Tourism hat zwei Organisationen, die Trekkings durchführen und Unterkünfte unterhalten: für die Garhwalregion den Garhwal Mandal Vikas Nigam (www.gmvnl.com) und für die Kumaonregion den Kumaon Mandal Vikas Nigam (www.kmvn.org).

Yoga
Rishikesh ist ein Zentrum für Yoga. Es gibt viele Ashrams, in denen man Yoga praktizieren und auch länger wohnen kann. Besonders bekannt sind der 1936 von Swami Shivananda gegründete Shivananda Ashram und die Academy of Meditation des Maharishi Mahesh Yogi.

ÜBERNACHTEN / ESSEN

► Luxus

Ananda in the Himalayas
Rishikesh
Tel. 013 78 – 22 75 00
www.anandaspa.com
Gilt weltweit als exzellentes Spa mit allen Annehmlichkeiten, die man sich vorstellen kann, u. a. Ayurvedazentrum, Thaimassage, Reiki, Yoga, viele Sportmöglichkeiten und ausgezeichnete Küche.

► Günstig

In Rishikesh bieten viele Ashrams preiswerte Unterkünfte an.

Tourist Bungalows von GMVN (Garhwal Mandal Vikas Nigam)
In Rishikesh
Tel. 01 35 – 243 30 02
Einfache Zimmer mit Balkon; Garten und Restaurant sind auch dabei.

In Haridwar
Tel. 01 33 – 422 64 30
Ebenfalls Basisausstattung, sauber und mit Restaurant.

Leben eines Gläubigen, ist hier richtig. Wie bei allen religiösen Stätten ist der allzu häufige Gebrauch der Kamera nicht empfehlenswert.

Sehenswertes in Haridwar

✶ Badetreppen

Besonders interessant sind die Badetreppen, allen voran der **Harki Pairi Ghat**, wo auf einem Stein ein Fußabdruck Vishnus zu sehen ist. Gebadet wird hauptsächlich in den frühen Morgenstunden, doch auch tagsüber und besonders abends versammeln sich die Menschen am Fluss, um dann die **Aarti-Zeremonie** durchzuführen, bei der ein kleines, aus Blättern gefaltetes Schiffchen, gefüllt mit Blumen, Räucherstäbchen und einer Öllampe, auf die Reise geschickt wird.

Mansa-Devi-Tempel

Wie nicht anders zu erwarten, finden sich unzählige verschiedenen Gottheiten geweihte Tempel in und um Haridwar. Auf einem kleinen Hügel im Zentrum der Stadt liegt der mit einer Seilbahn erreichbare Mansa-Devi-Tempel, in dem eine Erscheinungsform der Durga verehrt wird.

Daksha-Mahadevi-Tempel

Etwas außerhalb, etwa 3 km flussabwärts, steht der Daksha-Mahadevi-Tempel. Hier soll Daksha, der Vater von Sati, eine Opferzeremonie abgehalten haben – allerdings ohne Satis Gatten, den Gott Shiva, eingeladen zu haben. Sati, so erzählt die Überlieferung, war darüber so erbost, dass sie sich selbst verbrannte.
Neben dem Besuch dieser religiösen Stätten lohnt ein Bummel durch die verwinkelten, engen Gassen der Altstadt, die so klein ist, dass man sich nicht verlaufen kann.

Alle zwölf Jahre findet in Haridwar die Kumbha Mela statt – im Wechsel mit Allahabad, Nashik und Ujjain.

Auf der Suche nach spirituellen Erfahrungen in Rishikesh

Rishikesh F 4

Yoga, Meditation und Ausgangspunkt für Bergwanderungen

Während Haridwar vor allem von indischen Pilgern aufgesucht wird, ist Rishikesh (25 km nordöstlich gelegen) auch unter westlichen Anhängern von Yoga und Meditation eine bekannte Adresse. Schon der Name des Orts, der von den Hügeln der Shivalikkette umgeben ist, weist auf seine Bestimmung hin: **Rishikesh ist der Platz der Rishis, der weisen, heiligen Männer**. Auf ihrer Suche nach innerer Weisheit und spirituellen Erfahrungen zieht es immer wieder Menschen aus der ganzen Welt in die hiesigen Ashrams. Schon die Beatles begaben sich hier unter ihrem Guru Maharishi Mahesh Yogi auf den Weg nach innen. Doch indischen Wallfahrern begegnet man ebenfalls in großer Zahl: Ihr Ziel sind in erster Linie die unzähligen die Ufer des Ganges säumenden Tempel und die von Rishikesh mit Bussen erreichbaren heiligen Orte nahe den Gangesquellen im Himalaja.

Pilgerzentren an den Quellen von Ganges und Yamuna F 4

Pilgerorte

Die Pilgerorte an den Quellflüssen von Ganges und Yamuna zählen zu den wichtigsten Zielen, **die ein gläubiger Hindu im Laufe seines Lebens einmal besuchen sollte**. Doch nicht nur die Quellen gelten als besonders heilig, sondern die ganze Bergregion mit ihren mehr als 50 über 6000 m hohen Gipfeln, die als bevorzugter **Wohnort der**

Götter angesehen wird. Schon die berühmten Pandava-Brüder aus dem legendären Epos Mahabharata unternahmen bei verschiedenen Gelegenheiten Pilgerfahrten zu den heiligen Schreinen im Hochgebirge – so hat der Tourismus hier eine uralte Tradition.
Reisen zu den Wallfahrtsorten sind möglich in der **Saison zwischen Anfang Mai und Ende Oktober** und werden von den staatlichen Touristenbüros in Rishikesh oder von Delhi aus organisiert. Wer sich auf eigene Faust mit dem Taxi zu den Stätten aufmachen möchte, sollte bedenken, dass in den Sommermonaten stets ein großer Andrang herrscht – es ist daher besser, Übernachtungsmöglichkeiten im voraus beim Tourist Office zu buchen. Außerdem wird eine Choleraimpfung für den Besuch der Orte Badrinath, Kedarnath, Gangotri und Yamunotri vorgeschrieben. Befahrbare Straßen führen nicht direkt bis zu den heiligen Stätten, die letzten Kilometer sind in der Regel zu Fuß zurückzulegen.

Yamunotri

Yamunotri (227 km nördlich von Rishikesh, 3185 m ü. d. M.) liegt im Schatten des 6315 m hohen Bandarpunch und ist der **Ursprungsort des heiligen Flusses Yamuna**, der in 4400 m Höhe einem Gletschersee entspringt. Am linken Ufer liegt der Yamunatempel, der im vorletzten Jahrhundert errichtet wurde. Nahebei befinden sich einige heiße Quellen, neben dem Heiligtum die Hauptattraktion in Yamunotri. In dem siedenden Wasser der »Sonnenquelle« (Surya Kund) kochen die Pilger ihren Reis. Der Tempel ist von Anfang Mai bis Diwali (Ende Oktober) geöffnet. Yamunotri ist über eine befahrbare Straße bis Hanumanchatti (2400 m) zu erreichen. Von dort gibt es einen Fußweg (ca. 13 km), Maultiere und Pferde können gemietet werden.

Pilger am heiligen Fluss

Umgeben von einem Zedernwald liegt das Dorf **Gangotri** (248 km nördlich von Rishikesh, 3048 m) am Ufer des Bhaghirathi, einem der Quellflüsse des Ganges.
Sein Name leitet sich ab vom sagenhaften Prinzen Bhaghirath, dessen jahrelange Askese Shiva mit der Entsendung des Ganges auf die Erde belohnt hatte. Um die Gewalt der herabstürzenden Wassermassen zu dämpfen, fing der Gott sie mit seinen Locken auf. Von dort rieselten diese in zahlreichen

Öffnungszeiten: Anfang Mai bis Diwali (Ende Okt.)

Bächen auf die Erde nieder, wovon einer den Namen des berühmten Prinzen erhielt (► Baedeker-Special S. 296). Am rechten Ufer des Bhaghirathi steht der **Gangatempel**, auf seiner linken Seite befinden sich mehrere Dharamsalas (Pilgerherbergen) und Ashrams. Hauptziel der Pilgerströme ist jedoch die **Quelle des Bhaghirathi**, Gaumuk (Kuhmaul) genannt, die dem Gangotri-gletscher etwa 19 km oberhalb des Dorfes entspringt.

Kedarnath

Öffnungszeiten: Anfang Mai bis Diwali (Ende Okt.)

Der Shivatempel von Kedarnath (3584 m, 226 km nordöstlich von Rishikesh) liegt in einem Hochtal am Fuß des 7500 m hohen Kedarnath Dome. Seine Berühmtheit erlangte der Schrein durch den hier verehrten **Jyotirlingam**, einen natürlichen Felsenlingam. Das Heiligtum stammt vermutlich aus dem 8. Jahrhundert. Ein Teil von Gandhis Asche wurde im 6 km entfernten See **Gandhi Sarovar** verstreut.

Badarinath

Öffnungszeiten: Anf. Mai bis Diwali (Ende Okt.)

Seit ewigen Zeiten pilgern Gläubige zu dem kleinen Dorf Badarinath (294 km nordöstlich von Rishikesh, 3133 m ü. d. M.) am Ufer des Alaknanda, eines weiteren Quellflusses des Ganges. Schon in frühbuddhistischer Zeit wurde hier ein Schrein errichtet und im 8. Jh. ließ der Reformer Shankaracharya – vermutlich an der gleichen Stelle – einen Shivatempel erbauen. Heute ist das **Heiligtum** dem Gott Vishnu geweiht. Neben einigen heißen Quellen reizt vor allem die **atemberaubende Landschaft**. Badarinath liegt nahe der tibetischen Grenze und wird von den schneebedeckten Gipfeln des Nilkantha, des Nar und Narayan überragt. Von hier aus ist es nicht mehr weit zum berühmten Valley of Flowers (s. u.).

Ein lohnender Abstecher führt zum 4 km entfernten Dorf **Mana**, dem letzten Ort vor der Grenze zu Tibet. In seiner Nähe befinden sich die Vasudhara-Wasserfälle. Die Quelle des Alaknanda entspringt etwa 15 km oberhalb von Badarinath am Alakapuri-Gletscher. Der Weg dorthin ist jedoch äußerst schwierig zu begehen.

Auf der Straße von Badarinath nach Josimath liegt der **Hemkund-See**, ein Gletschersee, der den Sikhs heilig ist. An seinem Ufer steht ein kleiner Tempel, wo Meister Govind Singh meditiert haben soll.

Garhwal und Kumaonregion

Hinweis

Trekkingtouren werden von Garhwal Mandal Vikas Nigam Ltd. von Rishikesh aus organisiert. Buchungen können auch über die staatlichen Touristenbüros in Delhi, Kolkata und Mumbai vorgenommen werden. Die ideale Saison ist vor und nach dem Monsun (April / Mai und September / Oktober).

★ Valley of Flowers

Unter Blumenfreunden aus aller Welt bekannt ist das 10 km lange, auf über 3000 m Höhe gelegene Valley of Flowers. Hierher lohnt ein Ausflug während der Monsunmonate – vor allem im August entfaltet sich die ganze Farbenpracht der über 2000 zum Teil sehr seltenen Blumenarten am schönsten.

Kumaonberge

Die Region von Kumaon, die im Osten an Nepal grenzt, ist ein beliebtes Feriengebiet für indische Touristen, die Zuflucht vor den heißen Sommermonaten suchen. Die wichtigsten Ferienorte sind Nainital, Almora und Ranikhet. Außerdem befinden sich hier die beiden Nationalparks ►Corbett und Dudhwa.

Das Städtchen **Nainital** (etwa 150 km östlich von Rishikesh, 1933 m ü. d. M.) lockt vor allem inländische Touristen mit einem vielfältigen Sport- und Freizeitangebot. Der staatliche Kumaon Mandal Vikas Nigam führt organisierte Ausflüge in die Umgebung durch.

Schon im späten 15. Jh. war **Almora** (1646 m ü. d. M.), 67 km von Nainital entfernt, die Hauptstadt des Fürstentums Chand. Zahlreiche Wanderwege und Aussichtspunkte umgeben den Ort, der auch eine Reihe von kulturellen Sehenswürdigkeiten zu bieten hat. So die alten Tempel von Kasa Devi (8 km) und Chitai (6 km), den etwas weiter entfernten Sonnentempel von Katarmal (17 km) sowie eine Gruppe von Tempeln, die die Chandherrscher in Jageshwar (34 km) errichten ließen.

Ranikhet (1829 m ü. d. M.) ist ein beschaulicher Gebirgsort mit guten Ausflugsmöglichkeiten und schönem Panoramablick auf den westlichen Himalaja.

Jammu • Kashmir (Bundesstaat)

D/E 1 – 3

Gebiet: 222 236 km²
Einwohner: 10,1 Mio.
Hauptstadt: Srinagar

Die Region von Jammu und Kashmir wird von den großen Himalajabergen geprägt. Von Südwesten nach Nordosten kann diese Region in die folgenden sieben geografischen Zonen eingeteilt werden: die tiefen Ebenen, die ansteigenden Berghänge, die Pir-Pinjal-Bergkette, das Hochtal von Kaschmir, den zentralen Himalaja, das obere Industal und das Karakorum-Hochgebirge.

Die schmale Ebene ist mit weniger als 500 mm Niederschlag arm an Vegetation. Die Berghänge steigen von 600 m auf 2250 m an. Sie erhalten mehr Regen und die Flüsse haben einige sehr fruchtbare Täler geschaffen. Die Pir-Pinjal-Berge erreichen Höhen bis zu 5000 m und oberhalb der Baumgrenze findet man nur noch Weideland. Das Hochtal von Kaschmir auf einer durchschnittlichen Höhe von 1800 m verfügt über den sedimentreichen Boden des Flusses Jhelum und ist sehr fruchtbar. Zedernwälder, Pinien, Walnussbäume und Rhododendronwiesen prägen die Landschaft. Der zentrale Himalaja mit Bergspitzen von über 6500 m und entlegenen Tälern ist sehr trocken. Das Monsunklima geht hier langsam in das kontinentale Klima über. Das obere Industal mit der Stadt Leh ist berüchtigt für sein extremes Klima, das durch Kälte und Trockenheit gekennzeichnet ist. Alpine

Vegetation herrscht hier vor. In den Karakorumbergen liegen einige der höchsten Gipfel der Erde – sie werden auch als **»Dach der Welt«** bezeichnet. Im Gegensatz zur friedlichen Landschaft ist die Region politisch sehr unruhig, seit Jahrzehnten ist der Alltag durch Bombenanschläge und Militärrazzien gekennzeichnet.

Legende In legendärer Urzeit soll das Land von einem Wasserdämon beherrscht worden sein, der die Region terrorisierte. Dem mächtigen Rishi Kashyapa gelang es jedoch, durch Entwässerung der Seen den Dämon zu besiegen und so eine spätere Besiedlung zu ermöglichen. Deswegen wurde das Land Kashyapa-mar benannt, woraus später Kashmir wurde.

Geschichte Dieser nördlichste Teil Indiens wurde bereits früh von indischen Königen beherrscht, im 3. Jh. bildete er einen Teil des großen Ashoka-Reichs. Der Buddhismus war auch in Kaschmir Staatsreligion. Im 13. und 14. Jh. geriet die Region unter moslemische Herrschaft, woraufhin sich der Islam ausbreitete. Dem großen Mogulherrscher Akbar gelang es 1586, Kaschmir seinem Reich anzugliedern. Akbar ließ die Hari-Parbat-Festung in Srinagar bauen und auch sein Sohn Jehangir war der Auftraggeber zahlloser Bauten. Fast 200 Jahre lang erlebte Kaschmir eine Blütezeit. Da sich die mogulischen Herrscher nie an die Hitze Delhis gewöhnen konnten, bauten sie Straßen nach Kaschmir, um dem heißen indischen Sommer zu entfliehen. Sie waren die ersten, die diese Region als Hill Station entdeckten und durch Gärten verschönerten. Auf ihren Spuren folgten später die Engländer und die reichen Inder.

Nach der Mogulherrschaft wurde Kaschmir Mitte des 18. Jh.s von dem afghanischen Herrscher Ahmad Shah Abdali erobert. Danach geriet die Region ab 1818 unter die Herrschaft des Sikhkönigs Maharadscha Ranjit Singh. Nach dem ersten Sikhkrieg (1849) gewannen die Engländer Einfluss über Kaschmir. Die englische Handelsgesellschaft verkaufte Kaschmir für 7,5 Mio. Rupien 1846 an den König von Jammu, Gulab Singh. Sein Reich umfasste neben Jammu, Kashmir und Ladakh auch Baltistan.

Als im August 1947 Indien und Pakistan unabhängige Staaten wurden, war der Maharadscha von Kaschmir, Hari Singh, unentschlossen, zu welchem Staat er gehören wollte. Kurz danach gelang es der Stammesbevölkerung von Baltistan und Gilgit, sich von Jammu und Kaschmir zu lösen und an Pakistan anzuschließen. Zur gleichen Zeit verlangten auch die Moslems eine Angliederung an Pakistan und pakistanische Truppen marschierten nach Kaschmir ein. In dieser Situation bat der Maharadscha von Jammu und Kashmir die indischen Streitkräfte um Hilfe.

Indische militärische Einheiten konnten die pakistanischen Truppen zwar vertreiben, der Angliederungsversuch der Moslems an Pakistan war aber gescheitert. Bis heute können sich Indien und Pakistan in der Kaschmirfrage jedoch nicht auf einen Grenzverlauf einigen.

Der Dalsee in Srinagar erscheint zu großen Teilen als Gewirr aus Kanälen, Lotusteichen und Verlandungen.

Selbst die drei Kriege in den Jahren 1948, 1965 und 1971 haben daran nichts ändern können.

Aktuelle Lage

Auch derzeit ist Kaschmir noch immer ein Ort kriegerischer Auseinandersetzungen zwischen militanten separatistischen Gruppen und dem indischen Militär. **Ein Besuch dieser Region ist deshalb riskant.**

★ Srinagar D 2

Mogulgärten und andere Naturschönheiten

Srinagar (980 000 Einw.) im Herzen des Hochtals von Kashmir bietet neben Festungen, Moscheen und sehr schönen Mogulgärten vor allem frische Luft und viele Naturschönheiten. Der Legende nach soll an diesem Ort, der auf dem alten innerasiatischen Handelsweg liegt, bereits in vorchristlicher Zeit von Kaiser Ashoka eine Stadt namens Srinagri gegründet worden sein. Historisch überliefert ist die Gründung einer Stadt durch den König Raja Pravarasen im 6. Jahrhundert. Nach heftigen, jahrhundertelangen Kämpfen zwischen hinduistischen und moslemischen Herrschern wurde diese Stadt durch Shah Mir dem islamischen Reich einverleibt. Eine Blütezeit erlebte Srinagar nach der Eroberung Kashmirs durch Akbar (1568). Die verschiedenen Mogulherrscher aus Delhi legten wunderbare Gärten an, die bis heute ihre Schönheit bewahrt haben.

★★ Stadtbild

Die malerische Stadt am mäandernden Fluss Jhelum ist umgeben von grünen Bergen und Seen. Insbesondere der **Dalsee** und der Naginsee mit ihren Hausbooten, den schwimmenden Märkten und unzähligen Lotusblumen machen Srinagar zu einer der reizvollsten Städte Nordindiens. Berühmt sind vor allem die **Hausboote** auf den Gewässern, die zum Teil recht luxuriös ausgestattet sind. Zu den schönsten Erlebnissen in Srinagar zählt eine Fahrt mit einem der Shikara genannten schmalen Boote.

Altstadt Die Altstadt von Srinagar erstreckt sich zu beiden Seiten des Flusses Jhelum. Die beiden Stadtteile werden durch sieben Brücken (kadal) verbunden.

Shah-i-Hamadan-Moschee Shah-i-Hamadan, die **älteste Moschee Srinagars** am östlichen Ufer des Jhelum, wurde von Sultan Qutab-ud-din erbaut.

★ Mogulgärten Die Mogulherrscher, die nach Kaschmir kamen, um der Hitze Delhis zu entrinnen, ließen viele symmetrische Gartenanlagen mit Wasserspielen anlegen, die bis heute gut erhalten sind. Als drei Jahrhunderte später die Engländer bei der Errichtung Neu-Delhis Gärten für den Präsidentenpalast, Rashtrapati Bhavan, in Auftrag gaben, ließen sie sich von den Gärten in Kaschmir inspirieren. Zu den wichtigsten Gartenanlagen zählen folgende:
Der 1619 von Mogulherrscher Jehangir für seine geliebte Ehefrau Nur Jahan angelegte Garten **Shalimar Bagh** (16 km nordöstlich vom Zentrum) gehört zu den schönsten in ganz Srinagar. Am Fuß des Zabarvanberges, gegenüber dem östlichen Ufer des Dalsees, findet man den Garten der Freude, **Nishat Bagh** (11 km nordöstlich vom Zentrum), der vom Bruder der Königin Nur Jahan angelegt wurde. **Chasma Shahi** ist im Vergleich zu den anderen Anlagen mit seinen Ausmaßen von 108 x 38 m eher bescheiden. Er wurde 1642 von Ali Mardan Khan um eine Quelle herum angelegt, der Heilkräfte nachgesagt wurden. In unmittelbarer Nähe des Chasma Shahi steht das ehemalige buddhistische Kloster **Pari Mahal**. Es wurde vom ältesten Sohn von Shah Jahan, Dara Sikah, in einen Ort des Lernens umgewandelt.

i Unruheherd

- Seit Jahrzehnten ist Srinagar, die Hauptstadt von Kashmir, ein politischer Unruheherd. Der Kampf zwischen Unabhängigkeit fordernden Separatisten und indischem Militär führt dazu, dass gewalttätige Vorfälle häufig vorkommen. Man sollte sich, bevor man plant, Srinagar zu besuchen, genauestens über die politische Situation informieren! Für Reisen in die Region besteht ein Sicherheitsrisiko. Hinweise dazu erhält man bei den indischen Botschaften; weitere touristische Informationen auf der Webseite von Jammu und Kashmir Tourism (www.jktourism.com).

Hazrat-bal-Dargah Die aus weißem Marmor erbaute große Moschee Hazrat-bal-Dargah ist **eines der wichtigsten religiösen Zentren der Moslems**. Ein Barthaar des Propheten Mohammed wird hier aufbewahrt, das von Khwaja Noor-ud-din 1700 aus Bijapur in Karnataka gebracht worden sein soll.

Ladakh

E/F 2/3

Bundesstaat: Jammu • Kashmir

Entfernung: ca. 890 km nordöstlich von Delhi

Diese früher unter der Bezeichnung Westtibet bekannte Region im äußersten Nordosten Indiens wird heute La-dvag (Land der Pässe) genannt. Das äußerst karge Gebiet liegt an seiner tiefsten Stelle bereits 3000 m ü. d. M.

Im Norden wird die Region von den Bergketten des Karokorum und im Süden und Westen von den Gebirgszügen des Himalaja begrenzt. Ladakh besitzt die größten Gletscher der Welt außerhalb der Polarkappen. Das Klima zeichnet sich durch extreme Trockenheit aus, denn der jährliche Niederschlag beträgt im Durchschnitt nur 50 mm. Am Tag ist es glühend heiß und in den Winternächten kann die Temperatur bis auf – 50 °C sinken. Im Gegensatz zu den spektakulären schneebedeckten Berglandschaften des Himalaja ist Ladakh von einer **Steinlandschaft** geprägt, die nur ab und zu von Häusern oder Klöstern unterbrochen wird. Zum Landschaftsbild gehören auch die von Menschenhand geschaffenen Steinwälle, die bis zu einem Kilometer lang sein können. In die obersten Steine dieser so genannten **Manimauern** ist das bedeutendste und älteste Mantra des tibetischen Buddhismus eingraviert. Die Silben »Om mani padme hum« (Sanskrit, wörtlich »OM«, Juwel im Lotus) bringen die grundlegende Haltung des Erbarmens zum Ausdruck; in ihrem Rezitieren formuliert sich der Wunsch nach Befreiung im Nirvana. Meist wurden diese Steine von Würdenträgern geopfert.

Manisteine tragen die mystische Formel »Om Mani Padme Hum«.

Geschichte Die Region war wohl bereits vor Jahrtausenden von nomadischen Viehhirten bewohnt. Später gewann sie zunehmend Bedeutung als Handelsplatz an der Seidenstraße. Um das 10. Jh. herrschte die Thi-dynastie von ihrer Hauptstadt Shey aus über Ladakh, doch auch die tibetischen Lamaisten hatten einen großen Einfluss auf das Gebiet und erbauten über 100 Klöster (Gompas).

Im Jahr 1533 gelang es Soyang Namgyal, die Region bis nach Lhasa zu vereinigen und ein Königreich zu errichten. Diese Dynastie wurde vom fünften Dalai Lama von Tibet, Nawang Lobsang Gyatso (1617–1682) mit mongolischer Unterstützung bedrängt. Nur mit Hilfe der mogulischen Herrscher von Kaschmir gelang es Delegs Namgyal, die Eroberer zu vertreiben. Diese Unterstützung musste er jedoch teuer bezahlen: Ladakh geriet in die Abhängigkeit der Moguln und später unter englische Herrschaft.

Ladakh blieb als einziger Teil des ehemaligen tibetischen Reichs von der chinesischen Besetzung 1950 verschont. Während im chinesisch

LADAKH ERLEBEN

AUSKUNFT

Director of Tourism
Leh
Tel. 019 82 – 25 22 97

Jammu und Kashmir Tourist Office
Delhi
512-512A Tolstoy House
Tolstoy Marg
Connaught Place
Tel. 011 – 23 71 49 48
www.jktourism.com

ANREISE

Im Sommer (ca. Ende Juni bis Mitte September) ist der Manali-Leh-Highway geöffnet; Taxis und Busse fahren auf der fast 500 km langen atemraubenden Strecke. Außerdem gibt es eine regelmäßige Flugverbindung zwischen Delhi und Leh. Bei schlechten Wetterverhältnissen fallen die Flüge jedoch aus. Leh hat den höchstgelegenen Flughafen (3505 m ü. d. M.) der Welt – man sollte sich bei einer Flugreise auf den großen Höhenunterschied einstellen und sich die ersten Tage etwas schonen.

EVENTS

Ladakh-Festival (Aug. / Sept.)

SHOPPING

Halbedelsteine (v. a. Türkise), Schmuck und Thangkas gibt es hier in besonders großer Auswahl.

ÜBERNACHTEN / ESSEN

► Komfortabel / Günstig

Lumbini
Fort Road
Tel. 019 82 – 25 25 28
Angenehme Zimmer, Essen im Übernachtungspreis eingeschlossen.

Omasila
Changspa
Tel. 019 82 – 25 21 19
Terrasse mit tollem Blick, gutes Restaurant.

Padma
Ghirghir / Fort Road
Tel. 019 82 – 25 26 30
Zimmer unterschiedlicher Preisklassen mit Garten und Dachterrassen-Restaurant

Unterweisung in den Lehren Buddhas

besetzten Teil bis heute die ursprüngliche tibetische Kultur und der Lamaismus mit rücksichtsloser Härte verfolgt werden, konnten sie sich in Ladakh bis heute erhalten. Seit den Grenzstreitigkeiten von 1962 zwischen China und Indien sind indische Armee-Einheiten in Ladakh stationiert.

Reiseziele

Zu den wichtigsten Sehenswürdigkeiten der Region gehören Leh, der Palast von Stok, die Klöster Shey und Tikse.

✶ Leh E 2

Alte Hauptstadt von Ladakh

Im fruchtbaren Schwemmland des oberen Indus liegt das einst reiche Leh. An der Seidenstraße gelegen, hat die Stadt ihre Funktion als Umschlagplatz für Karawanen inzwischen eingebüßt. Heute ist Leh **Militärbasis für indische Truppen**, die die Grenze zum Nachbarn China verteidigen. Man sollte sich nicht so weit von den Hauptstraßen entfernen, da man ansonsten Gefahr läuft, als Spion verhaftet zu werden. Für Entdeckungsreisen zu den zahlreichen Klöstern in Ladakh gilt Leh als idealer Ausgangspunkt.

Geschichte

Leh wurde im 17. Jh. die neue Hauptstadt des Königs Senge Namgyal, der aus strategischen Gründen ihre Verlegung vom nur 15 km entfernten Shey anordnete. Dank ihrer Lage an der Seidenstraße entwickelte sich Leh schnell zu einer wohlhabenden Stadt. Als jedoch die chinesischen Grenzen nach Spannungen mit Indien 1950 geschlossen wurden, verlor Leh seine Funktion als Handelsstadt. Seit Ladakh 1974 für Touristen geöffnet wurde, strömen vor allem **Rucksacktouristen** nach Leh und zu den umliegenden Klöstern.

Leh-Khar-Palast Auf dem Berg Tsemo befindet sich der achtstöckige alte Palast des Königs von Ladakh, der unter König Senge Namgyal **nach dem Vorbild des berühmten Ptolapalastes von Lhasa** erbaut wurde. Er entstand im 16. Jh., als sich Ladakh stärker nach Tibet orientierte und von dem Gelbmützenorden religiös und kulturell beherrscht wurde. Bereits 1815 wurde er von den Bombardements durch die Kashmiris stark in Mitleidenschaft gezogen. Die Renovierungsarbeiten gehen nur sehr langsam voran. Im Erdgeschoss kann man einige alte Thangkas, Buddhafiguren und Darstellungen der Göttin Durga besichtigen.

Namgyal Tsemo Gompa Oberhalb des Palasts, auf dem »Berg des Siegs« liegt dieses Kloster mit dem Maitreya-Tempel und dem Gon-khang-Kloster. Es ist nur morgens von 7.00 bis 9.00 und manchmal nachmittags ab 17.00 Uhr geöffnet. Von dort aus hat man einen sehr schönen Blick über die Stadt und die Berge.

Umgebung von Leh

Sankar Gompa Dieses 2 km von Leh entfernte Kloster ist das Zentrum des Gelbmützenordens. Im Gebäude sind Wandmalereien und eine hundertköpfige Darstellung des Avalokiteshvara zu sehen.

Stokpalast Etwa 16 km südlich von Leh entfernt befindet sich der Stokpalast. Ein Teil des vierstöckigen Palasts aus dem 19. Jh. wird bis heute von der Königsfamilie bewohnt. In einem Flügel des Palasts ist ein sehenswertes Museum mit schönen Thangkas und buddhistischen Kultgegenständen untergebracht.

Shey Palast und Tempel von Shey (15 km südöstlich von Leh), der alten Hauptstadt von Ladakh, liegen zum großen Teil in Ruinen. Doch im Tempel sind neben einer beeindruckenden Buddhafigur auch renovierte Wandzeichnungen zu bewundern. Außerdem gibt es in Shey ein Kloster sowie aus dem Felsen herausgemeißelte Buddhafiguren zu sehen.

★ Tikse Etwa 19 km südöstlich von Leh trifft man auf ein **tibetisches Kloster aus dem 15. Jahrhundert**. Die beeindruckende Gompa, die auf einem Berg thront, bietet eine atemberaubende Aussicht auf das Tal. In seinem Inneren birgt das Kloster den **größten goldenen Buddha Ladakhs**.

Rechts vom Klosterhof steht der neue Maitreya-Tempel, der 1980 vom Dalai Lama eingeweiht wurde. Durch den Hof erreicht man den höher gelegenen Chokhang (Dharmahalle) mit Wandmalereien,

Steiniger Weg zum Kloster Tikse

die das Lebensrad, den tibetischen Kalender und Buddha darstellen. Am Chokhang schließt sich der Tsangkhang (Raum der friedvollen Gottheit) an mit Darstellungen von Shakyamuni, Maitreya und dem elfköpfigen Avalokiteshvara. Rechts daneben liegt der Haupt-Chokhang mit rot angestrichener Fassade. Im Inneren sind Wandmalereien und Figuren zu sehen, die sowohl vorbuddhistischen Geschichten als auch dem buddhistischen Kanon entstammen. Südlich der Klosteranlage sind der **Dukhang Karpo** (Weiße Versammlungshalle) mit alten tibetischen Malereien und der oberhalb gelegene **Chomo Lhakhang** (Tempel der Nonnen) sehenswert.

Hemis Gompa

Das größte Kloster Ladakhs, Hemis Gompa, liegt 45 km südöstlich von Leh. Es ist berühmt für die im Juni / Juli stattfindenden **Maskentänze** (Cham-Tänze), die buddhistische Geschichten darstellen. Alle 12 Jahre wird ein riesiges **Thangka** entrollt, das nächste Mal im Jahr 2016. Das Kloster wurde 1638 von dem tibetischen Mönch Stagtsang Raspa gegründet. Es besteht aus einem großen Gebäudekomplex, dem ein großer Klosterhof vorgelagert ist. In den Räumen sind Kultgegenstände, Buddhafiguren und Wandmalereien zu besichtigen. Die Bilder im Alten Tempel (Lhakhang Nyingpa) zeigen Stationen aus dem Leben des historischen Buddha und den Stammbaum der Sektenheiligen. In dem nordöstlich gelegenen Lhakhang sind schöne Buddhafiguren ausgestellt.

✶ Lucknow

G 6

Hauptstadt von Uttar Pradesh
Einwohner: 2,5 Mio.
Höhe: 123 m ü. d. M.
Entfernung: 514 km nördl. von Delhi

Der Hauptstadt von Uttar Pradesh kommt zwar historisch und politisch einige Bedeutung zu, doch ihre historischen Sehenswürdigkeiten, meist Überbleibsel aus der muslimischen Herrschaftsperiode, können sich mit denen von ►Delhi oder ►Agra nicht messen. Für diejenigen jedoch, die Gefallen an Nordindien und insbesondere an der muslimischen Architektur gefunden haben, hält die Stadt am Ufer des Gomti einige interessante Bauwerke bereit.

Lucknow ist eine geschäftige Großstadt mit breiten Alleen und Parks, aber auch verwinkelten Basarvierteln. Immer noch gilt das Urdu, das hier gesprochen wird, als vorbildlich. Auch sonst zeigt sich die muslimische Prägung der Stadt an ihrem für Indien ungewöhnlich hohen Anteil an Schiiten. Bedeutung erlangte Lucknow ab 1775 als **Hauptstadt der Nawabs von Oudh**, ehemaligen Provinzgouverneuren des Mogulreichs, die sich bei dessen Niedergang selbstständig gemacht hatten. Für fast 100 Jahre war Lucknow Mittelpunkt der bereits verfallenden höfischen Kultur, bis die Briten den letzten Herrscher, Wajid Ali Shah, 1856 absetzten, die Provinz Oudh annektierten und sich hier festsetzten. Schon ein Jahr später rückte der Ort erneut ins Zentrum der Aufmerksamkeit, diesmal als **Schauplatz des Sepoy-Aufstands**, der Revolte indischer Truppen gegen die Briten.

Sehenswertes in Lucknow

✶ **Bara Imambara**

Öffnungszeiten:
tgl. 6.00 – 17.00

Die Sehenswürdigkeiten liegen verstreut in der Stadt, die wichtigsten konzentrieren sich im nordwestlichen Teil. Hier, beim Basarviertel Chowk, steht der Bara Imambara, ein **dreistöckiges Mausoleum**, das 1784 vom Nawab Asaf-ud-Daula (1775 – 1797) als Familienruhestätte erbaut wurde. Man erreicht das Grabmal durch das gewaltige **»türkische Tor«, Rumi Darwaza**, das der Hohen Pforte in Istanbul nachgebildet ist. Das 50 m lange, 16 m breite und 15 m hohe Bauwerk besitzt ein eindrucksvolles Gewölbedach. Eine Treppe führt in das unübersichtliche Labyrinth von kleinen Gängen im ersten Stock.
An der Westseite des Hofs steht die von zwei Minaretten begrenzte **Asafi-Moschee** (Eintritt nur für Muslime).

✶ **Hussainabad Imambara**

Etwas nordwestlich des Rumi Darwaza trifft man auf den 67 m hohen Glockenturm aus dem Jahr 1881 und direkt gegenüber auf den Hussainabad Imambara, auch Chota (kleiner) im Gegensatz zum Ba-

← *Der Bara Imambara von Lucknow*

Öffnungszeiten:
tgl. 6.00 – 17.00

ra (großer) Imambara genannt (1837 – 1842). Es handelt sich um das mit vielen Türmen und Minaretten bestückte **Grab des Herrschers Ali Shah**. Im Hof um die Grabstätte befindet sich ein Wasserbecken mit kleinen Imitationen des Taj Mahal an jeder Seite. Unmittelbar westlich schließt sich die Jami Masjid mit drei Domen und zwei Minaretten an. Der Eintritt ist nur Muslimen gestattet.

Residency

Ungefähr 3 km südöstlich davon steht die Residency (1800), die während des großen Aufstands indischer Truppen im Jahr 1857 monatelang belagert wurde. Kanoneneinschusslöcher sind noch deutlich zu sehen.

Shah Najaf Imambara

Shah Najaf Imambara, das Grabmal des Ghazi-ud-Din Haidar, wurde 1827 errichtet und nach einem schiitischen Pilgerort im heutigen Irak benannt. Der größte Teil der wertvollen Innenausstattung ist Plünderungen zum Opfer gefallen (Öffnungszeiten: 8.00 bis 17.00 Uhr).

Nadan Mahal

Nadan Mahal, das Grabmal des ersten Gouverneurs von Lucknow, stammt aus der Zeit um 1600. Der Kuppelbau aus rotem Sandstein ist ein Beispiel früher mogulischer Architektur.

Lucknow Orientierung

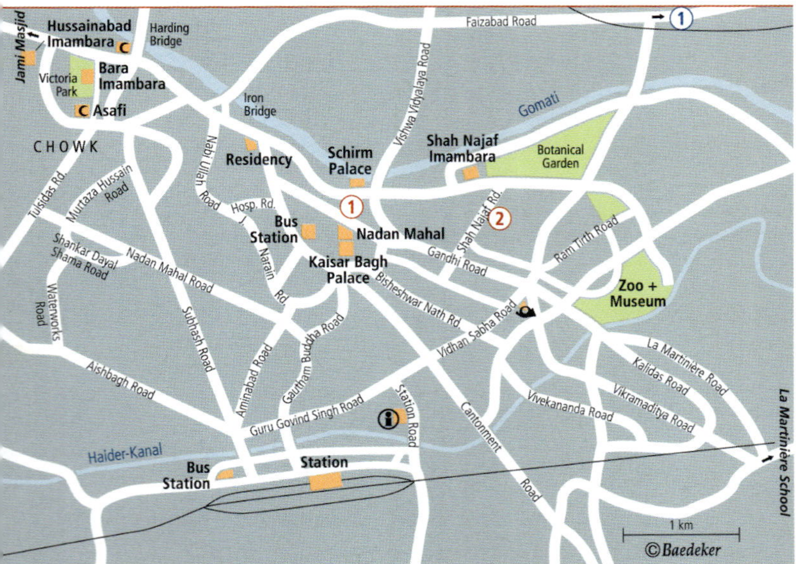

Übernachten
① Clarks Avadh ② Hotel Gomti

Essen
① Taj Residency

LUCKNOW ERLEBEN

AUSKUNFT

Tourist Office von UP Tourism
10, Station Road
Tel. 05 22 – 263 81 05
www.up-tourism.com

ESSEN

► Fein und teuer

① *Taj Residency*
Gomti Nagar
Tel. 05 22 – 239 39 39
Ausgezeichnete Avadhiküche (lokale, berühmte Kochkunst von Lucknow); unbedingt die Kebabs probieren!

ÜBERNACHTEN

► Luxus

① *Hotel Clarks Avadh*
8 M. G. Marg
Tel. 0522-262 0131
Zentral gelegenes modernes Hotel mit guter Küche.

► Günstig

② *UPSTDC Hotel Gomti*
6, Sapru Marg
Tel. 05 22 – 221 47 08
Staatliches Hotel mit sauberen Zimmern.

Sola Khamba

Ein paar Meter östlich vom Nadan Mahal steht der Sola Khamba. Der Pavillon aus rotem Sandstein birgt fünf Gräber und entstammt ebenfalls der frühen Mogulperiode.

La Martinière School

Bemerkenswert ist auch die Martinière-Schule, gestiftet von dem Franzosen Claude Martin, der ursprünglich hier sein Haus bauen wollte, aber vor dessen Fertigstellung starb. Das Gebäude, architektonisch ein buntes Stilgemisch, ist heute noch eine Privatschule. Schon Kim, Kiplings Held seines gleichnamigen Romans, wurde hier auf den Ernst des Lebens vorbereitet.

Museen

Das Staatliche Museum birgt bedeutende Sammlungen aus der Kushana- und Guptazeit (Öffnungszeiten: 10.30 – 16.30 Uhr, montags geschlossen). In der Gemäldegalerie sind Porträts der Nawabs von Oudh ausgestellt (Öffnungszeiten: 10.00 – 17.00 Uhr).

★ Shimla

E 4

Hauptstadt von Himachal Pradesh
Einwohner: 123 000
Höhe: 2160 – 2213 m ü. d. M.
Entfernung: 280 km nördlich von Delhi

Das auf über 2000 m Höhe gelegene Shimla ist einer der beliebtesten Höhenkurorte (Hill Stations) in ganz Indien mit einer breiten Palette an Sportmöglichkeiten, die von Angeln über Wandern, Reiten und Skifahren bis zum Golfspielen reicht. In der Hauptsaison von April bis Juni kommen sehr viele Touristen hierher.

Die Stadt ist aber auch ein wichtiges Handelszentrum für landwirtschaftliche Produkte aus Himachal Pradesh (v. a. Obst) und für Kunsthandwerk. Teppiche, Wollschals, bestickte Winterkleider und Silberschmuckartikel aus Shimla sind in ganz Indien so begehrt, dass kaum ein Reisender die Stadt ohne Einkäufe verlässt.

SHIMLA • KULLUTAL • CHAMBA ERLEBEN

AUSKUNFT

Shimla
Tourist Office am Bahnhof oder beim Victory-Tunnel
Tel. 01 77 – 265 45 89

Manali
The Mall
Tel. 01 91 – 25 21 75

Dahalpur
Tel. 019 02 – 22 23 49

ANREISE

Busverbindung z. B. von Delhi und Chandigarh, Schmalspurbahn von Kalka.

SHOPPING

Himachal Pradesh ist berühmt für seine Wollprodukte: Schals, Pullover, Decken und vieles mehr gibt es in Shimla und der Region aus erster Hand.

TREKKING

Eine Vielzahl von Touren bietet Himachal Pradesh Tourism an, man kann diese auf der Webseite einsehen und auch buchen:
www.himachaltourism.nic.in

ESSEN / ÜBERNACHTEN

► Luxus

Woodville Palace Resorts
Raj Bhavan Road
Shimla
Tel. 01 77 – 262 39 19
Charaktervolles schönes Gebäude aus den 1930er-Jahren mit stilvoller Einrichtung und auch einem großen Garten.

Chapslee
Lakkar Bazar
Shimla
Tel. 01 77 – 280 25 42
Schönes Kolonialgebäude, das die Zeiten des Raj lebendig hält und am Stadtrand im Grünen liegt.

► Komfortabel / Günstig

White
Lakkar Bazar
Shimla
Tel. 01 77 – 265 61 36
Zentral gelegen mit angenehmen Zimmern und Aussicht.

HPTDC Hotel Rohtang Manalsu
Manali
Tel. 019 02 – 25 23 31
An der Straße zum Hadimba-Tempel gelegen mit Blick auf das alte Dorf Vashisht.

HPTDC Hotel Sarvari
Kullu
Tel. 01 92 – 22 24 71
Zimmer in verschiedenen Preisklassen, Restaurant, Bar und eine gute Aussicht.

HPTDC Hotel Iravati
In Chamba
Tel. 018 99 – 226 71
Zentral gelegene Unterkunft mit Garten und Restaurant.

Geschichte

Der Name dieser relativ jungen Stadt leitet sich wahrscheinlich von Shyamala, einer lokalen Form der Göttin Durga, ab. Bis vor 150 Jahren gab es hier nur ein kleines Dorf. Ab 1822 bauten die Engländer, die nach einer Zufluchtsstätte für den heißen indischen Sommer suchten, die ersten festen Häuser. Später verlegten sie sogar ihre Hauptstadt für einige Monate nach Shimla. Als 1904 die Eisenbahnstrecke gebaut wurde, war eine schnelle Entwicklung des verschlafenen Dorfs vorbereitet. **Bis zum Ersten Weltkrieg war Shimla für die Inder verboten, da die Europäer hier unter sich sein wollten**. Nur indische Bedienstete waren damals in der Stadt zugelassen. Nachdem Indien 1947 unabhängig geworden war, ernannte man Shimla **kurzzeitig zur Hauptstadt des Punjab**, bis die neue Stadt ► Chandigarh erbaut wurde. Nach der neuen Festlegung der Grenzen 1966 wurde Himachal Pradesh als neuer Bundesstaat gegründet mit Shimla als Hauptstadt.

Sehenswertes in und um Shimla E 4

The Mall

Shimla erstreckt sich auf dem Rücken eines 12 km langen Höhenzugs, der mehrere Berge miteinander verbindet. Die Straßen »The Mall« und »Ridge« sind das Herz der Stadt und dienen zugleich als Orientierungspunkte. Zahlreiche Hotels, Banken, Geschäfte und Restaurants befinden sich hier, und da diese Straßen für den Autoverkehr gesperrt sind, kann man entspannt schlendern. Wenn man die Stadt mit dem Auto, dem Bus oder der Bahn erreicht hat, steht tagsüber ein Tourist Lift zur Verfügung, der die ankommenden Touristen von der Cart Road im unteren Teil der Stadt zu der höher gelegenen Mall befördert.

Scandal Point

Der Platz, an dem »The Mall« und »Ridge« sich treffen, heißt Scandal Point. Die Stelle erhielt diesen Namen, weil die Tochter eines britischen Offiziers, die sich in einen indischen Prinzen verliebt hatte, von hier aus mit ihrem Geliebten die Flucht ergriff. Heute ist der Platz, an dem man noch einige alte Kolonialbauten aus der englischen Zeit entdecken kann, ein beliebter **Treffpunkt für Touristen**.

Himachal State Museum

Das westlich der Mall liegende, 1975 eröffnete Himachal State Museum bewahrt eine umfangreiche Sammlung des Kunsthandwerks aus der Region. Besonders sehenswert sind die Miniaturen der Paharischule und bestickte Textilien.

Viceregal Lodge

Vizekönig Lord Dufferin ließ dieses größte Monument der kolonialen Epoche 1888 im englischen Stil erbauen. In den heißen Sommermonaten wurde die größte Kolonie Englands von hier aus regiert. Im Rahmen von Führungen kann man das Haus besichtigen.

Jakhu Temple

Auf dem höchsten Punkt der Stadt befindet sich auf 2680 m Höhe der Jakhutempel, ein Heiligtum zu Ehren von Hanuman, dem in ganz Indien beliebten Affengott. Man trifft hier auch auf lebendige Affen, die von den indischen Pilgern gern gefüttert werden. Für die etwa 2 km lange Strecke zu dem Aussichtspunkt braucht man von The Mall aus etwa eine Stunde. An klaren Tagen kann man die schneebedeckten Gipfel des Himalaja sehen.

Umgebung von Shimla

Glen (4 km westlich des Zentrums) ist ein idyllischer Ausflugsort (1830 m) im Wald mit einem klaren Fluss. Die kleine Ortschaft **Kufri** (2501 m) liegt etwa 16 km östlich von Shimla (an der Straße nach Rampur). Die **Skipisten** in der Umgebung des Wintersportorts gehören zu den besten in ganz Indien. In **Naldera** (30 km nordöstlich von Shimla) befindet sich eine ausgezeichnete Golfanlage.

Kullutal E 4

Das idyllische Tal am Südrand der Himalajaberge gehört zu den schönsten Wanderregionen Nordindiens. Von der Hauptstadt Delhi ist es rund 500 km entfernt und verhältnismäßig schnell zu erreichen. Das durch den Verlauf des Flusses Beas bestimmte Tal erstreckt sich über eine Länge von etwa 80 km von Larji (958 m ü. d. M.) im Süden bis zu dem Ort Manali (2000 m ü. d. M.) im Norden. Das Kullutal ist **ein vor allem von Trekkingtouristen viel besuchtes Gebiet** und zugleich eine wichtige Durchgangsstation auf dem Weg in die abgelegenen Hochtäler Lahaul und Spiti. Das touristische Zentrum ist Manali, aber auch die anderen Orte an der Route Mandi – Kullu – Manali sind mittlerweile vom Fremdenverkehr geprägt.

Mandi

Die ca. 30 000 Einwohner zählende, rund 160 km nördlich von Shimla gelegene Stadt Mandi ist seit jeher eine wichtige Station auf dem Weg ins Kullutal. Auf ihre traditionelle Rolle als Handels- und Umschlagplatz weist ihr Name hin, der soviel wie Markt bedeutet. Sehenswerte Heiligtümer in Mandi sind der Bhutnath-Tempel und der Triloknath-Tempel.

Von schönen Ausblicken auf unberührte Berglandschaft begleitet ist eine Fahrt hinauf zum 2000 m hoch gelegenen **Rewalsarsee** (25 km südwestlich von Mandi). Drei Religionsgemeinschaften sind in dem kleinen Ort mit heiligen Stätten vertreten, denn es gibt ein buddhistisches Kloster, einen Sikhtempel und ein hinduistisches Heiligtum.

Kullu

Kullu (1219 m ü. d. M.; 15 000 Einwohner) ist die Hauptstadt des gleichnamigen Distrikts. Der Ort setzt sich aus zwei unterschiedlichen Bezirken zusammen: Sultanpur, wo sich die Verwaltungsgebäude, Hotels und das Krankenhaus befinden, und Akhara Bazar, dem am Fluss liegenden Marktbereich. Abgesehen von einigen Tempeln in der näheren Umgebung bietet Kullu keine großartigen Sehenswürdigkeiten.

★ Dussera ►

Oberhalb des Busbahnhofs steht der **Raghunath-Tempel**, das bedeutendste Heiligtum in Kullu. Das wichtigste Ereignis in Kullu ist das

Terrassenanbau in der Umgebung Shimlas

alljährliche Dussera-Fest im September/Oktober, das Einheimische aus den umliegenden Bergdörfern und Touristen gleichermaßen anzieht. Nach einer feierlichen Prozession zum Heiligtum werden in einem reich geschmückten Zelt auf der Festwiese (Maidan) die Bildnisse von Raghunath, der Hauptgottheit des Kullutals, zusammen mit den anderen rund 360 Lokalgottheiten der Region für die Dauer des Fests ausgestellt (►Baedeker-Special S. 398).

Umgebung von Kullu

Hoch über dem Tal, etwa 10 km östlich von Kullu, thront auf einem Felsen der Shivatempel, zu dem ein steiler Pfad hinaufführt. Um die Mitte des 8. Jh.s erbaut, gilt er als das älteste Heiligtum der Region. An seiner Fassade entdeckt man einige schöne Darstellungen verschiedener Gottheiten. Die Nordseite des **Biljaura-Mahadev-Tempels** schmückt die Darstellung einer achtarmigen Mahishasuramardini, die Südseite eine Ganeshaskulptur. Der Eingang ist wie in vielen Tempeln mit Darstellungen von Ganga und Yamuna versehen, die die eintretenden Gläubigen symbolisch reinigen sollen.

Für ihre **Schwefelquellen** bekannt ist das 45 km östlich von Kullu im Parvatital gelegene Gebirgsdorf **Manikaran**. Da dem heißen Quellwasser heilende Kräfte zugesprochen werden, gibt es hier – für Männer und Frauen getrennte – Badestellen.

★ ◄ Naggar

Etwa 25 km nördlich von Kullu liegt auf einer Höhe von 1760 m der Ort Naggar. Von hier oben genießt man eine **herrliche Aussicht** auf das Kullutal. Kaum zu glauben, dass das kleine, noch sehr beschauliche Dorf über 1000 Jahre lang die Hauptstadt des kleinen Königreichs war. Der auf einem Bergrücken angelegte ehemalige Palast wurde 1846 von einem englischen Major renoviert und wird heute als Hotel genutzt. Die wichtigsten Heiligtümer in Naggar – der Gaurishankar-Tempel, der Vishnu- und der Krishna-Tempel – liegen alle in der Nähe des Palasts. Das **Roerich-Museum** oberhalb der einstigen Residenz erinnert an den russischen Künstler Nicolaus Roerich (1874 – 1947), der nach dem Ersten Weltkrieg Russland verließ und in Naggar seine Wahlheimat fand.

Manali Dank seiner guten Infrastruktur und Lage am Fuß des Rothanggebirges gilt der nördlichste Ort im Kullutal (1926 m ü. d. M.; 2600 Einwohner) als idealer Ausgangspunkt für Wanderungen in die Bergwelt des Vorhimalaja. Der zunehmende Touristenstrom hat allerdings auch dazu geführt, dass Manali nicht mehr die friedliche Hill Station von einst ist und das Ortsbild vornehmlich von modernen Betonbauten geprägt wird.

In unmittelbarer Nachbarschaft des Bergstädtchens ragen die Gipfel des Indrasan Deo Tibba (6001 m), des Hanuman Tibba (5950 m), des Makar Beh (6052 m) und des Shiker Beh (6200 m) in den Himmel. Sie alle können in kleinen Gruppen bestiegen werden. Die für **Bergtouren** notwendige Ausrüstung erhält man – auch leihweise – beim **Mountaineering Institute** an der Mahali-Naggar-Straße. Da die Region um Manali teilweise zum militärischen Sperrgebiet gehört, sollte man sich unbedingt einen erfahrenen Bergführer nehmen, der

Über den Rohtang-Pass führt der einzige Weg ins Lahaultal.

zu einem festen Preis vom Institut vermittelt wird. Schwierig ist es, Träger für die Expeditionen zu finden. Auch diese werden jedoch vom Mountaineering oder von den zahlreichen Trekkingagenturen organisiert, sofern man diese Einrichtungen im Voraus informiert. Hinweise erhält man auch beim örtlichen Tourismusbüro.
Der Legende nach soll Bhima, einer der Pandava-Brüder, hier den Dämon Hadimb getötet und seine Schwester Hadimba, die von dem Dämon terrorisiert worden war, geheiratet haben. Ihr wurde der **Tempel von Hadimba Devi** gewidmet. Den dreistöckigen Pagodenturm inmitten eines Zedernwaldes ließ im 16. Jh. Raja Bahadur Singh erbauen. Säulen und Eingangstore des Tempels sind reich mit Holzschnitzereien verziert. Der Innenraum, in dem die Fußabdrücke der Göttin verehrt werden, wirkt hingegen vergleichsweise kahl.
Die Stelle im alten Teil von Manali, an der der **Manutempel** steht, gilt als der Platz, wo Manu, der erste Mensch auf Erden, nach der großen Flut, die er auf einem Boot überlebte, an Land trat. Es ist der einzige Tempel in Indien, der ihm geweiht ist.

Umgebung von Manali

Das hübsche, etwa 4 km nordöstlich von Manali gelegene Dorf **Vashisht** wird von vielen wegen seiner heißen **Schwefelquellen** besucht, denen man heilende Kräfte zuschreibt. Der alte Steintempel bei den Quellen ist dem Heiligen Vashisha Muni geweiht.

*

◄ Rohtang-Pass

Der Rohtang-Pass (51 km nördlich von Manali, 4 112 m) auf der Route nach Keylong ist **der einzige Weg zum Lahaultal**. Von Juni bis September ist der Pass geöffnet. Keylong (117 km nördlich) kann auf einer Asphaltpiste erreicht werden und besitzt einige Klöster und Gompas. Der Reiz des Lahaultals an der Grenze zu Tibet liegt trotz seiner Kargheit in den großen Gletschern, die von hohen, schneebedeckten Bergen umgeben sind.

Chamba E 3

Die auf 2380 m Höhe gelegene idyllische Stadt am südlichen Ufer des Ravi (ca. 240 km nordwestlich von Shimla) gilt als **guter Ausgangspunkt für Trekkingtouren** in die Umgebung. Im Sommer kommen hierher die Gaddis (Schafhirten) um auf den Almen ihre Tiere zu weiden. Von Dalhousie aus erreicht man die nur 26 km entfernte alte Stadt Chamba bequem über eine ausgebaute Straße. Chamba kann auf eine über **tausendjährige Geschichte** zurückblicken. Das im 9. Jh. gegründete »mittlere Königreich« wurde zu Beginn des 19. Jh.s von den Sikhs erobert. Seine isolierte Lage hat hier zu einer Synthese des Hinduismus mit den Volksreligionen der Bergvölker geführt. Die Stadt besitzt sechs Steintempel zu Ehren von Shiva und Vishnu.
Der von Umed Singh erbaute Palast **Rang Mahal** aus dem 18. Jh. beherbergt schöne Wandmalereien, die Szenen aus der Krishnalegende darstellen. Von den Tempeln ist der **Lakshmi-Narayan-Tempel** zu Ehren von Vishnu und der Hariraya-Tempel sehenswert.

Das **Bhuri-Singh-Museum** bewahrt eine gute Sammlung von Miniaturen der Kangra- und Basholischule (Öffnungszeiten: tgl. außer So., 10.00 – 17.00 Uhr).

Trekkingtouren

Im Norden kann man über die Pässe Kalicho, Kugti und Chobia das **Lahaultal** erreichen. Von **Bharmaur**(60 km südöstlich von Chamba, 1981 m ü. d. M.) aus bietet sich eine dreitägige Wanderung zum Manimaheshsee (3950 m ü. d. M.) an.

Von Chamba aus führt ein Bergwanderweg über den Kugti-Pass (5215 m ü. d. M.) **nach Manali** (Kullutal). Man benötigt für die Strecke etwa zwölf Tage und kommt dabei an hinduistischen Tempeln, buddhistischen Klöstern, Deodarwäldern und schneebedeckten Bergen vorbei. Die Tour ist schwierig und erfordert gute Kondition und Ausrüstung. Am besten geeignet ist die Zeit von April bis August (► Praktische Informationen, Urlaub aktiv). Informationen auf den Webseiten www.himachaltourism.nic.in oder www.hptdc. nic.in.

★★ Varanasi (Benares)

H 7

Bundesstaat: Uttar Pradesh
Einwohner: 1,03 Mio.
Höhe: 80 m ü. d. M.
Entfernung: 677 km westl. v. Kolkata

Der heiligste Ort der Hindus liegt am Westufer des Ganges. Die geschäftige Stadt mit ihren engen Gassen, Basaren und unzähligen Tempeln ist einer der Magnete des innerindischen Tourismus, denn sie spielt für Inder einer ähnliche Rolle wie Mekka für Muslime.

Geschichte

Varanasi ist **eine der ältesten bewohnten Städte der Welt**. Bereits vor 3000 Jahren soll es hier menschliche Siedlungen gegeben haben. Wie keine andere Region ist die Gegend um Varanasi mit den indischen Religionen verbunden. Unweit dieser heiligsten Stadt der Hindus befindet sich Sarnath, ein wichtiges Pilgerzentrum der Buddhisten. Seinen Namen leitet Varanasi von den zwei Flüssen Varuna und Assi ab, die hier in den Ganges münden. Die Inder kennen diese Stadt auch unter dem Namen Kashi, die Stadt des spirituellen Lichts, die Briten nannten sie **Benares**.

Die meisten Tempel und andere Bauwerke Varanasis sind jüngeren Datums, da die Stadt mehrfach von muslimischen Truppen erobert und dem Erdboden gleichgemacht wurde. Erst durch das Entstehen des hinduistischen Marathenreichs unter Shivaji (1627 – 1680) kam es zum erneuten Bau von Hindutempeln. Fast alle wichtigen Bauten Varanasis stammen aus dem 18. Jh. oder sind noch später entstanden. Trotzdem schrieb Mark Twain, der im späten 19. Jahrhundert

An den Badetreppen des Ganges →

! *Baedeker* TIPP

Eine Bootsfahrt im Morgengrauen

Zu den unvergesslichen Erlebnissen in Varanasi gehört eine Bootsfahrt auf dem Ganges im Morgengrauen, am besten vom Assi Ghat bis hinauf zum Manikarnika Ghat; dort in der Nähe kann man sich absetzen lassen und zu Fuß entlang der Ghats zurücklaufen.

Indien bereiste, über Varanasi: »Benares ist älter als Geschichte, älter als Tradition und sogar älter als Legenden; ja, die Stadt sieht sogar doppelt so alt aus wie all das zusammen.«

Spirituellste Stadt Indiens

Nach hinduistischer Vorstellung gilt es als besonders verdienstvoll, wenigstens einmal im Leben diese heilige Stadt zu besuchen und sich durch ein Bad **im Fluss Ganges von den Sünden reinzuwaschen**. Wer das große Glück hat, am Gangesufer zu sterben, dem gilt Erlösung als sicher, weswegen seit altersher besonders ältere Hindus hierher pilgern. In der Stadt leben ungefähr 50 000 Brahmanen, Angehörige der obersten Priesterkaste. Viele von ihnen arbeiten wie ihre Vorfahren als Priester in den zahlreichen Tempeln der Stadt oder an den fast 100 Badetreppen am Ganges. Sie versprechen den Pilgern durch das Aufsagen der heiligen Sprüche in der alten Sprache Sanskrit Unterstützung bei der **Suche nach Erlösung aus dem Kreislauf von Geburt und Wiedergeburt** – ein recht einträgliches Geschäft.

Sehenswertes in Varanasi

Flussufer

★ ★

Ghats ►

Die größte Attraktion Varanasis sind nicht seine Bauwerke, sondern es ist die Möglichkeit, einen **Einblick in die Lebendigkeit und Vielfalt hinduistischer Praktiken** zu bekommen, die vor allem an den Badetreppen (Ghats) ausgeführt werden. Von morgens bis abends strömen Tausende hinduistischer Pilger hierher, um im Ganges zu baden oder heilige Rituale durchzuführen, wodurch sie sich Erlösung erhoffen. Besonders empfehlenswert ist die **Fahrt in einem gemieteten Ruderboot** entlang des Ganges frühmorgens oder abends. Der von Ruß geschwärzte **Manikarnika Ghat**, wo die Toten verbrannt werden, **darf nicht fotografiert werden**. Bei Missachtung kann man Probleme bekommen.

Golden Temple (Goldener Tempel von Vishvanath)

Wie viele andere Tempel im Land wurde der ursprüngliche Tempel vom Mogulkaiser Aurangzeb zerstört. Den jetzigen Tempel ließ die Königin von Indore 1777 erbauen, seine goldenen Auflagen wurden von Maharadscha Ranjit Singh 1835 gestiftet. Der Tempel ist nur für Hindus zugänglich, aber die engen Gassen, die zum Tempel führen, sind von unzähligen Geschäften, die Opfergaben verkaufen, gesäumt, und es lohnt sich, das Treiben zu beobachten. Seit den Spannungen zwischen Hindus und Moslems wird das **Gelände um den Tempel schärfstens bewacht**.

Aurangzeb Mosque (Gyanvapi-Moschee)

Die große, hinter dem Vishvanath-Tempel befindliche Moschee ist vom Fluss aus gut zu erkennen. Sie wurde von **Aurangzeb** errichtet, der 1699 den davor gebauten Vishvanath-Tempel von Raja Man Singh zerstörte. Die Steine des hinduistischen Tempels verwendete man für die Wände der neuen großen Moschee. Ihr Eingang wurde **nach dem Vorbild des Taj Mahals** gestaltet. Die dreidomige Moschee hatte einst riesige Minarette, aber diese existieren nicht mehr.

VARANASI ERLEBEN

AUSKUNFT

Tourist Office von UP Tourism
Am Bahnhof
Tel. 05 42 – 234 63 70

Tourist Bungalow
Parade Kothi
Tel. 05 42 – 220 1 62

Siehe auch die Webseite
www.up-tourism.com

SHOPPING

Varanasi ist berühmt für Seide. Wer nicht in den Basaren handeln möchte, bekommt in den staatlichen Emporien von UP Tourism gute Ware zu festen Preisen (Adressen beim Tourist Office).

ÜBERNACHTEN / ESSEN

Wenn man in der Nähe des Flusses wohnen möchte, sollte man auf Alkohol und nichtvegetarische Speisen verzichten. Dies gebietet der Respekt gegenüber dem für die Hindus so heiligen Ort.

► Luxus

① ***Taj Ganges***
Nadesar Palace Grounds
Tel. 05 42 – 250 30 01
www.tajhotels.com
In einem großen Garten gelegen mit mehreren Restaurants. Durch seine angemessene Entfernung zum Fluss gelten hier die oben erwähnten Regeln (Alkoholverbot und Fleischgenuss) nicht.

② ***Palace on the Ganges***
B 1/158 Assi Ghat
Tel. 05 42 – 231 50 50
22 individuell eingerichtete Zimmer und ein Dachterrassenrestaurant zeichnen das »Palace on the Ganges« aus.

► Komfortabel / Günstig

③ ***Hotel Ganges View***
Assi Ghat
Tel. 05 42 – 231 32 18
Das sehr gut geführte, angenehme Hotel liegt direkt am Gangesufer. Eine Terrasse weist direkt zum Fluss. Zudem ist das vegetarische Essen ausgezeichnet.

④ ***Alka***
D 323 Mir Ghat
Tel. 05 42 – 232 84 45
Gut ausgestattete Zimmer, ebenfalls direkt am Ganges gelegen, mit Restaurant.

Varanasi Orientierung

Übernachten/Essen

① Taj Ganges
② Palace on the Ganges
③ Ganges View
④ Alka

In der Nähe des Gangesufers befindet sich die Alamgirmoschee, die ebenfalls von Aurangzeb an Stelle eines hinduistischen Tempels errichtet wurde.

Alamgir Mosque

In westlicher Richtung an der Vidyapeeth Road liegt der Bharat-Mata-Tempel, **ein »säkularisierter« Tempel**, in dem keine Götterfiguren zu finden sind. Stattdessen wurde in den Boden ein großes Marmorrelief des indischen Subkontinents eingelassen. Der von Mahatma Gandhi eingeweihte Tempel ist der »Mutter Indien« gewidmet.

Bharat Mata Temple

Weiter südlich liegt der Durgatempel, der wegen der hier lebenden Affen unter dem Namen **Affentempel** bekannt ist. Sein Turm versinnbildlicht das Eingehen aller fünf Elemente in die Weltseele. Der Durgatempel gilt als **einer der heiligsten Tempel Varanasis** und zieht viele Gläubige an.
Direkt nebenan steht der **Tulsi-Manas-Tempel**, benannt nach dem Dichter Tulsi Das, der hier seine Version des großen Epos Ramayana, Ramcharita Manas, geschrieben hat.

Durga Temple

Varanasi ist seit jeher ein Zentrum des Lernens. Neben Sanskrit wurden hier Musik und Tanz gelehrt. Die südlich vom Stadtzentrum gelegene Benares-Hindu-Universität ist **eine der größten Universitäten in Indien**. Auf ihrem Campus leben 8000 Studenten, die sich in erster Linie mit der hinduistischen Kultur, Religion und indischer Geschichte befassen. Eine Sammlung von über 150 000 seltenen Manuskripten ist in der Universitätsbibliothek zu finden.
Auf dem Universitätsgelände steht noch ein neuer, von der Industriellenfamilie Birla finanzierter **Vishvanath-Tempel**. Der Tempel wurde von Madan Mohan Malaviya (1862 – 1942) entworfen und ist offen für Angehörige aller Religionen. In der Nähe kann man eine umfangreiche Sammlung von Manuskripten und Miniaturen im **Bharat Kala Bhawan Museum** besichtigen (Öffnungszeiten: tgl. außer So. 10.30 – 17.00 Uhr).

Benares Hindu University

Umgebung von Varanasi

In dem kleinen Städtchen Sarnath (10 km östlich von Varanasi) sind Reste von Klosteranlagen, Stupas und ein Museum mit ausgezeichneten Skulpturen aus der Maurya-Periode zu sehen. Im Isipatana-Migadya-Park von Sarnath soll um 528 v. Chr. nach Wanderschaft, Meditation und Erleuchtung **Buddha seine erste Predigt gehalten und so das Rad der Lehre in Bewegung gesetzt haben**. Bereits der große Mauryakönig Ashoka ließ hier den Dharmarajika Stupa bauen, der jedoch 1794 abgetragen wurde. Nur die Spuren der Grundmauern und einige später zugefügte Pfeiler eines Steinzauns sind erhalten. Eine Ashoka-Säule mit Löwenkapitell, heute das Nationalemblem Indiens, kann im Museum von Sarnath besichtigt werden. Der untere Teil der glatt polierten Säule mit Inschrift steht auf dem Ausgra-

★ Sarnath

Meditation an einer der heiligsten Stätten der Hindus

DER HEILIGE FLUSS

Im Gegensatz zum Ozean, der als männlich gilt, sind in Indien alle Flüsse weibliche Wesen, da sie wie eine Mutter die Menschen mit Fruchtbarkeit und Wohlstand versorgen. Alle Flüsse sind heilig, doch der heiligste ist zweifellos der Ganges (Ganga), der nach hinduistischer Vorstellung alle drei Welten – Himmel, Erde und Unterwelt – durchfließt. Er ist der Inbegriff von Reinheit und Millionen gläubiger Hindus pilgern jedes Jahr zu seinen heiligen Orten.

Bhagirathi, einer der fünf Hauptquellflüsse, entspringt einer Eishöhle am Fuß des Gletschers Gangotri. Er vereinigt sich mit der **Alaknanda** in Devaprayag zum Ganges, der nach seinem Weg durch den südlichen Himalaja bei Rishikesh die Berge verlässt. Bei Haridwar durchbricht er die Vorberge des Himalaja und erreicht das Tiefland und bei Allahabad vereinigt er sich mit der **Yamuna**. An dieser Stelle (Sangam), die als besonders heilig gilt, soll auch der mythische unterirdische Fluss **Sarasvati** in den Ganges münden. Shiva soll sich mit seiner Frau Parvati in der alten Stadt Benares, dem heutigen **Varanasi**, niedergelassen haben. Deswegen ist sie seit ewiger Zeit Ziel der gläubigen Hindus. Bettler und Millionäre kommen hierher, um ihr Seelenheil zu finden. Jeden Morgen sieht man Yogis und Pilger den Sonnenaufgang preisen und sich mit dem Wasser rituell reinigen – und die Brahmanen an den Ghats verdienen seit Jahrtausenden ihr Einkommen damit, dass sie die für das Seelenheil notwendigen Mantras aufsagen.

Die Herabkunft der Ganga

Nach alter Legende entstammt Ganga der Himmelssphäre und kam auf die Erde, um die Seelen toter Hindus zu erlösen und die Menschen mit Fruchtbarkeit zu beschenken. Die **Legende von der Entstehung des Flusses** verdeutlicht nicht nur dessen religiöse Bedeutung für den gläubigen Hindu, sondern auch die Weisheit der Menschen, die den Kreislauf des Wassers, die Gefahren des starken Monsunregens und die Schutzfunktion des Waldes erkannt hatten:

»Einst lebte in Indien ein weiser König namens Bhagiratha. Er wurde wegen seines Gerechtigkeitssinnes und seiner Gottesliebe in ganz Indien gerühmt. Als er in die Jahre kam, erinnerte er sich an das grausame Schicksal seiner Vorfahren. Diese waren nämlich wegen eines Vergehens

von einem mächtigen Asketen verbrannt und verflucht worden. Seither irrten ihre Seelen umher, ohne den Weg in den Himmel zu finden. Bhagiratha beschloss, sein restliches Leben dem Schicksal seiner Vorfahren zu widmen, übergab das Königreich seinem Minister und begab sich in die Wälder des heiligen Himalaja. Dort angekommen, nahm er unter einem herrlichen Baum Platz und gab sich strenger Askese hin. Bhagiratha war nur von dem Gedanken an die Erlösung seiner Vorfahren erfüllt.

Nach vielen Jahren tiefer Meditation erschien ihm der wunscherfüllende Brahma und sprach: ›Lieber Bhagiratha, ich habe deinen Herzenswunsch vernommen. Deine Vorfahren können von ihrem Fluch nur erlöst werden, wenn ihre leiblichen Überreste vom heiligen Wasser der himmlischen Ganga weggewaschen werden. Ich habe sie bereits gebeten, auf die Erde zu kommen und deine Vorfahren zu erlösen. Die göttliche Ganga hat eingewilligt, aber darauf hingewiesen, dass ihre Kraft so gewaltig ist, dass sie bei ihrem Sturz vom Himmel die Erde zerstören wird. Ich kann dir nicht weiterhelfen. Nur Shiva, der Beherrscher der Naturkräfte, kann die zerstörerische Kraft der Ganga auffangen.‹ Bhagiratha begann daraufhin eine zweite Meditation. Er meditierte weitere lange Jahre und konzentrierte seine Gedanken auf den asketischen Shiva. Endlich erschien ihm auch der göttliche Shiva und sprach: ›Bhagiratha! Ich bin erfreut über deine Selbstbeherrschung und deine strenge Askese! Ich werde dir helfen und die Erde vor den zerstörerischen Kräften der Ganga beschützen. Komm, beende nun deine Meditation und folge mir zu den Gipfeln des Himalaja!‹ Bhagiratha beendete seine Meditation und folgte Shiva. Andere Götter, Heilige, Tiere und Menschen versammelten sich, um dem bevorstehenden göttlichen Schauspiel beizuwohnen. Am Himalaja angekommen, stellte sich Shiva auf den höchsten Gipfel und forderte Bhagiratha auf, Ganga zu bitten, auf die Erde zu kommen. Kaum hatte Ganga die Bitte Bhagirathas vernommen, stürzte sie sich mit tosendem Geräusch vom Himmel auf die Erde herab. Sie war sicher, dass die Erde durch ihre Gewalt auseinanderbrechen würde.

Seitdem erlöst sie alle Menschen von ihren Sünden und bewässert das trockene Land.

Aber **Shiva fing sie mit seinen Haaren auf**. Die göttliche Ganga verfing sich

Ganga verfängt sich bei ihrer Herabkunft zur Erde in Shivas langen Haaren.

darin und versuchte vergeblich, sich zu befreien. Nach langer Suche, bei der sie langsam ihre übergroße Kraft verlor, floss sie als der heilige Fluss Ganges aus seinem Haar und strömte langsam und gemächlich durch das weite Indien. Auf ihrem langen Weg zum Meer überspülte sie auch die Überreste von Bhagirathas Vorfahren und erlöste sie von ihren Sünden. Auf diese Weise kam die himmlische Ganga auf die Erde. Seitdem erlöst sie alle Menschen von ihren Sünden und bewässert das trockene Land.«

Hoch geschätzte Reinheit

Das Wasser des Ganges gilt seit altersher als besonders rein und soll nicht nur gegen Krankheiten helfen. Wenn man am Ganges stirbt oder die Asche nach dem Verbrennen in den Fluss ausgestreut wird, hilft dies auch gegen begangene Sünden. Es gilt als besonders verdienstvoll, die Rituale im Tempel oder vor dem Hausaltar mit Gangeswasser durchzuführen, weswegen es über weite Strecken transportiert wird. Die Hochschätzung dieses Wassers hat in der indischen Geschichte sonderbare Formen angenommen. So wird berichtet, dass der Cholakönig Rajendra I. (1012 bis 1044) einen zweijährigen Feldzug bis zum Ganges durchführte und von den tributpflichtigen Vasallen das Wasser über 2000 km zu seiner neu erbauten Hauptstadt nach Süden transportieren ließ. Durch diese Tat erhielt er den Beinamen Gangaikondacholan (der Chola, der den Ganges brachte). Der Maharadscha von Jaipur, Madho Singh II. (1880 – 1922), ließ vor seiner Reise nach England zum diamantenen Jubiläum Queen Victorias sogar zwei riesige Silbergefäße anfertigen, damit er Gangeswasser zum Trinken und für die religiösen Zeremonien zur Verfügung hatte.

Heute ist der Respekt vor Ganga **ökonomischen Interessen** gewichen. Die »Haare Shivas«, wie man die Wälder des Himalaja auch nennt, werden gefällt ohne Rücksicht auf die **ökologischen Folgen**. Als die Hänge des Himalaja wegrutschten, waren es gläubige Bäuerinnen und Bauern, die Anfang der 1970er-Jahre sich an ihre Bäume fesselten, um sie vor den Holzfällern zu schützen. Neue Gefahren drohen in Form von riesigen Staudammprojekten, die das labile Wasserökosystem gefährden.

Zudem hat die Zuleitung von Industrieabfällen die »reine« Ganga verschmutzt. Im Jahr 1985 wurde unter Rajiv Gandhi zwar das Central Ganga Authority Board (CGA) gegründet, das dafür sorgen soll, dass die Schadstoffablagerungen in den Ganges verringert werden – doch sein Erfolg ist im Modernisierungsfieber Indiens sehr fraglich.

bungsgelände. Dank der ausführlichen Berichte der chinesischen Pilger Fa Hsien und Hiuan Tsang weiß man, dass Sarnath **einst ein blühendes Zentrum des Buddhismus** war. Hiuan Tsang (ungefähr 640 n. Chr.) berichtet, dass 1500 Mönche hier lebten. Die Klosteranlage soll 65 m hoch gewesen sein und neben dem 22 m hohen Stupa von Ashoka soll dort noch ein 90 m hoher Stupa gestanden haben. Später geriet er in Vergessenheit, bis systematische Ausgrabungen seit Beginn des 19. Jh.s die verschiedenen Teile der Anlage freilegten, die man heute besichtigen kann. **Buddha Purnima**, der Geburtstag Buddhas, wird im Mai mit einer Prozession, bei der die ansonsten nicht der Öffentlichkeit zugänglichen Reliquien gezeigt werden, gefeiert.
Man betritt die **Anlage** von Osten, zur Rechten sieht man einen modernen buddhistischen Tempel mit japanischen Fresken (1930), davor einen Bodhibaum, der ein Setzling des legendären Baums aus Sri Lanka sein soll. Es heißt, dieser stamme vom ursprünglichen Baum aus Bodhgaya, unter dem Buddha seine Erleuchtung fand.
Von dort aus linker Hand steht das besterhaltene Monument von Sarnath, der besonders beeindruckende, aus der Gupta-Zeit stammende große **Dhamekh-Stupa** mit teilweise noch erhaltenen, fein bearbeiteten Steinreliefs. Der Stupa misst 13 m im Durchmesser und 28 m in der Höhe. Sein oberer Teil besteht aus Backsteinen, der untere Teil ist mit Sandstein dekoriert.
Hinter dem Stupa erstreckt sich das **Ausgrabungsgelände** mit Resten von vier Klöstern, den Grundmauern des Dharmarajika-Stupa und dem Rest einer abgebrochenen Ashoka-Säule. Teile der Klosteranlage wurden erst im 12. Jh. von der Königin Kumaradevi angelegt, doch darunter hat man Klosteranlagen aus der Kushana-Periode entdeckt. Die meisten Teile wurden jedoch bereits bei der islamischen Eroberung 1197 zerstört. In diesem sehr sehenswerten Museum sind neben dem bereits genannten **Löwenkapitell** einige sehr schöne Buddhafiguren im Mathura- und Guptastil zu sehen. Daneben sind auch zahlreiche hinduistische Skulpturen ausgestellt, die darauf hindeuten, dass dieser Platz früher wohl auch für Hindus ein wichtiger Ort war (Öffnungszeiten: tgl. außer Fr. 10.00 – 17.00 Uhr).

Öffnungszeiten: tgl. 9.00 – 17.00

★ ◄ Museum

Chaukhandi

Etwa 500 m südlich von Sarnath ist ein Stupa aus dem 5. Jh. zu besichtigen, der jedoch von Akbar 1588 durch einen Turm auf der Spitze verändert wurde. Akbar ließ diesen Turm bauen, um an den Besuch seines Vaters Humayun in Sarnath zu erinnern.

Sasaram

Etwa 100 km östlich von Varanasi befindet sich in Sasaram das **Mausoleum von Sher Shah Suri** (gest. 1545). Inmitten eines künstlich angelegten Sees erhebt sich die eindrucksvolle Kuppel von 46 m Höhe und 22 m Durchmesser, die mit einem goldenen Lotus bekrönt ist. Bei genauerem Hinsehen kann man noch erkennen, dass das Gebäude einst mit bunten geometrischen Mustern verziert war. In der kleinen Stadt stehen auch die Grabmäler des Vaters und des Sohns von Sher Shah Suri sowie andere moslemische Bauwerke.

WESTINDIEN

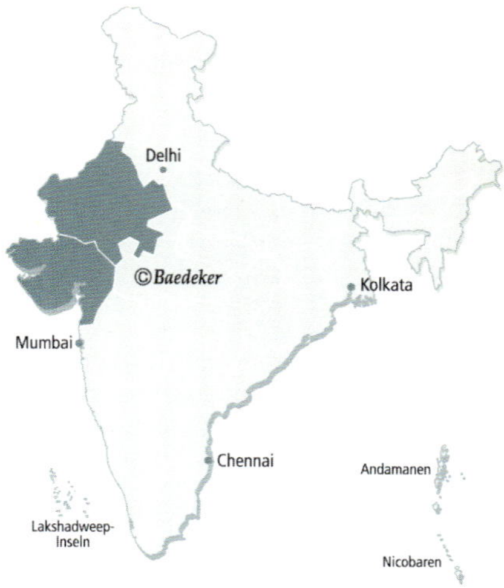

BUNDESSTAATEN UND UNIONSTERRITORIEN
Daman und Diu: Unionsterritorien
Gujarat: Hauptstadt Gandhinagar
Rajasthan: Hauptstadt Jaipur

Der Bundesstaat Rajasthan mit seinen vielen Palästen und Festungen gilt als eines der meistbesuchten Ziele in Indien. Gujarat ist dagegen erst dabei, seine ebenfalls sehr sehenswerten Attraktionen ins rechte Licht zu rücken. Der Nordwesten Rajasthans ist von der **Tharwüste** geprägt, die nach Südwesten in die im Bundesstaat Gujarat gelegene **Kutchregion** übergeht. Kargheit der Vegetation und extreme Klimabedingungen bestimmen das Leben hier. Während in der Wüste Thar heiße Sommer und trockene, kühle Winter vorherrschen, wird die Kutchregion während der Monsunzeit im Bereich der Salzwüste »Rann von Kutch« überschwemmt und in einen Salzsee verwandelt. Im südlichen Teil Rajasthans liegen die **Aravalliberge**, die zu den ältesten Bergformationen der Welt zählen. Hier regnet es mehr und das gesamte Klima ist kühler. Den äußersten Süden Westindiens bildet die **Halbinsel Kathiawar** im Bundesstaat Gujarat, eine riesige Basaltplattform, die äußerst fruchtbar ist. Ihre höchsten Erhebungen mit etwa 640 m ü. d. M. liegen bei Gir, wo im Gir-Nationalpark die letzten asiatischen Löwen ihren Lebensraum haben.

Geschichte Gujarats

Die Region östlich des Indus, der heute in Pakistan liegt, war bereits während der Harappa-Kultur (3. und 2. Jahrtausend v. Chr.) Heimat von Hochkulturen. Das riesige Ashoka-Reich umfasste sowohl Teile Rajasthans als auch Gujarats. Danach wurde die Region von der Mauryadynastie und den baktrischen griechischen Königreichen beherrscht, bis sie von den Guptas ihrem Reich einverleibt wurde. Überreste der einstigen Städte sind heute in Lothal (Gujarat) zu besichtigen.
Im 9. Jh. erlebte Gujarat unter den Solanki-Herrschern eine Blütezeit, wurde danach aber von moslemischen Eroberern immer wieder geplündert. Die Zerstörung der Tempelstadt Somnath durch Mahmud von Ghazni (1026) gehört zu den traurigsten Kapiteln der Geschichte. Danach etablierten sich in Gujarat unabhängige moslemische Herrscher, die jedoch durch Humayun und Akbar dem Mogul-

← *Junge Frauen an einem Balkon des Palasts von Jaisalmer*

reich einverleibt wurden. Mitte des 18. Jh.s fand die moslemische Herrschaft durch die marathische Machtübernahme ein Ende.
Der Vater der indischen Unabhängigkeitsbewegung **Mahatma Gandhi wurde in Gujarat geboren**, das in seinem Kampf gegen das englische Kolonialreich eine wichtige Rolle übernahm. Gujarat wurde erst 1960 vom damaligen Bundesstaat Bombay getrennt und zu einem eigenen Bundesstaat.

Geschichte Rajasthans

Ab dem 7. Jh. entwickelten sich in Rajasthan die **unzähligen kleinen Königreiche**, die von den Rajputen beherrscht wurden. Diese identifizierten sich mit dem Hinduismus so sehr, dass sie sich als Nachfahren des Helden Rama betrachteten und sich als Verfechter des Hinduismus gegen die moslemische Eroberung hervortaten. Die anfänglichen Eroberungsversuche der Moguln scheiterten an dem erbitterten Widerstand der Rajputen, der manchmal zur völligen Zerstörung von einzelnen Königreichen führte. **Ihr bis zur Selbstzerstörung reichender Heldenmut hat stark zu ihrer Glorifizierung beigetragen**. Akbar (1546 – 1605) versuchte durch matrimoniale Allianzen zu einer Übereinkunft mit den rajputischen Herrschern zu kommen: Er heiratete Töchter rajputischer Könige, worauf es zu einer gegenseitigen politischen Anerkennung kam. Als die englische Herrschaft sich über Indien ausbreitete, unterstützten die Rajputen die Engländer in ihrem Kampf gegen die Marathen und genossen als Verbündete der Engländer nicht unerhebliche Privilegien. Durch den Treaty of Subordinate Alliance, der 1818 unterschrieben wurde, begaben sich die Rajputen **unter die Herrschaft der Engländer** und erhielten dadurch einige Vorteile. Nach der Unabhängigkeit wurden die Königreiche aufgelöst und 1956 der neue Bundesstaat Rajasthan geschaffen.

Wirtschaft

Gujarat gehört zu den am meisten industrialisierten Regionen Indiens. Neben den traditionellen Schwerpunkten Textilindustrie und Salzgewinnung werden in neuerer Zeit die Erdöl verarbeitenden Industrien immer bedeutender. Raffinerien und Fabriken für Düngemittel spielen eine herausragende Rolle. Gut ausgebaute Infrastruktur und Energieversorgung ziehen immer mehr Firmen nach Gujarat. In der Landwirtschaft setzten sich schnell moderne Anbaumethoden durch, sodass der kleine Bundesstaat bei der Erdnuss- und Tabakproduktion an zweiter Stelle der indischen Bundesstaaten rangiert. Daneben werden als Marktfrüchte Zuckerrohr, Baumwolle, Mangos und Bananen angebaut. Der trockene Nordwesten wird nur extensiv genutzt und dient vor allem der Tierhaltung. Besonders berühmt ist Gujarat für seine kunsthandwerklichen Traditionen. Fein bestickte Textilien oder Batikstoffe (Bandhini) gehören neben Silberarbeiten zu den beliebten Produkten.
Die Landwirtschaft **Rajasthans** ist im Westen aufgrund geringer Niederschläge nur beschränkt möglich. Die Bauern pflanzen in erster Linie Hirse und Linsen an, ihren wahren Reichtum stellen aber Herden

Auslegen der Chilischoten zum Trocknen

von Ziegen, Schafen, Rindern und Kamelen dar. Regelmäßig auftretende Dürreperioden führen nicht selten zu Hungerkatastrophen und zum Verlust der Herden. Der Süden Rajasthans erhält mehr Niederschläge. Hier werden Weizen, Mais, Baumwolle, Zuckerrohr, Chili und Tabak angebaut. Rajasthan ist reich an mineralischen Rohstoffvorkommen. Neben Kupfer, Eisen, Zink und Silber zählen Braunkohle, Kreide, Magnesium und Quarz zu den wichtigsten Bodenschätzen. Wichtige Industrien sind Textil-, Zucker-, Zement- und Glasindustrie sowie die Herstellung von Pestiziden und Insektiziden. Edelsteinverarbeitung und -handel in Jaipur ziehen Händler aus der ganzen Welt an. Ebenso wie in Gujarat ist das Kunsthandwerk berühmt. Stoffdrucke, Holzpuppen, Miniaturmalereien, Marmorfiguren, Leder und Teppiche sind nur einige Produkte der rajasthanischen Kunsthandwerker.

Sehenswürdigkeiten

Rajasthan, das Land der Könige, gehört zu den beliebtesten Regionen Indiens. Die gut erhaltenen **Paläste der Maharadschas** von einst vermitteln mit ihrer verschwenderischen Pracht einen Einblick in das luxuriöse Leben dieser Herrscher. Ein zusätzlicher Reiz besteht darin, dass man in vielen Palästen auch wohnen kann. Die schönsten Paläste sind in **Amer, Bikaner, Jaipur, Jodhpur und Udaipur**.
In der Wüstenstadt Jaisalmer befinden sich neben der mittelalterlichen Festung und Innenstadt noch filigrane Jaintempel und schöne Kaufmannshäuser. Außerdem hat man hier die Möglichkeit, auf einem Kamel mehrtägige Touren in die Wüste zu unternehmen. An der Grenze zwischen Rajasthan und Gujarat findet man die beein-

druckenden Jaintempel in Mount Abu und Ranakpur. Das alljährliche Fest in Pushkar mit Kamelmesse und Jahrmarkt zählt zu den schönsten Festen in Indien.
Das noch wenig von Touristen besuchte Gujarat bietet neben weitläufigen und beeindruckenden **jainistischen Tempelstädten** wie Palitana und Mount Girnar auch wichtige hinduistische Tempel (Modhera, Dwarka, Somnath). Die Landeshauptstadt Ahmedabad verfügt über zahlreiche Moscheen, hervorragende Museen und moderne Bauten bekannter Architekten. Eine besondere Attraktion ist der Gir-Nationalpark, die Heimat der seltenen asiatischen Löwen.
Diu und Daman sind verschlafene Städte am Arabischen Meer, die noch ihr portugiesisches Flair bewahrt haben. Abseits von Touristenströmen kann man hier ein Leben ohne Hektik genießen.

★ Ahmedabad (Ahmadabad)

C 8

Bundesstaat: Gujarat
Einwohner: 4,5 Mio.
Höhe: 55 m ü. d.M.
Entfernung: 551 km nördl. v. Mumbai

Am Ufer des Sabarmati erstreckt sich Ahmedabad, die siebtgrößte Stadt Indiens und bevölkerungsreichster Ort des Bundesstaats. Die ehemalige Hauptstadt ist ein wichtiges Handelszentrum, vor allem für Baumwolle und Textilien, und ein idealer Ausgangspunkt für die Erkundungen Gujarats mit seinen beeindruckenden Jain- und Hindutempeln, den Naturschutzgebieten und der Küste.

Die besondere Förderungspolitik Gujarats hat Ahmedabad zu einer der höchstentwickelten Metropolen Indiens gemacht. Zu den wichtigsten Bildungseinrichtungen der Stadt zählen die Ahmedabad University, das Lalbhai Dalpatbhai Institute of Indological Research und das landesweit bekannte Indian Institute of Management (IIM).

★ Internationales Drachenfestival ▸

Während des traditionellen **Makar-Sankranthi-Fests** (14. Januar) findet ein Internationales Drachenfestival statt. Der Himmel ist dann voller Drachen unterschiedlichster Farben und Größen. Am darauf folgenden Tag findet ein Wettbewerb statt, bei dem die Teilnehmer versuchen, die Drachen der Gegner herunterzuholen. Dabei werden sogar Glassplitter an der Drachenschnur befestigt, um die Schnüre der anderen zu zerschneiden. In der Stadt befindet sich außerdem ein Drachenmuseum.

Geschichte

Ahmedabad verdankt seinen Namen dem Sultan Ahmed Shah, der 1411 die alte hinduistische Stadt Asval befestigte und zu seiner Hauptstadt ausbaute. Die Stadt wuchs schnell und bald zogen Handwerker aus nah und fern hierher. Bereits nach einem halben Jahrhundert galt Ahmedabad als eine der reichsten Städte Indiens. Nach ihrer Eroberung durch Akbars Truppen 1572 wurde sie ein Teil des

Ahmedabad Orientierung

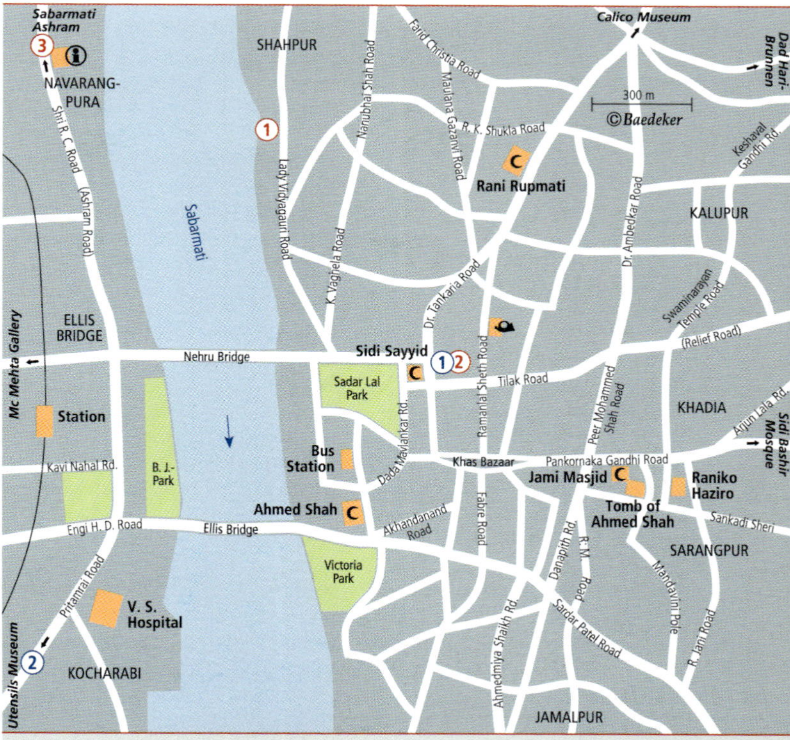

Übernachten
① Cama Hotel
② House of Mangaldas Girdhardas
③ Hotel Toran

Essen
① Agashiye
② Vishalla

großen mogulischen Reichs. Ahmedabad blieb Provinzhauptstadt und war weithin bekannt als wichtiger Markt für Seide und Brokat. Diese kostbaren Güter wurden von hier aus bis in das weit entfernte Europa exportiert. Die reichen Händler bauten sich prächtige, mit Holzfassaden verzierte Häuser, von denen heute nur noch wenige erhalten sind. Ab 1630 wurde die Stadt von Hungersnöten und politischen Auseinandersetzungen geplagt und verlor immer mehr an Bedeutung. In der Folgezeit wechselte die Herrschaft über die Stadt zwischen den Moguln und den hinduistischen Marathas. Im Jahr 1817 geriet Ahmedabad unter britischen Einfluss und erlebte eine erneute Blütezeit als Textilzentrum – es erhielt sogar den Beinamen **»Manchester des Ostens«**.

AHMEDABAD ERLEBEN

AUSKUNFT

Gujarat Tourism
H. K. House
Ashram Road
Tel. 079 – 26 58 91 72
www.gujarattourism.com

ANREISE

Zahlreiche Flug-, Bahn- und Busverbindungen von Mumbai und Delhi

EINKAUFEN

Der geschäftige Basar in der Altstadt ist einen Besuch wert, besonders die Straßen im Manek Chowk. Hier gibt es alles, vom Schmuck bis zu den für Gujarat typischen Bandhinistoffen (gemusterte Batiken); besonders große Auswahl um »Raniko Haziro«. Die größte moderne Einkaufsstraße ist die C. G. Road im neuen Teil Ahmedabads. Dort findet man Kleidung, Schuhläden, Schmuck u.v.m.

ESSEN

► Hinweis

Gujarat ist ein »Dry State«, d. h. in den Hotels und Restaurants werden keine alkoholischen Getränke ausgeschenkt.

► Erschwinglich

① ***Agashiye***
im Hotel »Mangaldas Girdhardas«
Tel. 079 – 25 50 65 35
Ausgezeichnete vegetarische Spezialitäten in sehr angenehmer Atmosphäre (s. auch Empfehlung).

► Preiswert

② ***Vishalla***
gegenüber Vasana Tol Naka
Tel. 079 – 26 60 24 22
Ethnisches Restaurant am Stadtrand von Ahmedabad. Man sitzt auf dem Boden an langen Tischen, serviert wird ein typischer Gujarati-Thali, ein Teller mit vielen verschiedenen vegetarischen Gerichten aus der Region. Auf dem Gelände gibt es außerdem jeden Tag ein Kultur- und Kinderprogramm mit Theater und Musik. Man sollte beim Besuch auch einen Blick in das Museum für Küchenutensilien werfen.

ÜBERNACHTEN

► Luxus / Komfortabel

① ***Cama Hotel***
Khanpur Road
Tel. 079 – 25 60 12 34
www.camahotels.com
Am Fluss Sabarmati liegt dieses Hotel (50 Z., alle mit Klimaanlage); Swimmingpool und zwei Restaurants.

Baedeker-Empfehlung

② ***The House of Mangaldas Girdhardas***
gegenüber der Sidi-Sayyid-Moschee
Lal Darwaja
Tel. 079 – 25 50 65 35
www.houseofmg.com
Hotel mit zwölf sehr geschmackvoll und individuell eingerichteten Zimmern in ein[er] alten Villa mitten im Zentrum Ahmedabads. Es gibt zwei Restaurants, darunter e[in] exzellentes Dachterrassenrestaurant, wo man bei Kerzenschein und klassischer indischer Musik dinieren kann.

► Günstig

③ ***Hotel Toran***
Gandhi Ashram Road
Tel. 079 – 27 55 93 42
Staatliches Hotel von Gujarat Tourism, direkt gegenüber dem Gandhi Ashram (Sabarmati Ashram). Einfache, aber saubere Zimmer; kleines vegetarisches Restaurant.

Neben Textilien war aber auch Opium ein wichtiges Handelsprodukt der Stadt, das von den Engländern an die Chinesen verkauft wurde. Mahatma Gandhi fand bei den unterbezahlten Textilarbeitern Ahmedabads zahlreiche Anhänger. Gemeinsam begannen sie am 12. März 1930 vom Sabarmati Ashram in Ahmedabad aus den berühmten **Salzmarsch**, der den Freiheitskampf einleitete. Nachdem Indien unabhängig geworden war, kam es in Ahmedabad immer wieder zu gewaltsamen Auseinandersetzungen zwischen Hindus und Muslimen. **Internationale Architekten** wie Le Corbusier und Louis Khan sowie anerkannte indische Architekten wie Doshi und Correa wirkten bei der Stadtplanung des modernen Ahmedabad mit.

! *Baedeker* TIPP

Morgens durch die Gassen

Das alte Ahmedabad entdeckt man beim Spaziergang durch die alten Viertel, die so genannten Pols von Ahmedabad. Beim »Heritage-Walk«, der jeden Morgen um 8.00 Uhr durch Tempel, Moscheen und das Gassengewirr von Alt-Ahmedabad führt, wird die Geschichte der Stadt lebendig. Die Führungen beginnen am Swaminarayan-Tempel; direkt gegenüber liegt das Büro der Ahmedabad Municipal Cooperation (Anmeldung direkt im Büro oder unter Tel. 98 24 03 28 66 und 25 39 18 11).

Sehenswertes in Ahmedabad

Stadtbild

Auf der östlichen Seite des Flusses befindet sich die Altstadt mit ihren engen Gassen, vielen Moscheen und Basaren. Östlich der Jami Masjid, um den Manek Chowk herum, kann man einige der berühmten Stadthäuser mit ihren Holzfassaden besichtigen.

✶ Jami Masjid

Ahmedabad besitzt über 50 Moscheen, von denen die wichtigsten die Sidi-Sayyed-Moschee und die Freitagsmoschee sind. Die Jami Masjid wurde 1524 von Ahmed Shah vollendet, verlor jedoch bei den Erdbeben von 1818 und 1957 zwei Minarette. Sie ist ein äußerst gelungenes Beispiel für die Vermischung indischer und arabischer Baustile. Die Verwendung alter Säulen aus Hindutempeln und die Beschäftigung von hinduistischen Handwerkern für den Bau dieser Moschee verdeutlichen dies. Auch die 260 Säulen, die die 16 Kuppeln der Moschee stützen, weisen hinduistische Muster auf.

✶ Sidi Sayyid Mosque

Die Sidi-Sayyed-Moschee wurde von den Siddhis, afrikanischen Sklaven, erbaut. Die heute auf einer Verkehrsinsel stehende kleine Moschee ist berühmt für ihre **fein gearbeiteten marmornen Gitterfenster**. Sie sind so filigran, dass man das schwere Ausgangsmaterial kaum noch erahnt. Besonders schön sind die zwei Fenster, die ein Palmenmotiv zeigen; sie gelten als Höhepunkt des indosarazenischen Stils.

Rani Rupmati Mosque

Rani Rupmati war die erste Frau des sechsten gujaratischen Sultans Qutbud-din Ahmad Shah II. (1451 – 1458) und später die Ehefrau

Vor Erdbeben geschützt: »shaking minaretts«

des siebten Sultans Mahmud Begadha (1458 – 1511). Sie verstarb jedoch früh. Ihr zu Ehren errichtete ihr zweiter Mann diese schöne Moschee mit dem Grabmal. Die Grabstätte, gleich rechts neben der Moschee, ist ein kompakter Bau, auf dessen 32 Säulen eine Kuppel thront. Die Rani-Rupmati-Moschee ist ein sehr schönes Beispiel für die Moscheenarchitektur des 16. Jh.s.

Die Minarette der **Sidi-Bashir-Moschee** sind so gebaut, dass, wenn eines sich bewegt, das andere mitschwingt. Diese bewegliche Konstruktion, durch die die Türme den Namen »**shaking minaretts**« bekamen, wurde gebaut, um die Moschee erdbebensicher zu machen.

★ Treppenbrunnen

Ein einzigartiges Produkt der gujaratischen Architektur sind die Treppenbrunnen. Sie dienten nicht nur als Wasserspeicher, sondern auch als Rückzugsmöglichkeiten in den heißen Sommermonaten. Über diverse unterirdisch angelegte Hallen gelangt man zum eigentlichen Brunnen, aus dem Wasser geschöpft wurde. Der **Dad Hari Vav** im Stadtteil Asarva wurde wie eine Spirale über drei Etagen in den Boden hineingearbeitet. Er soll 1499 nach dem Entwurf von Dada Harir, einer Dame aus dem Harem von Mahmud Shah, errichtet worden sein.
Ein anderer, etwas einfacherer älterer Brunnen, **Bhavani Bav**, befindet sich ebenfalls im Stadtteil Asarva. Man muss 52 Stufen hinabsteigen, um an das kühle Wasser zu gelangen. Der Bau wird den Solankis, einem Rajputengeschlecht aus dem 11. Jh., zugeschrieben. Am **Kankaria Lake**, wo einst Jehangir und seine Gemahlin Nur Jahan viele Abende gemeinsam verbrachten, liegt ein idyllischer Picknickplatz, der viele Inder anzieht.

★★ Calico Museum of Textiles

Öffnungszeiten: tgl. außer Mi. u. Fei. 14.30 – 17.00

Dieses Museum beherbergt **eine der besten Sammlungen der Textilkunst auf der ganzen Welt**. Besonders sehenswert sind sakrale Wandbehänge mit Darstellungen von Krishna und bestickte mogulische Zelte. Neben Textilien aus Gujarat werden auch Stickereien aus dem Kullutal, Halstücher aus Kaschmir und Brokat aus Varanasi gezeigt. Die Prozesse der Textilherstellung und der Färbung sind anhand von Modellen und Erklärungen anschaulich dargestellt. Das von Gira Sarabhai gegründete Museum ist in einer sehr schönen Villa und deren Nachbargebäuden untergebracht.

Utensils Museum

⏲ Öffnungszeiten: tgl. 10.00 – 19.30

Dieses von Surendra Patel gegründete Museum im Vechaar Vishalla Environmental Centre präsentiert mehr als 10 000 Gebrauchsgegenstände aus Indien. Von Löffeln, Henkelmännern und Kochgeschirr bis zu Wasserkrügen findet man hier fast alles, was in den verschiedenen Regionen Indiens Verwendung findet.

★★ Sabarmati Ashram

⏲ Öffnungszeiten: tgl. 8.00 – 18.30

Mahatma Gandhi gründete 1918 nach seiner Rückkehr aus Südafrika diesen Ashram, wo er bis 1930 lebte. **Seine Wohnstätte** ist dort noch im Originalzustand erhalten. Darin werden die wichtigen Etappen des Unabhängigkeitskampfes anhand von Fotos dargestellt. Interessierten steht eine ausgezeichnete Bibliothek zur Verfügung. Der Ashram befindet sich ungefähr 6 km von der Innenstadt entfernt in nördlicher Richtung am Westufer des Sabarmati.

MC Mehta Gallery

Diese Galerie besitzt eine international bekannte Sammlung von Miniaturen der gujaratischen Jainschule, der Mogulperiode, der Rajasthanischule und der Paharischule.

Weitere Museen

Das Tribal Museum und das Shreyas Folk Art Museum informieren über die Stammesbevölkerungen und deren Kunsthandwerk.

Umgebung von Ahmedabad

★ Adalaj

Der **Adalaj-Treppenbrunnen** (20 km nördlich von Ahmedabad) ist eines der schönsten Exemplare dieser Bauwerke, die vor allem in Gujarat allgemein verbreitet waren. Der kunstvoll sich über vier Ebenen erstreckende Brunnen mit fein verzierten Säulen und zahllosen Nischen, in denen hinduistische Gottheiten dargestellt sind, soll von der Königin Radabhai (1489) erbaut worden sein. Wenn man die Treppen hinuntergeht, kann man die zunehmende Kühle genießen.

Lothal

In der Ausgrabungsstelle bei Lothal (80 km südlich von Ahmedabad) wurden Reste menschlicher Siedlungen aus der Zeit der Indus-Zivilisation zu Tage gebracht. Man sieht alte Backsteinhäuser und ein großes Becken, das als Dock für Schiffe benutzt wurde. Das kleine Archäologische Museum zeigt Schmuckstücke, Geräte und Keramiken aus der Zeit vor fast 5000 Jahren, als von Lothal aus Fernhandel mit Ländern wie Mesopotamien und Ägypten betrieben wurde.

★★ Sonnentempel von Modhera

Der Sonnentempel von Modhera (106 km nördlich von Ahmedabad) ist sicher **einer der schönsten Tempel Indiens**. Dieses Heiligtum mit dem davor liegenden tiefen See wurde von König Bhim Dev I. in den Jahren 1026 / 27 erbaut. Der gut proportionierte, auf einem Plateau stehende Tempel hat eine vorgelagerte Halle mit sehr schönen Säulen. An seinen Außenwänden ist mehrfach der Sonnengott Surya auf seinen Pferden reitend dargestellt. Teile des Tempels wurden leider von Mahmud von Ghazni zerstört. Den riesigen Tempelteich umgeben viele schöne Relieffiguren und kleine Schreine.

Ein ganz besonderes Kleinod – der Sonnentempel von Modhera

Der Sonnentempel wird nur selten von Touristen besucht, da er etwas schwierig zu erreichen ist. Doch er lohnt die Mühe.

★ **Patan** Auch in Patan (120 km nördlich von Ahmedabad), der alten Hauptstadt der Solanki-Dynastie, gibt es einen **beeindruckenden Treppenbrunnen**, Rani ki Vav. Die gesamte Innenwand ist mit sehr schönen Skulpturen (Vishnu-Inkarnationen) versehen. Da der Brunnen bis vor kurzem unter Sand begraben war, sind die Figuren in sehr gutem Zustand erhalten geblieben. Ferner ist Patan für seine alten Holzhäuser und die Herstellung von **Saris in der Doppelikat-Technik** berühmt. Dabei werden sowohl Lauf- als auch Kettenfäden zuerst gefärbt und dann gewoben. Durch das raffinierte Einfärben entsteht beim Weben das typische Muster.

Rajkot Mahatma Gandhi hat einen Teil seiner Jugend in Rajkot (190 km westlich von Ahmedabad) verbracht. In dem Haus, in dem er damals lebte, ist heute ein Museum untergebracht. Das Watson Museum bewahrt Ausgrabungsstücke früher indischer Zivilisationen und koloniale Relikte.

★ Ajmer

D 6

Bundesstaat: Rajasthan
Einwohner: 520 000
Höhe: 486 m ü. d. M.
Entfernung: 399 km südwestl. v. Delhi

Die Stadt Ajmer liegt in einem schönen Tal in den Aravallibergen und gehört mit ihrem großen See, dem Ana Sagar, zu einem den heiligen Orte der Muslime.

Sie besitzt zwar keine besonderen architektonischen Sehenswürdigkeiten, wird aber jährlich von Tausenden von islamischen Pilgern besucht, die das **Grab des Gründers des ersten Sufiordens** in Indien besuchen. Die sechstägige Totengedenkfeier (Urs Festival) für den Sufimönch Muin-ud-din Chishti, die nach dem Vollmond im siebten Monat des islamischen Mondkalenders (April / Mai) gefeiert wird, lockt Hunderttausende nach Ajmer. Dabei bietet sich die Gelegenheit, den religiösen Gesängen der Moslems, den Qawwalis, zuzuhören. Ajmer ist auch der Ausgangsort für die weltberühmte **Pushkar Fair**, eine der größten Kamelmessen Indiens, bei der Hunderttausende von Pilgern zum Brahmatempel strömen.

AJMER • PUSHKAR ERLEBEN

AUSKUNFT

Tourist Offices
Ajmer: im RTDC Hotel Khadim
Tel. 01 45 – 627 426
(preiswerte Übernachtungsmöglichkeit)

Pushkar: im Hotel Sarovar am See
www.rajasthantourism.gov.in
Da Pushkar für die Hindus ein sehr heiliger Ort ist, gilt ein Alkoholverbot in der Stadt.

ANREISE

Ajmer liegt an der Bahnlinie Ahmedabad – Delhi.

VERANSTALTUNGEN

Pushkar-Mela im November: Kamelmesse, Jahrmarkt und Kulturprogramm. Für diese Zeit unbedingt eine Unterkunft im Voraus buchen.

ÜBERNACHTEN / ESSEN

► Luxus / Komfortabel

Pushkar Palace
Pushkar, Tel. 01 45 – 277 22 26
www.hotelpushkarpalace.com
Direkt am See mit schöner Terrasse, wo man den Sonnenuntergang genießen kann; vegetarisches Restaurant, Kulturveranstaltungen am Abend.

Mansingh Palace
Ajmer
Vaishali Nagar
Tel. 01 45 – 242 57 02
Die 54 Zimmer bieten allen Komfort, es gibt ein internationales Restaurant und eine Bar.

► Preiswert / Günstig

Sunset Café und Hotel
Pushkar (am See gelegen)
Tel. 0145 – 277 33 82
Im Sunset Hotel gibt es 12 Zimmer, einen schönen Garten und ein Internetcafé.

Hotel Jannat & Restaurant
Ajmer
Nizam Gate
Dargah Sharif
Tel. 01 45 – 243 01 08
Direkt im Basar gelegen, saubere Zimmer und gute, günstige nordindische Spezialitäten.

Moon Dance
Tel. 01 45 – 277 26 06
Pushkar (gegenüber dem Vishnutempel)
Kleines Restaurant mit internationaler Küche (gute Pastagerichte) in einem netten Garten; manchmal werden Tablakonzerte gegeben.

Geschichte Ajmer, von dem Rajputenclan der Chauhans bereits im 11. Jh. gegründet, wurde 1193 durch Mohammed Ghori erobert und geriet unter die Herrschaft der Muslime. Diese beherrschten die Stadt bis 1326. Danach war sie ein ständiger Zankapfel zwischen rajputischen Königen, marathischen Herrschern und moslemischen Sultanen. Unter Akbars Herrschaft, der die Stadt als Basis benutzte, um die Rajputenkönige zu besiegen, blühte sie kulturell auf.

Der große Sufimeister Khawaja Muin-ud-din Chishti (1143 – 1235) siedelte sich 1191 hier an, um den islamischen Glauben zu verbreiten. Er gründete den nach ihm benannten **Chishtiorden**, der nach wie vor einer der einflussreichsten Sufiorden ist. Sein Grab ist bis heute die Hauptattraktion der Stadt. Im Jahr 1818 wurde Ajmer der englischen Kolonialverwaltung unterstellt, anders als viele andere Städte Rajasthans, die ihre Eigenständigkeit zumindest teilweise erhalten konnten.

Sehenswertes in Ajmer

Hinweis Alle Sehenswürdigkeiten der Stadt liegen innerhalb der verwinkelten Altstadt und sind gut zu Fuß zu erreichen.

✶ Grabmal des Sufi Muin-ud-din Chishti Das Grabmal des Sufi Muin-ud-din Chishti war schon immer eine **wichtige Pilgerstätte der Moslems**. Der Ruhm des Heiligen war groß und weit verbreitet. Selbst der große Kaiser Akbar soll vierzehnmal nach Ajmer gepilgert sein. Bekannte Mogulkaiser wie Humayun,

Basar am Dargah Sharif, dem Mausoleum des Khawaja Muin-ud-din Chishti

Shah Jahan, Jehangir und Akbar haben hier zu Ehren des Heiligen Moscheen erbauen lassen.
Das Zentrum der Anlage, die man durch ein gewaltiges Tor aus dem 12. Jahrhundert betritt, bildet das kleine Backsteingrabmal des Sufi, das jedoch in späteren Jahrhunderten immer weiter ausgebaut wurde. Auf dem Gelände befinden sich die Akbar-Moschee (1570) und die Jami-Moschee, die Shah Jahan 1637/38 errichten ließ. Dieses schöne Gotteshaus besteht wie auch das Taj Mahal in Agra aus weißem Marmor, der aus dem nahe gelegenen Steinbruch Makrana hierher gebracht wurde. In der Gebetshalle befindet sich ein schöner Mihrab.

✱ Adhai-din-ka-jonpara-Moschee

Wenn man die Moschee verlassen hat und nach etwa 400 m rechts den Hügel hinaufgeht, kommt man zur Adhai-din-ka-jonpara-Moschee, der »Hütte der zweieinhalb Tage«. Ihren Namen erhielt sie, weil sich während der Urs-Feiern die Fakire hier versammelten. Beeindruckend an der inzwischen stark beschädigten Moschee sind die **sieben Torbögen, auf denen Koransprüche meisterhaft kalligrafisch eingemeißelt sind**.
Ursprünglich befand sich an diesem Platz ein Jaintempel, der jedoch in Teilen für den Bau der Moschee zerstört wurde. An den architektonischen Relikten kann man die wechselvolle Geschichte dieses Orts auch heute noch gut erkennen.

Ana Sagar

Dieser künstlich angelegte See entstand unter dem Rajputenprinzen Anaji um die vorige Jahrtausendwende. Später baute Shah Jahan fünf Pavillons am Ufer, von denen vier noch erhalten sind. Der von Jehangir erbaute Garten Daulat Bagh ist bis auf wenige Reste zerstört.

Museum

In der Innenstadt befindet sich in dem von Akbar erbauten Daulat Khana (Akbar's Palace) ein Museum mit Skulpturen aus Rajasthan und einigen Funden aus der Zeit der Indus-Zivilisationen (Öffnungszeiten: tgl. außer Fr. 10.00 – 16.30 Uhr).

Nasiyan-Tempel

In der Nähe steht auch der jainistische Nasiyan-Tempel aus rotem Sandstein. Für Besucher ist nur ein Saal mit einem vergoldeten Modell einer himmlischen Stadt zugänglich.

Pushkar

✱ ✱

◄ Pushkar Mela

Nur 11 km nordwestlich von Ajmer liegt Pushkar. Hier gibt es **einen der wenigen Tempel in Indien, der dem Gott Brahma geweiht ist**. Da dieser Ort seit altersher als besonders heilig gilt, wurden hier im Lauf der Zeit fast 400 Tempel gebaut. Einmal im Jahr, zum Vollmond im Hindumonat Kathik (Oktober / November), verwandelt sich die ansonsten ruhige Stadt in einen riesigen Rummelplatz. Dann wird die Pushkar Mela, ein **zweiwöchiges Fest und eine der größten Kamelmessen Indiens** gefeiert. Die Ghats am Pushkarsee ziehen die re-

Das Pushkar-Fest zieht alljährlich Tausende von Pilgern an. Gleichzeitig finden ein riesiger Kamelmarkt, Tanzaufführungen und ein großer Basar statt.

ligiösen Pilger an, die hier baden, um von Verfehlungen reingewaschen zu werden. Aber auch Händler kommen hierher, und tagelang wird um Rinder oder Kamele, den größten Schatz der Wüstenbewohner, gefeilscht. Wie in ►Jaisalmer wird auch hier eine provisorische Zeltstadt aufgebaut, um den zahlreichen Besuchern Unterkunft zu bieten. Die übrige Zeit ist Pushkar ein Ort, der dem Besucher Erholung und ein langsames Entdecken der hinduistischen Götterwelt ermöglicht.

★ Alwar

E 6

Bundesstaat: Rajasthan
Einwohner: 230 000
Höhe: 50 m ü. d. M.
Entfernung: 197 km südwestl. v. Delhi

Die alte Rajputenstadt auf der Strecke Delhi – Jaipur wird trotz ihrer idyllischen Lage am Fuß der Aravalliberge nur von wenigen Touristen besucht. Dabei besitzt Alwar eine der schönsten Palastanlagen Rajasthans. Meist wird der Ort als Ausgangspunkt für Ausflüge zum Sariska-Tigerreservat genutzt.

Geschichte

Die Region um Alwar wurde bereits vor 3500 Jahren besiedelt. Legenden zufolge sollen sich einige Ereignisse, von denen das große Epos Mahabharata erzählt, hier abgespielt haben. Zeitweise war die Stadt Teil des Mauryareichs, später wurde sie zu einem Zankapfel zwischen dem expandierenden Mogulreich von Delhi und lokalen Rajputenherrschern. Seine Glanzzeit erlebte Alwar unter dem rajputischen König Pratap Singh, der sich von Jaipur unabhängig und Alwar 1771 zur Hauptstadt eines eigenen Staats machte. Die Stadt wurde damals durch eine imposante Festung auf dem nahe gelegenen, 300 m hohen Berg geschützt. Später verbündeten sich Singhs Nachfolger mit den Engländern und kämpften erfolgreich gegen die Marathen. Die Engländer zeichneten die Herrscher von Alwar für ihre Unterstützung aus.

Sehenswertes in Alwar

✶ Vinai Vilas Mahal

Innerhalb der ummauerten Altstadt, in die fünf Tore Einlass gewähren, steht am Ufer eines großen, künstlich angelegten Sees der Stadtpalast aus dem Jahr 1840. Maharadscha Vinay Singh erbaute am Ufer eine Gedenkstätte für seinen Vater Bakhtawar Singh sowie den Palast am Ufer des 10 km entfernten Siliserhsees. Dieser war früher über einen Kanal mit Alwar verbunden und versorgte die Stadt mit ausreichend Wasser.

Ein Großteil des Stadtpalasts wird von Regierungsstellen genutzt und kann nicht besichtigt werden. Ein anderer Teil, wie z. B. die Empfangshalle, kann nur mit einer Sondergenehmigung betreten werden, die im Alwarhaus in Delhi erhältlich ist.

ALWAR • SARISKA-NATIONALPARK ERLEBEN

AUSKUNFT

Tourist Office
Alwar
Tel. 01 44 – 223 73 78
www.rajasthantourism.gov.in

ANREISE

Zug- und Busverbindungen nach Jaipur, Delhi, Jodhpur, Ahmedabad.

ESSEN / ÜBERNACHTEN

► **Günstig**

RTDC Hotel Meenal
Alwar
Tel. 0144 – 34 73 52
Von Rajasthan Tourism geführtes einfaches Hotel.

RTDC Hotel Tiger Den
Sariska
Tel. 01 44 – 284 13 42
Zentral, direkt neben dem Parkeingang gelegen. Das Hotel bietet große und saubere Zimmer.

► **Luxus**

Sariska Palace
Sariska
Tel. 01 44 – 284 13 22
Das Sariska Palace befindet sich im ehemaligen Jagdschloss des Maharadschas von Alwar. In der sehr schönen Anlage gibt es einen neuen Anbau und einen erstklassigen Swimmingpool.

Government Museum
Öffnungszeiten: 10.00 – 17.00

So muss man sich mit der Besichtigung der übrigen Räume begnügen, in denen das Government Museum untergebracht ist. Es beinhaltet neben verschiedenen Skulpturen Gegenstände aus dem Privatbesitz der Königsfamilie (u. a. einen Silbertisch) und eine sehr umfangreiche Manuskriptensammlung (7000 Werke). Sehenswert sind auch die Miniaturen aus der Alwarschule (19. Jahrhundert) und der Bundischule.

Chhatris (Grabmäler)

Am südlichen Ufer des Sees erhebt sich das aus rotem Sandstein und weißem Marmor erbaute **Ehrengrabmal von Maharadscha Bakhtwar Singh** (1781 – 1815). Die Geliebte von Bakhtwar Singh, die Maharani, soll hier Sati (rituelle Selbsttötung) begangen haben, weswegen das Gebäude auch Musi Maharani genannt wird. Der kompakte, harmonische Bau erinnert an den Versuch der Rajputen, den imperialen Lebensstil der Mogulherrscher, die die Tradition der Ehrengrabmäler nach Indien brachten, nachzuahmen.

Purjan Vihar

Der Purjan Vihar, der auch Company Bagh genannt wird, wurde 1868 von Maharadscha Shiv Dan Singh angelegt, um den heißen Sommer erträglicher zu machen. Im Park befindet sich ein Sommerhaus mit geschmückten Innenräumen.

Umgebung von Alwar

Vijay Mandir Mahal

Landschaftlich reizvoll am Ufer des Vijay-Sagar-Sees (10 km von Alwar) liegt der Palast, in dem die königliche Familie jetzt lebt. Auf höfliches Fragen hin werden oft Teile des Palastes Besuchern gezeigt. Aber schon allein die Fahrt hierher und der Blick von außen lohnen sich.

✶ Sariska-Nationalpark

Etwa 40 km von Alwar entfernt auf der Straße nach Jaipur liegt der 480 km^2 große Nationalpark, der 1955 gegründet wurde und zum »Projet Tiger« zählt. In dem bergigen und zum Teil unzugänglichen Gelände, dem **früheren Jagdgebiet des Maharadschas von Alwar**, muss man außergewöhnliches Glück haben, um einen Tiger zu Gesicht zu bekommen. Wer es trotzdem probieren will, kann z. B. im Sariska Palace übernachten und sich in Ruhe der Beobachtung von Wildtieren oder Träumereien über das Jagdleben der Maharadschas hingeben. Im Park findet man Nilgaintilopen, Sambarhirsche, Axishirsche, Wildschweine, Hanumanlnguren und Rhesusaffen. Neben Wasservögeln und Eulen kommen der **Gangesbrillenvogel**, der Bayaweber, die Hinduracke, der Kleine Alexandersittich, die Glanzkrähe und der Pirol vor. Raubtiere wie Bären, Hyänen, Tiger und Leoparden werden nur selten gesichtet, da Nachtfahrten in den Park nicht möglich sind.
In der trockenen Zeit ist es leichter, die Tiere, die zu den wenigen Wasserstellen kommen, von den Baumhochsitzen aus zu beobachten. Beste Reisesaison: Februar bis Juni.

Begegnung auf den Straßen Rajasthans

Bhuj

A 8

Bundesstaat: Gujarat
Entfernung: 1270 km südwestl. v. Delhi
Einwohner: 120 000

Bhuj liegt im äußersten Westen Indiens, in der Wüstenregion Kutch, fast an der Grenze zu Pakistan. Die Stadt wurde 2001 von einem verheerenden Erdbeben zu großen Teilen zerstört und viele Einwohner verloren ihr Leben.

Noch heute sieht man vielerorts die Narben dieser Naturkatastrophe. Neue Wohnsiedlungen sind an den Stadträndern entstanden, da ein großer Teil der Menschen kein Dach mehr über dem Kopf hatte. Auch die Sehenswürdigkeiten der mittelalterlichen Stadt wurden von dem Beben stark mitgenommen. Sowohl der alte als auch der neue Palast und die Grabmäler (**Chhatris**) sind teilweise eingestürzt. Renovierungsarbeiten haben mittlerweile begonnen, doch die Monumente können nur in Teilen wieder hergestellt werden.

Geschichte

Ebenso wie die Wüstenstadt ►Jaisalmer in Rajasthan war Bhuj früher eine Handelsstadt, die ihren Reichtum von den Karawanen bezog, die auf dem Landweg Waren von Indien nach Afghanistan und Persien transportierten. Ein Lokalfürst namens Rao Khengarji I. machte

BHUJ ERLEBEN

AUSKUNFT

Gujarat Tourism
Rann Resort
Mirzapur Road
Tel. 028 32 – 22 49 10
www.gujarattourism.com

ANREISE

Flugverbindung mit Mumbai; Bahnverbindung mit Ahmedabad und Mumbai.

EINKAUFEN

Shrujan
Shrujan fördert die Erhaltung des traditionellen Stickereihandwerks in Kutch. Im sehr schön eingerichteten Laden gibt es Kleidung, Schals, Decken und Kissen von besonderer Qualität (hinter G. E. B. Sub Station, Post – Bhujodi, Tel. 028 32 – 24 02 72).

ÜBERNACHTEN / ESSEN

► Komfortabel / Günstig

Hotel Prince
Station Road
Tel. 028 32 – 22 03 70
Gilt als bestes Hotel am Ort. Es ist zentral gelegen, hat 42 Z. (meist mit Klimaanlage) und zwei Restaurants. Ausgezeichnete vegetarische Gerichte werden im Toral Restaurant serviert.

Bhuj 1548 zur Hauptstadt eines kleinen, wohlhabenden Königreichs. Als die Engländer Gujarat eroberten, wurde auch Bhuj 1819 von ihnen eingenommen. Wie in anderen Königreichen der Region kam es zu einer Kooperation mit den Eroberern. Nachdem Indien unabhängig war, entstanden Spannungen zwischen Indien und dem Bruderstaat Pakistan, denen zwei Kriege (1965 – 71) folgten. Im Rahmen der darauf verstärkten Verteidigungsaktivitäten gegen das von Indien argwöhnisch beobachtete Pakistan wurde Bhuj zu einem großen Stützpunkt der indischen Luftwaffe ausgebaut. Dies führte zu einer bescheidenen Entwicklung der Region.

Sehenswertes in Bhuj

Altstadt

Die Altstadt von Bhuj mit ihren engen, unübersichtlichen Gassen, in denen sich Kühe und Kamele tummeln, lohnt einen Besuch. Für Menschen, die sich für Kultur und Handwerk der Kutchregion interessieren, sind die Basare mit ihrem Angebot an Silberschmuck und Textilien ein wahres Paradies.

Rao-Pragmaljis-Palast

Der Rao-Pragmaljis-Palast im Herzen der Stadt neben dem Postamt und dem Basar wurde erst 1865 vom englischen Architekten Col Wilkins entworfen.

✶ Aina Mahal

Auf der anderen Seite des Hofs steht der Rao-Lakhas-Palast mit dem berühmten Aina Mahal. Im Palast sind neben einer besonders schönen, mit Elfenbeinintarsien versehenen Tür reich geschmückte In-

Bekannt für die Herstellung wunderschöner Textilien und außergewöhnlichen Schmucks: die Stämme von Kutch

nenräume zu besichtigen. Die Wände des beeindruckenden Spiegelsaals entfalten ihren Zauber erst beim Schein der Kronleuchter. Zum Interieur gehört auch ein Brunnen, der zur Kühlung im heißen Sommer genutzt wurde. Das sehenswerte **Palastmuseum** zeigt Exponate aus dem Besitz des Königs Rao Lakhas – von Lithografien bis zu Kristallgläsern (Öffnungszeiten: tgl. außer Sa. 9.00 – 12.00 und 15.00 bis 18.00 Uhr).

Kutch-Museum (Fergusson-Museum)

Dieses älteste Museum von Gujarat, 1877 von dem Engländer James Fergusson gegründet, besitzt eine große Sammlung von Textilien, Waffen, Malereien und Inschriften. Sehr interessant ist auch die anthropologische Abteilung, die Einblick in die ethnische Zusammensetzung der Region gibt (Öffnungszeiten: tgl. 9.00 – 11.30 und 15.00 bis 17.30 Uhr, Mi. und jeden 2. bzw. 4. Sa. geschlossen).

Grabmäler

Die Grabmäler (**Chhatris**) der Herrscher von Bhuj liegen außerhalb der Stadt. Viele der polygonalen, von Säulen getragenen Kuppelbauten sind beim Erdbeben eingestürzt. Das schönste Grabmal zu Ehren von Rao Lakha wurde restauriert. Auf den Gedenksteinen sieht man z. B. die unter der Königsfamilie verbreitete Tradition der Witwenverbrennung (Jauhar) dargestellt, bei der die Frauen des Königs bei dessen Tod ebenfalls den Scheiterhaufen bestiegen. Beim Tod von Rao Lakha sollen ihm auch seine 15 Hofmusiker in den Tod gefolgt sein.

Umgebung von Bhuj

Mandvi und Umgebung

In der kleinen Hafenstadt Mandvi kann man während eines Hafenrundgangs beim Bau der Dhaus, der traditionellen Fischerboote, zuschauen. Am Stadtrand befindet sich ein schöner Strand mit einer kleinen Ferienanlage von Gujarat Tourism. Es gibt allerdings keinen Schatten. Ungefähr 10 km westlich von Mandvi steht der **Vijay-Vilas-Palast** aus den 1930er-Jahren. Ein Teil des Gebäudes wird noch von der Familie des Maharadschas bewohnt, den anderen Teil kann man besichtigen. Von der Dachterrasse aus hat man eine reizvolle Aussicht auf die Umgebung. Der Maharadscha betreibt auch ein Luxusresort, das einige Kilometer entfernt am Strand liegt.

Great Rann of Kutch

Nur mit offizieller Genehmigung (Erlaubnis über Gujarat Tourism in Bhuj) kann man mit dem Jeep Richtung pakistanische Grenze fahren. Von dort hat man einen hervorragenden Blick auf die Salzwüste (Great Rann of Kutch) und die Grenze zu Pakistan.
Kutch ist **berühmt für seine Textilien**. Die Bewohner der insgesamt 300 Dörfer stellen feinste Stickereien her, die in ganz Indien verkauft werden. Einige der Orte können auch besucht werden, man braucht allerdings eine Genehmigung und einen Führer. Beides kann über Gujarat Tourism gebucht werden.

★ Bikaner

C 5

Bundesstaat: Rajasthan
Einwohner: 420 000
Höhe: 237 m ü. d. M.
Entfernung: 435 km westlich von Delhi

Wegen seiner Lage an der alten Karawanenstraße, die Zentralasien und Nordindien mit den Häfen von Gujarat und auch mit Delhi verband, war Bikaner seit jeher ein bedeutender Handelsplatz.

Ihren heutigen Namen erhielt Bikaner von dem Eroberer Bika, der die Wüstenstadt 1486 einnahm. Über vier Jahrhunderte hinweg war sie das Zentrum eines Königreichs, das von Rajputenmaharadschas regiert wurde. Nach der Unabhängigkeit geriet Bikaner durch die Abspaltung Pakistans von Indien in eine Randlage und verlor seine Funktion. Heute liegt die Stadt abseits der wichtigen Verkehrsverbindungen und macht einen eher verschlafenen Eindruck. Die Altstadt und die Palastanlagen vermitteln jedoch immer noch eine Vorstellung von der einst prächtigen Wüstenstadt.

Sehenswertes in Bikaner

Altstadt

In der Nähe des Bahnhofs in westlicher Richtung liegt die von einer Mauer umgebene Altstadt von Bikaner. Im Gegensatz zu Städten wie

Jaisalmer oder Jaipur kann man hier ungestört von Straßenhändlern durch die Altstadt schlendern und den Alltag auf den Straßen beobachten. Besonders sehenswert sind die zwei Jaintempel aus dem 16. Jahrhundert.

★★ Junagarh Fort

Im Jahr 1587 begann der Rajputenkönig Raja Rai Singh, einflussreicher Heerführer des Großmoguls Akbar, mit dem Bau dieser ebenerdigen Festung, die durch einen Wassergraben und eine hohe Mauer geschützt ist. An manchen Stellen hat die fast 1 km lange Umfassungsmauer eine Breite von 9 m und eine Höhe von 20 m. Diesen beeindruckenden Schutzvorkehrungen ist es zu verdanken, dass das Fort nie von Feinden eingenommen werden konnte und bis heute sehr gut erhalten ist. Nach und nach errichteten die Nachfolger von Rai Singh etliche Bauwerke innerhalb der Festungsmauern, sodass der Besucher heute **mehr als 30 Paläste, Tempel und Pavillons** bewundern kann. Ein großer Teil der Paläste kann besichtigt werden. Dabei ist es ratsam, sich von im Fort angestellten Führern die vielen Räume zeigen zu lassen, da man sich sonst leicht verirren kann. Besonders beeindruckend sind die **Ganga Niwas Durbar Hall** mit den fein gemeißelten Wänden und Dächern, der mit Spiegeln verzierte **Phul Mahal (Blumensaal)** und der mit Jagdszenen bemalte **Chandra**

Vor der Junagarh-Festung von Bikaner

Die rajasthanische Einheit der Border Security Force auf dem Kamel

Mahal (Mondsaal). Die Innenausstattung der Räume zeigt deutlich den Einfluss der mogulischen Architektur. Im Festungsmuseum wird eine umfangreiche Waffensammlung mit martialisch aussehenden Schwertern, Kanonen und riesigen Gewehren, mit denen die Soldaten vom Elefanten aus auf gegnerische Truppen schossen, ausgestellt.

Lalgarh Palace

Der Maharadscha Ganga Singh (1898 – 1943) war ein enger Verbündeter der Engländer. Sein Kamelcorps kämpfte mit ihnen in Somaliland und er selbst war auch mehrmals in Europa. Es war ihm sehr wichtig, sein Königreich schnell zu modernisieren. So ist es verständlich, dass er, als er einen neuen Palast für sich bauen wollte, einen Engländer mit dieser Aufgabe betraute. Der von Samuel Swinton Jacob entworfene Palast ist jedoch im Gegensatz zu dem damals sehr beliebten indosarazenischen Stil typisch rajasthanisch. Nur im Innenbereich wurden europäische Vorstellungen verwirklicht. Ein Teil des Gebäudes wird immer noch von den Nachkommen der Königsfamilie bewohnt, ein anderer Teil beherbergt ein Museum und in einem dritten ist ein Luxushotel untergebracht. Das Museum besitzt eine umfangreiche Waffensammlung und eine sehr interessante Fotoausstellung mit alten Aufnahmen, die ein lebendiges Bild vom Leben der Könige in Rajasthan vermitteln.

Ganga Golden Jubilee Museum

Das Ganga Golden Jubilee Museum präsentiert eine kleine schöne Sammlung an Terrakottafiguren aus der Guptazeit, Miniaturen, Manuskripten und Textilien aus der Mogulperiode. Daneben gibt es eine Abteilung mit Kunsthandwerk aus der Region (Öffnungszeiten: tgl. außer Fr. 10.00 – 17.00 Uhr).

Umgebung von Bikaner

Kamelzuchtfarm

Die einzige staatliche Kamelzuchtfarm Indiens befindet sich 10 km nördlich von Bikaner. Sie dient vor allem Züchtungs- und Forschungszwecken. Die meisten Wüstentiere werden zwar bei Paraden und Filmaufnahmen eingesetzt, doch auch Kamele für die indischen Grenzschutztruppen werden hier aufgezogen.

★ Karni-Mata-Tempel

In Deshnok (33 km südlich von Bikaner) steht der Karni-Mata-Tempel. Obwohl dieses Heiligtum bis auf die silberne Eingangstür, die eine Spende des Maharadschas Ganga Singh ist, keine architektonischen Sehenswürdigkeiten zu bieten hat, zieht es Pilger von weither an. Seine besondere Attraktion sind **Tausende von Ratten**, die den Tempel bevölkern. Die Ratten genießen innerhalb des Tempels vollkommenen Schutz und werden von Pilgern und Priestern gehegt und gepflegt. Man nimmt an, sie seien Inkarnationen von Dichtern aus dem Stamm der Charan, die im nächsten Leben wieder Menschen sein werden.

Nagaur

Nagaur (110 km südlich von Bikaner), eine alte, vom Tourismus weitgehend unberührte Rajputenstadt, erwacht einmal im Jahr (Januar / Februar) zum Leben, wenn die größte Viehmesse Indiens hier stattfindet. Übernachtungsmöglichkeiten sind in einer Zeltstadt gegeben, sodass man dem bunten Treiben beiwohnen kann.

★ Bundi

D 7

Bundesstaat: Rajasthan
Einwohner: 80 000
Höhe: 302 m ü. d. M.
Entfernung: 465 km südwestl. v. Delhi

Malerisch liegt Bundi in einem Tal inmitten der Vindhyaberge im südöstlichen Rajasthan. Über dem Städtchen mit seinem künstlichen See und seinen bunten Häusern thront an einem Felsen die große Palastanlage des ehemaligen rajputischen Fürstentums.

Bisher vom Tourismus weit weniger berührt als viele andere Orte Rajasthans, hat Bundi eine sehr ursprüngliche Atmosphäre behalten und lädt mit seinen Sehenswürdigkeiten, Basaren und einigen guten Unterkünften zum Bleiben ein. Der Clan der Chauhan-Rajputen unter ihrem Herrscher Rao Deva Haora gründete hier 1322 seine Hauptstadt und baute auch in der zweiten Hälfte des 14. Jh.s das Fort auf dem Hügel oberhalb der Stadt. Bundi war während seiner wechselvollen Geschichte zeitweise ein unabhängiges Fürstentum, seine Herrscher gerieten aber zu Beginn des 17. Jh.s endgültig in die Abhängigkeit der Moguln von Delhi, ab 1818 dann unter die Oberherrschaft der Briten.

BUNDI • KOTA ERLEBEN

AUSKUNFT

Tourist Bureau Bundi
Brij Narayan ki Kothi
532 Jail Kund Road
Tel. 07 47 – 244 39 97 oder
07 47 – 244 30 00

Tourist Reception Center in Kota
RTDC Hotel Chambal
Tel. 07 44 – 232 65 27

ANREISE

Sehr gute Zugverbindungen von Delhi oder Mumbai nach Kota. Der nächste große Flughafen ist Jaipur (245 km), von dort gibt es Kurzflüge nach Kota. Regelmäßige Busverbindung zwischen Kota und Bundi (36 km).

ESSEN / ÜBERNACHTEN

► **Luxus bis preiswert**
Haveli Braj Bhushanjee
Bundi (unterhalb des Palasts, gegenüber dem ayurvedischen Krankenhaus)
Tel. 07 47 – 24 42-322 oder -509
www.kiplingsbundi.com
In dem vor 200 Jahren erbauten Haveli haben die Eigentümer, eine alteingesessene Familie aus Bundi, ein schönes Hotel untergebracht. Die 24 Zimmer sind im traditionellen Stil eingerichtet und zum Teil noch mit alten Wandmalereien ausgeschmückt. Es gibt ein gutes vegetarisches Restaurant sowie eine schöne Dachterrasse mit tollem Blick auf den Palast.

► **Luxus / Komfortabel**
Hotel Brijraj Bhavan Palace
in Kota
Raj Bhavan Road
Tel. 07 44 – 245 05 29
Auf einer Anhöhe über dem Fluss gelegen steht die ehemalige britische Residenz, die in ein Hotel umgewandelt wurde. Die sieben Zimmer, alle mit Klimaanlage, und ein internationales Restaurant bieten besten Komfort.

Sehenswertes in Bundi

★★ **Palastanlage**

Weithin sichtbar steht an einen Felsen gebaut die riesige Palastanlage der ehemaligen Herrscherstadt. Rudyard Kipling, der Ende des 19. Jh.s einige Zeit hier verbracht hat, erinnerte der Bau an »eine Lawine von Mauerwerk, jederzeit bereit herabzustürzen«. Der Eindruck entsteht vor allem durch die verschachtelte Bauweise, die in erster Linie das Ergebnis ständiger Erweiterung des Palasts durch die verschiedenen Herrscher ist. Seine ältesten Teile stammen vom Beginn des 16. Jh.s, die letzten wurden vor ungefähr 100 Jahren angebaut. Für Besucher sind einige Teile der Anlage zugänglich, die vor allem durch ihre hervorragenden Wandmalereien bestechen. Durch das massive **Hathi Pol (Elefantentor)** betritt man den Palast. An den darauf folgenden Innenhof angeschlossen ist die **Chitra Shala**, eine mit Säulen bestückte Bildergalerie. Hier finden sich wunderschöne Wand- und Deckenmalereien, die im 18. Jh. angebracht wurden. Die in verschiedenen Grün- und Türkistönen sowie in Weiß gehaltenen Gemälde zeigen höfische Szenen und Geschichten aus dem Leben

Gott Krishnas. Auch im **Chattra Mahal**, wo sich die königlichen Gemächer befanden, sind fein gearbeitete Wandmalereien erhalten, ebenso in vielen anderen Teilen des Palasts, die aber für die Öffentlichkeit nur teilweise zugänglich sind. Das Fürstentum Bundi war vom 17. bis zum 19. Jh. ein Zentrum rajputischer Malerei. Viele Höfe unterhielten Malerateliers, doch jene von Bundi waren besonders berühmt und prägten den Stil der so genannten **Bundischule**.

Typische Bundiminiatur aus dem Garh-Palast

Das **Sternenfort (Taragarh)**, dessen Reste sich auf dem Berg oberhalb Bundis befinden, stammt aus der Gründungszeit der Stadt und wurde um 1350 erbaut. Einige Zinnen, eine massive Kanone und in die Felswände eingehauene Wasserbehälter sind noch zu sehen. Ansonsten lohnt ein Besuch vor allem wegen der schönen Aussicht auf die Stadt.

Wie in vielen Städten Rajasthans und Gujarats gibt es auch in Bundi mehrere Treppenbrunnen.
Der schönste ist der 1699 erbaute **Raniji ki Baori**, den die Maharani des damaligen Herrschers in Auftrag gegeben hatte. Der 46 m tiefe Brunnen im Zentrum der Stadt ist mit reich verzierten Säulen und Torbögen geschmückt.

Weitere Sehenswürdigkeiten

In und um Bundi herum liegen versteckt einige Grabmäler und Schlösschen sowie weitere Treppenbrunnen. Am besten mietet man sich für ein paar Stunden eine Rikscha mit ortskundigem Fahrer, um diese zu besichtigen: **Kshar Bagh**, die Grabmäler der Rajputenherrscher, befinden sich in einer verwilderten Gartenanlage, in der man außer Pfauen niemandem begegnet. Ganz in der Nähe davon liegt inmitten eines Wäldchens die kleine Jagdunterkunft der Maharadschas, **Shikar Burj**. Der **Sukh Niwas** ist ein ehemaliger Sommerpalast, in dem Rudyard Kipling während seines Aufenthalts in Bundi einige Zeit verbracht hat.
In der Nähe der Straße, die nach Kota führt, findet man das **Grabmal mit 84 Säulen**, das für Rao Raja Anirudh Singh erbaut wurde. Zudem ist die **Altstadt** sehenswert. Es lohnt sich, die kleinen Gassen mit ihren bunten, teilweise verzierten Häusern, die Werkstätten, die geschäftigen Basare und den prächtigen Gemüsemarkt zu Fuß zu entdecken.

Umgebung von Bundi

Kota Kota (36 km südöstlich) ist ein großer Industriestandort und ein Hauptquartier der indischen Armee. Die Stadt am Chamba ist auch ein wichtiger Eisenbahnknotenpunkt, denn hier halten alle Züge, die zwischen Delhi und Mumbai verkehren. Früher war Kota die Hauptstadt des gleichnamigen Fürstentums. Aus dieser Zeit sind einige Denkmäler erhalten. Besondere Berühmtheit genießt das Museum im Stadtpalast wegen seiner hervorragenden Sammlung rajputischer Malerei. Wer sich länger in der Gegend aufhalten möchte, hat allerdings im benachbarten kleineren Bundi ein viel angenehmeres Standquartier.

✶ ✶ Museum ►

Öffnungszeiten: tgl. außer Fr. 11.00 – 17.00

Rao Madho Singh, der von den Moguln als Herrscher von Kota eingesetzt worden war, begann 1625 mit dem Bau des **Palasts**, dessen neueste Teile aus dem 20. Jh. stammen. Ein Besuch der Anlage lohnt vor allem wegen des bekannten **Rao-Madho-Singh-Museums**. Dort findet sich neben Waffen, Fotografien und sonstigen Erinnerungsstücken aus der Welt der Maharadschas eine der berühmtesten Sammlungen von Werken verschiedener rajputischer Malschulen der vergangenen Jahrhunderte.

✶ Diu • Daman (Unionsterritorien)

C 9

Bevölkerung: 21 000 / 25 000
Höhe: Meeresspiegel
Entfernung: 400 km nordwestl. (Diu) / 160 km nördlich (Daman) v. Mumbai

Diu, die kleine, verschlafene Stadt auf der 12 km langen und 3 km breiten Insel Diu an der Südküste von Gujarat war lange von den Portugiesen beherrscht. Viele Ruinen auf der palmenreichen Insel erinnern an die Kolonialzeit.

Geschichte Diu war bereits im 13. Jh. ein wichtiger Hafen für den Handel mit den arabischen Ländern. Zu Beginn des 16. Jh.s scheiterten die beiden Versuche der Portugiesen, Diu zu besetzen, am Widerstand des islamischen Herrschers Malik Ayaz. Schließlich gelang es den Portugiesen 1531 unter Führung von Nuno da Cunha, diese strategisch wichtige Insel unter ihre Herrschaft zu bringen. Bald darauf bauten sie eine Festung. Im Jahr 1961 wurden die Portugiesen von der indischen Regierung unter Androhung militärischen Einsatzes gezwungen, die Insel zu verlassen. Heute sind Diu wie Daman Unionsterritorien, die direkt von Delhi aus verwaltet werden.

Atmosphäre Obwohl die Insel mit dem Festland über zwei Brücken verbunden ist, hat man in Diu das Gefühl, nicht in Indien zu sein. Die weißen Kirchen und Landvillen vermitteln eine mediterrane Atmosphäre, die noch durch die Frauen, die anstelle der Saris Röcke und Kleider tragen, verstärkt wird. Da es wenige Touristen in Diu gibt, findet man hier Ruhe abseits der Hektik des Festlands.

Kirchen

Diu besitzt mehrere Kirchen; St. Paul ist die größte von ihnen. In der Kirche St. Thomas ist heute ein Museum untergebracht, in dem man Holzfiguren von Engeln und Heiligen besichtigen kann.

Festung

Die Festung am östlichen Ende der Insel ist von drei Seiten durch das Meer natürlich geschützt; der Zugang über das Land wurde durch einen Graben und massive Tore abgesichert. Heute ist sie eine ruhige, von alten Kanonenkugeln übersäte Ruine. Ein Teil wird als Gefängnis genutzt. Von der Festung aus hat man eine schöne Aussicht auf Diu, das Meer und die Küste des Festlandes.

✶ Strände

Diu hat mehrere Strände, wovon der Strand von Nagoa (7 km in westlicher Richtung) der schönste ist. Inzwischen gibt es hier Hotels verschiedener Preisklassen.

Somnath

Der einst berühmte Tempel von Somnath (65 km westlich von Diu) aus dem 10. Jh. wurde siebenmal von Mahmud von Ghazni geplündert. Das heutige Heiligtum hat man erst nach der Unabhängigkeit wieder aufgebaut. Es wirkt im Vergleich zum Sonnentempel von Modhera kahl, da es kaum Skulpturen an den Außenwänden aufweist.

DIU • DAMAN ERLEBEN

AUSKUNFT

Diu: am Hafen
Tel. 028 75 – 25 26 53

Daman: beim Busbahnhof
Tel. 02 60 – 225 51 04

ANREISE

Eine Flugverbindung nach Diu gibt es von Mumbai aus. Nach Daman fahren Züge von Mumbai oder Ahmedabad bis Vapi (12 km entfernt).

ESSEN / ÜBERNACHTEN

► **Erschwinglich / Preiswert**

Gurukripa
Seaface Road
Nani Daman (Daman)
Tel. 02 60 – 225 50 46
Gutes Restaurant, das leckeren Fisch und Meeresfrüchte zubereitet. Mit Dachterrasse und geräumigen Zimmern.

Radhika Beach Resort
Nagoa Beach (Diu)
Tel. 028 75 – 25 25 53
www.radhikaresort.com
Schöne Drei-Sterne-Anlage mit Bungalows und Pool. Eine Cocktailbar und ein internationales Restaurant gehören auch dazu.

Jay Shankar
Jallandhar Beach (Diu)
Tel. 028 75 – 25 24 24
Treffpunkt für Traveller; mit Restaurant.

Am Hafen von Diu

Daman C 9

Auch die am Golf von Cambay gelegene Enklave Daman ist eine ehemalige portugiesische Kolonie an der Westküste Indiens. Die an der Mündung des kleinen Flusses Daman-Ganga gelegene Stadt entwickelte sich ab 1531 zur Hafenstadt, von der aus die Portugiesen ihren Handel mit Ostafrika abwickelten. Ihren Höhepunkt erlebte sie Anfang des 19. Jh.s durch den Opiumhandel, der jedoch von den Engländern aufgrund ihrer eigenen Interessen auf diesem Gebiet unterbunden wurde. Wie in Goa und Diu zwang die indische Regierung auch in Daman die Portugiesen unter Androhung militärischer Gewalt im Dezember 1961 zur Rückgabe des Lands an Indien. Daraufhin war Daman mit Goa assoziert, seit 1987 ist es jedoch ein eigenständiges **Unionsterritorium**, das von Delhi aus verwaltet wird.

Stadtbild Daman, früher Damao genannt, wird durch den Daman-Ganga in den größeren Stadtteil Nani Daman und den kleineren Moti Daman geteilt, die durch eine Brücke und verschiedene Fährdienste miteinander verbunden sind. Zu ihren Sehenswürdigkeiten zählen Kirchen, eine Festung und ein Gefängnis. Im Gegensatz zu Goa oder Diu ist der Strand wenig attraktiv. An manchen Stellen sind außerdem die Strömungen sehr gefährlich. Wer unbedingt schwimmen will, sollte dies am Sandstrand etwa 4 km südlich von Daman-Stadt probieren.

Im Nani Daman an der Küste liegt die alte Festung mit einer kleinen Kirche und dem Friedhof. Sie ist jedoch nicht zu vergleichen mit den großen Anlagen in Diu oder in Goa.

Festung

Neben der **Bom-Jesus-Kirche** (1559) mit dem großen bemalten Holzaltar ist die **Rosariokapelle** beachtenswert. Auf den Holzpaneelen sind Geschichten aus der Bibel dargestellt. Die Marienfigur soll aus Dankbarkeit gestiftet worden sein, da die Stadt einen Angriff des Marathenkönigs Shivaji überstand.

Kirchen in Moti Daman

Dwarka

A 8

Bundesstaat: Gujarat
Bevölkerung: 28 000
Höhe: Meeresspiegel
Entfernung: 1200 km südwestl. v. Delhi

Die Hafenstadt Dwarka im äußersten Westen Gujarats ist ein wichtiger Pilgerort der Krishnaanhänger. Nach seinem Sieg über den Dämonenkönig Kamsa soll Krishna Mathura verlassen haben und nach Dwarka gegangen sein.

Dort habe das Meer selbst dem Gott Land geschenkt, damit er eine neue Stadt gründen konnte. Nach seinem Tod habe sich das Meer jedoch das Land wieder zurückgeholt. Dwarka ist auch das wichtigste Heiligtum der Vishnu-Anhänger, da Krishna eine Inkarnation Vishnus ist. Hier soll außerdem der wichtige Hinduphilosoph Aid Sankaracharya, der Begründer der Advaita-Bewegung, gelebt haben.

Geschichte

Vor einiger Zeit gelang es Tauchern vom National Institute of Oceanography, Teile einer versunkenen Stadt vor Dwarka zu identifizieren und zu fotografieren. Es wird angenommen, dass es in früheren Zeiten Handelsbeziehungen mit Ländern am Mittelmeer gab. Unklar ist, ob für den Untergang der Stadt tektonische Verschiebungen oder das Ansteigen des Meeresspiegels verantwortlich sind. Unter der heutigen Siedlung fand man Spuren von fünf älteren Städten. Die Tempelanlagen sind jedoch jüngeren Datums, erst unter den Gaekwad-Königen von Baroda (12. Jh.) wurde aus Dwarka ein wichtiges Pilgerzentrum.

Sehenswertes in und um Dwarka

✶ Dwarakadish-Tempel

Der fünfstöckige und über 50 m hohe Dwarakadish-Tempel bildet das Zentrum der Stadt. An dieser Stelle soll bereits vor 2500 Jahren ein Tempel namens Jagat Mandir gestanden haben. Der schmale, fast elegant wirkende Bau wird von 60 Säulen getragen und stammt aus dem 16. Jahrhundert. Die täglich hierher strömenden Pilger betreten den Tempel durch das Swarga Dwar (Himmelstor) und verlassen ihn durch das Moksha Dwar (Erlösungstor).

DWARKA

AUSKUNFT

www.gujarattourism.com

ANREISE

Zugverbindung mit Jamnagar, dort gibt es einen Flughafen.

ESSEN / ÜBERNACHTEN

► **Günstig**

Toran Tourist Bungalow
Tel. 028 92 – 23 40 13
Einfache, saubere Unterkunft von Gujarat Tourism.

In Dwarka gibt es noch einen Tempel zu Ehren von Rukmini, der Frau von Krishna, aus dem 12. Jahrhundert. Auf der vorgelagerten kleinen Insel Bet, die man mit einer Fähre erreichen kann, befinden sich einige Schreine und ein Tempel zu Ehren Krishnas.

Die alte Hafenstadt **Porbandar** (87 km südöstlich von Dwarka) ist berühmt als **Geburtsstadt von Mahatma Gandhi**. Im Kriti Mandir – neben seinem Geburtshaus – ist eine Ausstellung über das Leben Gandhis untergebracht, in der auch einige seiner persönlichen Gegenstände zu sehen sind.

Bileshwar Bileshwar (15 km von Porbandar) besitzt einige wichtige Shivatempel aus dem 7. Jahrhundert. Unweit von Bileshwar gibt es einen sehr reich verzierten Treppenbrunnen, Vikia Vav, der zu den größten in Indien zählt. Solche Brunnen dienten der Wassergewinnung, aber auch als Aufenthaltsort im heißen Sommer.

★ Gir-Nationalpark (Sasan-Gir-Nationalpark)

B 9

Bundesstaat: Gujarat
Entfernung: 1280 km südwestl. v. Delhi
Höhe: 150 – 643 m ü. d. M.

Im trockenen, hügeligen Waldgebiet des Südens der Halbinsel Saurashtra liegt der Gir-Nationalpark, der für seinen Bestand an asiatischen Löwen weltberühmt ist.

Asiatische Löwen In früherer Zeit lebte der asiatische Löwe innerhalb eines breiten Gürtels, der sich von Nordwestindien bis nach Persien und Arabien hinzog. Durch die Intensivierung der Land- und Weidewirtschaft wurde er immer weiter dezimiert. Bei einer Zählung 1913 kam man nur noch auf 20 Löwen. Der Nawab von Junagadh stellte daraufhin das Tier unter strengen Schutz. Diese Bemühungen wurden nach der Unabhängigkeit weitergeführt. Heute zählt man ca. 340 Löwen im Park.

Landschaftsbild und Tierbestand Der Gir-Nationalpark ist 260 km² groß und liegt in einem 1412 km² großen Schutzgebiet, das auch für landwirtschaftliche Zwecke genutzt wird. Die hügelige Landschaft ist von vielen kleinen Tälern und Mulden überzogen, in denen sich das Regenwasser sammeln kann. Die lockeren Mischwälder und das Grasland bieten für Sambarhirsche, Axishirsche, Chinkaras und Nilgaiantilopen idealen Lebensraum. Daneben leben hier Wildschweine, Languren und Stachelschweine. Von den Raubtieren sind neben den Löwen Hyänen, Rohrkatzen und Leoparden vertreten. Wie in vielen anderen Parks gibt es auch hier zahlreiche Vogelarten, unter anderem Wiedehopfe, Pfauen, Schmutzgeier und Kuhreiher.

Es gibt die Möglichkeit, in Begleitung eines Führers mit einem **Jeep** durch den Park zu fahren. Dabei ist jedoch nicht immer sicher, dass man einen Löwen zu Gesicht bekommt. Für diejenigen, die wenig Zeit haben und trotzdem einen Löwen sehen wollen, wurde ein kleinerer, umzäunter Safaripark geschaffen.

GIR-NATIONALPARK

AUSKUNFT

www.gujarattourism.com

ANREISE

Bahnverbindung von Ahmedabad aus über Varaval oder mit dem Auto über Junagadh (60 km nordwestlich)

ÜBERNACHTEN

► **Komfortabel / Luxus**

Lion Safari Camp
Sasan Gir
Tel. 079 – 26 46 30 33
www.palacesofindia.com
Übernachten in luxuriösen Zelten im Nationalpark.

Hinweis

Während der Monsunzeit (in der Regel von Mitte Juni bis Mitte Oktober) ist der Park geschlossen. Im Informationsbüro in Sasan kann man sich über mögliche Touren und über den Safaripark informieren. Hier hat man auch die Möglichkeit, einen Führer zu mieten. Die einfachste Möglichkeit ist, den Park mit einem Jeep zu besuchen, den man bereits in Junagadh gemietet hat.

★ Jaipur

D 6

Hauptstadt von Rajasthan
Einwohner: 2,3 Mio.
Höhe: 380 m ü. d. M.
Entfernung: 261 km südwestl. v. Delhi

Jaipur ist eine Ecke des touristischen »Goldenen Dreiecks«, zu dem außerdem Indiens Hauptstadt Delhi und Agra mit dem Taj Mahal zählen. Große Maharadschapaläste und andere Bauwerke aus der Zeit der Rajputenherrscher, die lachsfarben gestrichene Altstadt mit ihren quirligen Basaren, die ausgezeichneten Einkaufsmöglichkeiten und guten Hotels laden den Besucher zu längerem Bleiben ein. Jaipur ist auch idealer Ausgangspunkt für eine Rajasthan-Rundreise.

JAIPUR ERLEBEN

AUSKUNFT

Department of Tourism, Art & Culture
Government of Rajasthan
Govt. Hostel Campus
Paryatan Bhavan, MI Road
Tel. 01 41 – 511 0595
www.rajasthantourism.gov.in

ANREISE

Flugverbindungen, Schnellzüge und Busse von Delhi, Mumbai u. a.

FESTE

Jaipur-Festival (Kulturfest im Januar)

EINKAUFEN

Schmuck, insbesondere Halbedelsteine und Silber sowie Textilien und traditionelle Lederschuhe sind die Spezialitäten von Jaipur. Die Basare der Pink City sind dafür berühmt. Viele Geschäfte gibt es auch auf der Mirza Ismael Road (MI Road) und um den Hawa Mahal. Eine große Auswahl an Schmuck bekommt man auf dem Chameliwala Market.

ESSEN

► Fein & teuer

① ***Peshawri***
Welcomehotel Rajputana Palace Sheraton, Tel. 01 41 – 510 01 00
Ausgezeichnete nordindische Küche.

► Erschwinglich

② ***Niros***
MI Road, Tel. 01 41 – 237 44 93
Sehr gute nordindische Küche, auch chinesische Gerichte, Bier und Wein.

► Preiswert

③ ***LMB***
Johari Bazar, Tel. 01 41 – 256 58 44
Moderne Einrichtung, traditionelle vegetarische Snacks und Speisen. Auch berühmt für seine Süßigkeiten, die an einer Theke verkauft werden.

ÜBERNACHTEN

► Luxus

① ***Rambagh Palace***
Bhawani Singh Road
Tel. 0141 – 221 19 19
www.tajhotels.com
Die ehemalige Jagdunterkunft des legendären Maharadschas Man Singh II. ist heute eines der ersten Hotels der Stadt. Von einem riesigen Park umgeben, wohnt man in exklusiven Zimmern oder Suiten.

② ***Samode Haveli***
Gangapole, Tel. 01 41 – 263 23 70
www.samode.com
150 Jahre alte Residenz mit individuell eingerichteten Zimmern, handbemaltem Speisezimmer und schöner Terrasse in grünem Garten.

► Komfortabel

③ ***Jasvilas***
C-9, Sawai Singh Highway
Bani Park, Tel. 01 41 – 220 46 88
www.jasvilas.com
Sehr gut und persönlich geführtes kleines Hotel in einer schönen Villa mit Swimmingpool und Garten. Im gemütlichen Speisesaal wird auf Wunsch Abendessen serviert.

► Komfortabel / Günstig

④ ***Hotel Diggi Palace***
Shivaji Marg, S.M.S. Hospital Road
Tel. 01 41 – 237 30 91
www.hoteldiggipalace.com
Eine Oase mitten im geschäftigen Jaipur ist dieser alte Palast, der in einem schönen Blumengarten liegt. Es gibt ein nettes Dachterrassenrestaurant mit internationaler Küche und ein Internetcafé.

Geschichte

Jaipur ist eine relativ neue Stadt. Sie wurde von Jai Singh II. 1728 erbaut, weil ihm die alte Hauptstadt Amer zu klein geworden war. Entsprechend den Vorgaben im Shilpa Shastra, der altindischen Architekturlehre, wurde die Stadt in neun Teile gegliedert, wobei jedem Stadtteil bestimmte Funktionen zugewiesen wurden. Die Altstadt schützte man durch eine hohe Mauer. Sieben Tore ermöglichen den Zugang in die Stadt. Die auffallende, einheitlich lachsrosa Farbe der Häuserfassaden in der Innenstadt – weshalb Jaipur auch »Pink City« (rosa Stadt) genannt wird – ist jüngeren Datums. Bereits 1818 hatte der Maharadscha von Jaipur ein Abkommen unterzeichnet, mit dem er sich dem Schutz der englischen Kolonialmacht unterstellte. So war es nicht verwunderlich, dass er anläßlich eines Besuchs von Prinz Albert 1883 die Stadt in der Willkommensfarbe rot anstreichen ließ. Seitdem ist es für die Hausbesitzer in den wichtigen Straßen Pflicht, die Fassade in dieser Farbe anzumalen. Wenn jemand dies unterlässt, wird die Fassade von der Stadtbehörde getrichen und dies in Rechnung gestellt.

★ ◄ Pink City

Jaipur Orientierung

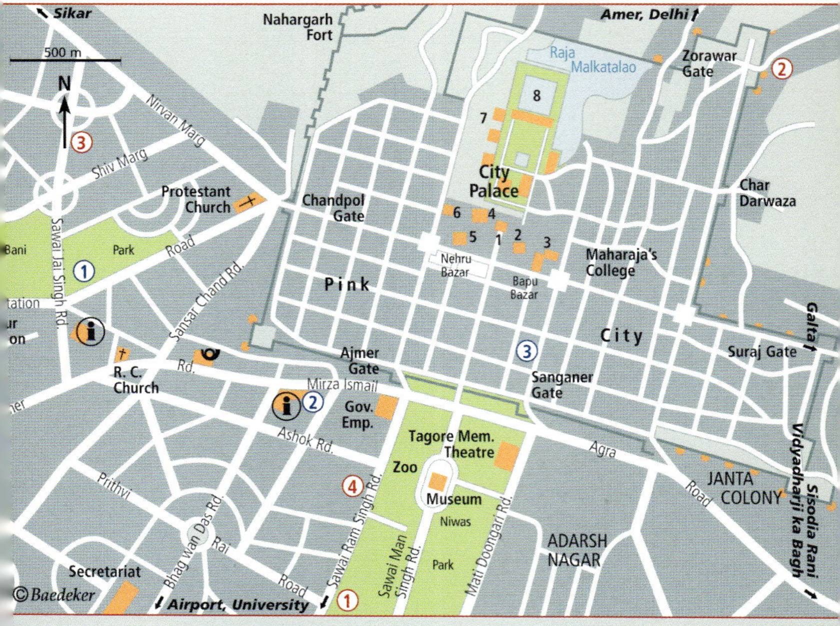

lia Gate
ar Mantar
a Mahal
ce Museum

5 Lishar Lat
6 Amer Gate
7 Poor House Gate
8 Talao Katora

Essen
① Peshawri
② Niros
③ LMB

Übernachten
① Rambagh Palace
② Samode Haveli
③ Jasvilas
④ Diggi Palace

Kunsthandwerk

Jaipur ist bekannt für **Edelsteine**, die hier geschliffen werden und um einiges billiger sind als in Europa. Ohne genaue Kenntnis ist aber die Gefahr, eine Fälschung zu erwerben, recht hoch. Neben Edelsteinen findet man bedruckte **Textilien**, spiegelbesetzte Stoffe, **Silberschmuck**, **Miniaturen** und **Blue Pottery** (blaue Keramik) in großer Auswahl. Die wichtigsten Märkte befinden sich in der Nähe des Hawa Mahal oder im Johari Bazaar. Das Rajasthani Handicrafts Emporium in der Mirza Ismail Road ist die richtige Adresse, wenn man in Ruhe einkaufen will. In Jaipurs Umgebung ist **Sanganer bekannt für handbedruckte Textilien**. Die aus Holz geschnitzten Musterstempel werden nach alter Tradition zum Bedrucken von Baumwolltüchern verwendet.

Sehenswertes in und um Jaipur

✶✶ City Palace

Öffnungszeiten: tgl. 9.30 – 16.45

Der City Palace kann zum überwiegenden Teil als Sawai Man Singh Museum besichtigt werden. Nur in einem kleinen Teil wohnt noch die königliche Familie. Der Stadtpalast wurde im Auftrag von Jai Singh (1728 – 1732) errichtet und später mehrmals ausgebaut.

Gleich das erste frei stehende, mehrstöckige Gebäude, das beim Betreten des Palasts durch seine fein gearbeitete Fassade ins Auge fällt, ist der **Willkommenspalast** (Mubarak Mahal). In diesem Gebäude befindet sich eine schöne Sammlung alter Textilien und der Schmuck der Königsfamilie. Daneben ist auch eine Waffensammlung zu besichtigen. Das **Singh Pol** (Löwentor), von zwei weißen Marmorelefanten und einer Palastwache bewacht, führt in das Innere der Anlage. Die große, nach allen vier Seiten offene **Empfangshalle** für Privataudienzen (Diwan-i-Khas) lädt zum Verweilen ein. Die zwei riesigen, über 300 kg schweren Silbergefäße wurden speziell für die Reise des Königs Madho Singh II. nach England im Jahr 1799 hergestellt. In diesen Gefäßen nahm er Gangeswasser auf seine mehrmonatige Schiffsreise mit. Legenden zufolge blieb das Wasser die ganze Zeit über frisch und der Maharadscha konnte seine rituelle Reinheit durch die Verwendung des heiligen Gangeswassers bewahren (►Baedeker-Special S. 296).

Westlich der Diwan-i-Khas liegt der herrliche **Pfauenhof** (Pritam Niwas Chowk), von dem aus man die beste Aussicht auf die siebenstöckige Residenz der Königsfamilie (Chandra Mahal) hat. Die Tore des Innenhofs sind mit glitzernden Darstellungen von Pfauen geschmückt. Wenn man wieder zur Diwan-i-Khas zurückkommt, erkennt man dahinter die **Kunstgalerie** und das **Museum**, die in der ehemaligen Halle der öffentlichen Audienzen untergebracht sind. Ihr Besuch ist unbedingt zu empfehlen. Besonders sehenswert sind die Sammlungen alter Manuskripte und indischer Miniaturen.

✶✶ Hawa Mahal (Palast der Winde)

Der Palast der Winde (Hawa Mahal) wurde 1799 von Sawai Pratap Singh erbaut. Der fünfstöckige Palast besteht hauptsächlich aus **Fassade** und veranschaulicht in besonderer Weise die Werte der

Der Palast der Winde besteht nur aus einer Fassade – von hier aus durften die Frauen das Treiben auf der Straße beobachten.

rajputischen Kultur. Mit den **fast 900 Fenstern** bot er nämlich den zahlreichen Frauen des Palasts die Möglichkeit, dem Treiben auf der Straße, z. B. bei Prozessionen, zuzuschauen, ohne selbst von anderen gesehen zu werden. Der Brauch der Purdah ist bei den Rajputen weit verbreitet, wonach fremde Männer das Antlitz der Frauen nicht sehen dürfen. Beim Gang durch die verschiedenen Stockwerke bieten sich herrliche Ausblicke auf den westlich des Hawa Mahal gelegenen Stadtpalast und auf die Stadt Jaipur. Der Name »Palast der Winde« verweist auf die frische Brise, die durch die kleinen Fenster weht.

Öffnungszeiten: tgl. 10.00 – 17.00

✶✶ Jantar Mantar

Öffnungszeiten: tgl. 9.00 – 16.30

Diese eigenartig wirkenden Bauten wurden unter Jai Singh in den Jahren 1728 bis 1734 angelegt, um die Bewegungen der Planeten zu messen und so den Kalender zu verbessern. Jedes der 16 Instrumente hat eine spezifische Funktion, die während der anschaulichen Führungen erklärt wird. Das große, 27 m hohe Samrat Yatra wird bis heute während des traditionellen **Guru-Purnima-Fests** (Juli / August) dazu genutzt, um die Stärke des Monsuns im kommenden Jahr vorherzusagen.

Rambagh Palace

Im Rambagh Palace, dem einstigen Gartenpalast des Maharadschas, ist heute ein Luxushotel untergebracht.

Ram Niwas Park

Verlässt man die Altstadt durch das Sanganertor, gelangt man zum Ram-Niwas-Garten, der zu einer Ruhepause einlädt. Im Süden des Parks steht die Albert Hall im indosarazenischen Stil. Darin ist das

Besichtigung des Observatoriums von Jai Singh – im Hintergrund ist der Stadtpalast zu erkennen.

Öffnungszeiten: tgl. außer Fr. 10.00 – 17.00

Central Museum mit einer guten Sammlung von Miniaturporträts und verschiedenen kunsthandwerklichen Erzeugnissen der Landbevölkerung Rajasthans untergebracht. Innerhalb der Gartenanlagen befindet sich auch ein Zoo mit einer Krokodilfarm.

Nahargarh Fort

Etwa 2 km von der Stadtmitte entfernt auf einem Hügel trifft man auf die Nahargarh-Festung, auch Tigerfestung genannt. Sie wurde 1734 von Sawai Singh gebaut und von Sawai Ram Singh II. 1868 erweitert. Von oben hat man eine schöne Aussicht auf die »Pink City«.

★ Galta

Ein schöner Ausflug führt zu den Tempeln von Galta (ca. 5 km östlich vom Stadtzentrum). Vom Surya Gate im Osten der Stadt spaziert man auf einem gewundenen Weg, vorbei an Affen und Kühen, hinauf zum **Sonnentempel**, von wo man auf die Stadt herabsehen kann. Danach geht es auf der anderen Seite abwärts nach Galta, an einer Schlucht mit Wasserbecken vorbei zur Tempelanlage, die friedlich im Tal liegt. Nach dem geschäftigen und lauten Jaipur ist dies ein **Ort der Ruhe und Beschaulichkeit**. Man sollte für den Ausflug drei bis vier Stunden einplanen.

★ Samode

Wenn man auf der Strecke von Jaipur nach Sikar bei Chomu nach rechts abbiegt, erreicht man nach 42 km die kleine Stadt Samode. Dieser von einer alten Stadtmauer umgebene Ort mit einem kleinen Basar bietet als Hauptattraktion den Samode-Palast, ein **Kleinod unter den zahlreichen Palästen Rajasthans**. Heute ist in dem ehemals von einem Finanzminister des Jaipurkönigs Jai Singh II. erbauten Prunkbau ein Luxushotel untergebracht. Ein Highlight im Palast ist die **Durbar Hall (Empfangshalle)**, die vollständig mit Meenakari-Kacheln, Gemälden und vergoldeten Kachelrändern verziert ist. Oberhalb des Palasts liegt eine alte Festung, die man bequem über eine Treppe ersteigen kann. Von oben bietet sich ein schöner Blick auf die Region. Man kann Samode auf einem Tagesausflug oder auf der Reise zu den bemalten Häusern von ►Shekhawati besuchen.

✶ Amer D 6

Herausragendes Beispiel der Architektur Rajasthans

Von ► Jaipur führt zwischen zwei Bergketten des Aravalligebirges hindurch eine Straße nach Amer (11 km nördlich). Nach einer scharfen Biegung taucht überraschend die **Festung von Amer** an einem Berghang auf. Das Fort liegt auf dem Kamm einer Bergkette namens Kali Koh und ist von allen Seiten natürlich geschützt. Amer, die ehemalige Hauptstadt der Kachchwaha-Dynastie, wurde von Man Singh (1589 – 1614), einem Alliierten Akbars 1592 erbaut und später von Jai Singh (1621 – 1667) erweitert.

Die Festung selbst ist ein wunderbares Zeugnis der Rajputenarchitektur. Ihre vorzügliche strategische Lage wird besonders deutlich, wenn man auf dem Rücken eines Elefanten die engen Serpentinen zur Festung erklimmt.

Drei große Tore schützen den Weg zum Palast. Hinter dem ersten Tor, Jai Pol, befindet sich ein Innenhof, in dem sich unzählige Menschen um Imbissbuden drängen und Affen und Elefanten sich ein Stelldichein geben. Wer den Ritt zum Fort auf dem Elefanten scheute, kann hier eine kleine Runde auf diesem Tier wagen. Eine steile Treppe führt zum Singh Pol, dem Löwentor. Dahinter stößt man auf den Diwan-i-Am, die Audienzhalle mit einer doppelsäuligen Kolonnade, und auf einen Tempel für die Göttin Kali, die hier als Sita Mala verehrt wird. Der Palast liegt eine Etage höher und wird durch den dritten großen **Torbogen, den Ganesh Pol**, erreicht.

Klassisch ist der Ritt auf einem Elefanten hinauf zum Fort.

Öffnungszeiten:
tgl. 9.00 – 16.30

Der Ganesh Pol wurde 1640 erbaut und ist reich an Mosaiken, deren wunderbare Mischung von Farben und Mustern dazu beigetragen hat, dass dieses Tor zu den schönsten Indiens gezählt wird. Gleich zur linken Seite erstreckt sich die **Siegeshalle** (Jai Mandir) aus weißem Marmor, die mit zahlreichen Arabesken verziert ist. Dieses Gebäude ist eines der gelungensten Beispiele für die Synthese von mogulischer und hinduistischer Architektur. Feine Blumenornamente schmücken die Wände, das Dach ist mit zahlreichen Spiegeln besetzt. Durch die Jai Mandir kommt man in die kleine **Spiegelhalle** (Shish Mahal), die ihren vollen Reiz erst bei geschlossenen Türen im Kerzenschein entfaltet. Die Führer der Festung sind stolz, das Funkeln der Spiegel vorführen zu können – es erweckt den Eindruck eines strahlenden Sternenhimmels. Die **Vergnügungshalle** (Sukh Niwas) mit ihren ausgefeilten Kühltechniken vermittelt eine Vorstellung davon, wie man bereits vor Jahrhunderten dem heißen Klima Rajasthans zu trotzen versuchte. Weiter im Inneren befinden sich noch viele weitere Räume, in denen die zahlreichen Frauen des Königs wohnten. An einigen Wänden kann man Reste von Malereien sehen. Häufig sind Radha und Krishna als Liebespaar dargestellt.
Auf der Rückfahrt nach ►Jaipur kommt man am **Maotasee** vorbei, an dessen Ufer die geometrisch angelegten Dilaramgärten liegen. Dazu gehört auch ein kleines archäologisches Museum.

★★ Jaisalmer

B 6

Bundesstaat: Rajasthan
Einwohner: 60 000
Höhe: 40 m ü. d. M.
Entfernung: 864 km westlich von Delhi

Die Wüstenstadt Jaisalmer liegt im Nordwesten Rajasthans unweit der Grenze zu Pakistan. Mit ihren reich verzierten Händlerhäusern (Havelis), engen Gassen, der beeindruckenden Festung, Sanddünen und Kamelsafaris vermittelt sie den Besuchern wie kaum ein anderer Ort die Atmosphäre einer Wüstenstadt.

Geschichte

Der Bhatti-Prinz Rawa Jaisal Singh gründete 1156 mitten in der Wüste und 17 km von seiner alten Hauptstadt Lodawa entfernt Jaisalmer, die »Oase von Jaisal«. Die neue Stadt wurde auf einem Berg erbaut und zusätzlich durch hohe Mauern gegen Angriffe von Nachbarstämmen geschützt. Sie hielt allen Angriffen stand und wirkt heute wie eine Stadt aus längst vergangenen Jahrhunderten. Zum großen Wohlstand von Jaisalmer führte vor allem seine Lage auf der alten Kamelroute von Indien in das heutige Pakistan und weiter nach Afghanistan.
Die jainistischen Händler und Bankiers verdienten an diesem Ort mitten in der Wüste so viel Geld, dass sie sich **wunderschöne Havelis** mit kunstvoll verzierten Balkonen und bemalten Fassaden bauen lie-

JAISALMER ERLEBEN

AUSKUNFT

Tourist Office
Station Road
Tel. 029 92 – 524 06
www.rajasthantourism.gov.in

ANREISE

Bahnverbindung mit Delhi und Jodhpur, Busverbindung nach Bikaner.

EINKAUFEN

Jaisalmer ist berühmt für seine mit Gold- und Silberfäden durchwirkten Decken und Kissen sowie andere Stickereiarbeiten. Auch die Holzmarionetten haben hier ihre Heimat. Die Stadt gleicht einem kleinen Basar mit unzähligen Läden, die größten von ihnen nehmen ganze Havelis ein.

KAMELSAFARIS

Ausflüge auf dem Kamel durch die Dünen organisiert fast jedes Hotel in Jaisalmer. Auch die hier vorgeschlagenen Unterkünfte bieten solche Touren an.

ÜBERNACHTEN / ESSEN

► Luxus

Fort Rajwada
Jodhpur-Barmer Link Road
Tel. 029 92 – 25 32 33
www.fortrajwada.com
Edelstes Hotel am Ort, stilvoll mit eleganter Einrichtung und allem Komfort. Im Roopal-Restaurant gibt es Spezialitäten aus Rajasthan und westliche Küche.

Jawahar Niwas Palace
1, Bada Bagh Road
Tel. 029 92 – 25 22 08
Über 100 Jahre altes Haveli mit Blick aufs Fort. Das Restaurant bietet nordindische Spezialitäten.

► Komfortabel

Killa Bhawan
gilt als die beste Adresse im Fort
Tel. 029 92 – 25 12 04
www.killabhawan.com
Von den Terrassen toller Blick auf die untergehende Sonne; Frühstück ist inbegriffen, kein Restaurant.

ßen. Der goldgelbe Sandstein aus der Region bot ein ausgezeichnetes Material für die Steinmetze, die daraus die feinsten Steinarbeiten herstellten. Durch die Trennung Pakistans von Indien und die seither unpassierbar gewordene Grenze verlor die Stadt ihre frühere Bedeutung. Die Menschen aus Jaisalmer wandten sich neuen Berufen zu, einige wurden Tierhalter, andere wiederum versuchten ihr Glück im Handwerk und in der Verarbeitung von Kamelwolle. Sehr viele Einwohner von Jaisalmer wanderten in die Golfstaaten ab.

Sehenswertes in Jaisalmer

✶✶ **Citadel**

Entlang enger, von Häusern mit Steinbalkons gesäumter Straßen gelangt man zur Zitadelle, die den knapp 80 m hohen Trikutaberg beherrscht. Hinter ihrer 9 m hohen Mauer mit fast 100 Türmen befinden sich zahllose Bauten. Noch immer wohnt ein Teil der Bevölkerung Jaisalmers innerhalb der Festung.

Die uralte Karawanenstadt Jaisalmer erhebt sich auf einem 80 Meter hohen Fels mitten in der Wüste Thar.

Juna Mahal

Der siebenstöckige Palast Juna Mahal inmitten der Festung ist einer der ältesten in Rajasthan. Er ist berühmt für seine **regenschirmartigen Attiken** und die Balkone aus Sandstein. Der Sandstein konnte sehr gut bearbeitet werden und die Balkone sind so fein verziert, dass man glaubt, sie seien aus Holz. Aufgrund des trockenen Wüstenklimas erodierte das Gestein kaum, so dass man das Gebäude fast noch in seinem ursprünglichen Zustand bewundern kann.

Havelis

★★ Patwon-ki-Haveli ▶

In Jaisalmer gibt es viele schöne Häuser von Kaufleuten (Havelis). Das prächtigste unter ihnen ist das Patwon-ki-Haveli, das von dem Brokathändler Patwa für seine fünf Söhne erbaut wurde und aus einer Gruppe von fünf Häusern besteht. Es liegt versteckt in einer engen Straße. Das **Salim-Singh-ki-Haveli** in der Nähe des Haupteingangs zum Fort wurde von Salim Singh Mehta, dem Premierminister von Mulraj II., 1815 erbaut und ist bis heute bewohnt. Die feine Balkonfassade um das Haus ist ein bemerkenswertes Produkt der Steinmetzkunst. Auf dem Dach des Hauses erhebt sich die aufgesetzt wirkende Moti Mahal (Perlenhalle) mit zwölf reich verzierten Bögen an der Längs- und sieben an der Breitseite, die mit Pfauendarstellungen geschmückt sind. Wer noch weitere Havelis sehen will, sei auf die von zwei Brüdern herausragend gestalteten **Nathmal-ki-Haveli** verwiesen. Jeder Bruder war für einen Teil des Gebäudes verantwortlich und obwohl kein Motiv zweimal verwendet wurde, gelang ihnen ein harmonisch wirkender Bau.

★ **Jain Temple**

Die Gruppe von sieben Jaintempeln innerhalb der Festungsanlage sowie ein weiterer Tempel sind beeindruckende Hinterlassenschaften der jainistischen Händler, die hier vor den Verfolgungen der Hinduherrscher in Rajasthan Zuflucht suchten. Die Tempel wurden zwischen dem 12. und dem 15. Jh. erbaut und sind verschiedenen Furtenbereitern (Tirthankaras) wie Parshvanatha und Rishabha geweiht. Ihre reich verzierten Hallen mit zahlreichen Figuren geben eine Vorstellung von der jainistischen Kosmovision: Sie sind bevölkert von himmlischen Frauen (apsaras) und Musikern. Besonders interessant sind der **Parshvanatha-Tempel** (1417) mit 52 kleinen Schreinen und der **Rishabha-Tempel** (1479) mit 600 Darstellungen von meditierenden Furtenbereitern. In der Bibliothek (Gyan Bhandar) findet man eine der umfangreichsten Sammlungen jainistischer Literatur.

Folklore Museum

Unweit des Wasserreservoirs Gadi Sagar befindet sich ein kleines privates Folkloremuseum. Hier sind Musikinstrumente ausgestellt sowie kleine Holzaltäre (kawad) mit Darstellungen von Göttern, mit denen früher Geschichtenerzähler von Dorf zu Dorf zogen.

Sunset Point

Auf einer Anhöhe im Norden der Stadt liegt ein Hügel, auf dem sich Chhatris (Grabstätten) der Herrscher von Jaisalmer befinden. Zum

Jaisalmer ist für seine wunderbaren Paläste und Havelis mit den filigran gearbeiteten Balkonen bekannt.

*Aagolaie –
ein Dorf zwischen Jaisalmer
und Jodhpur*

ZWISCHEN GESTERN UND HEUTE

Etwa zwei Drittel der indischen Bevölkerung lebt auf dem Land. Man zählt mehr als 500 000 Dörfer unterschiedlicher Größe und Siedlungsformen, u. a. Haufen- oder Reihendörfer, kleine Weiler, Pfahlbau- und Wurtensiedlungen, Steinhäuser, Lehmbauten oder auch Palmwedelhütten.

Die für indische Dörfer typische **Viertelsbildung** ist aus der Kastenhierarchie entstanden. Großgrundbesitzer (Landlords), die zu den höchsten Kasten (Brahmanen, Vaishyas) gehören, leben in Herrensitzen am Ortsrand. Die selbstständigen Bauern, die Ryots, bewirtschaften ihr eigenes Land; sie gehören den Bauernkasten an. Pächter mit unterschiedlichen Nutzungsrechten kommen aus der Kaste der Shudras. Den größten Teil der Dorfbevölkerung stellen die Landarbeiter, die meist kein eigenes Land besitzen und ihr Leben als schlecht bezahlte Tagelöhner und Gelegenheitsarbeiter fristen. Am schlechtesten geht es den **Harijans** (Kinder Gottes, auch »Unberührbare«), die als besitzlose Tagelöhner unter Bedingungen arbeiten müssen, die durchaus mit Leibeigenschaft zu vergleichen sind. Sie wohnen in abgeschirmten Vierteln am Ortsrand und dürfen sich im Dorf nicht frei bewegen. Der Zugang zu Tempeln ist ihnen verwehrt wie auch die Nutzung des Brunnens. Viele wissen nicht einmal, dass die **»Unberührbarkeit«** offiziell abgeschafft ist.

Die Bemühungen der indischen Regierung haben dazu geführt, dass viele Dörfer über Schulen, Brunnen und Elektrizität verfügen. Ein weit verzweigtes Straßennetz verbindet inzwischen selbst entlegenste Dörfer mit den Städten. Fernsehen und Internet halten Einzug in die Dörfer und selbst Bauern, die nie über ihre Dorfgrenzen hinausgekommen sind, sehen Bilder von der weiten Welt. Trotz alledem ist der Alltag der Dorfbevölkerung von **Tradition** bestimmt und das Leben verläuft nach dem Rhythmus, den die Natur vorgibt.

Beispiel Aagolaie

Im rajasthanischen Dorf Aagolaie leben ca. 2000 Menschen; ein Drittel davon im alten Dorfkern, die anderen weit verstreut in einzelnen Gehöften (Dhani) auf ihren Feldern. Von den fast 30 **Kasten** hier sind die Jats (Bauern), Raikas (Hirten), Mochis (Schuhmacher) und Dolis (Musiker) die wichtigsten. In der Dorfmitte wohnen Handwerker wie Schuhmacher, Goldschmiede, Schreiner, Priester und Barbiere; in den Dhanis

dagegen hauptsächlich die Bauern und Hirten. Nur im Ortskern gibt es Elektrizität und eine manchmal funktionierende Wasserversorgung. Zwei alte Tempel und der verfallene Marktplatz weisen auf die Zeit, als Aagolaie eine wichtige Marktfunktion für die Region hatte. Auf der Hauptstraße gibt es mehrere Teebuden, Gemüsestände und ein Geschäft mit Keksen und Süßigkeiten. Die Kunden sind LKW-Fahrer oder Durchreisende, doch auch die Dorfbewohner kommen, um hier Tee, Zucker und Gewürze einzukaufen. Die Menschen in den Dhanis sind das ganze Jahr damit beschäftigt, ihr Überleben zu sichern. Nur eine konsequente Vorratshaltung und eine ausgeklügelte, über Jahrhunderte entwickelte Landwirtschaft (Anbau vieler Pflanzen, Nutzung der Wildpflanzen, Haltung von Haustieren) ermöglichen es den Bauern, am Rand der Wüste Thar zu überleben.

Wenn der **Monsunregen** in den Monaten Juni / Juli kommt, erwacht das Dorf zu Leben und alle Bewohner arbeiten fieberhaft, um die Felder schnell zu pflügen und zu säen. Die Keimlinge müssen gegen die zahlreichen Pfauen und die jungen Pflanzen gegen umherstreunende Tiere wie Rehe und Antilopen geschützt werden. Trotzdem verbietet es der **Respekt vor allem Lebenden**, diese Tiere als Schädlinge anzusehen und zu töten. Im Gegenteil – die Pfauen und Rehe werden sogar verehrt. Die Kinder gehen mit den Haustieren auf die Weiden und passen auf, dass sie nicht die Felder abfressen. Wenn die Regenfälle gut sind, werden die Feldfrüchte geerntet, gedroschen, gesäubert und sorgfältig gelagert. Da diese Arbeiten von Hand gemacht werden, dauert es mehrere Monate, bis alles fertig ist. Von November bis Februar ist die Zeit der Feste und Hochzeiten, wo man sich gegenseitig besucht und zusammen feiert, aber auch die Zeit, um die Lehmhäuser zu reparieren und das Strohdach neu zu decken. Danach kommt der heiße Sommer, wo **Wassermangel** zum wichtigsten Problem wird. Manchmal müssen die Frauen mehrere Kilometer laufen, um von Teichen Wasser zu holen. Die Kinder gehen mit den Tieren zu entfernten Wasserstellen, um sie zu tränken. In schlechten Jahren, in denen der Monsun ausfällt, wandern die Hirten mit ihren Herden bis zu 800 km auf der Suche nach Futter und Wasser.

Das Leben auf dem Land ist nicht leicht und noch immer werden viele Dörfer von wenigen reichen Großgrundbesitzern dominiert. Der Traum Mahatma Gandhis, dass sich die Dörfer in **demokratischen Dorfräten** organisieren, ist noch weit von der Realität entfernt.

Sonnenuntergang versammeln sich hier viele Menschen, um den herrlichen Anblick der sich dann vergoldenden Festung zu genießen.

Umgebung von Jaisalmer

Kamelsafaris In Jaisalmer gibt es zahlreiche Agenturen, die sich auf Kamelsafaris spezialisiert haben. Die Touren dauern von einem Tag bis zu einer Woche. Man sollte sich ein paar Tage Zeit nehmen, wenn man die Wüste wirklich auf dem Kamel erleben will..

Bada Bagh Wenn man die Straße links vom Sunset Point in nördlicher Richtung weiterfährt, kommt man nach etwa 6 km zu einer Oase namens Bada Bagh (großer Garten). Die Zufahrt ist etwas schwer zu finden, man muss dabei ein Militärlager passieren. Dahinter liegen auf einer Anhöhe viele Ehrengrabmäler der Herrscher von Jaisalmer. Dieser kaum von Touristen aufgesuchte Platz vermittelt wie kein anderer in Jaisalmer den Niedergang der einstigen Pracht der Wüstenstadt. Besonders am Nachmittag ist die Stimmung hier sehr schön.

✶ Lodruwa Von Lodruwa (9 km von Jaisalmer), der einstigen alten Hauptstadt, ist nur eine Jaintempelanlage übrig geblieben, die in der Wüste einen eigenartigen Zauber ausstrahlt. Innerhalb des Heiligtums gibt es eine Darstellung des Wünsche erfüllenden Baums Kalpavriksha. Genau gegenüber wohnen in einer kleinen Ritze heilige Kobras.

! *Baedeker* TIPP

Achtung Kamelverkehr!

Der Kamelritt zu Sonnenuntergang in den Sanddünen von Sam gehört zum Standardprogramm eines jeden Touristen. Man sollte dies nicht sonntags oder an indischen Feiertagen tun, denn dann gerät man mitunter in Verkehrsstaus – mit Kamelen.

✶ Samdünen Jeden Tag pilgern viele Touristen zu den Samdünen (40 km von Jaisalmer), den großen Wanderdünen, um den **herrlichen Sonnenuntergang** über der Wüste zu erleben. Man kann ihn auf dem Rücken eines Kamels bewundern, denn ein ganzer »Kamelpark« steht dafür zur Verfügung.

✶✶ Jodhpur

C 6

Bundesstaat: Rajasthan
Einwohner: 930 000
Höhe: 224 m ü. d. M.
Entfernung: 604 km südwestl. v. Delhi

Jodhpur, die ehemalige Hauptstadt der Marwars (Marwar = Land der Toten) und nach Jaipur zweitgrößte Stadt Rajasthans, liegt an der Grenze zur Wüste Thar.

JODHPUR ERLEBEN

AUSKUNFT
www.rajasthantourism.gov.in

EINKAUFEN
Jodhpur ist ein Paradies für Liebhaber indischer Möbel und Antiquitäten, die es hier in großen Hallen zu kaufen gibt. Vieles ist nicht alt, sondern nur auf alt getrimmt. Die Auswahl ist aber riesengroß.
Kunsthandwerk, vor allem Textilien, Leder und Schmuck, findet man im Tripolia Bazar, in der Station Road und um den Uhrturm.

ÜBERNACHTEN / ESSEN
► Luxus
① ***Umaid Bhavan Palace***
Tel. 02 91 – 25 05 01
Der pompöse Maharadschapalast gilt als die erste Adresse in Jodhpur. Zwei exzellente Restaurants und ein unterirdischer Swimmingpool tragen zum süßen Leben bei.

② ***Ajit Bhawan***
Beim Circuit House
Tel. 02 91 – 251 04 10
www.ajitbhawan.com
Der alte Palast liegt in einem sehr schönen Garten mit Swimmingpool.

► Günstig
③ ***Hotel Ghoomar***
High Court Road
Tel. 02 91 – 254 40 10
Zentral gelegenes RSTDC-Hotel mit einfachen Zimmern.

Die Stadt wurde 1459 von dem Rajputenkönig Rao Jodha aus dem Geschlecht der Rathor gegründet. Die Altstadt mit ihren engen Gassen, schönen Sandsteinhäusern und der gut erhaltenen Festung ist von einer 10 km langen Stadtmauer umgeben und vermittelt bis heute einen lebendigen Eindruck vom Leben der Könige Rajasthans. Den großen Reichtum verdankt diese Stadt ihrer besonderen Lage am Rand der Wüste. Sie war früher einer der wichtigsten Umschlagplätze für Waren, die aus den fruchtbaren Gebieten Gujarats auf dem Landweg nach Delhi transportiert wurden.
Heute ist die Stadt ein wichtiges Zentrum für Agrarprodukte. Der High Court und die Universität machen sie zu einem Verwaltungs- und Bildungszentrum. Für Touristen bietet sie sich als Ausgangspunkt für eine Reise in die Wüstenstadt ►Jaisalmer an.

Sehenswertes in Jodhpur

★★ Meherangarh Fort

Das auf einem Sandsteinhügel gelegene Meherangarh Fort aus dem 16. Jh. wurde nie von einem fremden Herrscher eingenommen und blieb deswegen unversehrt. Die sieben Stadttore auf dem kurvenreichen Weg zum Fort, jedes beeindruckend auf seine Art, machen deutlich, warum diese Stadt so schwer zu erobern war. Der Felsen, auf dem die Festung erbaut wurde, erhebt sich 120 m über seine Umgebung und bietet so natürlichen Schutz. Zusätzlich wird die Festung von einer mächtigen Mauer, die an manchen Stellen 36 m hoch ist, geschützt. Am Tor sieht man in die Wände **eingemauerte Satisteine mit Handabdrücken**. Sie sollen an die Frauen erinnern, die sich nach dem Tod ihres Mannes rituell verbrennen ließen.

Öffnungszeiten: tgl. 9.00 – 17.00

Die Festung beherbergt heute das **Meherangarh Museum**. In den 18 Abteilungen kann man Waffen, Ausrüstungen für Kampfelefanten, Teppiche, Musikinstrumente, Möbel und Kostüme bewundern. Sie zeugen vom Prunk und Reichtum der Maharadschas und der hohen Meisterschaft der Handwerkskunst zu jener Zeit.

Blaue Stadt

Von der Festung aus hat man einen wunderbaren Ausblick auf Jodhpur, das wegen der vielen blau gestrichenen Häuser insgesamt blau erscheint. Blau ist die Farbe des in Rajasthan beliebten Gottes Krishna. Die so angemalten Häuser werden zumeist von Brahmanen bewohnt. Von der Festung kann man in die Altstadt gelangen und erreicht dann durch ein Gewirr von engen Straßen den Gandha Ghar, den Marktplatz von Jodhpur, mit dem Uhrturm.

★ **Jaswant Thada**

In der Nähe der Festung liegt auf einem Hügel das aus weißem Marmor erbaute Denkmal für den 1895 verstorbenen Maharadscha Jaswant Singh II. Im schönen Garten vor dem Grabmal kann man sich

Jodhpur Orientierung

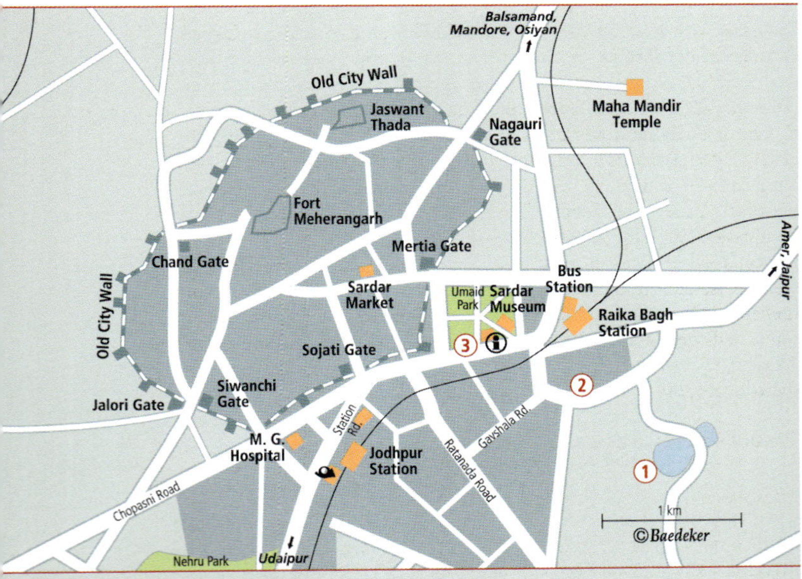

Übernachten / Essen
① Umaid Bhavan Palace Hotel ② Ajit Bhawan ③ Hotel Ghoomar

Beeindruckend ist die Aussicht von den Festungsmauern auf die Altstadt mit ihren blau bemalten Häusern, die meist von Brahmanen bewohnt werden.

von der Hektik der Stadt erholen. Vor dem Jaswant Thada befinden sich zahlreiche Chhatris (Grabmäler) für die toten Krieger aus dem Adel. Von hier aus hat man einen schönen Blick auf die Stadt, die Meherangarh-Festung und den Umaid Bhavan, den neuen Palast des Königs von Jodhpur.

Umaid Bhavan **(Abb. S. 202)**

Den gewaltigen Palast Umaid Bhavan ließ sich Maharadscha Umaid Singh im letzten Jahrhundert als Wohnsitz erbauen (Baubeginn 1929). Mehrere tausend Arbeiter brauchten 15 Jahre, um den riesigen Palast, der von dem englischen Architekt H. W. Lancester entworfen wurde, zu bauen. Mit seiner Doppelkuppel erinnert er auf den ersten Blick mehr an eine Mischung aus Petersdom und Renaissancepalast als an ein indisches Bauwerk. Die 348 Zimmer mit riesigen Speisesälen und einem unterirdischen Schwimmbad zeugen vom Lebensstil der Maharadschas, bevor sie ihre Macht einbüßten. Für die Badezimmereinrichtungen wurden Kacheln, Wannen und Waschbecken aus Italien importiert. Der Maharadscha von Jodhpur bewohnt immer noch einige Räume dieses Palasts. In einem anderen Teil ist ein Museum untergebracht. Der überwiegende Teil des Gebäudes jedoch ist in ein Luxushotel umgewandelt worden.

Umgebung von Jodhpur

Balsamand

Der Sommerpalast in Balsamand (6 km nördlich von Jodhpur) am Rand des künstlichen Sees wurde 1159 von Balak Rao Parihar angelegt und ist ein beliebter Picknickplatz im Schatten großer Bäume.

Mandore

Mandore (8 km nördlich von Jodhpur) war die alte Hauptstadt der Marwars, bevor sie ihre Hauptstadt nach Jodhpur verlegten. Sie wurde bereits im 6. Jh. gegründet, dann mehrfach erobert und zerstört. Aber ihre schönen Gartenanlagen laden zu einem Besuch ein. Inmitten der Gärten stehen die aus rotem Sandstein erbauten Chhatris, Gedenkstätten für die Herrscher von Jodhpur. Der größte Chhatri ist dem Maharadscha Diraj Ajit Singh (gest. 1763) gewidmet. An seiner Fassade erkennt man herausragende Sandsteinskulpturen. In der Halle der Heroen stehen 16 bunt bemalte Figuren, meist beliebte Volkshelden oder hinduistische Gottheiten.

Osiyan

Die alte Stadt Osiyan (64 km nördlich von Jodhpur) besitzt **über 20 alte Hindu- und Jaintempel**, die in der Stadt verstreut liegen. Die Heiligtümer aus dem 8. bis 10. Jh. stellen eine wichtige Etappe in der Entwicklung des Nagarastils dar. An dem Harihara-Tempel Nr. 1 (750 – 850 n. Chr.) erkennt man deutlich, wie sich die Nischen veränderten, und der Harihara-Tempel Nr. 3 ist interessant wegen seiner Vorhalle mit gewölbtem Dach. Auf einem Hügel von weitem sichtbar steht der **Sachiya-Mata-Tempel**, der der Göttin Durga geweiht ist.

Das beschauliche Osiyan war einst ein Knotenpunkt an der alten Handelsstraße durch die Wüste Thar. Sehenswert ist es wegen einer Gruppe von Hindu- und Jaintempeln.

★★ Mount Abu

C 7

Bundesstaat: Rajasthan
Einwohner: 25 000
Höhe: 1260 – 1300 m ü. d. M.
Entfernung: 750 km südwestl. v. Delhi

Die auf einer Höhe von über 1200 m in den Aravallibergen gelegene Tempelstadt ist das ganze Jahr über ein beliebter Ausflugsort. Das malerische Mount Abu hat aufgrund seiner Höhenlage ein angenehmes Klima und seine Eukalyptuswälder und Seen machen es zu einer idealen Erholungsstätte.

So ist es auch kein Wunder, dass die einzige Bergstation des ansonsten heißen Rajasthans von gut betuchten Indern gerne aufgesucht wird. Die berühmten Dilwara-Tempel sind ein **wichtiger Wallfahrtsort der Jainas**. Berge haben in der Mythologie der Jainas eine besondere Bedeutung, weswegen sie häufig ihre Tempel auf Anhöhen gebaut haben.

Dabei stellen die vier Tempelanlagen (Mount Abu, ► Mount. Girnar, ► Palitana und Ranakpur) zusammen mit dem fünften imaginären Berg Astapada ein Abbild des mythischen Kontinents Nandisvaradipa dar. In diesem Land soll es 52 Tempel geben. Nandisvaradipa entspricht den Vorstellungen vom Paradies in anderen Religionen.

So war es auch natürlich, dass ein Minister der Solanki-Dynastie zur Zeit ihrer Hochblüte auf diesem höchsten Berg zwischen Himalaja und Western Ghats ein Heiligtum für die Tirthankaras der Jainas erbauen ließ. Der erste Tempel wurde bereits 1031 erbaut, der Bau der anderen drei zog sich über 400 Jahre hin.

! *Baedeker* TIPP

Leder bleibt draußen

Für die Jainas ist Leder unrein, darum müssen alle Gegenstände aus Leder (auch Gürtel) vor dem Besuch der Tempel abgegeben werden.

► MOUNT ABU ERLEBEN

AUSKUNFT

Tourist Office
Gegenüber dem Busbahnhof
Tel. 029 74 – 351 51
www.rajasthantourism.com

ANREISE

Bahnverbindung nach Abu Road (liegt an der Hauptstrecke Ahmedabad – Delhi), von dort Busverbindung (45 Min.).

ÜBERNACHTEN / ESSEN

► Luxus / Komfortabel

Palace Hotel
Bikaner House
Tel. 029 74 – 23 86 73
Der frühere Sommerpalast des Maharadschas von Bikaner mit seinen stilvoll eingerichteten Zimmern ist eine gute Adresse. Zum Anwesen gehören ein Park mit eigenem See sowie ein Restaurant.

Der Sunset Point bei Mount Abu ist ein beliebter und sehr schöner Ort, um den Sonnenuntergang zu genießen.

★★ **Dilwara-Tempel**

★ Vimala-Shah-Tempel ▶

Die Dilwara-Tempel befinden sich 5 km nordwestlich von Abu-Stadt und sind in einem einstündigen Spaziergang zu erreichen. Alle vier Tempel sind aus weißem Marmor erbaut, der aus 30 km Entfernung hierher transportiert wurde. Der älteste Tempel, der Vimala-Shah-Tempel, ist dem ersten Tirthankara Adinath geweiht, wird aber nach seinem Stifter, dem Solanki-Minister Vimala Vasahi, benannt. Im Sanktum ist der **Furtenbereiter Adinath** sitzend in meditierender Haltung dargestellt. Im Gegensatz zum schlichten Äußeren ist der Innenbereich mit filigranen Marmorfiguren ausgestattet. Zweitausend Handwerker sollen hier über 14 Jahre lang den Marmor bearbeitet haben, bis der Tempel vollendet war. Manche Figuren wurden mittels Schabtechnik hergestellt und die Handwerker nach der Menge des abgeschabten Staubs entlohnt. Pferde, Elefanten, himmlische Frauen und Musiker in Hülle und Fülle geben einen überwältigenden **Vorgeschmack auf das Leben nach der Erlösung im Paradies**. Besonders bemerkenswert ist die achteckige Kuppel in der Halle vor der Cella, die auf acht Säulen ruht. Lotusförmig wölbt sich das Dach, das von Göttinnen und wohlgeformten Tänzerinnen getragen wird. Der weiße, durchscheinende Marmor verleiht dem ganzen Gebäude eine solche Leichtigkeit, dass man meint, die Figuren würden schweben. Im Gegensatz zur Vielfalt der Figuren, die den Betrachter verwirren, ist der **Grundriss der jainistischen Tempel** einfach. Den

Mittelpunkt des Tempels bildet die Cella mit der Darstellung des Furtenbereiters. Daran schließt sich eine Vorhalle mit zwei vorgelagerten Portalen an, die wiederum in einer Säulenhalle mündet. Vor dieser befindet sich die Halle für rituelle Tänze, die von einer freitragenden Kuppel überdacht ist. Die gesamte axiale Anlage mit den drei Hallen und der Cella steht in einem Hof, der von einem doppelreihigen Säulengang und einem Kranz von Nischen umgeben ist. Vor den Nischen sind auf dem Dach des Gangs herausragende Marmorreliefs zu sehen. Die Darstellungen zeigen Tirthankaras. Vor dem Tempel liegt eine Halle mit zehn Marmorelefanten und einem Reiter, der den Stifter des Tempels symbolisiert. Im Inneren des Tempels besteht **Fotografierverbot**.

Der **Neminath-Tempel**, der filigranste von allen, und der unvollendete **Adinath-Tempel** entsprechen ebenfalls der oben beschriebenen Grundstruktur. In der Cella des Adinath-Tempels steht eine aus fünf Metallen hergestellte Figur des ersten Tirthankaras von 1582. Nur der **Camukh-Tempel**, der sich gleich hinter dem Eingang links befindet, ist anders gegliedert. Die Cella öffnet sich hier nach allen vier Seiten und hat eine vorgelagerte Halle.

✶ Mount Girnar

B 9

Bundesstaat: Gujarat
Höhe: 1117 m ü. d. M.
Entfernung: 1220 km südwestl. v. Delhi

Der schöne erloschene Vulkanberg Girnar ist seit über 2000 Jahren ein wichtiges heiliges Zentrum. 4000 Stufen führen den Berg hinauf, den sowohl Hindupilger als auch Jainas aus ganz Indien emporsteigen, um die zahlreichen Tempel auf dem Berg zu besuchen. Besonders beeindruckend sind die jainistischen Heiligtümer.

✶ **Jaintempel**

Beim Aufstieg erreicht man auf halber Höhe (etwa 600 m ü. d. M.) eine Gruppe von 15 Jaintempeln, die wie in Shatrunaya (►Palitana) ummauert sind. Als erstes kommt man zum **Neminath-Tempel**, der zwischen dem 12. und 15. Jh. erbaut wurde. Er ist dem 22. Tirthankara Neminath geweiht, der hier meditiert haben soll, bevor er Erlösung fand und als Furtenbereiter verehrt wurde. In der Cella ist Neminath aus schwarzem Marmor in meditierender Haltung dargestellt. Der Tempel besteht aus mehreren Hallen mit zahlreichen Säulen, die wie in den jainistischen Tempeln üblich, mit ausgezeichneten Skulpturen geschmückt sind. Gegenüber befindet sich der **Mallinath-Tempel**, der von den gleichen Stiftern erbaut wurde, die auch in ►Mount Abu und auf dem Berg Shatrunajaya bei ►Palitana jainistische Tempel errichten ließen.

Wer es schafft, die weiteren 2000 Stufen bis zum Gipfel des Bergs zu erklimmen, wird mit einem **atemberaubenden Blick** auf den Tem-

MOUNT GIRNAR ERLEBEN

AUSKUNFT

www.gujarattourism.com

ANREISE

Bahnverbindung von Ahmedabad oder Rajkot bis Junagadh. Von Diu fährt ein Bus direkt zum Mount Girnar.

ESSEN / ÜBERNACHTEN

► **Preiswert**

Hotel Girnar
Majewadi Darwaja
Junagadh
Tel. 02 85 – 262 12 01
Staatliches Hotel von Gujarat Tourism mit vegetarischem Restaurant.

pelkomplex von oben und auf die Ebene belohnt. Der Berg wird von einem Tempel der hinduistischen Göttin Amba Mata bekrönt. Sie wird speziell von jungen Paaren aufgesucht, die sich ein lange währendes Eheglück von der Göttin erhoffen.

Junagadh Junagadh wurde bereits im 2. Jh. von den Kshattrappas regiert und geriet nach den Rajputenkönigen im 16. Jh. unter moslemische Herrschaft. In der alten Zitadelle im Osten der Stadt befinden sich neben einer Moschee zwei beeindruckende Treppenbrunnen (Adi Chadi Vav und Navghan Kuva). Einige buddhistische Höhlen lassen darauf schließen, dass diese Stadt bereits unter Ashoka (ca. 268 v. Chr. – 233 v. Chr.) besiedelt war.

In der Stadt kann man das Mausoleum von Baha-ud-din Bhar oder den Nawabs-Palast (1870) mit dem Durbar Hall Museum besichtigen. Die eigentliche Bedeutung von Junagadh liegt in seiner **Nähe zum Heiligtum der Jains**, dem Berg Girnar (3 km östlich). Der Aufstieg beginnt westlich der Zitadelle hinter dem Damodar Kund, wo man auch einen großen Stein in Palischrift sieht, der als Edikt des Kaisers Ashoka entziffert wurde. Der Auf- und Abstieg zu den Bergen dauert mehrere Stunden und macht einen Aufenthalt in Junagadh notwendig.

★★ Palitana

B 9

Bundesstaat: Gujarat
Einwohner: 45 000
Höhe: 600 m ü. d. M.
Entfernung: 1100 km südwestl. v. Delhi

Der Berg Shatrunajaya bei Palitana ist eines der vier wichtigsten Heiligtümer der Jainas. Mehr als 860 Tempel mit ungefähr 10 000 Figuren aus dem 15. und 16. Jh. stehen verteilt auf den beiden Gipfeln des Bergs.

Für diejenigen, für die der Aufstieg zu beschwerlich ist, stehen Sänften bereit.

Ebenso wie am ► Mount Girnar bilden hier Tempel und Berg zusammen eine Synthese, die sie zur schönsten Tempelanlage der jainistischen Religionsgemeinschaft gemacht haben. Beide Gipfel des Tempelbergs und das dazwischen liegende Tal sind von einer Mauer umschlossen. **Hier sollen die 24 Furtenbereiter der Jainas ihre Erleuchtung erlangt haben.**
Während Mahavir Jayanthi im Frühling (März / April) zum Andenken an den letzten Tirthankara kommen Tausende von Wallfahrern nach Palitana. Der Aufstieg über die 3000 Stufen (ungefähr 3,5 km) erfordert eine gute Kondition. Für Menschen, die nicht gehen können, stehen Sänften bereit.

★ Tempelanlagen von Shatrunajaya

Pilgerstätte mit mehr als 860 Tempeln

Nachdem man den Berg fast erklommen hat, gabelt sich der Weg und Teile der Anlage sind bereits zu erkennen. Der linke Weg führt zuerst leicht nach unten, dann wieder hinauf zum Khartaravasi Tuk, der den nördlichen Bergkamm ausfüllt. Bevor man diese Anlage betritt, hat man am Eingang die Möglichkeit, sich mit Joghurt und Milch zu stärken. Innerhalb des Komplexes darf man nichts essen.
Überwältigend ist zunächst der Gesamteindruck der **riesigen Tempelstadt**. Sie gilt mit mehr als 860 einzelnen Tempeln als **größte Anlage ihrer Art in Indien**. Zwischen dem nördlichen Kamm und dem zuerst nicht sichtbaren, weiter oben gelegenen südlichen Tempelkomplex liegt eine mittlere Gruppe von Heiligtümern. Zu ihr gehören der Vallabhai-Tempel und der große Motsah-Tempel, beide aus dem 19. Jahrhundert. Es empfiehlt sich, zuerst den Weg nach links zum Khartaravasi Tuk zu nehmen. Dabei gelangt man auch zum Tempelbüro, wo man die Kameragebühr bezahlen kann.

PALITANA ERLEBEN

AUSKUNFT

www.gujarattourism.com

ANREISE

Bahnverbindung von Ahmedabad nach Bhavnagar oder Flug von Mumbai nach Bhavnagar. Von dort kann man den Zug oder Bus nach Palitana (50 km) nehmen.

ÜBERNACHTEN • ESSEN

► **Günstig / Preiswert**

Hotel Sumeru
Station Road
Tel. 028 48 – 25 23 27
Staatliches Hotel von Gujarat Tourism: 17 einfache und saubere Zimmer (teilweise mit Klimaanlage, vegetarisches Restaurant.

Der Besuch der Tempelanlage auf dem Berg Shatrunajaya, einem der vier heiligen Berge der Jainas, gehört zu den Höhepunkten von Gujarat.

Hat man das Büro passiert, kommt man durch ein Tor zur **nördlichen Tempelgruppe**. Ein Weg mit vielen kleinen Schreinen und Tempeln führt zum wichtigsten Heiligtum des Komplexes, dem Adinath-Tempel. Er ist dem ersten Furtenbereiter geweiht und stammt aus dem 16. Jahrhundert. Um ihn herum stehen noch zahllose andere kleine Tempel mit ausgezeichneten Darstellungen von Tirthankaras. Das Gelände ist erfüllt von den leisen Gebeten der Gläubigen und zahlreichen Mönchen, die an ihren Mundmasken und Besen leicht erkennbar sind. Diese sollen sie daran hindern, versehentlich kleine Lebewesen einzuatmen oder zu zertreten. Es heißt, Adinath habe den Berg mehrmals besucht, und sein Sohn soll hier den ersten Tempel gebaut haben.

Auf dem Rückweg kann man sich die **mittlere Gruppe** anschauen und von dort aus direkt den steilen Weg hinauf zum **südlichen Tempelkomplex** nehmen. Eine andere Möglichkeit ist, den Weg, den man gekommen ist, wieder bis zur Gabelung zurückzugehen und den rechten Aufgang zu wählen. Dann kommt man nach etwa 500 m zum Vimalavasi Tuk auf dem südlichen Bergkamm, der vom doppelstöckigen Adishvara-Tempel dominiert wird. Innen wird eine große Figur von Rishabha (Adinath) verehrt. Neben dem Haupttempel ist noch der Ramanaji Gandharia aus dem 16. Jh. sehenswert. Von diesem Tempel aus hat man einen großartigen Blick auf die etwas unterhalb gelegene Anlage des Adinath-Tempels und die weite Landschaft Gujarats mit ihren Feldern, Bergen und Seen.

Die Tempel sind von 7.00 bis 19.00 Uhr geöffnet. Nach Sonnenuntergang verlassen selbst die Priester die auf 602 m Höhe gelegenen Tempelanlagen, um die Götter nicht zu stören. Da der Aufstieg ungefähr 1,5 Stunden dauert, empfiehlt es sich, sehr früh loszugehen, bevor es zu heiß wird. **Hinweise**

Umgebung von Palitana

Bhavnagar Diese 1723 von Bhavsinghji Gohil gegründete Stadt (51 km nordöstlich von Palitana) ist bis heute ein wichtiges Handelszentrum für landwirtschaftliche Produkte aus Gujarat. Der Ort besitzt neben einer Gedenkstätte für Gandhi (Gandhi Smirti) und dem im gleichen Gebäude befindlichen Barton Museum mit einer Waffen- und Münzsammlung einige alte Bauten aus der englischen Kolonialzeit.

Ranthambor-Nationalpark

E 6

Bundesstaat: Rajasthan **Entfernung:** 350 km südwestl. v. Delhi

Der Ranthambor-Nationalpark befindet sich am Übergang zwischen den Aravalli- und den Vindyabergen und umfasst eine Fläche von 410 km². Neben seiner Hauptattraktion, den Tigern, kann man Axishirsche, Nilgaiantilopen, Languren, Wildschweine, Krokodile und andere Tiere sehen. Bisher sollen im Park über 270 Vogelarten gesichtet worden sein.

Die Region um Ranthambor ist bereits seit über 1000 Jahren bewohnt. Im Jahr 944 wurde die Festung der Chauhan-Dynastie erbaut, die mehrfach von islamischen Herrschern eingenommen wurde. Ala-ud-din Khalji eroberte sie 1301 und Akbars Truppen 1569.

RANTHAMBOR-NATIONALPARK ERLEBEN

AUSKUNFT

Project Tiger
Büro in Sawai Madhopur
Tel. 074 62 – 22 02 23

Informationen erhält man ebenfalls unter unter der Webseite www.rajasthantourism.gov.in

ANREISE

Bahnverbindung bis Sawai Madhopur (an der Mumbai-Delhi-Hauptverbindungsstrecke), von dort sind es noch 14 km.

ÜBERNACHTEN / ESSEN

► **Komfortabel / Günstig**

RTDC Castle Jhoomar Baori
Tel. 074 62 – 220 49 57
RTDC bringt seine Gäste im ehemaligen Jagdschloss des Maharadschas unter. Es liegt innerhalb des Parks auf einem Hügel; ein gutes Restaurant ist auch dabei.

Später gelangte Ranthambor wieder zum Herrschaftsbereich des Maharadschas von Jaipur, der diese zerklüftete Region als Jagdgebiet nutzte. 1974 wurde das Gebiet zum Tigerschutzreservat erklärt und 1981 zum Nationalpark. Um einen Tiger beobachten zu können, muss man neben Glück auch Zeit haben. Sehenswert sind auch das im Park gelegene Fort mit Tempeln, Mausoleum und schönem Wasserbecken sowie zwei der größten Banyanbäume Indiens.

Shekhawati (Region)

C–E 5/6

Bundesstaat: Rajasthan **Entfernung:** 280 km südwestl. v. Delhi

Shekhawati, nordwestlich von Jaipur im Dreieck Jaipur – Delhi – Bikaner gelegen, ist erst in den letzten Jahren zu einem touristischen Reiseziel geworden. Der Name der Region mit ihren nahezu 400 Dörfern, deren zahlreiche Kaufmannshäuser wunderbare Wandmalereien besitzen, leitet sich von dem König Rao Shekha von Amarsar (1433 – 1488) ab, der sich 1471 erfolgreich den Tributzahlungen des Königs von Amer verweigerte.

Shekhawati blieb für fast dreihundert Jahre unabhängig und galt als Heimat von Wegelagerern und Banditen. Die **Karawanen** mit Waren von Delhi und Jaipur nach Westen über Bikaner und Jaisalmer mussten diese Region passieren, was dazu führte, dass hier die erfolgreiche Händlergruppe der Marwaris zu Ansehen kam. Erst der East India Company gelang es Anfang des 19. Jh.s, die Region unter ihre Kontrolle zu bringen und die Bevölkerung mit Steuern zu belegen. Daraufhin verließen einige der wichtigen Händlerfamilien die Region in Richtung Delhi, Ahmedabad, Mumbai und Kolkata. Dort entwickelten sie sich zu einflussreichen und wohlhabenden Geschäftsleuten. Viele von ihnen gaben einen Teil ihres Reichtums dafür aus, in ihren Dörfern **Havelis**, große Landhäuser mit bunt bemalten Wänden, zu bauen. So findet man hier in einer abgelegenen und ansonsten wenig entwickelten Region Indiens eine Fülle von großflächig bemalten Häusern, in denen neben mythologischen Themen auch die moderne Zeit mit Flugzeugen, Eisenbahnen und Europäern im friedlichen Nebeneinander dargestellt ist. Heute gilt Shekhawati als die **größte Bildergalerie der Welt unter freiem Himmel**.

! *Baedeker* TIPP

Abgelegene Highlights

Einige der schönsten Wandmalereien Shekhawatis sind in zwei abgelegenen Dörfern zu finden: im Gold- und Silberladen von Mahansar (bei Mandawa) und im Mausoleum in Parasrampura (bei Nawalgarh). Am besten mit dem Taxi von der jeweiligen Stadt aus hinfahren.

Eingang zum Schrafta Haveli in Mandawa

Havelis

Die Rajputen bauten ihre Häuser in der alten Tradition der Festungen. Da sie gleichzeitig darauf bedacht waren, ihre Frauen vor fremden Blicken zu schützen, sind die Häuser von hohen Mauern umgeben. Durch ein Tor betritt man zuerst einen Innenhof, der für männliche Gäste reserviert ist, sozusagen der Empfangssalon im Freien. In diesem Bereich sind die Wände bemalt. Die weiter im Inneren der Havelis liegenden Höfe sind nur Frauen und Familienmitgliedern zugänglich und dürfen von fremden Männern nicht betreten werden. In der ersten Phase (1850 – 1900) wurden für die **Wandmalereien** vorwiegend Pflanzenfarben verwendet, die auf den noch feuchten Untergrund der Mauern aufgetragen wurden. Später importierte man vor allem synthetische Farben aus Deutschland, mit denen auch trockene Wände bemalt werden konnten (1900 – 1930). Ebenso wie die rajputischen Herrscher, die ihre Paläste mit belgischem Glas und venezianischen Kacheln zierten, schmückten die Händler ihre Landhäuser mit den Farben aus Übersee. Die bunten Wände mit ihren leuchtenden Pigmentfarben stellen einen starken Kontrast zu der eintönigen Landschaft dar.

Rundreise durch die Region Shekhawati

Es gibt fast in jedem Dorf der Region bemalte Häuser. Nachfolgend sind die interessantesten Orte aufgeführt. Als Ausgangsbasis für eine Erkundung des Gebiets bieten sich die Städte Nawalgarh oder Mandawa an:

Nawalgarh Die von Thakur Nawal Singh 1737 mit der Anlage einer Festung gegründete Stadt Nawalgarh besitzt viele bemalte Havelis, von denen die wichtigsten das Surajmal Chauchhariya und die Havelis der Familien **Poddar**, **Goenka** und **Bhagat** sind. Der Roop-Niwas-Palast, heute ein Palasthotel, zeigt architektonische Elemente aus Europa und Rajasthan. Das freskenverzierte Fernmeldeamt und der Uhrturm erinnern an die britische Zeit. In dem kleinen in einem Haveli untergebrachten **Museum** kann man schöne Fresken bewundern.

★ **Parasrampura** Die ausgesprochen **sehenswerten Ehrengrabmäler für Shardul Singh** (1681 – 1742), der der dreihundertjährigen Vorherrschaft der Moguln in der Region durch die Eroberung von Jhunjhunu und Fatehpur ein Ende setzte, findet man in Parasrampura (20 km von Nawalgarh). Die Wandmalereien mit Szenen aus den Epen Mahabharata und Ramayana sowie Schlachtszenen gelten als Vorläufer für die später entstandenen Wandmalereien von Mandawa. Auch der Tempel ist einen Besuch wert.

SHEKHAWATI ERLEBEN

AUSKUNFT

Tourist Office
In Jhunjhunu: Mandawa Circle
Churu-by-pass-Road
Tel. 01 59 72 – 54 50 83
www.rajasthantourism.gov.in

ANREISE

Zugverbindung von Delhi nach Nawalgarh (Shekhawati Express), zudem fährt die Bahn auch nach Sikar, Fatehpur, Jhunjhunu und Churu. Am bequemsten ist es, in Jaipur ein Taxi zu mieten; die Fahrt bis Nawalgarh dauert ca. 2,5 Stunden.

EINKAUFEN

Im Städtchen Mandawa gibt es viele Geschäfte mit Kunsthandwerk und Antiquitäten, da hierher die meisten Touristen kommen.

ÜBERNACHTEN · ESSEN

► **Luxus / Komfortabel**
Mandawa Palace
Mandawa
Tel. 01 59 2 – 22 31 24
www.castlemandawa.com
Wohnen wie ein Maharadscha kann man auch in Mandawa: 70 Zimmer, ein handbemaltes Speisezimmer und ein schönes Terrassenrestaurant stehen den Gästen zur Verfügung. Vom Dach des Palasts hat man einen wunderbaren Blick auf die Stadt und Umgebung.

Baedeker-Empfehlung

► **Preiswert**
Apani Dhani
Jhunjhunu Road, Nawalgarh
Tel. 01 59 4 – 22 22 39
www.apanidhani.com
Einem sozial- und umweltverträglichen Tourismus hat sich Mr. Jangid, der Besitz dieses kleinen Hotels, verschrieben. Man wohnt in Lehmhütten und wird mit ausgezeichneten vegetarischen Gerichten aus dem hauseigenen Ökogarten versorgt Touren in die umliegenden Städtchen sa Reiseführer werden auch organisiert.

Im Herzen der Region Shekhawati liegt die von einem Graben geschützte **Festung Dera Dundlod Kila**, die 1750 von Kesari Sindh erbaut wurde. Innerhalb der Festung sind schöne Fresken zu sehen. Mittlerweile ist ein Hotel darin untergebracht. Neben dem Fort befinden sich die ebenfalls bemalten Grabanlagen der Königsfamilie. Auch das Goenka-Haveli in der Nähe der Festung und der Satyanarayan-Tempel mit religiösen Malereien sind sehenswert. **Dundlod**

Mandawa ist die bekannteste Stadt der Region. Sie wurde von Thakur Nawal Singh 1755 erbaut. Hier trifft man auf **zahlreiche bemalte Häuser** der reichen Kaufmannsfamilien Goenka und Chokani. Besonders sehenswert sind die Havelis von Ladhvam Goenka (1870), Gulab Rai Ladia (1859) und das **Newatia Haveli** (interessante Darstellungen mit Flugzeugen). Von der Festung, die man durch drei eindrucksvolle Tore betritt, hat man einen schönen Blick auf die Altstadt und die trockenen Ebenen Rajasthans. Das Hotel in der Anlage bietet sich als eine gute Unterkunftsmöglichkeit im Herzen von Shekhawati an. Im Palast gibt es ein Museum mit einer Münzsammlung, Kostümen und Silberobjekten. Ein mit Darstellungen von Krishna geschmücktes Tor führt vom Palast direkt zum Basar. **✶✶ Mandawa**

Der kleine Weiler Mahansar ist von Mandawa aus auf einer sandigen Piste erreichbar. Dort befindet sich das **Juwel von Shekhawati, der Gold-und Silberladen (»Sone-ki-dukan«)**, ein Haveli aus der Zeit um 1850. In seinem Inneren sind wunderbare und sehr gut erhaltene, teils mit Blattgold verzierte Fresken mit Darstellungen aus dem Leben der Götter Vishnu und Krishna zu sehen. Den Schlüssel für das Schmuckstück bekommt man gegen ein Entgelt von einem Wächter. **✶ Mahansar**

Kunstvolles Detail im Gold- und Silberladen: Krishna reitet auf einem Elefanten aus Frauenkörpern.

In Ramgarh findet man die meisten bemalten Havelis der Region, viele mit interessanten Motiven, denn die Stadt war eine Hochburg der wohlhabenden Händler. Der reich verzierte **Shanitempel** für Gott Saturn und die Chhatris (Grabmäler) der Poddar-Familie am westlichen Rand der Stadt sind ebenfalls einen Besuch wert. **✶ Ramgarh**

In Fatehpur regierten ebenfalls islamische Herrscher, bis 1731 der Rajputenkönig von Sikar die Stadt übernahm. Sie verfügt über einige sehr schöne Havelis auf der Hauptstraße nach Sikar. Im **Goenka Haveli** sieht man religiöse Darstellungen und schöne spiegelverzierte **Fatehpur**

Wände. Das **Singhania Haveli** vereint religiöse Bilder und Szenen aus der modernen Zeit mit Autos und Flugzeugen. Eine **kleine Überraschung** ist der in einer Limousine chauffierte Krishna.

Sikar Sikar, einst ein reiches Lehen des Königs von Jaipur, glänzt durch das **blaue Biyani Haveli** und das **Mahal**. Darüber hinaus sind die Murarka- und Somani-Havelis sehenswert. Neben den Havelis sollte man auch den großen Stufenbrunnen mit seinen Sandsteinskulpturen besuchen. Die Stadt wurde 1687 von Daulat Singh gegründet und ist sehr leicht über die Nationalstraße 11 zu erreichen.

Jhunjhunu Jhunjhunu, Hauptstadt des gleichnamigen Distrikts, bietet viele Hotels und gute Verkehrsverbindungen – ein weiterer idealer Ausgangspunkt für die Entdeckung der Region. Der Ort, wahrscheinlich von den Jats (Bauernkaste) gegründet, wurde von islamischen Herrschern eingenommen und diese wurden von den Rajputen zu Beginn des 18. Jh.s vertrieben. Auf dem nördlich vom Busbahnhof gelegenen Hügel sieht man noch Reste von islamischen Mausoleen und eine Moschee. Im Norden der Stadt befindet sich die **Merani Baori**, ein Stufenbrunnen, der im Sommer nicht nur zum Wasserholen, sondern auch zum Ausruhen im kühlen Schatten diente. Wichtige **Havelis** sind das Modi, das Tibrwala, das Nuruddin Farooqi und das Khetri Mahal, die alle im Altstadtbereich nebeneinander liegen. Das Khetri Mahal wurde um 1760 erbaut und ähnelt mehr einem Palast als einem Wohnhaus. Der **Rani-Sati-Tempel** dient dazu, die Ausübung des Sati (Witwenverbrennung) zu glorifizieren. Er wird von traditionellen Frauen aus Respekt aufgesucht, war aber auch Ziel heftiger Kritik derer, die diese Praxis als frauenfeindlich verdammen.

Churu In dem kleinen Ort Churu ist das palastartige sechsstöckige **Surana Haveli** einen Besuch wert.

Lachhmangarh Von der alten Festung sieht man auf die Stadt Lachhmangarh, die das größte Haveli der Region besitzt. Das **Ganeriwala Haveli** hat vier Innenhöfe, die zum Teil mit Alltagsszenen bemalt sind. Neben dem Uhrturm am Basar liegt das Rathi-Haveli.

★★ Udaipur

D 6

Bundesstaat: Rajasthan
Einwohner: 233 000
Höhe: 582 m ü. d. M.
Entfernung: 670 km südwestl. v. Delhi

Das als »Stadt der Seen« gepriesene Udaipur ist mit seinen großartigen Palästen, exotischen Gärten und malerischen Seen einer der schönsten Orte Indiens.

UDAIPUR ERLEBEN

AUSKUNFT

Tourist Office
Fateh Memorial
Suraj Pol
Tel. 02 94 – 41 15 35
www.rajasthantourism.gov.in

EINKAUFEN

Auf dem Basar gibt es Kunsthandwerk nicht nur aus Rajasthan, sondern aus ganz Indien. Bestickte Textilien und Schmuck werden in großer Auswahl angeboten.

ÜBERNACHTEN / ESSEN

► Luxus

① ***The Lake Palace Hotel***
Tel. 02 94 – 252 88 00
www.tajhotels.com
Mitten auf dem See liegt dieser ehemalige Maharadschapalast mit seiner stilvollen Einrichtung und seinem schönen Garten. Er ist eines der berühmtesten Hotels von Indien.

② ***Shivniwas Palace***
City Palace
Tel. 02 94 – 252 80 16
www.hrhhotels.com
Der stilvolle Palast mit Originaleinrichtungen liegt direkt am Ufer des Sees. Es gibt 31 Suiten, der Service ist sehr freundlich.

Baedeker-Empfehlung

► Komfortabel / Günstig

③ ***Jagat Niwas Palace Hotel***
Lalghat
Tel. 02 94 – 242 01 33
www.jagatniwaspalace.com
Herrlich wohnen lässt es sich in diesem weißen Haveli aus dem 17. Jh. Einige Zimmer haben Seeblick und es gibt eine wunderbare Dachterrasse mit gutem Restaurant. Am schönsten ist es dort in der Abenddämmerung, wenn die Vogelschwärme über das Wasser ziehen.

Das luxuriöse Lake Palace Hotel

Udaipur liegt an den Hängen der Aravalliberge und ist ein idealer Ort für einem längeren Aufenthalt. Die vielen Sehenswürdigkeiten der Stadt, ihre angenehme Atmosphäre und die interessante Umgebung machen sie zu **einer der wichtigsten Touristenattraktionen in Rajasthan**.

Geschichte

Da die alte Hauptstadt der Mewars, Chitaurgarh, trotz ihrer gewaltigen Festung schon dreimal von islamischen Herrschern erobert worden war, suchte der Maharana (großer Krieger) Udai Singh, der vor den Truppen Akbars aus Chitaurgarh fliehen musste, 1559 nach einem Platz für eine neue Stadtgründung. Schließlich wählte er die Stelle aus, an der sich Udaipur heute befindet. Dieser Ort ist einerseits von Bergen umgeben, die als natürlicher Schutzwall dienten, andererseits verfügt er über reichlich Wasser. Das Herrschergeschlecht der Mewar, die ranghöchste Dynastie der Rajputen und Nachfolger der Sisodias, die sich wiederum auf den legendären Gottkönig Rama beriefen, verlegte 1567 endgültig seine Residenz nach Udaipur. Aber auch hier fanden sie keine Ruhe, denn bereits der Sohn Udai Singhs, Maharana Pratap, musste die Stadt gegen die immerwährenden Angriffe Akbars verteidigen. Akbar hatte schon durch seine Heirat mit der Tochter des Rajputenkönigs von Amer einen Teil der Rajputen auf seine Seite gezogen. Schließlich konnte er 1576 in einer entscheidenden Schlacht bei Haldi Ghatti (27 km nördlich von Udaipur)

***Udaipur** Orientierung*

auch Mewar vernichtend schlagen. Doch Maharana Pratap gelang es in den folgenden Jahren, Teile seines verlorenen Reiches zurückzuerobern. Sein Sohn Amar Singh erkannte 1614 schließlich die Vorherrschaft der Moguln an und das Mewarreich hatte von nun an eine relativ beständige Periode des Friedens, während der Kunst und Kultur eine Blüte erlebten. Es wurden neue Paläste gebaut, der alte Palast erweitert und der Jagdish-Tempel errichtet. Auch die Miniaturmalerei erreichte einen Höhepunkt.

Sehenswertes in Udaipur

★★
City Palace
Öffnungszeiten:
tgl. 9.30 – 16.30

Der Stadtpalast von Udaipur am östlichen Ufer des Picholasees ist mit einer Länge von etwa 500 m und einer Breite von 250 m eine der größten und am besten erhaltenen Palastanlagen in Rajasthan. Gleich am Haupteingang (Tripolia) sind auf der linken Seite acht aus Stein gemeißelte Torbögen zu sehen. Hier wurden einst die Maharanas, wie man hier die Maharadschas nannte, an ihren Geburtstagen gegen Gold und Silber aufgewogen, das dann an die Armen verteilt wurde.

Zur **Palastanlage** gehören zahlreiche Räume und Innenhöfe auf mehreren Ebenen. Von den oberen Etagen aus hat man immer wieder schöne Ausblicke auf den Picholasee, die Innenstadt und die Aravalliberge. Besonders sehenswert sind der **Moti Mahal (Perlenpalast)** mit den typisch rajasthanischen Spiegelarbeiten an den Wänden und der **Chini-ki-Chitra Mahal** mit seinen chinesischen Kacheln. Auf einer Anhöhe von 30 m liegt ein Innenhof (Badi Mahal) mit Bäumen und einem Saal, von dem sich ein schöner Blick über die Stadt bietet. Hier sind riesige, aus Marmor gehauene Zisternen zu sehen, die früher Wasser enthielten, um die Luft abzukühlen. Der Mor Chowk ist für die in leuchtenden Farben dargestellten **Reliefs von Pfauen** berühmt, die zu den prächtigsten Darstellungen des Nationalvogels in Indien zählen. Pfauen, die Begleittiere (vahanas) des Kriegsgottes Skanda, genossen im Land der kriegerischen Rajputen besondere Verehrung. Im Palast befindet sich auch ein **Museum** (Government Museum) mit einer Sammlung von Steinskulpturen.

Mor Chowk mit seinen üppigen Pfauenmosaiken

Zenana Mahal Rechts vom Ausgang führt der Weg zum Zenana Mahal, dem **Palast der Königin**. Im ersten Stock dieses Gebäudes sind um einen großen Innenhof Fotos und verschiedene Utensilien der Königsfamilie ausgestellt. Die Kanonen im Hof erinnern daran, dass der heute so friedlich wirkende Palast einst Schauplatz von Krieg und Gewalt war.

Jagdish Temple Der Jagdish-Tempel wirkt von außen mehr wie eine Festung und man muss erst eine steile Treppe erklimmen, bevor man ihn erreicht. Da das von einer Mauer umschlossene Heiligtum nie zerstört wurde, ist es noch im ursprünglichen Zustand zu bewundern. Obwohl der Tempel erst 1651 von Jagad Singh I. erbaut wurde, ist er ganz der hinduistischen Bautradition verpflichtet. Er enthält keinerlei Elemente des mittlerweile in ganz Nordindien vorherrschenden Mogulstils. Die Mewars, die sich ständig im Kampf mit den Moguln befanden, wollten bewusst keine Stilelemente des Erbfeinds benutzen.

Bharathya Lok Kala Mandal

Öffnungszeiten: tgl. 9.00 – 17.30

In diesem Haus befindet sich ein interessantes Museum, das 1952 von D. L. Samar gegründet wurde. Es gibt einen Einblick in das rajasthanische Kunsthandwerk, zeigt eine Sammlung von Musikinstrumenten und erläutert die Traditionen einiger Stämme. Daneben werden fast stündlich kurze Vorführungen des Puppentheaters gegeben.

Der ruhige Picholasee ist eher seicht und trocknet in regenarmen Zeiten schnell aus.

Saheliyon-ki-Bar

Der einstige Vergnügungsgarten für die Frauen des Hofs, der im Norden der Stadt am östlichen Ufer des Fateh-Sagar-Sees liegt, hat inzwischen viel von seinem einstigen Reiz verloren. Trotzdem ist der schattige Platz mit seinem Lotusteich immer noch ein Ort zum Verweilen.

* Pichola Lake

Der Picholasee, vor einer idyllischen Bergkette gelegen, bietet die ideale Kulisse für die vielen Bauten der Maharadschas im und um den See. Mitten im Lake Pichola liegt das **Lake Palace Hotel** (Jag Niwas), heute eines der besten Palasthotels Indiens und nur für Hotelgäste zugänglich.

* Jag Mandir Palace and Garden

Auf einer zweiten Insel erhebt sich der **Jag Mandir**. In diesem Palast und dem Gul Mahal, einem Pavillon mit gewölbten Dächern fand der junge Shah Jahan 1623 Zuflucht, als er sich nach einer verfehlten Revolte vor seinem eigenen Vater Jehangir verstecken musste. Während seines Aufenthalts soll er einige Anregungen für das später von ihm errichtete weltberühmte Grabmal Taj Mahal in ► Agra erhalten haben. Der Jag Mandir ist mit seinem schönen Garten einer der idyllischsten Plätze Udaipurs. Vom City Palace aus werden Bootstouren über den See angeboten.

Fateh Sagar

Der von Maharana Jai Singh im Jahr 1678 angelegte hübsche See verfügt über eine Seepromenade und eine Bootsverbindung zum Nehru-Park.

Umgebung von Udaipur

Shilpgram

Öffnungszeiten:
tgl. 9.30 – 18.00

Wenn man die Straße am Südufer des Fateh Sagar Richtung Westen weiterfährt, kommt man nach 5 km zum Dorf der Kunsthandwerker. Das vom West Zone Cultural Centre geförderte Zentrum bietet Musik- und Tanzveranstaltungen an, daneben kann man Kunsthandwerkern bei ihrer Arbeit zuschauen und ihre Produkte kaufen.

** Ranakpur

Ranakpur, auf der Strecke Jodhpur – Udaipur (96 km nördlich von Udaipur) gelegen, ist berühmt als **eine der größten und schönsten Jaintempelanlagen** in Indien. Die Tempel am Fuß der Aravalliberge sind überwiegend gut erhalten und ebenso filigran gearbeitet wie die Dilwara-Tempel am Mount Abu. Neben dem Haupttempel (1439) stehen noch drei andere Tempel der Jainas, die alle fast 500 Jahre alt sind. Der dreistöckige Haupttempel mit seinen **1444 unterschiedlich gearbeiteten Säulen**, zahlreichen kleinen Schreinen und 29 größeren Hallen ist von 10.30 bis 17.00 Uhr geöffnet.

Im Inneren dieses Chaumukha (viergesichtig) genannten Tempels befinden sich eine nach allen vier Richtungen schauende Darstellung Adinaths und noch zwei kleinere Tempel für die Tirthankaras (Furtenbereiter) Neminath und Parshvanath. Die Außenwände zieren sehr schöne Skulpturen aus weißem Marmor, einige davon sind

Aus Marmor: Tirthankara in Ranakpur

erotische Darstellungen. Das dritte, etwas abseits gelegene Heiligtum ist Surya, dem Sonnengott, gewidmet. Gleich am Eingang des Tempelkomplexes liegt rechts ein kleiner Teich mit Darstellungen von Shiva und Parvati und dem Affengott Hanuman. Diese Überreste und der Suryatempel verweisen auf die kultische Bedeutung, die dieser Ort auch für die Hindus hat. Innerhalb des Geländes sind Pilgerherbergen und eine gute vegetarische Kantine untergebracht. Im Gegensatz zu den Dilwara-Tempeln darf hier bis auf die Standbilder der Tirthankaras alles fotografiert werden. Die angenehme Landschaft mit vielen Bäumen, Bergbächen und terrassierten Feldern bietet schöne Wandermöglichkeiten.

✶ Chitaurgarh (Chittaurgarh, Chittor)

Urkundlich erwähnt wurde die Befestigung Chitaurgarhs (70 km nordöstlich von Udaipur) auf dem 150 m hohen und nach allen Seiten steil abfallenden Plateau erstmals 728. Die Stadt war mehrfach Ziel der islamischen Eroberer, die sie immer wieder einnahmen – trotz der heldenhaften und verzweifelten Abwehr der Bewohner.

Der Kampf der Rajputen gegen die islamischen Herrscher wurde in zahlreichen Legenden und Geschichten besungen. Sultan Ala-ud-din Khalji belagerte die Stadt erstmals 1303, weil er die schöne Padmini, die Königin von Chitaurgarh, begehrte. Als es sich im Verlauf des Kampfs abzeichnete, dass die Festung in die Hände des Sultans fallen würde, wurde das **grausame Rajputenritual Jauhar** durchgeführt: Frauen und Kinder verbrannten sich auf einem riesigen Scheiterhaufen und die verbliebenen Männer suchten ihren Tod in der aussichtslosen Schlacht. Ala-ud-din Khalji eroberte schließlich eine menschenleere Stadt.

Bereits nach zwei Jahrhunderten wurde die Stadt wieder belagert, diesmal von den Truppen des Sultans von Gujarat, Bhadur Shah. Wieder wählten 13 000 Frauen den Tod und über 30 000 Männer starben im Kampf. Die Eroberer konnten sich aber nicht lange an ihrem Sieg freuen, denn bereits nach zwei Wochen mussten sie vor den anrückenden Truppen Humayuns fliehen. Als Chitaurgarh nach dreißig Jahren zum dritten Mal belagert wurde, diesmal vom mächtigen Akbar, floh der junge König mit einigen Gefolgsleuten und gründete eine neue Hauptstadt in Udaipur, von der aus der Widerstand gegen

die islamischen Herrscher weitergeführt wurde.
Die Frauen mussten erneut den Scheiterhaufen besteigen und die verbliebenen Truppen zogen unter der Führung des 60-jährigen Vasallen Jaimal und des nur 16-jährigen Patta in den Kampf und wurden getötet. Akbar war von dem Heldenmut der Männer von Chitaurgarh so beeindruckt, dass er von den beiden Anführern der Rajputen Skulpturen aus Marmor anfertigen ließ. Die Figuren, Jaimal und Patta auf Elefanten reitend, ließ er vor den Toren des Roten Forts in Delhi aufstellen.

! *Baedeker* TIPP

Chitaurgarh im Roman

Liebe, Intrigen, Eifersucht, Kampf und Tod – Chitaurgarh im 16. Jahrhundert ist Schauplatz von Kiran Nagarkars Roman »Krishnas Schatten«, in dem die Schicksale des Kronprinzen von Mewar und seiner Gattin, der Dichterin Mirabai, erzählt werden.

Eine 11 km lange Mauer umschließt die Reste der einst mächtigen und hart umkämpften Festungsanlage. Die Besichtigung des auf einem 180 m hohen Berg liegenden Forts nimmt etwa einen halben Tag in Anspruch. Man erreicht die Bastion über eine steile, kurvenreiche Straße, die früher durch acht Tore abgesichert war. An jedem Tor sind Gedenksteine für die vielen in der Schlacht gefallenen Krieger errichtet. Nach dem Durchschreiten des Ram Pols betritt man das weitläufige Gelände mit zahlreichen Ruinen, aber auch ungefähr 50 gut erhaltenen Gebäuden.

✶ **Festung**

Gleich das erste Bauwerk auf der rechten Seite ist der im 15. Jh. errichtete Rana-Kumbha-Palast, von dem leider nur noch Reste erhalten sind. Man kann die überwölbten Keller erkennen, in denen das Jauhar, die Verbrennung der Frauen und Kinder, stattgefunden hat. Udai Singh soll hier geboren worden sein und seinen Palast in Udaipur nach diesem Vorbild erbaut haben.

Rana-Kumbha-Palast

Der Vijay Stambha (Siegesturm) ist sicher das schönste Bauwerk der gesamten Anlage. Der neunstöckige, 38 m hohe Turm wurde nach einem Sieg gegen die Sultane von Gujarat 1468 von Rana Kumbha in Auftrag gegeben. Im Gegensatz zu dem schlichten, figurenlosen Siegesturm der Sultane in Delhi, Qutb Minar, ist dieser Turm mit **Darstellungen aus dem Mahabharata und Ramayana** ausgestattet. Interessanterweise existieren hier neben hinduistischen Skulpturen Figuren der jainistischen Thirtankaras und islamische Kalligraphien zur Lobpreisung Allahs.

✶ **Siegesturm**

In der Nähe des Siegesturms steht der nur 23 m hohe Kirti Stambha aus dem 13. Jh., der von einem wohlhabenden Kaufmann zu Ehren von Adinath, dem ersten Furtenbereiter des jainistischen Glaubens, gestiftet wurde. Eine Treppe führt zum Dach des Turms, von dem sich eine wunderbare Aussicht bietet.

Kirti Stambha

Padmini-Palast Neben dem kleinen Siegesturm ist noch der in einem Teich stehende Palast der einstigen Prinzessin von Sri Lanka, Padmini, zu sehen. Einst soll der Mogulherrscher Ala-ud-din Khalji (1296 – 1316) sie in einem Spiegel erblickt haben. Er war von der Schönheit Padminis so überwältigt, dass er die Stadt belagerte und ihren Mann gefangennahm. Die Königin beging Jauhar und die Stadt wurde vollkommen zerstört.

Kalika-Mata-Tempel Der Kalika-Mata-Tempel war ursprünglich ein Sonnentempel. Er wurde jedoch 1568 der Göttin Kalika, einer Inkarnation Parvatis, geweiht. Bei genauerem Hinsehen sind an den Außenwänden noch Darstellungen des Sonnengottes Surya zu erkennen.

Weitere Tempel Im Kumbha-Shyama-Tempel (8. Jh.) wird Vishnu in seiner Inkarnation als Eber (Varaha) verehrt. Im gleichen Komplex steht der kleinere Mirabai-Tempel. **Mirabai** war eine Rajputenprinzessin, die zu Ehren von Krishna viele Gedichte und Balladen verfasste. Bis heute zählt sie den beliebtesten Dichterinnen des Wüstenlands.

Vadodara

C 8

Bundesstaat: Gujarat
Einwohner: 1,5 Mio.
Höhe: 35 m ü. d. M.
Entfernung: 425 km nördl. von Mumbai

Vadodara, früher Baroda, ist eine schnell expandierende, moderne Großstadt, in der sich die größten petrochemischen Industrieanlagen Indiens befinden.

Die in ganz Indien als (Baroda)Kunst- und Universitätsstadt bekannte alte Königsstadt verbreitet durch ihre Gärten und Paläste eine angenehme Atmosphäre. Einige der Paläste sind leider der Öffentlichkeit nicht zugänglich. Vadodara bietet sich mit seinen guten Verkehrsverbindungen und Übernachtungsmöglichkeiten als ein angenehmer Zwischenstopp auf der Strecke von Mumbai nach Ahmedabad an.

Vadodara entwickelte sich erst spät zu einer Königsstadt, dafür aber war ihr Aufstieg geradezu rasant. Die Gründer der Stadt waren die Gaekwads (Beschützer der Kühe), die als Truppenführer des Mara-

VADODARA

AUSKUNFT

Narmada Bhavan
Indira Avenue; Tel. 02 65 – 242 74 89

ÜBERNACHTEN

► **Luxus / Komfortabel**

Taj Residency
Akota Gardens
Tel. 02 65 – 235 45 45
www.tajhotels.com
Mit zwei internationalen Restaurants und Swimmingpool.

thenkönig Baji Raogs selbst die mächtige Mogulstadt Delhi eroberten. Sie schafften es innerhalb kürzester Zeit, sich zu einem der reichsten und einflussreichsten Fürstengeschlechter Indiens zu entwickeln.

Sehenswertes in Vadodara

Lakshmi-Vilas-Palast

Dieser Palast wurde von dem englischen Architekten R. H. Chrisholm entworfen. Der etwas eklektizistisch geratene Bau mischt europäische und indische Stile und beeindruckt vor allem durch seine Größe und verschwenderische Inneneinrichtung.

Fateh-Singh-Museum

Auf dem gleichen Gelände befindet sich das Maharadscha-Fateh-Singh-Museum, das neben Kopien berühmter europäischer Maler wie Tizian und Rubens eine gute Sammlung des indischen Malers Ravi Verma ausstellt.

Vadodara-Museum (Maharadscha-Sajirao-Museum)

Das Museum liegt idyllisch inmitten des Sayaji Bagh, eines von der Bevölkerung gern besuchten Picknickplatzes. Die umfangreiche Sammlung geht auf den Maharadscha Syaji Rao Gaekwad III. zurück und zeigt Kunst aus verschiedenen Teilen Europas und Asiens (Öffnungszeiten: tgl. außer Mo. u. Fei. 10.00 – 17.00 Uhr).

Kunstakademie

In unmittelbarer Nähe des Vadodara-Museums in westlicher Richtung befindet sich die berühmte Universität mit dem sehr schönen Bau für die Kunstakademie. Aus ihr sind **einige der wichtigsten zeitgenössischen indischen Maler** hervorgegangen.

Umgebung von Vadodara

Surat

Die Millionenstadt Surat (150 km südlich von Vadodara) am Tapti war im 19. Jh. ein wichtiges Handelszentrum, das von den Parsen dominiert wurde. Vom 15. bis zum 17. Jh. war der Hafen von Surat der Ausgangspunkt für die moslemischen Pilger nach Mekka. Bis heute ist Surat ein wichtiges Zentrum für Textilindustrie und Diamantenschleiferei.

Bharuch

Die alte Hafenstadt Bharuch (73 km südlich von Vadodara) an der Mündung des heiligen Flusses Narmada besitzt neben einer holländischen Festung eine Moschee aus dem 14. Jh., bei deren Bau Teile eines Jaintempels verwendet wurden, sowie parsische »Türme des Schweigens«.

OSTINDIEN

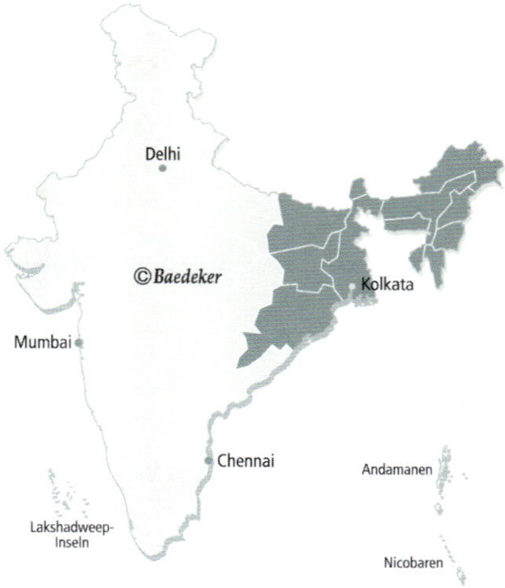

BUNDESSTAATEN UND UNIONSTERRITORIEN

Andamanen und Nicobaren: Unionsterritorium
Bihar: Hauptstadt Patna
Jharkhand: Hauptstadt Ranchi
Nordoststaaten: Arunachal Pradesh (Hauptstadt Itanagar), Assam (Hauptstadt Dispur), Manipur (Hauptstadt Imphal), Meghalaya (Hauptstadt Shillong), Mizoram (Hauptstadt Aizawl), Nagaland (Hauptstadt Kohima), Tripura (Hauptstadt Agartala)
Orissa: Hauptstadt Bhubaneshwar
Sikkim: Hauptstadt Gangtok
Westbengalen: Hauptstadt Kolkata

Das Herz Ostindiens bildet das fruchtbare und industriell entwickelte Westbengalen zusammen mit den ärmeren Nachbarstaaten Bihar, Jharkhand und Orissa. Ganz im Nordosten liegen der kleine Himalajastaat Sikkim und die Gruppe der sieben Nordoststaaten, die größtenteils sehr dünn besiedelt sind und mit Ausnahme von Assam bisher von wenigen Touristen besucht werden. Die Inselgruppen der Andamanen und Nicobaren sind diesem Teil des Bandes zugeordnet, da sie von Kolkata aus zu erreichen sind.

Naturraum

Der östliche Teil Indiens erstreckt sich von der grünen Küstenebene Orissas über die Bergkette der Ostghats und das eher trockene Hochplateau nach Bihar und Jharkand. Die nördliche bzw. östliche Grenze der Bundesstaaten bildet die fruchtbare untere Gangesebene von Westbengalen. Dieser Staat zieht sich nach Norden bis in die Vorketten des Himalaja hinein und verbindet über einen schmalen Korridor Sikkim und die Nordoststaaten mit dem indischen Subkontinent.

Die Bergketten des Himalaja begrenzen den nördlichen Teil der Staaten Sikkim und des reich bewaldeten und bisher kaum zugänglichen Arunachal Pradesh. Weiter südwärts fällt das Land allmählich ab in die mit Reisfeldern kultivierte Flussebene des Brahmaputra, der sich in ostwestlicher Richtung durch Assam zieht. Südlich dieses fruchtbaren Tals schließt sich das Hügelplateau von Meghalaya an, das nach Süden wiederum zur Gangesebene abfällt.

Das sumpfige Flussdelta des Ganges, das auch große Teile des Nachbarstaates Bangladesh bedeckt, ist immer wieder Schauplatz von Überschwemmungskatastrophen. Die Inselgruppen der Andamanen

← *Farbenfrohe Applikationen werden in Pipli angefertigt.*

und Nicobaren liegen 1500 km südlich von Kolkata im Indischen Ozean, können aber von der bengalischen Hauptstadt und von Chennai aus per Flugzeug erreicht werden.

Wirtschaft In Orissa, Jharkhand und Bihar dominiert der Reisanbau, ebenso in den fruchtbaren Flussebenen von Brahmaputra und Ganges. Die Teeplantagen im nördlichen Westbengalen (Darjeeling) und in Assam sind die größten Teeanbaugebiete Indiens und eine wichtige Einkommensquelle. In Westbengalen, Jharkhand und Bihar konzentriert sich die Metall verarbeitende Industrie und große Stahlwerke haben dort ihren Sitz wie z. B. in Jamshedpur. Als **»Ruhrgebiet Indiens«** wurde die Gegend aufgrund ihrer Kohle- und Erzvorkommen bezeichnet. Sie gehört zu dem im Jahr 2000 neu geschaffenen Bundesstaat Jharkhand. Die Region um Kolkata gilt ebenfalls als Industriemagnet. Die Stahlwerke und Textilfabriken der Metropole können auf ein großes Reservoir an Arbeitskräften zurückgreifen und sind auch ein Anziehungspunkt für die arme Bevölkerung aus den Nachbarstaaten.

Geschichte Eng verknüpft mit der frühen indischen Geschichte ist die Gangesebene. An den fruchtbaren Ufern des Flusses siedelten schon vor etwa 3000 Jahren indoarische Stämme, die aus dem Nordwesten eingewandert waren. Zahlreiche Heiligtümer im heutigen Bundesstaat Bihar verweisen auf die Spuren Buddhas in jener Region. Patna, die Hauptstadt von Bihar, war der Herrschaftssitz des großen Kaisers Ashoka (274 – 232), der von hier aus das erste indische Großreich schuf. Zeugnisse hinduistischer Herrschaft sind vor allem in den großartigen Tempelbauten Orissas erhalten, die um das 10. Jahrhundert entstanden sind. Kolkata, die Metropole am Ganges, war der Ausgangspunkt der britischen Eroberung Indiens und die Spuren seiner kolonialen Vergangenheit sind auch heute noch vielerorts sichtbar. Die Nordoststaaten mit ihrem großen Anteil an Stammesvölkern gehören zu den Spannungsgebieten des Landes. Ethnische Konflikte und politische Meinungsverschiedenheiten mit der Zentralregierung in Delhi führen immer wieder zu gewaltsamen Auseinandersetzungen.

Auf den Inselgruppen der Andamanen und Nicobaren leben seit langer Zeit negroide Stämme, die teils bis heute wenig Kontakt mit Außenstehenden haben. Die Inseln wurden von den Briten als Sträflingskolonie genutzt.

Sehenswürdigkeiten Der Osten Indiens gehört bisher zu den weniger besuchten Regionen des Subkontinents, hat aber ein breites Spektrum an Sehenswürdigkeiten zu bieten: Orissa mit seinen herausragenden Tempelbauten in **Bhubaneshwar** und **Konark** sowie der **Pilgerstadt Puri** – das »Goldene Dreieck« des Landes, wie es von den örtlichen Tourismusbehörden gepriesen wird. Interessante buddhistische Klosteranlagen sind ebenfalls in nächster Nähe zu finden.

Konark: ein Tempel in Form eines Sonnenwagens

Auch Bihar kann mit Schätzen aufwarten: **Bodhgaya und Nalanda** sind wichtige historische Stätten des Buddhismus. Westbengalens Hauptstadt Kolkata hat zwar keinen besonders guten Ruf unter Reisenden, bietet jedoch bei näherem Betrachten eine Vielzahl von interessanten Orten und Aktivitäten. Wanderer kommen in der **Bergwelt Darjeelings** im äußersten Norden Westbengalens und in **Sikkim** auf ihre Kosten.
Die Nordoststaaten sind touristisch wenig erschlossen. **Assam** mit dem berühmten **Kaziranga-Nationalpark**, wo das seltene Panzernashorn beheimatet ist, und die Bergstation Shillong in Meghalaya sind die bekanntesten Ziele. Die Andamanen und Nicobaren gelten als Taucherparadies.

Andamanen • Nicobaren (Unionsterritorium)

M/N 12–16

Hauptstadt: Port Blair
Entfernung: 1000 km östl. v. Chennai
Einwohner: 100 000

In der Bucht von Bengalen liegen wie Perlen auf eine Kette gereiht die über 300 Inseln der Andamanen und Nicobaren. Sie sind die Spitzen eines alten Gebirges, das sich vormals von Myanmar nach Sumatra erstreckte.

Die Gruppe der Andamanen besteht aus den drei Hauptinseln North, Middle und South Andaman, dem südlich davon gelegenen Little Andaman sowie zahllosen kleineren Inselchen. Noch näher am Äquator liegen die Nicobaren mit den Hauptinseln Great und Little Nicobar und weiteren Minieilanden. Bei der schweren **Tsunami-Katastrophe** im Dezember 2004 wurden viele Inseln überflutet und ein Drittel der Bewohner kam ums Leben.
Dichter Dschungel, weiße Sandstrände, kristallklares Wasser, eine ungeheuer vielfältige und farbenprächtige Unterwasserwelt sowie eine große Anzahl seltener Vögel locken Naturfreunde, Taucher, Schnorchler und Reisende an auf der Suche nach einem der letzten Paradiese dieser Erde. Nur wenige der Inseln sind bewohnt. Ihre Ureinwohner wehren sich – in einem Fall bis heute mit Erfolg – gegen jegliche Kontakte mit der restlichen Welt. Fischfang, Jagd und auf einigen Inseln auch Landwirtschaft (Reisanbau, Kokosplantagen und Schweinezucht) sowie die Kopraproduktion sind die Hauptnahrungsquellen der Bewohner.

Geschichte Die genaue Herkunft der Ureinwohner beider Inselgruppen ist unbekannt. Die dunkelhäutigen Bewohner der Andamanen sind negroider Abstammung, während die Bevölkerung der Nicobaren ihre Herkunft von den Burmesen ableitet. Lange Zeit lebten die verschiedenen Stämme auf den Inseln und ernährten sich von Jagd und Fischfang. Als einer der ersten westlichen Reisenden erblickte **Marco Polo** die Küsten der abgelegenen Inseln. Ihm folgten im 17. und 18. Jahr-

ANDAMANEN • NICOBAREN ERLEBEN

AUSKUNFT

Directorate of Tourism
(Andaman and Nicobar)
Port Blair
Tel. 031 92 – 232 69 94
www.tourism.andaman.nic.in

India Tourism Office
VIP Rd. 189
Junglighat
Port Blair
Tel. 031 92 – 23 63 48

ANREISE

Es existieren Flugverbindungen von Kolkata und Chennai. Mit dem Schiff kann man von Kolkata, Chennai und Vishakapatnam zu den Andamanen gelangen (Shipping Corporation of India, Chennai Tel. 044 – 25 22 08 41 oder Kolkata Tel. 033 – 22 48 23 54).

Aufenthaltserlaubnis
Notwendig für den Besuch der Inseln. Fluggäste bekommen diese bei der Ankunft am Flughafen in Port Blair. Wer mit dem Schiff anreist, muss sich die Erlaubnis vorher bei der Indischen Botschaft oder den Foreigners Registration Offices in Delhi, Kolkata oder Chennai besorgen.

ÜBERNACHTEN / ESSEN

► Luxus / Komfortabel

Fortune Resort Bay Island
Port Blair
Tel. 031 92 – 23 41 01
www.fortuneparkhotels.com
Edel ausgestattete Zimmer mit Balkon und tollem Blick, gutes Restaurant, sowie schöner Garten mit Meerwasserpool.

Barefoot at Havelock
Beach No. 7
Radhanagar
Havelock
Tel. 031 92 – 22 01 91
(in Chennai: Tel. 044 – 24 34 10 01)
www.barefootindia.com
An einem der schönsten Strände gelegen; bietet vielfältige Aktivitäten wie Tauchen, Fischen, Wandern und Yoga.

► Komfortabel

Wild Orchid
Beach No. 5
Vijaynagar
Havelock
Tel. 031 92 – 28 24 72
www.wildorchidandaman.com
Rustikale Cottages mit viel Bambus, nur ein paar Meter vom Wasser entfernt, gutes Essen.

► Günstig

Megapode Nest
Haddo Hill
Tel. 031 92 – 23 22 07
www.aniidco.nic.in
Staatliche Unterkunft von Andaman und Nicobar Tourism mit Garten und gutem Restaurant.

Traumhafte Strände auf den Andamanen

hundert Missionare verschiedener Länder, die vergeblich versuchten, die Ureinwohner zum christlichen Glauben zu bekehren.
Danach kamen die Briten. Sie waren es auch, die 1858 auf South Andaman eine **Sträflingskolonie** einrichteten. Ein Relikt aus dieser Zeit ist das alte Gefängnis in Port Blair. Bis 1945 deportierte die ehemalige Kolonialmacht besonders unliebsame Gegner hierher; zuletzt zahlreiche indische Freiheitskämpfer, die unter erbärmlichen Bedingungen den Tod fanden.
Nach der Unabhängigkeit Indiens wurden die beiden Inselgruppen dem Staat als **Unionsterritorium** angegliedert. Eingewanderte Festlandsbewohner, vor allem aus Bengalen, und die Nachfahren der ehemaligen Sträflinge übertreffen heute die Zahl der Ureinwohner bei weitem. Vor allem im 19. Jh. wurde ein großer Teil der Einwohner von Krankheiten hinweggerafft. Die Zerstörung ihres natürlichen Lebensraums durch Rodung der Wälder verschärfte die Situation weiter. Zwar wurde inzwischen ein Teil des Inselgebiets unter Naturschutz gestellt, doch auch unter der indischen Regierung geht die Abholzung des bedrohten Baumbestands weiter. Während sich die Bewohner der Nicobaren den indischen Siedlern angenähert haben, bleiben die Stämme der Andamanen weitgehend auf Distanz. Die Sentilenesen im Norden der Inselgruppe wehren sich bis heute erfolgreich mit Pfeil und Bogen gegen die »Zivilisation« und hindern Fremde am Betreten ihrer Insel.

Port Blair

Hauptstadt der Andamanen und größter Ort der Inselgruppe

Port Blair (100 000 Einw., 1255 km von Kolkata und 1191 km von Chennai entfernt) liegt im Südosten von South Andaman. Hier kommen alle Reisenden an und hier befinden sich auch die meisten Hotels, die Informationsbüros für Touristen und die privaten Gesellschaften, die Kreuzfahrten durch die Inselwelt anbieten. Die kleine Stadt erstreckt sich über mehrere Hügel.

An die Vergangenheit South Andamans als Sträflingsinsel erinnert das alte **Gefängnis** im Nordosten der Stadt. Ein kleines Museum und eine Licht- und Tonschau gedenken der vielen Freiheitskämpfer, die hier von den Briten eingekerkert worden waren (Öffnungszeiten: tgl. außer Mo. 9.00 – 12.00 und 14.00 – 17.00 Uhr).

Im südlich davon gelegenen **Meeresmuseum** entfaltet sich dem Besucher die faszinierende Unterwasserwelt der Inseln. Eine Krokodilfarm ist dem Museum angeschlossen (Öffnungszeiten: tgl. außer So. 8.30 – 17.00 Uhr). Einblicke in das Leben der Ureinwohner vermittelt das **Anthropologische Museum**. Dort sind Waffen und Werkzeuge, Trachten und Einbäume der ersten Inselbewohner ausgestellt (Öffnungszeiten: tgl. außer Do. 9.00 – 16.00 Uhr).

Im **Waldmuseum** erfährt man Interessantes über die Vielfalt der lokalen Holzarten. Gleich daneben werden die kostbaren, immer rarer werdenden Hölzer in **einer der ältesten und größten Sägemühlen** Asiens verarbeitet. Interessierte dürfen zuschauen, aber nicht fotografieren (Öffnungszeiten: tgl. außer So. 9.00 – 13.00 und 14.00 bis 17.00 Uhr).

Ziele auf den Andamanen und Nicobaren

★ **Strände**

Die weißen Strände von Corbyn's Cove und Wandoor auf South Andaman locken zum Sonnenbaden. Man sollte allerdings bedenken, dass spärlich bekleidete Touristen hier nicht zum Alltagsbild der Einheimischen gehören.

★ **Bade- und Tauchmöglichkeiten**

Attraktive Bade- und Tauchmöglichkeiten bieten die Inseln Havelock, Neil und Cinque, alle durch regelmäßig verkehrende Boote mit Port Blair verbunden. Auf organisierten Bootstouren haben Touristen die Möglichkeit, die Inselwelt kennen zu lernen. Beste Besuchszeit: Oktober bis April. Im November / Dezember können die Inseln allerdings von den Ausläufern des **Nordostmonsuns** gestreift werden.

Nationalparks

Die Andamanen und Nicobaren sind die Heimat vieler, zum Teil sehr seltener Tierarten. Einige Gebiete sind als Nationalparks ausgewiesen. Hier leben indische Seekühe und Meeresschildkröten, Salzwasserkrokodile und Warane. Auch zahlreiche Vogelarten, manche nur in diesen Breiten beheimatet, finden hier Schutz, wie die Andaman-Wildtauben und Andaman-Krickenten, Berg- und Hirtenstar, Kaisertaube und Seeadler.

★ Bhubaneshwar

19

Hauptstadt von Orissa
Einwohner: 650 000

Höhe: 54 m ü. d. M.
Entfernung: 438 km südwestl. Kolkata

Zusammen mit ► Puri und Konark bildet Bhubaneshwar, seit 1950 Hauptstadt von Orissa, das touristische »Goldene Dreieck« des Bundesstaats.

»Platz (Bhuba) des Gottes Shiva (Ishvara)« bedeutet der Name des Ortes, in dem das Leben – im Vergleich zu anderen indischen Städten – immer noch gemächlich vonstatten geht. Es wird erzählt, dem Gott sei hier in 7000 Tempeln gehuldigt worden, von denen heute noch ungefähr 500 erhalten sind. Die meisten sind zwar verfallen, doch unter ihnen sind noch **einige der schönsten Tempeln in ganz Indien** zu finden. Sie wurden zwischen dem 8. und dem 13. Jh. während der Herrschaft der **Kalinga-Könige** errichtet. Obwohl ihre Bauweise eindeutig dem nördlichen Nagarastil verpflichtet ist, fallen sofort einige lokale Besonderheiten auf. Hauptmerkmal ist die extrem horizontal betonte Schichtung von Hallen und Tempelturm, mit gleichzeitig vertikaler Gliederung des kegelförmigen Turmes. Letzteres wird vor allem durch die symmetrische Anordnung von Figuren und Ornamenten erreicht. Bemerkenswert sind auch die Spuren buddhistischer Architektur an den älteren Tempeln.

BHUBANESHWAR ERLEBEN

AUSKUNFT

Department of Tourism
Paryatan Bhawan
Museum Campus
Tel. 06 74 – 243 21 77

Zudem kann man sich an die Tourist Offices am Flughafen, am Bahnhof und in der Lewis Road wenden. Weitere Informationen bietet die Webseite von Orissa Tourism (www.orissatourism.gov.in).

ÜBERNACHTEN / ESSEN

► Luxus

Trident Hilton Bhubaneswar
Nayapalli
Tel. 06 74 – 230 10 10
www.hilton.com
Edles Hotel in großer Gartenanlage mit Joggingpfad und einem Swimmingpool.

► Komfortabel

Swosti
103, Janpath
Tel. 06 74 – 253 57 78
www.swosti.com
Zentral gelegen mit gut ausgestatteten Zimmern und feiner Küche.

► Günstig

Panthanivas
OTCD
Ltd. Lewis Road
Tel. 06 74 – 243 23 14
www.panthanivas.com
Staatliches Hotel von Orissa Tourism.

Sehenswertes in Bhubaneshwar

Von den vielen Tempeln werden die wichtigsten hier beschrieben. Sie lassen sich bequem mit Hilfe eines Stadtplans oder eines Führers finden und können gut an einem Tag besichtigt werden.

★ Parasurameshvara-Tempel

Der kleine, sehr dekorative Tempel gilt als schönstes und besterhaltenes Beispiel aus der frühen Gruppe der Heiligtümer und stammt aus dem 7. Jahrhundert. Dem nur knapp 13 m messenden Tempelturm, der sich über dem quadratischen Sanktum erhebt, ist eine rechteckige Halle (Jagamohan Mandapa) vorgelagert. Ihr Dach ist nur einmal abgestuft – ein Kennzeichen der frühen Tempelbauweise. Aus dem reichhaltigen Skulpturwerk an den vier Außenfassaden sind vor allem die sieben Muttergottheiten an der Nordseite der Halle sowie eine **sehr schöne Darstellung von Durga**, wie sie den Büffeldämonen Mahisha tötet (Mahishasuramardini), an der Nordseite des Tempelturms hervorzuheben.
Beachtenswert ist auch die Darstellung an der Südseite über der Ganeshafigur: Shiva ist hier als Bettler zu sehen, dem Parvati Früchte reicht. Nicht entgehen wird dem aufmerksamen Betrachter, dass mehrere der Shivafiguren das Gesicht Buddhas tragen, was mit dem immer noch fortdauernden **buddhistischen Einfluss** erklärt werden kann. Auch die Pfeilerhalle im Inneren des kleinen Tempels erinnert eher an eine buddhistische Chaitya-Halle als an ein hinduistisches Heiligtum. Ganz dem Gott Shiva verpflichtet ist aber der vor dem Tempel stehende Lingam – er **besteht aus 1000 kleinen Lingams**.

Vaital-Tempel

Vom Feinsten sind die Figuren und die Ornamentik am Vaitaltempel aus dem 8. Jahrhundert. Das kleine Heiligtum an der Westseite des Bindu-Sarovar-Sees trägt den Namen »Kürbistempel« aufgrund seiner besonderen Form. Über dem Sanktum erhebt sich nicht, wie üblich, ein kegelförmiges Dach, sondern ein pyramidenartiger Aufbau, der an einen südindischen Tempelturm erinnert und aus dem wiederum drei kleine spitze Türmchen herausragen.
Bewunderung verdienen die großartigen Verzierungen an der Frontseite des Tempels. Das Heiligtum ist der Göttin Chamunda, einer Form Durgas, geweiht. An der Fassade kann sie in Gestalt der Mahishasuramardini bewundert werden, wie sie gerade den Büffeldämon besiegt.

Bhubaneshwar Orientierung

★★ Mukteshvara-Tempel

Einen Meilenstein in der Entwicklung der Tempelbaukunst Orissas stellt der Mukteshvara-Tempel aus dem 10. Jh. dar. Er steht am Rand einer Anlage, die noch andere Tempel beherbergt, und ist von einer kleinen, verzierten Umfassungsmauer umgeben.

Vor dem Heiligtum steht ein **reich geschmücktes Eingangstor** mit einem von zwei Säulen getragenen, mit Frauengestalten versehenen Rundbogen. Das Bauwerk selbst besteht aus einem 10,5 m hohen, kegelförmigen Turm über dem Sanktum und einer davor liegenden viereckigen Halle mit mehrstufigem Dach, beide meisterhaft skulptiert. Nicht nur durch die harmonische Verschmelzung von architektonischer Form und eingelassenem Figurenwerk gewinnt dieser kleine Tempel seine besondere Ausstrahlung. Auch seine Deckenverzierung, bestehend aus einem achtblättrigen Lotos, in den die sieben Muttergottheiten und Shiva eingemeißelt sind, beeindruckt sehr.

Der Torbogen vor dem Mukteshvara-Tempel zeigt buddhistische Einflüsse.

Der **Lingaraja-Tempel** aus dem 11. Jh. mit seinem 46 m hohen, weithin sichtbaren Tempelturm ist der zentrale Mittelpunkt eines größeren, von Umfassungsmauern umgebenen Komplexes, den **nur Hindus betreten dürfen**. Eine Plattform an seiner Nordseite gewährt Einblick in den Mikrokosmos aus zahllosen Tempeln und Tempelchen. Schon auf den ersten Blick erkennt man die stilistische Weiterentwicklung am Lingaraja-Tempel, die wegweisend für die kommenden Generationen werden sollte. Das Heiligtum besteht nicht mehr aus zwei Teilen. An den kegelförmigen Turm mit seiner vorgelagerten Halle (Jagamohan Mandapa) sind später zwei weitere Gebäude angebaut worden, nämlich die Tanzhalle und die Offertenhalle. Im Lauf der Zeit wurden die Funktionen des Tempels erweitert – so entstand eine eigene Tanztradition als Form der Gottesverehrung, die in den neuen Hallen aufgeführt wurde. Der damals entstandene Tanz, heute noch unter dem Namen Odissi bekannt, wird in Indien als klassische Tanzform gepflegt und im In- und Ausland aufgeführt.

✶ **Raja-Rani-Tempel**

Einen Besuch lohnt der ebenfalls im 11. Jh. gebaute Raja-Rani-Tempel, der aus rotgold glänzendem Sandstein besteht und eine andere Stilrichtung vertritt. Der 18 m hohe Turm ist hier verlängert und besteht aus vielen kleinen Türmchen – ein Element, das sich an den Tempeln von ►Khajuraho wieder findet. Besonders eindrucksvoll ist das **Eingangstor**, das von zwei Torhütern bewacht wird. Über den Wächterfiguren versammeln sich Nagas und Naginis und die neun Planetengötter. An den Außenfassaden erkennt man die acht Wächter der verschiedenen Himmelsrichtungen.
In der Nähe befindet sich noch der **Brahmeshvara-Tempel** mit seinen erotischen Skulpturen.

Museen

Das **Orissa State Museum** zeigt Exponate aus der reichhaltigen Geschichte des Bundesstaats (Öffnungszeiten: tgl außer Mo. 10.00 bis 16.00 Uhr). Eine Sammlung von Kultgegenständen, Hütten und Wandmalereien, die interessierten Besuchern einen Einblick in die Kultur der Stammesbewohner Orissas gewähren, zeigt das **Museum des Tribal Research Center** (Öffnungszeiten: tgl. außer So. 10.00 bis 17.00 Uhr).

Nähere Umgebung von Bhubaneshwar

✶ **Hirapur**

Hirapur liegt etwa 15 km von Bhubaneshwar entfernt in östlicher Richtung. Dort steht einer der seltenen **Yoginitempel**. Nur vier davon sind in Indien bekannt. Hier werden die 64 Yoginis, Erscheinungsformen der Durga, verehrt.

Pipli **(Abb. S. 370)**

Etwa 8 km südlich von Bhubaneshwar, wo sich die Straße in Richtung ►Konark und ►Puri teilt, liegt der kleine Ort Pipli. Bekannt ist das Dorf wegen seines **Kunsthandwerks**. Von hier kommen die bunt applizierten und zum Teil auch mit Spiegelchen verzierten Taschen, Wandbehänge und Tempelschirme.

Buddhistische Stätten

Orissas alte und lange buddhistische Tradition geht zurück auf den großen **Kaiser Ashoka**. Nach seiner blutigen Eroberung des Kalinga-Reichs (früherer Name Orissas) im 3. Jh. v. Chr. konvertierte der berühmte Herrscher zum Buddhismus. Damit begann die lang andauernde Blüte der buddhistischen Kultur in dieser Region.
Am kleinen Hügel von **Dhauli** (8 km südwestlich von Bhubaneshwar) findet sich eines der ersten Zeugnisse buddhistischen Wirkens. Es handelt sich um elf von üblicherweise 14 Felsenedikten, die Kaiser Ashoka überall innerhalb seines Herrschaftsgebiets hatte anbringen lassen. Absichtlich verzichtete er hier auf drei Edikte, die die grausame Eroberung Kalingas beschrieben, und ließ stattdessen versöhnliche Botschaften an das eroberte Volk anbringen wie »Alle Menschen sind meine Kinder«. Ein Symbol für Weisheit und Stärke und damit für Buddha selbst ist der Steinelefant in der Nähe, der sich zur

Hälfte aus einem Felsblock herausschiebt. An die friedliche Botschaft des Buddhismus soll auch der Shanti Stupa, die Friedenspagode, auf dem Hügel erinnern, der von der japanischen Sekte Nippon-Buddha-Sangha gestiftet wurde.

Jainaklöster

Auf den Zwillingshügeln von Udayagiri und Khandagiri (8 km nordwestlich von Bhubaneshwar) liegen verstreut zahlreiche Höhlen. Einige von ihnen wurden schon im ersten vorchristlichen Jahrhundert als Zellen eines Jaina-Klosters angelegt. Stifter der hiesigen Anlage war Orissas König Karavela (168 – 153 v. Chr.), ein Anhänger des Jainismus. Sehenswert sind vor allem die Höhlen auf dem **Udayagiri** rechts der Straße. Am Fuß des Hügels befindet sich die Rani Gumpha (Königinhöhle, Nr. 1), zweistöckig mit jeweils 13 Zellen, deren Eingangstore schöne Reliefs aufweisen. Ganz in der Nähe liegen die Chota Hathi Gumpha (Kleine Elefantenhöhle, Nr. 3) und die Vijaya Gumpha (Siegeshöhle, Nr. 5) mit einem Bodhibaumrelief über dem Eingang. Auf dem Hügel befindet sich die Hathi Gumpha (Elefantenhöhle, Nr. 14) mit einer Inschrift, die von den Taten König Karavelas erzählt. Ganz in der Nähe ist auch die Ganesha Gumpha, vor der zwei Elefanten stehen. Ihr Eingang wurde jedoch verschlossen.
Auf dem **Khandagiri** steht die Nava Muni Gumpha (Neue Mönchshöhle, Nr. 7), an deren Wänden Mönchsfiguren eingemeißelt sind. Allerdings kann man sie nur von außen ansehen, da die Höhle abgeschlossen ist. Einen Besuch wert ist auch der kleine Durga-Felsentempel, in dem die 24 Tirthankaras (Furtenbereiter) des Jainismus in Stein gemeißelt zu sehen sind – ein Relikt aus früheren Zeiten. Auch die Ananta-Höhle (Nr. 3) mit ihrem reich verzierten Eingang sollte nicht ausgelassen werden.

Die drei wichtigsten Zentren des Buddhismus befanden sich in der hügeligen Landschaft nordöstlich der Stadt Cuttack (40 km nördlich von Bhubaneshwar). Im Umkreis von nur 20 km entstanden hier mehrere **Klöster**, deren Überreste im Rahmen von Ausgrabungen freigelegt wurden. Obwohl alle drei Stätten einen Besuch lohnen, hat **Ratnagiri** am meisten zu bieten. Auf einem kleinen Hügelchen in der Nähe des gleichnamigen Dorfs sind bei Ausgrabungen die Reste zweier Klöster gefunden worden, deren Ursprünge sich bis ins 6. Jh. n. Chr. zurückverfolgen lassen. Zu besichtigen sind die Ruinen des Maha Vihara (großes Kloster), eines eingeschossigen Ziegelbaus, der auf einem Sockel steht. Das Schmuckstück

Aus dem Erdreich um Udayagiri wurden beeindruckende Funde geborgen.

der Anlage ist das **reich dekorierte und sehr gut erhaltene Eingangstor** aus Granit, durch das man in einen Innenhof gelangt. Dem Aufbau eines Vihara entsprechend sind beidseitig Zellen für die Mönche angeordnet, das Sanktum im hinteren Teil beherbergt eine 2,5 m große sitzende Buddhastatue mit den Begleitern Vajrapani zu seiner linken und Padmapani zur rechten Seite.
5 km von Ratnagiri entfernt können die Überreste einer weiteren Klosteranlage und eines Ziegelstupas besichtigt werden: **Udayagiri**. Nach dem aktuellen Stand der Ausgrabungen handelt es sich um den größten buddhistischen Komplex in Orissa, der seine Glanzzeit vom 7. bis 12. Jh. hatte und von dem bis jetzt nur Teile freigelegt worden sind. Eindrucksvoll ist die Lage, die sich die Mönche für ihr Domizil ausgesucht hatten: Harmonisch schmiegt sich die Stätte in die u-förmig sie umgebende Hügellandschaft mit freiem Blick nach Osten.
Von den drei Stätten ist **Lalitagiri** die älteste, ihre Gründung geht auf das 1. Jh. n. Chr. zurück. Auch hier sind Ausgrabungen im Gange. Bis jetzt wurden die Überreste von sieben Klöstern, einer Chaitya-Halle und mehreren Stupas freigelegt. Kleinere Fundstücke kann man sich im Museum ansehen (Öffnungszeiten: Sonnenaufgang bis Sonnenuntergang). Auf der Spitze des Hügels sind in einer Reihe von Behältnissen die Gebeine eines Toten gefunden worden, was Anlass zu vielerlei Spekulationen gab, bis zu derjenigen, es könnte sich um die sterblichen Überreste Buddhas selbst handeln.

Weitere Umgebung von Bhubaneshwar

Similipal-Nationalpark

An der Grenze zu Bihar erstreckt sich der Similipal-Nationalpark (220 km nordöstlich von Bhubaneshwar), eines der neuen Tigerreservate Indiens, auf einer Fläche von 2750 km². Die waldige Hügellandschaft mit ihren Tälern und Wasserfällen ist die Heimat vieler Tiere. Neben fast 100 Tigern zählt der Park Leoparden, Elefanten, Sambarhirsche und zahlreiche Vogelarten zu seinen Bewohnern. Ausgangspunkt für einen Besuch sind die Orte Baripada (Zugverbindung zu Balasore, das an der Hauptstrecke Kolkata – Chennai liegt) und Joshipur im Westen des Parks. Zu beiden Städten gibt es auch Busverbindungen von Bhubaneshwar und Kolkata.

Bodhgaya (Bodh Gaya)

I 7

Bundesstaat: Bihar
Einwohner: 22 000
Höhe: 113 m ü. d. M.
Entfernung: 600 km westl. v. Kolkata

Bodhgaya ist der heiligste Ort der über die ganze Welt verstreuten Buddhistengemeinschaft und nach wie vor ein lebendiges Zentrum buddhistischer Glaubenspraxis.

BODHGAYA ERLEBEN

AUSKUNFT

Tourist Office
Ecke Bodhgaya Road / Temple Street
Tel. 06 31 – 220 06 72

Informationen auch auf der Webseite von Bihar Tourism (www.bstdc.bih.nic.in).

ANREISE

Bahnverbindung bis Gaya, von dort geht es mit Bus oder Taxi (13 km) weiter.

ÜBERNACHTEN / ESSEN

► Luxus

Royal Residency
Tel. 06 31 – 220 01 24
Modernes Hotel mit allem erdenklichen Komfort.

► Günstig

Es gibt viele Klöster in Bodhgaya, die preisgünstige Zimmer anbieten, z. B. das Gelupa Tibetan Monastery, das Bhutanese Monastery, der Daijokyo-Tempel oder das Root Institute.

Bis heute ist Bodhgaya ein friedlicher Ort geblieben und obwohl man die nah beieinander liegenden Sehenswürdigkeiten an einem Tag bequem besichtigen kann, bietet sich der Ort zum längeren Verweilen an. Die sehr sauberen, einfachen Klöster bieten günstige Übernachtungsmöglichkeiten. Man sollte jedoch darauf achten, die dort geltenden Regelungen streng zu befolgen. Im Dezember kommt das im Exil lebende Oberhaupt der tibetischen Buddhisten, der **Dalai Lama**, nach Bodhgaya und mit ihm Tausende von Buddhisten.

Geschichte

Siddharta Gautama erreichte diesen Ort (Uruvela) nach langer Wanderung auf der Suche nach Erleuchtung. Am Ufer des Flusses Nairanjana meditierte er sieben Tage lang unter einem Bodhibaum. Auf diese Weise erlangte er die vollkommene Einsicht in die Gesetze des Lebens und das Wissen um die Überwindung des Leidens. Aus der Sunga-Zeit (1. Jh. v. Chr.) sind noch Reste eines Steinzauns mit Reliefarbeiten um den Bodhibaum zu sehen. Der Mahabodhi-Tempel wurde bereits im 2. Jh. n. Chr. errichtet, und im späten 18. Jh. umfangreich renoviert.

Sehenswertes in Bodhgaya

✶✶ Mahabodhi-Tempel

Dieser Tempel wurde direkt vor dem Bodhibaum, unter dem Buddha die Erleuchtung erlangte, errichtet und **gilt den Buddhisten als wichtigstes Heiligtum**. Der pyramidenförmige Bau erhielt im 14. Jh. seine jetzige Form. Im Innersten beherbergt der 55 m hohe Tempel eine vergoldete Buddhastatue. Mit zahllosen Buddhas geschmückt ist die in sieben Stufen gegliederte Außenseite des Tempels. Auf dem Fries, das an drei Seiten um die Basis des Tempels führt, sind 85 Sandsteinbuddhas zu sehen, die der Sunga-Zeit zugeordnet werden.

Pilger schmücken die Stelle unter dem Bodhibaum, an der Buddha seine Erleuchtung erlangte, mit bunten Tüchern, Blüten und kleinen Opfergaben.

★ **Bodhibaum**

Der alte Bodhibaum, **unter dem Buddha meditierte und erleuchtet wurde**, soll von Kaiser Ashoka – vor seiner Bekehrung zum Buddhismus – zerstört worden sein. Der jetzige Baum geht auf einen Setzling des ursprünglichen Baums zurück, der bei der Missionierung nach Sri Lanka gebracht worden war. Der rote Sandstein unter dem heiligen Baum, Vajrasila, markiert die Stelle (Diamantthron), an der Buddha seine Erleuchtung fand. Pilger kommen hierher, um an den Baum und den ihn umgebenden Steinzaun als Zeichen der Verehrung bunte Tücher zu binden.

★ **Makalindasee**

Der Makalindasee im südlichen Teil der Anlage ist einer von sieben heiligen Plätzen, die an Buddhas Anwesenheit erinnern. Zu ihnen gehören auch ein Fußabdruck Buddhas und der Lotuspfad. Während seiner tiefen Meditation soll am sechsten Tag ein gewaltiges Unwetter ausgebrochen sein. Eine **Kobra** habe sich daraufhin unter ihm aufgewickelt und ihren Kopf zum Schutz über ihn ausgebreitet. Eine Statue inmitten des Sees stellt diese Szene dar.

Buddhistisches Zentrum

Der Mahabodhi-Tempel diente als Vorbild für viele Tempelbauten in Südostasien. Zahlreiche Pilger aus der ganzen Welt haben den Tempel wieder zu einem buddhistischen Zentrum gemacht. Gläubige haben eine große Anzahl von **Votivstupas** gespendet. Auch viele buddhistische Staaten wie Bhutan, Myanmar, China, Japan, Thailand und auch Tibet haben hier Tempel gebaut und so Bodhgaya zu einem lebendigen internationalen Zentrum des Buddhismus gemacht. Etwa 1 km vom Mahabodhi-Tempel entfernt liegt die Magadha-Universität, ein Zentrum für buddhistische Studien.

Weitere Tempel

Von den zahlreichen weiteren Tempeln verschiedener Buddhistengemeinden sind der **japanische Tempel** mit seinen polierten Marmorböden und der goldenen Buddhastatue und der tibetische Tempel besonders sehenswert. Der bunt bemalte **tibetische Tempel** mit dem großen Dharma Chakra (Rad des Gesetzes), das von den Gläubigen in Bewegung gesetzt werden kann, vermittelt ein Stück tibetischer Kultur. Es heißt, dass man durch dreimaliges Drehen des Rades von seinen Sünden gereinigt wird. Im Tempel sind auch Buddha- und Bodhisattvafiguren ausgestellt. Besonders schön ist eine Darstellung des Avalokiteshvara, dem Patron Tibets.

Archäologisches Museum

Westlich des Mahabodhi-Tempels beim Wildpark liegt das archäologische Museum, in dem lokale Funde zu sehen sind sowie Bronzestatuen von hinduistischen und buddhistischen Gottheiten aus dem 9. Jahrhundert.

Buddhastatue

Weithin sichtbar ist die 20 m hohe Buddhastatue, die 1989 vom Dalai Lama enthüllt wurde. Sie steht an der Straße zum tibetischen Tempel.

Umgebung von Bodhgaya

Gaya

Nur etwa 12 km im Norden liegt die Stadt Gaya, einer der sieben heiligen Orte der Hindus. Der Legende nach soll hier einmal der Riese Gayasura gelebt haben, der mehr reinigende Kraft in sich hatte als alle Opferplätze des Landes zusammen. Pilgerziel ist der Vishnupad-Tempel im Zentrum, der allerdings nur für Hindus zugänglich ist.

Hazaribagh-Nationalpark

In der Umgebung von Hazaribagh (139 km südöstlich von Bodhgaya), wörtlich übersetzt: »Tausend Gärten«, findet man Wälder mit Salbäumen. Zum Tierbestand des Reservats gehören Sambarhirsche, Nilgaiantilopen, Axishirsche und die seltene Rotwildart Muntjac. Leoparden und Tiger sind nur mit Glück ausfindig zu machen. Über den Park sind zehn Aussichtstürme verteilt, von denen man die Tiere beobachten kann. Die Saison dauert von Oktober bis März. Im Park existieren einfache Unterbringungsmöglichkeiten.

★ Darjeeling (Darjiling)

K 6

Bundesstaat: Westbengalen
Einwohner: 345 000
Höhe: 2134 m ü. d. M.
Entfernung: 650 km nördl. von Kolkata

Jeder Teetrinker kennt Darjeeling und kennt es doch nicht – denn die wenigsten finden auf Anhieb das Fleckchen Erde auf der Landkarte, von dem ihr lieb gewonnenes Getränk stammt.

DARJEELING ERLEBEN

AUSKUNFT

Tourist Office
Government of Westbengal
1, Nehru Road
Tel. 03 54 – 225 40 50
Infos zu Trekkingtouren dort oder unter der Webseite www.wbtourism.com

ANREISE

Nach Darjeeling gelangt man entweder mit der Schmalspurbahn von Siliguri oder per Bus bzw. Taxi. Der nächste Flughafen ist Bagdogra (100 km südlich).

SHOPPING

Natürlich Tee!

ÜBERNACHTEN / ESSEN

► Luxus
Windamere Hotel
Observatory Hill
Tel. 03 54 – 225 40 41
www.windamerehotel.com
Altes Kolonialhotel in wunderschöner Lage mit allerlei Annehmlichkeiten.

► Luxus / Komfortabel
Fortune Hotel Central
Tel. 03 54 – 225 87 21
www.fortuneparkhotels.com
40 Zimmer, verteilt auf ein altes Kolonialgebäude mit viel Flair und einen modernen Komplex. Ein ausgezeichnetes internationales Restaurant gehört ebenfalls dazu.

► Komfortabel
Planters Club
Tel. 03 54 – 225 43 48
Traditionsreicher Club in Darjeeling mit Billardraum und Bar. Die Aussicht auf das Kanchenjunga-Massiv ist atemberaubend und gegen kalte Füße wird mit Bettflaschen vorgesorgt.

Die Engländer brachten den Teestrauch in die nordöstliche Bergregion Indiens, die nun als Provinz Darjeeling zu Westbengalen gehört und zu den berühmtesten Teeanbaugebieten der Welt zählt. Heutzutage verhilft ihr nicht nur der hervorragende Orange Pekoe zu einem guten Ruf, auch als Paradies für Naturliebhaber und Trekkingtouristen ist Darjeeling mittlerweile bekannt geworden. Eine gut ausgebaute touristische Infrastruktur und Highlights wie der Blick auf das Kanchenjunga-Massiv und den Mount Everest locken Reisende aus aller Welt an.

Geschichte Das Gebiet der heutigen Provinz Darjeeling war in früheren Zeiten ein heiß umkämpfter Streifen Land, der oftmals seinen Besitzer wechselte. Bevor er unter die Herrschaft der Briten gelangte, regierten hier die Könige von Sikkim, Bhutan und Nepal.

Wie so mancher andere Ort entlang der Himalajakette war auch Darjeeling wegen seiner Lage Zufluchtsort der von Hitze und Krankheiten geplagten britischen Truppen. Mitte des 19. Jh.s hatte der Ort schon 10 000 ständige Einwohner, wovon die meisten Nepalis waren, die auf den neu gegründeten Teeplantagen arbeiteten. Ihre Einwanderung in dieses Gebiet führte viel später zu großen Spannungen zwischen ihren Nachkommen und der westbengalischen Regierung. Die Mehrheit der Nepali sprechenden Bewohner, Gurkhas genannt, fühlte sich in vielfältiger Weise von den indischen Behörden diskriminiert. Erst durch die Gewährung einer – allerdings begrenzten – Autonomie im Jahr 1988 kehrte wieder Frieden in der von Unruhen gebeutelten Region ein.

Beste **Reisezeit** sind die Monate unmittelbar vor und nach dem Monsun, April bis Mitte Juni und September bis November. Besucht man die Region im Frühling, kommt man in den Genuss der prachtvollen Rhododendron- und Magnolienblüte. Im Winter kann es empfindlich kalt werden.

! *Baedeker* TIPP

A cup of tea please!

Was alles passiert, bevor das goldgelbe Getränk in die Tasse kommt, erfährt man bei der Besichtigung einer der vielen Teeplantagen der Region, zum Beispiel dem Happy Valley Tea Estate in Darjeeling (Di. – Sa. 8.00 – 12.00 und 13.00 – 16.30, So. 8.00 – 12.00 Uhr). Wer auf Bioqualität und fair gehandelte Ware wert legt, kann dem Makaibari Tea Estate bei Kurseong einen Besuch abstatten. Dort gibt es auch Übernachtungsmöglichkeiten (Tel. 03 54 – 233 01 81, www.makaibari.com).

Sehenswertes in Darjeeling und Umgebung

Stadtbild

Das Städtchen erstreckt sich entlang eines Bergrückens. In seinem unteren Teil befinden sich der Bahnhof, der Busbahnhof und der Taxistand. Hauptverbindungsstück zwischen diesem Teil des Orts und dem höher gelegenen Versammlungsplatz (Chowrastra) ist die Laden La Road, die im oberen Abschnitt Nehru Road heißt. An dieser Straße findet man zahlreiche Hotels, Läden, das Tourist Office von Westbengalen, die Post und die Bank.

★★ Blick auf das Kanchenjunga-Massiv

Den Blick auf die herrliche Berglandschaft, vor allem auf das nahe Kanchenjunga-Massiv, kann der Besucher während eines Spaziergangs auf einem der Rundwanderwege genießen. Besonders lohnend ist der Ausblick vom Observatory Hill.

Seilbahn

Etwa 3 km außerhalb des Orts findet man Indiens erste Seilbahn (Darjeeling Rangeet Valley Passenger Ropeway), mit der man 8 km durch die Landschaft gondeln kann.

Himalajan Mountaineering Institute

Auf einem etwa 10 km langen Rundweg kommt man am Himalajan Mountaineering Institute vorbei, das inmitten eines Zoos liegt. Durch die dortige Ausstellung erhält man einen Einblick in die Geschichte des Bergsteigens (Öffnungszeiten: tgl. 9.00 – 16.30 Uhr).

Tibetan Refugee Self Help Center

Wer an Kunstgewerbe interessiert ist, kann das Tibetan Refugee Self Help Center besuchen. Das Zentrum wurde 1959 für Flüchtlinge aus dem nahen Tibet eingerichtet. Schöne Teppiche, Wollartikel, Holz-

Teepflückerinnen

und Lederarbeiten werden hier zum Verkauf angeboten. An Sonntagen ist das Zentrum geschlossen.

In der näheren Umgebung können mehrere **buddhistische Klöster** besichtigt werden. Nach nur 15 Minuten Fußmarsch vom Chowrastra gelangt man zum Bhutia-Busty-Kloster. In der Ortschaft Ghoom (etwa 8 km entfernt) liegen das Yiga-Choling-Kloster, dessen Schrein eine 5 m hohe Statue des zukünftigen Buddha Maitreya beherbergt, und das Samten-Choling-Kloster.

Ein lohnender Ausflug führt zum 17 km entfernten **Tiger Hill** (2590 m), von dem aus man den Sonnenaufgang über dem Kanchenjunga besonders schön beobachten kann. Es besteht die Möglichkeit, sich einem organisierten Trip des Tourist Office in Darjeeling anzuschließen.

★ **Schmalspurbahn (Toy Train)**

Seit 1881 verkehrt auf der 75 km langen Strecke zwischen der Talstation Siliguri und Darjeeling eine Schmalspurbahn, die in die **Weltkulturerbe-Liste der UNESCO** eingetragen ist. Ursprünglich zum Abtransport von Tee und Holz geschaffen, befördert der kleine Zug heute Touristen nach Darjeeling und wieder zurück. Auf unzähligen Schleifen überwindet der Dampfzug die 2000 m Höhenunterschied zwischen den beiden Orten. Die landschaftlich sehr schöne Fahrt durch verschiedene Vegetationsstufen vom schwülwarmen Siliguri hinauf ins kühle Darjeeling dauert ca. 6 Stunden und ist ganzjährig möglich. Während des Monsuns kann es allerdings zu Unterbrechungen kommen.

Kalimpong

Ein Ausflug in die geschäftige Basarstadt Kalimpong (51 km östlich von Darjeeling, 40 000 Einwohner) ist vor allem mittwochs und samstags, den Wochenmarkttagen, zu empfehlen. Die Bewohner aus den umliegenden Ortschaften strömen dann herbei, um ihre Waren zu verkaufen. Im Ort selbst befinden sich drei neuere Klöster: das Tharpa-Choling-Kloster (1937), das Zong-Dong-Pairi-Fo-Brang-Kloster (1975) und das 1692 gegründete Thongsa-Gumpha-Kloster, dessen Gebäude aber neueren Datums sind.

★ **Trekkingtouren**

Hauptattraktion für viele Touristen sind die vielfältigen Möglichkeiten zum Trekking in diesem Gebiet. Je nach körperlicher Kondition kann man an einem einfacheren, in den niedereren Regionen durchgeführten Low-Altitude-Trekking oder an einem eine größere Belastbarkeit erfordernden High-Altitude-Trekking in die höheren Regionen teilnehmen. Angeboten werden Tages- und Wochentouren sowie Spezialtreks für Tier- und Pflanzenfreunde. Genauere Informationen sind in der Jugendherberge in Darjeeling erhältlich. Dort werden auch regelmäßig Touren während der Saison organisiert. Außerdem kann man sich an das Tourist Office in Darjeeling wenden.

★ Kolkata (Kalkutta, Calcutta)

K 8

Hauptstadt von Westbengalen
Einwohner: 13 Mio.

Höhe: 6 m ü. d. M.
Entfernung: 1442 km östlich von Delhi

Viele Reisende, die es irgendwann in die Metropole am Hoogly verschlagen hatte, versuchten das Phänomen Kolkata in Worte zu fassen: »Stadt der furchtbaren Nacht« nannte sie Kipling, während Dominique Lapierre, der Autor des berühmten gleichnamigen Romans, Kolkata als »Stadt der Freude« bezeichnete und der Schriftsteller Günter Grass »einen Haufen Scheiße« vorzufinden meinte.

In Westbengalen und seiner Hauptstadt Kolkata ist die Durga Puja zur Verehrung der großen Göttin das wichtigste Fest des gesamten Jahres.

Facetten einer Großstadt

Wie keine andere Metropole der so genannten Dritten Welt gilt Kolkata als Sinnbild der sozialen und ökologischen Katastrophe und als warnendes Beispiel für das unkontrollierte Wachsen moderner Großstädte. Tatsächlich leben die Armen Kolkatas unter den gleichen erniedrigenden Umständen wie in Delhi oder Mumbai, das Kolkata in punkto Einwohnerzahl inzwischen überholt hat. Dennoch gilt die Stadt als das **Armenhaus Indiens**, was durch die große Zahl der Flüchtlinge sowohl aus dem Nachbarstaat Bangladesh als auch aus den armen Bundesstaaten Bihar und Orissa zu erklären ist. Von staatlicher Seite wie auch von vielen nichtstaatlichen Organisationen wird versucht, die Lage der armen Bevölkerung zu verbessern. Schon zur Legende geworden sind dabei die von **Mutter Teresa** und ihren Missionaries of Charity gegründeten sozialen Einrichtungen in der Stadt.

Man würde Kolkata jedoch Unrecht tun, spräche man nur von seinen Ungeheuerlichkeiten und Schattenseiten, denn es ist allemal besser als sein Ruf. Neben einer **äußerst vielfältigen und lebendigen Kulturszene** und sehr interessanten Stadtteilen, wie z. B. den alten Kolonialvierteln oder dem Handwerkerviertel Kumar Tuli, ist es vor allem die Freundlichkeit und Hilfsbereitschaft der Bengalis, die den Aufenthalt in Kolkata zu einem besonderen Erlebnis werden lassen.

Kulturelles Zentrum

Schon im 19. Jh. hatte sich Kolkata einen Ruf als **kulturelles Zentrum Indiens** erworben. Viele bedeutende Künstler und Schriftsteller hat die Stadt seither hervorgebracht, der berühmteste war der Dichter und Nobelpreisträger **Rabindranath Tagore** (►Berühmte Persönlichkeiten). Auch heute macht Kolkatas Kulturszene immer wieder von sich reden, sei es durch anspruchsvolle Film- und Theaterproduktionen, große Musikfestivals oder den hohen Stellenwert der Literatur. Neben Mumbai und Delhi ist die Stadt auch das dritte große Zentrum der zeitgenössischen Malerei.

1690	Handelsposten der East India Company
1757	Schlacht bei Plassey
1858	Hauptstadt Britisch-Indiens
1947	Seit der Unabhängigkeit Hauptstadt des Bundesstaats Westbengalen

Legende und Geschichte

Der Ursprung Kolkatas liegt in dem Zusammenschluss dreier Dörfer zu einem Handelsposten der East India Company im Jahr 1690. Am Ufer des Flusses befand sich ein berühmter, der Göttin Kali geweihter Tempel, die Kolkata seinen Namen gab. Die Legende erzählt, dass Gott Shiva, durch den Tod seiner Gattin Sati (Kali) in Raserei verfallen, mit der Zerstörung der Welt begann. Die anderen Götter, erschreckt über sein Tun, baten Vishnu, den Erhalter der Welt, um Rettung. So warf Vishnu seine göttliche Diskusscheibe, die den Körper der toten Kali in 51 Teile spaltete, verstreute und Shiva von seiner Zerstörungswut abbrachte. Überall, wo Kalis Teile niedergegangen waren, entstanden Tempel, in denen die Göttin verehrt wurde, auch am Ufer des Flusses Hoogly, wo Kalis rechter Zeh heruntergefallen war. Der Name Kalikata, oder Kolkata in Bengali, lässt sich daher von **Kalighat (Platz der Kali)** ableiten.

In Kolkatas Zentrum sind noch Rikshazieher zu sehen.

Der neue **Handelsposten** entwickelte sich wegen seiner günstigen Lage rasch und wurde durch das Fort William vor Feinden geschützt. Dies erweckte das Misstrauen des Nawabs Siraj-ud-Daulah, der damals Bengalen regierte. Ihm war der Bau von Festungen durch die Engländer ein Dorn im Auge. 1756 besetzte er die Stadt und hielt die Briten in einem Verlies, dem so genannten »Schwarzen Loch«, gefangen. Seine Herrschaft über Kolkata währte jedoch nur ein Jahr, denn er wurde schon 1757 von britischen Truppen in der Schlacht von Plassey geschlagen. Dieser Sieg stärkte die britische Herrschaft über Bengalen und führte zu verstärkter Bautätigkeit in der Stadt. Das neue Fort William wurde 1774 fertig gestellt und neben der **»Weißen Stadt« der Briten**, dem Gebiet um den heutigen Platz »BBD-Bagh«, entstand nördlich davon die **»Schwarze Stadt« der Einheimischen**. Ihr Kern war Bara Bazar, ursprünglich ein Garnmarkt und heute der ausgedehnteste Großhandelsmarkt Indiens. Im **»Grauen Viertel«** dazwischen siedelten sich Kaufleute aus aller Welt an. Dies war auch die Zeit, in der die Stadt ihren Beinamen »Dorf der Paläste« erhielt, denn die reich gewordenen Händler zeigten ihren Überfluss im Bau prachtvoller Villen und Paläste.

Einen neuen Schub erhielt das »Weiße Kalkutta«, nachdem die Stadt 1858 **Hauptstadt Britisch-Indiens** geworden war. Eine Vielzahl von Repräsentationsbauten sollte ihren Charakter als Herrschaftszentrum unterstreichen. Mit der Verlagerung des Regierungssitzes vom politisch angespannten Bengalen ins zentralere Delhi im Jahr 1911 verlor Kolkata zwar seine herausragende Stellung, blieb aber nach wie vor eine der wichtigsten Städte Indiens. Die im 19. Jh. entstandene Schicht der bengalischen Intellektuellen gehörte von Anfang an zu den schärfsten Gegnern der britischen Kolonialherrschaft und so bildete sich hier ein **Zentrum der nationalen Opposition**, von dem entscheidende Impulse für die spätere Befreiung Indiens ausgingen.

Kolkata zu Fuß Wer Kolkata kennen lernen möchte, sollte versuchen, Teile des Zentrums zu Fuß zu erkunden, und zwar eher am Morgen, da die Belastung der Luft mit Abgasen mittags Spitzenwerte erreicht. Man orientiert sich am besten mit Hilfe eines Stadtplans und verlässt sich auf die Hilfsbereitschaft der Bengalis, die Fremden gerne weiterhelfen.

Kolkata Orientierung

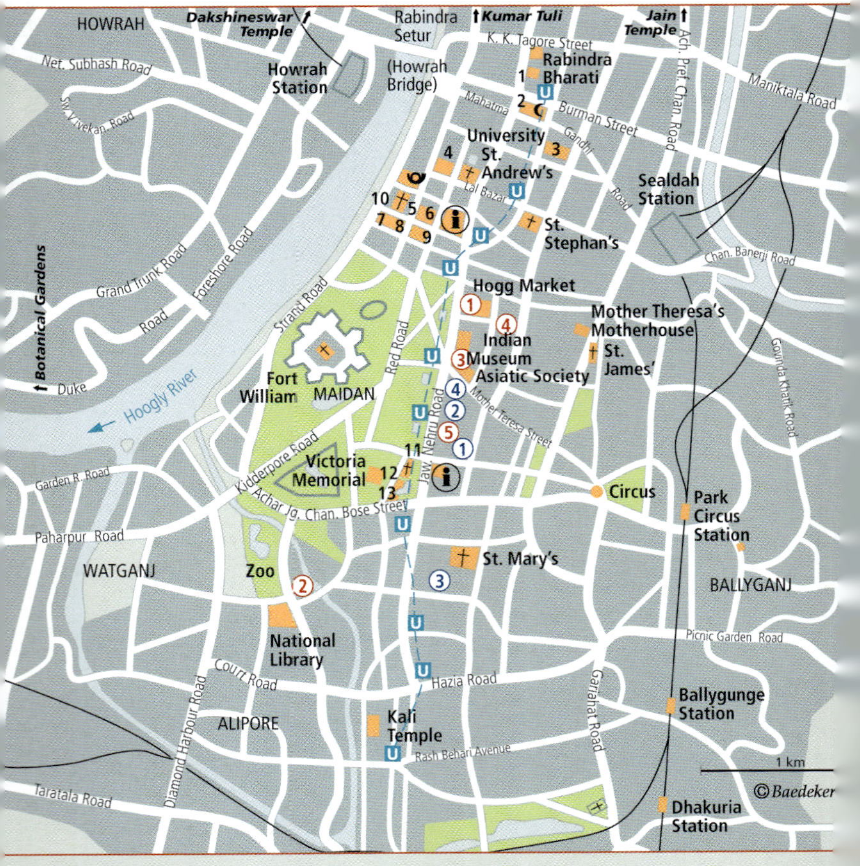

1 Marble Palace
2 Nakhoda Masjid
3 Asutosh Museum
4 Writers Building
5 St. John's
6 BBD Bagh
7 High Court
8 Town Hall
9 Government House
10 Fairlie Ghat
11 Birla Planetarium
12 St. Paul's
13 Academy of Fine Arts

Essen
① Grain of Salt
② Aaheli
③ Kewpies
④ Flury's
⑤ Chennai Kitchen

Übernachten
① Oberoi Grand
② Taj Bengal
③ Kenilworth
④ Fairlawn
⑤ YWCA

Highlights Kolkata

Indian Museum
Die beste Sammlung buddhistischer Gandhara-Skulpturen und vieles mehr
▸ Seite 397

Victoria Memorial
Marmornes Denkmal der britischen Kolonialherrschaft
▸ Seite 394

Howrah Bridge
Die meistbefahrene Brücke der Welt
▸ Seite 401 f.

Kalitempel
Heiligtum Kalis, der Schutzgöttin Kolkatas
▸ Seite 397

Kumar Tuli
Hier werden Götter aus Lehm hergestellt.
▸ Seite 401

Rabindra Bharati Museum
Geburtshaus des berühmten bengalischen Dichters und Literatur-Nobelpreisträgers Rabindranath Tagore
▸ Seite 401

Marble Palace
Privatmuseum mit kunterbuntem Sammelsurium, darunter ein Rubens
▸ Seite 401

New Market
In diesem Basar gibt es alles und neu ist er nicht.
▸ Seite 397

K. C. Das
Traditionelle bengalische Süßigkeiten probieren!
▸ Seite 397

BBD-Bagh und südliches Stadtzentrum

BBD-Bagh, Writer's Building

Mittelpunkt der einstigen »Weißen Stadt« ist der Kolkata, BBD-Bagh (Benoy-Badal-Dinesh-Bagh), auch unter seinem früheren Namen Dalhousie Square bekannt. Um das von natürlichen Quellen gespeiste Wasserbecken gruppieren sich einige der großen kolonialen Gebäude aus der Zeit des Britischen Imperiums. An der Nordseite steht das Writer's Building, die ehemalige Arbeits- und Wohnstätte der Writers, der jungen Angestellten der East India Company. Heute ist das Bauwerk aus rotem Ziegelstein **Sitz der Regierung Westbengalens**. An seiner Westseite schließt die kuppelgekrönte Hauptpost an.

St. John's

Weiter südlich an der Ecke Hastings Street/Old Council House Street steht die 1784 eingeweihte St. John's Kirche, in der sich das Mausoleum des Stadtgründers Job Charnock befindet, einst Gesandter der East India Company.

High Court

Weiter in südwestlicher Richtung, an der Esplanade West, erheben sich die gotischen Türme des Hohen Gerichtshofs in den Himmel, einer Replik des Rathauses von Ypern.

Town Hall

Ein paar Meter östlich davon steht die Town Hall (Rathaus), 1813 errichtet und der **Raj Bhavan**, früher Regierungsgebäude der Briten und heute Sitz des Gouverneurs von Westbengalen, erbaut zwischen 1799 und 1805.

Maidan Entlang des Hoogly erstreckt sich auf einer Länge von etwa 5 km der Maidan, die grüne Lunge Kolkatas. An dessen nördlichem Rand erhebt sich das **Shahid Minar**. Die 48 m hohe dorische Säule hieß vor der Unabhängigkeit Ochterlony Monument und erinnert an Sir David Ochterlonys Sieg über die Nepalis.
Das südliche Ende des Maidan markiert die Pferderennbahn. Dazwischen liegen das ehemalige **Fort William**, mehrere Sportplätze, Versammlungsplätze und in der Nordwestecke des Parks der Eden-Garten mit seiner kleinen burmesischen Pagode.

Kolkatas bekannteste Sehenswürdigkeit, das **Victoria Memorial**, steht ebenfalls im südlichen Teil des Parks. Das 1921 fertig gestellte Kup-

KOLKATA ERLEBEN

AUSKUNFT

Tourist Office von India Tourism
4, Shakespeare Sarani
Tel. 033 – 22 82 14 75
www.wbtourism.com

Aktuelle Tipps findet man im Citymagazin »Cal Calling«.

FESTE

Durga-Puja zu Ehren der Göttin Durga (Sept. / Okt.), Dover Lane Music Festival mit den besten indischen Musikern (Jan. / Febr.)

SHOPPING

Kunsthandwerk und Textilien aus den indischen Bundesstaaten gibt es im Dakshinapan Shopping Complex in der Gariahat Road. Im über 130 Jahre alten New Market in der Lindsay Street bekommt man eine große Auswahl an Kleidung und vieles mehr. Das staatliche Central Cottage Industries Emporium ist in der 7, JL Nehru Road.

Sasha
27, Mirza Ghalib Street
Tel. 033 – 22 52 15 86
Kunsthandwerk und schöne Accessoires aus dörflichen Kooperativen.

Fab India
16, Hindustan Park
Tel. 033 – 24 65 69 54
Kleidung, Kissen, Decken, Vorhänge und vieles mehr.

ESSEN

► Fein & teuer

① ***Grain of Salt***
Block D, 5th floor
22, Carnac Street
Tel. 033 – 22 81 13 13
Küchenchef Sanjeev Kapoors Tafelfreuden auf mehreren Etagen: sehr gute bengalische Spezialitäten, aber auch »einfache« Weltküche. Eine Bar und ein Café gehören ebenfalls zum Grain of Salt.

► Erschwinglich

② ***Aaheli***
12, JL Nehru Road
Tel. 033 – 22 28 03 01
Bengalische Spezialitäten. Unser Tipp: den Hilsa-Fisch probieren!

③ ***Kewpies***
2, Elgin Lane
Tel. 033 – 24 75 98 80
Nach traditionellen Rezepten werden hier leckere bengalische Gerichte zubereitet.

pelgebäude aus weißem Marmor ist **eines der letzten monumentalen Zeugnisse britischen Herrschaftsanspruchs über Indien**. Im Dunst des morgendlichen Nebels über Kolkata wirkt die Anlage, die mit Elementen der Renaissance- und Mogularchitektur durchsetzt ist, jedoch eher wie ein in Zucker gegossenes Märchenschloss als ein Zeichen politischer Stärke. Davor befindet sich eine gewaltige Statue der Königin Victoria, im Inneren eine umfangreiche Gemäldegalerie und zahlreiche Erinnerungsstücke aus der Zeit des britischen Imperiums (Öffnungszeiten: tgl. außer Mo., im Sommer 10.00 bis 17.00, im Winter 10.00 – 16.30, Licht- und Tonschau: 19.15 und 20.15 Uhr).

✶✶ Victoria Memorial **(3D-Abbildung S. 94)**

Östlich davon erhebt sich die Kolkata, St. Paul's Cathedral aus dem Jahr 1847, eine der wichtigsten Kirchen Indiens, deren Turm einen

St. Paul's Cathedral

► Erschwinglich / Preiswert

④ ***Flury's***
18, Park Street
Tel. 033 – 22 29 76 64
Morgens ab 7.00 Uhr geöffnet. Ein Leckerbissen ist der Kuchen in diesem frisch renovierten Café.

► Preiswert

⑤ ***Chennai Kitchen***
P15/1 Chowringhee Square
Tel. 033 – 22 48 85 09
Südindische Küche, Spezialität: eine große Auswahl an Dosas.

ÜBERNACHTEN

► Luxus

① ***The Oberoi Grand***
5, JL Nehru Road
Tel. 033 – 22 49 23 23
Altes, stilvolles Kolonialhotel mit viel Flair und guter Küche in zentraler Lage.

② ***Taj Bengal***
34 B, Belvedere Road
Alipore
Tel. 033 – 22 23 39 39
www.tajhotels.com
Eine Oase der Ruhe und komfortable Alternative zum Oberoi. Zum Hotel gehören neben einem schönen Schwimmbad auch mehrere Restaurants und Bars.

► Komfortabel

③ ***The Kenilworth***
162, Little Russell Street
Tel. 033 – 22 82 39 39
Modernes Hotel im Stadtzentrum mit Garten, Bar und Restaurant.

④ ***Fairlawn Hotel***
13 A, Sudder Street
Tel. 033 – 22 52 15 10
www.fairlawnhotel.com
Mrs. Smith und ihre Tochter führen dieses Haus im britischen Stil mit Nachmittagstee im Garten. Auch sonst erinnert einiges an vergangene Zeiten.

► Günstig

⑤ ***YWCA***
1, Middleton Row
bei der Park Street
Tel. 033 – 22 29 70 33
Zentrale Lage südlich der Park Street mit einem schönen begrünten Hof und Restaurant. Bei starker Nachfrage wird allerdings nur für Zeiträume ab einer Woche vermietet. Die Zimmer sind sauber, hell und freundlich.

Geschäftiges Treiben auf der Nehru Road

Öffnungszeiten: tgl. 9.00 – 12.00 u. 15.00 – 18.00

Nachbau der Kathedrale von Canterbury darstellt. Sehenswert sind die Fensterglasmosaiken und die **Gedenktafeln** im Inneren, die Aufschluss geben über das oft kurze, aber ereignisreiche Leben manches früheren Indienfahrers.

Birla Planetarium

Gleich davor liegt das Birla-Planetarium mit einer Ausrüstung der Firma Zeiss aus Oberkochen. Täglich werden Vorführungen in englischer Sprache angeboten.

★ **Academy of Fine Arts**

Einen Besuch lohnt die Academy of Fine Arts, ein paar Schritte davon entfernt. Neben mittelalterlicher Miniaturmalerei sind Zeichnungen und Manuskripte Tagores sowie eine Sammlung von Werken des berühmten indischen Malers **Jamini Roy** ausgestellt. Wechselausstellungen zeitgenössischer Künstler finden hier ebenfalls statt (Öffnungszeiten: tgl. außer Mo. 15.00 – 20.00 Uhr).

Nehru Road (Chowringhee)

Die moderne Lebensader der Stadt, ehemals Chowringhee, heute Nehru Road, begrenzt das östliche Ende des Maidan. Viele interessante Geschäfte kann man hier ansehen, auch Banken und Fluggesellschaften haben hier ihre Büros.

Mother Teresa Street (ehem. Park Street)

Die Mother Teresa Street mit Geschäften und dem alten Café Flurys geht von der Nehru Road ab. Im alten Friedhof **Park Street Cemetery** fanden viele Briten unter Pavillons, Obelisken und inzwischen verwitterten Grabsteinen ihre letzte Ruhestätte.

Der große Basar New Market in der Lindsay Street, einer weiteren Seitenstraße der Nehru Road, ist ebenfalls einen Besuch wert. In den Hallen des 1874 errichteten Gebäudes werden Kleidung und Schmuck, Haushaltswaren und Koffer, Bücher, Lebensmittel und vieles andere mehr verkauft. **Basar New Market**

Das imposante Indian Museum, 1875 erbaut, hat seinen Eingang ebenfalls an der Nehru Road. Neben den Abteilungen Mineralogie, Zoologie und Numismatik ist das Museum vor allem für seine **Sammlung buddhistischer Gandhara-Skulpturen** berühmt, die als die beste in ganz Indien gilt. Auch die aus dem 2. Jh. v. Chr. stammenden, buddhistischen Plastiken aus Bharhut in Madhya Pradesh sind einzigartig. Besonders zu empfehlen ist zudem die Abteilung für Kunsthandwerk, in der Textilien, Skulpturen und Schmuck aus allen Regionen Indiens zu bewundern sind (Öffnungszeiten: tgl. außer Mo., im Sommer 10.00 – 17.00, im Winter 10.00 – 16.30 Uhr). **✶✶ Indian Museum**

! *Baedeker* TIPP

Süßes Kolkata

Rossogolla, Barfi, Sandesh, Gulab Jamun – für Leckermäuler ist Kolkata ein Paradies, denn bengalische Süßigkeiten auf Milchbasis sind in ganz Indien berühmt. Der Reihe nach probieren kann man sie zum Beispiel bei K. C. Das in der Esplanade / East.

Etwa 3 km südlich von hier liegt das Heiligtum der Schutzgottheit Kolkatas, der Kalitempel. Kali stellt einen zerstörerischen Aspekt der Göttin Durga dar und verlangt täglich Opfer. Auch heute noch werden ihr junge Zicklein dargebracht. Das Heiligtum beherbergt ein **Bildnis der Göttin** mit blutiger herausgestreckter Zunge und einer Kette aus Totenköpfen um den Hals. **✶ Kali Temple**

In unmittelbarer Nachbarschaft des Tempels befindet sich in einem ockerfarbenen Gebäude das **Sterbehaus des Ordens der Mutter Teresa** (Nirmal Hriday). **Nirmal Hriday**

Die legendäre Missionarin, die vielen als Inbegriff für gelebte Nächstenliebe gilt, wurde im Mutterhaus in der AJC Bode Rd. unter einem Marmorstein mit der Inschrift »Liebt einander, wie ich euch geliebt habe« beigesetzt.

Nördliches Stadtzentrum

Da einige der folgenden Sehenswürdigkeiten sehr versteckt liegen, ist es angebracht, sich entweder mit dem Taxi direkt dorthin bringen zu lassen oder einen ortskundigen Führer mitzunehmen. **Hinweis**

Nördlich des BBD-Bagh liegt die Nakhoda-Moschee, das Hauptheiligtum der Muslime Kolkatas. Sie wurde in Anlehnung an Akbars Grab in Sikandra aus rotem Sandstein gebaut. Ihre Minarette haben eine Höhe von 46 Metern. **Nakhoda Mosque**

Neue Lampen sollen an Diwali den Seelen der Toten helfen, ihren Weg zum Himmel zu finden.

DIWALI, DUSSERA, HOLI

Entsprechend der Größe des Landes und der Vielfalt der Religionen gibt es in Indien eine Unzahl von Festen. Viele sind jedoch nur regional bedeutsam oder spielen lediglich für bestimmte religiöse Gruppen eine herausragende Rolle. Ihre genauen Termine kann man unter www.india-tourism.de erfahren.

Zu den wichtigsten Daten im Festkalender der Hindus gehört **Diwali** (Dipawali). Dieses viertägige Fest an den letzten zwei Tagen des Hindumonats Ashvin und den ersten zwei Tagen von Kartik (Okt. / Nov.) wird fast in ganz Indien gefeiert. Man vermutet, dass das **Lichterfest** auf vorarische Rituale zum Ende der Monsunzeit zurückgeht. Die Anhänger Vishnus feiern es zu Ehren von Rama, der siebten Inkarnation von Vishnu. Alles steht im Zeichen des Neuen: Geschäftsleute machen Inventur und eröffnen das neue Geschäftsjahr, Häuser werden geputzt und neu gestrichen. In den Nächten werden Lampen angezündet. Die Menschen kleiden sich neu und verbringen die Zeit mit gegenseitigen Besuchen und Spielen. Bereits vor dem Fest werden Unmengen der in Indien beliebten Süßigkeiten hergestellt und verspeist.

Das zehntägige Fest **Dussera** endet mit der Durga Puja in der ersten Nacht des Hindumonats Ashvin (Sept. / Okt.) und wird zu Ehren weiblicher Kräfte, den Göttinnen, gefeiert. In den vorhergehenden neun Nächten feiert man die folgenden Inkarnationen der Göttin Devi: Mahakali, Mahishasuramardini, Chamunda, Nanda, Raktadanti, Sakhambari, Durga und Labhramari. Üblicherweise werden dabei Darstellungen von Göttinnen in Häusern und auf öffentlichen Plätzen aufgestellt und verehrt. Während der Nächte erzählen Pandits (Lehrer) Geschichten über die Taten der Göttinnen. So werden die großen Legenden von einer Generation an die andere weitergegeben. Dussera ist ein besonders wichtiges Fest in Bengalen, wo Durga hohes Ansehen genießt (Abb. S. 389). Aber auch die Maharadschas in Rajasthan feierten dieses Fest mit

großem Pomp, da Durga als Kriegsgöttin bei ihnen sehr beliebt war. In Südindien verehrt man zwar ebenfalls weibliche Kräfte, aber nicht nur Durga, sondern alle drei Hauptgöttinnen des hinduistischen Pantheons: Durga, Lakshmi und Sarasvati. Jeweils drei Nächte lang werden dabei kunstvolle Altäre mit Götter- oder Menschenfiguren aufgestellt. Diese Sitte ähnelt sehr dem Aufbau von Krippen vor Weihnachten.

Begrüßung des Frühlings

Zu den ausgelassensten, fröhlichsten und farbigsten Festen Indiens gehört **Holi** am Vollmondtag des Hindumonats Phalgun (Febr. / März). Üblicherweise bespritzen sich die Menschen mit Farben und necken sich gegenseitig – ab und zu wird auch mit Wasserbomben oder Mist geworfen. Deswegen ist es ratsam, bei diesem Fest die Altstadtviertel zu meiden. Das Fest wird zu Ehren von Krishna und Kama gefeiert. In der Nacht vor Holi wird überall Holz gesammelt und an – als magisch geltenden – Wegkreuzungen ein großes Feuer angezündet; dadurch sollen die Geister vertrieben werden. Holi markiert das Ende des Winters und den Beginn des Frühlings und hat viele Ähnlichkeiten mit dem europäischen Karneval.

Ganesha und andere Götter

Zu Ehren des in ganz Indien beliebten Elefantengottes Ganesha wird am vierten Tag des Hindumonats Bhadrapad (Aug. / Sept.) **Ganesh Chathurthy** gefeiert. Ganesha soll an diesem Tag geboren sein, deswegen werden auf öffentlichen Plätzen große Figuren des Gottes drei Tage vor dem Fest aufgestellt und verehrt. Stadtteile und Straßen wetteifern darum, den größten und schönsten Ganesha zu haben. Besonders beeindruckend ist das Fest in Maharashtra und speziell in Mumbai, wo in einer großen Prozession Tausende von Ganeshafiguren in allen Größen zum Meer getragen und dort versenkt werden (Abb. S. 481).

Sivarathri (Febr. / März) ist ein Fest, das zu Ehren des asketischen Shiva mit strengem Fasten begangen wird. Die Nacht davor vertreibt man sich mit Geschichten und Legenden. **Janmashtami** (Juli / Aug.) gilt als Ge-

Die Versammlung von Sadhus (heiligen Männern), die zur Kumbha Mela aus den entlegensten Orten Indiens zusammenkommen, gilt neben den reinigenden Waschungen als Hauptattraktion des Festes.

burtstag von Krishna und wird mit Tanz und Gesang gefeiert. Besonders beliebt ist das Fest in der Region um Mathura, wo Krishna seine Jugend verbracht haben soll.

Ramas Geburtstag, **Ram Navami**, wird am neunten Tag des Hindumonats Chaitra (März / Apr.) gefeiert. Dabei ist es üblich, aus dem Ramayana vorzulesen oder Theaterstücke über das Leben des Helden Rama aufzuführen. Eine besondere Bedeutung hat das Fest in Uttar Pradesh.

Der dem Herrn des Universums, Jagannath, geweihte Tempel in Puri ist alljährlich Schauplatz eines der spektakulärsten **Tempelfeste** Indiens. Hunderttausende von Pilgern aus ganz Indien kommen, um dabei zu sein, wenn die im Tempel residierenden drei Gottheiten Jagannath, seine Schwester Subhadra und sein Halbbruder Balarama auf riesigen Tempelwagen zu ihrem Landhaus gezogen und nach einer Woche wieder zum Tempel zurückgebracht werden. Der größte Tempelwagen ist fast 14 m hoch und man braucht Tausende, um die drei Wagen in Bewegung zu setzen. Das alljährlich im April stattfindende, dreitägige Fest des Meenakshi-Tempels in Madurai bietet als besondere Attraktion ebenfalls den Umzug der Gottheiten in einem riesigen Tempelwagen, der die Prozessionsstraße um den Tempel herum entlanggezogen wird. Vishnuanhänger pilgern im Dezember zum zehntägigen Vaikuntha-Ekadeshi-Fest im Sri-Rangam-Tempel. Dabei wird ein Vaikunta Vasal (Paradiestor) aufgebaut, das die Pilger durchschreiten, um Erlösung zu erlangen.

Rituelle Waschungen

Die **Kumbha Mela**, das größte Fest der Hindus, zählt auch zu den außergewöhnlichsten Massenereignissen in Indien. Sie findet nur alle drei Jahre abwechselnd in den vier Orten Allahabad, Haridwar, Ujjain und Nasik statt, die als heilig gelten, da hier von dem Unsterblichkeitsnektar Amrita jeweils ein Tropfen heruntergefallen sein soll. In Allahabad zieht die Maha Kumbha Mela Millionen Gläubige an. Alle wichtigen Vertreter hinduistischer Gruppen treffen sich hier, um religiöse Fragen, die den Hinduismus betreffen, zu besprechen.

In der Muktaram Babu Lane weiter nördlich findet man den Marble Palace von 1855, ein Relikt aus der Zeit, als Kolkata das »Dorf der Paläste« genannt wurde. Der Erbauer Raja Rajendra Mullick, ein reicher Händler, sammelte hier alles, von alten chinesischen Vasen bis zu einem echten Rubens (»Die Hochzeit der Hl. Katharina«). Für den Besuch des interessanten Sammelsuriums, das in ein Privatmuseum umgewandelt wurde, erhält man beim Tourist Office in der Shakespeare Sarani eine **Genehmigung**. Fotografieren ist verboten.

✶ **Marble Palace**

Öffnungszeiten: tgl. außer Mo. u. Do. 11.00 – 16.00

Nicht weit davon, ebenfalls in nördlicher Richtung, steht das **Geburtshaus von Rabindranath Tagore**, dem berühmten bengalischen Dichter und Nobelpreisträger (►Berühmte Persönlichkeiten). Im angeschlossenen Rabindra Bharati Museum kann man einen Einblick in das Leben und die Aktivitäten Tagores gewinnen (Öffnungszeiten: Mo. – Fr. 10.00 – 17.00, Sa. 10.00 – 13.30 Uhr).

✶ **Rabindra Bharati Museum**

Weiter im Osten, in der College Street, stehen die Gebäude der Universität von Kolkata. Hier findet man auch das kleine Ashutosh Museum of History mit einer bemerkenswerten Sammlung von typisch bengalischem Kunsthandwerk sowie seltenen buddhistischen Manuskripten (Öffnungszeiten: Mo. – Fr. 10.30 – 17.00 Uhr).

Ashutosh Museum

Nordwestlich davon liegt das Viertel Kumar Tuli, die Wohn- und Arbeitsstätte der Mrit Shilpis, der Lehmhandwerker. Hier werden, auf der Grundlage von Schlamm aus dem Hoogly und Stroh, **Götterfiguren in allen Größen** hergestellt. Sie werden nach traditioneller Methode im Lehmofen gebrannt und hinterher bemalt. Schließlich finden sie ihren Einsatz bei den großen religiösen Festen wie Kali Puja und Sarasvati Puja.

✶ **Kumar Tuli**

Im Nordosten der Stadt steht in einem verspielten kleinen Park mit Springbrunnen und Steinfiguren der 1867 erbaute Jaintempel. Er ist über und über mit Spiegeln und Glasmosaiken bedeckt.

Jain Temple

Howrah

Howrah, die Schwesterstadt Kolkatas, erreicht man über die Howrah-Brücke, auch Rabindra Setu genannt. Die 1943 fertig gestellte Eisenbrücke ist ohne jegliche Stützpfeiler im Wasser konstruiert. Es heißt, sie sei die **meistbefahrene Brücke der Welt**. Täglich schieben sich Massen von Fahrzeugen, vom Doppeldeckerbus bis zur Fahrradriksha – meist im Schneckentempo – über den Fluss. Die Brücke verbindet Kolkata auch mit seinem großen Bahnhof Howrah Station. Unterhalb der Brückenpfeiler befindet sich ein **großer Blumenmarkt**, der mit seiner Vielfalt an Farben und Düften beeindruckt. Vom Ufer aus bietet sich ein einzigartiger Blick auf die Howrah Bridge. An den Badetreppen führen die Gläubigen ihre Rituale durch. Bitte respektvoll Abstand halten!

✶✶ **Howrah Bridge**

HOWRAH BRIDGE

★★ Eines der berühmtesten Markenzeichen Kolkatas ist die Howrah-Brücke, die die Stadt mit der am westlichen Ufer des Hoogly gelegenen Zwillingsstadt Howrah verbindet. Ihr offizieller Name lautet Rabindra Setu. Sie ist ein Monument der zu Ende gehenden Kolonialzeit in Indien: 1943 während des Zweiten Weltkrieges gebaut, um den alliierten Truppen Zugang zur Front in Birma zu verschaffen, ersetzte sie eine ältere Pontonbrücke.

Hinweis:
Fotografieren ist hier strengstens untersagt!

1 Stahlauslegerbrücke
Die Howrah-Brücke ist eine der letzten Stahlauslegerbrücken. Da man meinte, der Fluss könnte versanden und ein Veränderung der Strömung befürchtete, war ihr Bau lange umstritten. Man entschied sich deshalb für eine Spannbrücke ohne einen Pfeiler im Fluss.

2 Träger
Die 656 m lange Fachwerkbrücke überwindet den Hoogly, einen Seitenarm des Ganges, in einer einzigen gigantischen Spanne von 457,5 m. Sie ist 82 m hoch, die meisten Träger wurden damals in Indien hergestellt. Komplizierter zu fertigende Bauteile importierte man aus England.

3 Verkehr über den Hoogly
Täglich nutzen Millionen von Pendlern die Howrah Bridge, schätzungsweise 100 000 Fahrzeuge überqueren sie jeden Tag – daher gilt sie als die verkehrsreichste Brücke der Welt. Zwei Alternativen existieren zu ihrer Entlastung: die Fähre Fairlie Ghat – Howrah und eine neue, zweite Hoogly-Brücke. Wer den Fluss möglichst schnell überqueren will, ist tatsächlich mit der Fähre besser beraten, doch das kostet natürlich ebenso Geld wie die neue Brücke ein paar Kilometer stromabwärts, für die eine Maut erhoben wird. Die meisten nehmen daher lieber das gewohnte Verkehrschaos in Kauf.

Meistens verstopft: Sehr viele Fußgänger – und zwischen den Bussen drängen sich zahlreiche Rikshas, Ochsenkarren, Radfahrer und Autos.

Auf Wunsch organisiert das Tourist Office auch Fahrten für Gruppen. Es besteht auch die Möglichkeit, auf eigene Faust zu den Sundarbans zu reisen. Bester Ausgangspunkt ist der Flusshafen Canning (Zugverbindung von Kolkata, Sealdah Station). Von dort werden Fahrten auf einem Dampfer durch die Sundarbans angeboten.

! *Baedeker* TIPP

Die Sundarbans im Roman

Ein Denkmal gesetzt hat Amitav Ghosh den bengalischen Sümpfen in seinem packenden Roman »Hunger der Gezeiten«. Eine Landschaft erwacht zum Leben und mit ihr die Menschen dieses Landstrichs.

Weitere Umgebung

Vishnupur

Vom 8. bis zum 18. Jh. war Vishnupur (152 km nordwestlich von Kolkata) die Hauptstadt der Mallakönige, einer hinduistischen Herrscherdynastie. Während ihrer Blütezeit (16. – 18. Jh.) ließen sie eine Reihe von **Tempeln im bengalischen Stil** errichten. Kennzeichnend für diese Bauten sind das geschwungene Satteldach und vor allem die Verkleidung der Außenmauern mit Terrakotten, auf denen meist Szenen aus der Mythologie dargestellt sind. Die Bogenformen an den Außenfassaden sind ein Indiz für die vielerorts sichtbare Verschmelzung hinduistischer und muslimischer Bautraditionen. Herausragende Beispiele sind der Shyam-Rai-Tempel (1643) und der Jor-Bangla-Tempel (1655). Vishnupur erreicht man mit dem Zug von Howrah-Station oder mit dem Bus von Esplanade Terminus.

Santiniketan

»Der schönste Fleck Erde, den ich überhaupt hoffen kann zu finden«», nannte **Rabindranath Tagore** den kargen Landstrich etwa 200 km nördlich von Kolkata, wo er 1901 das pädagogische Experiment einer fortschrittlichen Erziehung auf der Basis altindischer Erziehungsideale begann. Schüler und Lehrer sollten in einer Gemeinschaft zusammenleben, handwerkliche und künstlerische Begabungen wurden besonders geschult und der Unterricht fand, der Tradition entsprechend, im Freien statt. Später wurde aus der Schule eine Universität (Vishva Bharati) und noch heute ist Santiniketan **eines der großen kulturellen Zentren des Landes**. Neben der Universität für Bildende Künste gibt es eine Abteilung für Musik und Tanz, ein Tagore-Museum und ein Zentrum für ländliche Entwicklung.

◄ Hinweis

Das ganze Jahr hindurch finden hier immer wieder kulturelle Veranstaltungen statt (Informationen in den Tourist Offices in Kolkata). Unterkunft findet man im International Guesthouse in Santiniketan. Von Howrah aus gibt es eine Direktverbindung mit dem Santiniketan-Express.

Murshidabad

Murshidabad (225 km nördlich von Kolkata) war die ehemalige Hauptstadt Bengalens (seit 1704) und Herrschaftssitz des Nawab Murshid Quli Khan und seines Nachfolgers Siraj-ud-Daulah, den die Briten in der legendären Schlacht von Plassey besiegten. Murshidabad liegt an den Ufern des Bhagirathi und beherbergt einige Erinnerungsstücke aus dem Erbe der bengalischen Nawabs, u. a. den Herrscherpalast Hazarduari mit seinen tausend Türen, in dem sich heute ein Museum befindet (Sammlung von Waffen, Porzellan und Gemälden). Gleich daneben steht der Große Imambara, ein Mausoleum. Der Stadtgründer Murshid Quli Khan liegt neben den Ruinen der Katra-Moschee begraben. Von Kolkata aus gibt es eine Zugverbindung nach Murshidabad ab Sealdah Station.

Maldah Auf dem Weg nach Darjeeling bietet sich die Stadt Maldah (350 km nördlich von Kolkata) als Ausgangspunkt für Besichtigungen von Gour und Pandua an.

Gour Das 12 km südlich von Malda liegende Gour war Hauptstadt der buddhistischen Paladynastie, der hinduistischen Senadynastie und der islamischen Eroberer im 13. Jahrhundert. Von den Festungsanlagen und Moscheen sind fast nur Ruinen übrig geblieben. Sehenswert sind die Bara-Sona-Moschee und die Qadam-Raisul-Moschee, in der ein Fußabdruck Mohammeds zu sehen sein soll.

Pandua Pandua (18 km nördlich von Malda), das im 14. Jh. Gour in seiner Stellung abgelöst hatte, gilt heute als bedeutender Ort für die islamische Architektur in Bengalen. Vor allem die Überreste der über einen Hindutempel erbauten Adina-Moschee verdienen Beachtung.

Nordoststaaten

K–O 12/13

Ein kleiner Zipfel Westbengalens verbindet Indien mit seinen sieben Nordoststaaten. Begrenzt von Bhutan und Tibet im Norden, Myanmar im Südosten und Bangladesh im Südwesten liegt die Gruppe der kleinen Staaten abseits der großen Hauptverkehrslinien des Subkontinents: Assam, Meghalaya, Arunachal Pradesh, Nagaland, Manipur, Mizoram und Tripura.

Das Schicksal der zum Teil sehr dünn besiedelten Staaten ist zwar schon seit längerer Zeit eng mit dem Indiens verknüpft, ihre Kultur wird jedoch in großen Teilen geprägt von den zahlreichen unterschiedlichen Stämmen, die in dieser Region zuhause sind. Es handelt sich überwiegend um Völker, die aus den Bergen Thailands, Laos' und Myanmars eingewandert waren, oder um sinotibetische Gruppen aus dem Nordosten.

Spannungen zwischen der fernen Zentralregierung in New Delhi und der einheimischen Bevölkerung, die ihr kulturelles Erbe bedroht sieht, führen immer wieder zu Eskalationen bis hin zum Bürgerkrieg. Das ist auch der Hauptgrund, warum die Einreise in diese Region Beschränkungen unterliegt.

Lange Zeit war die Region für Ausländer nicht zugänglich. Das indische Tourismusministerium wirbt nun für den Besuch dieser vom Tourismus bisher weitgehend unberührten Staaten und hat auch die **Einreise in die Gebiete erleichtert**. Informationen gibt es auf den Webseiten von India Tourism (www.india-tourism.com) und einzelner Bundesstaaten (www.assamtourism.org, www.manipur.nic.in, www.meghalaya.nic.in, www.mizoram.nic.in, www.nagaland.nic.in).

Nordoststaaten Orientierung

Assam

Über eine Strecke von 700 km durchzieht der Brahmaputra, der einzige männliche Fluss in der Hindumythologie, Assam von Nordosten nach Südwesten. Er ist die Lebensader des kleinen Staats und bringt gleichzeitig in regelmäßigen Abständen Verderben über die fruchtbaren Täler am Rand des Himalaja. Wenn die Wasser des breiten Stroms während des Monsuns über die Ufer treten, gibt es kein Halten mehr: Überschwemmungskatastrophen bedrohen die Menschen, die Tierwelt und die Landwirtschaft. **Über 1000 Teegärten** zählt man in Assam, heute wird hier fast ein Drittel des indischen Tees geerntet. Das feuchtwarme Klima mit den sintflutartigen Regenfälle lässt einen kräftigen malzigen Tee gedeihen.

Geschichte

Schon im 13. Jh. siedelten Stämme aus Thailand an seinen Ufern in der Nordostecke des Landes. Sie nannten sich Ahom, nach der Landschaft, die ihr neues Zuhause geworden war. Der Name bedeutet »gewelltes Land« und ist auch heute noch die einheimische Bezeichnung für Assam. Im Lauf der Zeit vermischten sich die buddhistischen Ahom mit den hinduistischen Bengalen. Im 18. Jh. löste eine offizielle Konvertierung der Stammeskönige zum Hinduismus eine Revolte aus, die mit Hilfe Burmas, des heutigen Myanmar, niedergeschlagen wurde. Der östliche Nachbar übernahm daraufhin die Macht, bis das Land 1826 an die Briten fiel. Nach der Unabhängigkeit Indiens entstand der Staat Assam, der sich jedoch bald zu einem der Sorgenkinder der indischen Regierung entwickelte. Obwohl das kleine Land Indiens größter Teeproduzent ist und mit seinen Ölfeldern zum industriellen Wachstum des gesamten Landes beiträgt, stagnierte die ökonomische Entwicklung in der sensiblen Grenzregion. Die gleichzeitige Einwanderung von Flüchtlingen aus dem krisengeschüttelten Bangladesh führte zu einer explosiven Lage. Sie kulminierte in der

Entstehung der ULFA, der United Liberation Front of Assam, die einen unabhängigen Staat Assam forderte. In den 1980er-Jahren wurde das kleine Land mehrfach von Bürgerkrieg und Unruhen erschüttert und bis heute hat sich die Lage nicht gänzlich beruhigt. Die Präsenz des indischen Militärs sorgt zwar für Ordnung, besänftigt aber nicht die Gemüter der besorgten Assamesen, die sich in ihrer kulturellen Identität und einer eigenständigen ökonomischen Entwicklung beeinträchtigt sehen.

Guwahati

Guwahati (1150 km nordöstlich von Kolkata, 900 000 Einw.), der wichtigsten Stadt Assams, die direkt neben der Hauptstadt Dispur liegt, kommt eine Schlüsselstellung beim Besuch der nordöstlichen Staaten zu. Mit ihrer am anderen Ufer des Brahmaputra gelegenen Schwesterstadt North Guwahati ist sie durch eine Brücke und Fähren verbunden. Der Ortskern liegt in der Umgebung des Bahnhofs. Am östlichen Ende Guwahatis findet man den **Navagraha-Tempel**, Sitz der neun Planetengötter und ein altes Zentrum für Astrologie und Astronomie. Der zentrale Schrein beherbergt einen Lingam, der von neun weiteren umgeben ist – eine Konstellation, die die Planetengötter darstellen soll. Auf einer Insel mitten im Brahmaputra wurde ein weiteres, Gott Shiva geweihtes **Heiligtum** errichtet. Es ist mit dem Boot vom Umananda Ghat aus zu erreichen.

Sehenswert ist der **Kamakhya-Tempel**, etwa 8 km westlich außerhalb der Stadt auf einem Hügel gelegen. Er gilt als eines der wichtigsten Kaliheiligtümer Indiens. Hier soll der Legende nach die Yoni, das Geschlechtsteil der Göttin Kali, nach der Zerstückelung ihres toten Körpers herabgefallen sein (s. S. 390). Der bienenstockförmige Tempelturm ist ein typisches Kennzeichen assamesischer Sakralbauten.

GUWAHATI

AUSKUNFT

India Tourism Office
Guwahati
GL Publication Complex
GS Rd.
Tel. 03 61 – 254 74 07
www.assamtourism.org

ÜBERNACHTEN / ESSEN

► Luxus / Komfortabel

Hotel Brahmaputra Ashok
MG Rd.
Tel. 03 61 – 254 10 64
Gilt als bestes Hotel am Ort, mit allem Komfort und in zentraler Lage.

★★ Kaziranga-Nationalpark

Berühmtheit genießt das größte Schutzgebiet Assams (217 km östlich von Guwahati) vor allem wegen seines dickhäutigen Bewohners, des **Indischen Nashorns**. Schon 1926 wurde die Jagd auf das damals vom Aussterben bedrohte Tier verboten. Heute ist sein Bestand wieder auf über 1000 Tiere geklettert, obwohl Wilderer dem seltenen Säugetier gnadenlos nachstellen. Sein Horn soll, zu Pulver zermahlen, eine aphrodisierende Wirkung besitzen und erzielt auf dem Schwarzmarkt

Wegen seines Horns wird das Panzernashorn gejagt.

horrende Preise. Eine Fläche von 430 km² umfasst das Reservat am südlichen Ufer des Brahmaputra. Seitdem es 1974 in den jetzigen Grenzen angelegt wurde, hat sich der regelmäßig über die Ufer tretende Fluss ungefähr ein Fünftel der ursprünglichen Fläche einverleibt. Dominiert wird der Park von hohem Elefantengras, seichten Seen und Sümpfen, doch auch Waldgebiete gehören dazu. Anders als bei vielen anderen Reservaten verstellt nicht dichter Dschungel die Sicht, und so kann die Beobachtung der Wildtiere zu einem besonders faszinierenden Erlebnis werden. Auf einem Elefantenrücken oder im Jeep geht die **Safari** durch die weite Graslandschaft. Die Chance, einen der berühmten einhornigen Dickhäuter aus nächster Nähe zu beobachten, ist gar nicht gering. Sie sind inzwischen an die Präsenz von Menschen gewöhnt und lassen sich nicht stören. Neben dem Nashorn trifft man im Park auch Elefantenherden, verschiedene Hirscharten und Wildschweine. Seltener sichtet man einen Leoparden oder eine Bengalkatze. Die ausgedehnten Sumpfgebiete sind die Heimat von verschiedenen Wasservögeln. Reiher, Streifengänse, Störche und Fischadler gehören ebenfalls dazu. Besuchern stehen Unterkünfte unterschiedlicher Preisklassen zur Verfügung. Das Reservat schließt seine Pforten von Mitte April bis Mitte Oktober.

Manas-Reservat

An der Grenze zu Bhutan, durchzogen von den Flüssen Mana, Beki und Hakua, erstreckt sich das 2837 km² große Schutzgebiet (176 km westlich von Guwahati), das zu den Reservaten des »Project Tiger« gehört. Selten allerdings bekommt man den bedrohten Bewohner zu Gesicht. Dafür können hier mit etwas Glück zwei sehr seltene Affenarten, der **Goldlangur** und der **Schopflangur**, beobachtet werden. Auch der Mützenlangur und andere Affen, Elefanten, Wasserbüffel,

Gaur, Schweinshirsche und Axishirsche sowie einige Rhinozerosse bevölkern das Grasland und die Wälder des Reservats. Besonders Vogelfreunde kommen auf ihre Kosten: Nicht das Nashorn, sondern der **Große Nashornvogel** lockt die Ornithologen. Reiher, Adler, Bülbüls (eine Nachtigallenart) und Pelikane siedeln ebenfalls hier. Auf Elefanten oder in Booten kann der Park erkundet werden. Beste Besuchszeit ist von November bis April. Der Park ist während des Monsuns von Juli bis September geschlossen.

Übrige Nordoststaaten

Spannungsgebiet

Bis jetzt **vom Tourismus noch weniger berührt** sind die anderen Nordoststaaten, denn einige Gebiete gelten als militärische Sperrzone, wie z. B. der Norden von Arunachal Pradesh. Dort kam es 1962 zu Auseinandersetzungen mit China und immer wieder flackern kleinere Konflikte auf. Separatistische Bewegungen, ethnisch-kulturelle Gründe – ein großer Teil der Gebiete ist Stammesland – und kommunale Konflikte zwischen den verschiedenen Bevölkerungsgruppen haben bisher dazu geführt, dass Ausländern nur sehr begrenzt und nur mit spezieller Erlaubnis Zugang gewährt wurde.

Meghalaya

Der kleine Staat Meghalaya entstand 1972 aus dem südwestlichen Teil Assams. Die Briten nannten diese Gegend wegen ihrer Hügel »**Schottland des Ostens**« – das oft nebligtrübe und feuchte Wetter dürfte dabei eine zusätzliche Rolle gespielt haben. Hier entleert sich während des Monsuns ein großer Teil der Regenwolken, die sich über der Bucht von Bengalen bilden. Dies macht Meghalaya zu einem der feuchtesten Gebiete der Erde mit üppigen Wäldern und unzähligen Wasserfällen.

Shillong (100 km südlich von Guwahati), die Hauptstadt des kleinen Landes, ist zugleich seine bekannteste Touristenattraktion. Als Regierungssitz der Briten in Assam wurde die Hill Station 1874 an jener Stelle gegründet, an der schon vorher eine größere Siedlung der Khasis, der Ureinwohner des Landes, bestanden hatte. Mitten im Zentrum liegen eine große Gartenanlage und der Ward Lake. Einige der älteren Hotels im kolonialen Stil sind dort angesiedelt. Das State Museum vermittelt interessante Einblicke in die kulturellen Traditionen der hiesigen Stämme. Im Meghalaya Museum of Entomology kann man typische Bewohner der Bergregionen aus der Nähe betrachten: Schmetterlinge und Motten in allen Formen, Farben und Größen. Etwa 1 km außerhalb der Stadt liegt der nach dem Modell eines japanischen Gartens angelegte Lady Hydari Park mit Zoo.

Ein schöner Ausflug führt nach **Cherrapunjee** (56 km südlich von Shillong), dessen lokaler Basar be-

? WUSSTEN SIE SCHON ...?

- ... dass in Cherrapunjee weltweit die höchsten Niederschlagsmengen gemessen werden? An den dortigen Berghängen regnen sich nämlich während des Monsuns jedes Jahr riesige Wassermassen ab.

rühmt für Honig und traditionellen Stammesschmuck ist. Das Meghalaya Tourist Office in Shillong (Police Bazar) organisiert Tagestouren nach Cherrapunjee.

Arunachal Pradesh

Viel unberührte Natur, üppige Flora und Fauna und die verschiedenen Stammesvölker, die hier noch weitgehend ungestört leben, prägen den nordöstlichsten aller indischen Staaten. Selten hat ein Fremder bisher seinen Fuß in dieses wilde und unwegsame Gebiet gesetzt, das im Westen von Bhutan, im Norden von Tibet und China und im Osten von Myanmar begrenzt wird. Wenige befahrbare Straßen durchziehen Arunachal Pradesh, hauptsächlich gebaut für das Militär, das die Nordgrenze Indiens gegen den Nachbarn China schützt. Die Hauptstadt **Itanagar**, 400 km nordöstlich von Guwahati, ist relativ neu.
An der Grenze zu Myanmar liegt der 1800 km² große, schwer zugängliche **Namdapha-Nationalpark**. In den undurchdringlichen Wäldern leben Tiger, Leoparden, Nebelparder und viele Halbaffenarten, darunter der seltene schwanzlose Hulock-Gibbon. Auch der Nashornvogel und der Rote Panda gehören zu ihren Bewohnern. Die Parkverwaltung bietet einfache Unterkünfte, die beste Besuchszeit ist zwischen Oktober und März.

Nagaland

Wie der Name schon sagt, ist dieses bergige Land die Heimat der Nagas, einer ursprünglich aus Tibet eingewanderten Bevölkerungsgruppe, die sich wiederum in verschiedene Stämme gliedert. Trotz Eingriffen von außen haben die Nagas einen großen Teil ihres überlieferten Brauchtums und ihrer Glaubensvorstellungen bewahrt. Der kleine Bundesstaat grenzt im Norden an Arunachal Pradesh, im Osten an Myanmar, im Westen an Assam und im Süden an Manipur. Seine Hauptstadt heißt **Kohima**. Hier stoppten die indischen Truppen 1944 den Vormarsch der Japaner auf den Subkontinent. Auch heute ist die Präsenz von Militär unübersehbar. Separatistische Tendenzen wurden zwar teils eingedämmt, doch immer noch gehört die Region zu den »Problemzonen« für die indische Regierung.

Manipur

Das Gebiet im Süden von Nagaland, das im Osten an Myanmar grenzt, wurde 1972 ein eigenständiger Bundesstaat, vorher war es nur ein Unionsterritorium. Freunden des klassischen indischen Tanzes ist diese Region als die Heimat der berühmten **Manipuri-Tänze** bekannt. In dem bergigen, nur noch stellenweise bewaldeten Land sorgen kommunale Auseinandersetzungen und eine separatistische Bewegung ebenfalls für reichlich Konfliktstoff. Hauptstadt von Manipur ist **Imphal**, 470 km südöstlich von Guwahati gelegen.

Mizoram

Mizoram, der innerhalb der Nordoststaaten am südlichsten gelegene Bundesstaat, ist erst 1987 gegründet worden. Seine Hauptstadt ist **Aizawl**. Auch diese Region wird immer wieder von politischen Unruhen erschüttert. Die Bewohner des bergigen, von Bambus und

Mischwald bedeckten Landes heißen Mizos (Hochländer). Sie stammen ursprünglich aus dem südlich gelegenen Myanmar. Ungewöhnlich sind für den Ortsunkundigen die zahlreichen weißen Kirchen im Land. Die Mizos sind in ihrer Mehrheit Christen, was auf die intensiven Aktivitäten christlicher Missionare zurückzuführen ist.

Tripura Täler und bergige Waldregionen charakterisieren den Bundesstaat Tripura. Die Manikyas, die früheren Herrscher dieses Gebiets, führten ihren Ursprung auf die Rajputen zurück. Uday Manikya (1585 bis 1596) gründete die Stadt Udaipur. Sie birgt heute noch Überreste aus jener Periode. Berühmt ist der Sundaritempel, 5 km außerhalb des Zentrums. Er ist eines der wichtigsten Zentren der Shakti-Verehrung in Indien. Die Hauptstadt **Agartala** (50 km nördlich von Udaipur) ist dagegen ein modernes Geschäfts- und Verwaltungszentrum.

Patna

I 7

Hauptstadt von Bihar
Einwohner: 1,7 Mio.
Höhe: 53 m ü. d. M.
Entfernung: 598 km nordwestl. Kolkata

Ein idealer Ausgangspunkt für die Entdeckung buddhistischer Heiligtümer in Bihar ist die Stadt Patna am südlichen Ufer des Ganges.

Die Hauptstadt des Bundesstaats ist heute eine hektische Großstadt und verfügt über beste Verkehrsanbindungen zu allen indischen Großstädten. Der große Platz Gandhi Maidan teilt Patna, das sich entlang des Ganges erstreckt, in einen östlichen und einen westlichen Teil. Während der Monsunzeit kann es geschehen, dass Teile der Stadt überflutet werden. Patna bietet sich als Ausgangspunkt für Besuche in Nalanda und Rajgir oder als Zwischenstopp auf dem Weg nach Katmandu (Nepal) an.

Stupa in den Ruinen von Nalanda

Die Gegend, in der die Flüsse Son und Punpun in den Ganges fließen, war seit jeher wichtig. Weitere Bedeutung erlangte die Region durch Chandragupta, den ersten Herrscher des Mauryareichs, der hier die legendäre Hauptstadt **Pataliputra** 31 v. Chr. erbauen ließ. Megasthenes, Nachfolger Alexanders des Großen in Indien, zeigte sich

PATNA ERLEBEN

AUSKUNFT

Tourist Office
Am Flughafen, am Bahnhof und in der Fraser Rd.
Tel. 06 12 – 222 52 95

ÜBERNACHTEN / ESSEN

▸ **Luxus**

Maurya Patna
Fraser Rd.
South Gandhi Maidan
Tel. 06 12 – 220 30 40
Erstes Hotel am Ort mit guter Küche und allen Annehmlichkeiten.

▸ **Komfortabel**

Pataliputra Ashok
Beer Chand Patel Path
Tel. 06 12 – 222 62 70
Gutes Mittelklassehotel mit Swimmingpool und Restaurant mit internationaler Küche.

von der Effizienz der Administration des Chandragupta-Reichs und vom Reichtum Pataliputras tief beeindruckt. Heute ist jedoch von der einstigen Pracht kaum etwas erhalten. Der berühmteste Herrscher des alten Indien **Ashoka** (268 – 232 v. Chr.) folgte seinem Vater in Pataliputra auf den Thron. Er soll durch rücksichtslose Feldzüge und Morde seine Macht gefestigt haben, bis er den buddhistischen Glauben annahm und deshalb dem Schrecken ein Ende setzte. Nach dem Tod von Ashoka brach das altindische Großreich der Mauryas zusammen. Unter einem Namensvetter des ersten Herrschers der Maurya, Chandragupta (320 – 335) aus der Guptadynastie, erlebte Pataliputra eine erste Renaissance. Seinen Nachfolgern Samdragupta (335 – 380) und Chandragupta II. Vikramaditya (380 – 414) gelang es, wieder ein Großreich aufzubauen. Auch Kunst, Handwerk und Dichtung erlebten eine Blüte. Kuaragupta, der Sohn Chandraguptas II., stiftete die große Universität **Nalanda**, die für einige Jahrhunderte zum **geistigen Zentrum des Buddhismus** wurde. Mehr als 1000 Jahre später erlebte die Stadt wieder eine Blüte unter dem afghanischen Herrscher Sher Shah Suri (1540 – 1545), dem auch der Bau der Sher-Shah-Moschee zu verdanken ist.

Sehenswertes in Patna

Golghar

Im Stadtzentrum westlich des Gandhi Maidan steht Patnas markantestes Bauwerk. Dieses 29 m hohe, eigentümliche Gebäude wurde 1786 nach der verheerenden Hungersnot (1770) als Getreidespeicher von den Engländern gebaut. Zwei Treppen führen auf den Turm, von dem man einen schönen Blick auf die Stadt hat.

*** Patna-Museum**

Das Patna-Museum befindet sich auf dem Buddha Marg südlich von Golghar. In den 1930er-Jahren zog das Museum in dieses Gebäude, das sowohl europäische als auch indische Stilelemente aufweist. Die

Öffnungszeiten: tgl. außer Mo. u. Fei. 10.30 – 16.30

Sammlung gehört zu den besten in Indien, allerdings lässt ihre Präsentation zuweilen zu wünschen übrig. Stein- und Terrakottafiguren aus der Mauryaperiode sowie buddhistische Bronzefiguren sind besonders sehenswert.

Martyrs Memorial

Martyrs Memorial ist eine Gedenkstätte mit lebensgroßen Figuren von sieben jungen Männern, die ihr Leben im Unabhängigkeitskampf 1942 verloren.

*** Har Mandir**

Der vom Maharadscha Ranhit Singh erbaute Sikhtempel (Gurudhwara) ist dem zehnten Guru Govind Singh geweiht, der 1660 in Patna geboren wurde. Der Har Mandir gilt als **eines der heiligsten Zentren der Sikhs** und befindet sich im östlichen Teil von Patna, ungefähr 6 km vom Gandhi Maidan entfernt.

Sher Shah Masjid

Diese von Sher Shah Suri erbaute Moschee gilt als eines der wichtigsten Beispiele für die islamisch-afghanische Architektur in Indien.

Padri-ki-Haveli

Nördlich der Sher-Shah-Moschee befindet sich die römisch-katholische Kirche (1775) mit dem Friedhof, der unter dem Namen Padri-ki-Haveli bekannt ist.

Kuda Bakhsh Oriental Library

Die Anfang des 20. Jh.s gegründete Bibliothek besitzt eine seltene Sammlung arabischer und persischer Manuskripte und Miniaturmalereien. Im Bestand der Kuda Bakhsh Oriental Library befinden sich auch die einzigen Bücher, die bei der Plünderung der Bibliothek von Córdoba in Spanien gerettet wurden.

Umgebung von Patna

Ruinen von Pataliputra

Einige **Überreste der legendären Hauptstadt** Pataliputra können an der Ausgrabungsstelle in der Nähe des Dorfs Kumrahar (7 km südöstlich vom Stadtzentrum) besichtigt werden (Öffnungszeiten: 9.00 bis 17.00 Uhr).

*** Nalanda**

Nalanda (55 km südwestlich von Patna) war seit dem 5. Jh. v. Chr. ein **geistiges Zentrum des buddhistischen und jainistischen Denkens** und eine über Indiens Grenzen hinaus bekannte Universitätsstadt.
Der chinesische Reisende Hiuen Tsang verbrachte im 7. Jh. zwölf Jahre hier, um den Buddhismus zu studieren, und er hinterließ genaue Angaben über Nalanda. Demzufolge haben Tausende von Studenten aus Indien, China und Südostasien hier Fächer wie Logik, Metaphysik, Medizin, Prosa und Rhetorik studiert. Das große Ausgrabungsgelände zeigt die beeindruckenden Ausmaße der einstigen Einrichtungen. Neben dem Großen Stupa kann man noch die Grundmauern von Klöstern sehen, die im 6. Jh. Unterkunft für etwa 10 000 Studenten und 2000 Dozenten boten. Sämtliche Universitätsgebäude wurden im 12. Jh. von islamischen Eroberern vollständig

niedergebrannt. Dabei ging die einzigartige Bibliothek, die 9 Mio. Werke umfasst haben soll, verloren. Dies war langfristig gesehen ein schwerer Schlag für die Verbreitung des Buddhismus in Indien.

Rajgir

Etwa 12 km südlich von Nalanda liegt idyllisch zwischen grünen Bergen die einstige Hauptstadt des Megadha-Reichs (6. Jh. v. Chr.) Rajgir. **Sowohl Buddha als auch Mahavira haben hier gelehrt**. Viele Plätze erinnern an den Religionsstifter: das Bambuswäldchen Venuvana, wo Buddha mit seinen Anhängern lebte, der Teich, in dem er badete, der Garten Jivakamarvana und der Grighakuta-Berg, wo er Predigten hielt – und schließlich die Sattapani-Höhlen, in denen nach seinem Tod das erste buddhistische Konzil stattfand. Heute ist Rajgir wegen seiner Thermalquellen als **Kurort** bei indischen Touristen beliebt. Das Bad, das man von der Straße aus einsehen kann, erinnert eher an einen Tempel als an ein Schwimmbad.

Vom Weltfriedenstempel kann man auch einige der Jainschreine auf den umliegenden Hügeln sehen.

Auf dem Ratangiri-Berg bei Rajgir wurde von den Japanern der Vishwa Shanti Stupa gebaut. An allen vier Seiten des **Weltfriedenstempels** sind vergoldete Buddhadarstellungen angebracht. Man erreicht den Stupa mit dem wackligen Sessellift oder auf dem Fußweg (ungefähr 30 min.).

★ Puri

I 10

Bundesstaat: Orissa
Einwohner: 300 000
Höhe: Meeresspiegel
Entfernung: 520 km südw. v. Kolkata

Ganz im Gegensatz zu Konark, wo der Besucher trotz der vielen Touristen immer noch die Ruhe und Beschaulichkeit des Orts genießen kann, steht der Nachbarort Puri. Er zählt zu den größten Pilgerzentren Indiens und zieht Massen von Gläubigen an.

Puri liegt direkt an der Küste der Bucht von Bengalen und lockt nicht nur Pilger an, sondern wegen seiner feinen Sandstrände auch viele Touristen aus dem In- und Ausland. Die große Mehrheit der Besucher hat jedoch nur ein Ziel vor Augen: den Besuch des be-

PURI • KONARK ERLEBEN

AUSKUNFT

Tourist Office
Station Rd.
Tel. 067 52 – 22 26 64
www.orissatourism.gov.in

ANREISE

Es existieren diverse Bahnverbindungen nach Puri. Konark ist nur 35 km entfernt und kann in einem Tagestrip besucht werden.

EVENTS

Alljährlich im Juni / Juli versammeln sich in Puri Scharen von Pilgern zur Rath Yatra, dem Wagenfest. Dabei werden die Idole der Götter auf riesigen, bis zu 14 m hohen Wagen vom Tempel in ein kleines Haus gebracht, wo sie eine Woche ausgestellt sind, um dann wieder in einer Prozession zu ihrem angestammten Platz zurückbefördert zu werden. Weithin bekannt ist auch das Konark-Festival (Anf. Dez.) mit bezaubernder Musik und traditionellen Tänzen.

ÜBERNACHTEN / ESSEN

► Luxus

Toshali Sands
Village Resort
Puri, Marine Drive
Tel. 067 52 – 25 05 71
Schöne Ferienanlage am Meer mit Bungalows und Cottages.

► Komfortabel / Günstig

BNR
Chakratirtha Road
Puri
Tel. 067 52 – 22 20 63
34 Zimmer in alter Kolonialvilla mit Garten, Restaurant und »Raj-Atmosphäre«. Ruhige Lage und nahe am Strand.

► Günstig

Panthanivas OTCD
Nahe CT Road,; Puri
Tel. 067 52 – 22 25 62
Staatliches Hotel von Orissa Tourism: Große, saubere Zimmer, Restaurant und Garten.

rühmten Jagannath-Tempels und die Verehrung der hier ansässigen Gottheiten Jagannath (Herr des Weltalls), seiner Schwester Subhadra und seines Bruders Balarama.
Hinter dem **Jagannath-Kult** verbirgt sich niemand anderes als Gott Krishna, dem hier als Jagannath in Gestalt einer archaisch anmutenden Holzfigur Opfer dargebracht werden. Über den Ursprung dieses Kults gibt es verschiedene Theorien. Man geht jedoch davon aus, dass hier eine alte Lokalgottheit in das hinduistische Götterpantheon aufgenommen wurde.

Sehenswertes in Puri

Pilgerzentrum Bei einem Spaziergang über den großen Tempelvorplatz, die Hauptstraße und ihre Seitengassen lässt sich das geschäftige Treiben des Pilgerorts gut verfolgen, man braucht allerdings etwas Erfahrung im Umgang mit Bettlern – und jede Menge Paisastücke!

★ **Jagannath-Tempel**

Der große Jagannath-Tempel ist **für Nichthindus unzugänglich** – selbst Indira Gandhi wurde hier kein Zutritt gewährt, weil sie mit einem Parsen verheiratet war. Von der Plattform der gegenüberliegenden Bibliothek kann man aber einen Blick über die Tempelmauern werfen. Das Heiligtum wurde im ausgehenden 12. Jh. erbaut und weist die **typischen Merkmale des Orissa-Baustils** auf. Vor dem kegelförmigen, 58 m hohen Turm sind in einer Längsachse die Gebetshalle, die Tanzhalle und in einigem Abstand davor die Halle für die Opfergaben angeordnet. Mit seinen Vorgängern in Bhubaneshwar oder Konark kann es dieser Tempel aber keinesfalls aufnehmen. An den vergleichsweise spärlich geschmückten Außenfassaden ist zu erkennen, dass die Blütezeit der lokalen Baukunst vorüber war. Das Heiligtum ist von zwei Umfassungsmauern umgeben. Innerhalb des Tempelkomplexes befinden sich **eine der größten Küchen der Welt**, um die Scharen von Pilgern zu verköstigen, sowie einige kleinere Schreine. Vor dem Haupttor im Osten kann man den aus Konark stammenden Pfeiler erkennen, dessen Spitze der Vogel Garuda, das »Fahrzeug« Vishnus, bildet.

Bibliothek

In der Bibliothek kann man die **alten Palmblattmanuskripte** bestaunen, die hier aufbewahrt werden.

Blick in den Eingangsbereich des Jagannath-Tempels

In den Seitenstraßen Puris kann man Häuser mit traditioneler Bemalung entdecken.

Gandicha Mandir

Am anderen Ende der Hauptstraße steht das Sommerhaus Gandicha Mandir, in das während des **Ratha-Yatra-Fests** die Götterbilder gebracht werden. Jeder der Wagen hat sechzehn Räder und wird von etwa 1000 Menschen gezogen. In früheren Zeiten kam es bei diesem Anlass oft zu Todesfällen, weil sich Gläubige vor die Räder der Tempelwagen stürzten und überrollen ließen.

Strand

Wer genug von den Menschenmassen hat, dem bieten die nahe gelegenen kilometerlangen Sandstrände eine herrliche Abwechslung – beim Baden ist allerdings Vorsicht geboten, da es gefährliche Unterwasserströmungen gibt. Am Strand von Puri gibt es eine Vielzahl von Hotels verschiedener Preisklassen.

✶✶ Suryatempel in Konark

Bekanntester Tempel Orissas **(Abb. S. 373)**

Orissas größter Schatz ist zweifellos der Sonnentempel von Konark (36 km nordöstlich von Puri), einem kleinen Dorf, 3 km von der Bucht von Bengalen entfernt. Seit einigen Jahren gehört der Tempel zum **Weltkulturerbe der UNESCO**. In der Nähe der Anlage wurde ein Open-Air-Theater gebaut für das jährliche **Konark Dance Festival**.

Weder Shiva noch Vishnu, sondern der Sonne selbst, dem großen **Sonnengott Surya**, ist dieses Heiligtum gewidmet. Auch wenn das Bauwerk teilweise verfallen ist, kann sich der Betrachter der immensen Anziehungskraft nicht verschließen, die von den archetypischen Formen zu **Stein gewordener Mythologie** ausgeht. In früherer Zeit stellte man sich vor, dass die Sonne auf einem großen, mit sieben Pferden bespannten Wagen über den Himmel reist. Auf dieser Vorstellung basierte auch die Konstruktion des Sonnentempels von Konark. Der Name des Orts steht selbst in Verbindung mit der Sonne: Kona (Ecke) und Arka (Sonne). Der **Sonnenwagen**, bestehend aus Sanktum und Vorhalle, hat jeweils 12 Räder zu beiden Seiten und wird von sieben Pferden gezogen. Die Zahlensymbolik ist ein weiterer Hinweis auf das dargestellte Thema der Sonne als Hüterin der Zeit: die Räder sind durch je 16 Speichen unterteilt, die die Abschnitte des Tages in Intervallen von 90 Minuten messen und als Sonnenuhren fungieren können.

Eines der zwölf Räder des Sonnenwagens

Tempelanlage

Die von Wind und Wetter teilweise stark mitgenommene Tempelanlage stammt aus der Mitte des 13. Jh.s und wurde unter König Narasimha Deva erbaut. Das Heiligtum ist auch als »Schwarze Pagode« bekannt und gilt als **Höhepunkt der Tempelbaukunst Orissas**. Dem eingefallenen Sanktum ist die viereckige Jagamohan Mandapa angegliedert, deren 38 m hohes Dach sich in drei Stufen pyramidenförmig über dem Unterbau erhebt. Einige Meter östlich davon liegt der abgesonderte Bau der Tanzhalle (Nata Mandapa). Dazwischen stand eine Chloridsäule – sie wurde allerdings abgetragen und fand ihren neuen Platz vor dem Jagannath-Tempel in Puri. Der Haupttempel ist von einer Umfassungsmauer mit Nebenschreinen umgeben.

Skulpturwerk

Seinen Ruf als unübertroffenes Meisterwerk der lokalen Baukunst verdient der Tempel in erster Linie wegen der **exzellent gearbeiteten Skulpturen**, die vor allem am Sockel des Wagens fast unzerstört sind. Hier versammeln sich Tiere und Fabelwesen, amouröse Paare, Nymphen und Götter, umrankt von allerfeinst gearbeiteten Ornamenten. Auch in den höheren Ebenen finden sich beeindruckend gestaltete Paare beim Liebesspiel, die an die Figuren an den Khajuraho-Tempeln erinnern, Musikanten und Tierdarstellungen. Besonders schön sind die Tänzerinnen und Musikantinnen am Sockel der Tanzhalle. Für die ganze Vielfalt der Details bis hin zu den entspannten Gesichtszügen der Liebespaare sollte man sich Zeit nehmen.

Museum

Außerhalb der Umfassungsmauern befindet sich ein kleines Museum, in dem zusätzliche Fundstücke aus dem Heiligtum ausgestellt sind (Öffnungszeiten: tgl. außer Fr. 10.00 – 17.00 Uhr).

Weitere Umgebung von Puri

Chilkasee

Ein Paradies für Vogelliebhaber ist der Chilkasee (ca. 50 km südwestlich von Puri), der sich auf einem Gebiet von 1100 km² an der Küste entlangzieht. Der mit unzähligen kleinen Inseln übersäte Süßwassersee ist im Winter das Ziel von verschiedenen Zugvögeln, die sich hier in großen Scharen niederlassen.

Gopalpur-on-Sea

Ein aufstrebender Badeort ist Gopalpur-on-Sea (ca. 130 km südwestlich von Puri), einer der ältesten Häfen Orissas.

★ Sikkim (Bundesstaat)

Gebiet: 7069 km²
Hauptstadt: Gangtok
Einwohner: 540 000

Der kleine Himalajastaat Sikkim im Nordosten des Subkontinents grenzt im Norden an Tibet, im Westen an Nepal, im Osten an Bhutan und im Süden an Westbengalen.

Immense Höhenunterschiede und damit auch verschiedenste Vegetationsstufen kennzeichnen das nur 7000 km² messende Land: von den Reisfeldern des Teestatals, das nur wenige hundert Meter über dem Meeresspiegel liegt, über die Obstgärten in mittleren Lagen bis zu den kahlen, schneebedeckten Gipfeln des Kanchenjunga-Massivs im äußersten Norden.

Geschichte Vermutlich im 13. Jh. wanderten Stämme aus dem Osten in jenes Gebiet, die sog. Lepchas, die sich selbst Rongpas (Schluchtenbewohner) nannten. Ihnen folgten ab dem 15. Jh. Tibeter, die den Buddhismus mitbrachten. Ab 1641 regierte ein buddhistischer König das unwegsame Land im südlichen Himalaja. Es war damals größer als heute, litt aber unter den sehr viel mächtigeren Nachbarstaaten. In verschiedenen kriegerischen Auseinandersetzungen musste Sikkim immer wieder Federn lassen und Gebiete an Nepal und Bhutan abtreten. Ein mit den Briten abgeschlossener Schutzvertrag sollte mehr Sicherheit bringen – 1861 wurde Sikkim britisches Protektorat. Die Briten waren es auch, die eine massenhafte Einwanderung von Nepalis forcierten, die sie in ihren neu angelegten Teeplantagen beschäftigten. Später sollte dies auch in anderen Staaten des Nordostens für reichlich sozialen Konfliktstoff sorgen. Seine Unabhängigkeit erlangte Sikkim viel früher als die anderen Regionen Indiens im Jahr 1918. Doch schon 1950 wurde wieder ein Schutzvertrag abgeschlossen: diesmal mit der gerade erst drei Jahre alten Indischen Union. Im Lauf der Jahrzehnte verstärkte Indien seinen Einfluss auf das kleine, immer wieder von Unruhen geschüttelte Land im Nordosten. Verschärfte Spannungen mit China ließen das militärstrategische Interesse an der Region wachsen. 1975 wurde Sikkim unter umstrittenen Umständen als **22. Bundesstaat der Indischen Union** angegliedert.

Aktuelle Lage Mit einem Anteil von 75 % stellen die Nepalis die Bevölkerungsmehrheit des Landes. Die ehemaligen Ureinwohner, die Lepchas, erreichen knapp 20 %; den Rest bilden die Bhotias und andere Stämme. Bei Reisenden ist Sikkim sowohl wegen seiner vielen buddhistischen Klöster als auch wegen seiner Naturschönheiten berühmt. Grüne Flusstäler, Rhododendronwälder, eine üppige Blumenwelt, allen voran unzählige Orchideenarten und einsame Trekkingrouten machen es zu einem **Paradies für Naturfreunde**. Allerdings sind auch

SIKKIM ERLEBEN

AUSKUNFT

Tourist Office
MG Marg
Gangtok
Tel. 035 92 – 22 16 34

ANREISE

Nächster Flughafen ist Bagdogra bei Siliguri; von dort sind Helikopterflüge nach Gangtok möglich. Busse und Jeeps von Siliguri, Darjeeling und Kalimpong.

Einreiseerlaubnis
Man braucht eine Erlaubnis, um nach Sikkim einzureisen. Sie kann zusammen mit dem Visum beantragt werden oder bei der Airport Immigration von Mumbai, Delhi, Kolkata und Chennai bzw. bei den Foreigners Regional Registration Offices.

ÜBERNACHTEN · ESSEN

▶ Luxus / Fein und teuer

Nor-Khill
Palijor Stadium Road
Gangtok
Tel. 035 92 – 20 56 37
www.elginhotels.com
Ehemaliges Gästehaus des Königs mit stilvollem Ambiente und gutem Restaurant.

Shambhala Mountain Resort
Rumtek
Tel. 035 92 – 25 22 40
Haupthaus und Cottages in einem schönen großen Garten, vegetarisches Restaurant.

▶ Komfortabel / Erschwinglich

Tashi Delek
MG Marg, New Market
Gangtok
Tel. 035 92 – 20 29 91
www.hoteltashidelek.com
Zentral gelegen mit Sonnenterrasse und tollem Blick, lokale Spezialitäten im Restaurant.

Netuk House
Tibet Road, Gangtok
Tel. 035 92 – 22 67 78
Familiär geführtes kleines Hotel mit sehr guter Küche und schöner Ausstattung.

hier die Folgen von Abholzung und Raubbau nicht zu übersehen, die in allen Himalajastaaten zu einem riesigen Problem geworden und mitverantwortlich sind für die regelmäßigen Überschwemmungskatastrophen in den südlicher gelegenen Küstenstreifen. Beste Reisezeit ist zwischen März und Mai wegen der Rhododendronblüte oder im September / Oktober.

Gangtok

Bei klarem Wetter bilden die fünf schneebedeckten Gipfel des Kanchenjunga-Massivs die nördliche Silhouette der Bergstadt Gangtok (1547 m, 724 km nördlich von Kolkata) im Südosten Sikkims. Oft steigen jedoch Nebel aus den Tälern in die Höhe, verhüllen den Ort mit ihren weißen Schwaden und tauchen ihn in ein diffuses Licht.

Gangtok wurde auf einem Bergkamm gebaut und ist heute eine moderne kleine Stadt und **Hauptstadt Sikkims**. Vor allem seit der Angliederung an Indien setzte ein Bauboom ein und übersäte das Stadtgebiet mit Betonbauten, die nicht unbedingt zu den romantischen Vorstellungen vom idyllischen Himalajastädtchen passen, die sich mancher Fremde macht. Das Zentrum der Stadt liegt in der Umgebung der Mahatma Gandhi Road. Hier findet man auch das Tourist Information Centre.

Herrscherpalast

Der ehemalige Herrscherpalast ist nicht zu besichtigen, gelegentlich erhält man jedoch die Erlaubnis zum Besuch der Königlichen Kapelle, Tsuklakhang, die schöne Wandmalereien und eine Sammlung buddhistischer Kultgegenstände beherbergt.

✶ Institute of Tibetology

Wenn man sich für den Buddhismus interessiert, sollte man keinesfalls einen Besuch des Institute of Tibetology versäumen. Hier werden exquisite Thangkas, seltene Manuskripte und religiöse Kultgegenstände aller Art gezeigt (Öffnungszeiten: Mo. – Sa. 10.00 – 16.00 Uhr, nur während der Saison).

Orchid Sanctuary

Im dazugehörigen Park, dem Orchid Sanctuary, kann man nahezu 450 Arten von Orchideen (Blütezeit: April / Mai) bewundern.

Do-Drul-Chörten

Nicht weit davon ragt der weiße Stupa des Do-Drul-Chörten in den Himmel. Das erst im vorletzten Jahrhundert erbaute Heiligtum des Nyingmapa-Ordens ist von 108 Gebetsmühlen umgeben. Zwei große Statuen erinnern an den Schutzheiligen der Sekte, Padmasambhava, den Verkünder des Buddhismus in Tibet.

Enchey-Kloster

Dem Nyingmapa-Orden gehört das im Nordosten der Stadt liegende Enchey-Kloster. Das kleine, zweistöckige Gebäude mit seiner reich dekorierten Vorhalle stammt aus dem letzten Jahrhundert. Jedes Jahr Ende Januar ist das Kloster anlässlich der Chaam-Zeremonien Schauplatz farbenfroher Maskentänze.

Cottage Industries Institute

In der Verkaufsausstellung des Cottage Industries Institute erhält man einen Einblick in das traditionelle Kunsthandwerk Sikkims.

Umgebung von Gangtok

Tashi Viewpoint

Einen herrlichen Ausblick auf die Kanchenjunga-Bergkette gewährt der 8 km von Gangtok entfernte Tashi Viewpoint.

Kloster Rumtek

In einem Tagesausflug von Gangtok aus zu erreichen sind die beiden berühmten Klöster Rumtek und Phodong. Rumtek (24 km südwestlich von Gangtok), das Kloster des Kagyupa-Ordens (bekannt auch als die »Schwarzen Hüte«), wurde schon 1740 gegründet. Das Oberhaupt der buddhistischen Sekte Kagyupa fand während der chinesi-

schen Invasion in Tibet Zuflucht in Sikkim. Als man ihm Land für den Bau eines Klosters bewilligte, entstand hier in den 1960er-Jahren eine Kopie des tibetischen Klosters Tsrupuhu. Rote Säulen halten das Dach der Gebetshalle, die mit prächtigen Thangkas und Wandmalereien geschmückt ist. Bis zu seinem Tod 1982 wirkte hier der Karmapa Rinpoche, die 16. Inkarnation des Karmapa, der wiederum den Bodhisattva Avalokiteshvara verkörpert.
Das hinter dem Kloster liegende **Institut für buddhistische Studien** enthält ebenfalls schöne Wandgemälde und eine Sammlung wertvoller Kultgegenstände. Hier wird auch das tibetische Neue Jahr (Januar / Februar) mit Tänzen und farbenfrohen Kostümen gefeiert. Anlässlich des Sommerfests (Mai / Juni) werden Episoden aus dem Leben Padmasambhavas, der im 8. Jh. den Buddhismus von Indien nach Tibet brachte, erzählt. Von den Mönchen in Sikkim wird er als Guru Rinpoche verehrt. Rumtek erreicht man mit dem Bus oder Taxi. Das Tourist Office bietet eine Besichtigungstour an.

Kloster Phodong

Vorbei am Tashi Viewpoint gelangt man zum Kloster Phodong (38 km nördlich von Gangtok), einer der wichtigsten Klosteranlagen des Landes, die ebenfalls zum Kagyupa-Orden gehört. Allein wegen seiner **wunderbaren Aussicht** ist das Kloster einen Besuch wert – und auch die Fahrt vorbei an großen Gebetsmühlen und dem Tashi

Flatternde Gebetsfahnen und ein weiter Blick vom Tashi Viewpoint

Gebetsmühlen am Kloster Rumtek

Viewpoint ist ein besonderes Erlebnis. Seine Ursprünge gehen auf das 16. Jh. zurück, im Lauf der Zeit entstanden auch neuere Bauten. In einiger Entfernung liegt oberhalb das alte Labrang-Kloster, das erst vor kurzem renoviert wurde. Phodong erreicht man mit dem Bus oder Taxi.

Westsikkim

In Westsikkim befinden sich die berühmten Klosteranlagen von Pemayangtse und Tashiding. Vom kleinen Weiler Yoksum aus werden Trekkingtouren nach Dzongri organisiert. Wer diesen Teil des Landes besuchen möchte, braucht eine spezielle Aufenthaltserlaubnis. Es empfiehlt sich, an einer der offiziell organisierten Ausflugsfahrten teilzunehmen.

Kloster Pemyangtse

Hoch oben auf einem Bergkamm über dem Fluss Rangit steht das eindrucksvolle Kloster Pemyangtse (120 km westlich von Gangtok). Es wurde im 17. Jh. vom Lama Lhatsun Chempo gegründet und 1705 unter seinem Nachfolger erweitert. Das Kloster Pemyangtse gilt als wichtigstes Kloster des Nyingmapa-Ordens und zählt zu den ältesten buddhistischen Zentren von Sikkim. Nur ein paar Mönche wohnen an diesem weltabgeschiedenen, stillen Ort. Um das bescheiden wirkende Hauptgebäude gruppieren sich weitere Bauten, die mit feinen Holzschnitzereien verziert sind. Zum Schatz des Klosters gehören wunderschöne Thangkas und Wandmalereien. Die jährlich während des tibetischen Neujahres stattfindenden Chaam-Tänze ziehen Zuschauer aus allen Teilen des Landes an. Eine Busverbindung besteht von Gangtok nach Ghezing, von dort kann man wiederum mit dem Bus zum 9 km nördlich gelegenen Pelling gelangen. Hier und direkt beim 1,5 km entfernten Kloster gibt es diverse Unterkünfte.

Kloster Tashiding

Noch abgelegener ist das Kloster von Tashiding. Der kleine Ort ist mit dem Bus von Yoksum aus zu erreichen und bietet einfache Unterkunftsmöglichkeiten. Etwa 2 km oberhalb von Tashiding thront das Heiligtum. Es wurde 1717 erbaut, nachdem ein Regenbogen gesichtet worden war, der den Platz mit dem Kanchenjunga verband.

Trekkingtouren ab Yoksum

Die verschlafene Ortschaft Yoksum (40 km nördlich von Pemyangtse) hat einen besonderen Platz in der Geschichte Sikkims. Hier lag ehemals die erste Hauptstadt des Reichs und von hier aus wurde der Buddhismus in Sikkim verbreitet. Wenig erinnert allerdings an jene wichtigen Tage. Der kleine Weiler ist heute vor allem interessant als Ausgangslager für Trekkingtouren nach Dzongri im Schatten des Kanchenjunga-Massivs. Autorisierte Agenturen bieten verschiedene Routen im Gebiet an. Auskunft erhält man in Gangtok (►Praktische Informationen, Urlaub aktiv).

ZENTRALINDIEN

BUNDESSTAATEN
Chhattisgarh: Hauptstadt Raipur
Goa: Hauptstadt Panaji
Madhya Pradesh: Hauptstadt Bhopal
Maharashtra: Hauptstadt Mumbai

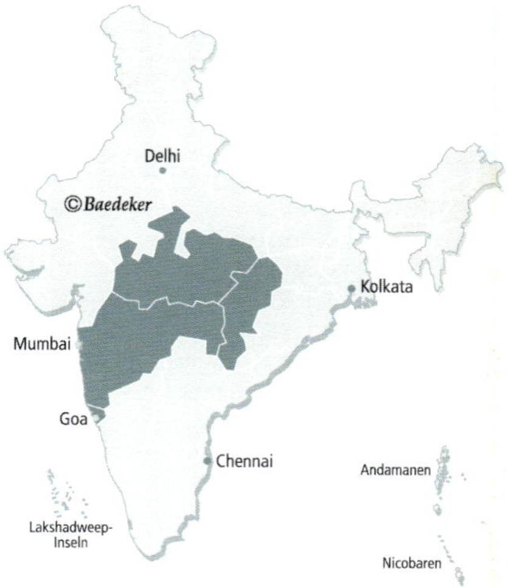

Die Bundesstaaten Maharashtra und Madhya Pradesh locken in den letzten Jahren immer mehr Reisende an. Trotzdem gilt das kleine Goa immer noch als einer der stärksten touristischen Magnete Indiens. Im Gegensatz zur stark modernisierten Küstenregion findet man im Herzen von Indien noch Gebiete, die zahlreichen Stammesvölkern als Rückzugsregion dienen und darum auch nicht touristisch erschlossen werden – der neue Bundesstaat Chhattisgarh ist ein Beispiel dafür.

Naturraum

Die Westküste von Maharashtra wird von einem 80 bis 100 km breiten Küstensaum geprägt. Daran schließen sich die niederschlagsreichen westlichen Ghats an, die bis zu 1400 m Höhe erreichen und den Südwestmonsun fast vollständig abfangen. Im Regenschatten dieser Bergkette erstreckt sich das offene, überwiegend flache Hochland von Dekkan. Die regenarme, vulkanische Gesteinsregion wird meist für Land- und Viehwirtschaft genutzt. Im Osten schließt sich Chhattisgarh an, im Westen Madhya Pradesh. Dieses Binnenland im Herzen von Indien wird durch die 800 km langen Vindyaberge diagonal von Südwesten nach Nordosten durchzogen. Wälder bedecken die bis zu 600 m hohe Sandsteinbergkette, die vom mächtigen Fluss Narmada durchschnitten wird. Die Region erhält mit 1000 bis 2000 mm sehr viel Niederschlag.

Wirtschaft

Das Rückgrat der gesamten Region ist die Landwirtschaft, wobei in der Küstenregion von Maharashtra und Goa auch der Fischfang eine wichtige Rolle spielt. In Madhya Pradesh ist zudem die Waldwirtschaft ein wesentlicher Faktor. Maharashtra ist **stark industrialisiert** – es ist für fast ein Viertel der industriellen Produktion Indiens verantwortlich. Dabei nimmt Mumbai als Wirtschaftsmetropole Nr. 1 in Indien eine überragende Stellung ein. Der Bundesstaat verfügt neben wichtigen Rohstoffen wie Kohle, Eisen, Mangan, Bauxit, Silizium, Sand und Kyanite auch über Erdöl und Erdgas. Zahlreiche In-

← *Rast vor dem Taj Mahal Hotel in Mumbai*

dustriezweige haben sich hier niedergelassen: Neben der traditionellen Textilindustrie sind heute vor allem die chemische, pharmazeutische und elektronische Industrie weit entwickelt. Zu den wichtigsten landwirtschaftlichen Produkten zählen Reis, Hirse, Weizen, Linsen, Erdnüsse, Baumwolle, Zuckerrohr, Tabak, Sonnenblumen und Gemüse. Mit einer jährlichen Zuckerproduktion von 3360 t liegt Maharashtra an der Spitze in Indien. Madhya Pradesh ist primär eine agrarische Region, deren wichtigste Anbaufrüchte Reis, Hirse, Zuckerrohr, Weizen, Baumwolle, Ölsaaten und Sojabohnen sind. Die reichen Waldvorkommen liefen wertvolles Teak-, Sal- und Bambusholz. An Bodenschätzen wurden neben Diamanten und Gold auch Eisen, Mangan, Bauxit, Kupfer, Phosphor und Asbest gefunden. Bisher konnten sie nur unzureichend erschlossen werden, da es noch an Infrastruktur und Energie mangelt. Wichtige Industriebereiche sind Elektronik, Telekommunikation, Produktion von Aluminium, Düngemitteln und Baumaterialien sowie Papierherstellung. Goas Wirtschaft ist in weiten Teilen von der Landwirtschaft (Früchte, Gewürze, Kokosnüsse) und dem Fischfang abhängig. Besonders bekannte Produkte sind Cashewnüsse und Alkohol. Doch die Haupteinnahmequelle ist der Tourismus.

Geschichte Die Region um Maharashtra und Madhya Pradesh stand in der indischen Geschichte unter dem Einfluss der Maurya-, Sunga- und Gupta-Dynastien. Später wurde die Region von den Chalukyas und Rashtrakutas beherrscht. Heute zeugen die Höhlentempel von Ajanta und Ellora von der wechselvollen Geschichte der Region. Um die vorige Jahrtausendwende entstanden hier Regionalreiche, von denen die Kachawaha-Rajputen und Chandellas die bekanntesten sind. Danach geriet die Region unter islamische Herrschaft. Unter dem Militärstrategen Shivaji (1627 – 1680) entstand um die heutige Stadt Pune das **Marathenreich**, das sich von den Mogulherrschern befreien konnte und anschließend weite Teile Nordindiens eroberte. Sein Expansionsdrang wurde in der entscheidenden Schlacht bei Panipat 1761 gebremst. Während der Herrschaft der Scindias und Gaekwads, Nachfolgedynastien von Shivaji, erlebten die hinduistischen Königreiche eine Glanzzeit, bis sie von den Engländern 1818 besiegt wurden. Nach der Unabhängigkeit wurden 1956 Madhya Pradesh und 1960 Maharashtra zu neuen Bundesstaaten. Aus dem ehemals südöstlichen Teil Madhya Pradeshs wurde im Jahr 2000 der neue Bundesstaat Chhattisgarh geschaffen.

Goa erlebte eine wechselvolle Geschichte, die von den Satavahanas über die Rashtrakutas, Chalukyas und die Kadamba-Dynastie reichte. Im 14. Jh. geriet die Region für gut hundert Jahre (1335 – 1469) unter die Herrschaft von Vijayanagar. Danach stellte sie unter der Bahmani-Dynastie eine wichtige Handelsverbindung zu den arabischen Ländern dar. Von hier schifften sich die Pilger nach Mekka ein und ein reger Handel mit Gewürzen, Pferden und Waffen entstand. Die **Portugiesen eroberten Goa 1510** und machten es zur wichtigsten

Goa heißt seine Touristen willkommen.

portugiesischen Enklave in Asien. Erst nach 450-jähriger Herrschaft wurden sie 1961 durch die indische Armee aus Goa vertrieben. 1987 erhielt Goa den Status eines Bundesstaats. Mit Panaji als Hauptstadt ist es heute der kleinste der 28 Bundesstaaten Indiens.

Sehenswürdigkeiten

Die Wirtschafts- und Kulturmetropole Mumbai ist die modernste Stadt Indiens und bietet sich als idealer Ausgangspunkt für eine Indienreise an. Mumbai besitzt zahlreiche Galerien und Museen sowie viele Gebäude aus der Kolonialzeit, als Mumbai durch den Bau des Suezkanals (1856 – 1869) zur wichtigsten Hafenstadt Indiens wurde. Die kleine Insel Elefanta vor der Stadt ist bekannt für ihre Höhlentempel. Von Mumbai aus erreicht man auch die berühmten Höhlentempel von Ajanta mit herausragenden Malereien und die von Ellora mit schönen Reliefskulpturen. 500 km südlich von Mumbai liegt Goa, dessen endlose Palmenstrände, grüne Landschaften und Relikte der portugiesischen Kolonialzeit es zu einem der meistbesuchten Reiseziele Indiens machen. Dagegen liegt das große Kernland Indiens, Madhya Pradesh, in Bezug auf den Tourismus im Dornröschenschlaf, obwohl sich hier ausgezeichnete alte Kulturdenkmäler befinden. Nur die großartigen Tempel von Khajuraho mit den berühmten erotischen Skulpturen bilden eine Ausnahme. Weiter gehören die riesige Festungsanlage von Gwalior und die Paläste von Mandu und Orchha zu den beeindruckenden Leistungen des mittelalterlichen Indien. Eine besondere Attraktion ist auch Sanchi, das mit seinen Stupas zu den wichtigsten buddhistischen Stätten zählt. Für Naturliebhaber ist der Kanha-Nationalpark unbedingt sehenswert. Der neue Bundesstaat Chhattisgarh besteht zu großen Teilen aus Stammesgebieten der Adivasis, der Ureinwohner Indiens.

Aurangabad

D 10

Bundesstaat: Maharashtra
Einwohner: 1,02 Mio.
Höhe: 513 m ü. d. M.
Entfernung: 401 km nordöstl.v.Mumbai

Im hügeligen Hochland in Zentral-Maharashtra, den Sahyadris, liegt Aurangabad, die Hauptstadt des gleichnamigen Distrikts. Sie bietet einige Sehenswürdigkeiten, ist aber in erster Linie Ausgangspunkt für den Besuch der berühmten Höhlentempel und -klöster von Ajanta und Ellora.

Geschichte Gegründet wurde die Stadt 1610 von Malik Ambar, Minister des Sultans von Ahmadnagar, unter dem Namen Khadke. Später wurde sie von dem Mogulherrscher Aurangzeb, der dort mehrere Jahrzehnte residierte, nach seinem Namen umbenannt. Aurangabad und seine Umgebung weisen eine Vielzahl von mehr oder weniger gut erhaltenen Bauwerken, vor allem aus ihrer Blütezeit im 17. Jh., auf. Reste der ehemals 7 km langen und mit 52 Toren bestückten Stadtmauer sind an verschiedenen Stellen erhalten.

AURANGABAD, AJANTA, ELLORA ERLEBEN

AUSKUNFT

MTDC Holiday Resort
Station Road
Aurangabad
Tel. 02 40 – 233 15 13

ANREISE

Flug, Bahn oder Bus von Mumbai nach Aurangabad.

BESICHTIGUNG

Täglich werden organisierte Besichtigungstouren von Aurangabad aus nach Ajanta und Ellora von der Maharashtra Tourism Development Corporation und der Indian Tourism Development Corporation angeboten. Die Ellora-Tour beinhaltet auch Besichtigungen in der Umgebung. Wer sich nur auf die Höhlen konzentrieren möchte, sollte sich mit Taxi und eigenem Führer (kann vom MTDC vermittelt werden) unabhängig machen.

ÜBERNACHTEN / ESSEN

► **Luxus**

Taj Residency
Aurangabad; CIDCO
Tel. 02 40 – 238 11 06
www.tajhotels.com
Eines der besten Hotels am Platz, am Stadtrand, mit Sportanlagen.

► **Komfortabel / Günstig**

Hotel Kailas
Bei den Höhlen in Ellora
Tel. 024 37 – 24 45 43
www.hotelkailas.com
Kleine Hütten in einem Garten mit vielen Vögeln und Blick auf die Höhlen; Bar und Restaurant.

► **Preiswert**

MTDC Holiday Resort
Station Road; Aurangabad
Tel. 02 40 – 233 15 13
Geräumige, einfache Zimmer; zentral gelegen.

Sehenswertes in Aurangabad und Umgebung

Panchakki

Im Nordwesten der Stadt befindet sich eine Wassermühle aus dem 17. Jh. mit einer Reihe von untereinander angelegten Wasserbecken. Hier steht auch der Marmorschrein des Baba Shah Muzaffer, des geistigen Lehrers Aurangzebs. Öffnungszeiten: Sonnenaufgang bis 20.00 Uhr.

Bibi-ka-Maqbara

Etwa 5 km von Aurangabad entfernt, an der Straße nach Ellora, trifft man auf die Grabmoschee, die Aurangzeb seiner Lieblingsfrau Banu Begum nach ihrem Tod errichten ließ. In Form und Gestaltung dem Taj Mahal nachempfunden, ist sie doch ein schwacher Abglanz des Originals in ► Agra. Obwohl die Elemente der Anlage (Grabmoschee auf Plateau, vier Minarette, langer Wasserlauf und Eingangstor) fast identisch mit denen des Taj sind, vermitteln sie nicht den Eindruck von perfekter Harmonie und Größe, der den Betrachter des Taj in Bann schlägt. Dies liegt vor allem an den unproportional großen Minaretten und an der Verwendung schlechter Baumaterialien, an denen sichtbar der Zahn der Zeit nagt (Öffnungszeiten: Sonnenaufgang bis 22.00 Uhr).

Das »kleine Taj Mahal«

★ **Höhlen von Aurangabad**

Öffnungszeiten: Sonnenaufgang bis Sonnenuntergang

Vernachlässigt aufgrund ihrer berühmten Nachbarn in Ellora und Ajanta liegen die neun buddhistischen Höhlen von Aurangabad abseits des Touristenrummels und sind nur auf eigene Faust (mit Taxi oder Autoriksha) zu erreichen. Sie liegen 7 km nördlich der Stadt an einem Steilhang in den Hügeln hinter der Bibi-ka-Maqbara. Die Gruppe der ersten fünf Höhlen steht ungefähr 1,5 km von der östlich gelegenen Gruppe entfernt. Geschaffen wurden sie **zwischen dem 2. und 9. Jh.**, wobei die Stätten im Osten die jüngeren sind.

Nr. 1 ist ein unvollendeter Vihara, der eine Veranda mit sehr schön verzierten Pfeilern und Reliefs besitzt. Eine 3 m hohe, sitzende Buddhafigur in Lehrgeste steht in Höhle Nr. 2. Am Eingang des Schreins sind Bodhisattvas mit Nagas und Ghandharvas (Schlangen- und Himmelswesen) aufgestellt. Der Eingang von Vihara Nr. 3 wird bewacht von den Flussgöttinnen Ganga und Yamuna. In der Halle mit ihren zwölf verschwenderisch dekorierten Pfeilern steht ein Schrein mit einer sitzenden Buddhafigur, die von Anhängern umgeben ist. Eine stark verfallene Chaitya-Halle aus dem 2. Jh. ist heute die Höhle Nr. 4. Von Nr. 5 ist nur die Cella mit dem zwischen Bodhisattvas sitzenden Buddha vorhanden. Die erste Höhle der östlichen Gruppe, Nr. 6, bewahrt ebenfalls einen sitzenden Buddha. Nr. 7 besteht aus einem reich verzierten Vihara mit einer Darstellung von Buddha auf dem Löwenthron im Hauptschrein und weiteren, auf der Veranda befindlichen Nebenschreinen. Nr. 8 ist unvollendet und nicht sehenswert. Höhle Nr. 9 besitzt ebenfalls einen Zentralschrein, der von Frauengestalten und Bodhisattvas flankiert wird. Im Vorraum steht ein großer Padmapani.

★ **Daulatabad**

Weitere 6 km in nordwestlicher Richtung liegt Daulatabad. Das Fort wurde vom Yadavaherrscher Bhilam Raja auf einem freistehenden, 70 m hohen Felsen errichtet und Deogiri genannt. Im 14. Jh. gab ihm der Mogulkaiser Mohammed-bin-Tughluq den Namen Daulatabad (Stadt des Glücks). Von dieser für seine Feinde durch zahlreiche, fein ausgeklügelte Hindernisse **uneinnehmbar gemachten Festung** regierte er seinen Herrschaftsbereich, allerdings nur für kurze Zeit, denn das Fort musste wegen Wassermangels bald wieder aufgegeben werden. Lohnend ist der Aufstieg zur Festungsanlage auch wegen des Blicks auf die umliegende Hügellandschaft mit ihren Tafelbergen. Sehenswert ist das Chand Minar, das zweithöchste Siegesminarett Indiens und Zeugnis des islamischen Herrschaftsanspruchs jener Zeit.

Khuldabad

An der Straße nach Ellora (26 km nordwestlich von Aurangabad) liegt das auf eigenen Wunsch sehr bescheiden gehaltene Grab des Kaisers Aurangzeb.

★★ Ellora D 9

Aus dem Fels gemeißelt

Öffnungszeiten:
Mi. – Mo.
Sonnenauf- bis Sonnenuntergang

Die großartigen aus der Felsmasse herausgemeißelten Höhlentempel und -klöster von Ellora (30 km nordwestlich von Aurangabad, 100 km südwestlich von Ajanta) stellen neben denen von Ajanta (S. 435) den zweiten Höhepunkt der Sehenswürdigkeiten Maharashtras dar und **gehören zu den wichtigsten Kulturdenkmälern Indiens**. Im Unterschied zu Ajanta sind nur zwölf dieser Heiligtümer buddhistischen Ursprungs (4. – 6. Jh.), die übrigen wurden von Hindus zur gleichen Zeit bzw. von Jainas einige Jahrhunderte später angelegt. Sie sind somit auch Zeugnisse der religiösen Toleranz dieser Epoche, die die

Ellora-Höhlen Orientierung

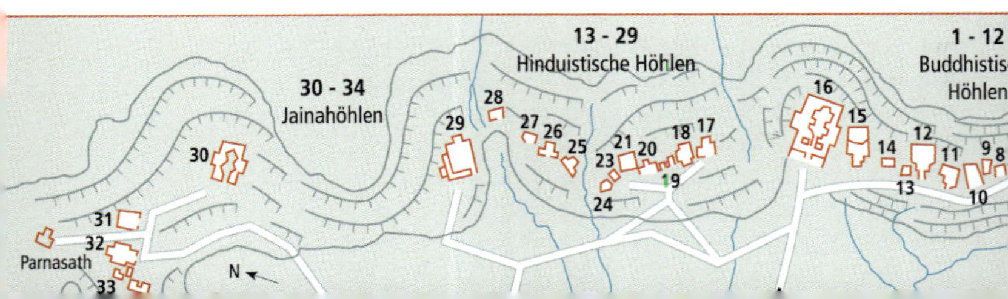

friedliche Koexistenz unterschiedlicher Glaubensvorstellungen als selbstverständlich ansah. Buddhistische Höhlen, die später von Hindus als Tempel benutzt wurden, blieben unzerstört. Bildnisse der Hindugottheiten sind neben buddhistischen Skulpturen aufgestellt, wie beispielsweise in Höhle Nr. 11 zu erkennen ist.
Während in Ajanta vor allem die mit größter künstlerischer Begabung und feinstem psychologischem Gespür gemalten Wandbilder einen bleibenden Eindruck hinterlassen, ist es in Ellora das **reichhaltige Skulpturwerk**, das große Meisterschaft verrät und den Betrachter besticht. Die Besichtigung der Höhlen, die am Fuße einer von Nord nach Süd verlaufenden Hügelkette liegen, ist am besten nachmittags einzuplanen, da die Felsen dann im Sonnenlicht liegen.
Für eine Besichtigung sollten auf jeden Fall mehrere Stunden eingeplant werden. Sehr sehenswert sind die Höhlen Nr. 5, 6, 10, 12 (buddhistische Höhlen), die Hinduhöhlen Nr. 14, 15, 16, 21 und 29, darunter der berühmte **Kailash-Monolith** (Nr. 16), und die Jainahöhlen (Nr. 32).

Höhlentempel und -klöster

Die ältesten Höhlen (Nr. 1 – 12) sind buddhistischen Ursprungs (4. Jh.). Es wird vermutet, dass in Ajanta beschäftigte Steinmetze nach dessen Niedergang in Ellora weitere Aufträge erhielten. Wie die größeren Höhlen wurden wohl auch die verschiedenen hinduistischen, Gott Shiva geweihten Glaubensstätten (Nr. 13 – 29) im 6. Jh. angelegt. Diese können in eine ältere, noch kein Kultobjekt besitzende Gruppe (Nr. 20 – 24) und eine jüngere mit einem Lingam im Sanktum (Nr. 13 – 19 und 25 – 29) eingeteilt werden. Sie schließen sich etwa 50 m nördlich an die buddhistische Gruppe an. Noch weiter nördlich liegen die vier Jainahöhlen (Nr. 30 – 34), die erst in der Zeit vom 9. bis 11. Jh. entstanden.

Buddhistische Höhlen

Begonnen wird in der Regel bei den ältesten Heiligtümern, den buddhistischen Höhlen. **Nr. 5** ist der größte Vihara der Gruppe. Ungewöhnlich ist sein Grundriss: Die sich in die Tiefe ziehende Halle wird durch zwei lange, steinerne Sitzbänke und parallel dazu verlaufende Säulenreihen in drei Gänge geteilt. 20 Zellen sind in die Wände eingelassen. Am hinteren Ende befindet sich der Schrein mit einem sitzenden Buddha, der von Helfern umgeben ist. **Höhle Nr. 6** ist ebenfalls ein großer Vihara. Ein mit vielen Figuren des Vajrayana-Pantheons skulptierter Vorraum (links Tara mit Gefolge, ihr gegenüber Mahamayuri, Göttin der Gelehrsamkeit) führt in den Buddhaschrein, dessen Türpfosten mit den Flussgöttinnen Ganga und Yamuna verziert sind. Der einzige Chaitya, **Höhle Nr. 10**, entstand erst im 8. Jahrhundert. Er hat einen offenen Hof und drei Eingänge. Bemerkenswert sind hier die üppige zweigeschossige Fassade und die Form des stark vom ursprünglichen Baustil abweichenden Chaitya-Fensters, das hier als Teil eines kleeblattähnlichen Motivs in die Fassade eingelassen wurde. Höhle Nr. 12 ist ein dreigeschossiger (tin tal) Vihara, hinter dessen mächtiger, aber schlichter Fassade sich ein gan-

✶
◄ Höhle Nr. 12

Elloras größte Sehenswürdigkeit stellt den Götterberg Kailash dar.

zes Heer dem Mahayana-Buddhismus zugehöriger Gestalten verbirgt. Der Aufstieg bis zum zweiten Stockwerk lohnt auf jeden Fall: Buddha unter dem Bodhibaum mit Padmapani und Avalokiteshvara, Reliefs der sieben irdischen Buddhas und der sieben Dhyani-Buddhas. Im Vorraum sind 18 Bilder des Buddha zu sehen. Zwölf Frauenfiguren zieren das darunter verlaufende Paneel.

Hinduhöhlen

Höhle Nr. 14 wird auch »Ravanas Höhle« genannt. Diesen Namen erhielt sie nach der beeindruckenden Darstellung auf der rechten Seite der Höhle, die zeigt, wie Ravana den Götterberg erschüttert. Daneben sind Shiva als Nataraja, Shiva und Parvati beim Schachspiel und Durga als Mahishasuramardini abgebildet. Die linke Seite der Höhle wird von vishnuitischen Gottheiten bevölkert. Man erkennt Lakshmi, wie sie von zwei Elefanten mit Wasser bespritzt wird, sowie Vishnu in seiner Inkarnation als Eber. Nach den zehn (das) Inkarnationen (avataras) von Vishnu, die hier unter vielen shivaitischen Idolen zu sehen sind, hat die **Höhle Nr. 15** den Namen Dasavatara erhalten. Man geht davon aus, dass sie ursprünglich ein buddhistischer Vihara war, der in ein Hindu-Heiligtum umgewandelt wurde. Eine Inschrift am Türsturz weist auf eine Schenkung des Rashtrakuta-Herrschers Dantidurga (725 – 755 n. Chr.) hin.

★★ Kailash-Tempel ►

Nr. 16, der berühmte Kailash-Tempel, ist **das architektonische und künstlerische Meisterwerk von Ellora**. Mit seinen Ausmaßen von 30 m² und 60 m in der Höhe gilt dieser den Götterberg Kailash im Himalaja darstellende Monolith als der **größte Felsentempel Indiens**. Insgesamt mussten zwischen 150 000 t und 200 000 t des Basaltgest-

Buddha beim Eintritt ins Nirwana (Nr. 26)

Vishvantara seiner Frau mitteilt, dass er verbannt wurde, oder »Simhalas Eroberung von Sri Lanka«, eines der größten Wandbilder von Ajanta.

Nr. 19 ist ein Chaitya aus der späteren Entwicklungsphase und birgt eine stehende Buddhastatue. Die Decke stellt eine steinerne Variante früherer Holzkonstruktionen dar. **Chaitya Nr. 26** beinhaltet u. a. die riesige, **7 m lange Statue des sterbenden Buddha** mit trauernden Jüngern auf ihrer linken Seite. Man beachte besonders den bis in die Lippen entspannten Gesichtsausdruck des erlösten Buddha. Daneben ist auch die Versuchung Buddhas durch Mara und seine Töchter dargestellt.

Bhopal

E 8

Hauptstadt von Madhya Pradesh
Einwohner: 1,45 Mio.
Höhe: 523 m ü. d. M.
Entfernung: 741 km südlich von Delhi

Bhopal ist heute ein modernes Industrie- und Verwaltungszentrum. Wegen seiner Lage, umgeben von sanften Hügeln und den beiden Seen, hat es sich im Vergleich zu anderen indischen Großstädten eine angenehme Atmosphäre bewahrt.

Eine Besonderheit Bhopals ist, dass es in der Zeit von 1857 bis 1926 **von Frauen regiert** wurde und viele seiner Bauwerke in deren Auftrag entstanden. Seit kurzem ist Bhopal auch als Kunstzentrum bekannt. In die Schlagzeilen geriet der Ort 1984 durch ein **Giftgasunglück** der amerikanischen Firma Union Carbide, bei dem sehr viele Menschen starben und Tausende lebenslange Schäden erlitten.

Geschichte

Die Stadt soll von Raja Bhoja im 11. Jh. gegründet und die beiden Seen zu dieser Zeit künstlich angelegt worden sein. Sie wurden Bhoj Pal (See) genannt, woraus später Bhopal wurde. Einer der afghanischen Vasallen des Mogulkaisers Aurangzeb, Dost Mohammad Khan, nutzte die Wirren nach dem Tod seines Herren und machte sich 1707 unabhängig. Im gesamten 18. Jh. verhielten sich die Stadtherren Bhopals den Briten gegenüber loyal. Ab Mitte des 19. Jh.s wurde die Stadt lange von Frauen regiert, zuerst von Sikander Begum (1857 – 1901) und später von Shah Jahan Begum (1901 – 1926). Diese beiden Frauen haben einige der bedeutendsten Bauwerke Bhopals geschaffen.

Sehenswertes in Bhopal

★ **Taj-ul-Masjid**

Der Bau dieser riesigen Moschee wurde von Shah Jahan Begum begonnen, doch das große Vorhaben zog sich immer weiter in die Länge, sodass sie erst nach über 70 Jahren Bautätigkeit vollendet wurde. Mit ihren drei großen, weißen Kuppeln und massiven Minaretten stellt sie das **imposanteste Monument Bhopals und eine der größten Moscheen Indiens** dar. Besonders beeindruckend ist die Gebetshalle mit dem vorgelagerten Hof. Um die Außenmauern der Moschee erstreckt sich der Taj-Markt.

Auf den Fundamenten eines Hindutempels stehen soll **Jami Masjid**. Die Freitagsmoschee ist die älteste in Bhopal und wurde bereits 1837 unter Begum Kudsia errichtet. Die **Moti Masjid** wurde von Sikander Jahan als kleine Kopie der Jami Masjid in Delhi 1860 in Auftrag gegeben. Eine wunderbare Aussicht auf die Stadt bietet sich von dem modernen, von der Birla-Stiftung gebauten neuen **Vishnutempel**.

BHOPAL

AUSKUNFT

MP Tourism
4th floor Gangorti Complex
T. T. Nagar
Tel. 07 55 – 277 83 83
www.mptourism.com

ÜBERNACHTEN / ESSEN

► **Komfortabel**

Hotel Lake View Ashok
Shamla Hills; Tel. 07 55 – 266 00 90
www.theashokgroup.com
Modernes Hotel in aussichtsreicher Lage auf einem Hügel über dem See mit Bar und Restaurant.

★ **Bharat Bhavan**

Öffnungszeiten: tgl. außer So. 10.30 – 17.00

Aus dem von Charles Correa entworfenen Bharat Bhavan (Haus von Indien) wurde ein bedeutendes Kulturzentrum mit Bibliothek, Theater und diversen Räumen für Musikveranstaltungen. Hier ist eine **sehr gute Sammlung von Kunstwerken der Stammesbevölkerung** (Terrakotten, Bronzefiguren, Puppen und religiöse Gegenstände) und moderne Kunst Indiens zu besichtigen.

Museen

Das Archäologische Museum zeigt Miniaturen und Buddhafiguren aus verschiedenen Teilen Madhya Pradeshs. Im Tribal Habitat Museum auf den Shamlabergen bekommt man einen Einblick in die Architektur der Stammesbevölkerung (Öffnungszeiten: Mo. – Sa. 10.00 – 17.00 Uhr, jeden 2. Sa. geschlossen).

★★ Sanchi

Geistiges Zentrum für den Buddhismus

Sanchi (ca. 50 km nordöstlich von Bhopal) war vom 3. bis zum 13. Jh. ein geistiges Zentrum für den Buddhismus. Ganz im Stil des Hinayana-Buddhismus wird Buddha hier nur in Form von Symbolen veranschaulicht. Der Lotus steht für Buddhas Geburt, der Pipalbaum für Erleuchtung und das Rad für die Lehre. Erst 1818 wurde dieses

Darstellung einer Baumnymphe

wichtige Zentrum des Buddhismus von dem englischen General Taylor wieder entdeckt. Man kann die Anlage vom Bahnhof aus gut zu Fuß erreichen und in drei Stunden besichtigen.

Auf dem Hügel befindet sich der **Große Stupa**. Seinen Kern bildet ein Reliquienstupa, den Kaiser Ashoka stiftetete. Mitte des 2. Jh.s erhielt er von den Sungaherrschern eine Ummantelung. Die vier Eingänge wurden von der Satvahana-Dynastie (2. – 1. Jh. v. Chr.) durch vier prächtige Toranas (Tore) geschmückt. Neben dem Großen Stupa selbst sind diese **vier Steintore mit ihrem feinen Reliefschmuck** die Hauptattraktion von Sanchi. Auf den Toren sind Tiere, Bäume und Menschen dargestellt, die buddhistische Geschichten illustrieren. Die äußerst lebendigen und detailreichen Figuren geben eine Vorstellung von der hohen Meisterschaft der Steinmetzkunst im alten Indien.

Das östliche Tor stellt den Traum von Buddhas Mutter dar, der seine Geburt ankündigt und seinen Abschied vom Elternhaus voraussagt. Das westliche Tor zeigt die verschiedenen Inkarnationen von Buddha und das südliche seine Geburt. Schließlich sind am nördlichen Tor noch das Rad als Symbol für die buddhistische Lehre und einige Wunder aus dem Leben Buddhas dargestellt.

Nördlich vom Großen Stupa befindet sich ein **kleinerer Stupa** (15 m Durchmesser) aus dem 2. Jh. v. Chr. (Stupa Nr. 3) mit einem reich verzierten Tor. Im Inneren enthält er Reliquien zweier Jünger von Buddha – Sariputra und Mahamaudgalyana. Am Südtor des Großen Stupa findet man den Rest einer **Ashoka-Säule** mit Inschriften. Südlich davon steht der Tempel Nr. 17 aus dem 5. Jh., auch **Guptatempel** genannt, mit einer kleinen, kubischen Cella und einem Säulenportiko. Er gilt als einer der ältesten Tempelkonstruktionen auf dem indischen Subkontinent. Direkt daneben liegt Tempel Nr. 18 (7. Jh.), eine Chaitya-Halle mit halbkreisförmiger Apsis. Im westlichen Teil der Anlage befinden sich verschiedene Klosteranlagen. Ein kleiner Weg vom östlichen Tor des Großen Stupa führt zum Stupa Nr. 2, der wahrscheinlich abseits des Großen Stupa gebaut wurde, da er zehn Heiligen gewidmet war, die nicht Buddhas direkte Schüler waren.

Archäologisches Museum

Das **Archäologische Museum** zeigt eine sehr gute Sammlung von Münzen und Skulpturen, die während der Ausgrabungen gefunden wurden. Besonders erwähnenswert sind die Buddhafiguren und ein Löwenkapitell aus der Zeit Ashokas, wie das berühmte Exemplar im Museum von Sarnath. Öffnungszeiten: Sa. – Di. 10.00 – 17.00 Uhr.

★★ Goa (Bundesstaat)

C/D 12

Gebiet: 3701 km² **Einwohner:** 1,34 Mio.
Hauptstadt: Panaji

Kilometerlange, palmengesäumte Sandstrände, traumhafte Sonnenuntergänge, eine ausgezeichnete touristische Infrastruktur samt internationalem Flughafen, die Abwesenheit von allzu großer Armut und nicht zuletzt die in manchen Dingen vertraut mediterrane Lebensart vieler seiner Bewohner machen Goa zu einem der attraktivsten Reiseziele auf dem Subkontinent.

Geschichte

Wie sein südlicher Nachbarstaat Kerala verdankt auch Goa der Legende nach seinen Ursprung dem Walten der Götter. Parasurama, die sechste Inkarnation Vishnus, soll das Land Gomanta dem Meer abgerungen haben, so wird in den Schriften der Puranas berichtet. Historische Zeugnisse, die über das Schicksal dieses Küstenstreifens Auskunft geben, reichen bis ins 3. Jh. v. Chr. zurück. Man vermutet, dass das Land damals zum Machtbereich des großen Kaisers Ashoka gehörte. Als eigenständiges Reich konnte sich Goa erst sehr viel später herausbilden. Im 10. Jh. ergriffen die Kadambas die Macht und bauten in Chandrapur (heute Chandor) ihre Hauptstadt. Sie legten auch den Grundstein zum Bau der Stadt Govapuri (Old Goa), wohin sie ein Jahrhundert später ihren Regierungssitz verlegten. Intensive Wirtschaftsbeziehungen mit der arabischen Halbinsel machten die Stadt zu einem prosperierenden Handelszentrum mit vielen Tempeln und Palästen. Immer wieder versuchten Eindringlinge wie die Delhi-Sultane, aber auch hinduistische Herrschergeschlechter, Goa zu erobern. So gehörte das Gebiet für etwa 100 Jahre den Königen von Vijayanagar, bevor es 1469 an die Bahmani-Sultane fiel. Die Oberhoheit der Muslime währte jedoch nicht lange: 1510 wurde der inzwischen regierende Sultan von Bijapur von den Portugiesen besiegt. Dieses Jahr markierte den Beginn einer **jahrhundertelangen portugiesischen Herrschaft**, die erst mit dem Einmarsch indischer Truppen 1961 beendet werden sollte.

! *Baedeker* TIPP

Nicht nur zur Weihnachtszeit

Goa ist am schönsten in der Nebensaison im Oktober / November und im Februar / März. Wer unbedingt in der Hauptreisezeit im Dezember / Januar fahren möchte, sollte rechtzeitig buchen.

Zwar wurden die Besatzer im 17. und 18. Jh. mehrmals von ihren europäischen Gegenspielern, den Holländern und Briten, bedroht, doch diese konnten den Portugiesen ihre eroberten Besitztümer auf Dauer ebensowenig streitig machen wie die aufstrebenden Marathen, die im 17. und 18. Jh. mehrmals vor den Toren Goas standen. Da ih-

← Sonnenhungrige, Händler und Kühe am Vagator Beach

re zahlenmäßige Präsenz sehr begrenzt war, sahen sich die Portugiesen gezwungen, eine andere Kolonialpolitik als die Briten zu betreiben. Mischehen wurden nicht nur toleriert, sondern sogar gefördert. Dass diese Toleranz zweckgebunden und nicht allgemeine Grundlage der Politik war, lässt sich am deutlichsten im Umgang der neuen Herren mit der Religion ihrer Untergebenen erkennen. Besonders zu Zeiten der Inquisition wurden Tempel zerstört und Hindus zur Konvertierung gezwungen; die Muslime hatten die Gegend schon vorher verlassen. Auch im 20. Jh. blieben die Geschicke der Kolonie eng mit den Geschehnissen im Mutterland verknüpft. Der seit 1933 in Portugal herrschende Diktator Salazar gab Goa auch nach der Unabhängigkeit Indiens nicht frei. Der Freiheitskampf der Bevölkerung führte in den 1950er-Jahren zu Massenverhaftungen, Deportationen und forderte sogar Todesopfer. Die Unruhen wurden erst durch die Inter-

Goa Orientierung

Essen

① Casa Portuguesa
② Fernando's Nostalgia
③ Tibetan Kitchen

Übernachten

① Taj Exotica
② Fort Aguada Beach Resort
③ Coconut Creek
④ Marbella Guesthouse
⑤ Placete Rodriguez
⑥ L'Amour Beach Resort

GOA ERLEBEN

s. Karten S. 444 u. 447

AUSKUNFT

Tourist Office
Communidade Building
Church Square
Panaji
Tel. 08 32 – 222 34 12
www.goatourism.org

ALLGEMEINES

Ganz Goa ist mittlerweile touristisch sehr gut erschlossen. Im Winter wird das Badeparadies von Deutschland aus sogar direkt angeflogen. Es gibt jede Menge Hotels und Resorts in allen Preisklassen. Wer die Strand- und Partyszene sucht, ist im Norden, vor allem in Anjuna, Calangute und Baga besser aufgehoben. Wer es lieber geruhsam haben möchte, der sei auf die südlicheren Strände wie zum Beispiel Benaulim verwiesen. Doch während der Hochsaison von Dezember bis Februar ist überall viel los. Dann sind auch die Preise für Übernachtungen teils um ein Vielfaches höher als außerhalb der Saison.

ESSEN

► Fein & teuer

① ***Casa Portuguesa***
Baga; Tel. 08 32 – 227 70 24
Gehobene portugiesische Küche in einem alten Bungalow. Manchmal begleitet der Besitzer das Dinner mit Fados auf der Gitarre.

④ ***Horseshoe***
E-245 Rua de Querem; Panaji
Tel. 08 32 – 243 17 88
Spezialitäten aus Goa vom Feinsten in elegantem Ambiente.

► Erschwinglich / Preiswert

② ***Fernandos's Nostalgia***
608 Raia
Salcette
Tel. 08 32 – 277 70 54
Die Einrichtung des Restaurants allein ist schon einen Besuch wert und die Spezialitäten aus Goa werden hoch gelobt.

► Preiswert

⑤ ***Viva Panjim***
178, Rua 31 de Janeiro
Panaji
Hinter der Mary Immaculate High School
Tel. 08 32 – 242 24 05
Dinieren bei Kerzenlicht im romantischen Garten oder auch schon frühstücken, da ab 8.30 Uhr geöffnet ist. Große Speisekarte, vor allem die typischen Gerichte aus Goa sind zu empfehlen.

③ ***Tibetan Kitchen***
Calangute
An der Hauptstraße zum Calangute-Strand
Tibetische Küche in sehr angenehmer Atmosphäre.

ÜBERNACHTEN

► Luxus

① ***Taj Exotica***
Calwaddo, Benaulim
Tel. 08 32 – 277 12 34
www.tajhotels.com
Direkt am Strand südlich von Benaulim liegen die schönen Bungalows des Taj Hotels inmitten eines großen Gartens. Mehrere Restaurants und Bars, Tennis- und Golfplatz sowie viele andere Sport- und Freizeitprogramme werden angeboten.

② ***Fort Aguada Beach Resort***
Sinquerim; Bardez
Tel. 08 32 – 564 58 58
www.tajhotels.com
Das Hotel liegt malerisch innerhalb

einer alten Festung, hat mehrere Restaurants und einen Privatstrand.

► **Luxus / Komfortabel**

③ ***Coconut Creek***
Bogmalo
Tel. 08 32 – 253 81 00
Kleines, familienfreundliches Hotel mit 20 Zimmern in angenehmem und ruhigem Ambiente.

► **Komfortabel**

④ ***Marbella Guesthouse***
Sinquerim-Candolim
Tel. 08 32 – 22 47 95 51
Sehr kleines, aber feines Heritage-Hotel mit persönlicher Atmosphäre.

► **Günstig**

⑤ ***Placete Rodriguez***
Anjuna
Tel. 08 32 – 227 33 58
Im 200 Jahre alten Haus von Mrs. Da Costa kann man auch in Anjuna Ruhe finden und zum Strand ist es nicht weit.

⑥ ***L'Amour Beach Resort***
Benaulim
Tel. 08 32 – 277 05 78
Kleine Bungalows in einem hübsch angelegten Garten und direkt am Strand von Benaulim.

► **Luxus / Komfortabel / Günstig**

⑦ ***Panjim People's, Panjim Inn, Panjim Pousada***
Panaji
Tel. 08 32 – 222 65 23
www.panjiminn.com
Übernachten im malerischen Stadtteil Fontainhas. Entweder im Panjim People's (Luxus / Komfortabel), einer alten, schön renovierten Schule, oder im Panjim Inn bzw. Panjim Pousada (Komfortabel / Preiswert), 31st January Road. Alle drei Hotels gehören zusammen und liegen wenige Meter auseinander. Sie sind im traditionellen Stil Goas eingerichtet. Im Panjim Inn gibt es auch ein Restaurant mit einer netten Veranda.

vention der indischen Armee im Dezember 1961 beendet. Bei der Volksabstimmung 1967 über Goas zukünftige Rolle innerhalb Indiens stimmte die Mehrheit der Goaner für einen eigenständigen Staat und nicht für die zweite Option, eine Anbindung an den Nachbarstaat Maharashtra. Der Anerkennung als Unionsterritorium folgte im Jahr 1987 die Ausrufung zum 25. Bundesstaat der Indischen Republik.

✶ Panaji (Panjim)

Hauptstadt von Goa

Wären da nicht die hupenden Autorikshas, die grünen Kokospalmen, die vom Monsun abgewaschenen Häuserfassaden und die unverwechselbaren Düfte von Curry über Sandelholz bis zu weniger angenehmen Gerüchen – man würde Panaji sicherlich nicht für die Hauptstadt eines indischen Bundesstaats halten. Immer noch ist das Gesicht der Stadt geprägt von ihrer kolonialen Vergangenheit und das Leben weniger hektisch als sonstwo in Indien.
Panaji (100 000 Einw., 595 km südlich von Mumbai) liegt am Südufer der Mündung des Mandovi River. Die Stadt, die vom Althino-

Hügel überragt wird, ist mit dem Nordufer durch die moderne Nehru-Brücke verbunden. Um das Herz der Stadt, die Municipal Gardens und die Kirche Our Lady of Immaculate Conception, gruppieren sich im Osten der alte, vorwiegend von Christen bewohnte Stadtteil Fontainhas, im Westen das kommerzielle Zentrum und im Süden die Wohnviertel der Hindus mit dem Mahalakshmi-Tempel.

Geschichte

Im Jahr 1759 verlegten die Portugiesen ihren Regierungssitz von dem 10 km östlich gelegenen Old Goa (Velha Goa) nach New Goa (Nova Goa), dem heutigen Panaji, und zwar in den ehemaligen Sommerpalast des Sultans Yusuf Adil Shah. Im Lauf der Zeit wurde die gesamte Verwaltung in das kleine Städtchen transferiert, das aber nie die Pracht seiner Vorgängerin erhalten sollte. 1843 proklamierte man Panjim offiziell zur Hauptstadt von Portugiesisch-Indien. Auch die heutige Regierung Goas hat hier ihren Sitz und immer noch dient der alte Sommerpalast des Sultans staatlichen Zwecken – heute ist dort ein Teil der Verwaltung untergebracht.

✶ Our Lady of Immaculate Conception

Im Nordosten des zentralen Platzes, den Municipal Gardens, erhebt sich auf einem kleinen Hügel Panajis größte Kirche, Our Lady of Immaculate Conception (Unserer Lieben Frau der unbefleckten Empfängnis), aus dem Jahr 1619. Über breit angelegte Treppenaufgänge

Panaji Orientierung

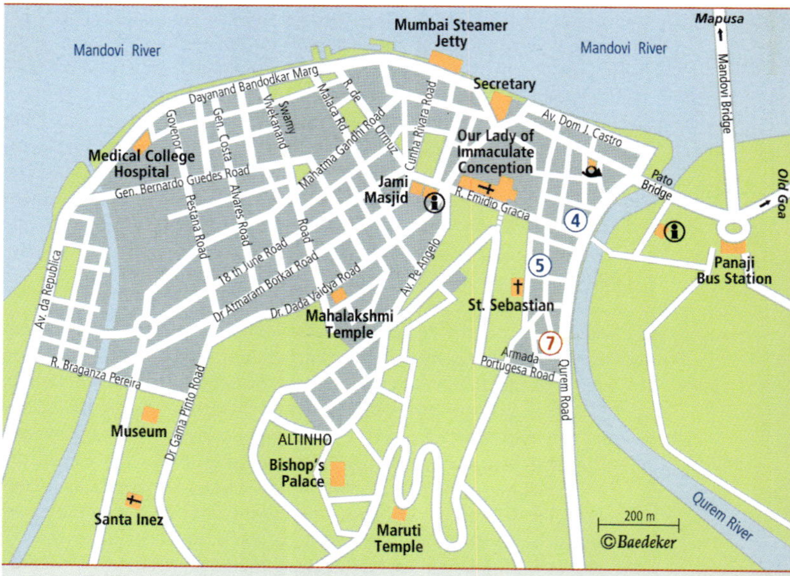

Übernachten
⑦ Panaji Inn

Essen
④ Horseshoe ⑤ Viva Panjim

Our Lady of Immaculate Conception

erreicht man die schneeweiße Barockfassade mit dem Hauptportal. Im Inneren des einschiffigen Saalbaus gibt es neben dem Hauptaltar, der der Patronin der Kirche geweiht ist, noch drei weitere Altäre.

Hält man sich nördlich, so gelangt man zum ehemaligen Sommerpalast Yusuf Adil Shahs, heute **Secretary**, in dem Teile der Verwaltung Goas untergebracht sind. Ein Spaziergang entlang der Uferpromenade führt vorbei an den Fähranlegestellen. Von dort aus kann man Flusskreuzfahrten zu den verschiedensten Tageszeiten buchen. Biegt man beim Indian Airlines Office im Dempo House links ab, so gelangt man zum großen **Municipal Market**. Marktfrauen bieten Goas überreiches Obst und Gemüse bereits vor den Toren des Basars an, in dem man zwischen Bergen feuerroter Chilis und anderer Gewürze, Saris und Salwar Kameez, Aluminiumkoffern und süßen Leckereien umherwandern kann. Geht man weiter in südlicher Richtung, so erreicht man die **Mahatma Gandhi Road**, die Hauptgeschäftsstraße von Panaji. Hier reihen sich Restaurants, Boutiquen und Schnapsläden aneinander, in denen Feni, Goas berühmter Cashewschnaps, verkauft wird.
Im Osten liegt das alte christliche Wohnviertel Fontainhas. Hier steht auch die **St.-Sebastian-Kapelle** aus dem Jahr 1888, die ein Kruzifix aus dem 16. Jh. beherbergt. Im Süden erhebt sich der Altinho-Hügel mit dem **Bischofspalast** (19. Jh.). Seine Gemäldegalerie zeigt Porträts von Indiens Bischöfen. Am nördlichen Fuß des Hügels, an der Dr. Dada Vaidya Road, findet sich das Heiligtum der Hindus, der bunte **Mahalakshmi-Tempel** aus dem Jahr 1817. Im Innenraum des Heiligtums wird ein Idol der Göttin Lakshmi aus schwarzem Stein aufbewahrt. Im **State Museum of Goa** (Stadtteil Santa Inez, Ashirwad Building) sind Exponate zur Kultur- und Landesgeschichte, vor allem aus der Zeit vor der Kolonisation, ausgestellt.

Umgebung von Panaji

Von Panaji aus auf der gegenüberliegenden Seite der Mandovimündung liegt eine weitere Feste der Portugiesen: **Fort Reis Magos**. Schon Sultan Yusuf Adil Shah ließ an dieser strategisch günstigen Stelle eine Militärbastion bauen, die von seinen Nachfolgern um 1704 erweitert und erneuert wurde. Von den 33 Kanonen, die die kleine Garnison verteidigten, sind noch neun zu sehen. Am Fuß des Forts steht die 1771 errichtete und 1945 renovierte Reis-Magos-Kirche, die den Heiligen Drei Königen geweiht ist. In diesem Gotteshaus legten die portugiesischen Vizekönige den Eid ab, bevor sie ihr Amt übernahmen. Sieben von ihnen wurden hier auch bestattet, wie an den Grabplatten zu erkennen ist.

✶ ✶ Old Goa (Velha Goa)

Glanzvolle Metropole der Portugiesen

Für kulturell Interessierte ist Old Goa ein außerordentlich lohnendes Ausflugsziel. Die ehemalige Hauptstadt und glanzvolle Metropole der Portugiesen liegt 10 km östlich von Panaji am südlichen Ufer des Mandovi und ist mit Bus oder Taxi bequem zu erreichen. Mit mehreren hunderttausend Einwohnern war die Stadt zu ihren Hochzeiten größer als Portugals Hauptstadt Lissabon, ja sogar größer als London, und sie besaß zeitweise mehr Kirchen als Rom.
Heute noch sind hier so viele Kirchen auf einem Fleck versammelt wie nirgendwo sonst in Indien. Außer diesen sehr sehenswerten Bauten ist allerdings wenig übrig geblieben von der einstigen Pracht der Stadt und es gehört schon eine Portion Fantasie dazu, sich ihre ehemalige Größe vorzustellen. Nur ein paar Geistliche wohnen hier und abends, wenn die letzten Touristenbusse abgefahren sind, kehrt wieder Stille ein an diesem Ort, der jahrhundertelang Schauplatz der Geschichte war.

Geschichte

Das hinduistische Herrschergeschlecht der Kadambas verlegte um die Mitte des 11. Jh.s seine Hauptstadt von Chandrapur (Chandor) hierher und nannte den Ort **Govapuri**. Unter ihrer Regierung entstand ein blühendes Handelszentrum mit Hafen, vielen Tempeln und Palästen. Zahlreiche fremde Eroberer hatten ein Auge auf den Reichtum der Kadambas geworfen und versucht, die Stadt einzunehmen. Dies gelang den mächtigen Herrschern von Vijayanagar im 14. Jahrhundert. Sie benutzten den Hafen von Govapuri zum Import arabischer Pferde und anderer Güter.
1469 geriet das Gebiet in die Hände der Bahmani-Sultane und ab 1488 gehörte es zum Besitztum der Adil-Shahi-Dynastie von Bijapur. Diese machte Govapuri zu ihrer zweiten Residenz und Sultan Adil Shah ließ einen riesigen Palast nahe dem Mandoviufer bauen. Nachdem die Portugiesen 1510 die muslimischen Herrscher vertrieben hatten, vergrößerten sie ihren neuen Herrschaftssitz rasch. Privathäuser und öffentliche Gebäude wurden errichtet und schon bald ließen sich die **verschiedensten religiösen Orden, allen voran die Franziskaner**, in Alt-Goa nieder und bauten hier ihre Gotteshäuser.
Für den Niedergang der Stadt Old Goa am Ende des 16. Jh.s waren vor allem politische Probleme im Mutterland, die wirtschaftliche Ausblutung durch die Inquisition und der durch Seuchen verursachte Bevölkerungsrückgang verantwortlich. 1759 wurde der Regierungssitz der Portugiesen ins benachbarte Panjim verlegt. Schließlich führte die repressive Religionspolitik der Kolonialherren 1815 zur Vertreibung vieler religiöser Orden, die bis dahin noch in Old Goa residiert hatten. Geblieben sind allein ihre großen Kirchen, die als letzte Zeugnisse von der stolzen Vergangenheit der Stadt erzählen.

Stadtbesichtigung

Eine Besichtigung der Monumente beginnt man am besten am Mandoviufer. Dazu muss man von der Straße, wo die Busse halten, die

Via Direita zum Fluss hinuntergehen. Dort lag früher der Hafen der großen Stadt. Erhalten geblieben ist der **Viceroy's Arch**, der Triumphbogen, durch den die Ankommenden schritten. Er wurde unter dem Gouverneur Francisco da Gama (1597 – 1600) zur Erinnerung an die Entdeckung des Seewegs nach Indien durch seinen Großvater errichtet. In einer Nische an der Fassade steht die Figur des Seefahrers und Eroberers, auf der Rückseite befindet sich an gleicher Stelle eine Argonautenstatue.

✶ **St. Cajetan**

Geht man die Via Direita, die frühere Prachtstraße von Velha Goa, an der sich viele Geschäfte und große Häuser befanden, wieder hinauf, so sieht man linker Hand die St.-Cajetan-Kirche. Sie wurde vom Theatinerorden zwischen 1650 und 1661 erbaut und nach dem Ordensgründer Cajetano da Thiene benannt. Welches Vorbild die Architekten bei der Konstruktion vor Augen hatten, zeigt sich an der Fassade der Kirche: Sie hat auffallende Ähnlichkeiten mit St. Peter in Rom. Die beiden Seitentürme stehen allerdings in der Tradition der portugiesischen Baukunst. Der Grundriss des Gebäudes entspricht der Form eines griechischen Kreuzes, über dessen Zentrum sich die Kuppel erhebt. Neben dem Hauptaltar, der Maria der göttlichen Vorsehung (Our Lady of Divine Providence) geweiht ist, gibt es sechs weitere Altäre. Unter dem Boden der Kirche befindet sich ein Brunnen, der Anlass zu vielerlei Spekulationen gegeben hat. Man geht heute davon aus, dass hier früher ein Tempel stand und der besagte Brunnen das Tempelbecken war.

Interessant ist ein genauer Blick auf die zahlreichen Wandgemälde und Figuren. Europäische Architekten übernahmen zwar die Leitung

Old Goa *Orientierung*

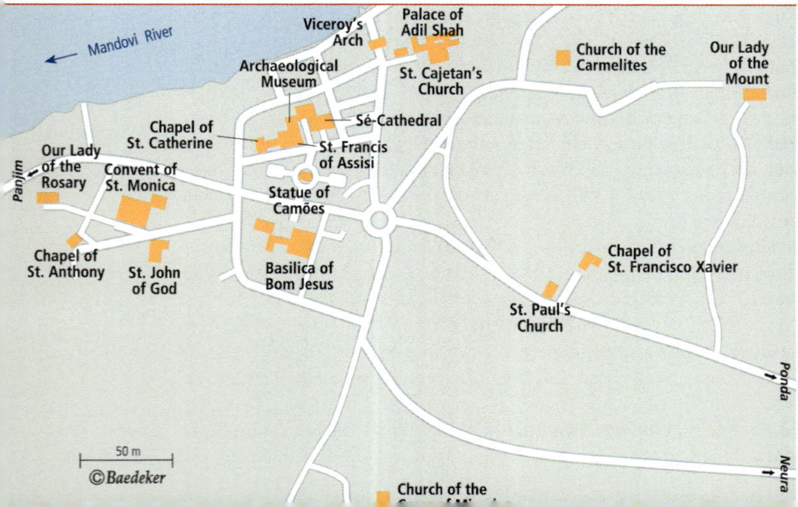

beim Bau der Kirche, ausgeführt wurden die Arbeiten aber von einheimischen Künstlern. Details wie die **indisch-orientalischen Gesichtszüge** mancher dargestellten Personen tragen unverkennbar deren Handschrift.

Palace of Adil Shah

Außerhalb der Kirche stehen auf der Nordseite des Platzes die spärlichen Überreste des Palastes von Adil Shah. Von dem ehemals größten Gebäude der Stadt ist nur das Eingangstor übrig geblieben. Es gehörte ursprünglich zu einem Hindutempel und wurde in den Palastbau integriert. Bis 1695 residierten hier die portugiesischen Gouverneure, danach ließ man den Bau verfallen. Anfang des 19. Jh.s wurden die Ruinen abgetragen und beim Bau von Häusern in Panaji verwendet.

★ Sé Cathedral

Wendet man sich von der Rua Direita nach Westen, so gelangt man zur imposanten Sé-Kathedrale. Die 1592 begonnene und 1619 vollendete Dominikanerkirche ist der Hl. Katharina von Alexandria geweiht und galt zeitweise als das größte christliche Gotteshaus Asiens. Für eine christliche Kirche außergewöhnlich ist ihre Ausrichtung nach Westen.

Von den ursprünglich zwei Glockentürmen ist nur noch einer vorhanden, der andere wurde schon 1776 während eines Monsungewitters zerstört. Der riesige, tonnengewölbte Innenraum ist dreischiffig mit jeweils vier Kapellen an den Längsseiten. Im Querschiff steht der reich vergoldete Hochaltar für die Hl. Katharina, flankiert von den Holzfiguren St. Peters und St. Pauls, mit jeweils drei weiteren Altären zu beiden Seiten.

★★ St. Francis

Mit dem Chor stößt die Sé-Kathedrale an die 1661 erbaute St.-Francis-Kirche. Die Franziskaner hatten an dieser Stelle schon 1521 eine Kirche errichtet. Von ihr blieb allerdings nur das Eingangstor im manuelinischen Stil übrig, das in den Nachfolgebau integriert wurde. Zum schlichten Äußeren der Fassade bildet das **reich dekorierte barocke Innere** des Gotteshauses einen starken Kontrast.

Je drei Kapellen liegen an den Längsseiten des einschiffigen Baus. Der Hauptaltar besitzt ein reich verziertes Tabernakel, das von den vier Evangelisten getragen wird; darüber stehen zwei große Figuren von Christus und dem Hl. Franziskus von Assisi. Auf beiden Seiten des Altars sind Holzbilder mit den Lebensstationen des Heiligen zu sehen. Auch hier verraten verschiedene Details wie beispielsweise die floralen Muster an den Wänden, dass indische Künstler am Werk waren.

Archaeological Museum

In dem ehemaligen Konvent der Franziskaner an der Nordseite der Kirche, zwischen 1701 und 1765 erbaut, ist heute das Museum untergebracht. Auf zwei Ebenen werden Fundstücke aus der Geschichte Goas, von hinduistischen Skulpturen bis hin zu den Porträts portugiesischer Gouverneure, ausgestellt. Die vormals auf dem Platz au-

Das manuelinische Portal von St. Francis ist ein Relikt des Vorgängerbaus.

ßerhalb aufgestellte Statue des portugiesischen Nationaldichters Luis Vaz de Camões ist ebenfalls hier untergebracht (Öffnungszeiten: tgl. außer Fr. 10.00 – 12.00 u. 13.00 – 17.00 Uhr).

St. Catherine

Etwas weiter westlich liegt die Kapelle der Hl. Katharina. Sie wurde erst 1952 auf den Ruinen einer 1510 von Alfonso de Albuquerque errichteten Kirche gebaut. Der Vorgängerbau erinnerte an den siegreichen Einzug der Portugiesen in die Stadt Adil Shahs.

✶✶ Basilica of Bom Jesus

An der Südseite der Straße nach Panaji erhebt sich der nackte Lateritbau der Bom-Jesus-Kirche, der früher mit einer weißen Kalkschicht überzogen war. Die mächtige, dreigeschossige Fassade der 1594 bis 1605 erbauten Jesuitenkirche ist ein **typisches Beispiel manieristischer Architektur**. Die für viele hiesige Kirchen typischen Doppeltürme fehlen, stattdessen prangt im obersten Giebel in der Mitte groß das Christusmonogramm IHS, das der Jesuitenorden in sein Wappen aufnahm. Hinter der imposanten Fassade verbirgt sich ein einschiffiger Bau auf kreuzförmigem Grundriss. Im Chor steht der vergoldete Hochaltar mit dem Jesuskind und darüber die überlebensgroße Figur des Ordensgründers Ignatius von Loyola. Im Südflügel des Querschiffs findet man die reich geschmückte Kapelle, in der Francisco de Xavier 1659 beigesetzt wurde. Seine Überreste werden in dem mit Edelsteinen besetzten Silberreliquiar aufbewahrt. An den Wänden sind schöne Holzschnitzarbeiten und Bilder aus dem Leben des Heiligen zu sehen.

St. Paul's

Südöstlich der Bom-Jesus-Kirche, an der Straße nach Ponda, ist als letzter Überrest des ehemals berühmten St.-Pauls-Kollegiums nur noch das Tor zu sehen. Die weithin bekannte Universität öffnete 1543 ihre Pforten und hatte Platz für 300 Studenten. Auch Francisco de Xavier unterrichtete hier während seines Aufenthalts in der Stadt. Neben einer umfassenden Bibliothek beherbergte der Bau auch eine Druckerei.

St. Francisco de Xavier

Ganz in der Nähe steht die kleine Kapelle für den Hl. Francisco de Xavier. Der Bau wurde 1884 errichtet, nachdem die Vorgängerkirche von 1545 verfallen war.

St. John of God

Südlich der Straße nach Panaji liegen weitere zum Teil verfallene Kirchen und Klöster, u. a. das 1685 von den Johannitern gegründete Kloster St. John of God, das als Krankenhaus genutzt wurde. Die daneben liegende Kirche war 1721 vollendet worden. 1835 hatte der Orden die Anlage aufgeben müssen; man funktionierte sie später in ein Nonnenkloster um. Der jetzige Bau ist 1953 renoviert worden.

Convent of St. Monica

Nördlich von St. John erhebt sich das Kloster der Hl. Monica, einstmals der größte Nonnenkonvent Süd- und Ostasiens. Das dreistöckige Lateritgebäude ist um einen großen Innenhof mit Kreuzgang angelegt. Einige der Räume weisen noch Fresken mit biblischen Szenen auf. In dem 1606 bis 1627 errichteten Bau ist inzwischen das Mater-Dei-Institut für Nonnen untergebracht.

St. Anthony

Noch weiter westlich steht die Kapelle des Hl. Antonius, des Nationalheiligen der Portugiesen, erbaut zu Beginn des 17. Jahrhunderts. Sie wurde 1835 wegen Baufälligkeit geschlossen, aber 1961 renoviert.

Our Lady of Rosary

Ein Beispiel für den manuelinischen Stil ist die Kirche Our Lady of Rosary (Unserer Lieben Frau vom Rosenkranz). Der zweigeschossige, von einem Turm überragte Portikus sowie die Rundtürme an den Ecken geben dem Bau ein festungsartiges Aussehen. Im Inneren birgt das Heiligtum zwei Kapellen und drei Altäre, von denen der Hauptaltar der Kirchenpatronin geweiht ist. Die Ausstattung zeigt gotische Einflüsse, die mit indischen vermischt sind, wie man z. B. an den gedrehten Säulen erkennen kann. Our Lady of Rosary ist ein Votivbau, den Alfonso de Albuquerque nach dem Sieg seiner Truppen über den Sultan von Bijapur 1510 gestiftet hatte. Die Kirche wurde allerdings erst später, zwischen 1526 und 1543, errichtet.

Strände und Orte nördlich von Panaji

Fort Aguada

In exponierter Lage, auf einer felsigen Halbinsel an der nördlichen Mündung des Mandovi, bauten die Portugiesen 1612 das Fort Aguada. Von hier kontrollierten sie zusammen mit der gegenüberliegenden Festung auf Cabo Raj Bhavan und dem weiter landeinwärts liegenden Fort Reis Magos die Einfahrt in den Hafen ihrer Hauptstadt. Der Festungsfelsen markiert gleichzeitig das südliche Ende des Can-

dolim Beach. Mineralquellen, die hier aus der Erde sprudelten, gaben dem Fort seinen Namen. Auf dem höchsten Punkt des Felsens steht ein Leuchtturm, dessen Lichtstrahl noch in 40 km Entfernung gesehen werden kann; etwas unterhalb liegt eine alte Zisterne.
Für Urlauber, die den Luxus lieben, bietet die Hotelanlage Fort Aguada Beach Resort innerhalb der Festungsmauern Annehmlichkeiten der besonderen Art. Nicht weit davon, in einem anderen Teil der Anlage, genießt so mancher unfreiwillig die schöne Aussicht – dort ist das Zentralgefängnis von Goa untergebracht. Außerhalb der Umfassungsmauern im Osten steht die Linhares-Kirche, die dem Hl. Laurentius geweiht ist. Graf Linhares, von 1629 bis 1635 Gouverneur von Goa, stiftete das Heiligtum.

Candolim Nördlich von Fort Aguada liegt das kleine, etwa 6000 Einwohner zählende Dorf Candolim mit gleichnamigem Strand. Die ehemaligen Fischerfamilien leben heute meist vom Tourismus. Das Dorf besitzt zwei Tempel, Shantadurga und Ghangreshvar geweiht, und die Kirche Nossa Senhora d'Esperança. Der Strand wird von Dünen begrenzt, wie fast der gesamte Calangute Beach.

Calangute und Baga Dort, wo in den 1960er- und frühen 1970er-Jahren die Rolling Stones, die Beatles und andere Kultgruppen der Popszene ihre Konzerte gaben, aalen sich heute indische Mittelschichtstouristen, englische Rentner und Pauschalurlauber aus aller Welt. Wenig erinnert heute noch an den Paradestrand der Hippies und Traveller, der Calangute vor Jahrzehnten einmal war. In den letzten zehn Jahren schossen Hotels aller Preisklassen wie Pilze aus dem Boden und verwandelten die ehemaligen Fischerdörfer Calangute und Baga in touristische Hochburgen. Dennoch sind die meisten der Unterkünfte kleinere Hotels, nicht höher als zwei Stockwerke und vom Strand aus oftmals schon wegen der Dünen nicht zu sehen.
Calangute gehört mit seinen 10 000 Einwohnern zu den größeren Fremdenverkehrsorten. Im Zentrum, entlang der Straße nach Baga und in Richtung Strand, haben sich zahlreiche Restaurants, Bars und Läden angesiedelt. Händler aus Kaschmir, Rajasthan und anderen Teilen des Subkontinents bieten ihre Waren an – von bestickten Decken und Kopfkissen bis zu modischen T-Shirts und Batikhosen.
Über eine Länge von **15 km erstreckt sich der Sandstrand** von Fort Aguada im Süden bis zur Mündung des Flüsschens Baga im Norden. Der eigentliche Calangute-Strand nahe der Ortschaft geht nahtlos in den Baga-Strand über. Der gesamte Küstenstreifen ist größtenteils durch Dünen vom Hinterland abgeschirmt. Palmen, wie man sie an den kleineren Buchten findet, wird man hier vergeblich suchen. Dafür reihen sich bis hinauf zum Baga in endloser Zahl Strandbars und Cafés aneinander.

✶ Anjuna Die sandige, von Felsen und Palmen gesäumte Bucht des Anjuna Beach, der einige Kilometer nördlich von Baga liegt, weckt sicherlich

Indische Touristen am Strand von Anjuna

bei manchen Assoziationen vom Paradies auf Erden. Dies war der Ort, an den die Freaks und Hippies flüchteten, als sich in Baga und Calangute der Tourismus zu etablieren begann. Obwohl die Blütezeit der Blumenkinder schon längst vorbei ist, erinnert noch einiges an Anjunas einstige Rolle als Mekka der Aussteigerszene, v. a. der **jeden Mittwoch stattfindende Flohmarkt** und die alljährlich um Weihnachten / Neujahr stattfindenden Strandfeste.

Vagator Beach und Chapora Fort

All jene, die sich in Anjuna in ihrer Ruhe gestört fühlten, zogen sich noch weiter in den Norden zurück, zum Beispiel an die beiden Strände von Vagator, besonders an den südlichen, palmenbestandenen Ozran Vagator Beach. Im nördlichen Nachbardorf Chapora zeugen zwar auch Bars, Cafés und Läden von der Ankunft des Tourismus, dennoch gehen hier viele Bewohner noch traditionellen Beschäftigungen wie dem Fischfang und dem Bootsbau nach. Wahrzeichen des kleinen Orts ist das **Chapora Fort** auf einem Felsvorsprung oberhalb des Hafens. Adil Shah von Bijapur ließ hier einen Militärposten anlegen, der später von den Portugiesen ausgebaut und kurzfristig von den Marathen erobert wurde. Einen schönen Rundblick genießt man von der Feste, die vom südlich gelegenen Vagator Beach Resort zu Fuß zu erreichen ist. Es gibt einen regelmäßigen Busverkehr nach Mapusa und vereinzelte Direktverbindungen nach Panaji.

Arambol Beach und Terekhol Fort

Um diese Ziele im äußersten Norden Goas zu erreichen, muss man eine längere Reise auf sich nehmen. Von Mapusa aus passiert man das Dorf Siolim, nördlich davon überquert man mit der Fähre den

Chapora River. Endlos erstrecken sich hier die weißen Sandstrände von Morgim, Mandrem und Arambol (Harmal). Besonders der Arambol Beach mit seinem dahinter liegenden **Süßwassersee**, der von heißen Quellen gespeist wird, hat immer wieder Besucher angezogen. Zum noch weiter nördlich gelegenen Terekhol Fort, der letzten Bastion vor der Grenze nach Maharashtra, gelangt man mit der Fähre vom Dorf Querim.

Mapusa Wichtigstes Handels- und Verkehrszentrum im Norden Goas ist das knapp 10 km landeinwärts gelegene Städtchen Mapusa (30 000 Einwohner, 13 km südlich von Panaji). Sämtliche Busse aus Mumbai und anderen Städten Maharashtras fahren hier durch. Besondere Sehenswürdigkeiten hat Mapusa nicht zu bieten. Wer den Ort dennoch besuchen möchte, sollte das an einem Freitag tun. An diesem Tag findet nämlich der farbenfrohe **Wochenmarkt** statt, der seine Ursprünglichkeit gegenüber manchen Touristenmärkten noch bewahrt hat. Fisch, Gemüse und Gewürze werden genauso angeboten wie die unvermeidlichen T-Shirts, Sonnenbrillen und Ledersandalen, die die Fassaden vieler Stranddörfer dekorieren. Wem Old Goa noch nicht genügend Anschauungsmaterial für die christlich-portugiesischen Bautraditionen geliefert hat, der kann der Franziskanerkirche Our Lady of Miracles, erbaut 1594, erneuert 1839, eine Visite abstatten. Das Tourist Office nahe dem KTC-Busbahnhof informiert Ortsunkundige über Hotels, Strände und Ausflugsfahrten.

Margaos Markt bietet neben Lebensmitteln auch Kleider und Schmuck.

Höhlen von Arvalem

Etwa 9 km südöstlich von der Distrikthauptstadt Bicholim findet man **Goas älteste Felstempel**, die Höhlen von Arvalem (3. – 5 Jh.). Benannt sind sie nach dem benachbarten Arvalem-Wasserfall. Fünf Höhlen unterschiedlicher Größe sind zu besichtigen, sie liegen jeweils hinter einer Vorhalle mit monolithischen Pfeilern verborgen. Teilweise sind sie mit einer Plattform, auf der ein Shivalingam zu sehen ist, ausgestattet.

Strände und Orte südlich von Panaji

Vasco da Gama

Die schnell wachsende Industriestadt Vasco da Gama (110 000 Einwohner, 29 km südwestlich von Panaji) mit ihrem Hafen Mormugao und dem östlich gelegenen Flughafen Dabolim Airport ist das wirtschaftliche Herz Goas. Sie liegt auf der ins Meer hinausragenden Halbinsel Mormugao, die zugleich eine der elf Provinzen Goas ist. Der Hafen Mormugao gehört zu den wichtigsten und größten an der Westküste des Subkontinents und gibt Menschen aus den umliegenden Bundesstaaten Brot und Arbeit. Für Touristen hat die Stadt keinerlei Attraktionen zu bieten.

Bogmalo Beach

Nur 3 km vom Flughafen entfernt, an der Südküste der Halbinsel Mormugao, liegt der kleine Bogmalo Beach. Beherrscht wird die Sandbucht vom mehrstöckigen Gebäude eines Fünf-Sterne-Hotels, vor dessen Toren sich die üblichen Souvenirshops angesiedelt haben. Am Strand sind einige Bars und Cafés zu finden, doch die Bucht wirkt nicht übervölkert wie manche andere Küstenstreifen.

Colva

Ungefähr 3500 Einwohner hat das Dorf, dessen Bewohner hauptsächlich vom Tourismus leben, aber auch noch Fischfang betreiben. Gäste können unter unzähligen Hotels und Restaurants das Passende für sich aussuchen. In Colva, dessen Bewohner überwiegend Christen sind, steht eine alte Kirche, Our Lady of Merces (1581), in der auf dem Hauptaltar eine Skulptur des Jesuskinds verehrt wird.

★ ◄ Strand

Über eine Länge von **30 km** erstreckt sich der breite Sandstrand von Colva, dessen einzelne Abschnitte nach den jeweils dahinter liegenden Dörfern benannt sind. Zahlreiche Urlauber, vor allem Individualtouristen, denen die Strände von Calangute und Baga zu überfüllt waren, wichen an den schier endlos sich hinziehenden Küstenstreifen im Süden aus. Zwar boomt inzwischen auch hier der Hotelbau, vor allem um die Dörfer Colva und Benaulim, doch im Vergleich zu ihren nördlichen Nachbarn geht es hier geruhsamer zu. Herrliche Spaziergänge lassen sich entlang des Ufers machen und wer sich ein wenig von den Dorfstränden entfernt, kommt mitunter in den Genuss, mit den Fischern, die ihren Fang ausladen oder ihre Netze flicken, allein am Strand zu sein. Die Palette der Unterkünfte umfasst alle Preisklassen, von spartanisch eingerichteten Hütten bis zu 5-Sterne-Anlagen, mehrheitlich jedoch findet man kleinere Hotels und Pensionen der mittleren Klasse.

Benaulim Nur 2 km südlich von Colva liegt Benaulim mit seinen 10 000 Einwohnern. Benaulim verfügt über ein gutes Angebot an Hotels und Pensionen und ist beliebtes Ziel vieler Individualreisender.

Varca Vor einigen Jahren wurde am Strand von Varca eine Luxushotelanlage eröffnet. Das dahinter liegende, 4000 Einwohner zählende Dorf besitzt zwei Kirchen, eine Post und eine Bank.

Cavelossim und Mobor Der südlichste Abschnitt von Colva war in den letzten Jahren das Ziel besonderer Bauaktivitäten. Mehrere Luxusherbergen und größere Hotelkomplexe haben sich hier angesiedelt.

Cabo da Rama Der Name der Landzunge rührt von einer Legende her: Rama soll an dieser Stelle nach seiner Gefährtin Sita gesucht haben, als sie nach Lanka (heute: Sri Lanka) entführt worden war. Die Portugiesen bauten auf den Überresten einer älteren Anlage die südlichste ihrer Festungen. Wer mit Mofa oder Taxi diesen Landstrich erkunden möchte, kann der alten Feste einen Besuch abstatten.

Palolem Die fein geschwungene, von Palmen gesäumte Bucht bei dem Fischerdorf Palolem galt bis vor kurzem, wie die nördlichsten Strände Goas, noch als Refugium für diejenigen, die Ruhe und Beschaulichkeit suchen und dafür Zugeständnisse an den Komfort machen. Mittlerweile ist jedoch auch dieser Strand bestückt mit Bars und Cafés.

Margao

Handelszentrum im Süden Goas Wer mit dem Zug von Mumbai nach Goa fährt, der sollte nicht am Endbahnhof Vasco aussteigen, sondern in Margao (33 km südlich von Panaji, 80 000 Einwohner). Die kleine Stadt im Herzen Südgoas hat eine weit angenehmere Atmosphäre als der Industriestandort im äußersten Westen und die Strände im Süden sind, von Bogmalo Beach einmal abgesehen, schneller und leichter zu erreichen. Lange bevor die Portugiesen nach Goa kamen, war Margao besiedelt. Hinduistische Schulen und Klöster (Mathagrama) machten den Ort zu einem Zentrum religiöser Gelehrsamkeit und Frömmigkeit. Im Gefolge der Portugiesen trafen 1564 die Jesuiten hier ein und bauten schon ein Jahr später eine Kirche auf den Fundamenten eines Hindutempels. Sie erinnert – ebenso wie die alten portugiesischen Villen, die verstreut in der Stadt zu finden sind – an die langen Jahre der Kolonialherrschaft.

Municipal Gardens Die Municipal Gardens mit ihren Blumenrabatten und Sträuchern markieren das Zentrum der Stadt. Das Rathaus steht an der Südseite des Platzes, ihm gegenüber ist die Hauptpost (GPO) zu finden. Zwei weitere wichtige Anlaufadressen für Touristen, die State Bank of India und das Tourist Office, liegen an der westlichen Seite des Platzes.

Märkte

Neben vielen Einzelhandelsgeschäften besitzt Margao zwei Märkte, den alten Vasco-da-Gama-Markt und den neuen Alfonso-de-Albuquerque-Markt. Die bereits erwähnte Holy Spirit Church (Heiliggeistkirche) der Jesuiten steht an einem Platz nordöstlich der Municipal Gardens. Der ursprüngliche Bau wurde zerstört und 1675 wieder aufgebaut. Auf der Platzmitte, gegenüber der Kirche, steht ein weißes großes Kreuz. Das barocke Gotteshaus birgt zehn Altäre. In der Sakristei ist eine kostbare Monstranz, Geschenk des kastilischen Königs Philipp III., zu sehen. Der Kirchplatz wird begrenzt von einigen schönen, alten Häusern mit Balustraden und Schnitzereien. Die hinduistischen Heiligtümer Hari, Vithal und Damodar Mandir sind alle aus diesem Jahrhundert.

Chandor

Auf eine lange Geschichte kann Chandor (7000 Einwohner, etwa 10 km südwestlich von Margao) zurückblicken. Hier errichteten die Kadambas im 10. Jh. ihre Hauptstadt, bevor sie sie später ins benachbarte Goapuri (Old Goa) verlegten. Der Besucher Chandors wird jedoch weniger an die Zeit der hinduistischen Herrschaft als an die Präsenz der Portugiesen erinnert.

Öffnungszeiten:
tgl. 9.30 – 17.00

Von ihrem z.T. luxuriösen Lebensstil zeugt die **Doppelvilla der Familien de Meñezes Bragança und de Bragança Pereira**. Ein Teil der mit unzähligen goanischen Antiquitäten bestückten Villa aus dem 18. Jh. kann gegen Voranmeldung (Tel. 08 32 – 278 42 01 od. 278 42 27) und Eintrittsgebühr besichtigt werden. Auf dem Platz vor der Villa steht eine kleine Barockkirche (1645) der Jesuiten, 1945 erneuert.

Verblasster Prunk in den Villen der portugiesischen Familien de Meñezes Bragança und de Bragança Pereira

Ponda und die Tempelstätten der Umgebung

Ponda Ponda (30 km südöstlich von Panaji, 20 000 Einwohner) ist das Verwaltungszentrum des gleichnamigen Distrikts und lohnt einen Besuch vor allem wegen der zahlreichen hinduistischen Pilgerzentren in seiner Umgebung. Interessanteste Sehenswürdigkeit in der Stadt selbst ist das alte Heiligtum der Muslime, die Safa-Shahouri-Moschee. Sie wurde 1560 unter der Adil-Shahi-Dynastie von Bijapur errichtet.

Pilgerstätten Als die Portugiesen nach ihrer Eroberung der Küste begannen, die Heiligtümer der Hindus und Muslime zu zerstören, brachten die Gläubigen ihre Kultbilder an sichere Orte. Im schwer zugänglichen Hinterland entstanden neue Tempel für die vom christlichen Missionseifer und kolonialen Herrschaftsgebaren bedrohten hinduistischen Idole.

Gleich drei wichtige Tempel findet man in dem Dorf **Bandora**, ungefähr 5 km nordwestlich von Ponda. Zum Sri-Ramnath-Tempel pilgern sowohl Vishnuiten als auch Shivaiten. Die große Anlage, die auch Unterkünfte für die Gläubigen umfasst, stammt aus dem Jahr 1566 und wurde 1905 renoviert. Im Dorfzentrum steht der Mahalakshmi-Tempel, in dem Vishnus Gattin verehrt wird. Das Kultbild aus schwarzem Marmor wurde im 16. Jh. aus dem Fischerdorf Colva hierher gebracht. Ganz in der Nähe steht ein dritter Tempel, Sri Nagesh, einer Form Shivas geweiht. Die ältesten Teile der Anlage stammen aus der Zeit der Vijayanagar-Periode, wie eine Inschrift am Eingang des Heiligtums aus dem Jahr 1413 belegt. Das Sanktum besitzt ein Shivalingam und einen Nandi, das Reittier des Gottes. In der Versammlungshalle sind schöne Holzschnitzereien aus dem Ramayana zu sehen. Der gesamte Bau wurde im 18. Jh. gründlich erneuert.

Eine viel besuchte Pilgerstätte ist der Sri-Manguesh-Tempel bei **Priol** (9 km nördlich von Ponda). Die Kultstätte liegt am Fuß eines Hügels und umschließt auch einen Tempelteich. Die ältesten Bauteile des Tempels stammen von 1565, Anbauten und Umbauten wurden im 18. / 19. Jh. vorgenommen. Das Heiligtum ist Sri Manguesh, einer Form Shivas geweiht, dessen Lingam in der Cella zu sehen ist. Die neu hinzugekommenen Teile der Anlage verraten europäischen Einfluss, so v. a. die Glasleuchter und Wanddekorationen.

Etwa einen Kilometer entfernt, im Dörfchen **Mardol**, steht der Sri-Mahalsa-Tempel. Hier wird Sri Mahalsa, eine Form Lakshmis, und zugleich Vishnu in seiner weiblichen Form als Mohini verehrt. Im Sanktum ist das Bildnis der in Goa äußerst populären Göttin zu sehen, das wie viele andere vor der Zerstörungswut der Portugiesen gerettet wurde. Schöne Holzschnitzereien mit den zehn Inkarnationen Vishnus können ebenfalls bewundert werden.

Um einiges älter als die nahe gelegenen Heiligtümer von Bandora, Priol und Mardol sind die vier Felsentempel, die beim Dorf **Khandepar** (5 km östlich von Ponda) aus dem Lateritgestein gehauen wur-

Goas Reisfelder geben eine üppige Ernte.

den. Sie stammen aus dem 10./11. Jahrhundert. Kultfiguren sind nicht mehr vorhanden. Von der ursprünglichen Dekoration ist nur noch ein Lotosmotiv an der Decke des ersten Tempels erkennbar.
Der kleine Tempel von **Tambdi Surla** (16 km nördlich von Molem) gilt als das einzige gut erhaltene Relikt aus der Zeit der Kadambaherrscher. Er stammt aus dem 13. Jh. und liegt in landschaftlich reizvoller Umgebung beim Dorf Tambdi Surla innerhalb des Mahaveer-Nationalparks. Über dem quadratischen Sanktum erhebt sich ein zweistöckiger Tempelturm; die überdachte Mandapa (Halle) ist nach drei Seiten offen. Die Cella birgt ein Lingam, Symbol des Gottes Shiva, dem dieser Tempel geweiht ist. Das kleine Heiligtum kann im Rahmen eines Ausflugs in den Nationalpark besichtigt werden.

Naturschutzgebiete

Bhagwan-Mahaveer-Nationalpark

Ein Tagesausflug ins waldreiche Hinterland Goas führt in das Bhagwan Mahaveer Sanctuary, etwa 30 km östlich von Ponda. Rund 240 km² misst das an den Hängen der Western Ghats gelegene Schutzgebiet. Die im Park lebenden Panther wird man nur mit viel Glück zu Gesicht bekommen, dafür begegnet man Bisonherden und verschiedenen Hirscharten, Affen, Wildschweinen und Schakalen. Unzählige Vogelarten, auch Raubvögel wie Adler, Falken und Bussarde, daneben viele Eisvogel- und Spechtarten, sind hier beheimatet.

Bondla-Nationalpark

Nur 8 km² groß ist Goas kleinstes Naturschutzgebiet, das Bondla Sanctuary, etwa 10 km nordöstlich von Ponda. Mit seinen Orchideen- und Kakteenhäusern und seinem Zoo ist es ein beliebtes Ausflugsziel vor allem für einheimische Touristen.

Gwalior

F 6

Bundesstaat: Madhya Pradesh
Einwohner: 830 000
Höhe: 215 m ü. d. M.
Entfernung: 319 km südlich von Delhi

Gwalior, die ehemalige Hauptstadt der Scindia-Dynastie, lag strategisch günstig auf der großen Nord-Süd-Achse des indischen Subkontinents. Das beeindruckende 3 km lange mittelalterliche Fort auf einem 90 m hohen Felsplateau zeugt von der Blütezeit der Stadt unter den Scindias, die in der zweiten Hälfte des 18. Jh.s einen großen Teil des Nordwestens unter ihre Herrschaft brachten.

Blick vom Gwalior Fort

In dieser größten Festungsanlage Indiens befinden sich sechs Paläste, mehrere Tempel, eine Moschee und acht künstlich angelegte Seen. Heute ist Gwalior mit dem neuen Stadtteil Lashkar ein wichtiges Zentrum für landwirtschaftliche Produkte.

Einst soll ein Einsiedler namens Gwalippa hier den kranken König Suraj Sen geheilt haben, worauf der König aus Dankbarkeit diese Stadt gründete. Später wurde die Stadt von dem Sklavenkönig Shah-ud-din Iltutmish (1211 – 1236) geplündert. Ab dem 14. Jh. herrschten die Tomara-Rajputen, bis sie von den Moguln besiegt wurden. Danach war Gwalior ein ständiger Zankapfel zwischen Marathen, Jatkönigen und den expandierenden Engländern. Schließlich geriet es in den Herrschaftsbereich der Engländer, die zuvor den Sepoy-Aufstand erstickt hatten.

Sehenswertes in Gwalior

★ Festungsanlage

Auf einem großen Sandsteinfelsen namens Gopagiri im Norden Gwaliors erhebt sich eines der beeindruckendsten Forts Indiens. Innerhalb der Festungsmauern liegen sechs Paläste, mehrere Hindutempel, eine Schule und ein Sikhtempel. Da die Festung mehrere Kilometer lang ist, ist es empfehlenswert, sie durch das Urvahital auf der Südwestseite zu betreten und auf der Nordostseite am Man-Mandir-Palast Richtung Altstadt zu verlassen. Im Urvahital kommt man an einer Gruppe von jainistischen Tirthankaras vorbei, die aus dem

GWALIOR ERLEBEN

AUSKUNFT

MP Tourism
Am Bahnhof
Tel. 07 51 – 254 07 77
www.mptourism.com

EVENTS

Tansen-Musikfestival
Klassische Hindustanimusik, jedes Jahr im Nov. / Dez.

ÜBERNACHTEN / ESSEN

► **Luxus**
Usha Kiran Palace
Jayendraganj Lashkar
Tel. 07 51 – 244 40 00
www.tajhotels.com
Das 120 Jahre alte Heritage-Hotel befindet sich inmitten eines großen Parks und bietet viel Komfort und gute Küche.

► **Günstig**
MSTDC Tansen
6 A Gandhi Road
Tel. 07 51 – 234 03 70
Das zentral gelegene Hotel von Madhya Pradesh Tourism liegt in einem großem Garten. Dem Hotel ist ein Restaurant angeschlossen.

Stein herausgehauen sind. Die größte Figur stellt Adinath, den ersten Furtenbereiter, dar und ist fast 20 m hoch. 1527 wurden diese Relieffiguren von der Armee Baburs zerstört und später renoviert. Auf dem Plateau biegt man rechts ab und trifft auf den Teich Suraj Kund. Hier soll einst der Gründer der Stadt Suraj Sen gebadet haben und von seiner Krankheit geheilt worden sein. Gleich nebenan steht der Teli-ka-Mandir.

Teli-ka-Mandir und Man Mandir

Von den Bauten in der Festungsanlage sind der Teli-ka-Mandir und der Man Mandir die wichtigsten. Teli-ka-Mandir, das älteste Bauwerk (750 n. Chr.), war ursprünglich ein Vishnutempel, wie man an dem über dem Eingang dargestellten Garuda erkennen kann. Das Dach des eigenartigen, 25 m hohen, Gebäudes leitet seine Form vermutlich von den Chaitya-Hallen der Buddhisten ab. Von den Engländern wurde der Tempel als Sodafabrik genutzt. Auch der mit den Briten verbündete Maharadscha Jaya Rao Scindia von Gwalior konnte gegen diese Missachtung der hinduistischen Kultur nichts ausrichten.

Man-Mandir-Palast

Der Palast wurde von dem Tomarherrscher Raja Man Singh (1486 bis 1516) um 1500 erbaut und galt als einer der schönsten Paläste Indiens. Er wird auch als Chit Mandir (gemalter Palast) bezeichnet, da seine **Außenfassade** – für Indien eher ungewöhnlich – mit farbigen Mosaiken von Tigern, Pfauen und Elefanten versehen ist. Im Gegensatz zur bunten Außenfassade sind die Innenräume erstaunlich leer, man sieht nur ab und zu Steingitterfenster. Die unterirdischen runden Räume dienten ursprünglich als Rückzugsmöglichkeit im heißen Sommer. Der große Mogulkaiser Akbar war von dem Palast so be-

eindruckt, dass er sich von ihm bei seinen eigenen Bauten inspirieren ließ. Die Mogulherrscher benutzten den Palast als Kerker, auch Aurangzeb, der seinen Bruder hier vor dessen Hinrichtung fünf Jahre lang gefangen hielt.
In unmittelbarer Nähe steht der Vikram Mandir (1516) und nördlich davon der Karam Mandir. Von hier aus kann man, nachdem man fünf Tore passiert hat, die Festung verlassen und nach einem steilen, etwas mühsamen Abstieg die Stadt erreichen.

Sas-Bahu-Tempel Etwa 200 m südlich des Man-Mandir-Palasts befinden sich die Vishnu geweihten Zwillingstempel (spätes 11. Jh.). Ein Treppenaufgang führt zu den auf Sockeln stehenden Heiligtümern. Sie gelten mit ihren dreistöckigen Haupthallen und reich geschmückten Fassaden als Meisterwerke der mittelalterlichen Architektur in Indien.

Archäologisches Museum An der Straße, die zur Festung führt, liegt das Gujari Mahal. In dem hier untergebrachten archäologischen Museum sind Terrakottafiguren, Skulpturen, Kopien der Höhlenmalereien von Bagh sowie Miniaturen zu sehen (Öffnungszeiten: tgl. außer Fr. 10.00 – 17.00 Uhr).

✶ Jai Vilas Palace Maharadscha Jaya Rao Scindia, der von 1843 bis 1886 regierte, ließ sich – wie es bei den Maharadschas Mode geworden war – von dem englischen Architekten Lt. Col. Sir Michael Filose einen der größten Paläste Indiens bauen. Der 1874 fertig gestellte dreistöckige Palast ähnelt mehr einem toskanischen Palazzo als einem indischen Prunkbau. In seinen beeindruckenden Innenräumen kann er mit einigen Superlativen aufwarten, die den unermesslichen Reichtum der Maharadschas deutlich machen, z. B. mit den in der Empfangshalle hängenden **größten Kronleuchtern der Welt**, von denen jeder 3 t wiegt und mit 248 Kerzenständern bestückt ist. Auf 35 Räume verteilt zeigt ein Museum Exponate wie einen kleinen Modellzug aus Silber, der die Speisen auf dem riesigen Esstisch »servierte«.

Mohammed-Ghaus-Grabmal Das Grabmal zu Ehren des Heiligen und Schriftstellers Ghaus Mohammed (gest. 1563) wurde kurz nach seinem Tod erbaut. Über dem beeindruckenden Grabmal erhebt sich eine voluminöse Kuppel. Um die zentrale Grabkammer führt eine Veranda, die von einer Steingitterwand verdeckt ist.

Tansen-Grab In einem nahe gelegenen kleinen Garten liegt das Grab von Tansen, einem berühmten Hofmusiker König Akbars. Hier findet alljährlich ein Musikfest zu Ehren von Tansen statt (Nov. / Dez.).

Umgebung von Gwalior

Shivpuri-Nationalpark Aus dem ehemaligen Jagdgebiet der Maharadschas von Gwalior (ca. 100 km südlich von Gwalior) ist ein Nationalpark geworden. Der gut 160 km² große Park besteht vor allem aus trockenen Laubwäldern und hat einen großen Bestand an Chinkaras, Nilgaiantilopen und Sambarhirschen. An dem künstlichen See kann man viele Vogelarten beobachten. Dort besteht auch eine Übernachtungsmöglichkeit im Tourist Village Schivpuri.

Indore

D 8

Bundesstaat: Madhya Pradesh
Einwohner: 1,6 Mio.
Höhe: 567 m ü. d. M.
Entfernung: 806 km südlich von Delhi

»Detroit von Indien« – so wird die aufstrebende Industrie- und Handelsstadt Indore auch genannt, weil mehrere wichtige Firmen wie Bajaj, Honda und Hindustan Motors hier ihre Produktionsstätten haben.

INDORE • MANDU • UJJAIN ERLEBEN

AUSKUNFT

MP Tourism
Shop NO. 10 & 11
Jhabua Tower
Indore
R. N. T. Road
Tel. 07 31 – 252 86 53

oder am Bahnhof in Ujjain
Tel. 07 34 – 256 15 44
www.mptourism.com

ANREISE

Es gibt diverse Flug- und Bahnverbindungen nach Indore.
Nach Ujjain, 55 km nördlich von Indore, kann man gut mit dem Zug fahren.
Im Gegensatz dazu erreicht man Mandu (100 km südwestlich von Indore) am einfachsten per Taxi.

ÜBERNACHTEN / ESSEN

► Luxus / Komfortabel

Fortune Landmark
Bei Meghdoot Garden
Indore
Tel. 07 31 – 255 77 00
www.fortuneparkhotels.com
Das moderne Hotel bietet jeglichen Komfort, so z. B. einen Swimmingpool, einen Fitnessclub und ein elegantes Restaurant, das internationale Gerichte auf der Karte hat.

► Komfortabel / Günstig

Malwa Resort
Mandu
Tel. 072 92 – 26 32 35
Die 20 Bungalows des Resorts befinden sich in einer herrlichen Gartenanlage mit schönem Seeblick. Ein Restaurant und eine Bar sind auch dabei.

Shipra Residency
University Road
Ujjain
Tel. 07 34 – 255 14 95
Im Shipra erwarten den Gast große, komfortable Zimmer, eine Bar und ein Restaurant in angenehmer Atmosphäre.

Geschichte Die Stadt an den Flüssen Sarasvati und Kham erhielt erst im 18. Jh. unter der Holkar-Dynastie Bedeutung, als König Malhar Rao von den Marathaherrschern dieses Reich für seine Verdienste erhielt. Ihre Hochblüte erlebte die Stadt unter seiner Tochter Ahalya Bai, die oft mit Queen Victoria verglichen wurde. Sie baute die Stadt Indore aus und errichtete zahlreiche Tempel und Dharamsalas. Nach ihrem Tod kam es zu gewaltsamen Konflikten unter ihren Enkelkindern, was letztlich dazu führte, dass sie einen Großteil ihres Reichs an die Engländer abgeben mussten. Bis zur Unabhängigkeit war Indore treuer Vasall des Britischen Reichs. Seine Könige übernahmen im Hinblick auf Architektur und Lebensstil viel von den Engländern.

Sehenswertes in Indore

Lal-Bagh-Palast Der Lal-Bagh-Palast (Nehru Centre) stellt den Versuch dar, einen verschwenderischen Palast nach europäischem Vorbild in Indien zu errichten. Maßgeblichen Einfluss auf den Bau hatte der einige Jahre zuvor fertig gestellte Palast der Scindias von Gwalior. Die Holkarherrscher übernahmen den westlichen Architekturstil mit dorischen Säulen, Stuckdecken und Kristallleuchtern – so erinnert das Gebäude eher an einen europäischen Hof als an einen Maharadschapalast. Heute befindet sich darin ein Museum mit einer Münzsammlung, Miniaturen und Gemälden.

Kanch Mandir (Glastempel) Der Jaintempel ist großzügig mit Spiegelmosaiken dekoriert. Im Eingangsbereich wird in drastischen Bildern vorgeführt, was mit denen geschieht, die nicht den rechten Weg im Leben gehen.

Museum Das Central Museum zeigt einige Exponate aus der Zeit von 10 000 bis 5000 v. Chr., die bei Ausgrabungen in Bhimbetka 1957 gefunden wurden (Öffnungszeiten: tgl. außer Mo. 10.00 – 17.00 Uhr).

Ujjain

Gehört zu den sieben heiligen Städten Das 50 km nördlich gelegene Ujjain ist wie ► Varanasi eine uralte Stadt mit einer mehrtausendjährigen Geschichte. Es zählt zu den berühmten sieben heiligen Städten Indiens.Alle 12 Jahre – das nächste Mal 2016 – findet hier das beeindruckende Wallfahrtereignis **Kumbha Mela** statt, zu dem Hunderttausende von Pilgern strömen.

Im dritten vorchristlichen Jahrhundert verbrachte der legendäre indische Kaiser Ashoka kurze Zeit in Ujjain als Vizekönig der Maurya-Dynastie. Später verlegte Chandragupta Vikramaditya seine Hauptstadt von Pataliputra, dem heutigen Patna, hierher. Zu dieser Zeit war Ujjain ein Zentrum für Kunst und Literatur. Am Hof von Chandragupta verkehrten der große Poet Kalidasa und andere Gelehrte wie Bhavabhuti und Varahmihira. Im 9. und 10. Jh. wurde Ujjain die Hauptstadt der Parmerkönige. Nach den Moguln gewann 1750 die Maratha-Dynastie die Herrschaft über die Stadt und Ujjain

war 50 Jahre lang die Hauptstadt des Marathenreiches.
Heute macht der Ort eher den Eindruck einer verschlafenen Provinzstadt, die vornehmlich von indischen Pilgern aufgesucht wird. Ujjainbesitzt viele Tempel und Bauten aus unterschiedlichen Epochen. Der Mahakala-Tempel ist der wichtigste Tempel.

Der Mahakala-Tempel (mahakala = Herrscher der Zeit) beherbergt im Sanktum eines der in ganz Indien hoch verehrten zwölf Jyotir-Lingams (Lichtlingam oder Flammenlingam), das den Gott Shiva repräsentiert. Das Heiligtum wurde 1235 von Altamish zerstört und später von der Scindia-Dynastie (18. Jh.) wieder aufgebaut.

Der Mahakala-Tempel, heiligster Ort Ujjains

✶ Badeghats

Wie in Varanasi kommen das ganze Jahr über Pilger nach Ujjain, um in dem als heilig geltenden Fluss Kshipra ein Bad zu nehmen. Sie vollziehen rituelle Reinigungen und opfern an der Stelle, an der Shiva den Dämon Tripura vernichtet haben soll. Es ist äußerst interessant, an den Badetreppen und vielen kleinen Tempeln entlangzugehen und das Treiben zu beobachten.

Jantar Mantar

Auf Anfrage des wissenschaftsfreudigen Mogulherrschers Mohammed Shah baute der König von Jaipur Jai Singh II., ein begeisterter Astronom, 1730 auch in Ujjain eines seiner berühmten Observatorien. Sowohl die eigenwilligen Formen als auch die Genauigkeit zur Berechnung astronomischer Prozesse suchen in Indien ihresgleichen. Nach der traditionellen indischen Astronomie verläuft der erste Längengrad durch Ujjain. Im Vergleich zu den Observatorien in Jaipur und Delhi ist dieses bescheidenen, doch wegen seiner romantischen Lage an den Ufern der Kshipra lohnt sich der Besuch.

✶ Mandu

Die heute verlassen wirkende Stadt Mandu (100 km südwestlich von Indore), auf einem Plateau der Vindyaberge galt einst als Stadt der Freude und Liebe. Die architektonischen Überreste von Festung, Palästen, Kanälen und Pavillons vermitteln eine gute Vorstellung von ihrer einstigen Größe. Ursprünglich war die Stadt von einer 75 km langen Mauer geschützt, durch die zwölf Tore Einlass boten. Heute sind nur noch Reste der einstigen Pracht zu sehen. Die Befestigung ist jedoch erhalten und macht Mandu zur größten ummauerten Stadt der Welt. Da Mandu abseits der Hauptreiserouten liegt, wird

Blumenmärkte bestechen durch ihre Farben und Düfte.

die Stadt nur von wenigen Touristen besucht. Dabei war die schlichte, aber beeindruckende islamische Architektur Mandus **Inspiration für viele Bauwerke in Indien** vom Taj Mahal bis zu den Bauten von Louis Khan im Indian Institute of Management in Ahmedabad.

Geschichte Der legendäre König Raja Bhoja gründete an diesem Ort, wo sich bereits seit dem 6. Jh. Festungen befanden, im 10. Jh. eine Stadt. Mandu erlebte bald darauf seine Blütezeit als Hauptstadt der Malwas, der Herrscher von Paramara. Die Stadt galt als Tor zum Hochland von Dekkan, wurde im 14. Jh. von den Delhi-Sultanaten erobert und erhielt den Namen Shadibad, Stadt der Freude. Einer der eingesetzten Vasallen, Dilwar Khan Ghuri, machte sich selbständig und sein Sohn Hoshan Shah erbaute während seiner langen Herrschaftszeit wichtige Monumente wie die Jami Masjid und das Delhi Gate; Mandu war die Hauptstadt seines Reiches. Als 1469 Ghiyath-ud-din die Herrschaft antrat, erlebte der Palastbetrieb mit einem Harem von 15 000 Frauen und einer speziellen Frauengarde von 1000 Soldatinnen aus der Türkei und Abessinien einen letzten Höhepunkt. Danach wurde die Stadt nacheinander von Gujaratiherrschern, Rajputenkönigen und Mogulkaisern erobert. Jehangir verbrachte während seiner Feldzüge einige Jahre in der Stadt Mandu und war von ihrer Architektur so angetan, dass er einige Bauten renovieren ließ.

Anlage Das weitläufige Gelände mit den Ruinen wird in die drei Gruppen königliche Enklave, Dorfkomplex und Rewa-Kund-Komplex eingeteilt. Um die gesamte Anlage in Ruhe zu genießen, sollte man sich mindestens einen halben Tag Zeit nehmen.

Königliche Enklave Im direkt hinter dem Alamgir-Tor beginnenden Bereich sind der Jahaz Mahal und der Hindola Mahal die wichtigsten. Der Jahaz Mahal

ist ein zwischen zwei künstlich angelegten Seen erbauter schmaler Palast, der seine volle Pracht nur während der Monsunzeit, wenn die Seen mit Wasser gefüllt sind, entfaltet. In Vollmondnächten spiegelt sich das einem Schiff nachgebildete Gebäude im glatten Wasser – es diente als Unterkunft für die Haremsdamen von Ghiyath-ud-din. Die Anlage war Ort von Festen und Feierlichkeiten.
Der **Hindola Mahal**, der schwingende Palast, erhielt seinen Namen wegen der nach außen geneigten Wände, die einen schwingenden Eindruck vermitteln. In die große Haupthalle des T-förmigen Gebäudes gelangte man über eine extra angelegte Rampe, die auch von den Elefanten des Königs benutzt werden konnte.

Dorfkomplex

Wenn man von der königlichen Enklave weiter nach Süden geht, kommt man zum Dorfkomplex. Die Jami Masjid, 1454 nach dem Vorbild der großen Moschee von Damaskus erbaut, ist ein Meisterwerk der islamischen Baukunst. Das harmonische Bauwerk beherbergt eine Gebetshalle, die von drei großen Kuppeln und über fünfzig kleinen Kuppeln überspannt wird. Die gesamte Anlage erhebt sich auf einer 4,5 m hohen Plinthe.
Hinter der Jami Masjid steht das **Ehrengrabmal für Hoshang Shah**, der den Bau der Moschee begann. Das unter Mahmud I. (1436 – 1469) errichtete Mausoleum gilt als erstes Marmorbauwerk Indiens. Es wurde von den Architekten Shah Jahans eingehend studiert, bevor sie den Taj Mahal erbauten. Über den quadratischen Mauern erhebt sich der schwere Kuppelbau, den man durch besonders schön verzierte Eingänge betritt.

Rewa-Kund-Komplex

Dieser Komplex liegt am südlichen Ende der Anlage an der Festungsmauer. Das größte Bauwerk, der Baz-Bahadur-Palast, wurde bereits 1508 von Nasir-ud-din erbaut, ist aber nach dem späteren Herrscher Baz Bahadur benannt, der 1554 die Herrschaft übernahm. Baz Bahadur war ein großer Freund der Künste und liebte die schöne hinduistische Sängerin Roopmati, für die er einige Bauwerke schuf.
Die **Pavillons von Roopmati** liegen etwas weiter oberhalb auf dem höchsten Gipfel der Mandu-Festung. Sie erinnern an die große Liebe des ungleichen Paares. Der Volkslegende nach soll Baz Bahadur diese Pavillons auf dem höchsten Gipfel des Palastes für sie erbaut haben, damit Roopmati von dort aus den für sie heiligen Fluss Narmada sehen konnte. Ihre romantische Liebe fand ein jähes Ende, als Akbars Truppen Mandu 1601 eroberten und Baz Bahadur fliehen musste. Einer weit verbreiteten Legende nach beging die treue Königin Roopmati Selbstmord, damit sie nicht in die Hände von Akbar fiel, der von ihrer Schönheit gehört hatte und sie für seinen Harem gewinnen wollte. In zahlreichen Legenden wird diese Geschichte von Liebe und Tod bis heute besungen.
Des Weiteren ist der **Nilkanth Palace** sehenswert, der in den Jahren 1574/75 von Budah Khan, einem Offizier Akbars, erbaut wurde. Der am Hang gebaute Palast passt sich wunderschön der Landschaft an.

Um ein angenehmes Klima zu erzeugen, wurde Wasser durch den Palast geführt. Die eine Seite des Palastes blieb der Aussicht wegen offen. Der kleine Shivatempel im Palast ist ein Zeugnis der viel gerühmten religiösen Toleranz Akbars. Inschriften an einer Wand befinden geben über den Feldzug Akbars in den Dekkan (1600/1601) genaue Auskünfte.

★★ Khajuraho

F 7

Bundesstaat: Madhya Pradesh
Einwohner: 7000
Höhe: 217 m ü. d. M.
Entfernung: 598 km südöstl. v. Delhi

Khajuraho ist bis heute eine verschlafene Kleinstadt, die durch ihre isolierte Lage eine gute Möglichkeit bietet, der Hektik der Großstädte zu entfliehen. Die einzige, aber sehr sehenswerte Attraktion sind die über 50 gut erhaltenen Hindu- und Jaintempel der Chandella-Dynastie – ein wunderschönes Beispiel für die Verschmelzung von Architektur und Skulptur im mittelalterlichen Indien.

Charakteristisch für die Tempel ist ihre verschwenderische Fülle von Figuren sowohl an den Fassaden als auch im Innenbereich. Die Skulpturen Khajurahos bilden eine eigene Welt, bevölkert von göttlichen Nymphen, Dämonen, Göttern und sich vereinigenden Paaren. Besonders die sinnlich-erotischen Darstellungen von Liebespaaren ziehen zahlreiche Besucher an.

Geschichte

Die Chandella-Dynastie leitete ihre Herkunft vom Mondgott (Chandra) ab und erreichte unter dem Herrscher Dhanga (um 950) die Unabhängigkeit von den Gurjara-Pratiharas, deren Vasallen sie gewesen waren. Ihr Symbol waren zwei Palmen, wovon der Name Khajuraho (Kajur = Palme) herrührt. Die Hauptstadt Khajuraho wurde nach und nach zu einer befestigten Tempelstadt mit über 50 jainistischen und hinduistischen Heiligtümern ausgebaut. Die meisten entstanden während der Blütezeit der Chandella-Dynastie im 10. und 11. Jahrhundert. Man nimmt an, dass in jener Zeit Hunderte von Bildhauern und Steinmetzen hier beschäftigt waren.

★★ Tempel von Khajuraho

Nagarastil

Vorherrschend bei den Khajuraho-Tempeln ist der Nagarastil. Durch das verzierte Portal (ardamandapa) gelangt man in eine Halle (mandapa), an die ein Vestibül (antarala) anschließt. Dem folgt in größeren Tempeln ein Querschiff (mahamandapa). Schließlich kommt

Der beeindruckendste Tempel in den Anlagen von Khajuraho ist der Kandariya-Mahadeva-Tempel (westliche Gruppe) →

man in das Sanktum (garbhagriha), um das ein Wandelgang (pradakshina) führt. Vorhalle und Nebenhallen bilden eine organische Einheit, die ihresgleichen sucht. Über diesen Abschnitten wölben sich parabolische Türme und Türmchen, die vom Shikara (Hauptturm) über der Cella überragt werden. Hier fällt es dem Betrachter leicht, sich vorzustellen, dass die Tempel **symbolische Nachbildungen des Weltenberges Meru** im Himalaja sind, der Wohnstätte der hinduistischen Götter. Die Tempel sind nicht, wie z. B. in Südindien, von einer Mauer umgeben, sondern stehen auf einem hohen Podest.

Skulpturenwerk

Beim Besuch der Tempel von Khajuraho wird man unweigerlich von den zahlreichen Skulpturen der Außenfassade in den Bann gezogen. Wer sich in dieses Universum der Figuren vertieft, wird himmlische Wesen, Darstellungen von Göttern, Musikern, Tänzern, Tieren und im Liebesakt verschmolzene Mithuna-Figuren sehen. Die vielfältigen Figuren können in fünf Gruppen unterteilt werden. Dazu gehören rundplastische Darstellungen von **Gottheiten** und Halbrelief-Darstellungen von **weniger bedeutenden Göttern** und ihren Angehörigen, die entsprechend der kanonisch festgelegten Maße angefertigt wurden. Die **Apsaras oder Surasundaris** (Nymphen und himmlische Wesen) gehören zahlenmäßig zu der stärksten, dritten Gruppe. Sie sind fast vollplastisch oder im Halbrelief an den Außenwänden oder Säulen angebracht und wurden frei nach den Vorstellungen der Künstler gestaltet – sie zählen zu den besten Darstellungen in Khaju-

KHAJURAHO ERLEBEN

AUSKUNFT

MP Tourism
Chandela Cultural Centre
Tel. 076 86 – 27 40 51
oder am Busbahnhof
www.mptourism.com

ANREISE

Khajuaraho ist am einfachsten mit dem Flugzeug zu erreichen und bietet sich als Zwischenstopp auf der Flugstrecke Delhi – Agra – Khajuraho – - Varanasi an. Eine weitere Möglichkeit besteht über den Eisenbahnknotenpunkt Jhansi, von dem es weiter mit Bus oder Taxi geht.

EVENTS

Khajuraho Tanzfestival
Klassische Tänze aus ganz Indien vor eindrucksvoller Kulisse (jedes Jahr im Februar / März)

ÜBERNACHTEN / ESSEN

► Luxus

Hotel Chandela
Khajuraho
Tel. 076 86 – 27 23 55
www.tajhotels.com
Nach dem Tempelbesuch entspannen am Pool des schön angelegten Gartens oder bei einem guten Mahl in einem der Restaurants oder Cafés.

► Günstig

Hotel Casa di William
Nahe der westlichen Tempelgruppe
Tel. 076 86 – 27 45 50
Einfaches Hotel mit Terrasse und Restaurant mit internationaler Küche.

Götter und Fabelwesen

raho. Es sieht aus, als würde man diese weiblichen Figuren dabei überraschen, wie sie gerade einen Liebesbrief schreiben, sich im Spiegel betrachten oder einen Dorn aus dem Fuß ziehen. **Irdische Wesen** wie Lehrer, Tänzer, Musiker und erotische Darstellungen von Paaren oder Gruppen sind ebenfalls zu bewundern wie auch die letzte Gruppe mit **Tieren und Fabelwesen**.

Anhand der vielen Tempel von Khajuraho kann man die **Entwicklung** und den langsamen Niedergang der Skulpturentradition gut verfolgen. Der Lakshmana- und der Parasvanatha-Tempel zeigen klassische, dezent modellierte Figuren mit einem ernsthaften Ausdruck. Voll entwickelt erscheint der Khajuraho-Stil bei den Skulpturen des Vishvanatha-Tempels mit ihren wunderbar ausgeglichenen Proportionen. Dieser Stil gewinnt seine vollkommenste Ausprägung im großartigen Kandariya-Mahadeva-Tempel.

Im Vergleich dazu wirken die Figuren an den Jagadamba- und Chitragupta-Tempeln schmäler und die Haltungen unnatürlich verdreht. Die schmalen Figuren mit langen Beinen und exaltierten Bewegungen werden auch in den Jaintempeln Vamana und Adinatha dargestellt. Beim Javari- und Chaturbhuja-Tempel wirken die Figuren hingegen leblos und deuten bereits den Niedergang der Skulpturtradition an.

Schließlich glänzt der Duladeo-Tempel durch reich geschmückte Figuren, die manieristisch wirken, aber nicht mehr die Kraft und Schönheit der früheren Skulpturen zum Ausdruck bringen.

EROTIK IN STEIN

Kunsthistoriker haben sich schwer getan, den freizügigen Mithuna-Figuren (Paare beim Liebesspiel) in Khajuraho gerecht zu werden. Oft werden diese als Pornografie verurteilt oder erst gar nicht thematisiert.

Trotzdem kommen Reisende aus aller Welt, um einen Blick auf diese Figuren zu werfen, die zum Teil wie ein Bilderbuch zum Kamasutra wirken. Der westliche Besucher ist zwar daran gewöhnt, dass in der indischen Miniaturmalerei erotische Szenen dargestellt sind, doch er ist meist irritiert, einige der freizügigsten Skulpturen ausgerechnet **an den Außenfassaden von Sakralbauten** zu finden. Dabei gehören das Leben und die Liebe schon immer eng zur hinduistischen Religion. Nicht allein der Gott Krishna – als Liebling der Frauen bekannt – und sein Liebesleben werden ausführlich beschrieben und in Tempeln abgebildet. Die Polarität von Gegensätzen und die Kraft aus deren Vereinigung ist das zentrale Thema von Geschichten um Shiva und Shakti, was gerade auch in deren Symbolen Lingam und Yoni (als Phallus und Vagina) kulminiert. In einer berühmten Legende über Shiva wird berichtet, dass er sich nach der Selbsttötung seiner Frau Sati in die Berge zurückzog und meditierte. Daraufhin fing die ganze Welt an zu verdorren, da die göttliche Kraft der Schöpfung erloschen war. So beschloss der Götterrat mit Hilfe des Liebesgottes Kama, Shiva in die Göttin Parvati verliebt zu machen. Durch die Vereinigung von Shiva und Parvati entstand wieder Leben auf der Erde.
Generell haben die indischen Gottheiten alle Frauen, führen ein Familienleben und zeugen Kinder. Sie verlieben sich, sind eifersüchtig und **spiegeln so das menschliche Leben wider**, zu dem Liebe als ganz wesentlicher Teil gehört.

Keine Tabuisierung

Nackte menschliche Figuren, vollbusige Frauen oder im Liebesakt verschlungene Paare findet man in den hinduistischen und jainistischen Tempeln recht häufig. Bereits in der Kunst der Sunga-Periode wurden Mithuna-Figuren dargestellt und danach auch in der buddhistisch geprägten Kunst von Mathura und Amaravathi. Als Beispiele für erotische Skulpturen in Tempeln sei nur auf Ranakpur, Modhera und Darasuram verwiesen. Die Figuren dort sind jedoch klein und finden sich an Ecken und Rändern, aber nicht an einer exponierten Stelle.

In Khajuraho dagegen wird die **erotische Darstellung zum zentralen Thema** erhoben. Überall sieht man umschlungene Paare, ekstatisch verzückte Gesichter und Liebesstellungen, die wie Zirkusakrobatik anmuten. Bis jetzt gibt es jedoch keine befriedigende Erklärung, warum ausgerechnet in Khajuraho die Mithuna-Figuren so zahlreich und augenfällig zu finden sind. Sollen sie die Menschen vor einem ausschweifenden Leben warnen oder dazu ermuntern? Sollen sie ein Sinnbild für die Kraft sein, die aus der Vereinigung der Liebenden entsteht? Warum gaben Könige Unsummen aus, um diese Skulpturen herstellen zu lassen und die Tempel damit zu schmücken?

Man nimmt an, dass die Chandellas, die die Tempelanlage im 10. / 11. Jh. erbauen ließen, dem **Tantra-Kult** anhingen. Der Tantrismus, der sich um den Shaktismus entwickelte, ist eine Gegenbewegung zu dem Askese predigenden Buddhismus und verschiedenen Richtungen des Shivaismus. Nach seiner Vorstellung erscheinen neben den spirituellen Übungen (yoga) auch die körperlichen Freuden (bhoga) als ein Weg zur Erlösung.

Ein zentraler Punkt ist, dass die Realität als Ergebnis und Ausdruck der Symbiose von männlichem (= Shiva) und weiblichem (= Shakti) Prinzip gesehen wird. Gegensätze wie männlich / weiblich, Mikrokosmos / Makrokosmos, Sakrales / Profanes und Shiva / Shakti sind dabei zur Synthese zu bringen. Im tantrischen Panchtatwa-Ritual wird der Schüler durch einen Guru angeleitet, fünf verbotenen Genüssen zu frönen: Wein, Fleisch, Fisch, Drogen und Sex. Mittels dieser Tabubrüche soll es gelingen, die Gegensätze der künstlich getrennten Welt zu durchdringen und die Einheit zu erleben. Kali (ein Aspekt Shaktis) ist die zentrale Gottheit dieser Strömung. Vor diesem Hintergrund könnten die Mithuna-Figuren – als Verherrlichung der Ideen des Tantra-Kultes – ein **Symbol für die Verschmelzung der Einzelseele mit der Weltseele**, der Transzendenz, sein. Unabhängig von jeder Deutung lassen die erotischen Skulpturen jedenfalls den Schluss zu, dass die Bevölkerung um Khajuraho vor 900 Jahren die Liebe und die körperlichen Freuden als eines der vier Ziele des Lebens (purusharthas) ansah und sie **weder verdammte noch tabuisierte**.

Die indische Gesellschaft von heute ist weit entfernt von einem entkrampften Verhältnis zu Liebe und Sexualität. Denn den immer freizügiger werdenden Darstellungen in Film und Fernsehen und den freier werdenden Umgangsformen in den großen Städten steht eine prüde Moral der Mittelschicht entgegen.

Westliche Gruppe

Die als westliche Gruppe bezeichnete Anlage umfasst den außerhalb der Mauer liegenden Matangeshvara-Tempel sowie den Lakshmana-Tempel (950), den Vishvanatha-Tempel (1002), den Chitragupta-Tempel und den besonders schönen Kandariya-Mahadeva-Tempel (1025 – 1050). Man betritt die westliche Gruppe durch ein Tor und hat nun die Möglichkeit, auf einem Rundgang die fünf wichtigen Tempel zu besichtigen.

★ Lakshmana-Tempel

Der Lakshmana-Tempel verdeutlicht das architektonische Konzept der Tempel von Khajuraho am besten, da auch im Innenbereich des Tempels fast alles vollständig erhalten ist. Als einziger der Tempel ist er **in seiner ursprünglichen Form, mit den vier begrenzenden Eckschreinen, erhalten**. In einer kleinen Halle davor ist ein Varaha, die Eber-Inkarnation Vishnus, aufgestellt. An den Außenwänden des Tempels sieht man neben Göttern und sich eng umarmenden Paaren zahlreiche Darstellungen von Nymphen. Die Plinthe ist von einem fein bearbeiteten Fries umgeben, das auch erotische Darstellungen zeigt. Eines der Bänder ist von Elefanten durchsetzt, die alle streng geradeaus blicken. Amüsant ist die Darstellung des Elefanten, der lacht und zur Seite sieht, um ein Paar besser bei seinem Liebesspiel beobachten zu können. Zu den bekannteren Reliefs gehört auch die Szene, die einen Mann zeigt, der sich mit seinem Pferd vergnügt. Die Deckenkonstruktion im Tempelinneren wird von Streben in Frauengestalt gestützt wird. Ursprünglich war die Decke noch reicher geschmückt; einige dieser Figuren befinden sich heute im Indian Museum in Kolkata. Im Sanktum ist eine Vishnu-Figur mit Löwen- und Eberkopf aufgestellt.

Khajuraho Orientierung

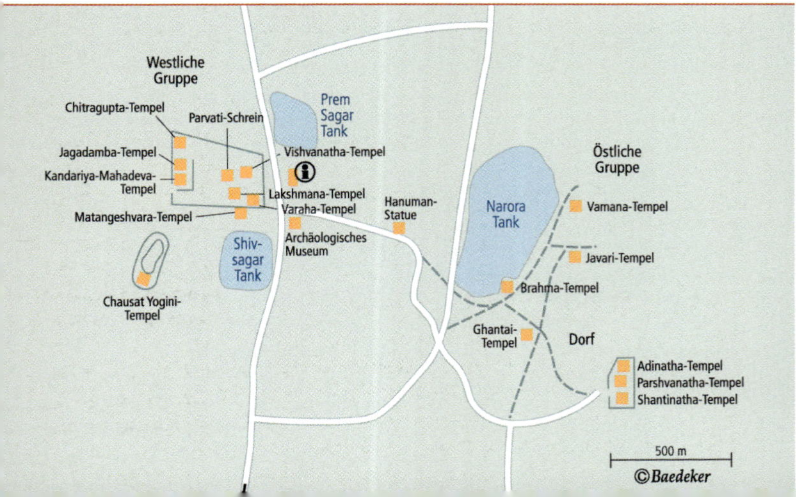

★★ Kandariya-Mahadeva-Tempel

Der Kandariya-Mahadeva-Tempel mit seinem 31 m hohen Turm ist der **größte und schönste Tempel** in Khajuraho. Er liegt an der hinteren südwestlichen Ecke der Parklandschaft. Sein Eingang wird von einem sehr schönen Steinbogen bekrönt und sowohl die Friese um den Tempel herum als auch die Haupthalle beinhalten **wundervolle Skulpturen**. Insgesamt sollen es fast tausend sein, von denen viele einen Meter hoch sind. Einige Skulpturen zeigen sich vereinigende Paare, teilweise in ziemlich akrobatischen Stellungen. Die Figurenkompositionen wirken sehr rhythmisch und passen sich harmonisch der Gesamtarchitektur des Tempels an. Je nach Standort offenbart der Tempel unterschiedliche Ansichten. Von der Seite sieht man den allmählichen Anstieg der Vorhallen, die über der Garbagriha ihre Krönung finden. Von vorne wirkt der Tempel wie ein schmaler Berg, umgeben von vielen kleinen Bergen – eine Nachahmung des mythischen Weltenberges Meru. Im Sanktum des Shivatempels ist ein großer Lingam aufgestellt.

Jagadamba-Tempel

Auf der gleichen Plattform wie der Kandariya-Mahadeva-Tempel steht der kleinere, mit sehr schönen Skulpturen versehene Jagadamba-Tempel, der Parvati geweiht ist. Zwischen diesen Tempeln sind die Reste des Mahadeva-Schreins zu sehen.

Weitere Tempel

Der an der nordwestlichen Ecke liegende **Chitragupta-Tempel** wurde im 11. Jh. errichtet. Er ist dem Sonnengott Surya geweiht, der auf seinem Wagen im Inneren dargestellt ist. Fast am Ausgang, auf der nordöstlichen Seite an der Straße, liegt der **Vishvanatha-Tempel** mit dem vorgelagerten Pavillon für Nandi, Shivas Reittier. Er wurde bereits 1002 gebaut und kann mit seinen nacheinander hochstrebenden Shikaras und dem in drei Bändern um den Tempel laufenden Fries mit Skulpturen als Prototyp für alle anderen Tempel gelten.Außerhalb der Umfassungsmauer auf der linken Seite sieht man den schlichten **Matangeshvara-Tempel**, der als einziger aus der westlichen Gruppe täglich von Gläubigen aufgesucht wird.

Archäologisches Museum

Öffnungszeiten:
tgl. außer Fr.
9.00 – 17.00

Im Museum gegenüber der westlichen Gruppe kann man einige der auf den Tempelfriesen dargestellten Figuren auf Augenhöhe betrachten. Man muss jedoch dabei berücksichtigen, dass die Bildhauer die Figuren entsprechend der geplanten, höher gelegenen Position, gestalteten und manche dadurch etwas unproportioniert erscheinen. Besonders herausragend ist der **tanzende sechsarmige Ganesha** aus dem 11. Jh. im Eingangssaal. Jeder seiner Arme ist mit einem Symbol bestückt, das ihn charakterisiert. In seiner linken unteren Hand hält er eine Schale mit Laddhus, Süßigkeiten, die er gern mag. Selbst beim Tanz ist er mit seinem Rüssel dabei, ein Laddhu zu verspeisen. Interessant ist auch die Darstellung von **Shiva und Vishnu in einer einzigen Figur**, Hari Hara genannt. In dieser Figur wird der monotheistische Gedanke des Hinduismus, der Vishnu, Shiva und andere Gottheiten nur als Facetten eines einzigen Gottes begreift, deutlich.

Östliche Gruppe Die Tempel der östlichen Gruppe kann man bei einem Spaziergang oder mit einer Riksha erreichen. Von diesen Tempeln ist die Gruppe der drei Jaintempel besonders sehenswert.

★ Parshvanatha-Tempel ► Der Parshvanatha-Tempel war ursprünglich dem ersten Furtenbereiter der Jainas, Adinath, geweiht, wurde jedoch später Parshvanatha, dem 23. Furtenbereiter, gewidmet. Die Skulpturen an seiner Außenfassade zeigen sehr schöne Darstellungen von hinduistischen Gottheiten (Hanuman, Sita, Rama). Besonders bemerkenswert sind die beiden Frauenfiguren, die man dabei zu beobachten scheint, wie sie sich Kajal auftragen oder einen Dorn aus dem Fuß ziehen.

Der **Shantinatha-Tempel** beherbergt eine riesige, 4,5 m hohe Figur von Adinath, die den Raum, in dem sie sich befindet, vollkommen ausfüllt. Im Raum daneben ist hier eine kleine Fotoausstellung über die verschiedenen Jain-Heiligtümer in Indien zu sehen.

Etwas kleiner ist der angrenzende **Adinatha-Tempel**, der ebenfalls sehr schöne Skulpturen vorweisen kann.

★★ Mumbai (Bombay)

C 10

Hauptstadt von Maharashtra
Einwohner: 16 Mio.
Höhe: Meeresspiegel
Entfernung: 1408 km von Delhi

»Bombay: es sieht aus wie eine Hand, aber in Wirklichkeit ist es ein Mund – immer offen, immer hungrig« schieb der Schriftsteller Salman Rushdie, die geografische Gestalt und den ökonomischen Wachstum seiner Geburtsstadt vor Augen.

25 % der indischen Industrie konzentriert sich im Ballungsraum Mumbai, ein Drittel der gesamten Einkommenssteuer des Staates wird hier erwirtschaftet und die Stadt zählt mehr Dollarmillionäre zu ihren Einwohnern als die Bundesrepublik. Doch die Hälfte seiner 16 Millionen Bewohner lebt in Elendsquartieren entlang der Bahnlinien und in Slums wie Dharavi, dem größten ganz Asiens. Apartmentblocks, deren Mieten getrost einen Vergleich mit denen europäischer Großstädte auf sich nehmen können, und Villenviertel wie Malabar Hill, Juhu oder Bandra liegen Tür an Tür mit Armutssiedlungen. Ständig wird dem Meer am südlichen Zipfel der lang gestreckten, 2 bis 5 km breiten, etwa 30 km langen Halbinsel neues Land abgerungen, um Platz zu schaffen für neue Banken, Geschäftshäuser, Apartments und Einkaufszentren im Zentrum der City.

! *Baedeker* TIPP

Mumbai im Roman

Lang ist die Reihe der Schriftsteller, die durch die Metropole literarisch inspiriert wurden. Besonders gelungene Beispiele sind Salman Rushdies »Mitternachtskinder«, Kiran Nagarkars »Ravan und Eddie« und Manil Suris »Vishnus Tod«.

Marine Drive – die eindrucksvolle sechsspurige Küstenstraße

Grundstückspreise in Downtown Mumba erzielen heutzutage die weltweit höchsten Steigerungsraten.
Wie kein anderer Ort Indiens lockt die Metropole an der Westküste des Subkontinents Menschen an. Täglich erreichen viele Neuankömmlinge die Stadt, angezogen von Mumbais zweifelhaftem Ruf, jedem Brot und Arbeit bieten zu können. Doch »Bom Bahia« (die gute Bucht), wie sie von den Portugiesen einstmals genannt wurde, erweist sich nur für einen Teil seiner Einwohner als Goldgrube. Gelder fließen in Nariman Point, Mumbais Banken- und Geschäftsviertel, an der Dalal Street, wo die älteste Börse Asiens ihren Sitz hat, in den Studios von »Bollywood« (► Baedeker-Special S. 112), wo weltweit die meisten Filme produziert werden, und in Navi Mumbai, der neuen Satellitenstadt am nördlichen Ende der Millionenmetropole – dort haben sich zahlreiche ausländische Konzerne niedergelassen.

Wissenschaft und Kultur

Mumbai ist ein **Zentrum der Wissenschaft**. Zahlreiche Universitäten, Colleges und Forschungsanstalten wie das renommierte Tata Institute for Social Sciences sind hier zuhause. Daneben erfreut sich die Stadt einer bunten und äußerst **lebhaften Kunst- und Kulturszene**. Im National Center for Performing Arts (NCPA) am Nariman Point finden in mehreren Theatern regelmäßig Aufführungen und Konzerte von internationalem Rang statt. Neben der permanenten Ausstellung in der neuen Gallery of Modern Arts an der MG Road gibt es zahlreiche Galerien mit Wechselausstellungen moderner Künstler, die einen Einblick in die äußerst vielfältige und aktive indische Kunstszene gewähren. Am bekanntesten ist die Jehangir Art Gallery, ebenfalls an der MG Road, in deren erstem Stock sich die traditionsreiche Chemould Art Gallery befindet.

Mumbai Orientierung

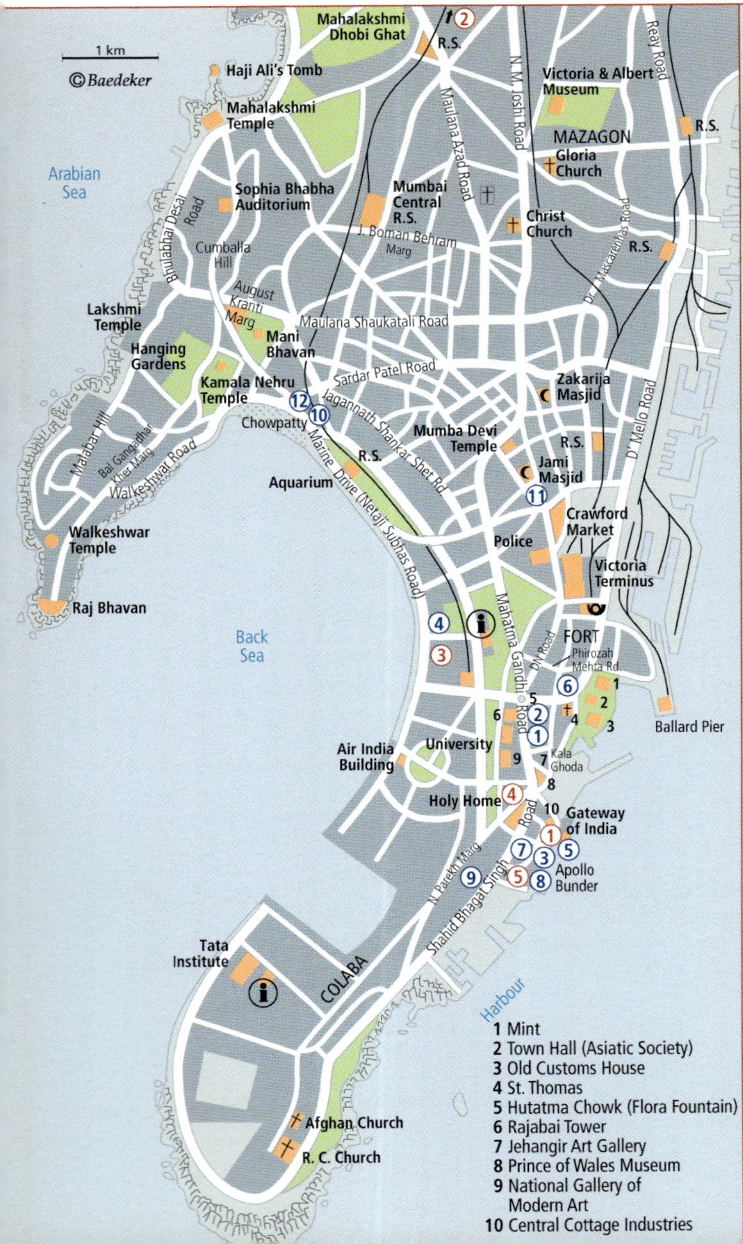

Essen

1. Khyber
2. Joss
3. Indigo
4. Kamling
5. Sea Lounge
6. Mahesh Lur Home
7. Leopold Ca
8. Harbour Vie
9. Kailash Par
10. Cream Cen
11. Rajdhani
12. New Culfi

Übernachten

1. Taj Mahal Hotel
2. Leela Kem
3. Sea Green Hotel
4. YWCA
5. Bentley's H

MUMBAI ERLEBEN

AUSKUNFT

Government of India Tourist Office
123, Maharishi Karve Road
(ggü. dem Churchgate Bahnhof)
Tel. 022 – 22 03 31 44
Hier erhält man auch eine regelmäßig erscheinende Informationsbroschüre über die kulturellen Aktivitäten in Mumbai (Öffnungszeiten Mo. – Fr. 8.30 – 18.00, Sa. 8.30 – 14.00 Uhr).

Maharashtra Tourism
beim Gateway of India
Tel. 022 – 22 02 67 13
Von hier starten organisierte Stadtrundfahrten; am Wochenende auch Nachtfahrten in roten Doppeldeckerbussen. Allgemeine Informationen auch auf der Webseite des Bundesstaates Maharashtra (www.mtdcindia.com).

»Time Out Mumbai«
14-tägig erscheinendes Stadtmagazin

FESTE

Mumbai ist ein Mekka für die Freunde klassischer indischer Musik. Von Dezember bis Februar finden unzählige Festivals statt. Die wichtigsten sind: das St.-Xaviers-Festival, das Banganga-Festival (1. Wochenende im Januar), das Elefanta-Festival (Ende Jan. / Anfang Febr.) und das Kala-Ghoda-Festival (Jan. / Febr.). Die genauen Termine erfährt man beim Tourist Office oder im Musikladen Rhythm House (s. u.).

SHOPPING

Eine der wichtigsten Einkaufsstraßen ist die Shahid Bhagat Singh Road (Colaba Causeway) im Stadtteil Colaba und deren Seitenstraßen; ebenfalls viele interessante Geschäfte findet man in der Mahatma Gandhi Road

Beim Ganesh Chaturthi (Aug./Sept.) werden Statuen des Gottes ans Meer gebracht und untergetaucht.

und der Phirozah Mehta Road im Stadtteil Fort.
Weitere Shoppingmeilen sind um die Kreuzung Kemps Corner/Bhulabhai Desai Road (ehem. Warden Road) und in der Linking Road im Stadtteil Bandra zu finden. Die Basarstraßen um die Abdul Rehman Street in der Altstadt von Mumbai sind ebenfalls sehr interessant.
Ganz in der Nähe ist auch der Chor Bazar, ein Viertel mit vielen Antiquitätengeschäften; jeden Freitag findet dort auch ein Straßenmarkt statt.

Baedeker-Empfehlung

Paradies der Stoffe
Seiden- und Leinenstoffe, Baumwolle in allen Farben, Schals, Tücher und bedruckte Decken findet man im Mangaldas Market, einem Textilgroßmarkt im Herzen der Altstadt (Nähe Crawford Market). Ein Paradies auf mehreren hundert Quadratmetern für Liebhaber indischer Stoffe.

Rhythm House
Kala Ghoda; Stadtteil Fort
Ausgezeichneter Musikladen; hier werden auch Konzertkarten verkauft.

The Bombay Store
Phirozah Mehta Road
Schöne Geschenke für die Daheimgebliebenen findet man hier.

Strand Book Stall
Schräg gegenüber vom Bombay Store. Sehr gut sortierter kleiner Buchladen mit guter Beratung. Auf Wunsch werden die Bücher direkt per Paket in die Heimat geschickt.

Fab India
MG Road / Kala Ghoda
Indische Textilien aller Art, vom Hemd über Schals bis zu Vorhängen.

Nalanda Book and Record Shop
Im Taj Mahal Hotel
Ebenfalls sehr gute Auswahl an Büchern und CDs.

Bombay Khadi Village Industries Emporium
286 D. N. Road, Fort
Artikel aus den Gandhi-Produktionsstätten, von handgewebten Baumwollstoffen bis zum Honig.

Chimanlals
A-2, Taj Building
210 D. N. Road, Fort
Wenn man die D. N. Road vom Gandhi-Laden weiter Richtung Bahnhof VT läuft, ist dieser wunderbare Papierladen, etwas versteckt in einer Seitengasse links.

Cottage Industries Emporium
Staatliches Geschäft mit großer Auswahl an Kunsthandwerk, Chhatrapati Shivaji Marg, Colaba, nahe Gatway of India

AUSGEHEN

Mumbai besitzt die meisten Bars, Lounges, Discos und Nightclubs von ganz Indien. Die Viertel Juhu und Bandra gelten als besonders schick. Doch der Süden Mumbais, wo die meisten Touristen sich aufhalten, hat diesbezüglich auch einiges zu bieten. Zum Beipiel:

Geoffreys
Im Hotel Marine Plaza am Marine Drive
Dort gibt es leckere Cocktails und nach den indischen Knabbereien könnte man süchtig werden.

Not just Jazz by the Bay
Neben »The Pizzeria«, ebenfalls am Marine Drive, mit Live-Musik oder Karaoke.

Indigo
Das Restaurant in Colaba (s.u.) hat eine sehr schöne Lounge.

Liste der In-Lokale
www.explocity.com/mumbai/nightlife

ESSEN

► Fein & teuer

① ***Khyber***
145, Mahatma Gandhi Road
Kala Ghoda
Tel. 022 – 22 67 32 27
Eines der besten Restaurants für nordindische Küche.

② ***Joss***
30 K, Dubash Marg
Kala Ghoda; Fort
Feine südostasiatische Spezialitäten, leckere Vorspeisen

③ ***Indigo***
4, Mandlik Road
Colaba
Tel. 022 – 56 36 89 80

Mediterrane Küche in stilvoll eingerichtetem Ambiente mit Garten und Dachterrasse.

④ ***Kamling***
84, Veer Nariman Road
Churchgate
Tel. 022 – 22 04 26 18
Ausgezeichnete chinesische Küche, sehr gute Vorspeisen und Suppen.

⑤ ***Sea Lounge***
Im Taj Mahal Hotel
»Hightea« oder auch Cappuccino und gute Snacks mit erstklassiger Aussicht auf das Meer.

► Erschwinglich

⑥ ***Mahesh Lunch Home***
8-B, Cawasji Patel Street
Seitenstraße der Phirozah Mehta Road
Fort
Tel. 022 – 22 87 09 38
Fischspezialitäten nach Art der Südwestküste zubereitet, unbedingt den gedämpften Pfannkuchen (Neer Dosa) als Beilage probieren!

⑦ ***Leopold Café***
Shahid Bhagat Singh Road
Colaba
Tel. 022 – 22 82 81 85
Multicuisine-Restaurant und Bar, traditioneller Treffpunkt für Traveller.

⑧ ***Hotel Harbour View***
Apollo Bunder
Gegenüber Radio Club
Tel. 022 – 22 84 11 97
Dachterrassenrestaurant mit tollem Blick auf den Hafen; für lange Abende bei Musik und guten Tandoori-Gerichten

► Preiswert

⑨ ***Kailash Parbat***
1st Pasta Lane

Relaxen am Pool des Taj Palace Hotels

Seitenstraße der Shahid Bhagat Singh Road
Colaba
Tel. 022 – 22 87 48 23
Nordindische vegetarische Küche, lokale Snacks wie Bhelpuri und Dahi Puri, viele verschiedene Süßspeisen.

⑩ ***Cream Center***
Fulchand Niwas
Gegenüber vom Chowpatty Strand
Tel. 022 – 23 67 92 22
Große Auswahl an Fladenbroten und nordindischen vegetarischen Snacks.

⑪ ***Rajdhani***
Gegenüber vom Mangaldas Market
Nähe Crawford Market
Tel. 022 – 23 44 90 14
Vegetarische Thalis (verschiedene Gerichte auf einem Teller) im Stil der Küchen Rajasthans und Gujarats.

⑫ ***New Kulfi Center***
An der Aaren Bridge gegenüber vom Chowpatty Strand
Hier gibt es Mumbais bestes Eis (Kulfi); unbedingt das Pistazien-Mandel-Eis (Badam-Pista) und das Mango-Eis probieren.

ÜBERNACHTEN

► Luxus

① ***The Taj Palace Hotel***
Apollo Bunder; Colaba
Tel. 022 – 56 65 33 66
www.tajhotels.com
Eines der berühmtesten und traditionsreichsten Hotels Asiens, direkt neben Mumbais Wahrzeichen, dem Gateway of India, gelegen. Mehrere sehr gute Restaurants und Bars versüßen das Leben der Gäste.

② ***The Leela Kempinski***
Sahar
Beim Internationalen Flughafen
Tel. 022 – 56 91 12 34
www.theleela.com
Luxushotel mit allem Komfort und guten Restaurants, wegen seiner Lage bei Geschäftsleuten sehr beliebt.

► Komfortabel

③ ***Sea Green Hotel***
145 Marine Drive
Tel. 022 – 22 82 22 94 u. 56 33 65 25
www.seagreenhotel.com
Geräumige, saubere Zimmer mit Balkon und herrlichem Ausblick auf das Meer und die Uferpromenade.

► Komfortabel / Günstig

④ ***YWCA***
18 Madame Cama Road; Fort
Tel. 022 – 22 02 50 53
Sauberes und gut geführtes Hotel mit kleinem Speiseraum (Frühstück und Abendessen sind inbegriffen). Zentral gelegen, rechtzeitig buchen!

⑤ ***Bentley's Hotel***
17, Oliver Road; Colaba
Tel. 022 – 22 87 18 46
www.bentleyshotel.com
Zimmer unterschiedlicher Größe, zentral gelegen, Frühstück inklusive.

Geschichte

bis 14. Jh.	Heimat der Koli-Fischer, Hindu- und Muslimherrscher
1534	Kolonialmacht Portugal
1661	Britische Herrschaft: Ausbau zum Handelszentrum der indischen Westküste, immense Zuwanderung
1885	Gründung des Indischen Nationalkongresses in Bombay
1996	Offizielle Umbenennung der Stadt in Mumbai

Mumbai – das waren ursprünglich sieben vom Fischervolk der Kolis bewohnte Inseln: Colaba, Mahim, Mazgaon, Parel, Worli, Girgaum und Dongri, nach denen heute noch Stadtteile benannt sind. Von Mumba Devi, der Schutzgöttin der Kolis, leitet sich vermutlich der ursprüngliche und inzwischen wieder eingeführte Name der Stadt, **Mumbai**, ab. Die Fischergemeinschaft bildet noch immer einen wenn auch geringen Teil der Einwohnerschaft Mumbais und ist nach wie vor mit dem Fischfang bzw. dessen Verarbeitung und Verkauf beschäftigt.

Das Gebiet wurde im Mittelalter sowohl von Hindu- als auch Muslimherrschern regiert und fiel 1534 an die Kolonialmacht Portugal, die ihm den Namen **Bom Bahia** (gute Bucht) gab, nach dem ausgezeichnet geschützten Naturhafen, den dieser Küstenabschnitt bildete. Bom Bahia geriet 1661 in die Hände der konkurrierenden Engländer, und zwar in Form einer Mitgift, die die portugiesische Infantin Katharina von Bragança in ihre Ehe mit Charles II. von England einbrachte. Jener verpachtete das Land für symbolische 10 Pfund an die East India Company, woraufhin der Ausbau des neuen Handelsstützpunkts unter Gouverneur Aungier erfolgte. Sümpfe wurden trockengelegt und die verschiedenen Inseln durch Aufschüttungen miteinander verbunden – aus Bom Bahia wurde das englische **Bombay**. Diese neue Niederlassung zog Menschen von überall her an: Handelsleute (meist Parsen oder Jainas) aus dem weiter nördlich gelegenen Surat, Muslime aus Persien und dem westlichen Küstenabschnitt, Juden, Christen, Sikhs und sogar chinesische Händler. Das Gros der benötigten Handwerker und Arbeiter stellten die Marathen aus dem Umland, die überwiegend Hindus waren. So entstand schon früh ein buntes Völkergemisch, das Bombay zur multikulturellen Metropole Indiens machte, von der immer wieder bedeutende Impulse sowohl in wirtschaftlicher als auch in politischer und kultureller Hinsicht ausgehen.

Highlights Mumbai

Prince-of-Wales-Museum
Besonders berühmt wegen seiner schönen Miniaturen- und Skulpturensammlung
▸ Seite 496

Marine Drive und Chowpatty Beach
Ein Spaziergang über die Uferpromenade zum Strand bei Sonnenuntergang ist ein Muss.
▸ Seite 491

Taj Mahal Hotel
Teepause im Taj, dem berühmtesten Hotel Indiens (Abb. S. 426, 483)
▸ Seite 489

Elefanta
Mit dem Boot zur Insel und in die Felsenhöhlen
▸ Seite 494

Gateway of India
Egal, ob zum Sonnenaufgang, mittags oder am späten Abend: Hier ist immer was los!
▸ Seite 489

Victoria Terminus
Der Bahnhof verbindet Kolonialarchitektur und pralles Leben.
▸ Seite 487

MG Road und DN Road bis VT-Bahnhof
Pulsierende Lebensader Mumbais mit vielen Geschäften und Restaurants
▸ Seite 487

Chor Bazar
Auf dem »Diebesmarkt« gibt es Antiquitäten in großer Auswahl
▸ Seite 491

Crawford Market und Mangaldas Market
Ein Mekka zum Einkaufen
▸ Seite 490

Die Stadt wuchs weiter, nachdem eine Verbindung mit der 1776 neu hinzugewonnenen Insel Salsette geschaffen worden war. Mitte des 19. Jh.s betrug ihre Einwohnerzahl etwa eine Viertelmillion. Zu jener Zeit wurde auch das marathische Hinterland mit seinen Baumwollplantagen durch Schienenverkehr erschlossen, was zu einem raschen Wachstum der Textilindustrie beitrug. Bombays große Stunde kam, als die Briten ihren immensen Bedarf an Baumwolle infolge des Sezessionskriegs nicht mehr in Amerika decken konnten. Der plötzliche Reichtum schlug sich auch im Stadtbild nieder und fand seinen Ausdruck in zahlreichen Repräsentationsbauten von Staat, Verwaltung und wohlhabend gewordenen Bürgern, während andererseits die negativen Folgen von Kolonialisierung, Industrialisierung und Verstädterung auch vor Bombay nicht halt machten. Nicht zufällig fand die Gründung des Indischen Nationalkongresses 1885 hier statt und noch heute beherrschen die für jeden sofort sichtbaren sozialen Gegensätze die Politik und die Bürgersteige.

Stadtteil Fort

Straßenbild

Der Stadtteil Fort birgt eine Vielzahl von Gebäuden aus der britischen Kolonialzeit. Sein Name geht auf die an dieser Stelle errichtete Befestigungsanlage der Engländer zurück. Der im folgenden beschriebene Spaziergang führt vorbei an den wichtigsten Sehenswürdigkeiten und gibt einige Tipps für die zahlreich vorhandenen Einkaufsmöglichkeiten.

✶✶ Prince of Wales Museum

Öffnungszeiten: tgl. außer Mo. 10.15 – 18.00

Man beginnt den Rundgang am besten am oberen Ende der Mahatma Gandhi Road, am Prince-of-Wales-Museum. Es ist das wichtigste Museum Mumbais und wurde 1905 vom Architekten Wittet in Anlehnung an den Mogulstil errichtet. Ein reizvoll angelegter Garten umrahmt das Gebäude, das u. a. eine große Skulpturensammlung, eine archäologische und naturhistorische Abteilung, eine Kollektion von indischen Waffen, Brokaten und kostbaren Saris sowie chinesisches Porzellan beherbergt. Der Stolz des Museums sind seine **Miniaturen** im ersten Stockwerk. Darunter gibt es einige besonders schöne Tierdarstellungen der Mogulschule und Bildnisse von Shiva, Parvati und Krishna aus der Paharischule des 19. Jahrhunderts.

Das Prince-of-Wales-Museum

Links neben dem Museum befindet sich die **Jehangir Art Gallery**, die mit Wechselausstellungen Einblicke in die moderne indische Kunstszene gibt (Öffnungszeiten: tgl. 11.00 bis 19.00 Uhr).

Gleich dahinter liegt der **Max Mueller Bhavan**, die örtliche **Dependance des Goethe-Instituts**. Direkt gegenüber kann man im Chetana, einem Restaurant mit leckerem vegetarischem Gujarati-Essen eine erste Pause einlegen oder man lauscht im Rhythm House, einem sehr gut sortierten Musikladen, links vom Restaurant, den Klängen Ravi Shankars und den neuesten Bollywoodschlagern.

National Gallery of Modern Art ⌚

Auf der anderen Seite der MG Road liegt die National Gallery of Modern Art mit Gemälden der bekanntesten indischen Künstlerinnen und Künstler des 20. Jh.s (Öffnungszeiten: tgl. außer Mo. 11.00 bis 18.00 Uhr).
Nördlich davon schließt sich eine Reihe von Repräsentationsbauten aus dem letzten Jahrhundert an. Das traditionsreiche Elphinstone College, verschiedene Gebäude der Universität, 1874 im Stil französischer Gotik erbaut, die **David Sassoon Library** und der Oberste Gerichtshof (**High Court**) von Mumbai mit seiner 170 m langen Fassade, 1879 im Stil venezianischer und frühenglischer Gotik errichtet.

Hutatma Chowk

Man erreicht dann den geschäftigen Hutatma Chowk (Platz der Märtyrer), so genannt zum Gedenken an die Kämpfer für ein unabhängiges Maharashtra. Früher hieß dieser Platz **Flora Fountain**, nach dem Brunnen, der zu Ehren des Gouverneurs Sir Henry Frere 1869 aufgestellt worden war.

DN Road

Von hier folgt man nicht mehr der Mahatma Gandhi Road, sondern der Hauptgeschäftsstraße, der Dr. Dadabhai Navroji Road (DN Road), die direkt zum Victoria Terminus, kurz VT genannt, führt. Rechts und links entlang der Straße sind weitere Gebäude im neugotischen Stil zu sehen, unter deren Arkaden Händler ihre Waren anbieten. Hier gibt es alles, vom Seidenschal über Holzschnitzereien und Trockenfrüchten bis zum französischen Parfüm.

Khadi Village Industries Emporium

Nimmt man die linke Straßenseite, kommt man am Thomas-Cook-Wechselbüro und einige Meter weiter am bekannten Khadi Village Industries Emporium vorbei. Dort kann man handgewebte Gandhi-Baumwollhemden und kunsthandwerkliche Produkte kaufen.
Rechter Hand der D. N. Road Richtung VT zweigt die **Phirozah Mehta Road** ab, eine weitere wichtige Geschäftsstraße, in der der Strand Book Stall, einer der besten Buchläden Mumbais, und verschiedene staatliche Geschäfte für Kunsthandwerk liegen.

Nagar Chowk

★ ★

◄ Victoria Terminus (Chatrapathi Shivaji Station)

Hält man sich geradeaus auf der D. N. Road, erreicht man nach etwa fünf Minuten den Nagar Chowk, den großen Platz, der vom imposanten, 1878 bis 1887 erbauten Victoria Terminus, kurz **VT** genannt, beherrscht wird. Er wurde vor einigen Jahren in Chatrapathi Shivaji Station umgetauft. Der Bahnhof ist der schönste der im indogotischen Mischstil errichteten Bauten und mit seiner mächtigen, der Spätgotik nachempfundenen Kuppel weithin sichtbar. Vorbild für

Imposant: Das größte Gebäude Britisch-Indiens ist ein Bahnhof, der Victoria Terminus.

das **größte Gebäude Britisch-Indiens** war St. Pankras Station in London. Die mit überreichen dekorativen Details versehenen Fassaden versammeln eine Vielzahl an Tieren und mythischen Fabelwesen, ausgeführt von der Mumbai Art School unter ihrem Direktor John Lockwood Kipling, dem Vater des bekannten Schriftstellers.

General Post Office

Direkt gegenüber erhebt sich der Turm der Municipal Corporation, eines weiteren Gebäudes mit neogotisch-orientalischen Formen. Wer seine Post nach Deutschland abschicken will, erreicht in kurzer Zeit das Hauptpostamt (General Post Office, kurz GPO), indem er südlich am Victoria Terminus vorbeigeht und die Taxieinfahrt zum Bahnhof überquert. Das nächste Gebäude ist schon die Post, ein ebenfalls orientalisch anmutender Bau.

Horniman Circle

Von hier aus hat man mehrere Möglichkeiten, diesen Stadtteil weiter zu erforschen: Die erste Route führt vom Nagar Chowk über die Walchand Hirachand Marg bis zur nach wenigen Metern rechts abzweigenden Sahid Bhaghat Singh Road. So gelangt man zum Horniman Circle, um den sich verschiedene ehemals britische Gebäude gruppieren: The Mint, die alte Münzprägeanstalt von 1829, östlich die Town Hall (1833), heute Sitz der Asiatic Society, und weiter südlich das alte Zollgebäude von 1720. Hier liegt auch eine der kleinen stillen Oasen inmitten des geschäftigen Zentrums: die reizvoll angelegten **Horniman Gardens**, auf deren Bänken man sich ausruhen kann.

St. Thomas Cathedral

Öffnungszeiten: tgl. 6.30 – 18.00

Verlässt man den Park in westlicher Richtung, gelangt man zur Veer Nariman Road, die zurück zum Hutatma Chowk führt. An ihrer Südseite erhebt sich die alte St.-Thomas-Kathedrale aus dem Jahr 1718. Ihr Inneres führt die Besucher nicht nur zu Ruhe und Beschaulichkeit, sondern auch in die versunkene Welt des britischen Raj. Zahlreiche Gedenktafeln erinnern an die Schicksale der ehemaligen Diener der britischen Krone.

Tourist Information

Wer die alte Universität besichtigen oder sich im Tourist Office informieren möchte, geht vom Victoria Terminus wieder zurück bis zum Hutatma Chowk und biegt dort in die rechts abzweigende Veer Nariman Road ein. Die VN Road kreuzt die Bhaurao Patil Marg und führt direkt zur Churchgate Station, auf deren gegenüberliegender Seite das Tourist Office zu finden ist (M. Karve Road Nr. 123).

University und Rajabai Tower

Wenn man zurück zur B. Patil Marg geht und dann rechts abbiegt, kommt man zur 1857 gegründeten und 1874 fertig gestellten Universität von Mumbai. Der Gebäudekomplex mit seinem 80 m hohen Uhrturm, dem im neugotischen Stil erbauten Rajabai Tower, liegt in einem schönen Garten und wurde von dem Architekten Sir Gilbert Scott entworfen. Lässt man die Universität hinter sich, erreicht man in südlicher Richtung die Madame Cama Road, linker Hand erhebt sich das riesige Gebäude des Indian Institute of Science, an dessen Ende man wieder auf die Mahatma Gandhi Road trifft.

Stadtteil Colaba

Straßenbild

Der Stadtteil Colaba, dessen Name noch an die früheren Bewohner Mumbais, das Fischervolk der Kolis, erinnert, ist der südlichste Zipfel der Halbinsel. Hier konzentrieren sich Andenkenläden und Hotels. Auch das berühmteste indische Luxushotel befindet sich hier – das traditionsreiche **Taj Mahal Hotel**, 1903 erbaut und 1972 durch das Taj Intercontinental erweitert. Von der Bar im obersten Stockwerk hat man eine hervorragende Sicht auf die Stadt. Empfehlenswert ist auch ein Besuch im »Nalanda Bookshop« im Erdgeschoss.

**** Gateway of India**

Wenige Meter entfernt steht das Gateway of India, das bekannteste der hiesigen Bauwerke. Im Jahr 1911 aus Anlass des Indienbesuchs von König Georg V. und seiner Frau Mary als Gipspavillon errichtet, wurde es 1925 von dem englischen Architekten Wittet zu einem massiven Torbau aus gelbfarbenem Basalt umgestaltet. Das Gateway ist heute **Treffpunkt für Touristen, Gaukler, Süßwarenverkäufer und Drogendealer**. Von dort fahren die Boote ab, mit denen man nach Elefanta übersetzen oder eine kleine Hafenrundfahrt machen kann.

Mumbais Wahrzeichen: das Gateway of India

Afghan Church Außer dem Gateway und dem Taj hat Colaba noch eine ältere Sehenswürdigkeit zu bieten: die Afghan Church am Ende der Sahid Bhaghat Singh Road. Sie wurde 1847 im neugotischen Stil erbaut und erinnert an die Gefallenen des ersten Afghanistan-Kriegs.

Einkaufsmöglichkeiten Für den Touristen ist dieser Stadtteil vor allem wegen seiner zahlreichen Einkaufsmöglichkeiten interessant. Viele Geschäfte liegen an der S. B. Singh Road und deren Seitengassen. An der Shivaji Maharaji Marg, die vom Gateway zum Mukherji Chowk führt, befindet sich das Central Cottage Industries, das große staatliche Geschäft für Kunsthandwerk mit einer sehr guten Auswahl an indischen Produkten.

Altstadt

Straßenbild Ein Ausflug in die Altstadt von Mumbai lohnt auf jeden Fall, weil man nur in den engen Gassen und Basarstraßen einen echten Eindruck vom Lebensgefühl in einer indischen Großstadt erhält. Da sich der Fremde in dem unübersichtlichen Straßengewirr leicht verlaufen kann, ist es ratsam, sich von einem Ortskundigen begleiten zu lassen. Führer werden vom Tourist Office in der M. Karve Road vermittelt.

✶ Crawford Market Einen Bummel durch diesen Stadtteil beginnt man am besten beim Mahatma Phule Market, bekannt auch unter seinem alten Namen

Crawford Market. Er ist vom Victoria Terminus in wenigen Minuten zu erreichen, indem man der Navroji Road in nördlicher Richtung folgt. Bevor man ins Halbdunkel der weitläufigen Markthallen tritt, lohnt ein Blick auf das halbrunde **Fries über dem Haupteingang**. Es stellt schwer beladene, von der Ernte heimkehrende Bauern dar und wurde von John Lockwood Kipling entworfen. Besonders turbulent geht es im Crawford Market am frühen Morgen zu, wenn die Obst- und Gemüsehändler ihre Waren abholen. Alles findet der interessierte Käufer an diesem Ort: neben Bergen von Früchten und Gemüse die ganze Vielfalt indischer Gewürze sowie bunte Papageien, Hühner und sonstiges Kleingetier (s. Empfehlung S. 481).

Basare

Nördlich des Markts beginnt die »echte« Altstadt mit ihren Basaren wie dem Gold- und Silberbasar, dem Textilbasar und vielen anderen. Ihre Straßen quellen über vor hupenden Autos, schwerstbepackten Handkarren, schimpfenden Lastträgern, die sich ihren Weg durch die verstopften Straßen bahnen, und gelangweilt dreinblickenden Kühen. Geschäftiges Markttreiben entfaltet sich besonders in den kühleren Abendstunden, wenn im Muslimviertel um die Mohammed Ali Street und die Abdul Rehman Street die zahlreichen Lämpchen brennen. Ganz in der Nähe steht auch die Jami Masjid, die größte Moschee der Stadt.

! *Baedeker* TIPP

Köstlichkeiten im Fastenmonat

Im islamischen Fastenmonat Ramadan werden manche Viertel der Muslime abends zu Schlemmermeilen. Besonders um die Abdul Rehman Street und die Jami Masjid ist dann der Bär los: Delikat gekochte Ziegenzungen, Siruppfannkuchen (Malpua) oder Firni (gewürzter Milchreis) gelten mittlerweile auch bei Gourmets als schick.

Chor Bazar

Eine weitere Attraktion ist der im Viertel Bhendi Basar gelegene Chor Bazar (Diebesmarkt), wo vom gebrauchten Kofferradio über alte Grammophone bis zu chinesischen Vasen oder indischen Miniaturen alles angeboten wird. Freitags wird zudem auch ein Straßenmarkt abgehalten.

Mumba Devi Temple

Der zu Ehren der Schutzgöttin Mumbais aufgestellte Mumba-Devi-Tempel liegt ebenfalls in der Nähe. Er ist ungefähr 200 Jahre alt und birgt ein Bildnis der Namenspatronin der Stadt.

Westseite Mumbais

Hinweis

Die Route im Westteil der Stadt kann teils zu Fuß, teils mit dem Taxi oder Bus bzw. in mehreren Etappen zurückgelegt werden.

✶ Marine Drive

Das in Mumbai jedem bekannte Air India Building am Nariman Point, dem Banken- und Geschäftsviertel, bietet sich für den Rundgang als Ausgangspunkt an. Hier beginnt auch der Marine Drive, die etwa 1,5 km lange, halbrund geschwungene Uferpromenade.

Sie wurde früher auch **»Halsband der Königin«** genannt, nach der funkelnden Lichterkette, die schon beim nächtlichen Anflug auf Mumbai sichtbar ist. Besonders zu empfehlen ist ein Spaziergang bei Sonnenuntergang, der von hier aus gesehen sehr schön ist. Vorbei an Erdnuss- und Kokosnussverkäufern, Schlangenbeschwörern und joggenden Mumbaiern erreicht man gerade rechtzeitig in der Dämmerung den Stadtstrand Chowpatty, wo sich die Bewohner zur abendlichen Erfrischung bei Bhelpuri, Eis oder frisch gepresstem Fruchtsaft treffen. Baden sollte man allerdings lieber nicht.

★ Chowpatty ►

Mani Bhavan (Gandhi Museum)

Öffnungszeiten: Museum tgl. 9.30 – 18.00 Bibliothek Mo. – Fr. 9.30 – 18.00, Sa. 9.30 – 14.00

Von Chowpatty gesehen in östlicher Richtung, im Viertel Gamdevi, befindet sich ein bemerkenswertes kleines Museum, das an den Freiheitskampf Indiens und vor allem an seine Leitfigur **Mahatma Gandhi** erinnert: der Mani Bhavan. In diesem Gebäude hat Gandhi zeitweise gewohnt. Hier sind eine 47 000 Bände zählende Bibliothek mit Werken des Mahatma und zur Geschichte der Unabhängigkeitsbewegung sowie ein Museum untergebracht. Zu besichtigen sind der Raum, in dem Gandhi lebte, und Glasvitrinen, in denen die wichtigsten Stationen aus seinem Leben nachgestellt wurden. Am Eingang kann man Auszüge aus seinen Schriften und weiterführende Literatur erwerben.

Malabar Hill

Nördlich der sandigen Bucht von Chowpatty erhebt sich der Malabar Hill, eine bevorzugte Adresse der High Society. Am Fuß seiner Südseite steht ein Tempel der Jainas. Weiter westlich liegt der Walkeshwar-Tempel, dessen Grundmauern auf das 11. Jh. zurückgehen. Vom **Kamala-Nehru-Park** (auch Hanging Gardens) genießt der Besucher einen reizvollen Blick auf Marine Drive und den südlichen Teil der Halbinsel. Vom Park aus kann man die **»Türme des Schweigens«**, wo die Religionsgemeinschaft der Parsen ihre Toten bestattet, sehen.

Kemps Corner

Die B. G. Kher Marg führt den Hügel wieder hinunter zur geschäftigen Kemps Corner, wo die Bhulabhai Desai Road (ehemals Warden Road) einmündet. Sie ist eine der Shoppingmeilen Mumbais.

Haji Ali Tomb

Folgt man der Straße in nördlicher Richtung, so gelangt man zu dem schmalen Steg, der zum Grab des Muslimheiligen Haji Ali führt. Das Grabmal und die kleine Moschee sind auf einem Felsen im Meer gelegen. Rechts neben dem Steg findet man das Haji-Ali-Juice-Center mit ausgezeichneten, frisch gepressten Obstsäften. In der gegenüberliegenden breiten Tardeo Road liegt nach wenigen Metern rechts »Cross-Walks«, das neue große Einkaufszentrum.

Mahalakshmi Temple

Auf den Felsen über dem Meer, etwas weiter südlich vom Grab des Haji Ali, steht der Mahalakshmi-Tempel. Man erreicht ihn am einfachsten über eine Gasse, die von der Warden Road abgeht. Das Heiligtum ist der Göttin Lakshmi geweiht; der jetzige Bau stammt aus dem 18. Jahrhundert.

Mahalakshmi Dhobi Ghat

Den Namen der Göttin Mahalakshmi trägt auch eine etwas profanere, doch nicht minder interessante Einrichtung in der Nähe der gleichnamigen S-Bahn-Station: der Mahalakshmi Dhobi Ghat. Hinter diesem Namen verbirgt sich eine typisch indische Institution, nämlich ein **großes Wäscherviertel**. Die Wäscher (Dhobis) waschen, trocknen und bügeln täglich Berge von schmutziger Wäsche in langen Reihen gemauerter Becken. Hochbetrieb herrscht hier in den Morgenstunden. Von einer darüberführenden Brücke aus kann man dem geschäftigen Treiben zusehen.

Vororte

Victoria and Albert Museum

Öffnungszeiten:
tgl. außer Mi.
10.00 – 17.00

Klassische Sehenswürdigkeiten haben Mumbais nördliche Stadtviertel kaum zu bieten. Wer aber an der Stadtgeschichte interessiert ist, sollte das alte Victoria and Albert Museum, heute in Veermata Jeejamata Museum umbenannt, besuchen. Es liegt in einem Botanischen Garten im Stadtteil **Byculla**. Hier kann man eine aufschlussreiche Fotoausstellung zur Entwicklung Mumbais ansehen.

Juhu Beach

Im Vorort Juhu, nahe dem Flughafen, wo viele Filmschauspieler Villen besitzen und nicht wenige Touristen in einem der vielen Hotels Quartier beziehen, lockt der Juhu Beach vor allem am Wochenende

Am Mahalakshmi Dhobi Ghat wird von den Männern der Dhobi-Kaste die Wäsche gewaschen und gebügelt.

zahlreiche Ausflügler an. Pferde- und Kamelreiten ist besonders **für Kinder eine Attraktion**. Für das leibliche Wohl wird in unzähligen Buden und Strandrestaurants gesorgt. Allerdings ist auch hier das Baden nicht ratsam.

★★ Elefanta

In den Felsen gehauene Tempel

Nur 10 km nordöstlich des Gateway of India liegt die kleine Insel Elefanta, die bei einem längeren Mumbai-Aufenthalt nicht ausgespart werden sollte. Das nur 8 km^2 große, mit Mango-, Tamarinden- und Karandabäumen bewachsene Eiland beherbergt ein sehenswertes, in einer Höhle gelegenes **Shivaheiligtum**. Ursprünglich unter dem Namen Gharapuri bekannt, heißt die Insel seit der portugiesischen Besatzung Elefanta. Diesen Namen erhielt sie nach einem riesigen steinernen Elefanten, den diese bei ihrer Landung vorfanden. Seine Reste sind heute in den Victoria Gardens in Mumbai aufgestellt.
Insgesamt **fünf Felsenhöhlen** befinden sich auf Elefanta, vermutlich von buddhistischen Mönchen angelegt, denn ihre Form erinnert an die auch im übrigen Maharashtra zahlreich vorhandenen Felsen-Viharas. Diese wurden später in Shivaheiligtümer umgewandelt, über ihr exaktes Entstehungsdatum gibt es verschiedene Meinungen. Schätzungen nennen die Zeit vom 7. bis zum 10. Jahrhundert. Leider sind viele von ihnen erheblich beschädigt, was wohl auf die portugiesische Besatzungszeit zurückgeht, als die Figuren zu Zielscheiben für Schießübungen degradiert wurden.

Haupthöhle

Öffnungszeiten: 9.00 – 17.30

Die Haupthöhle mit dem berühmten dreiköpfigen Shiva erreicht man von der Bootanlegestelle Sheth Bunder über eine Treppe, die sich den Hügel hinaufzieht. Die ungefähr 5 m hohe und von 36 Säulen getragene Höhle (ca. 48 m^2) besteht aus einer zentralen Halle, die über drei Eingänge an der Ost-, Nord- und Westseite betreten werden kann. Dem Haupteingang im Norden gegenüber liegt der Schrein mit dem dreiköpfigen Shiva, westlich davon der Zentralschrein mit dem Shivalingam. Verlässt man die Höhle über einen der Seitengänge, kommt man zu weiteren Nebenschreinen.

★★ Dreiköpfiger Shiva ►

Eigentlicher Mittelpunkt des Heiligtums ist das Paneel mit dem dreiköpfigen Shiva (Shiva Maheshamurti), das von zwei Torwächtern (Dvarapalas) flankiert wird. Die 6 m hohe Skulptur zeigt Gott Shiva als Maheshamurti, als Großer Herr in allen drei Aspekten, nämlich als **Erschaffer, Erhalter und Zerstörer der Welt**. Dies ist eine der eindrucksvollsten Darstellungen der so genannten Trimurti, die sonst auf die drei höchsten Götter des Hindu-Pantheons Brahma (Erschaffer), Vishnu (Erhalter) und Shiva (Zerstörer) verteilt ihren Ausdruck findet.
Links davon steht eine sehr schöne, durch die geschützte Lage ebenfalls unversehrt gebliebene Skulptur, die Shiva als Ardhanarishvara – **halb Mann, halb Frau** – zeigt. Rechter Hand erkennt man eine Darstellung des bekannten Mythos von der Herabkunft der Ganga auf

die Erde (►Baedeker-Special S. 296). In den verschiedenen Seitenflügeln und Nebenschreinen befinden sich weitere, z. T. beschädigte Darstellungen aus den unzähligen Geschichten des Shivamythos.

Viharas

Östlich der Haupthöhle liegen zwei weitere stark zerstörte Höhlen, an deren Form man aber unschwer ihre ursprüngliche Bestimmung als Viharas für buddhistische Mönche erkennen kann. Hinter der letzten Höhle führt rechts ein kleiner Pfad auf die Spitze des kleinen Hügels, in den die Heiligtümer gebaut sind – von dort hat man einen schönen Rundblick über die Insel. In dem anderen kleinen Hügel liegen die zwei übrigen Höhlen, die allerdings in einem sehr schlechten Zustand sind.

Anreise

Die Insel wird, außer während des Monsuns, stündlich von Schiffen angefahren, deren Ablegestelle sich direkt am Gateway of India befindet. Es werden sowohl organisierte Besichtigungstouren als auch reine Bootstrips für diejenigen, die die Insel alleine entdecken wollen, angeboten. Tickets gibt es jeweils auf den Booten. Wer es einrichten kann, sollte nicht an Sonn- und Feiertagen nach Elefanta fahren, da die kleine Insel dann aus allen Nähten platzt.

Nähere Umgebung

Borivili-Park

Kein Schutzgebiet in ganz Indien grenzt so nah (35 km nördlich des Zentrums von Mumbai) an die Ausläufer einer Großstadt wie der Borivili-Park, auch **Sanjay-Gandhi-Nationalpark** genannt. Mit der Stadtbahn (Western Railway ab Churchgate bis Borivili) kann der Besucher bis vor die Tore des kleinen Naturreservats fahren. Innerhalb des 94 km² großen Parks liegen zwei Seen und die buddhistischen Höhlen von Kanheri, die man auf jeden Fall besuchen sollte. Das hügelige Waldgebiet ist die Heimat von **verschiedenen Hirscharten** wie Sambar und Axis, Affen und Wildschweinen sowie einer nicht unbeträchtlichen Zahl von Leoparden. Mehr als 250 Vogelarten haben Ornithologen hier gezählt. Auch Sumpfkrokodile sind in einem der beiden Seen zu Hause.

Kanheri Caves

Die Kanheri Caves im Borivili-Park sind **109 buddhistische Höhlen**, die auf verschiedenen Höhen in den Fels gehauen sind. Die ersten wurden vermutlich schon im 2. Jh. n. Chr. angelegt, die jüngsten stammen aus dem 9. Jahrhundert. Die meisten Mönchszellen sind relativ klein und besitzen eine Pfeilerveranda, die durch eine Treppe mit dem Vorhof verbunden ist. Die Anlage ist zwar in keiner Weise mit den Höhlen von Ajanta oder Ellora zu vergleichen, dennoch gewährt sie einen Eindruck von der buddhistischen Baukunst verschiedener Epochen.

*

◄ Höhlentempel

Sehenswert ist der unvollendete Höhlentempel (Chaitya Nr. 3) gleich zu Beginn des kleinen Tals, der vermutlich aus dem 2. Jh. stammt. Ein reich verzierter Steinzaun begrenzt den Vorhof. Torwächter

(Dvarapalas) stehen an beiden Seiten des Eingangs, der erst seit kurzem von Betonsäulen gestützt wird. Rechts und links des Mitteleingangs sind Mithuna-Paare und darüber sitzende Buddhas zu erkennen. Das Innere des Tempels ist durch 34 Säulen in eine Mittelhalle und zwei schmale Seitenschiffe aufgeteilt. Einige von ihnen zieren kunstvoll gemeißelte Kapitelle.
Nordöstlich davon liegt die **Maharadschahöhle** oder Durbarhalle, der größte der Viharas (Nr. 10). Hat man den Vorhof passiert, gelangt man über Treppen zum Eingang der Höhle, die zu den jüngsten der Anlage zählt. An ihrer Ost- und Südseite sind zwölf Zellen eingelassen. Gegenüber dem Eingang befindet sich eine sitzende **Buddhafigur** mit Begleitern. Interessierte können bei ausführlicheren Erkundungsgängen weitere schöne Skulpturen entdecken wie z. B. die Buddhareliefs im Vihara Nr. 35. Auch die Höhlen Nr. 64, 66 und 67 sind mit eindrucksvollen Darstellungen aus der Mahayana-Epoche ausgestattet. Etwas südlich, oberhalb der Chaitya-Halle, liegt der Vihara Nr. 90. Er besitzt ebenfalls eine sitzende Buddhafigur mit den Begleitern Padmapani und Vajrapani in Hochrelief.

Weitere Umgebung

Nashik

Nashik (187 km nordöstlich von Mumbai, 730 000 Einwohner) steht meist nicht auf der Reiseroute ausländischer Touristen. Besucher, die

Pilger strömen in das mit Hunderten von Tempeln und Badeghats übersäte Nashik.

über etwas mehr Zeit verfügen, können jedoch auf dem Weg von Mumbai nach Aurangabad einen Zwischenstopp in der Stadt einlegen. Sehenswert sind die nur 8 km entfernt liegenden buddhistischen Höhlen von Pandu Lena. Man erhält auch einen Eindruck vom vielfältigen Treiben in einem der Zentren des indischen Pilgertourismus. Für fromme Hindus gehört eine Fahrt hierher zu den Höhepunkten, besonders wenn – wie alle 12 Jahre wieder – hier die **Kumbha Mela** stattfindet (► Baedeker-Special S. 398). Wie Varanasi, Allahabad, Ujjain und Haridwar zählt auch diese Stadt am Fluss Godavari zu den heiligsten Orten Indiens.
Wie an vielen heiligen Plätzen reihen sich auch in Nashik **Badeghats**, Tempel und Schreine am Fluss entlang. Über 200 religiöse Stätten soll es laut offiziellen Angaben geben. Als ältestes Heiligtum gilt der Kapaleshvara-Tempel aus dem 14. Jahrhundert. In seiner Nähe liegt ein weiteres begehrtes Ziel der Pilger, der Ram Kund. In diesem Wasserbecken soll sich schon Shiva von seinen Sünden gereinigt haben. Eine große Attraktion für Hindus sind auch der Kala-Ram-Tempel und die Sita-Höhle. So erzählt die Legende, dass Sita hier vom Dämonen Ravana nach Lanka entführt worden sei.

✶ Pandu Lena

Immer wieder wurden in Maharashtra Höhlengruppen entdeckt – darunter besonders viele **buddhistische Felsenheiligtümer** – wie auch in Pandu Lena (8 km südöstlich von Nashik). Auf einer Höhe von 90 Metern sind hier ein Chaitya und 22 Viharas in einen Hügel eingemeißelt worden. Die ältesten entstanden vermutlich schon im 1. Jh. v. Chr., die jüngsten im 6. und 7. Jahrhundert. Neben dem Chaitya (Nr. 18) mit mächtiger, z. T. zerstörter Fassade und dem Innenraum mit Apsis und Dagoba beeindruckt v. a. der Vihara Nr. 3, ein besonders schönes Beispiel der frühbuddhistischen Felsenarchitektur. Von den restlichen Viharas sind vor allem Nr. 8, 10, 15, 17 und 20 besuchenswert. Nr. 10 weist große Ähnlichkeit mit Nr. 3 auf. Höhle Nr. 17, neben der Chaitya-Halle, entstammt der späteren Mahayana-Epoche.

Lonavala

Lonavala (90 km südöstlich von Mumbai), an der Bahnlinie Mumbai – Pune, ist eine der Hill Stations in den Western Ghats und ein **beliebter Ferienort** für gestresste Mumbaier. Für einen Besuch der frühbuddhistischen Höhlenanlagen von Karla, Bhaja und Bedsa bietet sich Lonavala als Ausgangspunkt an, da all diese Sehenswürdigkeiten mit dem Taxi bzw. der Autoriksha erreicht werden können. Zudem gibt es in dem Bergort ein **großes Yogazentrum** (Kaivalyadhama S. A. D. T. Gupta Yogic Hospital and Health Care Centre, www.kgham.com).

✶ Höhlenanlage von Karla

Zu den eindrucksvollsten Beispielen frühbuddhistischer Kunst gehört die Höhlenanlage von Karla (12 km nordöstlich von Lonavala). Sie besteht aus einem Tempel und mehreren Klöstern. Nach einem kleinen Aufstieg kann man den Chaitya aus dem 1. Jh. bewundern, der als der größte und besterhaltene in ganz Indien gilt. Seine imposante mehrgeschossige Fassade ist mit großen Stifterfiguren zwischen den Eingängen geschmückt. Die später hinzugefügten Buddhafiguren stammen aus dem 6. Jahrhundert. Linker Hand steht ein sechzehnseitiger Pfeiler mit einem Löwenkapitell. Er erinnert an die Säulen des großen Kaisers und Förderers des Buddhismus, Ashoka – noch heute ist dies das Nationalemblem Indiens (s. S. 67).

Als ein **Meisterwerk des Hinayana-Buddhismus** gilt der wohlproportionierte und fein ausgestattete Innenraum. Zwei Reihen mit jeweils 15 Säulen teilen die große Halle in ein breites Mittelschiff und zwei schmale Seitenschiffe. Die oktogonalen Säulenschäfte stehen auf einer vasenförmigen Basis und schließen mit einem reich geschmückten Kapitell, bestehend aus knienden Elefanten mit Reiterinnen und Reitern, ab. Sieben weitere schlichte Pfeiler umstehen die Dagoba in der Apsis der Höhle. Die Deckenkonstruktion aus Holz ist größtenteils noch erhalten.

Um den Tempel gruppieren sich verschiedene Viharas, zum Teil zweigeschossig mit in den Fels gehauenen Schlafzellen. Manche von ihnen beherbergen Buddhafiguren der späteren Mahayana-Epoche. Etwas schrill wirkt dagegen der neue bunte Hinduschrein, der zu Ehren der Göttin Ekviri gebaut wurde. Er zieht zahlreiche Pilger aus der Umgebung an, die an Festtagen Hühner und Ziegen opfern.

Bhaja

Öffnungszeiten:
tgl. 9.00 – 18.00

Noch älter als die Karla Caves sind die Höhlen in der Nähe des Dorfes Bhaja (12 km südöstlich von Lonavala). Auch sie sind in einen Hang gemeißelt und nur über einen Aufstieg zu erreichen. Lohnend ist nicht nur ein Besuch der Anlage, sondern auch der Blick auf die Umgebung und der schöne Spaziergang vom Dorf Bhaja aus (ca. eine halbe Stunde).

Im zweiten vorchristlichen Jahrhundert wurde die Chaitya-Halle vermutlich gebaut. Ihre ehemals prächtige Fassade ist leider zu großen Teilen zerstört. 27 Pfeiler gliedern den Innenraum in ein Mittelschiff und zwei schmale Seitenschiffe. Zwar ist dieser Felsentempel in keiner Weise mit dem beeindruckenden Chaitya von Karla zu vergleichen, doch man hat hier in Ruhe die Gelegenheit, die alte Holzbauweise der frühen Anlagen zu studieren. Viele der alten Teakholzbalken in der Rippendecke sind noch erhalten. Von den Viharas ist die weiter südlich gelegene Nr. 12 am interessantesten. Er beherbergt zwei schön gemeißelte Flachreliefs mit Figuren, die als die Götter Surya auf dem Sonnenwagen und Indra gedeutet werden.

Bedsa

Die zwölf Höhlen bei dem Dorf Bedsa (23 km östlich von Lonavala) kann man nur nach einer Bergbesteigung erreichen. Da der Weg nicht ausgeschildert ist, erkundigt man sich am besten gleich bei den Dorfbewohnern. Zur Chaitya-Halle gelangt man über eine Veranda, die mit zwei hohen oktogonalen Pfeilern bestückt ist. Über dem Glockenkapitell thronen Skulpturen von Pferden, Elefanten und anderen Tieren, jeweils mit Reiterfiguren. Die Fassade mit dem großem

Die alte Marathenfestung Pratapgarh

Chaitya-Fenster weist keine Buddhafiguren auf – ein typisches Beispiel für die Tempel der Hinayana-Epoche. Der Innenraum ist dreischiffig mit Apsis und Dagoba angelegt.

Bergstationen Matheran und Mahabaleshwar

Sehr beliebt bei Wochenendausflüglern aus dem nahen Mumbai ist die **Hill Station Matheran** (139 km südöstlich von Mumbai), die von der Küstenmetropole aus schnell zu erreichen ist. Der kleine Ort erstreckt sich in nordsüdlicher Richtung auf dem Plateau eines freistehenden Bergrückens. Von Mumbai fahren Züge bis zum Städtchen Neral am Fuß des Berges. In atemberaubender Fahrt legt eine kleine Schmalspurbahn die unzähligen Kurven hinauf bis Matheran zurück. Beliebteste Beschäftigung der Gäste des Luftkurorts ist natürlich das »Sightseeing« von einem der 23 Aussichtspunkte. Bis nach Mumbai soll man bei klarem Wetter sehen können und der Panorama Point im Norden verspricht den schönsten Blick auf die Umgebung.
Dort wo die Western Ghats über tief zerklüftete Schluchten und Täler in die Küstenebene von Maharashtra abfallen, liegt der kleine populäre Ferienort **Mahabaleshwar** (230 km südöstlich von Mumbai, 120 km südwestlich von Pune). Ausgedehnte Spaziergänge zu den verschiedenen Aussichtspunkten, Bootsfahrten auf dem örtlichen See und Ausflüge zu den historischen Stätten der Umgebung gehören zu den Hauptattraktionen Mahabaleshwars. Nur 6 km nördlich des Städtchens liegt das Dorf **Old Mahabaleshwar** mit diversen älteren Tempeln. Der Panchaganga-Tempel (Fünf-Ganga-Tempel) steht bei einem Becken, das sein Wasser von den fünf Dekkanflüssen Gayatri, Krishna, Koyna, Savitri und Yenna erhalten soll.

Pratapgarh

Ein weiterer interessanter Ausflug führt zur alten Marathenfestung Pratapgarh (20 km westlich von Mahabaleshwar). Raigarh, die alte befestigte Hauptstadt der Marathen, in der sich deren Führer Shivaji zum König hatte krönen lassen, liegt ungefähr 70 km in nördlicher Richtung.

Küste zwischen Mumbai und Goa

Hinweis Wer nicht in einem Sprung mit Flugzeug oder Schiff von Mumbai zu den Badestränden Goas gelangen, sondern etwas vom Land dazwischen sehen möchte, kann ein Taxi mieten und auf dem Highway Nr. 17 Richtung Süden fahren. Kleine Abzweigungen führen zur Küste, die mit ihren oft leeren Stränden zum Schwimmen einlädt.

Murud Ein lohnender Abstecher führt an die Küste nach Murud (165 km südlich von Mumbai). Dort steht etwa 2 km außerhalb der verfallene Palast der Nawabs von Janjira, Nachkommen abessinischer Seefahrer, die hier ihr kleines Reich hatten. Mit viel Glück trifft man den Aufseher des Anwesens und kann gegen ein kleines Entgelt die verstaubte Pracht im Inneren des Gebäudes erkunden. Neben alten Gemälden und schön geschnitzten Möbeln enthält es auch ein Sammelsurium von ausgestopften Tigern und Leoparden.

Janjira 6 km südlich liegt auf einer Insel in der Rajpuribucht die imposante Seefestung Janjira, die von den Siddiherrschern schon im 15. Jh. errichtet worden sein soll und später weiter ausgebaut wurde. Mit dem Boot kann man zum Fort übersetzen und die hinter einem mächtigen Tor verborgenen, von Gras und Schlingpflanzen überwucherten Ruinen besuchen. Zwar besteht auch in Murud die Möglichkeit zur Übernachtung, angenehmer ist jedoch das Kashid Beach Resort mit schönem Strand einige Kilometer weiter nördlich.

Ganapatipule Am schönen Strand von Ganapatipule (290 km südlich von Mumbai) hat die Tourismusbehörde von Maharashtra eine nette Ferienanlage eingerichtet. Dort steht auch ein bekannter Tempel für den Gott Ganesha (Ganapati).

Ratnagiri Berühmt ist die große Hafenstadt Ratnagiri (ca. 30 km südlich von Ganapatipule) vor allem als **Heimat der Alphonso-Mango**, die als beste Sorte dieser Frucht gilt. In Ratnagiri lebte auch der letzte König von Burma im Exil. Sein Palast sowie eine alte Festung am Meer sind die wichtigsten Sehenswürdigkeiten der Stadt.

Nagpur

F 9

Bundesstaat: Maharashtra
Einwohner: 2,1 Mio.
Höhe: 312 m ü. d. M.
Entfernung: 861 km nordöstl. Mumbai

Würde man mit dem Lineal einen Strich von Delhi nach Chennai und von Mumbai nach Kolkata ziehen, so hieße die Schnittstelle Nagpur – oder doch beinahe.

Mitten im Herzen Indiens und im Nordostzipfel Maharashtras liegt die Millionenstadt, die für Touristen zwar keine besonderen Sehenswürdigkeiten bereithält, aber als Ausgangsort zum Besuch verschiedener interessanter Stätten in der Umgebung geeignet ist. Berühmt in ganz Indien sind Nagpurs Orangen, die man bei einem Aufenthalt in der entsprechenden Saison unbedingt probieren sollte.
Schon im 10. Jh. herrschten in diesem Gebiet Könige der Gond, der örtlichen Stammesbevölkerung. Im 15. Jh. geriet der Landstrich kurzfristig in die Hände der Bahmani-Sultane, konnte von den Gond aber zurückerobert werden. 1740 fiel das Gebiet an die nach Osten drängenden Marathen, die ihrerseits das Zepter 1853 an die Briten abgeben mussten. Unter der Kolonialmacht war Nagpur Hauptstadt der Zentralprovinz. Auch heute ist es Distrikthauptstadt und eines der geschäftigsten Zentren des Bundesstaats.

NAGPUR

AUSKUNFT

MTDC Tourist Office
Dr. Munji Margi Road
Tel. 07 12 – 252 33 24
www.maharashtratourism.gov.in

ÜBERNACHTEN / ESSEN

▸ Komfortabel / Günstig
Hardeo
Dr. Munji Margi Road
Tel. 07 12 – 252 91 15
Zentral gelegenes Drei-Sterne-Hotel mit gutem Restaurant und Bar.

Sehenswertes in Nagpur

Fort

Mitten im Zentrum der Stadt erhebt sich auf einem Hügel das alte Fort der Marathen (1818 erbaut), das von den Briten 1857 weiter ausgebaut wurde. Es ist für Besucher allerdings nicht zugänglich.

Altes Palasttor

Aus jener Zeit sind noch andere versprengte Überbleibsel zu sehen wie das alte Palasttor (Nagar Khane) des im 19. Jh. abgebrannten Palasts der marathischen Bhonslas. Die Grabstätten der Herrscher liegen in einem Garten im Stadtteil Shukrawari.

Umgebung von Nagpur

Ramagiri

Eine **viel besuchte Pilgerstätte** ist Ramagiri (Ramaberg) bei Ramtek, 47 km nordöstlich von Nagpur. Der aus der Ebene aufragende Berg soll Rama, Sita und Lakshmana bei ihrer Rückkehr von Lanka als Rastplatz gedient haben, so wird im Ramayana erzählt. Ausländische Besucher verschlägt es allerdings selten in diesen abgelegenen Teil Zentralindiens. Mehrere schneeweiße Tempel und Schreine stehen auf dem Plateau des Hügels. Die meisten von ihnen stammen aus dem 18. Jh., sind allerdings auf Fundamente gebaut, die zum Teil bis ins 4. / 5. Jh. zurückgehen sollen. Schon der berühmte Dichter Kalidasa (5. Jh.) nutzte die Inspiration dieses Orts, um hier eines seiner

Auf dem Heimweg von der Feldarbeit

bekanntesten Werke zu verfassen. Pilger verbinden ihren Aufenthalt meist mit einem Besuch des heiligen Badeplatzes Ambala nördlich des Hügels. Treppen führen von den Tempeln hinunter zum See. Um das Wasserbecken herum stehen ebenfalls einige kleine Tempel, Stiftungen wohlhabender Gläubiger.

Ashrams Um zu den Ashrams zu gelangen, muss man mit dem Bus oder der Bahn bis zum Städtchen **Wardha** fahren, das 77 km südwestlich von Nagpur liegt. Von dort sind es jeweils etwa 10 km nach Sevagram und Paunar.

Für Gandhi war **Sevagram** der ideale Ort, um einerseits von zentraler Stelle aus (mit Bahnverbindung in alle Richtungen) die Freiheitsbewegung zu koordinieren und andererseits in der Stille und Einsamkeit dieses weit abgelegenen Platzes seine Ideen und Programme weiterentwickeln zu können. 1933 errichtete er hier mit seinen Gefolgsleuten einen Ashram. Noch immer bemühen sich Anhänger des Mahatma um die Aufrechterhaltung seiner Ideen und Werte. Interessierte können das **Museum** mit einer Dokumentation über sein Lebenswerk und das kleine Haus Gandhis besuchen. Der Ashram bietet auch Unterkünfte für diejenigen, die am Leben der Gemeinschaft teilnehmen möchten. Verschiedene Einrichtungen in der Umgebung sind ebenfalls mit dem Geist Gandhis verbunden: das Kasturba-Hospital, das M.-Gandhi-Forschungsinstitut für Medizin und das Centre of Science for Villages.

Öffnungszeiten: tgl. 10.00 – 14.00

Vinobha Bhave, Mitstreiter Gandhis und aktiver Kämpfer für die Rechte der Landlosen, gründete 1938 in **Paunar**, an den Ufern eines Flüsschens, einen zweiten Ashram. Spinnen, Weben und organischer Landbau gehören zu den Hauptaktivitäten der hiesigen Bewohner. Wer sich mit den Ideen und dem Leben des Ashrams vertraut machen möchte, kann, falls nicht anderweitig belegt, Unterkunft finden. Weitere Übernachtungsmöglichkeiten bestehen in Wardha.

★ Orchha

F 7

Bundesstaat: Madhya Pradesh
Entfernung: 119 km südöstl. v. Gwalior
Einwohner: 8500

Orchha gehört zu jenen beschaulichen Orten abseits der großen touristischen Pfade, die man erst suchen muss, die dem Reisenden aber ein Stück ursprüngliches Indien zeigen.

Verstreut in und um das Städtchen findet man herrliche Paläste, alte Tempel und Grabmäler sowie einen lebendigen Basar. Es liegt malerisch am Fluss Betwa und inmitten von Wäldern, die die Heimat unzähliger Schwärme grüner Papageien sind. Gegründet wurde die Stadt im 16. Jh. von dem Rajputenclan der Bundelas. Der damalige Herrscher Rudra Pratap errichtete hier seine neue Hauptstadt und begann zwischen 1525 und 1531 mit dem Bau eines Forts auf der Insel mitten im Fluss. Dieses wurde unter seinen Nachfolgern in eine Anlage aus mehreren Palästen ausgebaut. Eine massive Brücke verbindet den Ort mit dem Fort und seiner Palastanlage, wo heute auch ein romantisches Hotel untergebracht ist.

Sehenswertes in Orchha

★ Palastanlage

Schönstes Bauwerk des Komplexes ist der Jehangir Mahal, den Raja Bir Singh Deo zu Beginn des 17. Jh. erbauen ließ. Seine **imposante, nach Osten gerichtete Fassade** mit vielen dekorativen Balkonen, Türmchen und Domen sowie einem massiven und reich verzierten Eingangstor zeigt die für jene Zeit und Region typische Mischung hinduistischer und islamischer Baustile. Dahinter verbirgt sich der mehrstöckige Palast mit seinem Innenhof und Brunnen, um den sich in mehreren Stockwerken die insgesamt 136 königlichen Gemächer gruppieren. In den vielen Nischen und Balkonen haben heute Hunderte von Tauben und Fledermäusen ihr Zuhause. Der Jehangir Mahal ist nach dem großen Mogulherrscher in Delhi benannt, dem sich die Bundelas zu jener Zeit verbunden fühlten. Auch im daneben liegenden Raj Mahal hört und riecht man seine heutigen tierischen Bewohner. Dieser Teil der Anlage ist älter als der Jehangir Mahal und wurde im Auftrag von Bharti Chand, dem Sohn des ersten Herr-

ORCHHA ERLEBEN

AUSKUNFT

Madhya Pradesh Tourism hat ein Büro in seinem Hotel Sheesh Mahal im Palast von Orchha.

ANREISE

Orchha liegt nur 16 km vom Eisenbahnknotenpunkt Jhansi entfernt. Alle Züge zwischen Delhi und Mumbai sowie Delhi und Chennai halten dort. Es gibt eine regelmäßige Busverbindung von Jhansi nach Orchha oder Taxis. Das Städtchen ist wenige Kilometer entfernt von der Hauptstraße, die Jhansi mit der Tempelstadt Khajuraho verbindet, und lässt sich mit einem Besuch dieses Highlights gut kombinieren. Der nächste Flughafen ist in Gwalior.

ÜBERNACHTEN / ESSEN

► Komfortabel

Orchha Resort
Kanchanghat
Tel 076 80 – 526 77 / 78
customercare@orchharesort.com
Wer es moderner liebt, kann im Orchha Resort absteigen. Das gepflegte Hotel hat einen Garten mit Swimmingpool und liegt am Fluss Betwa in der Nähe der Chhatris. Im Restaurant gibt es feine vegetarische Küche.

► Komfortabel / Günstig

Hotel Sheesh Mahal
Jehangir Mahal Road
Tel. 076 80 – 25 26 24
hsmorcha@sancharnet.in
Das staatliche Hotel von Madhya Pradesh Tourism bietet Unterkunft für jeden Preis und Geschmack: vom kleinen, billigen, aber kuscheligen Minizimmer bis zu luxuriösen und mit Möbeln der Maharadschas ausgestatteten Gemächern, riesige Badewannen und Panoramablick vom WC inbegriffen. Im Restaurant wird für das leibliche Wohl bestens gesorgt. Rechtzeitige Buchung erforderlich!

schers, und dessen Nachfolger Madhukar Shah errichtet. In seinem Inneren sind noch schöne Miniaturmalereien im typischen lokalen Bundelastil erhalten. Der kleine, nördlich davon gelegene Praveen Mahal gehörte der Musikerin und Dichterin Praveen, der Lieblingskurtisane des Rajas Indramani. Der Palast wurde um 1675 gebaut. Der Sheesh Mahal, ein weiterer Palast, wurde erst 100 Jahre später errichtet. Dort hat die Tourismusbehörde von Madhya Pradesh ein Hotel mit Zimmern verschiedener Preisklassen eingerichtet, in dem man die Ruhe dieses Orts genießen kann.

Tempel Geht man vom Fort über die Brücke zum Ort, kommt man in eine Straße mit kleinen Läden, die Kunsthandwerk, insbesondere aus Madhya Pradesh, verkaufen. Man erreicht dann links den belebten Marktplatz, von wo man zum **Ram-Raja-Tempel** hinaufsteigen kann. Laut einer Legende war dieser ursprünglich ein Palast, wurde aber später in einen Tempel umgewandelt. Das populäre Heiligtum für Gott Rama ist Ziel vieler Pilger. Hoch ragen die Türme des **Chaturb-**

huj-Tempels in den Himmel. Auch er ist Gott Rama geweiht, da die Bundelaherrscher Anhänger dieser Gottheit waren. Der **Lakshmi-Tempel** birgt ebenfalls einen reichen Schatz an Malereien im Bundelastil. Raja Bir Singh Deo ließ ihn zu Beginn des 17. Jh.s errichten.

✶ Grabmäler der Bundela-Herrscher

Sehr sehenswert sind die 15 Chhatris (Grabmäler), die malerisch am Betwa – Fluss liegen. Versteckt zwischen Büschen und hohem Gras erinnern sie an die ehemaligen Herrscher von Orchha. Am höchsten ragt der Turm des Chhatris für Raja Bir Singh Deo in die Höhe. Auf einem schönen Spaziergang entlang des Flusses in südlicher Richtung gelangt man vom Ortskern nach einem halben Kilometer zum Ziel. Rund um Orchha finden sich zahlreiche weitere, teils mit Gras und Büschen zugewachsene Ruinen, die man auf Spaziergängen entdecken kann.

✶ Pune (Poona)

C 10

Bundesstaat: Maharashtra
Einwohner: 3,7 Mio.
Höhe: 750 m ü. d. M.
Entfernung: 170 km südöstl. v. Mumbai

Nicht das Taj Mahal war das Ziel vieler Indien-Reisender in den 1970er- und frühen 1980er-Jahren, vielmehr der Ashram des inzwischen verstorbenen Gurus Bhagwan Sri Rajneesh. Hier endete für zahlreiche Reisende aus dem Westen ihr Weg auf der Suche nach Erleuchtung und für viele war dies das einzige Stück Indien, das sie je zu Gesicht bekamen.

Das angenehme Klima Punes, bedingt durch seine Höhenlage am westlichsten Ende des Dekkanplateaus, und seine große Nähe zu Mumbai waren wohl ausschlaggebend für die rasche Entwicklung der Stadt in den letzten Jahren. Um die enge Altstadt schließt sich das großräumig angelegte ehemalige Wohnviertel der Briten (Cantonment) an. Die vordem selbstständige Stadt Kirkee und die Gebiete am linken Ufer der Mutha, Shivajinagar, sind ebenfalls eingemeindet worden.

Geschichte

Die Bedeutung Punes ist eng verknüpft mit dem Aufstieg der Marathen im 17. / 18. Jahrhundert. Shivaji (1627 – 1680) war es gelungen, die verschiedenen Stämme zu vereinen und sich gegen die Dekkansultane zu erheben. Marathi, ihre gemeinsame Sprache, als einigendes Band und die Schwäche der islamischen Herrscherstaaten schufen günstige Voraussetzungen für das Entstehen einer neuen regionalen Kraft. Mit Hilfe von Guerillataktiken unterwarfen die Marathen weite Gebiete Indiens. In der ersten Hälfte des 18. Jh.s reichte ihr Einfluss im Norden zeitweise bis hinauf nach Lahore, im Süden bis in die Gegend des heutigen Bangalore und im Osten bis nach Orissa.

So entwickelte sich der ursprünglich zentralistisch organisierte Marathenstaat im 18. Jh. zu einer Konföderation von Kleinstaaten mit eigenen Herrschern. Die Führung und Koordination dieser Staaten übernahmen die so genannten Peshwas (Minister), deren Amt erblich war. Ihren Sitz hatten sie in Pune.
1817 mussten jedoch auch sie der Übermacht der Briten weichen. Die Kolonialherren besetzten die Stadt und verlegten schon bald ihre Regierung während der Monsunmonate vom feuchtheißen Mumbai in das klimatisch angenehmere Pune. Heute ist es nicht nur ein modernes Industriezentrum; auch zahlreiche Forschungsinstitute, Universitäten und kulturelle Einrichtungen haben hier ihren Sitz. Neue

PUNE ERLEBEN

AUSKUNFT

Maharashtra Tourism
Tel. 020 – 26 12 68 67
www.maharashtratourism.gov.in

SHOPPING

Eine der Hauptgeschäftsstraßen ist die MG Road; dort ist u. a. auch der Bombay Store mit einer schönen Auswahl an Geschenkartikeln. Basarluft schnuppern kann man in der Lakshmi Road oder in Tulsi Bag in der Altstadt. Metallwaren, Papiergeschäfte, Textilien, Schmuck und vieles mehr findet man dort.

ESSEN

► Erschwinglich

① ***Blue Nile Restaurant***
4, Bund Garden Road
Tel. 020 – 26 12 52 38
Nordindische Spezialitäten und sehr gute Biryanis.

► Preiswert

② ***Hotel Shreyas***
1242 B, Apte Road
Deccan Gymkhana
Tel. 020 – 25 53 12 28
Sehr leckere Thalis mit vielen verschiedenen vegetarischen Gerichten im Stil Maharashtras, gute Pickles und Chutneys – ein Muss für all diejenigen, die das lokale Geschmackserlebnis suchen.

ÜBERNACHTEN

► Luxus

① ***Blue Diamond***
11, Koregaon Road
Tel. 020 – 56 02 55 55
www.tajhotels.com
Im Koregaon Park, der grünen Lunge Punes, liegt dieses elegante Hotel, das alle Annehmlichkeiten der Taj-Gruppe zu bieten hat. Höfliches Personal in Saris, stilvolle Einrichtung und vornehme Restaurants.

► Komfortabel

② ***Woodland***
Sadhu Vaswani Circle
Tel. 020 – 26 12 61 61
Das Drei-Sterne-Hotel mit vegetarischem Restaurant liegt in der Nähe des Bahnhofs.

► Günstig

③ ***Hotel Swaroop***
Prabhat Road, Lane No. 10
Tel. 020 – 25 67 87 42
Hier bringt auch die bekannte Filmhochschule ihre Gäste unter; in einer ruhigen Gegend westlich des Flusses Mutha gelegen, mit angenehmem kleinem Restaurant.

Pune (Poona) Orientierung

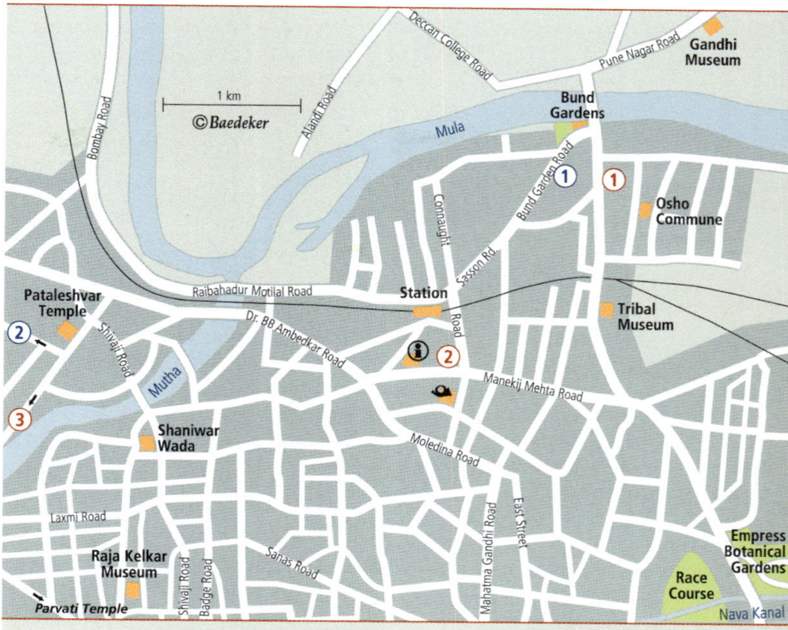

Übernachten
1. Blue Diamond
2. Woodland
3. Swaroop

Essen
1. Blue Nile Restaurant
2. Shreyas

Siedlungen schießen aus dem Boden, denn hohe Mietpreise, Umweltverschmutzung und Überbevölkerung lassen immer mehr Menschen aus der Metropole Mumbai ins benachbarte Pune abwandern.

Sehenswertes in Pune

Shaniwar Wada
Öffnungszeiten: tgl. 8.00 – 18.00

In der Altstadt, in der einige Stadtviertel nach Wochentagen benannt sind, stehen die Überreste des Shaniwar Wada (Samstagspalast), der 1736 vom Peshwa Baji Rao I. erbaut worden war. Mehrere Feuer zerstörten den Großteil des Gebäudes. Übrig geblieben sind einige Mauern und ein Torbau, dessen Türen mit Eisenstacheln gegen Elefantenangriffe gespickt sind.

★★ **Raja Kelkar Museum**

Etwas weiter südlich befindet sich das sehr sehenswerte Raja-Kelkar-Museum. Der Poet und Kunstsammler Raja Kelkar (1896 – 1990) stiftete 1975 seine gesamte Habe der Regierung Maharashtras. Die Kollektion umfasst neben Bronzen und Miniaturmalereien eine **gro-**

Vom Parvatitempel bietet sich ein schöner Blick auf Pune.

ße Auswahl alltäglicher Utensilien vom Ölcontainer bis zur Nudelmaschine. Musikinstrumente und regionale Trachten sind ebenfalls zu sehen (Öffnungszeiten: tgl. 9.30 – 18.00 Uhr).

Pataleshvar Temple

Im westlichen Stadtviertel Shivajinagar liegt an der geschäftigen Jangli Maharaj Road der Pataleshvar-Tempel. Das älteste Heiligtum der Stadt (8. Jh.) wurde aus einem Granithügel herausgearbeitet. Im Zentralschrein steht ein Shivalingam, während die Seitenzellen Lakshmi, Ganesha, Rama samt Sita und Bruder Lakshmana geweiht sind. Dem Tempel vorgelagert ist ein kleiner, viereckiger Hof mit rundem Nandi-Pavillon.

★ **Parvati Temple**

Öffnungszeiten: tgl. 8.00 – 12.00, 15.00 – 18.00

Ganz im Süden der Stadt erhebt sich der Parvati-Hügel mit dem Parvatitempel, der unter Peshwa Balaji Baji Rao (1740 – 1761) erbaut wurde. Neben dem Hauptschrein für Shiva, Parvati und Ganesha gibt es weitere Seitenschreine. Das kleine Peshwa-Museum zur Geschichte der Marathen befindet sich ebenfalls hier. Nicht zu verachten ist der **Rundblick**, den man von diesem höchsten Punkt auf die Stadt und die Umgebung werfen kann.

Gandhi Museum

Im ehemaligen Palast des Aga Khan ist das kleine Gandhi-Museum untergebracht. 1942 waren Mahatma Gandhi, seine Frau Kasturba und weitere Freiheitskämpfer in diesen Mauern interniert worden.

Eine Gedenkstätte erinnert an Kasturba Gandhi, die hier starb (Öffnungszeiten: tgl. 9.00 – 12.30 und 13.30 – 18.00 Uhr).

Tribal Museum

Einen Besuch lohnt auch das Museum des Tribal Research and Training Institute mit einer interessanten Dokumentation über die verschiedenen Stammeskulturen in Maharashtra (Öffnungszeiten: tgl. 10.00 bis 17.00 Uhr).

Osho Commune

Wer den Ashram, der inzwischen in Osho-Kommune umgetauft worden ist, nicht nur in einer einstündigen Führung besichtigen will, muss einen HIV-Test vorlegen, der weniger als 30 Tage alt ist.

SÜDINDIEN

BUNDESSTAATEN UND UNIONSTERRITORIEN
Andhra Pradesh: Hauptstadt Hyderabad
Karnataka: Hauptstadt Bangalore
Kerala: Hauptstadt Thiruvananthapuram
Lakshadweep-Inseln: Unionsterritorium
Pondicherry: Unionsterritorium
Tamil Nadu: Hauptstadt Chennai

Die Staaten Tamil Nadu, Andhra Pradesh, Karnataka und Kerala werden der Region Südindien zugerechnet. Neben der geografischen Lage verbindet sie ein besonderes Merkmal: Ihre Sprachen sind alle dravidischen Ursprungs. Dasselbe gilt auch für einen Großteil der Bevölkerung. Die Lakshadweep-Inseln und Pondicherry sind ebenfalls der Region Südindien zugeordnet. Beide Unionsterritorien werden als Einzelstichworte ausführlich behandelt.

Naturraum

Die vier südlichsten Staaten Indiens formen jenes Dreieck, zu dem sich der breite Subkontinent allmählich zuspitzt. Die langen Sandstrände Keralas und Karnatakas bilden sein westliches Ende. An den äußerst fruchtbaren schmalen Küstenstreifen grenzt die Bergkette der Western Ghats. Hier regnen sich die Wolken des Südwestmonsuns ab und bescheren der Küstenregion jedes Jahr immense Wassermassen und ihr typisch feuchttropisches Klima.
Das eher trockene Dekkanhochplateau bedeckt weite Teile Karnatakas und Andhra Pradeshs. Es wird im Süden begrenzt durch die Nilgiris (blaue Berge), an deren Hängen zahlreiche Gewürzsorten wachsen. Im Osten finden sich die grünen Fluss-und Küstenebenen Tamil Nadus.

Wirtschaft

Reisanbau dominiert in den fruchtbaren Küsten- und Flussregionen im Westen und Osten, während auf dem eher trockenen Dekkanhochland Sorghum, eine Getreidesorte, Ölfrüchte und Baumwolle angebaut werden.
Tee-, Kaffee- und Gewürzplantagen finden sich in den Nilgiribergen und in den Hügelketten der Westghats. Neben der Agroindustrie spielt die Textilindustrie und die Metall verarbeitende Industrie vor allem in Tamil Nadu eine wichtige Rolle. Gummi- und Plastikverarbeitung sowie chemische Produktionsstätten finden sich in Karnataka und Tamil Nadu. Die Regionen um Bangalore und um Hyderabad

← *Beim Ernten der Kokosnüsse*

sind die **neuen industriellen Zentren** des Südens. Die Elektroindustrie und insbesondere die Computer- und Softwareproduktion dominieren in diesem Bereich.

Geschichte

Von den zahlreichen Invasionen fremder Eroberer sind zumindest Teile Südindiens unberührt geblieben. Dies gilt vor allem für Tamil Nadu und das südliche Karnataka. Unzählige Tempelbauten erinnern an die großen südindischen Dynastien hinduistischer Herrscher, die vor langer Zeit das Land beherrschten. Hierzu gehören die Pallavas und Cholas in Tamil Nadu sowie die Hoysalas im südlichen Karnataka. Von vergangener Größe zeugt auch die eindrucksvolle Stadt Hampi der Vijayanagar-Herrscher im zentralen Hochland von Karnataka. Bis hierher reichte zeitweise auch der Arm der muslimischen Eroberer Nordindiens. Städte wie Bijapur oder Gulbarga im Norden Karnatakas sind ein beredter Beweis hierfür.

Die Südwestküste Indiens war ein **Schauplatz von besonderer historischer Bedeutung**. Am Reichtum dieses tropischen Landes, insbesondere an seinen Gewürzen, wollten viele teilhaben. Chinesen und Araber, Juden und Christen landeten schon früh hier. Später versuchten verschiedene europäische Kolonialmächte ebenfalls vom Reichtum des Landes zu profitieren. Ihr Erbe prägt bis heute die Region und ihre Menschen.

Sehenswürdigkeiten

Badestrände sowie reizvolle Naturlandschaften und Nationalparks, nicht zu vergessen die ganze Fülle seiner kulturellen Reichtümer, hat Südindien dem Fremden zu bieten. Die Region ist für viele **das »ursprüngliche« Indien**, das weniger Einflüssen von außen ausgesetzt war. Die bedeutenden Tempelstätten Tamil Nadus sind eine große Attraktion für diejenigen, die an der Kultur und Geschichte des Landes interessiert sind. Höhepunkte sind die Anlagen von Madurai, Mamallapuram, Kanchipuram und Thanjavur. Daneben gibt es hier unzählige weitere Heiligtümer, deren ausführliche Beschreibung jeden Indienreiseführer sprengen würde.

In Karnataka zeugen die Stätten der frühen westlichen Chalukyas (6. – 8. Jh.) in Badami, Aihole und Pattadakal von architektonischer Experimentierfreudigkeit und hoch entwickelter Handwerkskunst. Die Tempelbauten der sehr viel später regierenden Hoysalas (10. – 13. Jh.) in Belur, Halebid und Somnathpur bestechen durch ihre besondere architektonische Form und ihr eindrucksvolles Skulpturwerk. Vom Herrschaftsanspruch des letzten hinduistischen Großreichs im Süden zeugen die Ruinen von Hampi in Zentralkarnataka. Sein Untergang wurde besiegelt durch die Macht der muslimischen Dekkan-Sultanate. Die Städte Gulbarga, Bidar und vor allem Bijapur bewahren das reiche Erbe jener Dynastien.

Reizvolle und abwechslungsreiche Naturlandschaften prägen das Bild Südindiens. In seinen tropischen Wäldern sind zahlreiche Tiere beheimatet. Die Reservate von Bandipur, Nagarhole, Mudumalai und Wyanad bilden als Jawahar-Nationalpark das größte zusammenhän-

Kathakali, eine der ältesten Tanzformen, ist typisch für Kerala. Vor dem Auftritt müssen die Tänzer eine aufwändige Schminkprozedur durchführen.

gende Naturschutzgebiet Indiens. Eine vielfältige Tier- und Pflanzenwelt lockt jedes Jahr Besucher aus Indien und dem Ausland. Besonders beliebt ist der Periyar-Nationalpark in Kerala mit seinem reichen Elefantenbestand.

Dank seiner zahlreichen Wellnessangebote und der dort praktizierten ayurvedischen Medizin erfreut sich Kerala, der Bundesstaat an der Südwestküste, einer wachsenden Beliebtheit bei Reisenden aus aller Welt. Palmengesäumte Strände wie in Kovalam, die faszinierende Welt der Backwaters und regelmäßig stattfindende traditionelle Feste wie der Elefantenmarsch von Thrissur oder das Schlangenbootrennen in Alapuzzha gehören zu den weiteren großen Attraktionen der Region.

Die Metropolen des Südens, das eher traditionelle Chennai, die westlich orientierte Boomtown Bangalore und das muslimisch geprägte, neuerdings auch von der Softwareindustrie entdeckte Hyderabad sind beliebte Ausgangspunkte auf einer Reise durch den Süden. Auch die alte Maharadschastadt Mysore gehört zu den bevorzugten Haltestationen vieler Südindien-Touristen.

★ Backwaters

E 15

Bundesstaat: Kerala **Höhe:** Meeresspiegel

Im äußersten Süden des Subkontinents zu Füßen der Western Ghats hat die Natur eine der atemberaubendsten Landschaften Indiens geschaffen: die Backwaters oder, wie die Einheimischen sie nennen, Kuttanad.

Das grüne Labyrinth aus Kanälen, Flüssen und Lagunen, gesäumt von Palmen und Reisfeldern, beginnt direkt hinter der Küste und erstreckt sich zwischen den Städten Kochi im Norden und Kollam im Süden. 1900 km² umfasst das Netz der Backwaters, die schon vor 1000 Jahren als Handels- und Verkehrswege genutzt wurden. Heute wie damals gleiten Kettuvallams, die traditionellen, mit Kokosschalen und Kopra gefüllten Lastkähne, geräuschlos durch das Wasser. Lärmend mengen sich die Vehikel des Fortschritts dazwischen: Motorboote bringen als Busse und Wassertaxis Kinder allmorgendlich zur Schule und Erwachsene in die größeren Ortschaften zum Einkauf oder schippern staunende Touristen durch jenes Land, das nicht mehr Wasser und doch noch nicht ganz Erde ist. Eine **Bootsfahrt durch dieses schier endlose Dickicht** gehört zu den schönsten Erlebnissen in Kerala. Enge, von Palmen überdachte Kanäle weiten sich unmittelbar zu riesigen Lagunen. Flüsse, über die sich kleine Brücken winden, sind gesäumt vom Hellgrün der Reisfelder. Dazwischen liegen verstreut einzelne Häuser oder kleine Siedlungen, Kirchen, Moscheen und Tempel. Manchmal flattert eine rote Fahne im Wind, die den Sitz des örtlichen Büros der kommunistischen Partei anzeigt. Die Menschen leben meist vom Reisanbau, von der Fischerei und der Verwertung der Kokospalmen, aus denen auch der bekannte Palmschnaps Toddy gebrannt wird. An manchen Stellen kann man noch die Frauen bei der traditionellen Fußfischerei sehen. Sie waten durchs Wasser und machen mit Hilfe von Tontöpfen Jagd auf den schmackhaften Karimeen, eine Fischart der hiesigen Gewässer. Das Paradies, das sich vor den Augen des Fremden ausbreitet, wird jedoch von seinen Bewohnern mit weniger Idealismus betrachtet. Alljährliche Überflutungen durch den Monsun, weite und zeitaufwändige Reisen zur nächsten Stadt und nicht zuletzt Probleme mit der Arbeitslosigkeit sind nur einige der Bürden, die die Leute bedrücken. Immer mehr Menschen finden heute in der wachsenden Tourismusbranche Beschäftigung. Die alten Lastkähne werden zu Hausbooten für Urlauber umfunktioniert und Hotelketten eröffnen Ferienanlagen der gehobenen Kategorie an palmengesäumten Lagunen.

Die Backwaters – ein Netz aus Seen, Flüssen und Lagunen

Eine der größten Attraktionen Keralas – das Schlangenbootrennen von Alapuzzha

Alljährlich im August während des Onam-Festes findet in Alapuzzha ein besonderes Schauspiel statt: das Schlangenbootrennen um den so genannten Nehru-Cup. Schmale, kunstvoll dekorierte Boote, Chundan Vallams genannt, mit bis zu 100 Mann Besatzung wetteifern um den Sieg. Alte kriegerische Traditionen werden hinter diesem Schauspiel vermutet; die heutigen Sieger werden jedoch »nur« mit dem Nehru-Cup belohnt, den der ehemalige Ministerpräsident zu seinen Amtszeiten gestiftet hatte. Bejubelt von begeisterten Zuschauermassen, die auf Bambustribünen vom Ufer aus das Rennen verfolgen, nehmen die glücklichen Gewinner die Ehrung entgegen. **✶ Schlangenbootrennen**

Ziele in den Backwaters

Kollam (Quilon)

Einer der Hauptausgangspunkte für eine Fahrt auf den Backwaters ist die geschäftige Hafenstadt Kollam, gelegen zwischen dem Meer und dem Ashtamudisee. Gegründet wurde sie im 9. Jh. als Herrschaftssitz der Chera-Dynastie. Schon vorher war hier eines der Zentren des internationalen Gewürzhandels entstanden, das arabische, jüdische und vor allem chinesische Händler häufig ansteuerten. 1330 wurde die Stadt Bischofssitz unter Jordanus, dem ersten römisch-katholischen Bischof Indiens.

Bei einem Spaziergang durch die Stadt trifft man immer wieder auf die **typischen Kerala-Holzhäuser** mit ihren schönen Ziegeldächern. In den Gassen kann man bei der Verarbeitung von Kokosfasern zu Seilen und Fußmatten zusehen. Daneben florieren hier vor allem das Töpferhandwerk, die Aluminiumindustrie, die Verarbeitung von Cashewnüssen und natürlich die Fischerei.

BACKWATERS ERLEBEN

AUSKUNFT

www.keralatourism.org

Kerala Tourism Büro
Alapuzzha
Nahe der Bootsanlegestelle
Tel. 04 77 – 226 07 22

HAUSBOOTE

Die schönste Art, die Backwaters zu erkunden, ist die mit dem eigenen Boot. Viele Veranstalter haben sich inzwischen auf die Fahrten mit den so genannten Kettuvallams, zu Hausbooten umgebauten traditionellen Frachtkähnen, spezialisiert. Zum Beispiel:

Allepey Tourism
ATDC
Komala Road, Allapuzha
Tel. 04 78 – 224 34 62

KTDC Waterscapes
Kavanattinkara
Kottayam
Tel. 04 81 – 252 58 61

Casino Group of Hotels
Kochi
Tel. 04 84 – 266 82 21
spicecoastcruise@cghearth.com

FÄHRVERBINDUNGEN

Zudem kann man die Backwaters mit Fährschiffen erkunden. Die bekannteste Route ist die öffentliche Fährverbindung zwischen Alapuzzha und Kollam. Schiffe verkehren täglich; die Fahrt dauert 8,5 Stunden. Auch Kochi und Kottayam werden häufig angefahren.

FESTE

Von Juni bis September, während des weithin bekanneten Oman-Festes, finden in Alapuzzha die berühmten Schlangenbootrennen statt.

ESSEN / ÜBERNACHTEN

Homestay-Programm
Neben vielen sehr schönen Hotels gibt es auch zahlreiche kleine Unterkünfte in den Backwaters in allen Preisklassen, oftmals in traditionellen Kerala-Holzhäusern, die im Homestay-Programm zu finden sind (www.homestaykerala.com). Preiswert übernachten kann man in den staatlichen Hotels von Kerala Tourism (www.ktdc.com).

► Luxus

Marari Beach Resort
Mararikulam
Alapuzzha
Tel. 04 78 – 286 38 01
www.cghearth.com
Nicht in den Backwaters, sondern am Strand nördlich von Alapuzzha liegt diese attraktive Hotelanlage. Man kann in Hängematten unter Palmen dösen, den weißen Sandstrand genießen oder am reichhaltigen Kulturprogramm teilnehmen. Ein ayurvedisches Zentrum und mehrere sehr gute Restaurants gehören ebenfalls zu dieser Wohlfühloase.

Ashtamudi Lake Resort
Chavara
Tel. 04 76 – 288 22 88
Man wohnt in komfortablen Bungalows am Ashtamudisee; es gibt ein Ayurvedazentrum und ein gutes Restaurant, in dem auch ayurvedisch gekocht wird.

Coconut Lagoon
Kumarakom
Tel. 04 81 – 252 43 73
www.cghearth.com

Zwischen Palmen und kleinen Kanälen und nur per Boot erreichbar liegen die Bungalows von Coconut Lagoon. Das vielfach ausgezeichnete Resort hat sich wie alle cghearth-Hotels dem ökologischen und sozial verträglichen Tourismus verschrieben. Ayurvedische Behandlungen, ein Yogazentrum und Kochkurse sind nur drei der zahlreichen Angebote. Ein hervorragendes Restaurant sorgt für das leibliche Wohl der Gäste und der Service ist exzellent.

Kumarakom Lake Resort
Kumarakom
Tel. 04 81 – 252 49 87
www.klresort.com
Luxus vom Feinsten kann man in dieser reizvollen Anlage genießen. Ihre traditionellen Holzbungalows sind mit allem Komfort ausgestattet. Die »Meandering Pool Villas«, jede mit direktem Zugang zum Wasser, sind ein architektonisches Schmuckstück des Resorts. Es gibt zwei gute Restaurants und natürlich werden auch ayurvedische Behandlungen, Yogastunden und Kreuzfahrten in den Backwaters angeboten.

► Komfortabel

Anamika The Villa
Tel. 04 78 – 224 20 44
Im Zentrum Alapuzzhas gelegenes schönes Heritage-Hotel in einer alten Villa. Am Abend werden Tanzvorführungen geboten.

► Günstig

Yatri Niwas
Ashramom
Guest House Compound
Tel. 04 74 – 274 55 38
Staatliches Hotel von KTDC, direkt am Wasser gelegen, mit einfachen, aber sauberen Zimmern und kleinem Restaurant.

Anjali Park
KK Road
Kottayam
Tel. 04 81 – 256 36 69
Zentral gelegenes, günstiges Hotel in Kottayam, wo man auch gut essen kann.

Kottayam

Am östlichen Ende der Backwaters und zu Füßen der Western Ghats liegt eine weitere Hauptanlegestelle der Fährboote: die Stadt Kottayam. **Die Schifffahrt von hier nach Alappuzha ist besonders reizvoll und abwechslungsreich**; sie dauert etwa 2,5 Stunden. Der Ort war früher ein Zentrum der syrischen Christen. An sie erinnern zwei Kirchen aus dem 13. Jh., die etwa 3 km außerhalb des Zentrums liegen: Valliapalli, die große Kirche, und Cheriapalli, die kleine Kirche. Erstere, die später mit einer Barockfassade verkleidet wurde, beherbergt zwei Steinkreuze mit syrischer und Pahlavischrift. In der Kirche Cheriapalli sind einige schöne Wandmalereien erhalten. Kottayam ist auch ein günstiger Ausgangspunkt für Ausflüge ins ►Periyar-Wildreservat.

Vogelschutzgebiet Kumarakom

Von Kottayam sind es nur 16 km zum Vogelschutzgebiet Kumarakom am Vembanadsee. Das Reservat ist die Heimat von zahlreichen Enten- und Kuckucksarten. Hier überwintern verschiedene Zugvogelarten aus Sibirien.

Alapuzzha (Aleppey) Alapuzzha gehört zu den wichtigsten Hafenstädten Keralas und ist zugleich eine der Hauptanlegestellen für die Fährboote der Backwaters. Die Stadt lebt von der **Verarbeitung der Kokosnussfasern**, aus denen u. a. Seile und Fußmatten hergestellt werden. Den ganzen Tag herrscht geschäftiges Treiben an den vielen Kanälen, wo die Produkte verladen werden. Als Hafenstadt erlangte Alapuzzha erst im vorletzten Jahrhundert Bedeutung, heute befindet sich hier der größte Binnenhafen der Backwaters. Während des Schlangenbootrennens (s. S. 515) im August ist der Ort das Ziel zahlreicher Touristen aus dem In- und Ausland.

★★ Badami • Aihole • Pattadakal

D 11/12

Stätten der frühen westlichen Chalukyas

Bundesstaat: Karnataka
Entfernung: 450 – 500 km südöstlich von Mumbai

In einem von felsiger Landschaft umgebenen Tal im weit abgelegenen südlichen Bagalkotdistrikt liegen die verschlafenen kleinen Dörfer Badami und Aihole, beide in einigen Kilometern Entfernung von der dazwischen liegenden alten Tempelstadt Pattadakal.

Schwer vorstellbar ist es für die bisher spärlich eintreffenden Besucher, die im gemächlich dahindösenden Badami ankommen, dass hier vor langer Zeit eines der größten und mächtigsten Zentren des Dekkanhochlands bestand, die Hauptstadt der frühen Chalukyas, Vatapi (543 – 754 n. Chr.). Über 50 Tempel und Höhlenheiligtümer haben in diesem abgeschiedenen Winkel die Jahrhunderte überdauert. Sie sind großartige Zeugen der frühen Periode religiöser Baukunst, die sich an keinem anderen Ort des Subkontinents in solcher Masse und Vielfalt präsentiert.

Geschichte Pulakeshin I. (543 – 566) gilt als Stammvater der Chalukya-Dynastie. Er legte den Grundstein zur Befestigung jenes Orts am Fluss Malaprabha, den sein Nachfolger Kirtivarman I. (566 – 583) zur Hauptstadt des expandierenden Reichs ausbaute. Die neuen Herrscher beriefen die besten Architekten und Bildhauer nach Badami, damit diese hier und in den Nachbarstädten Pattadakal und Aihole ihre Fähigkeiten unter Beweis stellen konnten. Die unzähligen hinduistischen und jainistischen Heiligtümer, die in der Folgezeit entstanden, erwiesen sich als **richtungsweisend für die Baukunst Nord- wie auch Südindiens**.

Fast 200 Jahre lang beherrschten die Chalukyas große Teile des Dekkans; ihre Eroberungszüge führten sie bis zur Küste des Arabischen Meers und im Osten ins Kerngebiet der Palava-Dynastie nach Kanchipuram. Die Palava-Dynastie verpasste den einflussreichen Herren

Höhlentempel in der Tradition von Ajanta und Ellora wurden in dem Berg an der Südseite des Badamisees entdeckt.

des zentralen Hochlands 753 den entscheidenden Schlag und nahm Badami ein. Es sollten weitere 200 Jahre vergehen, bis mit den Jüngeren Chalukyas die Nachfahren jener einst so einflussreichen Dynastie wieder eine wichtige Stellung im Kräftespiel der hinduistischen Königreiche Südindiens einnahmen.
Verschiedene Herrscher ergriffen im Lauf der Jahrhunderte Besitz von den Stätten am Fluss Malaprabha. Für einige Zeit gehörte die Region zum Vijayanagar-Reich, später den Adil Shahis von Bijapur, Haider Ali aus Mysore, den Marathen und zuletzt den Briten. Erstaunlich, dass trotz der wechselvollen Geschichte so viele der alten Bauwerke erhalten geblieben sind.

Badami

Malerisch liegt das Städtchen Badami (108 km von Hospet, 132 südlich von Bijapur) am Fuß roter Sandsteinfelsen, die schroff in den blauen Himmel ragen. Der kleine künstliche See östlich des Zentrums war vermutlich schon in der Gründungsphase der Stadt angelegt worden.
Die sehenswerten Höhlenheiligtümer und die Überreste einer Befestigungsanlage sind südlich des Orts über einen steilen Pfad zu erreichen. Im Norden findet man weitere interessante Tempel aus der Chalukya-Epoche und die Ruinen eines zweiten Forts. Auch an den Ufern des Wasserbeckens, an dessen Badetreppen die Frauen ihre Wäsche waschen, finden sich Schreine aus alten Zeiten.

✶ **Höhlentempel**

Die ältesten Monumente Badamis sind die vier in den roten Sandstein eingemeißelten, unterschiedlich großen Höhlentempel südlich oberhalb des Orts. Alle vier Heiligtümer bestehen aus Pfeilerveranda, Halle und Sanktum. **Höhle Nr. 1** ist Shiva geweiht, dessen eindrucksvolle Form als Nataraja mit 18 Armen im linken Teil der Veranda zu sehen ist. Auch Harihara (Shiva / Vishnu), die Gemahlinnen Parvati und Lakshmi und die Reittiere Nandi und Garuda gehören zum hiesigen Ensemble. Dahinter verbirgt sich die Pfeilerhalle mit dem kleinen quadratischen Sanktum. Gott Vishnu residiert in **Höhle Nr. 2**. Seine Inkarnationen als Varaha (Eber) und Vamana (Zwerg), der in drei Schritten, zum Riesen wachsend, das Universum durchschreitet, schmücken die linke und die rechte Seite der Veranda. Reich verzierte Pfeiler und eine fein gemeißelte Decke mit einem Lotos und 16 Fischen gehören zu den weiteren Höhepunkten dieses Heiligtums.

✶ Höhle Nr. 3 ▸

Höhle Nr. 3 ist die größte und gilt gleichzeitig als der schönste Tempel. 23 x 6 m dehnt sich die üppig geschmückte, von sechs Pfeilern getragene Veranda aus. Die Fassade ist **reichlich mit Skulpturen von Göttern, Menschen, Tieren und Pflanzenornamenten verziert**. Vishnu, dem auch dieser Schrein gewidmet ist, prangt in seinen Avataras, rechts als Narasimha und links als Narayana, auf der Weltenschlange Shesha sitzend an den Wänden. Schön gearbeitet ist auch die Decke der Innenhalle, die zum kleinen Sanktum führt.

Höhle Nr. 4 ist ein jainistisches Heiligtum. Ihre Anlage entspricht dem Aufbau ihrer Vorgängerinnen, sie ist allerdings viel kleiner. Tirthankaras, die Furtbereiter der Jainas, sind in den Stein gemeißelt. Reizvoll ist der Blick von hier oben auf das Tempelbecken und die Ortschaft. Wer einen weiteren Aufstieg nicht scheut, gelangt zu den Resten des Südlichen Forts, einer alten Befestigungsanlage. Östlich davon, in den Felsen versteckt, befinden sich mehrere Reliefs, die u. a. Vishnu auf der Weltenschlange zeigen.

BADAMI • AIHOLE • PATTADAKAL ERLEBEN

AUSKUNFT

KSTDC Tourist Office
Ramdurg Road
Badami
www.karnatakatourism.org

ANREISE

Badami ist mit dem Bus oder der Eisenbahn von mehreren Städten aus, u.a. von Bijapur, Hubli und Bangalore, zu erreichen. Nach Aihole besteht ein regelmäßiger Busverkehr von Badami und Pattadakal.

ESSEN / ÜBERNACHTEN

▸ **Komfortabel**

Hotel Badami Court
Am Stadtrand Richtung Bahnhof in Badami, Tel. 08 35 – 72 02 30
Das beste Hotel am Ort mit Pool und Garten.

▸ **Günstig**

KSTDC Hotel Mayura Chalukya
Ramdurg Road, Badami
Tel. 08 35 – 72 00 46
Ein kleiner Garten, Restaurant und Bar gehören zum Hotel.

Tempelanlage

Auf der anderen Seite des Tals stehen mehrere Tempel, die südindische Einflüsse aufweisen, sichtbar z. B. am Vimana, dem dravidischen Tempelturm. Am Hang des nördlichen Hügels, der auch die Reste eines weiteren Forts trägt, steht der **Untere Shivalaya-Tempel** und oben auf dem Gipfel, über steile Pfade und Treppen erreichbar, der **Obere Shivalaya-Tempel**, der Anfang des 7. Jh.s erbaut wurde. Das Heiligtum ist mit Szenen aus dem Leben Gott Krishnas dekoriert. Auf einem Felsen unterhalb des Forts wurde der Malegitti-Shivalaya-Tempel errichtet. Auch er ist von einem für südindische Tempel typischen Vimanaturm bekrönt. An den Ufern des künstlichen Wasserbeckens sind mehrere Schreine angesiedelt. Der älteste ist der **Bhutanatha-Tempel** an der Ostseite.

Das örtliche **Museum** an der Bhutanatha Temple Road beherbergt eine Sammlung von Fundstücken aus der Umgebung (Öffnungszeiten: tgl. außer Fr. 10.00 – 17.00 Uhr). Der **Jambulinga-Tempel** im Ortszentrum stammt aus dem Jahr 699 und ist mit drei Schreinen für die großen Gottheiten Brahma, Vishnu und Shiva ausgestattet.

Aihole (Aivalli)

Aryapura oder Ayyavole (46 km von Badami, 17 km von Pattadakal) nannten die Chalukyas jene Stadt, die sie vor vielen Jahrhunderten hier errichtet hatten. Heute noch finden sich zahlreiche Heiligtümer aus dem 6. – 8. Jh. in Aihole. Ganze Tempelgruppen stehen innerhalb des Ortskerns, in den umliegenden Feldern und auf Felsen und Hügeln. Auch Aihole galt als **Experimentierfeld für neue Stile in der Tempelarchitektur**, wie man an den räumlich und zeitlich dicht beieinander liegenden, aber z.T. sehr unterschiedlichen Bauwerken erkennen kann. Ausgrabungen bringen immer neue Funde zu Tage.

Tempelgruppen

Innerhalb des von einem Mauerring umgebenen Orts gibt es mehrere sehenswerte Tempel bzw. Tempelgruppen. Sie liegen teilweise versteckt zwischen Wohnhäusern und manche von ihnen wurden von den Dorfbewohnern auch als Unterkünfte benutzt.

★ ◄ Durgatempel

Ganz im Norden steht das größte Heiligtum der Stadt, der Durgatempel. Er ist allerdings **nicht der Göttin Durga geweiht**, wie sein Name vermuten lässt, sondern Vishnu. Die nahe liegende Festungsmauer (durga) führte zu seiner verwirrenden Namensgebung. Ungewöhnlich ist nicht nur die Form des Schreins, sondern auch sein überreiches Schmuckwerk an den Außenwänden. Die dreischiffige Halle mit halbrundem Sanktum steht auf einem hohen Sockel, eine Pfeilerreihe läuft um das Bauwerk. Unverkennbar wurden hier Anleihen bei den buddhistischen Chaitya-Hallen gemacht.

Etwas weiter südlich stehen der **Surya-Narayana-Tempel** mit einem Kultbild des Sonnengottes, der Garuda-Tempel, ein Durga-Heiligtum und der Lad-Khan-Tempel. Hier residiert Gott Shiva, doch der muslimische Name des Schreins stammt von einem seiner früheren menschlichen Bewohner. Wegen seiner quadratischen Halle und sei-

Leben in alten Tempelmauern: In Aihole und Umgebung stehen über hundert Heiligtümer.

nes Vorbaus mit Pfeilern erinnert das im 7. / 8. Jh. entstandene Bauwerk an einen buddhistischen Vihara. Im Zentrum des Innenraums stehen ein Nandi und in der Cella ein Lingam, die Attribute Shivas. Der weiter südlich gelegene **Chakra-Gudi-Tempel** ist dem nordindischen Nagarastil verpflichtet, wie man an seinem Turmaufbau sehen kann.

Mitten im Zentrum des Orts steht die **Kontigruppe**, vier Tempel, die vermutlich um 700 errichtet wurden. Sie bestehen aus einer Pfeilerhalle und einer Kultzelle. Man beachte die z. T. verzierten Pfeiler und schönen Deckenpaneele. Als einziges Bauwerk genau zu datieren ist der Meguti-Tempel, laut Inschrift im Jahr 634 erbaut. Er steht auf einem Hügel im Südosten der Ortschaft. Der ursprüngliche Bau aus Sanktum, quadratischer Pfeilerhalle und Vorhalle wurde später erweitert. Das Kultbild, ein Tirthankara, weist den Schrein als jainistisches Heiligtum aus.

Ganz im Nordosten liegt die Felsenhöhle **Ravana Phadi**, die vermutlich schon im 6. Jh. entstanden ist. Ihr Inneres wird von einer Fülle ausdrucksstarker Figuren beherrscht. Als Herr des Hauses gilt Shiva.

Museum

Das kleine Museum von Aihole nahe dem Durgatempel im Nordosten beherbergt eine Sammlung von Skulpturen aus der Umgebung (Öffnungszeiten: tgl. außer Fr. 10.00 – 17.00 Uhr).

Pattadakal (Patadkal)

Einige der schönsten Exemplare früher Sakralbauten sind in Pattadakal (29 km von Badami, 17 km von Aihole) versammelt. In der Tempelstadt der Chalukyas wurden neue Herrscher gekrönt und religiöse Feste gefeiert. Die meisten der innerhalb einer Umfriedung stehenden Tempel wurden während der Herrschaft des Königs Vijayaditya II. (696–733) und seines Nachfolgers Vikramaditya (733–746) errichtet. Wie in Badami und Aihole stehen **südindisch und nordindisch beeinflusste Bauten in Eintracht nebeneinander**. Die dravidischen Tempel tragen unverkennbar die Züge der Pallavakunst Kanchipurams, das von den Chalukyas erobert worden war und deren Bildhauer zeitweise unter den neuen Herren ihr Brot verdienten.

Sanghameshvara-Tempel

Im Zentrum der Anlage steht der Sanghameshvara-Tempel aus dem frühen 8. Jh., vermutlich der älteste der Gruppe. Über dem Sanktum erhebt sich ein Vimanaturm, sichtbarstes Zeichen seiner Zugehörigkeit zur südindischen Bauvariante.

★ Virupaksha-Tempel

Südlich davon befindet sich der Virupaksha-Tempel, der größte von allen, inmitten einer Umfassungsmauer mit 32 weiteren Schreinen. Auch er ist mit dravidischem Vimana über dem Sanktum ausgestattet. Dem Sanktum vorgelagert ist eine große Pfeilerhalle mit drei Eingängen sowie ein Nandipavillon. Reich ist der **Figurenschmuck** an Wänden und Säulen. Letztere zeigen Szenen aus den Epen Mahabharata und Ramayana. Das Heiligtum wurde von Vikramadityas Frau Loka Maha Devi zur Erinnerung an seinen Sieg über die Pallavas von Kanchipuram gestiftet.

Mallikarjuna-Tempel

In unmittelbarer Nachbarschaft steht der Mallikarjuna-Tempel, die kleinere Ausführung des Virupaksha-Tempels. Er wurde ebenfalls anlässlich des Siegs von Vikramaditya gegründet. Als Stifterin gilt die Schwester Loka Maha Devis, Trailoka Maha Devi, eine weitere Ehefrau des Herrschers. Auch dieser Tempel ist mit allerlei Skulpturen geschmückt, u. a. mit Szenen aus dem Leben Krishnas.

Weitere Tempel

Dem nordindischen Stil verpflichtet sind der daneben liegende Kashivishveshvara-Tempel sowie die drei Tempel im Norden: der unvollendet gebliebene Galaganatha-Tempel, der Jambulinga-Tempel und der Kada-Siddeshvara-Tempel. Alle krönt ein Shikhara, ein Turm im nordindischen Stil.

Papanatha-Tempel

Abseits der Gruppe steht im Süden der um 750 erbaute Papanatha-Tempel. Zwei Pfeilerhallen führen zum Sanktum, was ihm eine ungewöhnliche Länge verleiht. Seine Ausführung spiegelt eine Kombination aus nördlichen (z. B. der Shikhara) und südlichen (z. B. der Eingangsbereich) Formen wider. Die Außenwände sind kunstvoll dekoriert mit Szenen aus dem Mahabharata und dem Ramayana.

★ Bangalore

E 13

Hauptstadt von Karnataka
Einwohner: 6,5 Mio.
Höhe: 920 m ü. d. M.
Entfernung: 334 km westl. v. Chennai

Sie werde »Indiens Stadt der Zukunft« sein – das prophezeite der frühere Premierminister Nehru schon in den 1950er-Jahren dem damals noch provinziellen Bangalore.

Tatsächlich wuchs die Hauptstadt des Bundesstaats Karnataka in den letzten zwanzig Jahren von zweieinhalb auf heute sechseinhalb Millionen Einwohner. Ihren Boom hat die Stadt neben der Maschinenbau- und Flugzeugindustrie vor allem der Softwarebranche zu verdanken. 1500 Unternehmen aus dem IT-Bereich sind hier angesiedelt und ein Drittel der indischen Softwareexporte und IT-Dienstleistungen stammt aus der Metropole mit dem Ruf eines südindischen **»Silicon Valley«**. Allerdings wird ihr dieses Renommee in letzter Zeit immer mehr von Andhra Pradeshs Hauptstadt Hyderabad abspenstig gemacht. Bangalores Infrastrukturentwicklung konnte mit der ökonomischen Explosion leider nicht Schritt halten. So beklagen heute viele die ständigen Staus und verstopften Straßen. Trotzdem hat die größte Stadt auf dem Dekkanhochland auch noch andere Seiten. **Schöne Parks und Gärten** sowie ein eindrucksvoller Baumbestand gehören ebenfalls zu Bangalore. Obwohl es keine herausragenden Sehenswürdigkeiten zu besichtigen gibt, eignet sich die Stadt wegen ihrer ausgezeichneten touristischen Infrastruktur und ihres angenehmen Klimas als idealer Ausgangspunkt für eine Südindienreise. Zahlreiche z. T. sehr gute Hotels, Restaurants, Pubs und Cafés sowie vielfältige Einkaufsmöglichkeiten laden zu einem Aufenthalt ein; außerdem werden von Bangalore aus Fahrten zu touristischen Höhepunkten in der weiteren Umgebung organisiert.

Geschichte

1537 wurde Bangalore von Kempegowda, einem Fürsten des Vijayanagar-Reichs, gegründet. Dieser errichtete hier eine Lehmfestung. In den folgenden Jahrhunderten setzten sich verschiedene Herrscher in dem Ort fest, u. a. die Fürsten von Mysore. Der Muslimführer Haider Ali und sein Sohn Tipu Sultan erbauten im 18. Jh. an der Stelle der Lehmfestung ein Fort aus Stein und benutzten es zur Verteidigung in ihrem Kampf gegen die Engländer. Nach dem Sieg über Tipu Sultan 1799 geriet die Stadt unter die Herrschaft der Briten, die sie wegen ihres angenehmen Klimas als Garnisonsstadt und Sommerfrische nutzten. Noch heute erinnern viele Namen, so die einiger Stadtviertel wie Cox Town oder Fraser Town, und die beträchtliche Zahl der Angloinder an die koloniale Vergangenheit der Stadt. Im Zuge der Rückbesinnung wird zur Zeit diskutiert, die Stadt in **»Bangaluru«** umzubenennen. Der Name bedeutet »Stadt der gekochten Bohnen« und bezieht sich auf eine lokale Sage.

Bangalore Orientierung

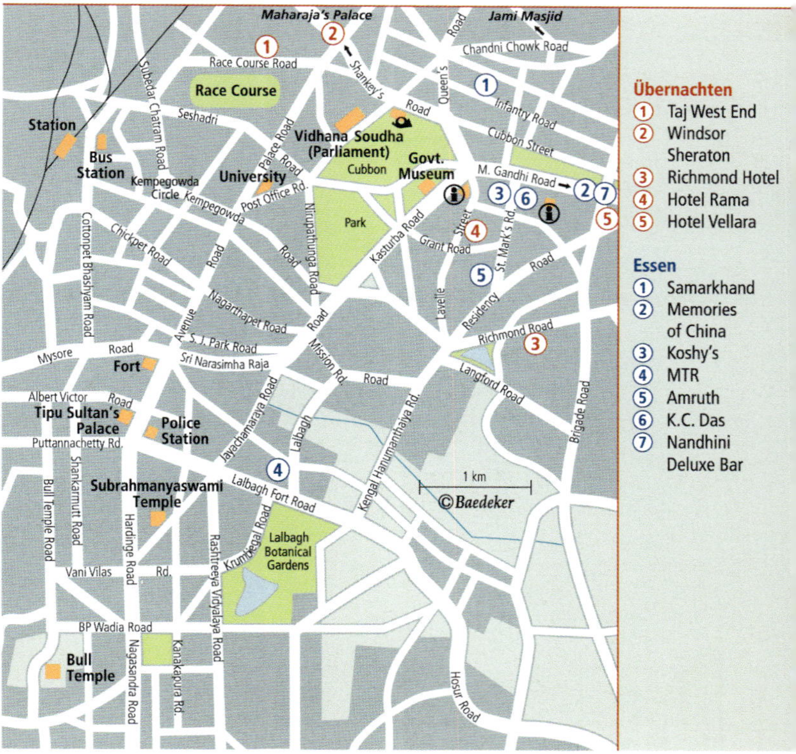

Stadtbild

Die belebte Innenstadt lohnt auf jeden Fall einen Besuch. Bei etwas mehr Zeit empfiehlt sich auch ein Spaziergang durch die Parks, insbesondere die Lalbagh-Gärten. Die über die ganze Stadt verstreut liegenden historischen Denkmäler können im Rahmen einer organisierten Stadttour besichtigt werden. Bangalores alter Stadtkern erstreckt sich südwestlich des Cubbon Park um das alte Basarviertel Chikpet und die geschäftige Kempegowda Road, in deren Nähe, etwas weiter westlich, auch der Bahnhof und der Busbahnhof liegen. Die meisten Touristenhotels finden sich im Gebiet um die Mahatma Gandhi Road. Die breite Prachtstraße durchzieht den modernen Teil der Innenstadt.

Sehenswertes in und um Bangalore

Cubbon Park und Museen

Am westlichen Ende der Mahatma Gandhi Road liegt der Cubbon Park, eine der grünen Lungen der Stadt. Das Government Museum, die Venkatappa Art Gallery und das Technological and Industrial

BANGALORE ERLEBEN

AUSKUNFT

Tourist Office
48, Church Street
Tel./Fax 080 – 25 58 54 17

Karnataka Tourism House
No. 8, Papanna Lane; St. Mark's Road
Tel. 080 – 51 32 92 11/222
www.karnatakatourism.org

SHOPPING

Kleidung, Schuhe und westliche Markenware gibt es auf der Mahatma Gandhi (MG) Road, der Brigade Road sowie der St. Mark's Road und um den Richmond Circle. Die Commercial Street und ihre Seitengassen locken mit indischen Textilien, Schmuck und Schuhen. In der Nähe ist auch das Einkaufszentrum »Safina Plaza« (Infantry Road). Geschäftige Basare findet man in der Altstadt, vor allem um die Kempegowda Road und Citymarket / Chickpet. Als neues Szeneviertel gilt der Stadtteil Indira Nagar, insbesondere die 100-Feet-Road und einige Querstraßen mit Möbelläden, Kunsthandwerk, Bars, Cafés und Galerien.
In der Residency Road, die von der MG Road abzweigt, sind viele staatliche Läden mit Waren aus den jeweiligen Bundesstaaten angesiedelt. Besonders empfehlenswert ist »Gujari« mit Produkten aus dem Staat Gujarat.

Cauvery Crafts Emporium
Ecke Brigade Road / MG Road
Staatliches Geschäft für Kunsthandwerk, große Auswahl an Sandelholzprodukten.

Cottage Industries Emporium
144, MG Road
Reiches Angebot an Kunsthandwerk und Geschenkartikeln.

ESSEN

► Fein & teuer

① ***Samarkhand***
Gem Plaza
66, Infantry Road
Tel. 080 – 51 11 33 66
Ausgezeichnete nordwestindische Küche und Tandoori-Gerichte.

② ***Memories of China***
Im Taj Residency
41/3, MG Road
Tel. 080 – 25 58 44 44
Chinesische Spezialitäten vom Feinsten.

► Erschwinglich

Baedeker-Empfehlung

③ ***Koshy's – eine Institution***
39, St. Mark's Road
Tel. 080 – 22 21 37 93
Wo treffen sich Künstler, Kids und Keralesen? Im Koshy's! Das Lokal ist seit vielen Jahrzehnten Mittelpunkt der Szene Bangalores und seine Ober und Köche kommen immer noch aus Kerala. Ob Bier, Kokosnusssuppe, Fischcurry oder Fritten – hier gibt es alles und es schmeckt ausgezeichnet

⑦ ***Nandhini Deluxe Bar und Restaurant***
100 Feet Road
(near junction with Airport Road)
Indiranagar
Tel. 080 – 25 28 88 81
Spezialitäten aus Andhra Pradesh, gute Biryanis und Tandoori-Gerichte.

► Preiswert

④ ***MTR (Mavalli Tiffin Rooms)***
14, Lalbagh Road
Tel. 080 – 22 22 00 22
Sehr populäres vegetarisches Restau-

rant, hier gibt es gutes südindisches Frühstück und leckere Thalis. Der Laden daneben verkauft MTR-Produkte (v. a. Süßigkeiten, Snacks und Pickles).

⑤ ***Amruth***
14, St. Mark's Road
Tel. 080 – 221 49 88
Hier kann man die südindischen Reispfannkuchen (Dosa) probieren, es gibt eine große Auswahl an vegetarischen südindischen und nordindischen Gerichten.

⑥ ***K.C. Das Sweet Shop***
3, St. Marks Road
Gegenüber von Koshy's Restaurant
Sehr berühmt für seine bengalischen Süßigkeiten und Joghurts. Man kann sie bei einem Tee oder Kaffee probieren.

ÜBERNACHTEN

► Luxus

① ***Taj West End***
Race Course Road
Tel. 080 – 56 60 56 60
www.tajhotels.com
Im Taj West End Hotel residieren die Gäste inmitten eines Parks in reizvoll gelegenen Bungalows, genießen den attraktiven Pool und die sehr gute Küche.

② ***ITC Hotel Windsor Sheraton & Towers***
26, Golf Course Road
Tel. 080 – 22 26 98 98
www.welcomgroup.com
Bietet allen Komfort und hat fünf Restaurants und zwei Bars.

► Komfortabel

③ ***The Richmond Hotel***
88/2, Richmond Road
Tel. 080 – 22 23 36 66
Das Richmond liegt sehr zentral und hat 44 Zimmer, alle mit Klimaanlage. Ein Restaurant mit internationaler Küche und eine Bar gehören ebenfalls dazu.

④ ***Hotel Rama***
40/2, Lavelle Road
Tel. 080-222 733 11
Ebenfalls sehr zentral gelegen. Das Hotel hat 55 Zimmer mit Klimaanlage. Es gibt zwei Restaurants, darunter das schöne Dachterrassenrestaurant (Charcoal).

► Günstig

⑤ ***Hotel Vellara***
283, Brigade Road
Gegenüber Brigade Towers
Tel. 080 – 25 36 91 16
Einfaches, sauberes Hotel mit vegetarischem Restaurant.

Museum sind hier beheimatet. Das Government Museum beherbergt eine Sammlung von Skulpturen aus verschiedenen Herrschaftsperioden südindischer Dynastien. Daneben sind auch Miniaturen und Musikinstrumente zu sehen. In der daneben liegenden Venkatappa Art Gallery sind Bilder moderner indischer Künstler ausgestellt.

Öffnungszeiten:
tgl. außer Mi.
10.00 – 17.00

Vidhana Soudha

Am nordwestlichen Ende des Cubbon Park steht die imposante Vidhana Soudha, Sitz der Regierung und des Landesparlaments von Bangalore. Das fünfstöckige Granitgebäude, in dem sich die verschiedensten architektonischen Stile Indiens widerspiegeln, wurde 1956 erbaut.

Am Eingang des Botanischen Gartens

★ **Lalbagh Botanical Gardens**

Weiter südlich des Cubbon Park erstrecken sich auf einem Gebiet von 96 ha die Lalbagh-Gärten. Die populärste Gartenanlage der Stadt geht auf die Muslimherrscher Hyder Ali und Tipu Sultan im 18. Jh. zurück. Sehenswert sind die **vielen zum Teil sehr seltenen Bäume**, von denen manche bereits ein Alter von mehreren hundert Jahren erreicht haben. Auch Lotosteiche, Seen und ein Glashaus, in dem regelmäßig Blumenschauen abgehalten werden, befinden sich dort. Vom höchsten Punkt des Parks hat man eine **schöne Sicht auf Bangalore**.

Fort

Im geschäftigen City-Market-Viertel nordwestlich der Lalbagh-Gärten kann man die Überreste eines unter Hyder Ali und Tipu Sultan errichteten Forts aus Stein besichtigen. Die Öffnungszeiten sind unregelmäßig.

Tipu Sultan's Palace

Öffnungszeiten: tgl. 8.00 – 18.00

Südwestlich des City Market findet man ein weiteres Relikt aus den Zeiten der Muslimherrschaft, den Palast Tipu Sultans. Mit dem Bau des zweistöckigen Gebäudes wurde 1778 unter Hyder Ali begonnen, fertig gestellt wurde die Anlage 1789 unter seinem Nachfolger Tipu Sultan.

Bull Temple

Auf einem Hügel im Süden Bangalores steht der dem Gott Shiva geweihte Bulltempel. Er stammt aus den Gründerzeiten der Stadt und birgt einen großen **Nandimonolith**, das Reittier des Gottes.

✶ **MG Road und Seitenstraßen**

Wer sich hier umsehen möchte, lasse sich von einer Motorradriksha an die Kreuzung Mahatma Gandhi Road / Brigade Road bringen. Man kann die MG Road in östlicher oder westlicher Richtung entlangspazieren. Schlägt man die östliche Richtung ein, steht man nach wenigen Metern vor dem Cauvery-Crafts-Emporium, wo kunsthandwerkliche Produkte aller Art verkauft werden. Besonders berühmt sind die Erzeugnisse aus Sandelholz. In der nach wenigen Metern rechts abzweigenden Residency Road liegen die sehr gut sortierten Verkaufsläden verschiedener Bundesstaaten und im weiteren Verlauf der MG Road das große Cottage Industries Emporium mit einer ausgezeichneten Auswahl an Kunsthandwerk. Verfolgt man die MG Road von der Brigade Road aus in westlicher Richtung, trifft man gleich auf das Thomas-Cook-Wechselbüro, dann geht es vorbei an alten und modernen Geschäftshäusern und Läden bis direkt zum Cubbon Park.

Commercial Street, Shivaji Nagar und Russell Market

Mit einer Motorradriksha erreicht man das untere Ende der Commercial Street mit vielen Textil- und Schmuckgeschäften. Am anderen Ende der Straße verläuft die Jami Masjid Road mit der Moschee. Hält man sich rechts, so gelangt man ins alte Muslimviertel Shivaji Nagar mit seinen Basarstraßen. Um zum Russell Market, einem der großen Obst- und Gemüsemärkte der Stadt, zu kommen, biegt man von der Jami Masjid Road nach links in die Minakshi Koil Street ein. Weithin sichtbar ist die Kirche **St. Mary**, links neben ihr liegt ein betriebsamer Busbahnhof. Direkt davor zweigt eine Gasse von der Minakshi Koil Street nach rechts zu den Markthallen (ca. 150 m) ab.

Whitefield

In Whitefield (22 km östlich) befindet sich ein Ashram des weltweit bekannten, aber auch umstrittenen Gurus Sai Baba, der seinen Hauptsitz in Putaparthi im benachbarten Andhra Pradesh hat.

Banargatta-Nationalpark

Der Banargatta-Nationalpark liegt 21 km südlich von Bangalore entfernt. Er besitzt u.a. einen Löwenpark und eine Krokodil- und Schlangenfarm (Öffnungszeiten: tgl. außer Di. 9.00 – 17.00 Uhr).

Lepakshi

Zur Zeit der Vijayanagar-Dynastie (14. Jh.) in Südindien erhielt auch Lepakshi bedeutende Tempel. Heute ist der Ort an der Grenze zwischen Andhra Pradesh und Tamil Nadu ein kleines Dorf abseits wirtschaftlicher Entwicklung und touristischer Pfade. Lepakshi liegt 140 km nördlich von Bangalore und kann in einem Tagesausflug von dort aus besichtigt werden (Highway Bangalore – Hyderabad).

Papanasesvara-Tempel

Der ursprünglich Papanasesvara, einer Form Shivas, geweihte Tempel wurde 1538 bedeutend erweitert. Es entstand ein Tempelkomplex mit einer doppelten Mauer für die Gottheiten Vishnu als Raghunatha und Shiva in der Form von Virabhadra im Vijayanagar-Stil mit hohen Gopurams. Im Inneren des Haupttempels, den man durch zwei Gopurams betritt, wird Shiva in seinem schrecklichen Aspekt, d. h. mit Totenschädeln bedeckt als Virabhadra, verehrt. Legenden zufolge hat Shiva diese Form angenommen, um seine erste Frau Sati zu rächen. Diese hatte sich verbrannt, weil ihr Vater Schande über sie gebracht hatte. Am zweiten Eingang sieht man zu beiden Seiten des Tores die heiligen Flussgottheiten Ganga und Yamuna. Sie haben die Funktion, die Besucher vor dem Betreten des Tempels symbolisch zu reinigen.

* Tempelmalereien ►

Die Besonderheit Lepakshis besteht in den Deckenmalereien, die man in der Vorhalle und in der Tanzhalle besonders gut erkennen kann. Dargestellt sind Szenen aus den heiligen Hinduschriften, den Puranas, sowie Porträts des Stifters Virupanna. Die lebendige Farbgebung der Malereien setzte die fast tausend Jahre zuvor in Ajanta entwickelte Maltradition fort und stellte ebenfalls einen Höhepunkt in der hinduistischen Malerei dar.
Außerhalb der Anlage im Freien liegt die größte Darstellung von **Nandi**, dem Reittier von Shiva. Der aus einem Block gehauene, reich geschmückte Stier ist 5 m hoch und 8 lang.

** Belur • Halebid

D 13

Tempel der Hoysala-Dynastie
Entfernung: 230 km südl. v. Bangalore
Bundesstaat: Karnataka

Mit den vielen Relieffriesen, großen Skulpturen und feinen Verzierungen gehören die Tempelbauten von Belur und Halebid zu den künstlerisch bedeutendsten Indiens.

Geschichte der Hoysalas

Die Hoysalas, ein zunächst unbedeutendes Herrschergeschlecht aus dem westlichen Dekkan, erlangten im 12. und 13. Jh. eine beträchtliche Macht. Dies ging vor allem zu Lasten der Cholakönige aus Tamil Nadu, die der Hoysalaherrscher Vishnuvardhana um 1117 n. Chr. besiegt hatte. Ursprünglich ein Anhänger des Jainismus, konvertierte Vishnuvardhana (1110 – 1152) unter dem Einfluss des berühmten tamilischen Philosophen Ramanuja zum Vishnuismus. In den folgenden zwei Jahrhunderten ließen die Hoysalas in ihrem Herrschaftsgebiet unzählige Heiligtümer für Vishnu bauen. Die berühmtesten von ihnen sind die in der Umgebung von Mysore liegenden Tempel von Belur und Halebid und der Tempelkomplex von Somnathpur.

Tempelanlagen

Als erster wurde in der Regierungszeit Vishnuvardhanas der Tempel von Belur im Jahr 1117 errichtet. Die Anlage in Halebid entstand ab 1121, ihre Fertigstellung dauerte allerdings 100 Jahre. Der Keshava-Tempel in Somnathpur (► Mysore, Umgebung) wurde um 1268 er-

BELUR • HALEBID ERLEBEN

AUSKUNFT

KSTDC
Belur: Velapuri Hotel (s. u.)
oder
Hassan: AVK College Road
www.karnatakatourism.org

ANREISE

Erfolgt von Mysore aus entweder mit Bahn oder Bus über die 118 km nordwestlich gelegene Provinzstadt Hassan. Von dort kann man alle Stätten mit dem Bus oder mit dem Taxi erreichen (Belur: 37 km, Halebid: 32 km von Hassan, können an einem Tag kombiniert werden). Sravana Belgola liegt ca. 50 km südöstlich von Hassan.

ESSEN / ÜBERNACHTEN

► Komfortabel

Southern Star
BM Road; Hassan
Tel. 08 17 – 25 18 16
Gilt als bestes Hotel am Ort mit Restaurant und Bar.

► Günstig

KSTDC Mayuri Velapuri
Belur; Tel. 08 17 – 72 22 09
Einfaches Hotel von Karnataka Tourism mit Restaurant.

baut und ist im Gegensatz zu den anderen Heiligtümern unversehrt geblieben. Berühmtheit erlangten die Tempel der Hoysala-Dynastie durch ihre ungewöhnliche Form und ihren herrlichen Bauschmuck, der eine große handwerkliche Meisterschaft verrät.

Hassan

Das kleine Provinzstädtchen Hassan besitzt keine nennenswerten Sehenswürdigkeiten, ist für Touristen allerdings interessant als Ausgangspunkt für den Besuch der Tempel von Belur und Halebid, die im Umkreis von etwa 30 km liegen. In Hassan gibt es mehrere Hotels.

★ Belur

Chennakeshava-Tempel

Der Chennakeshava-Tempel in Belur (16 km von Halebid), unter Vishnuvardhana erbaut, um an seinen Sieg über die Cholas zu erinnern, gehört zu den bedeutendsten Exemplaren der Hoysala-Baukunst. Er liegt inmitten eines großen Hofs. Durch einen von zwei mächtigen Tortürmen flankierten Eingang im Osten gelangt man ins Innere der Anlage. Der auf kreuzförmigem Grundriss errichtete Tempel hat Eingänge im Osten, Süden und Norden, im Westen befindet sich das Sanktum. Das Bauwerk liegt erhöht durch eine 1,5 m hohe Plattform, die der äußeren Gestalt des Tempels folgt und dem Gläubigen die Möglichkeit bietet, um das Heiligtum herumzugehen.
Kunstvoll gearbeitete Friese bilden den Schmuck des Tempelunterbaus. Besondere Berühmtheit erlangten die **meisterhaft skulptierten, mit reichem Schmuck behangenen Trägerfiguren** an den Außenfas-

Indische Touristen beim Besuch des Chennakeshava-Tempels

saden des Tempels. Jede der Frauengestalten erscheint in anderer Pose, so etwa in den Spiegel schauend oder ein Musikinstrument spielend. Besonders reizvoll ist jene Figur, die in den Falten ihres Gewandes einen Skorpion sucht – und dabei Teile ihres Körpers entblößt. Hier zeigt sich die Kunst der Hoysalas in konzentrierter Form: üppige Körperformen verschmelzen mit miniaturhaft gestaltetem Beiwerk wie Haarschmuck und Juwelen. Die Figur ist eingebettet in Ornamente und wird bestimmt von Gestik und Haltung, nicht von Mimik oder Ausdruck. Mit größter künstlerischer Präzision und Freude am Detail wurden Bilder aus dem weichen Stein gemeißelt, die der Hoysalakunst viel Bewunderung, aber auch die Kritik einbrachten, sie schaffe seelenlose Wesen in einem Meer barocker Nebensächlichkeiten.

Wie in den späteren Tempeln wurde großes Augenmerk auf die Ausgestaltung des **Tempelinneren** gelegt: Hier finden sich weitere beeindruckend gearbeitete Trägerfiguren sowie präzise auf der Drehbank gedrechselte Säulen, die eine reich verzierte Decke tragen.

Der Vishnu geweihte Tempel, der als einziger der Dreiergruppe als solcher genutzt wird, ist auch für Nichthindus zugänglich. Im Hof befinden sich noch zwei weitere kleine Tempel und einige Nebenschreine.

★ Halebid (Halebidu)

Einstige Hauptstadt

Obwohl König Vishnuvardhana zum Vishnuismus konvertierte, konnten in seinem Reich Jainas und Shivaiten ungestört ihre Religion ausüben. In seiner Hauptstadt Dvarasamudra, dem späteren Halebid (»alte Hauptstadt«; 16 km nordöstlich von Belur, 32 km nördlich von Hassan), fanden sich deswegen zahlreiche verschiedenen Gottheiten geweihte Tempel. Von Halebid aus regierten die Hoysalakönige vom 10. bis zum 14. Jh., bis ihre Herrschaft durch die muslimische Eroberung des Südens ein Ende fand. Im Jahr 1310 und ein weiteres Mal 1326 zerstörten muslimische Truppen den Ort und einen Großteil der Heiligtümer. Die Jahrhunderte überdauert haben der Hoysaleshvara-Tempel und der Kedareshvara-Tempel.

Hoysaleshvara-Tempel

Der Hoysaleshvara ist ein Doppeltempel, Gott Shiva und seiner Frau Parvati geweiht. Er wurde 1121 von Ketamalla, einem General König Vishnuvardhanas, in Auftrag gegeben. Das Heiligtum, das trotz einer beinahe 100-jährigen Bauzeit nicht vollendet wurde, liegt heute inmitten eines Parks. Wie die anderen Bauwerke der Hoysalas ist der Hoysaleshvara-Tempel auch auf einem Plateau errichtet, das die Möglichkeit bietet, um den Tempel herumzugehen. Beide Schreine sind im typischen Hoysalastil **sternförmig angelegt**. Ähnlich wie beim Heiligtum in Belur werden Friese um die Außenwände herumgeführt: An der Basis sind Elefanten dargestellt und in den darüber liegenden Bändern Löwen, Pferde, Fabelwesen, Legenden aus den Epen und zum Abschluss Wildgänse.
Darüber versammelt sich die ganze Welt der Götter. Auch Fantasiefiguren und menschliche Wesen mischen sich in kleinerer Gestalt darunter. Die Schreine im Inneren bergen Darstellungen von Shiva und Parvati, jeweils davor ist ein Nandi zu finden, das Reittier Shivas. Auch hier stützen gedrechselte Säulen die Decke, die vom tanzenden Shiva als Nataraja und von zahlreichen anderen Göttern bevölkert wird.

Kedareshvara-Tempel

Östlich dieses Bauwerks steht der kleinere Kedareshvara-Tempel, der ebenfalls Gott Shiva geweiht ist und 1219 unter König Ballala II. erbaut wurde. Er ist sternförmig angelegt und trägt die typischen Kennzeichen der Hoysala-Architektur.

Museum ⌚

Auf dem Tempelgelände unterhält der Archaeological Survey of India ein kleines Museum mit einer Skulpturengalerie (Öffnungszeiten: tgl. außer Fr. 10.00 – 17.00 Uhr).

✶ Sravana Belgola (Shravan Belgola) E 13

Wichtiges jainistisches Pilgerziel

Sravana Belgola ist eines der großen Pilgerzentren der Jainas und wichtigste Kultstätte der **Digambaras**, der »Luftbekleideten« innerhalb der Sekte. Der kleine friedliche Ort (ca. 50 km südöstlich von Hassan) liegt zwischen zwei Granithügeln, dem höheren Indragiri (auch Vindhyagiri) und dem niedrigeren Chandragiri. Zwischen beiden befindet sich ein Tempelsee mit Badetreppen, von dem sich der Name der Stätte ableitet: Sravana Belgola heißt »Weißer Teich«.

Geschichte

Bis ins 3. Jh. v. Chr. lässt sich die Geschichte des Orts zurückverfolgen. Zu jener Zeit soll sich der Mauryakaiser Chandragupta zusammen mit dem Heiligen Bhadrabahu, unter dessen Einfluss er stand, hierher zur Askese zurückgezogen haben. Anhänger des Heiligen verbreiteten seine Lehren in ganz Südindien und trugen so zur Festsetzung des Jainismus in diesem Teil des Landes bei. Die Religion fand mächtige Schirmherren in der Gangadynastie, die sich als großzügige Mäzene bei dem Bau von Tempeln (hier Basti genannt) erwiesen. In ihre Herrschaftszeit fällt auch die Errichtung der Statue des Bahubali oder Gomateshvara (981), die diesen Ort so berühmt machte.

Indragiri

Über 614 in den Felsen gehauene Stufen erreicht man das Heiligtum auf der Spitze des 160 m hohen Hügels Indragiri. Es empfiehlt sich, die Besichtigung am frühen Morgen zu unternehmen, da der Aufstieg in der brennenden Sonne mehr den Wunsch nach Getränken als nach Kultur weckt. Für Leute, die dem Aufstieg nicht gewachsen sind, stehen **Transportsänften** zur Verfügung. Ziel der Pilgerscharen und Touristen ist die 17,5 m hohe Statue des Bahubali oder Gomateshvara, Sohn des Vrishadeva, der als Begründer des Jainismus gilt. Als Stifter der **größten monolithischen Skulptur der Welt** gilt Chamunda Raya, ein Minister des Gangakönigs Rachamalla II., der die Figur im Jahr 981 errichten ließ. Da sie ein Kultbild der Digambaras darstellt, ist sie nackt. Schlingpflanzen um Arme und Beine zeigen den **typischen Asketen**, der jahrelang auf der gleichen Stelle meditierte, bis sein Körper von der Natur bedeckt wurde. Jeden Tag bringen Gläubige dem Heiligen Opfer zu seinen Füßen dar. Alle zwölf Jahre wird die gesamte Statue während einer Zeremonie, für die extra ein Gerüst errichtet wird, von oben bis unten mit einem Gemisch aus Milch, Ghee, Früchten und Gewürzen eingesalbt. Während dieser Zeit platzt das kleine Örtchen aus allen Nähten, denn aus ganz Indien pilgern die Anhänger der Sekte zu jenem Platz. Die Skulptur steht unter freiem Himmel, umgeben von Tempelmauern, die in späteren Jahrhunderten angebaut wurden. Hier finden sich auch die Kultbilder der 24 Tirthankaras (Furtbereiter) sowie Reliefs der acht Weltenhüter.

*

◄ Statue des Bahubali

Chandragiri

Auf den gegenüberliegenden Chandragiri (Mondhügel) sollen sich der Überlieferung nach der Mauryakaiser Chandragupta und der Heilige Bahubali zur Askese zurückgezogen haben. Eine Reihe von Schreinen, die aus dem 8. bis 11. Jahrhundert stammen, bedeckt den Hügel. Auf dem Gipfel der Anhöhe steht eine Gruppe von Bastis mit dem typisch südindischen Stufendachaufbau, deren ältester vermutlich noch aus dem 8. Jahrhundert stammt. Der Architekturstil der Gangas und der Hoysalas ist bei einigen der anderen Heiligtümern zu erkennen.

← *Hier werden dem Bahubali als Zeichen der Verehrung die Füße mit Wasser übergossen.*

Bijapur • Gulbarga • Bidar

D/E 11

Hauptstädte der Dekkan-Sultanate
Entfernungen: 640 – 750 km südöstlich von Mumbai
Bundesstaat: Karnataka

Prächtige muslimische Bauten, Relikte der Hauptstädte der Dekkan-Sultanate, kann man im Norden Karnatakas bestaunen: Bijapur, Bidar und Gulbarga.

Geschichte

1327 hatte Mohammed ibn Tughluq seinen Herrschaftssitz von Delhi auf die Festung Daulatabad im Dekkanhochland verlegt, um seine südlichen Provinzen besser kontrollieren zu können. Dennoch kam es 1347 zur Rebellion und zur Gründung des unabhängigen Bahmani-Sultanats durch Sultan Bahman Shah. Die feindliche Gesinnung gegenüber der muslimischen Zentralgewalt hatte zur Folge, dass sich die neuen Herrscher des Dekkans auf Kontakte mit der islamischen Welt außerhalb Indiens konzentrierten. Zahlreiche Fremde, vor allem aus Persien, wurden in Heer und Verwaltung beschäftigt, was teilweise zu Rivalitäten zwischen den schiitischen »Ausländern« und den einheimischen Sunniten führte. **Persischer Einfluss** fand auch Eingang in die Kunst und Kultur des neuen Reichs und seine Hauptstädte Gulbarga (1347 – 1423) und Bidar (1423 – 1538) waren Mittelpunkte islamischer Gelehrsamkeit und künstlerischen Schaffens. Zum Ende des 15. Jh.s zerfiel das Sultanat und es bildeten sich fünf Nachfolgestaaten: Berar, Ahmednagar, Bidar, Bijapur und Golconda, von denen besonders die Stadt Bijapur heute noch vom Glanz vergangener Zeiten zeugt.

✶ Bijapur

»Agra des Südens«

Sein Wahrzeichen, das riesige Mausoleum Gol Gumbaz, hat Bijapur (200 000 Einw.; 145 km von Gulbarga) den ehrenvollen Namen »Agra des Südens« eingebracht. Zwar lässt sich schon auf den ersten Blick erkennen, dass es sich hierbei um keinen ernsthaften Konkurrenten für das Taj Mahal handelt, aber dennoch hat die etwas abseits der Verkehrsknotenpunkte gelegene Stadt einiges zu bieten. Wie in einem riesigen Freiluftmuseum liegen hier die unzähligen teilweise sehr gut erhaltenen Monumente aus der Zeit der Adil-Shahi-Dynastie in der ganzen Stadt verstreut. Man findet sie versteckt in riesigen Parks und Gärten, die auch Schwärmen grüner Papageien als Quartier dienen. So kann der Aufenthalt in der eher ruhigen, muslimisch geprägten Stadt ein erholsamer Zwischenstopp auf dem Weg nach Norden oder Süden sein.

Geschichte

Der Grundstein für die Stadt wurde schon im 10. / 11. Jh. unter der Chalukya-Dynastie gelegt. Sie nannten ihren Herrschaftssitz Vijaya-

BIJAPUR • GULBARGA • BIDAR ERLEBEN

AUSKUNFT

Tourist Office
Neben dem Hotel Adil Shahi
Station Road
Bijapur
www.karnatakatourism.org

ANREISE

Bijapur
Bahnverbindung nach Bijapur von Gadag und Badami, Busverbindung mit vielen Städten (z. B. Aurangabad, Hubli, Bangalore).

Gulbarga
Gulbarga liegt an der Bahnstrecke Mumbai – Hyderabad / Bangalore / Chennai; viele Züge halten dort.

Bidar
Bidar liegt an der Bahnstrecke Mumbai / Hyderabad / Chennai, aber Achtung: Nur Slow Passenger Trains halten dort; sonst mit dem Bus von Gulbarga, Hyderabad oder Bijapur.

ÜBERNACHTEN / ESSEN

► Komfortabel / Günstig

Madhuvan
Station Road, Bijapur
Tel. 08 35 – 25 55 71
Komfortabelstes Hotel am Ort mit Restaurant und Geldwechsler.

► Günstig

KSTDC Mayura Adil Shahi
Anand Mahal Road, Bijapur
Tel. 08 35 – 25 09 34
Einfache Zimmer und netter Garten mit Restaurant.

Adithya
2–244 Main Road, Gulbarga
Tel. 084 72 – 42 40 40
Basisausstattung mit gutem vegetarischem Restaurant.

Hotel Mayura
Gegenüber dem Busbahnhof, Bidar
Tel. 08 48 – 22 81 42
Schlicht, zentral gelegen.

pura, d. h. Stadt des Siegs, worauf auch der heutige Name Bijapur zurückzuführen ist. Ende des 13. Jh.s kam der Ort unter muslimischen Einfluss, zuerst als Teil des Sultanats von Delhi und später unter der Herrschaft der Bahmanis. Seine Glanzzeit erlebte Bijapur als einer der fünf Nachfolgestaaten des zerfallenen Bahmanireiches. Sein Gründer, Yusuf Adil Shah, war der Sohn eines türkischen Sultans. Im Bahmanireich wurde er versklavt, schaffte aber dennoch den Aufstieg zum Herrscher eines neuen Staats. Ab 1489 regierten er und seine Nachfolger Bijapur, bis Kaiser Aurangzeb 1686 die Stadt einnahm und damit der zweihundertjährigen Herrschaft der Adil-Shahi-Dynastie ein Ende bereitete. Die reichhaltige Hinterlassenschaft jener Zeit besteht aus unzähligen Moscheen, Gräbern und Palästen in einem ganz eigenen Stil. Wer mit der Mogulkunst Nordindiens vertraut ist, wird überrascht sein, welche Unterschiede sich hier auftun: Nicht nur osmanische und persische Ideen beeinflussten die Bauherren, auch die hinduistische Kunst des benachbarten Vijayanagar-Reichs fand ihren Weg nach Bijapur.

Stadtbild Eine 10 km lange, dicke Mauer, durch die neun Tore Einlass gewähren, umschließt in einem Oval die Stadt. In ihrer Mitte erhebt sich die Zitadelle, die durch einige Straßen mit den Toren verbunden ist. Die Sehenswürdigkeiten konzentrieren sich hier und im westlichen Teil der Stadt, mit Ausnahme der Gol Gumbaz im Osten und der Grabanlage Ibrahim Rauza, die außerhalb der Stadtmauern liegt.

✶✶ Gol Gumbaz Lange bevor man Bijapur erreicht, kündigt die riesige Kuppel des Mausoleums die Stadt an. Erbaut wurde das massige Grabmal für Mohammed Adil Shah (1627 – 1656), der mit diesem ehrgeizigen Vorhaben alle Ruhestätten seiner Vorgänger in den Schatten stellen wollte. Auf 1700 m² Grundfläche dehnt sich die Anlage aus. Sie beherbergt neben dem eigentlichen Grabraum eine Moschee, eine Musikgalerie und ein Dharamsala. Vier siebenstöckige Ecktürme fassen die 51 m hohe Grabkuppel. Mit einem Innendurchmesser von 37 m ist sie das **zweitgrößte Kuppeldach der Welt** nach St. Peter in Rom (38,5 m).

Unter dem Dom befinden sich die Gräber des Sultans und einiger Familienmitglieder. In einem Umgang direkt unterhalb der Kuppel gibt es eine »Flüstergalerie« mit Echoeffekten – bevorzugtes Ziel aller Kinder. Eine herrliche Aussicht auf die Stadt mit ihren ausgedehnten Parks kann man von den Ecktürmen des Baus genießen.

Vor der Gol Gumbaz unterhält der Archaeological Survey of India ein kleines **Museum**, in dem Skulpturen, Manuskripte, Waffen und Holzschnitzereien ausgestellt sind (Öffnungszeiten: tgl. außer Fr. 10.00 – 17.00 Uhr).

Das Mausoleum Gol Gumbaz wurde für Mohammed Adil Shah erbaut.

Auf dem Weg zurück zum Zentrum kann man einen Abstecher zur Jami Masjid machen. Sie ist das größte Gotteshaus in Bijapur und wurde größtenteils während der Regierungszeit Ali Adil Shahs errichtet, aber nie vollendet. Die Gesamtfläche des Komplexes beträgt 10 800 m² und bietet Platz für 2250 Gläubige. Über der Gebetshalle im Westen erhebt sich die halbrunde Kuppel, die an eine Blütenknospe erinnert. Der nicht fertig gestellte Bau, an dem zwei Minarette fehlen, wurde später unter Aurangzeb erweitert.

Jami Masjid

Nimmt man die Straße nach Westen Richtung Zitadelle, so gelangt man zum Mithari Mahal, einem reich geschmückten Torbau, der von zwei Minaretten flankiert wird und zur dahinter liegenden Moschee führt. Östlich davon, vor der Zitadelle, steht der **Asar Mahal**, erbaut um 1646 unter Mohammed Adil Shah. Er diente vormals als Gerichtshof. Hier wurden auch einige Barthaare des Propheten aufbewahrt.

Mithari Mahal

Innerhalb der Zitadelle lagen auf einem Gelände mit 500 m Durchmesser die Paläste und Gärten sowie die Audienzhalle der Könige. Obwohl viele der Bauten verfallen sind, können doch einige interessante Überreste früherer Pracht besichtigt werden, zum Beispiel das **Gagan Mahal**, erbaut unter Ali Adil Shah I. im Jahr 1561, dessen Fassade mit drei herrlichen Spitzbogen versehen ist. Auch von einem weiteren Palastkomplex, dem ursprünglich siebenstöckigen Sat Manzil, sind noch Überreste vorhanden.
Gleich gegenüber findet man einen kleinen Wasserpavillon. Zwei alte Moscheen stehen ebenfalls innerhalb der Zitadelle: die im Süden gelegene Karimuddinmoschee, vermutlich schon aus dem beginnenden 14. Jh., und weiter östlich die Mekkamoschee aus der Zeit Ali Adil Shahs II.

Zitadelle

Die letzte Ruhestätte des Sultans Ali Adil Shah II., die unvollendet geblieben ist, und das Grab des letzten Herrschers Sikander sind im westlichen Teil der Stadt zu finden. Auch der Heilige Abdul Razzaq Quadir liegt dort begraben.

Weitere Grabmäler

Um zur Grabstelle zu kommen, muss man die Stadt in westlicher Richtung verlassen. In einer Inschrift heißt es: »Voll Verwunderung schauten die Himmel bei der Errichtung dieses Hauses zu und man könnte sagen, ein zweiter Himmel entstand, als es aus der Erde wuchs«. Die so gepriesene Grabstätte besteht aus einem Mausoleum und einer Moschee, die sich inmitten eines kleinen Gartens einander gegenüberliegen. Sie wurde im Auftrag von Sultan Ibrahim Adil Shah (1580 – 1627) errichtet und beherbergt die Gräber des Herrschers, seiner Frau Taj Sultana und weiterer Familienmitglieder. Das Mausoleum gleicht in seinem Grundriss der Gol Gumbaz, ist aber viel kleiner und mit feinen Verzierungen versehen, die als typische Zeichen des so genannten Bijapurstils gelten.

✶ **Grabanlage Ibrahim Rauza**

Malik-i-Maidan Eine der größten Kanonen der Welt steht an der Westseite der Stadtmauer: Ihr imposanter Name Malik-i-Maidan bedeutet »Herr des Feldes«. Sie ist 4,45 m lang, hat einen Durchmesser von 1,5 m und wiegt etwa 5,5 Tonnen. Warnend richtet sie ihre Mündung in der Form eines aufgerissenen Löwenmauls, das einen Elefanten zermalmt, auf den vermeintlichen Feind.

Gulbarga

Distrikthauptstadt Gulbarga (320 000 Einw.) liegt an der Eisenbahnstrecke Mumbai – Bangalore. Ein Stopp lohnt sich besonders für diejenigen, die speziell an islamischer Kunst interessiert sind. Auf diesem Gebiet hat die abseits der großen Touristenrouten liegende Stadt einiges Außergewöhnliches zu bieten.

Stadtbild Hassan Bahman Shah machte Gulbarga 1347 zur Hauptstadt eines von der Zentralgewalt unabhängigen Sultanats, des Bahmanireiches. Während der folgenden 80 Jahre wurde die Stadt befestigt und mit zahlreichen repräsentativen Bauten ausgestattet. Sie ist umschlossen von einem dicken Mauerring mit einem 30 m breiten Graben. Innerhalb der Mauer stehen die Zitadelle, Bala Hisar, ein rechteckiger Block ohne Fenster, der Basar und Gulbargas berühmtestes Bauwerk, die Freitagsmoschee.

✶✶ Jami Masjid Seine Bekanntheit verdankt die Freitagsmoschee der **für Indien einzigartigen Bauweise**. Vermutlich um die Gläubigen vor der brennenden Sonne zu schützen, wurde der Innenhof der Moschee komplett mit Kuppeln überdacht.

So wird der Bau neben der großen Hauptkuppel über der Gebetshalle von 75 kleinen und vier etwas größeren Eckkuppeln bekrönt. Der sonst offene Innenhof ist dadurch in eine Pfeilerhalle verwandelt worden. Als Lichtquelle dienen offene Spitzbogen an allen Seiten der Umfassungsmauer, ausgenommen der westlichen. Die zurückhaltende Architektur und die raffinierte Lichtführung lassen eine Raumwirkung entstehen, die Moscheen herkömmlichen Stils nicht vermitteln können. Das Heiligtum wurde bereits 1367 unter Leitung eines persischen Architekten begonnen, jedoch erst 100 Jahre später fertig gestellt.

Kuppelgräber Im Osten der Stadt liegen einige Kuppelgräber der Bahmanisultane, darunter auch die Gruppe Haft Gumbad, d. h. sieben Kuppeln, da drei der vier Gräber mit je zwei Kuppeln bedeckt sind.

Dargah des Heiligen Gisu Daraz In einiger Entfernung nordöstlich davon steht der Dargah (Grab) des Heiligen Gisu Daraz, der 1413 nach Gulbarga kam, um hier zu lehren. Die Anlage umfasst eine Schule, Moscheen, Gräber und Unterkünfte, zudem ist sie auch heute noch ein Zentrum religiöser Aktivitäten.

Verkauf von weißen Käppchen vor den muslimischen Heiligtümern in Gulbarga

Bidar

Die im äußersten Nordosten Karnatakas gelegene Stadt Bidar (50 km nordöstlich von Gulbarga) wird nur von wenigen Touristen besucht, obwohl zahlreiche Zeugnisse an die Zeit erinnern, als sie Hauptstadt des Bahmanireichs (1423 – 1538) und Herrschaftssitz der Barid-Shahi-Dynastie (1492 – 1609) war. Mächtige Festungsmauern umschließen das Zentrum, in dem Moscheen, Paläste, Gräber und eine islamische Hochschule zu finden sind.

Selten von Touristen besucht

Die berühmteste Moschee der Stadt ist die Solah-Khamba-Moschee. Sie stammt ursprünglich aus dem Jahr 1327, wurde aber später nach dem Vorbild in Gulbarga erneuert.

★ Solah-Khamba-Moschee

Von den zahlreichen Palästen sind nur noch Überreste vorhanden. Am besten erhalten ist der **Rangin Mahal** aus der Zeit der Bariden-Dynastie, in dem noch kunstvolle Einlegearbeiten aus Perlmutt zu bewundern sind. Der Takht Mahal ist älteren Datums. Auch hier zeugen Dekorationen aus farbigen Fliesen von der ehemals prächtigen Ausstattung der königlichen Wohnsitze.

Paläste

Zeugnis des persischen Einflusses am Hof der Bahmani-Sultane ist die Medrese, die unter dem Gelehrten Khwaja Mahmud Gavan 1472 erbaut wurde. Der einen rechteckigen Innenhof umschließende, dreistöckige Bau beherbergt Lehrsäle, Studentenwohnungen sowie eine Bibliothek und wird an drei Seiten von Minaretten flankiert. Sowohl Letztere als auch Fassaden und Wände sind teils noch mit reich verzierten farbigen Fliesen bedeckt.

Medrese des Khwaja Mahmud Gavan

Grabbauten Im Nordosten der Stadt liegen die Gräber der Bahmani-Ssultane im Stil der Bauten von Gulbarga, jedoch mit zunehmendem persischen Einfluss. Besonders sehenswert ist das reichlich mit Fliesen geschmückte **Grab des Alauddin Ahmad Bahmani** (1436 – 1458). Am westlichen Ende von Bidar finden sich die Gräber der späteren Baridiherrscher. Interessantestes Stück ist das Grab von Ali Barid.

★ Chennai (Madras)

G 13

Bundesstaat: Tamil Nadu
Einwohner: 6,5 Mio.
Höhe: Meeresspiegel
Entfernung: 334 km östl. v. Bangalore

Chennai, die Hauptstadt von Tamil Nadu, ist heute eine der größten Metropolen Indiens. Noch vor dreihundert Jahren existierten hier nur einige verschlafene Dörfer, die inzwischen zu verschiedenen Stadtteilen von Chennai geworden sind.

Wie Mumbai und Kolkata ist Chennai eine relativ junge Stadt, die aufgrund ihrer Lage als Hafen von den britischen Kolonialherren gegründet wurde, um Waren aus und nach Indien zu transportieren. Seitdem hat sich Chennai ständig weiterentwickelt und ist eine wichtige Industriestadt geworden. Zudem ein Zentrum der Filmproduktion, das nicht nur eine große ökonomische Bedeutung hat, sondern auch aufs Engste mit der Politik verflochten ist. Wichtige Politiker kommen oftmals vom Film.

Die Stadt hat nur wenige Sehenswürdigkeiten, aber sie bietet mit ihren ausgezeichneten Hotels und den guten Verkehrsverbindungen eine gute Ausgangsbasis für eine Südindienreise. Als **kulturelles Zentrum der Tamilen** ermöglicht sie dem Interessierten durch die vielen Museen und zahlreichen Kulturveranstaltungen einen guten Zugang zur klassischen indischen Musik, dem klassischen Tempeltanz (Bharata Natyam) oder den Meisterwerken aus Stein und Bronze.

Geschichte Wenn auch die Geschichte der Stadt nur dreihundert Jahre in die Vergangenheit zurückreicht, so war doch die Gegend, in der sich Chennai heute befindet, schon früher bedeutend. Einer der wichtigsten tamilischen Dichter, Thiruvalluvar, lebte vor 2000 Jahren in Mylapore, heute ein Stadtteil von Chennai. Der Tirukkural, eine Anthologie von Zweizeilern, die von Thiruvalluvar verfasst wurde, gehört zur Weltliteratur. Der Apostel Thomas, der eine der ersten christlichen Gemeinschaften der Welt in Kerala gründete, starb ebenfalls in der Region des heutigen Chennai. Deshalb heißt der Berg nahe dem Flughafen zu seinen Ehren Mount St. Thomas.

Früher existierten in Mylapore sogar eine christliche Siedlung und eine Kirche; sie wurden jedoch vom Meer zurückgeholt. Auch Marco Polo besuchte diese Gegend im 13. Jahrhundert. Als sich die Portugiesen 1522 hier ansiedelten, fanden sie nur einige kleine Fischerdörfer vor. Die erste Siedlung der Engländer wurde 1639 von der East India Company in dem kleinen Dorf Chennapatnam errichtet. Bereits nach zwei Jahren bauten sie Fort St. George und exportierten von hier aus Kleidung nach England. Nördlich der Festung etablierte sich eine andere Siedlung, Madraspatnam (die schwarze Stadt), wo sich die dunkelhäutige indische Bevölkerung niederließ. Im 18. Jh.

Chennai Orientierung

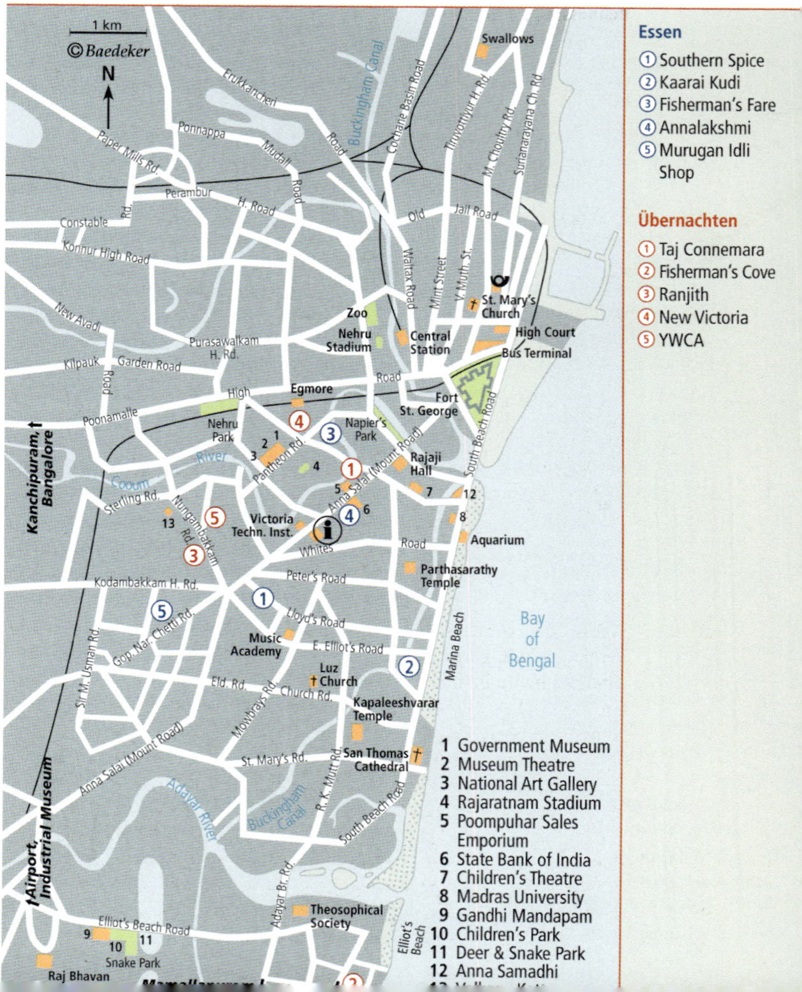

CHENNAI ERLEBEN

AUSKUNFT

India Tourism
154, Anna Salai
Tel. 044 – 284 64 59
www.tamilnadutourism.org

FESTE

Chennai ist ein Zentrum für klassische südindische Musik und Tanz. Informationen über Konzerte und Aufführungen gibt es unter www.kutcheribuzz.com.

SHOPPING

Eine der Hauptgeschäftsstraßen ist die Anna Salai. Kunsthandwerk kann man dort im Cottage Industries Emporium und im Victoria Technical Institute erwerben. Auch der ebenfalls dort ansässige traditionelle Buchladen Higginbottom's ist empfehlenswert. Die berühmte Kanchipuram-Seide gibt es bei Vardharams in der Harrington Road, Chetput oder bei Co-optex in Egmore. Bekannte lokale Basare sind in T. Nagar, z. B. Pondi Bazaar und Pangal Park, und in George Town.

ESSEN

► Fein & teuer

① *Southern Spice*
Im Taj Coromandel
MG Road
Tel. 044 – 55 00 28 27
Spezialitäten aus den Küchen Südindiens, sehr gute Fisch- und Meeresfrüchte.

② *Kaarai Kudi*
10, Sivaswamy Street
Mylapore
Tel. 044 – 281 11 89
Scharfe Chettinadküche mit Wildgeflügel, Fisch und Meeresfrüchten.

► Erschwinglich

③ *The Fisherman's Fare*
24, Casa Major Road
Egmore
Gute Fischgerichte

► Preiswert

④ *Annalakshmi*
Anna Salai
Gegenüber Higginbottom's
Tel. 044 – 28 52 51 09
Leckere vegetarische Gerichte

⑤ *Murugan Idli Shop*
77/1A, G.N. Chetty Road
T. Nagar
Tel. 044 – 28 15 54 62
Südindische Snacks wie Idlis und Dosas in großer Auswahl.

ÜBERNACHTEN

► Luxus

① *Taj Connemara*
Binny Road
Tel. 044 – 55 00 00 00
www.tajhotels.com
Chennais einziges Heritage-Hotel im Herzen der Stadt mit guter Küche und allen Annehmlichkeiten.

② *Fisherman's Cove*
Covelong Beach
Tel. 041 14 – 67 41 33 33
Wer luxuriös am Meer nächtigen möchte: Das Hotel gehört ebenfalls zur Taj-Gruppe und liegt ca. 30 km südlich der Stadt am Strand von Covelong.

► Komfortabel / Günstig

③ *Ranjith*
9, Nungambakkam High Road
Tel. 044 – 28 27 05 21
51 Zimmer (teilweise mit AC) sowie Restaurant mit internationaler Küche.

④ *New Victoria*
3, Kennet Lane
Egmore
Tel. 044 – 28 19 36 38
Alle Zimmer verfügen hier über eine Klimaanlage, zudem gibt es ein Restaurant und ein Internetcafé.

► **Günstig**
⑤ *YWCA*
1086, Poonamallee High Road
Tel. 044 – 25 32 42 51
www.ywcachennai.com
Schöne Zimmer, nette Atmosphäre, Restaurant und Frühstücksbuffet.

wetteiferten Franzosen und Engländer darum, die Hafenstadt zu kontrollieren. Den Franzosen gelang es sogar für kurze Zeit (1746 – 1749), sie zu besetzen, aber nach einer verlorenen Schlacht in Arcot ging die Stadt wieder in die Herrschaft der Engländer über. Bis zur indischen Unabhängigkeit 1947 war Chennai ein Zentrum der britischen Herrschaft in Indien – seither ist sie auch die Hauptstadt des Bundesstaates Tamil Nadu.

St.-George-Festung und Umgebung

Fort St. George mit Fort Museum

Die Festung wurde von Francis Day und Andrew Gogan errichtet und war das Zentrum des englischen Madras. Seit ihrem Bau 1640 wurde sie mehrmals erneuert. Robert Clive führte von hier aus den Karnatischen Krieg 1744 – 1754 gegen die Franzosen. Die East India Company machte ihre gewinnträchtigen Geschäfte im kolonialen Indien von Festungen wie dieser aus.
Im Exchange Building, der ersten Bank von Chennai, ist heute das **Fort Museum** untergebracht. Gezeigt wird eine reichhaltige Sammlung von Münzen, Medaillen, Flaggen und Briefen aus der Kolonialzeit. Im ersten Obergeschoss, in der Art Gallery, hängen Porträts von wichtigen Persönlichkeiten. Nördlich des Forts befindet sich der alte Leuchtturm aus dem Jahr 1844.

Öffnungszeiten:
tgl. außer Fr.
9.00 – 17.00

St. Mary's Church

Südlich des Fort Museums steht die älteste anglikanische Kirche Asiens, die 1679 geweiht wurde. Die dicken Wände der Kirche zeugen von Zeiten, in denen die Stadt von Franzosen und Engländern belagert wurde. Während des Krieges diente sie als Lager und Schutzraum.

Georgetown

Der Stadtteil nördlich des Forts wurde anlässlich des Indienbesuchs von König George V. in Georgetown umgetauft. Heute ist er ein geschäftiger Stadtteil, in dem sich der High Court und zwei Kirchen befinden. Der **High Court** wurde 1892 von dem Architekten Henry Irwin im indosarazenischen Stil erbaut. Das sehr schöne rote Gebäude gibt dem inzwischen vom Verkehr vollkommen eingenommenen Platz immer noch etwas Majestätisches. Westlich des Gerichtsgebäudes auf der anderen Seite der belebten Straße steht die **Armenische Kirche** aus dem Jahr 1772. Die Armenier wurden als Händler von

Ein beliebter Treffpunkt ist der Marina Beach.

der East India Company hoch geschätzt. Sie genossen gleiche Rechte wie die Engländer und wohnten in dem Weißen vorbehaltenen Stadtteil. Direkt nördlich der armenischen Kirche liegt **St. Mary of the Angels** (1642).

Marina Beach

Der Strand von Chennai ist 18 km lang. An ihm erstreckt sich der populäre Marina Beach über 5 km vom Hafen im Norden bis zur St.-Thomas-Kathedrale im Süden. Besonders beeindruckend sind die neuen **Gedächtnisstätten für die Ministerpräsidenten von Tamil Nadu**, die vom Fort aus gesehen linker Hand am Marina Beach gebaut wurden. Das Denkmal für Dr. C. N. Annadurai, einen ehemaligen Premierminister, hat einen Eingang in Form von zwei großen Elefantenstoßzähnen. Der Strand ist abends von zahllosen Imbissverkäufern und Spaziergängern bevölkert. Speziell an Sonntagen ist es lohnenswert, dem regen Treiben von Händlern und Muschelverkäufern zuzuschauen.

Madras University

Auf der gegenüberliegenden Seite des Strands erstreckt sich die Universität mit ihren schönen Bauten im indosarazenischen Stil. Südlich des etwas heruntergekommenen Marina Swimming Pool befindet sich ein Aquarium. Gegenüber dem Aquarium liegt das Eishaus. Hier lagerte man vor 150 Jahren Eis, das in riesigen Blöcken mit Segelschiffen aus Nordamerika hierher transportiert wurde.
Wenn man die Straße am Strand immer weiter nach Süden fährt, kommt man zuerst zum Leuchtturm, dann zur St. Thomas Cathedral und von dort nach Mylapore, wo sich der Kapaleeshvarar-Tempel befindet, und zur Theosophischen Gesellschaft.

Mylapore

St. Thomas Cathedral

Diese römisch-katholische Kirche wurde ursprünglich 1504 im gotischen Stil errichtet, jedoch um 1853 umgebaut. In der Kirche sollen sich Reliquien des Apostels Thomas befinden.

✶ **Kapaleeshvarar-Tempel**

Der Kapaleeshvarar-Tempel im Stadtteil Mylapore ist ein Shivaheiligtum aus dem 16. Jahrhundert. An dieser Stelle befand sich bereits seit dem 7. Jh. eine Kultstätte für Shiva. Der Haupteingang wird von einem 37 m hohen Gopuram überragt, dessen unzählige Stuckfiguren die vielen Götter des hinduistischen Pantheons farbenfroh wiedergeben. Im Tempelinnenhof befindet sich ein **kleines Heiligtum für Parvati**, die Ehefrau Shivas. Parvati wird in diesem Tempel als Pfau verehrt. Sie soll einst durch einen Fluch Shivas in diese Form verwandelt worden sein und erhielt erst durch strenge Buße ihre Gestalt wieder. Deswegen heißt dieser Stadtteil Mylapore (Pfauenstadt).

Luz Church

Westlich des Kapaleeshvarar-Tempels befindet sich die älteste Kirche von Chennai, die bereits von den Portugiesen 1582 erbaut wurde.

Theosophical Society

Öffnungszeiten:
tgl. außer So.
8.30 – 10.30 und
14.00 – 16.30

Die Theosophische Gesellschaft hat ihren Sitz in einem riesigen Park und ist ein Ort der Ruhe im hektischen Chennai. Sie wurde 1875 in den USA von Colonel Olcott und Madame Petrovna Blavatsky gegründet und verlegte ihren Hauptsitz 1882 nach Chennai. Im Gebäude befindet sich eine beeindruckende Bibliothek mit religiöser und philosophischer Literatur. Eine weitere Attraktion auf dem Gelände ist ein riesiger Banyanbaum, der als einer der größten der Welt gilt.

Mount Road und Umgebung

Mount Road

✶

◄ Anna Silai

Die Mount Road oder Anna Salai mit ihren zahlreichen Geschäften ist die Hauptverkehrsader der Großstadt Chennai. Der wichtigste Teil der Straße beginnt an dem großen Kreisel (Anna Silai genannt) mit einer Statue von Annadurai, einem ehemaligen Ministerpräsidenten von Tamil Nadu, und führt schnurgerade in Richtung Südwesten bis zum Anna Flyover. Danach biegt die Straße nach Süden zum Flughafen ab.

In der Mount Road haben Banken und Fluggesellschaften ihre Büros, gibt es Kunsthandwerksläden, Buchhandlungen und vieles mehr. Besonders erwähnenswert sind das staatliche Kunsthandwerksgeschäft Poompuhar mit ausgezeichneten Bronzefiguren sowie Higginbothams, die größte Buchhandlung in Tamil Nadu. Von der Annadurai-Statue aus erreicht man über die Ellis Road und die Große Moschee (1795 von den Nawabs erbaut) den Stadtteil Triplicane mit dem Parthasarathy-Tempel. Wenn man die Mount Road nach Südosten weiterfährt und in der Binny Road nach rechts abbiegt, kommt man nach Überquerung des Flusses Coleroon zur Pantheon Road mit dem Museumskomplex.

Parthasarathy Temple

Der Parthasarathy-Tempel ist einer Inkarnation von Vishnu – Parthasarathy, dem königlichen Wagenlenker Arjunas im Mahabharata – geweiht. Er wurde im 8. Jh. von den Pallavas erbaut und später von den Pandya-, Chola- und Vijayanagar-Dynastien erweitert.

✶✶ Government Museum und Art Gallery

Öffnungszeiten: tgl. außer Fr. 9.30 – 17.00

Das bereits 1857 gegründete Museum ist auf mehrere Gebäude verteilt. Zu den Exponaten gehören Funde aus der Steinzeit, Musikinstrumente, Gegenstände der Stammesbevölkerung und Porträts berühmter britischer Persönlichkeiten. Die größte Attraktion des Museums, die **Meisterwerke der südindischen Bronzekunst**, befinden sich in einem neuen Gebäude, der Bronze Gallery. Diese Figuren wurden aus fünf Metallen (Pancha dhatu) geschmolzen und zählen zu den besten Werken ihrer Art. Besonders beeindruckend sind die verschiedenen Darstellungen von **Nataraja**, dem tanzenden Shiva. Sehenswert ist auch die Art Gallery, die in einem schönen indosarazenischen Bau untergebracht ist. Hier faszinieren die Mogul- und Rajputminiaturen wie auch Glasbilder aus Thanjavur die Besucher. In der Archäologischen Abteilung sind vor allem die Skulpturen von der großen Stupa aus Amaravathi sehenswert.

Weitere Sehenswürdigkeiten

Snake Park

Im Snake Park in Guindy gibt es einen kleinen Zoo, in dem v. a. Schlangen gehalten werden.

Valluvar Kottam

Das Denkmal für den großen tamilischen Dichter Thiruvalluvar ist eine steinerne Nachbildung des berühmten Tempelwagens von Thiruvarur. In seine Steinwände sind alle 1330 Zweizeiler des Dichters eingraviert.

Kalakshetra

Dieses Zentrum wurde 1936 von Rukmini Devi Arundale gegründet, die die klassischen Künste weiterentwickeln wollte. Ihre Tanzschule für Bharata Natyam ist inzwischen weltberühmt, daneben werden auch Musik und Textildesign gelehrt. Immer wieder finden auf dem schönen Gelände Tanz- und Musikveranstaltungen statt.

Umgebung von Chennai

Vedanthangal

86 km südwestlich von Chennai befindet sich das älteste Vogelschutzgebiet Indiens, ein Stausee. Während der Brutzeit von November bis Februar kann man hier über 100 verschiedene Vogelarten beobachten.

Tirupati und der Sri-Venkateshvara-Tempel

In den bewaldeten Bergen um Tirumala (ca. 100 km nordwestlich von Chennai) liegt auf 900 m Höhe der Sri-Venkateshvara-Tempel, der zu den wichtigsten Pilgertempeln Indiens zählt. Da das Heiligtum bei der Händlerkaste sehr beliebt ist und jedes Jahr Millionen von Pilgern hierherströmen, gilt es als das reichste in ganz Indien.

In südindischen Heiligtümern können die Gläubigen sich von Tempelelefanten »segnen« lassen.

Der aus dem 10. Jh. stammende Tempel bietet zwar keine architektonischen Besonderheiten, aber man hat hier die Möglichkeit, den Massenbetrieb eines Tempels hautnah zu erleben. Täglich kommen bis zu 40 000 Besucher. Viele Pilger lassen sich hier ihre Haare abschneiden und erhoffen sich durch dieses Opfer die Erfüllung ihrer Wünsche. Zu Füßen der Berge liegt die Stadt **Tirupati** mit dem Govindarajaswami-Tempel (16. Jh.).
In der Umgebung befindet sich **Chandragiri** mit dem Palast der Vijayanagar-Könige. Nach ihrer Niederlage in Talikota (1564) zogen sie sich hierher zurück und bauten den Palast auf einem 180 m hohen Felsen.

✶ Kanchipuram

Ehemalige Hauptstadt des Pallava-Königreichs

Die Tempelstadt Kanchipuram (70 km westl. von Chennai) gehört zu den sieben heiligen Städten der Hindus. Im Gegensatz zu anderen Städten ist sie sowohl für die Shivaiten als auch für die Vishnuiten heilig. Die Bedeutung Kanchipurams liegt in den zahlreichen über 1000 Jahre alten Tempeln, die über die ganze Stadt verstreut sind. Kanchipuram ist auch bekannt für seine schweren handgewobenen **Seidensaris**, die hier seit fast einem Jahrtausend hergestellt werden.
Kanchipuram wurde von der Pallava-Dynastie gegründet und war fast ein halbes Jahrtausend lang deren Hauptstadt. Auch unter den nachfolgenden Königreichen der Cholas, Pandyas und Vijayanagar-Herrscher blieb sie ein religiöses Zentrum. Unter dem bedeutenden Pallavakönig Narasimhavarman II. (um 680 – 720) soll der großartige

Kallasanatha-Tempel erbaut worden sein, dessen stufenpyramidischer Gopuram prägend für den Tempelbau ganz Südindiens war. Damals galt Kanchipuram als Zentrum für Gläubige unterschiedlicher Religionen wie Jainismus, Buddhismus und Hinduismus.

** Kallasanatha-Tempel

Von den mehr als 70 Heiligtümern in Kanchipuram sind der Kallasanatha-Tempel und der Sri-Varadaraja-Perumal-Tempel die wichtigsten. Der Kallasanatha-Tempel ist einer der ältesten Südindiens. Er wurde nach dem Vorbild des Küstentempels in Mamallapuram unter Narasimhavarman Pallava und seinem Sohn Mahendra III. erbaut. Der Shiva geweihte Tempel wurde später kaum baulich verändert und ist deswegen ein ausgezeichnetes Beispiel für die Meisterschaft dravidischer Architekten vor 1200 Jahren.

Die gesamte Anlage ist von einer Mauer mit 58 Schreinen umgeben. Das zentrale Heiligtum wird vom vierstöckigen Vimana bekrönt und ist an der Außenwand durch sieben kleine Schreine aufgelockert. Darin sind **hervorragende Darstellungen verschiedener Inkarnationen Shivas** zu bewundern. Besonders erwähnenswert ist eine Darstellung, die den Tanzwettbewerb zwischen Shiva und seiner Frau Parvati zum Thema hat. Im Sanktum, das nur Hindus offen steht, wird ein sechzehnseitiges schwarzes Lingam, das phallische Symbol für Shiva, verehrt.

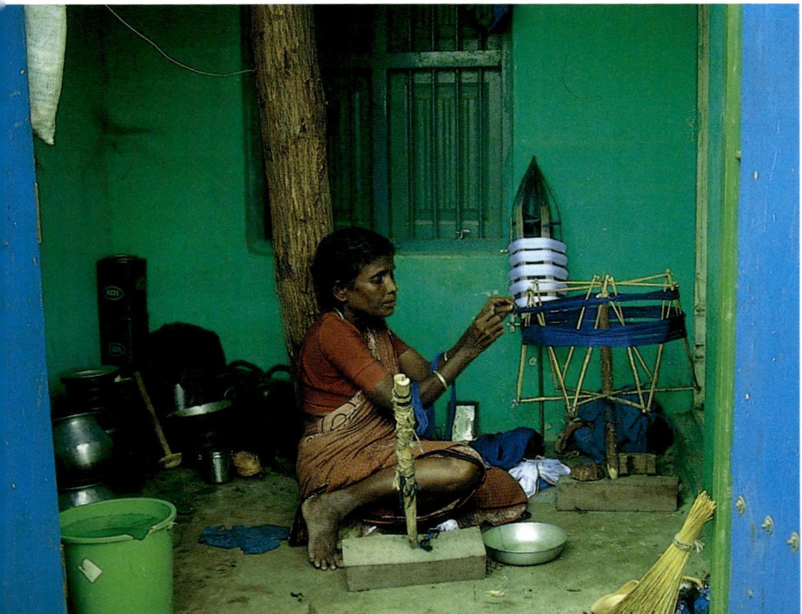

Seidenverarbeitung in Kanchipuram

Der Tempel gilt als **Meilenstein in der Entwicklung des südindischen Tempeltyps**. Im Gegensatz zu den Höhlentempeln erhebt sich hier ein mächtiger Vimana über dem Sanktum. Der gesamte Tempel ist von einer Mauer umgeben und der Eingang durch einen Gopuram geschmückt. Bei den später erbauten Tempeln in Chidambaram, Sri Rangam und dem Ekambareshvara-Tempel in Kanchipuram werden die Anlagen größer und die Gopurams zum weithin sichtbaren Wahrzeichen.

Ekambareshvara-Tempel (Ekambara-Natar-Tempel)

Dieser größte Tempel Kanchipurams (1509) mit seinem 58 m hohen Gopuram ist ein weithin sichtbares Symbol der Vijayanagar-Dynastie und ein Beispiel für den späteren südindischen Tempeltyp. Die gesamte Anlage umfasst 10 ha und ist in 5 Höfen aufgebaut, die jeweils durch eine Mauer getrennt sind. Die Gläubigen gehen einmal oder dreimal im Uhrzeigersinn um diese Höfe herum und gelangen so langsam zum Sanktum mit der Kultfigur.
Man betritt die Anlage von Süden durch den größten Tempelturm und erreicht den fünften Innenhof mit der Tausend-Säulen-Halle und einem Teich (Kampai Tirtta), der Wasser eines unterirdischen heiligen Flusses enthalten soll. Der vierte Hof enthält ein kleines Ganeshaheiligtum und einen großen Tempelteich. Die Innenseite der Umfassungsmauer des dritten Hofs ist mit vielen kleinen Schreinen versehen. Ein heiliger Mangobaum, der vier verschiedene Mangosorten tragen soll, steht hinter der Cella im zweiten Innenhof. Nach einer Legende soll Shiva die Veden in einen Mangobaum mit vier Ästen verwandelt und sich darunter in der Form eines Lingams niedergelassen haben. Der eigentliche Tempel im ersten Hof verfügt über zwei Vorhallen und das Sanktum mit dem Lingam als Kultfigur. **Für Nichthindus ist der Zutritt untersagt.**

Vaikuntha-Perumal-Tempel

Der Vaikuntha-Perumal-Tempel wurde im 8. Jh. von Nandivarnam II. erbaut und gilt als Beispiel für die ausgereifte Tempelarchitektur der Pallavas. Im Heiligtum sind drei Cellae übereinander gebaut, in denen Vishnu in verschiedenen Darstellungen zu sehen ist. Man betritt den Tempel durch eine schöne Pfeilerhalle. Löwenähnliche Fabelwesen bilden die Basen für die Säulen. Auf der Innenseite der Tempelmauer wird in Reliefs die Geschichte der Pallavas erzählt. Das **Sanktum ist nur für Hindus zugänglich**.

Varadaraja-Perumal-Tempel

Dieser monumentale Vishnutempel aus dem 12. Jh. wird durch eine hohe Mauer geschützt. Nur seine schöne Hundert-Säulen-Halle ist für Nichthindus zugänglich.

Weitere wichtige Tempel

In Kanchipuram befindet sich auch einer der drei wichtigsten Tempel Indiens für Shakti, die Frau Shivas in der Form der **Kamakshi**. Der Legende zufolge soll Kamakshi einst Shiva nach Kanchipuram gelockt und geheiratet haben. Einmal im Jahr, in den Monaten Februar und März, findet ihr zu Ehren deshalb ein großes Fest statt.

Chidambaram

F 14

Bundesstaat: Tamil Nadu
Höhe: 6 m ü. d. M.
Entfernung: 25 km südlich v. Chennai
Einwohner: 70 000

Chidambaram am fruchtbaren Kaveri-Flussdelta (60 km südlich von Pondicherry) ist seit Jahrtausenden eine landwirtschaftlich intensiv genutzte Reisanbauregion. Dieses Gebiet war das Kernland der Chola-Dynastie (880 – 1267), unter der es zu zahlreichen Tempelbauten und zur Blüte der tamilischen Literatur kam.

Die Cholas betrieben aber auch regen Handel mit Südostasien und beeinflussten die dortigen Kulturen. Bis heute ist die Region von Reisfeldern durchzogen und während der Monsunzeit verwandelt sie sich in einen grünen Teppich, auf dem zwischen Palmen viele Dörfer liegen. Chidambaram ist heute ein **wichtiges Pilgerzentrum für die Shivaiten**, die den berühmten Nataraja-Tempel besuchen. Im Februar / März findet ein sehenswertes Tanzfestival statt.

Eine der 108 klassischen Tanzposen Shivas

Chidambaram wird auch Thillai genannt, da sich hier einst ein Wald aus Thillaibäumen befunden haben soll. Die Cholas, die sich »als Bienen zu den Lotusfüßen des Nataraja« betrachteten, begannen im 10. Jh. mit dem Bau des Tempels, der zum Zentrum der Stadt wurde. Später wurde er von dem Pandyakönig Kulottunga III. (1178 bis 1216), den Vijayanagar-Herrschern und den Nayakkars (17. Jh.) ständig erweitert. Heute ist der Nataraja-Tempel einer der bekanntesten Tempel Tamil Nadus.

★★ **Nataraja-Tempel**

Der Nataraja-Tempel mit seinen vier großen Gopurams bedeckt eine Fläche von 16 Hektar. Der westliche ist der älteste und zugleich der schönste – vermutlich diente er als Vorbild für die anderen Tempeltürme, die in den nächsten Jahrhunderten folgten. An den Seitenwänden mehrerer Türme sieht man **Tanzpositionen aus dem Natyashastra**, dem klassischen Lehrbuch der Tanzkunst. Shiva selbst soll 108 Tanzstellungen erfunden haben – zu seinen Ehren werden bis heute in Chidambaram Tänze aufgeführt.

Nichthindus ist es erlaubt, bis in den inneren Hof des Tempels zu gehen, wo sich vier Hallen (sabhas) befinden: Deva Sabha (Götterhal-

CHIDAMBARAM ERLEBEN

AUSKUNFT

TTDC Tourist Office
Railway Feeder Road
Tel. 041 44 23 87 39
www.tamilnadutourism.org

ANREISE

Chidambaram liegt 58 km südlich von Pondicherry und kann von dort aus in einem Tagesausflug besichtigt werden. Bahnverbindungen gibt es zudem von Chennai und Bangalore, Busse verkehren von Madurai, Thanjavur und Pondicherry.

FESTE

Das Markashi Tiruvathirai, ein Tempelfest, wird im Dezember / Januar gefeiert.

ESSEN / ÜBERNACHTEN

► Günstig

Saradharam
19 Venugopal Pillai St. (gegenüber dem Busbahnhof)
Tel. 041 44 – 22 13 36
Zwischen drei Restaurants kann man hier wählen. Die Zimmer haben teilweise eine Klimaanlage; Garten.

le), Chit Sabha (Weisheitshalle), Kanakha Sabha (Goldene Halle) und Nritta Sabha (Tanzhalle). In der Goldenen Halle, zu deren Cella Touristen keinen Zutritt haben, steht ein bronzener Nataraja. Ein unsichtbarer Akasa Lingam wird in der Chit Sabha verehrt. Die Kanaka Sabha und Chita Sabha haben vergoldete Dächer, die in der Mittagssonne funkeln. Die **Tanzhalle** (Nritta Sabha) mit ihren 56 meisterhaft gemeißelten Säulen und außergewöhnlichen Tanzdarstellungen ist als Tempelwagen konzipiert, was durch die Räder und Pferde an den Seitenwänden noch verdeutlicht wird. Auf dem weitläufigen Gelände befinden sich neben dem eigentlichen Tempel noch ein großer, von Säulengängen umgebener Tempelteich (Shivaganga Tank), die große Tausend-Säulen-Halle (Raja Sabha) und Tempel für Vishnu, Ganesha und Muruga. Muruga, auch Subramaniam genannt, ist der jüngere Sohn von Shiva und in Tamil Nadu sehr beliebt. Zu den besonderen Reichtümern des Tempels zählt der **Edelsteinschmuck der Gottheiten**, der von vielen Gläubigen gespendet wurde.

Nataraja

Im 10. Jh. erkoren die Cholakönige Shiva in seiner Form als Nataraja (»Herr des Tanzes«) zu ihrer Familiengottheit und erbauten genau dort, wo das Zentrum des Kosmos sein und wo Nataraja den Ananda Tandawa, den Wonnetanz, aufgeführt haben soll, den heutigen Tempel. Der Name Chidambaram (Himmelsraum) verweist bis heute auf diese Legende. Aber es wird angenommen, dass sich hier vorher ein Baum und ein Teich befunden haben, die verbunden mit einer Muttergottheit als heiliger Ort verehrt wurden, bevor die Cholas diese Stelle mit Shiva in Verbindung brachten. So ist Chidambaram ein schönes Beispiel dafür, wie vorarische religiöse Stätten durch den Bau eines hinduistischen Tempels vereinnahmt wurden.

✶ **Gangaikonda Cholapuram**

Heute ist Gangaikonda Cholapuram (42 km südwestlich von Chidambaram) ein verlassenes Dorf mit einigen Teebuden. König Rajendra erbaute hier zu Beginn des 11. Jh.s einen eleganten Tempel, der bis heute **einer der schönsten in Tamil Nadu** ist. Er verlegte auch die Hauptstadt zeitweise von Thanjavur nach Gangaikonda Cholapuram und die Stadt erlebte eine kurze Blütezeit. Sie geriet jedoch bald wieder in Vergessenheit. Der Tempel soll zu Ehren des Siegs Rajendras über die Könige der nordindischen Reiche gebaut worden sein. Die tributpflichtigen Könige mussten Rajendra Wasser aus dem Ganges schicken, das er in einen Tempelteich füllen ließ. Der Name der Ortschaft bedeutet auch »die Cholastadt, die Ganga brachte« (►Baedeker-Special S. 296).

Der Tempelturm erhebt sich über einem Quadrat von 30 m und erhält durch seinen konkaven Schwung eine elegante Form. In Gangaikonda Cholapuram wurde zum ersten Mal eine Versammlungshalle (Mahamandapa) mit 150 Säulen gebaut. Sie war das Vorbild für die späteren Tausend-Säulen-Hallen vieler südindischer Tempel.

✶✶ Hampi (Vijayanagar)

E 12

Bundesstaat: Karnataka

Entfernung: 350 km nordwestlich von Bangalore

Indien verwöhnt zwar seine Besucher mit zahllosen Monumenten seiner bewegten Vergangenheit, doch wenige Orte bezeugen Glanz und Vergänglichkeit einer Epoche so sehr wie die Ruinen von Vijayanagar in der Nähe des Dorfs Hampi.

»Stadt des Siegs« nannten die Herrscher ihre Hauptstadt, die einst Zentrum des mächtigsten Reichs Südindiens, blühende Handelsstadt und Mittelpunkt vielfältiger kultureller Aktivitäten war. Von 1343 bis 1565, dem Zeitpunkt ihrer totalen Zerstörung, kontrollierten die Vijayanagar-Könige von hier aus den ganzen südlichen Teil des Subkontinents und Handelsreisende verglichen die Stadt ob ihrer Prachtentfaltung und Einwohnerzahl mit Rom. Noch heute vermitteln die auf einem **26 km² großen Gebiet verstreut liegenden über 1000 Bauten** einen unvergesslichen Eindruck von der Größe der alten Königsstadt.

Vijayanagar liegt auf dem Dekkanplateau in Zentralkarnataka, nahe der Stadt Hospet. Das mit wenig Regen gesegnete Hochland wird von mehreren Flüssen durchschnitten. Einer davon, die Tungabhadra, bildet die nördliche Grenze der alten Stadt. Das überwiegend flache, mit kleinen Hügeln bestückte Land hält an dieser Stelle eine besondere Überraschung bereit – ein ganzes Meer von Granitfelsblöcken in allen Größen, ganze Hügel formend, bildet die Kulisse für die dazwischen versteckten Ruinen.

Inmitten einer bizarren Felslandschaft liegen die Ruinen von Hampi.

Legende

Viele Legenden ranken sich um die geheimnisvoll wirkende Felslandschaft. Nach einer lokalen Überlieferung befand sich dort ein Schrein Shivas, den man hier als Virupaksha verehrte. Virupaksha, der dreiäugige Shiva, wurde auch die spätere Schutzgottheit der Vijayanagar-Herrscher. Episoden aus dem Epos Ramayana sind ebenfalls eng mit jenem Ort verbunden, der dort als Kishkindha Erwähnung findet. Für Rama und den Affenkönig Hanuman sind zahlreiche Tempel in Vijayanagar errichtet worden, deren berühmtester der große Ramachandra-Tempel im Herzen des Königlichen Zentrums der Stadt ist.

Geschichte

Die Geburtsstunde der Stadt fällt ins Mittelalter. Nach dem Rückzug der Sultane und ihrer Truppen aus Südindien versuchten verschiedene hinduistische Herrscher um 1330 das unter muslimischer Verwaltung stehende Land unter ihre Kontrolle zu bekommen. Als besonders erfolgreich erwiesen sich hierbei die Brüder Harihara und Bukka aus der Familie der Sangamas, die Krieger im Dienste eines Lokalfürsten waren. Schon zwei Jahrzehnte später, nach vielen Kleinkriegen gegen muslimische und hinduistische Rivalen, waren sie unbestritten die mächtigsten Herrscher des Dekkan. **1336 gründeten sie die Hauptstadt Vijayanagar**. Eineinhalb Jahrhunderte, von 1336 bis 1485, besetzten die Nachfahren der siegreichen Brüder den Thron von Vijayanagar, gefolgt von der Saluva-Dynastie (1485 – 1506) und den Tuluvas (1505 – 1565). Während dieser Zeit reichte das Imperium im Osten bis an den Golf von Bengalen, im Westen ans Arabi-

HAMPI ERLEBEN

AUSKUNFT

KSTDC Tourist Office
In Hampi
Tel. 08 39 – 44 15 74

In Hospet
Taluk Office Circle
Tel. 08 39 – 42 85 37
www.karnatakatourism.org

ANREISE

Von Bangalore und Hyderabad gibt es eine Bahnverbindung bis Hospet, von Goa über Hubli; zudem fahren Expressbusse von Goa oder Bangalore. Für die Strecke Hospet-Hampi nimmt man am besten den Bus oder ein Taxi (13 km).

FESTE

Das Hampi-Festival findet Anfang des Jahres (Jan. / Febr.) statt.

ÜBERNACHTEN · ESSEN

► Komfortabel / Günstig

Malligi
6/143 JN Road; Hospet
Tel. 08 39 – 422 81 01
Angenehmes Hotel mit guter Ausstattung, Pool und vegetarischem Restaurant.

► Günstig

KSTDC Mayura Bhuvaneshwari
Kamalapuram
(2,5 km von Hampi Bazar)
Tel. 08 39 – 44 15 74
Die Zimmer haben teilweise Aircondition. Es gibt einen netten Garten und ein Restaurant.

Shanti Guesthouse
Nördlich des Virupaksha-Tempels. Sehr einfaches sauberes Hotel, bei Backpackern sehr beliebt.

sche Meer und hinunter bis zur Südspitze des Subkontinents. Besonders in der ersten Hälfte des 16. Jh.s, unter dem Tuluvaherrscher Krishnadevaraja (1510 – 1529) und seinem Nachfolger Achyutadevaraja (1529 – 1542), erlebte das Reich eine besondere Blüte. Viele neue Tempel, die verschiedenen Aspekten Vishnus geweiht waren, wurden errichtet, da die Tuluvas Vishnuiten waren.

Doch es kam der Tag, an dem Vijayanagar auch sein verheißungsvoller Name nichts mehr nutzte. Spannungen im Inneren sowie eine undiplomatische Politik gegenüber den muslimischen Nachbarn im Norden brachten diese dazu, sich gegen die Tuluvas zusammenzuschließen. Am 26. Januar 1565 schlugen die vereinten Armeen der Sultanate von Bijapur, Golconda, Bidar und Ahmadnagar die Truppen des Königreichs einige hundert Kilometer nordwestlich der Hauptstadt. Nach dem Tod des Heerführers Ramaraja flohen die übrig gebliebenen Soldaten zurück nach Vijayanagar, das sie dann aber den nachfolgenden Feinden zur Plünderung und Zerstörung überließen. Das Vijayanagar-Reich überdauerte zwar die Zerstörung seines Herrschaftszentrums für einige Zeit, konnte sich aber nie wieder richtig erholen. Mit dem Fall der »Stadt des Siegs« war auch die glanzvolle Zeit seiner Machthaber zu Ende.

Für den Besuch der Baudenkmäler sollte man sich mindestens zwei Tage Zeit nehmen. Für Führungen kann man sich im Tourist Bureau oder direkt am Tourist Information Counter im Hampi Bazar anmelden. Dort sind auch Lagepläne erhältlich. Zu Hampi Bazar gibt es auch eine Busverbindung von Hospet aus, ebenso zum Dorf Kamalapuram, das südlich des Königlichen Zentrums liegt. Für die meisten Touristen dient die Provinzstadt Hospet als Ausgangspunkt für ihre Hampi-Exkursion.

Hinweis

Religiöses Zentrum

Am westlichen Ende von Hampi Bazar liegt der Virupaksha-Tempel, der wichtigste Tempel von Vijayanagar. Hier wird heute noch **Shiva in seiner Form als Virupaksha verehrt**. Die Anlage besteht aus zwei von Umfassungsmauern umgebenen und durch ein Tor miteinander verbundenen Tempelkomplexen, die an einer Ost-West-Achse ausgerichtet sind. Der Haupteingang des Heiligtums zeigt nach Osten und wird von einem 52 m hohen Gopuram aus der Zeit Krishnadevarajas

✶ Virupaksha-Tempel

Hampi Orientierung

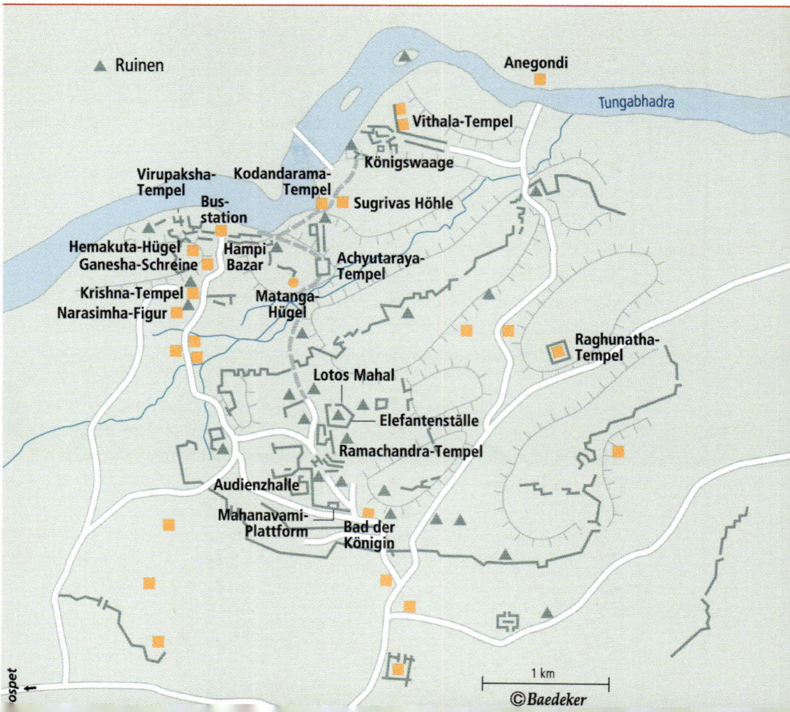

bekrönt. Durch ihn gelangt man in den ersten Innenhof, einen rechteckigen, an allen Seiten von Säulen und kleineren Schreinen gesäumten Platz. Der Zentralschrein mit dem Sanktum befindet sich im westlichen Teil der Anlage, zu der ein weiteres Tor führt. Eine Inschrift weist auf das Entstehungsdatum (1510) dieses eher bescheidenen, nur 15 m hohen Gopurams hin. Auch die einzelnen Teile des Haupttempels sind zu unterschiedlichen Zeiten entstanden. Das kleine, viereckige Sanktum im Herzen der Anlage stammt noch aus der Rashtrakuta-Periode im 9. / 10. Jahrhundert. Der Tempel selbst wurde im 14. Jh., kurz nach Gründung der Hauptstadt, erbaut und in zwei weiteren Bauphasen (15. u. 16. Jh.) durch eine zusätzliche Vorhalle und eine weitere mit kunstvoll gemeißelten Pfeilern bestückte Mandapa ergänzt. Die Zeichnungen an ihrer Decke stammen vermutlich erst aus dem 18. Jahrhundert.

Manmatha-Teich Durch den an der Nordseite des Virupaksha-Tempels gelegenen Gopuram gelangt man zu einem rechteckigen Wasserbecken, bekannt als Manmatha Tank.

Hemakuta-Hügel Südlich des Virupaksha-Tempels erhebt sich ein Hügel, der heilige Hemakuta Hill, umschlossen von Befestigungsanlagen. Mehr als 30 größere und kleinere Tempel stehen verstreut auf dem Hügel, die meisten aus dem 9. / 10. Jahrhundert.

Ganesha-Schreine Am östlichen und südlichen Rand des Hemakuta Hill befinden sich zwei kleine Schreine für Ganesha, den Sohn Shivas. Das östlich gelegene Heiligtum beherbergt eine aus einem einzigen Felsblock herausgehauene, mehr als 4,5 m hohe Statue des Elefantengottes. Etwas weiter südlich steht inmitten eines luftigen Pavillons die zweite Ganeshaskulptur. Sie zeigt den Gott sitzend.

Krishna-Tempel Etwas weiter südlich liegt der Krishna-Tempelkomplex, 1515 unter Krishnadevaraja fertig gestellt. Große Teile des Tempels wurden jedoch nach der Eroberung der Stadt zerstört. Zwei große Umfassungsmauern umschließen den mit zahlreichen Nebenschreinen in einem Innenhof gelegenen Haupttempel.

★ Narasimha-Figur Ein paar Schritte südwärts des Krishna-Tempels steht die imposante Skulptur der Inkarnation Vishnus als Narasimha. Die ebenfalls aus einem einzigen Felsblock herausgehauene Figur ist mit ihren 6,7 m die **größte ihrer Art in Vijayanagar**. Eine Inschrift weist sie als eine Stiftung Krishnadevarajas aus dem Jahr 1528 aus.
Der wild blickende, löwenhäuptige Gott sitzt als Yogi mit gekreuzten Beinen unter einem Torbogen, der von einer vielköpfigen Kobra bekrönt wird.

Keine Angst vor großen Göttern!
Vishnu als Narasimha →

Matanga-Hügel Begibt man sich nun zurück zum Hampi Bazar und folgt der Prozessionsstraße Richtung Osten, steht man vor dem rechter Hand liegenden Matanga Hill. Treppen führen zur Spitze des Hügels hinauf. Der dortige Schrein ist Virabhadra, einer kämpferischen Form Shivas, gewidmet. Eindrucksvoll ist besonders das weite **Panorama** von diesem höchsten Punkt der ganzen Anlage.

Achyutadevarajas-Tempel Die Anlage liegt in einem sich in Süd-Nord-Richtung erstreckenden Tal, was die ungewöhnliche Ausrichtung des Tempels nach Norden erkärt. Er wurde 1534 Vishnu in seiner Form als Tiruvengalanatha geweiht und ist eine Stiftung von Hiriya Tirumala, dem obersten Minister des Königs. Das Heiligtum, auch als Achyutadevarajas-Tempel bekannt, gehört zu den größeren Komplexen in Vijayanagar. Es ist von zwei Umfassungsmauern umgeben, die jeweils an ihrer Nordseite durch große Gopurams Einlass gewähren. Die innere Umfriedung hat zusätzliche Tore im Osten und Westen. In seiner Mitte befinden sich der Zentralschrein sowie ein Seitenschrein.

Kodandarama-Tempel Ebenfalls vom östlichen Ende des Hampi Bazar aus gelangt man über einen kleinen Weg in nördlicher Richtung hinunter zum Fluss und zum Badeghat Chakratirtha. Oberhalb, am Nordhang des Matanga Hill, erhebt sich der Kodandarama-Tempel. Sein Sanktum ist gegen einen großen Felsblock gebaut, aus dem die stehenden Figuren von Rama, Sita und Lakshmana herausgemeißelt wurden.

Narasimha-Tempel Weiter nordöstlich trifft man auf den Narasimha-Tempel, das vermutlich älteste Bauwerk in diesem Teil des Religiösen Zentrums. Nach einer Felsinschrift im Inneren seines Hofs ist er auf das Jahr 1379 zu datieren. Zwischen Tempel und Fluss formen herausragende Felsblöcke eine tiefe Spalte, die als **Sugrivas Höhle** bezeichnet wird. An die Felsen gemalte ockerfarbene und weiße Bänder weisen den Ort als heilig aus.

Königswaage Auf dem Pilgerpfad entlang des südlichen Flussufers, der zum Vithala-Tempel führt, durchquert man ein hohes, zweistöckiges Tor. Ein paar Meter weiter trifft man auf eine ungewöhnliche Konstruktion, bekannt als die Königswaage. Sie besteht aus zwei schlanken, mit Reliefs geschmückten Pfeilern und einem Sturz, an dem drei Ösen angebracht sind. Die daran ursprünglich hängende Waage ist schon seit langer Zeit verschwunden.

✶✶ Vithala-Tempel Der Vithala-Tempel gilt als das feinste Beispiel religiöser Architektur in Vijayanagar. Das vormals stark beschädigte Heiligtum, an dem umfangreiche Restaurierungsarbeiten vorgenommen wurden, beeindruckt auch den von langen Fußmärschen und Besichtigungen ermüdeten Besucher. Das Bauwerk stammt aus dem 16. Jh. und ist Vishnu in seiner Form als Vithala geweiht. Hohe Umfassungsmauern, im Osten, Süden und Westen durch Eingangstore unterbrochen, umschließen den weitläufigen Innenhof, in dem der Haupttempel mit Vorhallen und Nebenschreinen liegt. Das Sanktum ist ein kleiner, viereckiger Bau mit Ziegelturm und Umgang, an das sich eine weitere Vorhalle im Osten anschließt.

Ein steinerner Tempelwagen steht vor dem Vithala-Heiligtum.

Prachtstück des Tempels ist die davor liegende offene Mandapa, laut Inschrift aus dem Jahr 1554. Sie erhebt sich auf einem Sockel, der mit Friesen von Elefanten, Pferden und Reitern geschmückt ist. In kleinen Nischen sind Götterfiguren angebracht. Das teilweise zerstörte Dach wird von 56 Säulen getragen, von denen viele mit Tieren, Fabelwesen, Tänzern und Musikanten skulptiert sind. Östlich des Haupttempels steht ein weiteres Schmuckstück der Anlage – ein **Schrein für Garuda in Form eines Tempelwagens**. Sein Oberbau ist Ende des 19. Jh.s leider zerstört worden.

Königliches Zentrum

✶ **Ramachandra-Tempel**

Nicht zufällig steht der Gott Rama geweihte Ramachandra-Tempel im Mittelpunkt des Königlichen Zentrums. Rama war neben Virupaksha die zweite wichtige Gottheit, mit der sich die Vijayanagar-Herrscher identifizierten. Die Anlage stammt zu wesentlichen Teilen aus dem 15. Jahrhundert. Innerhalb eines von Umfassungsmauern umgebenen rechteckigen Innenhofs befinden sich ein größerer und ein kleinerer Tempel, verschiedene Säulenhallen und Pavillons. Bemerkenswert ist die Gestaltung der Mauern, die den Hof umschließen: An ihrer Außenseite, den säkularen Gebäuden zugewandt, ist sie mit Friesen bedeckt, die höfisches Leben darstellen, während die dem Tempel zugewandte Seite Episoden aus dem Ramayana erzählt. Der Ramatempel selbst besteht aus einem viereckigen Sanktum mit Vorhalle und Säulenhalle. Besonders schön gearbeitet sind die Säulenschäfte mit Darstellungen Vishnus in seinen verschiedenen Inkarnationen.

Die Außenwände des Heiligtums sind bedeckt mit fein gearbeiteten Friesen, die Fabelwesen und Geschichten aus dem Ramayana schildern. Der kleinere Tempel, der zwei Sanktuarien besitzt, illustriert ebenfalls das große Epos und seine Gestalten. Die Säulenhalle in der Nordwestecke des Innenhofs ist eine spätere Erweiterung aus der Zeit Krishnadevarajas von 1513.

Königlicher Wohnbereich Die Ruinen der königlichen Paläste sind südwestlich und nordwestlich des Ramachandra-Tempels gelegen. Es handelt sich um große, rechteckige Gebäude, meist von Umfassungsmauern umgeben, von denen in der Regel nur die Grundmauern sowie die Reste von Treppen, Balustraden und Steinfußböden zu sehen sind.

Virupaksha-Tempel Westlich des Palastbereichs befindet sich ein weiterer der Schutzgottheit Virupaksha geweihter Tempel. Da er lange Zeit mit Erde zugeschüttet war, ist er auch als Untergrundtempel bekannt. Der Originalschrein stammt aus dem 14. Jh., wurde aber im 15. Jh. ausgebaut.

Öffentlicher Bereich

Hundert-Säulen-Halle Von dem Gebäude, das vermutlich als Audienzhalle des Königs gedient hatte, sind nur die Grundmauern übrig. Unmittelbar südlich der Hundert-Säulen-Halle wurde eine unterirdische Kammer entdeckt, in der vielleicht der Staatsschatz verborgen war. Ihr Inneres ist mit grünen Chloritplatten ausgelegt.

Mahanavami-Plattform Die mehrstufige Steinplattform war wahrscheinlich der Unterbau eines inzwischen zerstörten hölzernen Turmes. Von hier hatte der König die Gelegenheit, Feierlichkeiten wie dem Mahanavami-Fest zuzu-

Interessierte Besucherinnen am Bad der Königin

schauen. Das Bauwerk wurde in vier aufeinander folgenden Phasen zwischen dem 14. und 16. Jh. errichtet. Gut erhaltene Flachreliefs zeigen neben Kriegs- und Jagdszenen auch höfische Vergnügungen wie Tanz, Musik und Sport.

Badeplatz

Als Badeplatz der königlichen Familie diente vermutlich das Wasserbecken etwas weiter südlich der Plattform. Seine symmetrisch angelegten Treppen, die mit Chloritplatten ausgelegt sind, produzieren interessante geometrische Muster.

Bad der Königin

Hinter dem schmucklosen Äußeren des Gebäudes verbirgt sich ein Innenhof mit Wasserbecken, der von Arkaden und überhängenden Balkonen umgeben ist. Von der ursprünglichen Verkleidung mit Stuckornamenten sind noch Spuren sichtbar.

✶ Lotos Mahal

Nordöstlich des Ramachandra-Tempels befindet sich innerhalb von Umfassungsmauern eine weitere Gruppe von Bauten. Höhepunkt ist ein eleganter zweistöckiger Pavillon, der im Volksmund Lotos Mahal genannt wird. Er gilt als besonders **schönes Beispiel für die Vermischung hinduistischer und islamischer Architekturstile**, die in Vijayanagar auch an anderen Bauwerken sichtbar wird.

Elefantenställe

Das größte Gebäude des öffentlichen Bereichs steht nordöstlich des Lotos Mahal, außerhalb der Umfassungsmauern. Hier waren die Elefanten des Königs untergebracht. Die Stallungen bestehen aus jeweils fünf viereckigen Kammern, die sich rechts und links eines zentralen Pavillons anschließen und mit unterschiedlich geformten Kuppeln bedeckt sind.

Museum

Im archäologischen Museum werden Skulpturen, Münzen und Gemälde ausgestellt (Öffnungszeiten: tgl. außer Fr. 10.00 – 17.00 Uhr).

Urbanes Herz

Wohnstätten

Vijayanagars zahlreiche Einwohnerschaft hatte ihre Wohnstätten östlich des Königlichen Zentrums.

Ragunatha-Tempel

Wichtigstes Bauwerk im urbanen Herz ist der Ragunatha-Tempel auf dem flachen Gipfel des Malyavanta-Hügels. Sein Stil weist ihn als Bauwerk des 16. Jh. aus. Umfassungsmauern mit Gopurams im Süden und Osten umgeben den Haupttempel und einen kleineren Nebentempel. Der Zentralschrein beherbergt einen großen Felsblock, aus dem die Figuren von Rama und Sita, begleitet von Hanuman und Lakshmana, herausgemeißelt sind.

Anegondi

Die Stadt am gegenüberliegenden Ufer der Tungabhadra gilt als die Vorgängerin Vijayanagars. Anegondi ist von Befestigungsanlagen umrahmt, mit Toren im Norden und Süden.

★ Hyderabad

F 11

Hauptstadt von Andhra Pradesh
Einwohner: 5,5 Mio.

Höhe: 545 m ü. d. M.
Entfernung: 713 km südöstl. v. Mumbai

Hyderabad hat seit einiger Zeit einen neuen Spitznamen: Cyberabad. Die Millionenmetropole im zentralen Dekkanhochland zieht aber nicht nur Softwarefirmen an.

Durch ihr für indische Verhältnisse sehr gut ausgebautes Straßennetz und eine besser entwickelte Infrastruktur hat die ehemalige Hochburg der Moguln und Nizams die südlicher gelegene Softwaremetropole Bangalore längst überholt. Entstanden ist eine faszinierende Mischung aus Tradition und Moderne. Während sich das alte Hyderabad in seinen vielen muslimischen Bauwerken, Basaren und natürlich der berühmten Küche zeigt, findet man die neue Cyberwelt vor allem an der Rändern der Metropole.

Hyderabad Orientierung

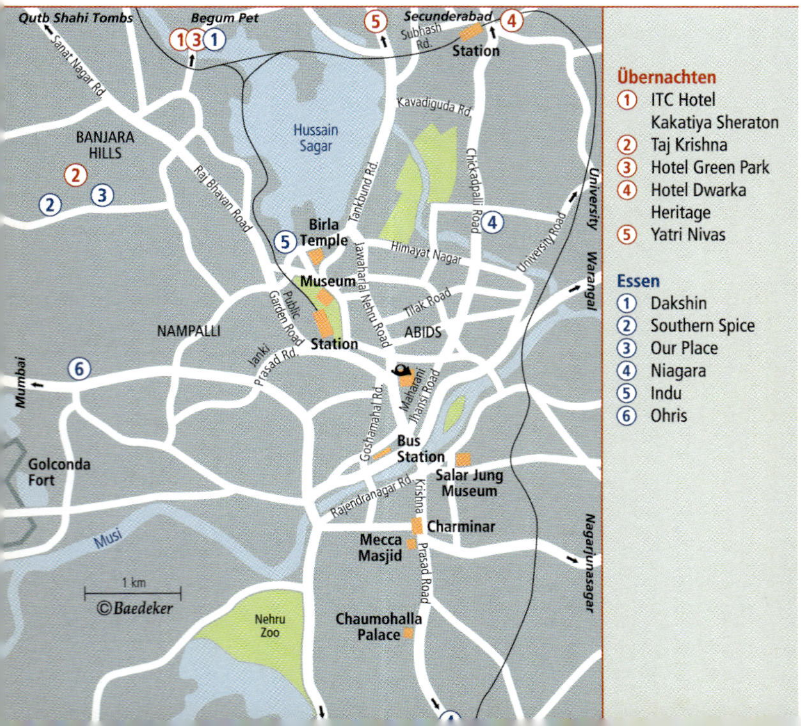

HYDERABAD ERLEBEN

AUSKUNFT

Andhra Pradesh Tourism Development Cooperation (APTDC)
Tank Bund Road
Tel. 040 – 23 45 30 36 od. 23 45 01 65
www.aptourism.com

»Channel 6«
Stadtmagazin

SHOPPING

In den Basarstraßen um Charminar gibt es die berühmten Perlen aus Hyderabad. Die Bangle Street, ebenfalls an dem viertürmigen Tor, ist für Glasreifen in allen Farben bekannt. In ihrem weiterem Verlauf findet man einige gute Parfümläden. Ein Einkaufsviertel sind die Straßen an und um die Abid Road und im General Basar in Secunderabad. Eine große Auswahl an Geschenken, schönen Skulpturen und Textilien findet man bei »Kalanjali, Arts and Crafts« in der Hill Fort Road im Stadtteil Saifabad.

ESSEN

▶ Fein & teuer

① ***Dakshin***
Im ITC Hotel Kakatya Sheraton & Towers, Begumpet
Tel. 040 – 23 40 01 32
Gilt als eines der besten Restaurants für südindische Küche in Asien!

▶ Erschwinglich

② ***Southern Spice***
8-2-350/3/2, Rd. No.3
Banjara Hills
Tel. 040 – 23 35 38 02
Authentische südindische Küche, Spezialitäten aus Andhra Pradesh und Tamil Nadu in großer Auswahl, sehr empfehlenswert. Es wird kein Alkohol ausgeschenkt.

③ ***Our Place***
8-8-602/E, Charan Pahaadi, Rd. No.10
Banajra Hills
Tel. 040 – 23 35 34 22
Restaurant mit internationaler Küche und einer Bar im Grünen. Das Richtige für lange Abende!

⑥ ***Ohris***
Gegenüber Old Gandhi Medical College, Basheerbagh
Tel. 040 – 23 29 88 11
Im Untergeschoss isst man süd- und nordindische Köstlichkeiten in einer nachgebauten Metro, im Erdgeschoss gibt es Eis und Pizza und im Obergeschoss erwarten den Gast chinesische und pakistanische Küche sowie eine Bar.

▶ Preiswert

④ ***Niagara***
2 Branchen
Sara International Building
Old MLA Quarters Hyderguda
Hyderabad – 029
Tel. 040 – 23 22 25 10
und in Chaderghat
Tel. 040 – 22 68 80 51
Hier isst man ausgezeichnete Biryanis und andere Spezialitäten aus Hyderabad. Man kommt am besten

abends, da es dann eine größere Speisekarte gibt; kein Ausschank von alkoholischen Getränken.

⑤ ***Indu***
Secretariat Road
Neben Thomas Cook
Tel. 040 – 23 24 41 89
Leckere Thalis im Stil von Andhra Pradesh, aber sehr scharf; das Hühnchen sollte man probieren; ebenfalls kein Alkohol.

ÜBERNACHTEN

► Luxus

① ***ITC Hotel Kakatiya Sheraton & Towers***
6-3-1187 Begumpet
Tel. 040 – 23 40 01 32
www.welcomgroup.com
Gilt als erste Adresse in Hyderabad mit sehr guter Küche und allen Annehmlichkeiten sowie vier Restaurants und zwei Bars.

② ***Taj Krishna***
Road No. 1, Banjara Hills
Tel. 040 – 55 66 23 23
www.tajhotels.com
Zentral im edlen Stadtteil Banjara Hills gelegen, mit vier guten Restaurants und zwei Bars.

► Komfortabel

③ ***Hotel Green Park***
Begumpet; Tel. 040 – 23 75 75 75
www.greenpark.com
Nettes Hotel mit 148 Zimmern, Restaurants mit indischer, chinesischer und westlicher Küche; Bars.

► Günstig

④ ***Hotel Dwarka Heritage***
116 Chenoy Trade Center Parklane
Secunderabad-3
Tel. 040 – 27 84 50 20
50 Z., teilweise mit Aircondition.

⑤ ***Yatri Nivas***
1-8-180B, S.P. Road
Secunderabad-3
Tel. 040 – 27 84 07 44
Einfaches und sauberes Hotel von Andhra Pradesh Tourism.

Geschichte Die fünftgrößte Stadt Indiens wurde 1591 von Mohammed Quli Qutb Shah unter dem alten Namen Bhagnagar gegründet, da die alte Mogulfestung auf den Golconda-Hügeln unter ständigem Wassermangel litt und die Bewohner von verschiedenen Seuchen heimgesucht wurden. Bereits sein Nachfolger wurde jedoch von dem Mogulherrscher Aurangzeb (1656) vertrieben. Aurangzebs Tod führte zu einer Krise der Delhi-Sultanate und der von den Moguln eingesetzte Statthalter Asaf Jah nutzte die Gunst der Stunde und machte sich unabhängig. Die von ihm begründete Nizam-Dynastie kooperierte abwechselnd mit den Franzosen und den Engländern. Der fünfte Nizam Ali war ein Vertrauter der Briten. Er war zu seiner Zeit nicht nur der ranghöchste Fürst Indiens, sondern galt sogar als der reichste Mann der Welt. 1948 wurde das Reich des Nizam in das unabhängige Indien eingegliedert. Als man die Unionsstaaten auf einer sprachlichen Basis neu organisierte, machte man Hyderabad zur Hauptstadt des neuen Bundesstaats Andhra Pradesh. Die von den Briten gegründete Zwillingsstadt Secunderabad ist heute mit Hyderabad zusammengewachsen.

Sehenswertes in Hyderabad

★★ Charminar

Der Charminar ist das **Symbol von Hyderabad** und liegt im Herzen der Altstadt. Er wurde 1591 von Sultan Muhammad Quli Qutb Shah als ein Zentrum der Gelehrsamkeit erbaut. Ursprünglich befand sich auf seinem Dach eine Moschee, in der Kindern der Koran gelehrt wurde. Seinen Namen verdankt der Charminar den **vier (char) Türmen (minar)**, die alle knapp 55 m hoch sind. Die 15 m hohen, gewaltigen vier Torbögen des dreistöckigen Hauptgebäudes sorgen für einen angenehmen Luftzug in der Innenhalle.

★ ◂ Basar

Die Straßen um den Charminar sind voller Geschäfte. Hier wird vor allem mit Perlen, Stickereien und Parfüms gehandelt.

Mecca Masjid

Der Bau der wurde bereits 1614 von Muhammad Quli Qutb Shah begonnen, aber erst Aurangzeb gelang es, diese monumentale Moschee 1687 fertig zu stellen. Den Namen Mecca Masjid erhielt sie, weil einige ihrer Steine aus der Erde von Mekka gebrannt wurden. Eine Reihe von Nizams aus Hyderabad sind in den Grüften links von der Moschee begraben. Die sechstgrößte Moschee Indiens bietet auf dem Innenhof Platz für 10 000 Menschen.

! *Baedeker* TIPP

Perlenparadies

Hyderabad zu verlassen, ohne einen Blick in die Perlengeschäfte nördlich des Charminar zu werfen, wäre sträflich. Eine so große Auswahl zu diesen Preisen findet man so schnell nicht wieder. Aber: Handeln gehört hier im Basar zum Tagesgeschäft!

Der **Zoo** von Hyderabad ist der größte Tiergarten Indiens. Vor allem für Vogelliebhaber er mit 240 Arten ein Paradies. Zu ihm gehören außerdem ein Löwensafaripark, ein prähistorischer Park mit Sauriermodellen, ein naturhistorisches Museum und ein Aquarium.

Salar Jung Museum

Das Salar-Jung-Museum besitzt eine riesige Sammlung (35 000 Einzelstücke) von Antiquitäten, die der frühere Premierminister, der Nizam von Hyderabad, zusammengetragen hatte. Von belgischem Glas über Bidriarbeiten aus Hyderabad, chinesischem Porzellan, alten Miniaturen und Manuskripten bis zu europäischen Gemälden reicht die Sammlung von Mir Yusuf Ali Salar Jung III.

★ Chaumohalla Palace

Im Chaumohalla-Palast in der Nähe des Charminar feierten die Nizams ihre Feste. Ein Teil des im späten 18. Jh. gebauten Komplexes ist der Öffentlichkeit zugänglich. Der Palast inmitten einer schönen Gartenanlage ist tgl. außer Fr. von 11.00 bis 17.00 Uhr geöffnet.

Birla Templel

Der 1976 in weißem Makranamarmor von der Birlastiftung auf einem Hügel erbaute Hindutempel, der Venkateshwara, einer Inkarnation Vishnus, geweiht ist, kann von Menschen aller Religionsgemeinschaften besucht werden. Die Birlas gehören zu den reichsten Groß-

Am Charminar, dem Wahrzeichen von Hyderabad

industriellen des modernen Indien. Ihnen ist auch das neben dem Tempel stehende Birla-Planetarium zu verdanken. Von diesem Hügel aus hat man einen guten Überblick über die Stadt.

Hussain Sagar

Dieser größte See Hyderabads wurde von König Ibrahim Quli Qutb Shah angelegt (16. Jh.). An seinem Damm befindet sich eine Strandpromenade mit 33 Statuen von bekannten Persönlichkeiten Andhra Pradeshs. Inmitten des Sees steht eine riesige Buddhastatue neueren Datums. Der künstlich angelegte See mit den angrenzenden Parks ist die grüne Lunge der Stadt. Hier gibt es auch viele Restaurants und Cafés.

Nähere Umgebung

★ **Golconda Fort**

Öffnungszeiten: tgl. 9.00 – 18.00 danach Sound- und Light-Show

Die nach dem Vorbild von Bidar und ► Gulbarga auf Granitbergen erbaute Festung ist heute eine weitläufige Ruinenanlage. Sie befindet sich ungefähr 10 km westlich von Hyderabad. Für den Besuch der **großen Festungsanlage mit den Resten von Palästen, Bädern, Basaren und Moscheen** sollte man sich mindestens drei Stunden Zeit nehmen. Das Golconda Fort gründete bereits im 13. Jh. der Kakatiyakönig Ganapathy. Damals existierte jedoch nur eine kleine Festung mit Wällen aus Lehm. Später wurde sie von den islamischen Qutb-Shah-Königen allmählich zu einem großen Fort mit Steinwällen und verschiedenen Gebäuden ausgebaut und die Könige verlegten auch ihre Hauptstadt von Warangal nach Golconda. Die Fes-

tungsstadt mit ihren sieben Toren und einem ausgeklügelten Wassersystem für die »hängenden Gärten« war bekannt für Diamantmanufakturen und -handel. Im Jahr 1687 nahmen Aurangzebs Truppen sie ein. Der von Aurangzeb geraubte berühmte **Koh-i-Noor-Diamant** wurde später, in kleinere Teile zerlegt, als Schmuckstück für die britische Krone verwendet.
Heute sind viele der ehemaligen Bauten nicht mehr vorhanden, aber ihre Trümmer sind immer noch beeindruckende Zeugnisse der einstigen Stadtanlage. Diese wurde früher durch einen dreifachen Mauerring geschützt. Acht mächtige Tore, von denen vier noch erhalten sind, ermöglichten den Zugang zur Stadt. Innerhalb der Stadtmauern befinden sich neben der Festung einige Moscheen, von denen die Jami Masjid die wichtigste ist.
Von Hyderabad kommend betritt man die Anlage von Osten her durch das schöne Balahisar-Tor, hinter dem sich die große Vorhalle mit ihrer **erstaunlichen Akkustik** befindet: Jedes Wort, das hier gesprochen wird, kann in der Durbar Hall hoch oben im Palast gehört werden. Innerhalb der Festung sind vor allem der dreistöckige Palast mit der Durbar Hall, in der die Sultane regelmäßig Hof hielten, die Ruinen der privaten Gemächer und die Quartiere der Königin se-

Blick auf das wehrhafte Golconda Fort

henswert. Raffinierte Wassersysteme beförderten Wasser zur höchsten Stelle, von wo es dann durch die Leitungen zu einzelnen Zapfstellen geführt wurde. Der Shahi Mahal, der königliche Schlafraum, soll einst ein gewölbtes Dach gehabt haben. Von der **Zitadelle** hat man einen herrlichen Blick auf das Umland.

✶ **Qutb Shahi Tombs**

Etwas weniger als einen Kilometer nördlich der Golconda-Festung sind die Grabmäler gelegen, in denen sechs Sultane und andere Mitglieder der königlichen Familie beigesetzt wurden. Insgesamt sind hier 82 Grabmale erbaut worden, die ihre Vorbilder in den Grabmälern der Bahmani-Dynastie in Bidar haben.
Jedes Grabmal wird von einem zwiebelförmigen Turm bekrönt, der auf einem runden Tambour ruht, welcher sich wiederum über einem quadratischen Unterbau erhebt. Die großen Türme sind zweistöckig und umgeben von dekorativen Spitzbogenarkaden, wohingegen die kleinen, schlichteren nur einstöckig sind. Ursprünglich waren die Türme mit farbigen Kacheln auf weißem Stuck verziert. Davon sind jedoch nur noch wenige Reste erhalten geblieben. Auf den Torbögen sind Korantexte eingraviert.

Weitere Umgebung

Warangal

Die Hauptstadt des gleichnamigen Distrikts Warangal (460 000 Einw., 130 km nordöstlich von Hyderabad) war im 12. und 13. Jh. die **Hauptstadt der Kakatiyas**, eines lokalen Herrschergeschlechts, bevor sie später an wechselnde muslimische Herrscher fiel. Hauptsächlich aus der Kakatiya-Periode sind vielfältige Zeugnisse in der Stadt und in ihrer Umgebung erhalten. Berühmt ist der **1000-Säulen-Tempel**, den der Kakatiya-König Rudra Deva im Jahr 1163 bauen ließ. Das sternenförmig angelegte Heiligtum ist den Göttern Shiva, Vishnu und dem Sonnengott Surya geweiht. Sein Dach ist leider eingestürzt. Am Stadtrand befindet sich der **Bhadrakali-Tempel**, ein der Göttin Kali geweihtes Heiligtum. Er liegt malerisch an einem kleinen See. Das schöne Skulpturwerk im Inneren ist, wie so oft in Südindien, farbig übermalt worden. Der Tempel ist sehr populär und zieht viele Gläubige an.

✶ Warangal Fort ►

Eindeutiger Höhepunkt eines Besuchs von Warangal ist das Warangal Fort, das sich einige Kilometer außerhalb der Stadt befand und im 13. Jh. unter König Ganapati Deva erbaut worden war. Ruinen und Trümmer des Forts sind auf einem 19 km² großen Gebiet verstreut, das von einem Mauerring umschlossen wurde. In einer Art großem Freiluftmuseum werden heute die schönsten Teile ausgestellt. Darunter befinden sich die **großartigen Eingangstore** des Forts sowie hervorragend gearbeitete Fragmente von Tempeln und Skulpturen.

✶ **Ramappa-Tempel**

Einen Abstecher lohnt der gut erhaltene Rama-Lingeshvara-Swami-Tempel, auch unter dem Namen seines Architekten als Ramappa-Tempel bekannt, beim Dorf Palampeta. Er liegt 65 km nordöstlich von Warangal und ist auf landschaftlich sehr reizvoller Fahrt vorbei an Reisfeldern, Palmen und Seen zu erreichen. Das Heiligtum, das die Kakatiya-Herrscher im 13. Jh. erbauen ließen, **gehört zu den schönsten Tempeln in Andhra Pradesh**. Es ist Gott Shiva geweiht, wie auch der große Nandi gegenüber dem Haupteingang anzeigt. Im Inneren sind schwarze, fein gedrechselte Säulen mit hervorragendem Skulpturwerk zu sehen. Auch am Sockel und an den Außenwänden des Tempels findet man ausgezeichnet gearbeitete Friese und schöne Trägerfiguren.

Jawahar-Nationalpark

D/E 13/14

Der Name Jawahar-Nationalpark bezeichnet den Zusammenschluss der Nationalparks Bandipur und Nagarhole in Karnataka, des Mudumalai-Wildschutzgebiets in Tamil Nadu und des Wyanad-Wildschutzgebiets in Kerala. Das Reservat entstand zum Schutz der größten Elefantenpopulation in Indien und gilt als größtes zusammenhängendes Wildreservat des Landes.

Leider gibt es nur noch vier größere Elefantenpopulationen in Indien. Nur selten hat man eine Chance, die Tiere in freier Wildbahn zu beobachten.

Mudumalai-Wildschutzgebiet ✶

Das Schutzgebiet von Mudumalai (230 km südwestlich von Bangalore) wurde 1938 gegründet und erstreckt sich am Nordrand der Nilgiriberge über eine Fläche von 322 km². Es grenzt an das Bandipur-Reservat in Karnataka und an Wyanad in Kerala. Mudumalai (Malai = Berg) liegt auf einer Höhe von 1000 m und ist dominiert von einer dichten Laubmischwaldvegetation. Da die Niederschläge innerhalb des bergigen Schutzgebiets zwischen 2000 mm und 500 mm enorm variieren, findet man im niederschlagsreicheren Südwesten einen feuchten Regenwald, der nach Osten hin über einen trockenen Laubwald in Buschvegetation übergeht. Daneben kommen auch Sumpf- und Bambuswälder vor.

Die Hauptattraktion der Schutzzone sind die zahlreichen **Indischen Elefanten**, die in Herden den Park durchziehen. Eine weitere Attraktion ist der Moyarwasserfall mit einer Höhe von mehr als 150 Metern. Das Elefantencamp in Teppakadu kümmert sich um die Aufzucht von Elefanten, die als Arbeitstiere eingesetzt werden. Das Reception Centre in Teppakadu, an der Straße von Ooty nach Mysore gelegen, ermöglicht Ausflüge der besonderen Art: Man kann auf einem Elefanten die Wälder erkunden. Die beste Zeit sind die Monate März und April.

Bandipur-Nationalpark ✶

Der an die nördlichen Ausläufer der Nilgiris angrenzende Bandipur-Nationalpark (80 km südlich von Mysore) **gehört zu den Tigerreservaten Indiens** und war früher ebenfalls im Besitz der Maharadschas von Mysore. Der Park erstreckt sich auf einer Fläche von 865 km² südlich des Flusses Kabini. Berge und Schluchten, Waldgebiete und Graslandschaften bieten Zuflucht für allerlei Tierarten. Wie im Nagarhole-Reservat (s. u.) können auch hier Herden von Indischen Ele-

JAWAHAR-NATIONALPARK ERLEBEN

AUSKUNFT

Forest Department Bangalore
Tel. 080 – 23 34 68 46
www.karnatakaforestdepartment.org
Hier kann man auch preiswerte Übernachtungen buchen.

ANREISE

Nagarhole
Busverbindung Mysore – Bandipur und Mysore – Hunsur

ÜBERNACHTEN

► Luxus / Komfortabel

Kabini River Lodge
Karapur
Nagarhole-Park
Tel. 082 28 – 26 44 02
www.junglelodges.com
Am Fluss Kabini gelegene bekannte Dschungellodge, bestehend aus einem alten Kolonialhaus, Cottages und Zelten.

► Komfortabel / Günstig

Tusker Trails
Mangala Village
Chamarajanagar
Tel. 08 21 – 263 60 55
Übernachtung in Cottages, außerdem werden ein Swimmingpool und ein Tennisplatz geboten.

fanten, zahlreiche Hirscharten, mit viel Glück Raubtiere wie Tiger und Leoparden sowie verschiedene Affenarten beobachtet werden. Von den Rolling Rocks aus hat man einen wunderbaren Blick über den Mysore-Graben, eine tiefe Schlucht. Es gibt eine Reihe von Unterkünften im Park, von denen aus Fahrten mit dem Jeep und Elefantenritte organisiert werden. Zimmerreservierungen im Voraus sind sinnvoll. An den Wochenenden sollte man den Park möglichst meiden. Saison: September bis Mai.

★ **Nagarhole-Wildschutzgebiet**

Nördlich des Kabini erstreckt sich der nach dem Nagarhole River (»Schlangenfluss«) benannte Nationalpark. Das ehemalige Jagdgebiet der Herrscher von Mysore wurde 1955 in einen Naturpark (96 km südwestlich von Mysore) umgewandelt, 1975 weiter vergrößert und umfasst jetzt 640 km².
Die Wald- und Graslandschaft Nagarholes bietet dem Indischen Elefanten ideale Lebensbedingungen, ebenso dem Sambar- und Axishirsch. Gut zu beobachten ist auch der Gaur, die größte wildlebende Rinderart, die in Herden umherzieht. Auch verschiedene Raubtierarten sind im Park beheimatet, so der Leopard, die Streifenhyäne und der Asiatische Wildhund. Am **Kabini** und seinem Stauwasser sind viele verschiedene Vogelarten beheimatet, wie Reiher, Kormorane und Enten, Fischadler sowie verschiedene Bussard- und Habichtarten. In den Gewässern leben das Sumpfkrokodil und unzählige Fischarten, unter anderem der große Mahseer.
In Nagarhole und Karapura gibt es Unterkünfte. Von Karapura, wo sich die komfortable Kabini River Lodge (s. v.) befindet, werden auch Fahrten mit dem Jeep und Bootsfahrten auf dem Kabini-Stausee angeboten. Es empfiehlt sich, die Unterkunft vorher zu buchen und den Park möglichst nicht am Wochenende zu besuchen, da er dann ziemlich überlaufen ist. Beste Besuchszeit: September bis Mai.

Wyanad-Wildschutzgebiet

Das Wyanad-Wildschutzgebiet liegt im Bundesstaat Kerala, ungefähr 110 km von Kozhicode entfernt. Für den Besuch des Reservats ist eine spezielle Genehmigung erforderlich.

★ Kanyakumari (Cape Comorin)

E 15

Bundesstaat: Tamil Nadu
Einwohner: 12 000
Höhe: Meeresspiegel
Entfernung: 674 km südl. v. Bangalore

Kanyakumari ist der Ort, an dem das Arabische Meer, der Golf von Bengalen und der Indische Ozean zusammentreffen. An den Aussichtspunkten des Städtchens kann man herrliche Sonnenauf- bzw. -untergänge erleben. Da die Sonne von den Hindus als Gott Surya verehrt wird, strömen täglich viele Menschen hierher.

KANYAKUMARI ERLEBEN

AUSKUNFT

www.tamilnadutourism.org

ANREISE

U. a. kann man von Thiruvananthapuram, Bangalore, Mumbai und Delhi mit der Bahn anreisen. Von Kovalam, Madurai und Chennai fährt ein Bus. Kanyakumari kann man gut in einem Tagesausflug von Kovalam aus besuchen.

ESSEN / ÜBERNACHTEN

Kanyakumari ist ein Pilgerort. Man sollte daher ein Zimmer im Voraus buchen.

► **Günstig**

TTDC Hotel Tamil Nadu

Tel. 046 52 – 34 62 57

Einfache, saubere Zimmer, teilweise mit Klimaanlage und Meerblick sowie Restaurant.

Sehenswertes in Kanyakumari

*** Kanya-Kumari-Tempel**

Einer Legende zufolge soll hier einst die junge Frau Kanya, die als eine Inkarnation von Parvati gilt, strenge Buße geübt haben, um Shiva zu heiraten. Als ihr Vorhaben nicht erfolgreich war, beschloss sie, Jungfrau (tamil.: Kumari) zu bleiben. Sie wurde fortan als Amman Kumari verehrt. Nach ihrer Schutzgöttin erhielt die Stadt den Namen Kanyakumari. Der ihr geweihte Tempel ist für alle Besucher offen, das Sanktum allerdings nur für Hindus.

Gandhi Mandapam

Direkt am Meer steht die **schlichte Gedächtnisstätte für Gandhi**, den »Vater der Nation« (► Berühmte Persönlichkeiten). Sie wurde auf dem Platz erbaut, wo eine mit Gandhis Asche gefüllte Urne für die Öffentlichkeit aufbewahrt worden war, bevor sie in die drei Meere verteilt wurde. Das an einen Tempel erinnernde Gebäude ist so angelegt, dass Sonnenlicht an Gandhis Geburtstag, dem 2. Oktober, ins Innerste des Gebäudes fällt. Vom ersten Stock hat man einen schönen Blick auf die Brandungsfelsen und die vorgelagerte Insel.

*** Vivekananda Memorial**

Das Vivekananda-Denkmal auf einer Felseninsel, etwa 400 m vom Festland entfernt, kann man mit den halbstündlich verkehrenden Booten bequem erreichen. Die Gedächtnisstätte für den indischen Philosophen **Swami Vivekananda** wurde 1970 unter Verwendung unterschiedlicher Architekturstile erbaut. Der aus Bengalen stammende Philosoph war 1892 auf diese Insel geschwommen, um vor seiner Reise nach Amerika, wo er einen Vortrag über den Hinduismus halten sollte, zu meditieren. Vivekananda war neben Ram Mohun Rai, Ramakrishna und Dayananda einer der führenden modernen Reformer des Hinduismus. Die Insel wird auch Sri Pada Parai genannt, da sich auf ihr der Platz befindet, an dem die Göttin Kumari ihre Buße tat. Ihre Fußspuren (Pada) locken viele indische Pilger an.

Indiens südlichster Punkt: Kanyakumari

Kerala (Bundesstaat)

D/E 13–15

Gebiet: 38 864 km²
Hauptstadt: Thiruvananthapuram
Einwohner: 31,8 Mio.

»Geh hin, wo der Pfeffer wächst!« – Dieser Satz war sicherlich zu keiner Zeit ein wohlgemeinter Rat an gute Freunde. Er lässt allerdings auf mangelnde Ortskenntnis des Erfinders dieser Verwünschung samt seiner sämtlichen Benutzer schließen. Denn wer möchte seine Feinde schon gern ins Paradies schicken ...

Als solches preist Indien nämlich seinen kleinen Bundesstaat Kerala an der Südwestküste des Subkontinents. Der längliche Streifen Land zwischen den Westghats und dem Arabischen Meer mit seiner überwältigenden Tropenlandschaft ist nicht nur die Heimat des Pfeffers. **»Gottes eigenes Land«** sei das, verkünden stolz seine Bewohner und haben die passende Legende dazu parat: Parasuram, die sechste Inkarnation Vishnus, gilt als Erschaffer Keralas. Er war ausersehen, den von Kriegern bedrängten Brahmanen ein neues Land zu schenken. Varuna, der Gott des Meeres, gab ihm die Erlaubnis, dem Ozean da-

! *Baedeker* TIPP

Kerala im Roman

Die Farben und Gerüche Keralas, doch auch seine Widersprüche und Unbegreiflichkeiten werden lebendig in Arundhati Roys Bestseller »Der Gott der kleinen Dinge«.

Paradies unter Hammer und Sichel

zu ein Stück Land abzuringen. Doch nur so breit sollte das Gebiet werden, wie der Gott seine Axt von den Westghats ins Meer werfen konnte. Parasuram schleuderte die Waffe, das Wasser zog sich zurück und Kerala war geboren – ein Land mit 41 Flüssen, immergrünen Wäldern und sandigen Stränden. Nach Westen öffnet es sich zum Meer, im Osten ist es durch Berge vom Rest des Subkontinents abgetrennt. Im tropischen Klima Keralas gedeiht nicht nur der Pfeffer, hier wachsen Kardamom und Zimt, Ingwer und Muskat und die Küste galt früher als Fundgrube für Perlenfischer.

Geschichte Die besondere geografische Lage zusammen mit der üppigen Vegetation haben schon immer die Geschicke des südwestlichsten Zipfels von Indien bestimmt und seiner Entwicklung eine eigene Richtung gegeben. Die sagenhaften Schätze dieses Fleckchens Erde lockten bereits in der Antike Händler an. Der große Hafen Muziris (heute: Craganore) war ab dem 3. Jh. v. Chr. **Umschlagplatz und Treffpunkt** für Chinesen und Ägypter, Phönizier und Babylonier, Araber, Juden und Römer. Erstmals im 4. Jh. gab es jüdische und christliche Siedlungen in Kerala. Einige Zeit später waren Muslime vor Ort, die eine wichtige Stellung als Zwischenhändler im Gewürzhandel einnahmen. Die verschiedenen Religionsgemeinschaften lebten mit der hinduistischen Mehrheit friedlich zusammen, verbunden durch gemeinsame ökonomische Interessen.

Größere Veränderungen sollte es erst durch die Ankunft der europäischen Mächte, allen voran der Portugiesen, am Ende des 15. Jh.s geben. 1498 kam **Vasco da Gama** zum ersten Mal nach Indien, ausgestattet mit dem Auftrag, den Arabern ihr Monopol auf den Gewürzhandel streitig zu machen. Zu jener Zeit regierten in Kerala neben vielen kleineren Fürsten die Kolathiri-Rajas im Norden, der Zamorin in Calicut (heute: Kozhicode) und im Süden die Venadherrscher. Die Rivalitäten unter den verschiedenen Fürsten wussten die Neuankömmlinge geschickt zu nutzen. Durch Versprechungen und anschließend erzwungene Verträge hatten sie nach kurzer Zeit einen großen Teil der Handelsrechte für die kostbaren Produkte des Landes in der Tasche. 1503 setzten sich die Portugiesen in Cochin (heute: Kochi) fest und bauten von hier aus ihre Macht im Hinterland und entlang der Küste aus. Sie pflanzten die ersten Kokospalmen und legten den Grundstock für die ausgeprägte Monokultur. Auch der Anbau von Cashewnüssen und Tabak wurde eingeführt. Im frühen 17. Jh. kamen mit den Holländern neue Eroberer ins Land, die die Portugiesen und die wenigen Engländer, die sich mittlerweile ebenfalls niedergelassen hatten, vertrieben. Sie waren nun für eine beträchtliche Zeit die Herren des Terrains und seiner Reichtümer, auch wenn es im 18. Jh. dem Raja Martanda Varma und dem Muslimherrscher Tipu Sultan aus Mysore gelang, Teile des Gebiets zu erobern. Es war aber nur eine Frage der Zeit, bis der starke Arm der Briten auch in diesen Winkel Indiens reichen und die Rivalen aus dem Feld schlagen würde. Das Jahr 1800 brachte den Umschwung, Kerala wurde der britischen Madras Presidency angegliedert.

Nach der Unabhängigkeit

Nach der Unabhängigkeit Indiens entstand im Zuge der Neuordnung des Landes nach Sprachgrenzen der Bundesstaat Kerala mit Malayalam als Landessprache. Heute noch **unterscheidet sich dieser Fleck in vielerlei Hinsicht vom Rest Indiens**. Kerala war der erste Staat, in dem 1957 eine **kommunistische Regierung** durch demokratische Wahlen an die Macht kam. Mit kleineren Unterbrechungen bestimmt sie seither die Geschicke Keralas. Stolz weisen die Bewohner auf eine Alphabetisierungsquote hin, die mit rund 90 % weit über dem Landesdurchschnitt liegt. Vorbildlich ist auch die gesundheitliche Versorgung in diesem Bundesstaat, und nicht zuletzt haben einschneidende Landreformen sowie in den Golfstaaten erwirtschaftetes Einkommen von Migranten die sonst in Indien überall sichtbare Armut in ihre Schranken verwiesen. Auch den Frauen stellen sich hier weniger Hindernisse in den Weg als in anderen Teilen des Subkontinents. Eine gute Ausbildung mit anschließendem Beruf ist in Kerala keine Seltenheit und Schulbildung sowieso selbstverständlich. Dass sie in jeder Hinsicht besser dastehen als ihre Schwestern im Norden, hat für die Frauen Keralas eine alte Tradition, denn bis vor nicht allzu langer Zeit herrschte in verschiedenen Kasten das matrilineare Erbrecht vor, das heißt, der Familienbesitz wurde von der Mutter auf die Tochter vererbt.

Wirtschaft

32 Millionen Einwohner leben heute auf dem 580 km langen Streifen Land, der an vielen Stellen nicht einmal 100 km breit ist. Endlos ziehen sich die Häuser entlang der Straßen und es gibt kaum ein Plätzchen, das nicht bebaut ist. Die meisten Leute arbeiten in der Landwirtschaft. Neben den alles dominierenden Kokospalmen gedeiht an der Küste vorwiegend Reis, im Hinterland werden Bananen, Mangos, Tapioka und der begehrte Pfeffer angebaut. Die feuchten, sattgrünen Abhänge der Berge sind nicht nur die Heimat von Gewürzen wie Kardamom und Zimt, hier finden sich Kaffee-, Tee- und Gummiplantagen sowie Sandelholzwälder. Eine lange Tradition hat auch die Fischerei. Noch immer fahren Männer mit Einbäumen und einfachen Booten auf Fischfang. Die Konkurrenz der Großfischerei und Hochseefangflotten macht das Geschäft allerdings zunehmend schwieriger; dennoch gehören Fisch und Meeresfrüchte immer noch zu den Hauptexportprodukten Keralas. Ein nicht unbeträchtlicher Teil der Bewohner arbeitet in den **Golfstaaten** und trägt so zum Familieneinkommen bei.

Tourismus Vor einiger Zeit hat der Tourismus diese südlichen Gefilde Indiens entdeckt. Mit weißen Stränden, tropischen Palmenlandschaften, sauberen und ruhigen Städten – und nicht zuletzt verschont vom Elend und den politischen Unruhen anderer Landesteile – lockt der kleine Bundesstaat vermehrt Besucher an. Das Paradies öffnet seine Pforten und erneut strömen sie aus aller Welt in »God's own country«.

** Kochi • Ernakulam

Bundesstaat: Kerala
Einwohner: 1,35 Mio.
Höhe: Meeresspiegel
Entfernung: 546 km südwestlich von Bangalore

Kochi mit Venedig zu vergleichen ist zwar etwas hoch gegriffen, aber auch nicht ganz abwegig. Ebenso wie die alte Handelsmetropole an der Adria ist Kochi (Cochin) eine große Hafenstadt und auf mehreren Inseln erbaut.

Nicht selten wurden Waren von hier in die italienische Schwesterstadt verschifft. Nur einer der sieben Stadtteile liegt auf dem Festland: Ernakulam, heute der modernste und größte von ihnen. Die anderen sechs sind auf Halbinseln und Inseln errichtet.

Trommelnd durch die Straßen von Kochi

KOCHI ERLEBEN

AUSKUNFT

Tourist Office
Am Busbahnhof in Fort Cochin
Tel. 04 84 – 221 66 54
oder am Tourist Desk der Fährenhauptanlegestelle in Ernakulam. Erste Informationen bekommt man auf der Webseite von Kerala Tourism (www.keralatourism.org).

ANREISE

Flugverbindung mit Mumbai, Delhi, Bangalore und den Golfstaaten. Zudem zahlreiche Zug- und Busverbindungen, z. B. mit Bangalore, Mumbai, Margao (Goa) etc.

SHOPPING

Kunsthandwerk, Schmuck und Antiquitäten bzw. auf alt getrimmte Möbel, Masken usw. gibt es rund um die Synagoge und den Mattancherry-Palast auf Fort Cochin. Der Buchladen gegenüber der Synagoge hat ein tolles Sortiment. Die lange, geschäftige Bazar Road ganz in der Nähe ist einen Besuch wert. Hier werden Gewürze verladen und verkauft. Auch die Straßen rund um die Princess Street nahe den chinesischen Fischernetzen haben sich zu einem Einkaufsviertel entwickelt. In Ernakulam ist die moderne MG Road bekannt für ihre vielen Schmuckgeschäfte; es gibt dort auch Kleidung, Schuhe und vieles mehr.

ESSEN

► Fein & teuer

① ***Fort Cochin***
Im Casino Hotel
Willingdon Island
Tel. 04 84 – 266 82 21
Hier gibt es die besten Fisch- und Meeresfrüchtespezialitäten in Kochi.

② ***The Malabar House***
Parade Road
Fort Cochin
Tel. 04 84 – 221 66 66
Hervorragendes Restaurant mit mediterraner und indischer Küche im malerischen Hof des Hotels.

► Preiswert

③ ***Gopuram***
Trust Tower
Beim Medical Trust Hospital
nahe der MG Road
Ernakulam
Tel. 04 84 – 301 23 81
Eine große Speisekarte bietet Spezialitäten aus Kerala, die auf einem Bananenblatt serviert werden. Das Entencurry und der Kokosnusspfannkuchen (Vellayappam) sind ein Genuss.

④ ***Kashi Art Café***
Burgher Street
Fort Cochin
Tel. 04 84 – 221 57 69
Galerie und Café in einem ist das gemütliche Kashi Art Café, wo man Snacks, Schokoladenkuchen und guten Kaffee bekommt.

ÜBERNACHTEN

► Luxus

① ***The Brunton Boatyard***
Fort Cochin bei den Fischernetzen
Tel. 04 84 – 221 54 61
www.cghearth.com
Stilvoll wieder aufgebautes Hotel an der Stelle des alten Brunton Boatyard mit 22 Zimmern und Suiten.
Der Blick auf die Hafeneinfahrt und die benachbarten Inseln ist einmalig. Zudem gibt es einen schönen Pool und gute Küche, ayurvedische Behandlungen sind möglich.

The Malabar House s. ②
Parade Road
Fort Cochin
Tel. 04 84 – 221 66 66
www.malabarhouse.com
Elegantes Boutiquehotel mit bezaubernd angelegtem Innenhof. Jedes der Zimmer ist mit handverlesenen Stücken eingerichtet. Es gibt auch eine Galerie und einen Swimmingpool im Hof.

► Komfortabel

② ***The Old Courtyard***
Princess Street
Fort Cochin
Tel. 04 84 – 221 63 02
www.oldcourtyard.com
Die alte portugiesische Villa bietet ihren Gästen einen schönen Innenhof und nett eingerichtete Zimmer mit Veranda.

► Günstig

③ ***The Fort House***
Calvathi Road
Fort Cochin
Tel. 04 84 – 221 71 03
www.forthousecochin.com
Wunderbar gemütlich wohnen kann man in den kleinen Bungalows, die sich mitten in einem schönen Garten befinden.
Sehr stimmungsvoll ist zudem die Hotelterrasse direkt am Meer, wo auf Wunsch auch serviert wird.

Kochi • Ernakulam Orientierung

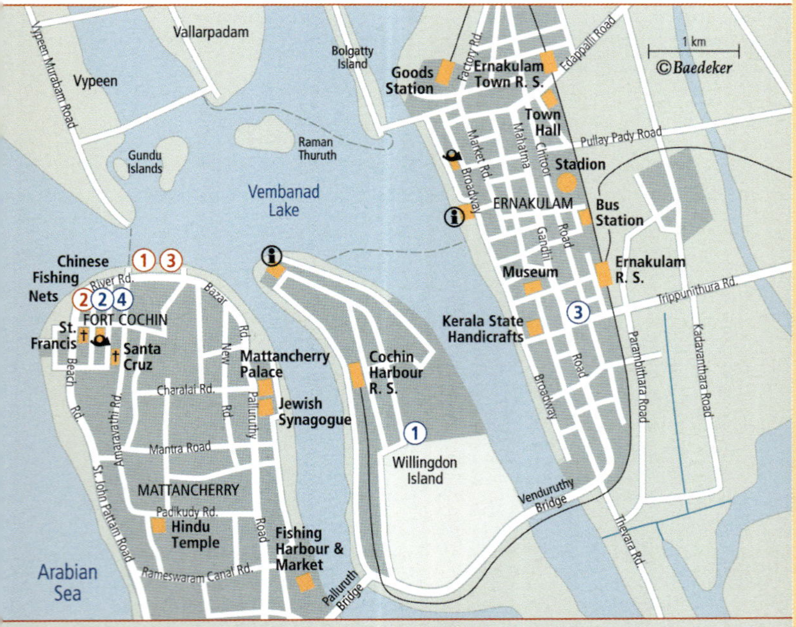

Übernachten
① The Brunton Boatyard
② The Old Courtyard
③ The Fort House

Essen
① Fort Cochin
② The Malabar House
③ Gopuram
④ Kashi Art Café

Eine Flut schuf 1341 das natürliche Hafenbecken, das sich schon bald zum größten Umschlagplatz für die begehrten Gewürze der Malabarküste entwickeln sollte. Kaufleute, Händler und Herrscher haben hier zahlreiche Spuren hinterlassen. Sie ergeben jene einzigartige Mischung verschiedenster Kulturdenkmäler auf kleinstem Raum, wie man sie sonst in ganz Indien nirgends findet.
Auf Fort Cochin, der interessantesten Insel, stehen chinesische Fischernetze in Nachbarschaft mit holländischen Villen und portugiesischen Kirchen, ein Maharadschapalast grenzt an das jüdische Viertel mit seiner Synagoge. Kleine Kanäle und Straßen durchziehen das längliche Eiland. Die niedrigen Wohnhäuser mit ihren farbigen Fassaden werden vom jährlichen Monsun stark in Mitleidenschaft gezogen. Gewürzhändler wetteifern mit Schmuckläden und Barbieren. Zwischen flatternder Wäsche, gackernden Hühnern und dem Klingeln der Fahrräder kann man gemächlich durch die Gassen schlendern, denn die Insel hat trotz der vielen historischen Erinnerungsstücke, die ihr zweifellos ein kosmopolitisches Flair geben, ihren dörflichen Charakter bewahrt.

Geschichte

Schon im Jahr 1405 siedelte die Familie des Rajas von Muziris, der etwas weiter nördlich gelegenen antiken Hafenstadt, nach Kochi über. 1500 landete der Portugiese Pedro Alvarez Cabral in der Lagune. Zwei Jahre vorher hatte sein Landsmann Vasco da Gama zum ersten Mal die indische Küste bei Calicut (heute: Kozhicode) erreicht. Streitigkeiten mit dem dortigen Herrscher, dem Zamorin, der sich dem Druck der Neuankömmlinge nicht beugen wollte, zwangen die Portugiesen dazu, sich eine neue Ausgangsbasis für ihre Handelsgeschäfte zu suchen. Kochi war der ideale Standort. Die seichte Bucht mit ihren vielen Inseln bot nicht nur den Schiffen Schutz, auch der Herrscher von Kochi hieß die Neuankömmlinge willkommen, denn er erhoffte sich von den Fremden Unterstützung im Kampf gegen seinen Widersacher in Calicut.
Zwei Jahre später erschien **Vasco da Gama** mit weiteren Schiffen in Kochi und die **Portugiesen gründeten ihre erste Handelsniederlassung**. 1503 errichteten sie Fort Manuel, die erste Wehrburg einer europäischen Macht in Indien. In den folgenden 160 Jahren waren die Portugiesen die unbestrittenen Herrscher der Stadt. Sie bauten Paläste, Handelsniederlassungen, Kirchen und den Hafen. Die einheimischen Rajas wurden zu Marionetten degradiert und die jüdische Gemeinde, meist Kaufleute, war ständigen Repressalien und Verfolgungen ausgesetzt. Die **Holländer** entwickelten sich im Verlauf des 17. Jh.s zu ernsthaften Rivalen und vertrieben schließlich 1663 die Portugiesen aus der Stadt. Die Kirchen wurden protestantisch, die Juden sahen besseren Zeiten entgegen; im Übrigen übernahmen die neuen Herren das gesamte in langen Jahren aufgebaute Handelsnetz ihrer Vorgänger. Über hundert Jahre bestimmten sie die Geschicke Kochis, bis auch sie im Jahr 1795 endgültig ihre Flagge einziehen mussten, um den nachrückenden Briten Platz zu machen. 1800 wurde die

Stadt samt der umliegenden Gebiete der Madras Presidency angegliedert. In den 1920er-Jahren erweiterten die **Briten** den Hafen für die Ozeanschifffahrt. Noch heute werden Gewürze, Fisch und andere Produkte hier verladen und Ernakulam hat sich zur modernsten Stadt von Kerala entwickelt.

Fort Cochin

Hinweis

Die meisten Sehenswürdigkeiten befinden sich in den Stadtteilen Fort Cochin und Mattancherry, die beide auf der Insel Fort Cochin liegen. Beide Viertel verfügen über eine Bootsanlegestelle und sind mit der Fähre bequem zu erreichen. Auch zu den anderen Inseln und nach Ernakulam gibt es regelmäßige Bootsverbindungen.

✶ Chinese Fishing Nets

Nimmt man die Fähre nach Fort Cochin, wo einst Fort Manuel stand, so kann man schon von weitem die lange Reihe der chinesischen Fischernetze erkennen, die noch immer genutzt werden. Im 13. Jh. sollen sie von chinesischen Fischern, die Kaufleute vom Hof des Kublai Khan begleiteten, eingeführt worden sein. Mindestens vier Mann sind nötig, um die schweren Holzkonstruktionen, an denen die Netze hängen, mittels Hebeln zu bedienen.

Eine touristische Attraktion – aber mit den chinesischen Fischernetzen werden auch noch heute Fische gefangen.

Gleich dahinter, am Strand, gibt es einen **kleinen Fischmarkt** und Händler bieten Kokosnüsse, Postkarten und Softdrinks an. Nicht weit davon erstrecken sich die alten Villen der Holländer und Portugiesen. Auch heute noch ist die Nordspitze der Insel eine bevorzugte Wohngegend. Zwischen uralten Bäumen und Bougainvilleasträuchern, umweht von frischer Seeluft, wohnt die neue Elite der Stadt.

Hier steht auch St. Francis, die älteste nach europäischer Bauart errichtete Kirche Indiens. Franziskanermönche, die mit Cabral nach Kochi kamen, bauten das Heiligtum erst aus Holz, 1516 dann aus Stein. Im Inneren befindet sich der Grabstein Vasco da Gamas, der 1524 beigesetzt wurde. Seine Gebeine sind später allerdings nach Portugal überführt worden. Interessant ist auch die **Vorform des heutigen Ventilators**, mit der das Gotteshaus ausgestattet ist. Geflochtene Matten, an Stangen aufgehängt und von außerhalb des Gebäudes bewegt, fächerten den schwitzenden Gläubigen während der Messe frische Luft zu. Ursprünglich war die kleine Kirche dem hl. Antonius geweiht, erst im 19. Jh. wurde sie in St. Francis umbenannt. Heute ist sie der Kirche von Südindien unterstellt.

★ **St. Francis**

Etwas weiter südlich, in der Nähe von St. Francis, befindet sich die jüngere Kathedrale Santa Cruz, eine katholische Kirche mit schönen Innendekorationen.

Santa Cruz

Mattancherry

Zum Stadtteil Mattancherry gelangt man von der Anlegestelle Fort Cochin entweder mit dem Bus, einer Riksha, der Fähre oder zu Fuß, wobei man allerdings mit mehreren Kilometern Weg rechnen muss.

Gleich in der Nähe der Anlegestelle steht der Mattancherry-Palast, 1557 von den Portugiesen erbaut und dem Raja Vira Keralavarma im Austausch für Handelsprivilegien übergeben. Der schlichte, zweistöckige Bau mit quadratischem Grundriss ist um einen kleinen Tempel gebaut und wirkt von außen sehr unscheinbar. Allerdings beherbergt er **einige der schönsten Wandmalereien Keralas**.
Der Eingang, über eine Treppe erreichbar, führt direkt in die Krönungshalle mit Teakholzdecke und den Porträts verschiedener Herrscher. Der Raum links davon ist über und über mit feinsten Wandmalereien aus dem 16. Jh. bedeckt. Vorwiegend in Ocker-, Rot- und Grüntönen werden hier mit großer Detailfreude Geschichten aus dem Ramayana erzählt.
Im Nebenraum rechts davon werden alte Landkarten der Malabarküste, historische Stadtpläne und Briefmarken aufbewahrt. Rechts vom Krönungssaal finden sich einige bemerkenswerte Darstellungen von Lakshmi, Shiva und Vishnu. In der dahinter liegenden Audienzhalle des Königs hängt die hölzerne Schaukel des Herrschers. Auch eine Waffensammlung ist hier zu besichtigen.

★★ **Mattancherry Palace**

Öffnungszeiten:
tgl. außer Fr.
10.00 – 17.00

Ein weiteres Schmuckstück des Palasts, die Malereien in den Schlafzimmern der Damen, ist über eine nach unten führende Treppe zu erreichen. Erotische Darstellungen von Krishna, umringt von Gopis, sowie Vishnu und Shiva mit ihren Gespielinnen sorgten für die entsprechende Atmosphäre in den Schlafgemächern. Besonders kühn ist die Abbildung Shivas und Parvatis beim Küssen – eine Pose, die bis vor kurzem sogar im indischen Kinofilm noch verboten war.

✶ **Altes jüdisches Viertel**

Nur wenige Meter entfernt beginnt das ehemalige jüdische Viertel der Stadt. Hier hatten sich schon in früher Zeit jüdische Kaufleute und Händler niedergelassen. Während der Herrschaft der Portugiesen war die Gemeinde schlimmen Verfolgungen ausgesetzt, konnte sich aber unter deren Nachfolgern wieder etablieren.
Heute gibt es **kaum noch Gläubige** dieser Religionsgemeinschaft in Kochi, die meisten sind in den 1950er-Jahren nach Israel ausgewandert. Spaziert man durch das kleine Viertel, in dem sich mittlerweile viele Antiquitätenhändler niedergelassen haben, so trifft man immer wieder auf alte Hausschilder, die Aufschluss über die ehemaligen Besitzer der Gebäude geben.

✶✶ **Synagoge**

Öffnungszeiten: So. – Do. 10.00 – 12.00 u. 15.00 – 17.00

Am Ende einer Sackgasse steht etwas versteckt die alte Synagoge aus dem Jahr 1568. Sie wurde 1662 von den Portugiesen teilweise zerstört und zwei Jahre später, nachdem die Holländer die Macht übernommen hatten, wieder renoviert. Nochmals hundert Jahre später ließ der reiche Kaufmann Ezekiel Rahabi den gegenüberliegenden Uhrturm bauen und den Boden des Gotteshauses mit chinesischen Fliesen auslegen, die er aus Kanton mitgebracht hatte. Das Innere der Synagoge ist durch die großen Fenster in helles Licht getaucht, das sich in unzähligen Kronleuchtern und Glaslampen spiegelt. Am hinteren Ende des Raums werden Schriftrollen der Thora aufbewahrt. Auch eine Kupferplatte aus dem 10. Jh., die als Schenkungsurkunde des Rajas Bhaskara Ravi Varmas an die jüdische Gemeinde gilt, kann besichtigt werden. In einem kleinen Raum gleich rechts neben dem Eingang zur Synagoge erzählen zehn Bildtafeln die Geschichte der Juden an der Malabarküste.

Weitere Sehenswürdigkeiten

Bolghatty Island

Die kleine Insel Bolgatty Island ist durch eine Brücke mit dem Festland verbunden. Ein alter Park erstreckt sich zwischen der Bootsanlegestelle und dem Bolgatty-Palast, der 1774 von den Holländern errichtet wurde und dadurch auch unter dem Namen Dutch Palace bekannt ist. Die ehemalige Residenz wurde in ein Hotel umgewandelt.

Willingdon Island

Willingdon Island, über eine Brücke vom Festland zu erreichen, ist ein Produkt der Hafenerweiterung in den 1920er-Jahren. An der Spitze der Insel liegt in ausgesprochen reizvoller Lage das Hotel Taj Malabar.

Markt in Ernakulam

Ernakulam

Auf dem Festland erstreckt sich die moderne Stadt Ernakulam. Geschäftiges Treiben herrscht auf der Hauptverkehrsader, der Mahatma Gandhi Road. Kinos, Geschäfte und Restaurants sind dort konzentriert. Vom Indian Arts Performing Centre und dem Cochin Cultural Center werden hier häufig Kathakali-Aufführungen dargeboten.

Im **Cochin-Museum** an der Darbar Hall Road sind Sammlungen der Cochin-Rajas zu besichtigen, u. a. Ölgemälde aus dem 19. Jh., Münzen und Skulpturen (Öffnungszeiten: tgl. außer Mo. 9.30 – 12.00 u. 15.00 – 17.30 Uhr).

Umgebung von Kochi

Kalady

Wer von Kochi nordwärts Richtung ►Thrissur reist, kann einen Abstecher nach Kalady (48 km nordöstlich von Kochi) ins Hinterland machen. Vorbei an Bananen- und Kokosplantagen, gelangt man nach etwa zwei Stunden in das kleine Städtchen am Fluss Periyar. Es ist der Geburtsort des berühmten Philosophen Shankaracharya, dem hier mehrere Tempel gewidmet sind. Er lebte im 8. / 9. Jh. und trug durch seine Interpretationen vedischer Texte nicht unwesentlich zur Wiederbelebung des Hinduismus bei. An den vier von ihm gegründeten philosophischen Schulen in verschiedenen Teilen des Landes werden heute noch seine Texte studiert.

Größter Tempel des Orts ist der 46 m hohe, neun Stockwerke umfassende **Sri-Adi-Shankara-Tempel**, das Hauptziel vieler Pilger. In seinem Inneren zeigen Illustrationen die Lebensstationen des großen Denkers. Etwas außerhalb, am Flussufer, steht ein weiterer Komplex mit mehreren Tempeln, einer davon ist ebenfalls Sri Shankaracharya geweiht. Im Ort gibt es außerdem einen Ashram der Ramakrishna-Mission mit Tempel, drei Schulen, einem Buchladen und einer ayurvedischen Apotheke.

Kozhicode (Kozhikode, Calicut)

D 14

Bundesstaat: Kerala
Einwohner: 420 000

Höhe: Meeresspiegel
Entfernung: 378 km südwestlich von Bangalore

Wenig erinnert noch an die turbulenten Zeiten, die Kozhicode im Lauf der Jahrhunderte durchgemacht hat. Heute ist der Ort an der Malabarküste vor allem als Hafenstadt bekannt.

Aufsehen erregende Sehenswürdigkeiten sind hier nicht zu finden. Betriebsame Geschäftigkeit herrscht am Hafen mit seinen Fischerbooten und Werften. Kozhicode eignet sich aufgrund seines guten Hotelangebots als Zwischenhalt; außerdem gibt es einige interessante Ausflugsziele in der Nähe.

Geschichte Die Ursprünge der Stadt gehen vermutlich auf das 14. Jh. zurück, als sie nach den vorgegebenen Richtlinien für einen hinduistischen Herrschersitz angelegt wurde. Der heute noch vorhandene Tali-Shiva-Tempel bildete damals das Zentrum der Stadt. In Kozhicode regierten früher die mächtigen Zamorins (Herrscher der See), die weite Teile des Landes unter ihrer Kontrolle hatten. Im Jahr 1498 landete der portugiesische Seefahrer Vasco da Gama am Kappad-Strand, einige Kilometer nördlich der Stadt. Der anfangs freundlichen Aufnahme durch den Herrscher folgten aber bald heftige Auseinandersetzungen, da der Zamorin nicht gewillt war, sich dem Druck der Fremden und ihrer Beutegier so einfach zu unterwerfen. Immer wieder kam es zu militärischen Zusammenstößen zwischen den Rajas von Kozhicode und den Portugiesen sowie ihren Nachfolgern, den Holländern. Unannehmbare Kapitulationsbedingungen und Missverständnisse brachten den Zamorin dazu, sich samt seinem Palast vor seinen Feinden zu verbrennen. Besiegt wurden die Kolonialherr-

KOZHICODE ERLEBEN

AUSKUNFT

District Tourism Promotion Council
Mananchira Square
Tel. 04 95 – 272 00 12
www.keralatourism.org

ÜBERNACHTEN / ESSEN

► Luxus / Komfortabel

Taj Residency
Usha Road
Tel. 04 95 – 276 53 45
www.tajhotels.com
Nahe am Strand liegt das Hotel mit Swimmingpool und Ayurvedazentrum.

► Günstig

Malabar Mansion
Beim Mananchira Square
Tel. 04 95 – 272 23 91
Staatliches KTDC-Hotel, einfach und sauber.

Schiffbau wie anno dazumal auf den Werften von Beypore

scher erst 1766 durch Tipu Sultan, dem muslimischen Fürsten aus Mysore, der große Gebiete Keralas eroberte. Nach einer kurzen Periode muslimischer Herrschaft übernahmen 1792 die Briten die Stadt.

Sehenswertes in und um Kozhicode

Pazhassirajah-Museum

Zwei Museen sind im Osten der Stadt, auf dem East Hill, zu finden. Im Pazhassirajah-Museum werden Kopien verschiedener Wandmalereien, Münzen und Bronzen gezeigt. Gleich daneben steht das **Krishnamenon-Museum** mit Erinnerungsstücken des populären Politikers V. K. Krishnamenon und Werken verschiedener Künstler, u. a. des Porträtisten Raja Ravi Varma (Öffnungszeiten beider Museen: Di. bis So. 10.00 – 12.30 und 14.30 – 17.00 Uhr, Mi. nur nachmittags).

Beypore

An der Mündung des gleichnamigen Flusses (11 km südlich von Kozhicode) liegt das alte und traditionsreiche Hafenstädtchen Beypore. Hier werden von der muslimischen Gemeinschaft der Schiffsbauer heute noch Holzboote nach überlieferter Machart hergestellt. Ein Spaziergang vom Hafen in Richtung der Flussmündung führt vorbei an den Schiffswerften, wo man beim Sägen, Hämmern und Zusammensetzen der Boote zuschauen kann. Auch der geschäftige Hafen selbst lohnt einen Besuch. Tonnen von Tintenfisch und anderen Meerestieren werden hier verladen und in alle Welt verschickt. Zwischen Bergen von Fisch und Eis kann man durch die Markthallen wandern und beim Verkauf der Ware zusehen. Beypore ist von Kozhicode aus mit Bus oder Taxi zu erreichen.

Kappad Beach (Abb. S. 73) Etwa 16 km nördlich von Kozhicode betrat **Vasco da Gama** 1498 indischen Boden. Ein Pfeiler erinnert an seine erste Landung auf dem Subkontinent. An dem schönen, von Palmen gesäumten Strand kann man herrlich schwimmen und spazieren gehen. Direkt am Strand gibt es ein Hotel (Kappad Beach Resort) mit Ayurvedazentrum.

Kottakal Kottakal (48 km südlich von Kozhicode) ist **eines der berühmtesten Zentren der traditionellen Medizin des Ayurveda** (► Praktische Informationen, Ayurveda). Hier befinden sich ein Forschungszentrum, eine Klinik und ein Labor, in dem Medikamente hergestellt werden. Ein botanischer Garten mit den wichtigsten traditionellen Heilpflanzen steht für Besucher offen.

Kannur (Cannanore) Kannur (93 km nördlich von Kozhicode) mit seinem Wahrzeichen Fort San Angelo und den vielen Moscheen, die den hohen muslimischen Bevölkerungsanteil anzeigen, ist eine der nördlichsten Küstenstädte Keralas. Wie viele andere Hafenstädte war auch Kannur eine Basis für die verschiedenen Herrscher, Händler und Eroberer. Die Kolathiri-Rajas hatten früher hier ihren Hafen. 1505 setzten sich die Portugiesen in Kannur fest und errichteten Fort San Angelo, bis sie 1663 von dem Moplaherrscher Ali Raja im Verbund mit den Holländern vertrieben wurden. Später übernahmen die Briten die Stadt und richteten im Fort eine Militärbasis ein.
Kannur bietet sich als Zwischenstopp auf dem Weg nach Süden oder Norden an. Mehrere Hotels sind vorhanden. Beim Spaziergang zum Fort San Angelo, das auf einem Felsvorsprung im Meer liegt, kann man die schöne Aussicht genießen.

Lakshadweep-Inseln (Unionsterritorium)

D 13–15

Einwohner: ca. 60 000

Entfernung: 200 – 400 km westlich der Küste Keralas

Wem die Strände Keralas nicht weiß genug, das Wasser nicht klar genug und das Leben nicht ruhig genug sind, der kann – vorausgesetzt, er will etwas mehr Geld für den Urlaub ausgeben – auf die Lakshadweep-Inseln ausweichen, die 200 bis 400 km vor der Küste Keralas im Arabischen Meer liegen.

Korallenriffe, bevölkert von schillernden Fischen, Lagunen mit feinem Sand, stille Palmenhaine, bisher ohne die üblichen Souvenirshops und Strandbars wie in Goa oder Kovalam laden zum Erholen ein. Von den 36 Eilanden sind nur zehn bewohnt. Ihre insgesamt 60 000 Einwohner sind überwiegend Nachkommen von muslimischen Auswanderern aus Kerala. Haupteinnahmequellen der Insulaner sind der Fischfang und die Verarbeitung von Kokosprodukten.

LAKSHADWEEP-INSELN ERLEBEN

AUSKUNFT

www.lakshadweeptourism.com
bangaramisland@cghearth.com

ANREISE

Regelmäßige Flugverbindung von Kochi nach Agatti, von dort mit dem Boot bis Bangaram Island (8 km). Saison ist von Oktober bis März.

Einreisebestimmungen

Die Lakshadweep-Inseln gehören zu den Unionsterritorien des indischen Staats. Ihr Zentrum liegt auf Kavaratti. Die Einreise unterliegt verschiedenen Restriktionen. Ausländer dürfen sich bisher nur auf der unbewohnten Insel Bangaram aufhalten. Dort hat die Gruppe der Casino-Hotels eine Ferienanlage, das Bangaram Island Resort, errichtet.

ÜBERNACHTEN / ESSEN

▸ Luxus

Bangaram Island Resort

Buchungen über Casino Group of Hotels in Kochi
Tel. 04 84 – 266 82 21
www.cghearth.com
Das edle Resort verfügt über eine Tauchschule, man kann außerdem Schnorcheln, Tiefseefischen und Yoga praktizieren. Ein Ayurvedazentrum, Restaurant und eine Bar gehören natürlich auch dazu. Hier wird auch die Besuchserlaubnis besorgt.

★ Madurai

F 15

Bundesstaat: Tamil Nadu
Einwohner: 1,2 Mio.
Höhe: 100 m ü. d. M.
Entfernung: 461 km südwestlich von Chennai

Die uralte Tempelstadt Madurai am Ufer des Flusses Vaigai kann auf eine über 2000-jährige Geschichte zurückblicken. Um diese Stadt, deren Name von dem tamilischen Wort madhuram, »Süße«, abgeleitet ist, ranken sich viele Legenden.

Sie erhielt angeblich diesen Namen, weil Shiva bei der Gründung der Stadt Nektar auf sie gestreut haben soll. Heute ist Madurai eine wichtige, ständig wachsende Handels- und Industriestadt.

Geschichte

Die Geschichte Madurais reicht etwa 2000 Jahre zurück. Heilige Asketen bewohnten die Höhlen dieser Region und die mächtigen Pandyas regierten ihr Königreich von hier aus fast ein Jahrtausend lang bis in das 10. Jh. hinein. Madurai war damals ein wichtiges Handelszentrum und erlebte eine erste Blütezeit. Von hier wurden Waren über den Hafen Poompuhar in andere Kontinente verschifft. Im 10. Jh. eroberte der Cholakönig Parantaka Madurai. Vier Jahrhunderte später wurde ein großer Teil der Stadt zerstört, als sie von den Heeren des Delhi-Sultanats unter Leitung von Malik Kafur eingenommen und geplündert wurde. Bereits nach kurzer Zeit schloss sich Madurai dem Vijayanagar-Reich an und die Nayaks, von Vijayanagar eingesetzte Gouverneure, wurden die neuen Herrscher Madurais. Unter den Nayaks, die sich 1565 vom Vijayanagar-Reich unabhängig machten, erlebte die Stadt wiederum eine Blütezeit. Madurai wurde nach klassischen architektonischen Lehren in Lotusform um den neuen Tempel herum angelegt. Der Meenakshi-Amman-Tempel und der Palast von Thirumalai Nayak entstanden während dieser Zeit. Die breiten Straßen um den Tempel dienten dazu, während des alljährlichen Tempelfestes den gewaltigen Tempelwagen Platz zu bieten, die von Tausenden von Menschen gezogen wurden.

Sehenswertes in Madurai

★★ Meenakshi-Sundareshwarar-Tempel

Im Gegensatz zu vielen anderen Tempeln Indiens ist die **Hauptgottheit dieses herrlichen Tempelkomplexes eine Göttin: Meenakshi**. Sie soll die Tochter eines Pandyakönigs gewesen sein, die Shiva begehrte. Nach der Hochzeit mit ihm wurde sie ebenfalls eine Göttin. Zu Ehren ihres Gemahls – **Shiva in der Form des Sundareshwarar** – wurde nur ein kleiner Tempel errichtet. Der Meenakshi-Tempel besitzt zwar auch einige sehr alte Teile, aber der größte Teil stammt aus dem 16.

Ein Sadhu mit dem dreizackigen Trishul, einer Insignie Shivas

MADURAI • CHETTINAD ERLEBEN

AUSKUNFT

TTDC (Tamil Nadu Tourist Development Cooperation)
1, West Veli Street
Madurai – 625001
Tel. 04 52 – 233 47 57

ANREISE

Flugverbindungen mit Chennai, Mumbai und Thiruvananthapuram; Zug- und Busverbindungen mit allen größeren Städten Südindiens.

FESTE

Farbenprächtige Tempelfeste
Im Jan. / Febr. feiert man das Tempelfloßfest auf dem Tempelteich Vandiyur Mariamman Teppakulam: Dabei werden in einer Vollmondnacht die Figuren vieler wichtiger Gottheiten aus den Tempeln von Madurai auf beleuchteten Flößen um die Insel im Teich gezogen. Das zehntägige Chitrai-Festes (Apr. / Mai) dient der Erinnerung an die Hochzeit von Shiva und Meenakshi; dabei wird der Tempelwagen um das Heiligtum gezogen.

EINKAUFEN

Karaikudi, der Hauptort Chettinads, ist berühmt für seine gewebten Stoffe und Antiquitäten, Letztere sind z. B. in der Muneesvaran Street zu finden.

ESSEN / ÜBERNACHTEN

► Komfortabel

Fortune Pandiyan Hotel
Race Course
Madurai – 625 002
Tel. 04 52 – 253 70 90 oder 435 67 89
www.fortuneparkhotels.com
Moderne Zimmer mit Klimaanlage, Schwimmbad und Internet sowie ein sehr gutes Restaurant mit empfehlenswertem Buffet.

Baedeker-Empfehlung

The Bangala
Chettinad
Devakottai Road
Sanjai
Tel. 045 65 – 22 02 21, 25 02 21
www.thebangala.com
Regionale Küche vom Feinsten in altem Chettinad-Bungalow in Karaikudi. Am Stadtrand hat Mrs. Meyyappan einen alten Familienbungalow für Gäste ausgebaut. Zwölf liebevoll und individuell eingerichtete Doppelzimmer, ein schöner Garten, eine gemütliche Lounge und beste Küche verwöhnen die Besucher. Das Bangala organisiert auch Besichtigungstouren in die Umgebung, die Besuche in verschiedenen besonders sehenswerten Chettiar-Häusern und Handwerksbetrieben miteinschließen.

Jahrhundert. Das quadratische Tempelgelände, das von einer hohen Mauer mit vier Eingängen umgeben ist, über die sich vier gewaltige Gopurams bis zu 49 m hoch erheben, ist eines der größten in Indien. Die vier Türme sind mit zahlreichen Figuren aus der hinduistischen Götterwelt verziert und schon von weitem zu sehen. Das Tempelgelände umfasst viele Tempel, Tempelhallen sowie einen Tempelteich. Die **Vielfalt der Götterdarstellungen** aus Granit und Stuck, angeblich 33 Millionen(!), ist bisweilen verwirrend. Da man die Schuhe vor dem Tempelturm ausziehen muss, ist es empfehlenswert, die An-

Die bunten Skulpturen versinnbildlichen die hinduistische Götterwelt.

lage durch den Eingang am Osttor zu betreten. Nach der Besichtigung des Tempels kann man zum nahe gelegenen Pudhu Mandapam weitergehen.

✶ Pudhu Mandapam

Der Pudhu Mandapam (neue Halle) wird von **124 Säulen** getragen. Die Skulpturen der Halle gehören zu den feinsten in Madurai. Da es im Saal jedoch zahlreiche Verkaufsstände gibt, kann man nur eingeschränkt die handwerkliche Meisterschaft der Figuren bewundern. Aber die von Händlern belagerte Halle hat trotzdem ihren besonderen Reiz. So findet man dort viele Schneider, die für Touristen innerhalb von wenigen Stunden Maßkleidung anfertigen. Hinter dem Pudhu Mandapam ist die Ruine eines nicht vollendeten Gopurams mit den gewaltigen Abmessungen von 64 x 36 m zu sehen.

Thirumalai-Nayak-Palast

Von der ursprünglichen großen Palastanlage der Nayaks ist nur ein Teil übrig geblieben, der immer noch durch seine Monumentalität beeindruckt. Der Thronsaal ist über 20 m hoch und wird von einer riesigen Kuppel bekrönt, während die Gänge um den Innenhof von gewaltigen, 12 m hohen Säulen geschmückt werden. Abends findet hier eine Tonbildschau statt.

Mariamman Theppakulam

Etwa 5 km östlich befindet sich der Mariamman Theppakulam, der größte Tempelteich Indiens mit einem mehrstöckigen Pavillon in der Mitte. Er wird einmal im Jahr während des Floßfestivals (Jan. / Febr.) von Tausenden von Pilgern aufgesucht. Dabei werden Götterfiguren auf Flößen um den Pavillon im Teich gezogen. Die meiste Zeit des Jahres ist der Teich jedoch ohne Wasser, obwohl er eine Verbindung zum Fluss Vaigai besitzt.

Mahatma-Gandhi-Gedenkstätte

Das Museum auf der nördlichen Seite der durch den Vaigai geteilten Stadt gibt einen guten Überblick über die von Gandhi geführte Unabhängigkeitsbewegung in Indien. Neben Fotos sind auch einige Gegenstände aus dem persönlichen Besitz des Mahatmas ausgestellt.

Chettinad

Benannt nach der Kaufmannskaste der Chettiars

Als **neues Ziel auf der touristischen Landkarte Tamil Nadus** gilt die Region Chettinad (90 km östlich von Madurai). Die 75 Dörfer und Kleinstädte, die zwischen Madurai und der Küste Tamil Nadus liegen, haben ihren guten Ruf vor allem zwei Dingen zu verdanken: ihrer **außergewöhnlichen Architektur und ihrer hervorragenden Küche**. Beide gehen zurück auf die Händlerkaste der Chettiars, deren Heimat hier liegt. Die Chettiars gelangten im 19. und zu Beginn des

20. Jh.s. durch Geschäfte in verschiedenen südostasiatischen Ländern, vor allem im damaligen Burma und in Indonesien, zu großem Reichtum. Die Männer investierten ihr Geld allerdings dort, wo ihre Familien lebten – in ihren Geburtsorten, den Städten und Dörfern Chettinads. Hier bauten sie in der Zeit zwischen 1850 und 1940 prunkvolle Häuser, eines schöner und größer als das andere, mit großen, marmorgeplättelten Innenhöfen, geschnitzten Teakholzsäulen und belgischem Glas. Viele dieser Gebäude stehen heute den größten Teil des Jahres leer, da ihre Besitzer in Chennai oder anderen Großstädten Indiens leben. Chettinad ist das südindische Pendant zur Region Shekhawati in Rajasthan, wo die Händlerkaste der Marwaris in der gleichen Zeitperiode ebenfalls durch den Bau von palastartigen Häusern, den Havelis, ihren Status zeigte.

Karaikudi

Die größte Stadt von Chettinad ist Karaikudi. Hier befinden sich auch einige Hotels und Restaurants sowie sehr gute Einkaufsmöglichkeiten. Von dort aus kann man die Region erkunden. Sehenswert ist vor allem der Palast des Raja von Chettinad im Städtchen Kanadukathan sowie das kleine Museum mit Alltagsutensilien, das im Nebenhaus eingerichtet wurde. Auch der Privatbahnhof des Raja in der Nähe ist einen Besuch wert.

Dörfer

In den Dörfern von Chettinad gibt es unzählige prachtvolle Häuser; die meisten von ihnen sind allerdings nur von außen zu besichtigen, es sei denn, man nimmt an einer organisierten Besichtigungstour teil. Auch die der Schutzgottheit Ayyanar (einer Form Shivas) geweihten Tempel mit ihren Terrakottapferden als Votivgaben sind typisch für die Region.

★ Mamallapuram (Mamlapuram, Mahabalipuram)

G 13

Bundesstaat: Tamil Nadu
Einwohner: 10 000
Höhe: Meeresspiegel
Entfernung: 60 km südlich von Chennai

Der herrlich weiße Sandstrand und die inzwischen zum großen Teil freigelegten Tempelanlagen, Höhlen und Reliefs, die zu den ältesten und schönsten Kunstwerken Indiens zählen, haben die etwas verschlafene Kleinstadt Mamallapuram zu einem der wichtigsten Touristenzentren Südindiens gemacht.

Mamallapuram ist ein idealer Ort, um sich zu erholen und gleichzeitig die indische Kultur kennen zu lernen. Ein mehrtägiger Aufenthalt lohnt sich auf jeden Fall. Die staatliche Kunstschule für Bildhauer und Steinmetze befindet sich hier und in den zahlreichen Werkstätten werden Götterfiguren für den gesamten südindischen Markt hergestellt.

MAMALLAPURAM ERLEBEN

AUSKUNFT

Tamil Nadu Tourist Office
East Raja Street
Tel. 041 14 – 24 22 32
(Mo. – Fr. 10.00 – 17.45 Uhr)
oder unter
www.tamilnadutourism.org

ANREISE

Bus- und Bahnverbindung mit Chennai

EINKAUFEN

Bekannt ist Mamallapuram für geschnitzte Figuren aus Granit und Speckstein.

ÜBERNACHTEN / ESSEN

► **Luxus**

① ***Sterling Mahabalipuram***
Shore Temple Road
Tel. 041 14 – 24 39 14
www.sterlingmahabalipuram.net
Nach der Tempeltour entspannen in der schönen Gartenanlage mit Pool und nettem Restaurant oder bei einer ayurvedischen Massage.

► **Günstig**

② ***Greenwoods Resort***
Ottavadi Cross Street
Tel. 041 14 – 24 33 18
Freundliches kleines Hotel nahe am Strand.

Geschichte

Der Name der Stadt Mamallapuram leitet sich von dem Beinamen Mahamalla (großer Kämpfer) des bedeutenden Pallavakönigs Narasimhavarman I. ab. Während seiner Herrschaftszeit (630 – 668) gründete er hier, wo Gott Vishnu den Dämonenkönig Bali bezwungen haben soll, eine Hafenstadt und ließ zahlreiche Tempel, Reliefs und Höhlen aus den Bergen und Felsen herausmeißeln. Die Stadt erlebte eine kurze Blütezeit als Handels- und Militärhafen. Narasimhavarman unternahm von hier aus zwei erfolgreiche Kriegszüge nach Lanka (heute Sri Lanka). Nach dem Untergang des Pallavareichs verlor die Stadt jedoch schnell an Bedeutung. Der Hafen verlandete, Mamallapuram geriet vollkommen in Vergessenheit. Die Tempelanlagen wurden im Lauf der Zeit vom Sand verschüttet. Erst im 20. Jh. grub man sie wieder aus, renovierte und befestigte sie.

? WUSSTEN SIE SCHON ...?

- ... dass durch die schwere Tsunami-Katastrophe im Dezember 2004 einige im Sand verborgene Skulpturen aus der Pallava-Dynastie freigelegt wurden und man einen weiteren Tempel im Meer entdeckte?

Sehenswertes in Mamallapuram

✶ Fünf Rathas

Südlich der Innenstadt befindet sich eine Gruppe von fünf kleinen Tempeln, die als Rathas (Tempelwagen) bezeichnet werden, weil sie den bei Tempelfesten benutzten Prozessionswagen ähneln. Die fünf monolithischen Tempel sind nach den Pandava-Helden (Dharmaja,

Mamallapuram Orientierung

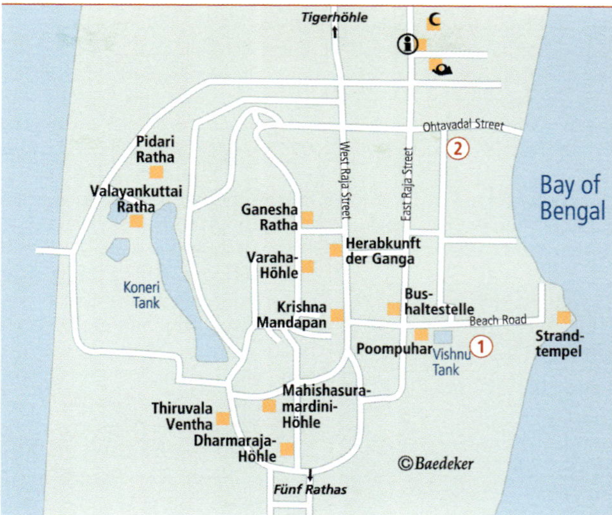

Übernachten / Essen

① Sterling Mahabalipuram

② Greenwoods Resort

Bhima, Arjuna, den Zwillingshelden Nakula und Shadev) sowie deren gemeinsamer Gemahlin Draupadi benannt. Diese Tempel, die architektonisch unterschiedlich aufgebaut sind, wurden nie genutzt und ihr Bestimmungszweck ist nicht eindeutig überliefert. Sie waren wahrscheinlich eine Sammlung von Modellbauten unterschiedlicher Tempeltypen.

Der **Dharmaraja-Ratha** ähnelt einer dreistufigen Pyramide mit quadratischem Grundriss. Sein Unterbau ist reichlich verziert mit Darstellungen von Harihara, Brahma, Skanda, Ardhanarishvara und dem Bauherren Narasimhavarman I. Der **Arjuna-Ratha** mit seiner reich geschmückten Fassade ähnelt dem Dharmaraja-Ratha; an seiner Ostseite befindet sich eine sehr schöne Darstellung des vedischen Gottes Indra, der auf seinem weißen Elefanten Ariavata reitet. Neben diesem Ratha liegt ein monolithischer Nandi. Der rechteckige **Bhima-Ratha** hat an seinen Längsseiten einen Umgang, der auf jeder Seite von vier Löwensäulen flankiert wird. Ein kleiner, schlichter Bau mit Apsiden ohne Figuren an der Fassade ist der **Nakula-Shadeva-Ratha**, neben dem ein monolithischer Elefant steht. Der quadratische **Draupadi-Ratha**, der eine Darstellung der Muttergöttin Durga beherbergt, ähnelt mehr einer strohgedeckten Hütte als einem Tempel.

Höhlentempel

In Mamallapuram gibt es zahlreiche Höhlentempel, von denen jedoch nur wenige aus dem harten Granitstein bis zur Vollendung herausgemeißelt wurden. Der wichtigste Höhlentempel ist der Göttin **Mahishasuramardini, einer Inkarnation der großen Göttin Durga**, gewidmet. Nach der Legende tötete sie den bis dahin unbesiegbaren Dämon Mahisha und erhielt deshalb den Namen Mahishasuramardini (Besiegerin des Mahisha). Das Innere der Höhle schmückt ein Relief, das den Höhepunkt des Kampfgeschehens darstellt. Die auf einem Löwen reitende, mehrarmige Göttin stürmt mit Schwert und Bogen voran und der Dämon Mahisha weicht mit seinen Anhängern vor ihrer Kraft zurück.

★★ Strandtempel

Direkt am Strand steht der aus Granit erbaute Shivatempel, dem man die Spuren des jahrhundertelangen Angriffs von Wind und Wetter deutlich ansieht. Er wurde von Narasimhavarman II. (etwa 690 – 715) erbaut. Der Tempel ist mit zwei schlanken Vimanas geschmückt und enthält drei Kultzellen. In diesem Tempel wurde neben Shiva auch Vishnu verehrt. Der Eingang der Hauptzelle ist nach Osten zum Meer gerichtet, damit die Morgenstrahlen der Sonne das Lingam bescheinen können. Zahlreiche Nandifiguren schmücken die niedrige Umfassungsmauer der Tempelanlage, die bis heute noch nicht ganz freigelegt ist. Die Schönheit dieses Strandtempels liegt weniger in seiner Größe begründet als in den **harmonischen Proportionen und der wunderbaren Bearbeitung der gesamten Fassade**. Ein beeindruckendes Erlebnis ist es, den Tempel in den frühen Morgenstunden zu besuchen. Die hinter dem Meer aufgehende Sonne lässt ihn dann golden erstrahlen.

Der Strandtempel ist vom Kampf mit Wind und Wetter gezeichnet.

★★ Herabkunft der Ganga

Inmitten der alten Stadt befindet sich eines der größten Reliefs der Welt, das den Betrachter zuerst mit seiner Figurenvielfalt verwirrt. Seine Schöpfer haben ein 12 m hohes und 33 m langes Meisterwerk mit Göttern, Menschen und Tieren komponiert, das als eine Darstellung der Herabkunft der Flussgöttin Ganga vom Himmel auf die Erde gedeutet wird. Ganga wurde nach dieser Legende durch strenge Meditationen des Asketen Bagiratha dazu veranlasst, auf die Erde zu kommen und die Menschen mit Wohlstand und Reichtum zu beschenken (►Baedeker-Special S. 296).

Das Großrelief wird in der Mitte durch eine große, senkrechte Spalte in zwei Teile getrennt, aus der früher Wasser herunterfloss. In der Spalte sind Nagas dargestellt, die Fruchtbarkeit und Wohlstand sym-

Das Großrelief beschreibt den Mythos von der Entstehung des Ganges.

bolisieren. Links von der Spalte ist der Asket bei seiner Meditation dargestellt und etwas oberhalb von ihm erkennt man den Gott Shiva in segnender Haltung. Götter, Adlige, Heilige, Musiker und Tiere bevölkern die Szene. Die Darstellung der Elefanten, die fast in Originalgröße wiedergegeben sind, gehört zu den **schönsten Tierdarstellungen des indischen Subkontinents**. Doch die Bildhauer haben dieses göttliche Thema nicht nur grandios, sondern auch mit Humor dargestellt. So kann man sehen, dass die Affen auf der rechten unteren Seite der Spalte ihren Spaß daran haben, die Yogaübungen des Asketen nachzuahmen.
Nach einer anderen Deutung wird die Darstellung als »Arjunas Buße« bezeichnet. Man interpretiert den meditierenden Yogi als Arjuna, den Helden des Mahabharata, der durch intensive Meditation am Gangesufer von Shiva die Wunderwaffe Pasupatha erhielt.

Weitere Tempel

Außer den beschriebenen gibt es in Mamallapuram viele Reliefs und kleine Höhlentempel, die man beim Wandern zufällig entdecken kann. Auf der Straße von den Fünf Rathas in Richtung zum Großrelief »Herabkunft der Ganga« kommt man nacheinander an dem Dharmaraja Mandapa, einem unvollendeten Relief, dem Krishna Mandapa mit schönen Darstellungen aus dem Leben von Krishna und dem Pancha Mandapa mit Löwensäulen vorbei.

Kunsthandwerk

Die Straße, die von der Innenstadt zu den Fünf Rathas führt, ist gesäumt von Werkstätten, die Figuren aus Granit und Speckstein verkaufen. Es ist ein besonderer Genuss, diesen Handwerkern zuzusehen, wie sie mit einfachsten Werkzeugen aus hartem Granit die vielfältige indische Götterwelt neu erschaffen.

Strand Nördlich von Mamallapuram gibt es einen schönen Strand mit vielen Hotels, wo man baden und sich entspannen kann.

Umgebung von Mamallapuram

Saluvankuppam-Tigerhöhle Etwa 6 km nördlich von Mamallapuram liegt am Strand die Tigerhöhle, ein Durgaheiligtum. Der Eingang dieser beeindruckenden Höhle ist als Rachen gestaltet, der von Tigerfratzen umrahmt ist.

Krokodilfarm Nach mehrtägigen Tempelbesichtigungen ist der Besuch der etwa 20 km nördlich von Mamallapuram gelegenen Krokodilfarm eine willkommene Abwechslung. Dort werden verschiedene Krokodilarten gezüchtet (Öffnungszeiten: Di. – So. 8.00 – 18.00 Uhr).

Mangalore

D 13

Bundesstaat: Karnataka
Einwohner: 430 000
Höhe: Meeresspiegel
Entfernung: 347 km westl. v. Bangalore

Mangalore war schon in früherer Zeit ein wichtiger Handelshafen. Auch heute werden von hier allerlei Waren, vor allem Kaffee und Cashewnüsse, exportiert.

Inzwischen ist aus der alten Hafenstadt ein modernes Industriezentrum geworden. Mangalore liegt an einer Lagune am Arabischen Meer und hat keine besonderen touristischen Sehenswürdigkeiten zu bieten. Es eignet sich aber als Zwischenstopp auf dem Weg nach Süden oder Norden. Zudem gibt es in der Nähe einige interessante Tempel zu besichtigen.

Umgebung von Mangalore

Ausflugstipp Eine schöne Tour, die man mit dem Taxi bequem an einem Tag zurücklegen kann, führt ins Landesinnere. Auf relativ guten Straßen geht die Fahrt durch fruchtbare grüne Hügel und Felder nach Mudabidri, weiter nach Karkal, zurück zur Küste nach Udupi und von dort wieder nach Mangalore. Ausgedehnt werden kann dieser Ausflug durch einen Abstecher ins etwas weiter entfernte Sringeri mit seinem sehenswerten Tempel.
Das kleine Städtchen **Mudabidri** (30 km nordöstlich von Mangalore) ist eine wichtige Pilgerstätte der Jainas. Hier gibt es 16 Tempel, die zwischen dem 12. und 15. Jh. entstanden sind. Der größte von ihnen ist der **Chandranatha-Tempel, auch Tausend-Säulen-Basti genannt,** der aus mehreren hintereinander liegenden Hallen besteht. Sie werden von reich verzierten Granitsäulen getragen. Der Palast des lokalen Herrschergeschlechts der Chautas ist ebenfalls zu besichtigen. Be-

MANGALORE ERLEBEN

AUSKUNFT

Tourist Office
Tel. 08 24 – 244 29 26
www.karnatakatourism.org

ANREISE

Flugverbindung mit Mumbai und Bangalore, zahlreiche Bahn- und Busverbindungen, z. B. mit Bangalore, Margao (Goa), Mumbai oder Kochi.

ESSEN / ÜBERNACHTEN

► Luxus / Komfortabel

Manjarun Hotel
Old Port Road
Mangalore
Tel. 08 24 – 566 04 20
www.tajhotels.com
Schöne Zimmer, teilweise mit Meerblick sowie zwei Restaurants und einem 24-Stunden-Coffeeshop.

sonders eindrucksvoll sind die Schnitzereien an den Holzsäulen der Anlage aus dem 17. Jahrhundert. In **Karkal** (30 km nördlich von Mudabidri) steht ebenfalls eine Gruppe von Jaintempeln. Die 14 m hohe Figur des **Bahubali** (Gomateshvara) ist vergleichbar mit der Statue in Sravana Belgola (► Belur · Halebid, Umgebung) und stammt aus dem Jahr 1432. Auch sie repräsentiert den idealen Asketen der Digambaras (Luftbekleideten), nackt und mit Schlingpflanzen bewachsen vom unablässigen Meditieren im Freien.

★ ◄ Udupi

Udupi (58 km nördlich von Mangalore) ist ein pittoreskes Städtchen mit engen Gassen und alten Häusern. Es gilt als **religiöses Zentrum der Madhva-Sekte**, so genannt nach ihrem Begründer Madhvacarya (13. Jh.). Mittelpunkt und Ziel der Pilger ist der Krishnatempel im Herzen der Stadt sowie der daneben liegende Anandeshvara-Tempel. Auch hier fasziniert den Besucher die **für Krishna-Schreine typische Lebendigkeit des Tempellebens**. Ein Gang durchs Innere des Heiligtums lohnt in jedem Fall, auch wenn es keine kunsthistorisch wertvollen Schätze birgt. Alle zwei Jahre findet Ende Januar ein großes Tempelfest (Madhva Sarovara) statt mit einer Prozession von wunderbar geschmückten Tempelwagen.

Nur 5 km entfernt vom gemächlichen Leben Udupis liegt die neue Stadt **Manipal** mit modernen Forschungs- und Bildungseinrichtungen.

Reich geschmückte Tempelwagen

Sringeri In den immergrünen, regenreichen Wäldern der Western Ghats liegt der kleine Ort Sringeri (90 km östlich von Udupi), das **Zentrum der shivaitischen Gemeinschaft Amnaya Matha**, gegründet vom großen Reformer Shankara. Reizvoll ist schon die Anfahrt von Udupi auf kurvenreichen Straßen durch dichte Wälder und Kaffeeplantagen. Hauptziel der Pilger und Besucher in Sringeri ist der **Vidyashankara-Tempel**, von den Gründern der Vijayanagar-Dynastie Harihara und Bukka in Auftrag gegeben und 1356 fertig gestellt. Das aus rötlichem Granit erbaute Heiligtum besteht aus Sanktum und Mandapa, die in Form einer Doppelapsis miteinander verbunden sind. Es steht auf einem Sockel, der die elliptische Form des Tempels nachahmt. Tier- und Pflanzenfriese, Paneele mit mythischen Geschichten und insgesamt über 60 Figuren schmücken die Außenwände des Bauwerks. Der Zentralschrein beherbergt das Vidyashankara-Lingam und drei weitere Nebenschreine für Brahma und Sarasvati, Vishnu und Lakshmi sowie Shiva als Maheshvara und Uma. Die sich nach Osten erstreckende Säulenhalle wird von zwölf Pfeilern gestützt, die mit brüllenden Vyalas auf Elefanten skulptiert sind und von denen jeder ein Tierkreiszeichen repräsentiert. In der Nachbarschaft des Hauptheiligtums sind noch einige andere Tempel zu finden, von denen hauptsächlich der Sharadoka-Tempel Ziel der Gläubigen ist.

★ Mysore

E 13

Bundesstaat: Karnataka
Einwohner: 870 000
Höhe: 770 m ü. d. M.
Entferung: 135 km südwestlich von Bangalore

Mysore, die frühere Hauptstadt des Bundesstaats Mysore (heute Karnataka) und ehemalige Residenz der Maharadschas von Mysore, liegt vier Fahrstunden südwestlich der Landeshauptstadt ►Bangalore. Ihr angenehmes Klima, bedingt durch ihre Lage im Hügelland Karnatakas, und ihre vielen Parks, Paläste, Gärten und Alleen haben Mysore auch den Namen »Gartenstadt« eingebracht.

Von der Hektik anderer indischer Städte dieses Ausmaßes weitgehend verschont, ist sie ein idealer Ausgangspunkt für Ausflüge zu den zahlreichen Sehenswürdigkeiten in der näheren und weiteren Umgebung, auch wenn sie selbst keine überragenden Attraktionen zu bieten hat. Einmal jährlich jedoch – im Oktober / November – wird Mysore von einer halben Million Touristen besucht, die in die Stadt kommen, um die farbenprächtige und in ganz Indien bekannte **Dussera-Prozession** (►Baedeker-Special S. 398) zu sehen.

Geschichte Nach der Legende wurde Mysore an jener Stelle gegründet, an der die Göttin Durga den Büffeldämon Mahisha nach einem neuntägigen

Kampf besiegte. Durga, in Mysore Chamundi genannt, war auch die Schutzpatronin des regierenden Herrschergeschlechts der Wodejars. Sie huldigten ihrer Göttin in den jährlich zehn Tage dauernden Dussera-Feierlichkeiten, deren Abschluss die große Prozession am letzten Tag bildete. Die Wodejars, Nachfahren von Rajputen, die nach Süden gewandert waren, regierten seit Anfang des 17. Jh.s von Mysore und teilweise auch von der nahe gelegenen Insel Srirangapatna aus das Reich, bis sie 1761 von ihrem eigenen General Haider Ali vom Thron vertrieben wurden. Nach dem Sieg der Briten über Haider Ali und dessen Sohn Tipu Sultan in der legendären Schlacht von 1799 wur-

MYSORE ERLEBEN

AUSKUNFT

KSTDC Tourist Office
Im Mayura Yatri Nivas Hotel
2, Jhansi Laxmi Bhai Road
Tel. 08 21 – 242 36 52

Informationen auch auf der Webseite von Karnataka Tourism (www.karnatakatourism.org)

ANREISE

Zugverbindung mit Bangalore, zahlreiche Busverbindungen (z.B. mit Bangalore, Hassan, Hospet, Kochi oder Panjim in Goa).

FESTE

Das Dussera-Fest wird mit einer großen Prozession gefeiert (Okt./Nov., genauer Termin im Festivalkalender unter www.india-tourism.com). Für diese Zeit Übernachtungen im Voraus buchen.

SHOPPING

Mysore ist berühmt für seine Sandelholzprodukte und für Seide.

ÜBERNACHTEN / ESSEN

► **Luxus**

① ***ITDC Lalitha Mahal Palace***
Siddhartha Nagar
Tel. 08 21 – 247 04 70
Edles Heritage-Hotel, auf einem Hügel oberhalb Mysores gelegen, das früher als Gästehaus des Maharadschas diente.

► **Komfortabel**

② ***Southern Star***
Vinobha Road
Tel. 08 21 – 242 64 26
Komfortabel und modern mit Pool und zwei Restaurants.

⑤ ***Sandesh The Prince***
3, Nethra Nivas
Nazarbad Road
Tel. 08 21 – 243 67 77
Modernes Mittelklassehotel mit Restaurant.

► **Günstig**

③ ***Hotel Mayura Hoysala und Mayura Yatri Nivas***
2, Jhansi Laxmi Bhai Road
Tel. 08 21 – 242 36 52
Die etwas teurere (Mayura) und billigere Variante (Yatri Nivas) der Hotelkette von Karnataka Tourism. Einfache, saubere Zimmer, Terrasse, Restaurant.

④ ***Hotel Mayura Riverview***
In Srirangapatna
Tel. 082 36 – 25 21 14
Reizvoll am Fluss gelegen mit Restaurant und Bar.

Mysore *Orientierung*

Übernachten / Essen

① ITDC Lalitha Mahal Palace
② Southern Star
③ Mayura Hoysala und Yatri Nivas
④ Mayura Riverview
⑤ Sandesh the Prince

den große Teile des ehemaligen Reichs unter britische Verwaltung gestellt und in den nun sehr reduzierten Reststaat mit der Residenz Mysore die ehemalige Herrscherfamilie wieder eingesetzt. Diese regierte bis zur Eingliederung des Fürstenstaats in die Indische Union, allerdings von Bangalore aus, das ständig an Bedeutung gewonnen hatte. Die alte Hauptstadt Mysore mit ihren Palästen blieb weiterhin Wohnsitz der königlichen Familie und ein Zentrum kultureller Aktivitäten.

Sehenswertes in Mysore

★★ **Amba Vilas (Maharaja's Palace)**

Öffnungszeiten: tgl. 10.30 – 17.30

Im Zentrum der Stadt und innerhalb der Festung liegt Amba Vilas, die Residenz der ehemaligen Herrscher, deren Nachfahren heute noch Teile des Palasts bewohnen. Der im indosarazenischen Stil erbaute Palast wurde in den Jahren 1897 bis 1912 unter Leitung des englischen Architekten Henry Irwin an Stelle des kurz zuvor abgebrannten Baus errichtet. Das Bauwerk mit seinen zahlreichen Zwiebeltürmen und seinen den Rajputenpalästen nachempfundenen Laubengängen wird nachts von Tausenden von Lampen erleuchtet. In seinem Inneren herrschen verschwenderische Pracht und Fülle:

Kunstvoll bemalte Säulen tragen filigran gearbeitetes Gitterwerk, über dem sich Decken aus vielfarbigem schottischem Fensterglas wölben. Marmorböden, Kristalllüster, Spiegelwände und schwere Samtvorhänge versetzen den Besucher in die Atmosphäre eines spätbarocken Schlosses und vermitteln einen Eindruck von der pompösen Lebensart der Maharadschas um 1900. Besonders sehenswert ist der aus Feigenholz gearbeitete und mit Blattgold überzogene **»Löwenthron«** in der Hochzeitshalle (Kalyana Mandapa), der der Legende nach der Thron der Pandavas (Helden des Mahabharata) gewesen sein soll. Vermutlich war er ein Geschenk des Kaisers Aurangzeb an den Cikkadevaraja.

Sri Jayachamarajendra Art Gallery

In der im **Jaganmohan-Palast** gelegenen Sri Jayachamarajendra Art Gallery werden Miniaturmalereien der Mysoreschule, Bilder von Raja Ravi Varma sowie eine Sammlung von Musikinstrumenten ausgestellt (Öffnungszeiten: tgl. 8.00 – 17.00 Uhr).

Devaraja Market

Sehr sehenswert ist auch Mysores Obst- und Gemüsemarkt im Zentrum der Stadt. Betörende Blütendüfte von Jasmin und anderen Blumen, die hier in langen Ketten verkauft werden, locken zahlreiche Käufer und Schaulustige an.

Abendstimmung am Palast von Mysore

Kaveri Arts and Crafts Emporium

Das Kaveri Arts and Crafts Emporium bietet eine große Auswahl an Sandelholzprodukten an. Mysore ist eines der Verarbeitungszentren dieses kostbaren Holzes. Neben Schnitzereien gibt es auch die berühmten »Mysore Incense Sticks«, **Räucherstäbchen aus echtem Sandelholz**. Wer bei der Extraktion von Sandelholzöl zuschauen möchte, kann die Government **Sandelwood Oil Factory** im Süden der Stadt besuchen (Öffnungszeiten: Mo. – Sa. 9.00 – 11.00 und 14.00 bis 16.00 Uhr).

✶ Chamundi Hill

Ca. 3 km südöstlich vom Stadtzentrum entfernt erhebt sich der Chamundi Hill (1065 m), dessen höchster Punkt auf einer 10 km langen, gewundenen Straße erreicht werden kann. Auf halber Höhe steht ein 5 m hoher, monolithisch aus dem Felsen geschlagener **Nandi** (Reittier von Shiva) von 1659.

Ein gigantischer Monolith als Nandi

Auf der Spitze des Berges stehen der **Chamundeshvari-Tempel**, der Durga als Besiegerin des Büffeldämons geweiht ist, und ein Sommerhaus der Maharadschas. Schön ist die Aussicht von der Terrasse des Sommerhauses auf die Stadt und das Umland.

Umgebung von Mysore

Srirangapatna

Verschiedene Herrschergeschlechter regierten von der 5 km langen Insel im Kaveri River aus ihr Einflussgebiet. Schon die Könige von Vijayanagar ließen hier eine Festung bauen und von Verbündeten ihre Oberhoheit über die Region sichern. Nach ihrem Niedergang folgten ihnen die Wodejars, die Maharadschas von Mysore. Sie machten Srirangapatna (16 km nordöstlich von Mysore) 1610 zu ihrer Hauptstadt. Eineinhalb Jahrhunderte später eroberte der Muslimführer Haider Ali 1761 die Insel und führte von hier aus seinen unerbittlichen Krieg gegen die Briten, bis diese 1792 die Inselfestung einnahmen. Sein Sohn Tipu Sultan konnte zwar unter großen Zugeständnissen weiterregieren, allerdings nur sieben Jahre.

Die von einer Doppelmauer umgebene **Festung** befindet sich im westlichen Teil der Insel. Ein Obelisk markiert die Stelle, durch die die Briten 1799 eingedrungen waren, indem sie eine Bresche in deren Mauer schlugen und so den Feind überraschten. Innerhalb der Umfassungsmauern steht der Sri-Ranganathasvami-Tempel, vermutlich aus dem 12. Jh., ein populäres Heiligtum, das Vishnu geweiht ist. Von ihm leitet sich auch der Name des Orts ab. Weiter östlich erhebt sich die Freitagsmoschee, Jami Masjid, die um 1784 unter Tipu Sultan errichtet wurde.

Noch weiter im Osten, außerhalb des Forts, findet sich das wohl interessanteste Erinnerungsstück an die Muslimherrschaft, der in einem kleinen Park gelegene Sommerpalast Tipu Sultans, Daria Daulat (Reichtum der See), ebenfalls aus dem Jahr 1784. Das sowohl an den Außen- als auch an den Innenwänden reich bemalte, zweistöckige Gebäude steht auf einer quadratischen Plattform und ist von einer säulenumstandenen Veranda umgeben. Es ist heute in ein kleines Museum umfunktioniert, in dem der Besucher Wandbilder mit Kampfszenen aus der Zeit der Kriege mit den Briten betrachten kann. Ebenfalls 1784 erbaut wurde das Mausoleum Gumbaz der Herrscherfamilie im östlichen Teil der Insel. Der Kuppelbau beherbergt die Gräber Haider Alis, Tipu Sultans und seiner Mutter. In dem umgebenden Garten Lalbagh steht eine kleine Kirche des Abbé Dubois von 1800.

★ ◄ Tipu Sultans Sommerpalast

Brindavan-Gärten

Am Ufer des Krishnarajasagar-Staudamms (19 km nordöstlich von Mysore) liegt eine weitere Attraktion: die Brindavan-Gärten. Die Kaveri wurde hier 1932 aufgestaut zu einem 2621 m langen und 39 m hohen Staubecken. An einer Seite wurden terrassenartige Gärten angelegt mit Springbrunnen, See und farbiger Illumination bei Nacht.

★ **Somnathpur**

Der Tempel in Somnathpur (40 km östlich von Mysore) gehört zur Gruppe der berühmten, noch gut erhaltenen Heiligtümer der Hoysala-Dynastie. Die anderen sind in ►Belur und Halebid zu finden.

★ ★ ◄ Keshava-Tempel

Der Keshava-Tempel liegt in einem 75 x 60 m messenden, von 64 Zellen gesäumten Innenhof. Er besteht aus Vorhalle und Versammlungshalle, von der drei Sanktuarien, die verschiedenen Aspekten Vishnus geweiht sind, abgehen. Auffallend ist die besondere Form ihrer Außenwände: aus dem normalerweise viereckigen Sanktum wurde durch Rotation des Quadrats ein **sternförmiges Gebilde**, das damit zu einer vieleckigen Außenfassade führt, die die Oberfläche um ein Vielfaches vergrößert. So wurde ein ungeheurer Raum für die Bildhauer geschaffen – insgesamt **194 große Skulpturen** bevölkern die Außenwände des Tempels. Die Sternform des Unterbaus setzt sich fort im 11 m hohen Tempeldach und gibt ihm den Ausdruck eines glockenartigen Gebildes. Die gesamte Anlage ist auf eine breite, 1 m hohe Plattform gebaut, die es dem Gläubigen ermöglicht, um den Bau herumzugehen. Sowohl Plattform als auch Tempelunterbau und Dach

Heiligtümer der Keshava-Dynastie stehen oftmals auf einem sternförmigen Sockel.

weisen eine starke horizontale Gliederung durch Bänder von Skulpturenfriesen auf. Die außerordentliche Feinheit und Exaktheit, mit der die Künstler hier ans Werk gehen konnten, ist dem Material zu verdanken, aus dem auch die Tempel in ►Belur und Halebid bestehen. Es handelt sich um Chlorit, eine Gesteinsart mit graugrünem Schimmer, die sich sehr gut bearbeiten lässt. Besonders eindrucksvoll sind die **sechs Friese** am Unterbau des Tempels. Die Basis bildet eine Reihe von Elefanten, den Tieren, die in der hinduistischen Kosmologie das Universum auf ihren Schultern tragen und hier symbolisch den Tempel als dessen Abbild stützen. Darüber ziehen sich Bänder mit mythologischen Fabelwesen, winden sich Blumenranken und werden mit großer Detailfreude Geschichten aus den großen Epen Mahabharata und Ramayana erzählt, die sich dem Besucher bei richtiger Umrundung – im Uhrzeigersinn – entfalten. Den Abschluss bildet ein Fries mit marschierenden Gänsen. Darüber angebrachte, filigran gearbeitete Steinfenster (Jalis) lassen Luft und etwas Licht ins Innere des Tempels.

Der Fleiß der Handwerker erschöpfte sich nicht an den Außenfassaden, auch im **Tempelinneren** finden sich zahlreiche Beweise ihres Könnens. Besonders beachtenswert sind die plastische Ausgestaltung der Decke in der Haupthalle sowie die auf Drehbänken bearbeiteten Säulen. Wie in vielen anderen Hoysala-Tempeln haben sich die Bildhauer auf manchen ihrer Werke mit Namen verewigt. Die in der Hauptcella ursprünglich angebrachte Figur Vishnus wurde gestohlen und durch eine neue ersetzt. Das nördliche Sanktum beherbergt eine schöne Figur Janardanas und das südliche eine Figur Krishnas als Venugopala (flötender Hirte).

Madikeri Madikeri (125 km westlich von Mysore) ist die Hauptstadt des Distrikts Kodagu (Coorg) und wurde erst 1956 dem Staat Karnataka angegliedert. Seit dem 17. Jh. herrschte hier die hinduistische Dynastie der Lingayats, unterbrochen von mehreren Besetzungen durch die muslimischen Herrscher Haider Ali und Tipu Sultan, die das Gebiet im 18. Jh. kurzzeitig unter ihre Kontrolle brachten.

Das kleine Städtchen in der bergigen Region, die zu den Western Ghats gehört, ist heute ein **beliebtes Ausflugsziel** für indische Touristen, vor allem in den trockenen Wintermonaten. Malerisch ist die Fahrt mit dem Bus von Mysore nach Madikeri: Die enge Straße windet sich bergauf, gesäumt von unzähligen Kaffeeplantagen und immergrünen Wäldern. Lohnend ist ein Spaziergang durch die steilen Gässchen des Orts und eine Besichtigung des Omkareshvara-Tempels. Aus islamischer Herrschaftszeit sind die Überreste eines alten Forts vorhanden. Madikeri ist ideal für einen kleinen Zwischenstopp zum Entspannen bei frischer Luft und in ruhiger Umgebung. Es gibt einige Hotels, darunter auch das »Mayura Valley View« von Karnataka Tourism. Wer nicht im Winter hier durchreist, sollte unbedingt Regenkleidung dabeihaben, denn es regnet den überwiegenden Teil des Jahrs.

Nagarjunakonda

F 11

Bundesstaat: Andhra Pradesh

Entfernung: 534 km nordwestlich von Chennai

Nagarjunakonda am Fluss Krishna ist bereits seit Jahrtausenden besiedelt, wie Funde aus der Steinzeit belegen. Die Region erlebte unter der Ishvaku-Dynastie (275 – 350) ihre Blütezeit.

Diese Dynastie hatte sich von den Satvahanas, die von Amaravathi aus die Region beherrscht hatten, unabhängig gemacht. Damals war Nagarjunakonda **eines der wichtigsten buddhistischen Zentren Südindiens**. Später wurde die Stadt nach dem buddhistischen Mönch Nagarjuna Nagarjunakonda benannt.

Der erste König der Ishvakus war ein Verehrer des Kriegsgottes Karttikeya, dem Sohn von Shiva. Die Schwester des Königs, Chamsatri, hingegen war eine Anhängerin des Buddhismus. Diese gleichzeitige Verehrung unterschiedlicher Religionen durch die Herrscherfamilie führte zur Förderung von hinduistischen Tempelbauten und buddhistischen Stupas. Daneben entwickelte sich Nagarjunakonda zu einer sehr berühmten Universitätsstadt. Sie geriet in Vergessenheit, und wurde erst 1926 von A. R. Saraswathi entdeckt. Später kamen mehrere Shiva- und Karttikeya-Tempel sowie Badeghats am Fluss zu Tage. Außerdem wurden 30 buddhistische Bauten gefunden, unter anderem ein Stupa mit einem Durchmesser von 32 m. Zu den wichtigen Funden zählen zahlreiche Reliefs und Skulpturen, die inzwischen in unterschiedlichen Museen der Welt verteilt sind.

NAGARJUNAKONDA

AUSKUNFT

Andra Pradesh Tourism Office (APTDC)
Hyderabad
Tel. 040 – 23 45 30 36
www.aptourism.com
APTDC bietet Touren an, die Srisailam, Kurnool und Alampur einschließen.

ANREISE

Mit Bus oder Taxi von Hyderabad

ÜBERNACHTEN

In einfachen APTDC-Hotels

Sehenswertes in Nagarjunakonda und Umgebung

Ausgrabungen

Systematische Ausgrabungen in Nagarjunakonda haben buddhistische Chaitya-Hallen, Stupas, Klosteranlagen sowie Hindutempel und sogar Amphitheater zu Tage gefördert, durch deren Hilfe eine genauere Vorstellung von der buddhistischen Architektur gewonnen werden konnte.

Stupa Der große Stupa von Nagarjunakonda ist der Versuch, den Stupa als Symbol der buddhistischen Lehre weiterzuentwickeln. Um die zentrale Säule wurden drei konzentrische Ringe aus Ziegelsteinen gebaut und die Zwischenräume mit Erde aufgefüllt. Die konzentrischen Ringe wurden durch Radialmauern verbunden, die die Speichen des Rads symbolisieren. An dem Stupa wurden in vier Himmelsrichtungen Plattformen errichtet, auf denen fünf Säulen stehen. Diese fünf Stambhas repräsentieren die fünf Phasen des Lebens von Buddha: Geburt, Vereinigung, Erleuchtung, Erste Predigt und Verlöschung.
Da die indische Regierung sich entschloss, auf dem Ausgrabungsgelände einen Stausee anzulegen, wurden einige wesentliche Bauten auf dem nahe gelegenen Hügel nachgebaut und kleinere Objekte im Museum untergebracht. Man erreicht den Nagarjunakonda-Berg, wegen des Stausees nun eine Insel, mit der Fähre.

Museum Das Museum besitzt eine gute Sammlung von buddhistischen Skulpturen und Münzen (Öffnungszeiten: tgl. 9.00 – 16.00 Uhr).

Nagarjuna-Staudamm Einer der größten Stauseen Indiens liegt hinter dem Nagarjuna-Staudamm. Mit seinem Bau versuchte die indische Regierung nach dem Schritt in die Unabhängigkeit, die Landwirtschaft zu modernisieren. Das Wasser dient der Stromgewinnung und der Bewässerung der Felder in der Umgebung.

Nagarjunasagar-Tigerschutzgebiet In den Nallamalaibergen befindet sich mit einer Kernzone von über 1000 km² und einer Gesamtfläche von 3568 km² das größte Tigerschutzgebiet Indiens, das Nagarjunasagar-Tigerschutzgebiet oder **Sri Sailam Wildlife Sanctuary**. Der landschaftlich abwechslungsreiche Park bietet neben großen Gewässern und Sumpfflächen Bergwälder und trockene Dornstrauchsteppen. Die größte Attraktion des Parks sind Tiger, aber auch Leoparden, Panther, Hyänen, Wölfe, Krokodile und Schlangen bevölkern das Naturreservat.

✶ Srisailam-Tempel Für indische Pilger ist der Srisailam-Tempel (100 km nordöstlich von Kurnool) ein wichtiger Wallfahrtsort, da hier eines der so genannten Jyotir Lingas (Lichtlingams) verehrt wird. Der Shivatempel aus der Vijayanagar-Periode bietet als besondere Attraktion eine Unzahl von Flachreliefs, die die 6 m hohen Außenwände der Anlage schmücken. Dieses steinerne Bilderbuch erzählt Geschichten aus dem Leben Shivas.

Kurnool und Alampur Die Distrikthauptstadt Kurnool (120 km südwestlich von Nagarjunakonda, 230 km südlich von Hyderabad) bietet sich als Ausgangspunkt zu einem Besuch der Tempel von Alampur an. Alampur ist eine Kleinstadt am Zusammenfluss des Tungabhadra mit dem Krishna, die hauptsächlich von Pilgern auf der Durchreise nach Srisailam besucht wird. Wer sich für die Entwicklung des südindischen Tempelstils interessiert, kann hier eine Gruppe von Tempeln aus der Chalukya-Dynastie besichtigen. Jeder der neun Tempel aus dem 8. Jh. wurde nach Brahma benannt. Trotz der Namen sind aber alle Tempel Shiva geweiht, weswegen im Tempelinneren auch Lingams aufgestellt sind. Zur Tempelanlage zählen eine Eingangshalle, eine Vorhalle sowie fein geschmückte Säulenhallen. Neben unterschiedlichen Skulpturen von Fabelwesen und diversen Shivaformen fällt die häufige Darstellung des Nataraja, des tanzenden Shiva, auf.

✶ Ooty (Udagamandalam, Uthagamandalam, Ootacamund)

E 14

Bundesstaat: Tamil Nadu
Einwohner: 82 000
Höhe: 2286 m ü. d. M.
Entfernung: 260 km südl. v. Bangalore

Die Stadt in den Nilgiris ist aufgrund ihrer Höhenlage auch im Sommer recht kühl und daher ein idealer Zwischenstopp, wenn es einem in Südindien zu heiß wird. Hier gibt es viele Spazierwege und die Möglichkeit zu Bootsfahrten auf dem See.

Der Blue Mountain Train verkehrt täglich zwischen Mettupalayam und Ooty (46 km). Der kleine Zug braucht für diese Strecke fast fünf Stunden, aber die kurvige Fahrt durch den Wald mit zahlreichen Tunnels ist ein besonderes Erlebnis.

✶ ◀ Blue Mountain Railway

Die Gegend um Ooty wurde im Jahr 1819 von dem britischen Bezirksverwalter Coimbatores, John Sullivan, »entdeckt«. Er legte 1823 den See von Ooty an, der heute der ganzen Stadt eine angenehme Atmosphäre gibt. Viele Briten schlugen in der Folgezeit hier ihren Sommersitz auf. 1840 wurde der Botanische Garten angelegt, ebenso ein Golf-, Polo- und Tennisplatz. Ab 1869 avancierte Ooty zur offiziellen Sommerresidenz der Regierung in Chennai. Heute ist die »Queen of the Hill Stations« ein beliebter Ausflugsort der wohlhabenden Südinder und insbesondere in den Monaten April und Mai sehr überlaufen.

Unterwegs mit dem Ooty Train

Sehenswertes in Ooty

Der vom Marquis von Tweeddale 1847 in Terrassen angelegte **Botanische Garten** erstreckt sich auf einer Fläche von

Öffnungszeiten: tgl. 7.00 – 19.00

knapp 20 ha und ist inzwischen Heimat von 1000 Pflanzenarten. Er gilt als einer der schönsten Gärten Indiens. An einem kleinen Teich steht ein versteinerter, etwa 20 Millionen Jahre alter Baum. Im angeschlossenen Office kann man Pflanzensamen kaufen.

St. Stephen Ootys ältestes Gotteshaus, die St.-Stephen-Kirche, wurde 1820 im gotischen Stil erbaut.

Paläste Viele Maharadschas hatten früher ihre Sommerresidenzen in Ooty. Einige davon sind inzwischen, dem allgemeinen Trend in Indien folgend, in Hotels umgewandelt worden, wie die Paläste der Maharadschas von Mysore und Jodhpur.

See Der kleine, künstlich angelegte See lädt zum Bootfahren und Angeln ein. An seinem Ufer gibt es die obligatorischen kleinen Ponys zum Reiten. Der ursprünglich für die Bewässerung vorgesehene Teich schrumpft seit Jahren.

Wandermöglichkeiten In der Umgebung von Ooty gibt es zahlreiche Wandermöglichkeiten. Besonders beliebt ist die Strecke zu den Wenlock Downs (6 km), den Kalahatti-Wasserfällen und zum Berggipfel des Dodabetta (etwa 12 km). Auf den fast 3000 m hohen Berg kann man mit dem Bus fahren und die 10 km nach Ooty zu Fuß zurücklegen. Der Weg führt an Teegärten und Eukalyptusplantagen vorbei.

OOTY ERLEBEN

AUSKUNFT

Tamil Nadu Tourist Office
Wenlock Road
Tel. 04 23 – 244 39 77
www.tamilnadutourism.org

ANREISE

Empfehlenswert ist die landschaftlich sehr schöne Zugfahrt mit der Schmalspurbahn Nilgiri Blue Mountain Railway von Conoor bzw. Mettupalayam bis Ooty.
Zudem verkehren Busse u. a. von Mysore, Bangalore und Chennai.

ÜBERNACHTEN / ESSEN

► **Luxus**

Fernhills Palace
Ooty
Tel. 011 – 26 26 66 50
www.welcomheritagehotels.com
Die Gäste wohnen im Fernhills Palace, dem ehemaligen Sommerpalast des Maharadschas.
Umgeben ist die wieder eröffnete Anlage von einem riesigen Garten mit beachtlichem Baumbestand. Des Weiteren gibt es ayurvedische Behandlungen und vielfältige Sportangebote (Reiten, Golf, Fitnessclub, Trekking).

► **Günstig**

YWCA »Anandagiri«
Ettines Road
Tel. 04 23 – 244 22 18
Nicht nur der »English Parlour« für gemütliche Stunden, sondern auch die netten Zimmer tragen zum schönen Ambiente bei.

★★ Periyar-Nationalpark

E 15

Bundesstaat: Kerala
Entfernung: 600 km südwestlich von Chennai
Höhe: 1000 – 2019 m ü. d. M.

In den grünen Regenwäldern der Kardamom Hills, einem Teil der südlichen Western Ghats, liegt eines der beliebtesten und attraktivsten Naturschutzgebiete Indiens: der Periyar-Nationalpark.

Innerhalb des großen Parks, der sich 190 km südöstlich von ►Kochi ausdehnt, liegt ein großer, mehrfach verzweigter Stausee. Schon 1895 wurde der Fluss Periyar aufgestaut, um mit den Wassermassen, die zwei Monsune jährlich bescheren, Teile des Nachbarstaats Tamil Nadu zu bewässern. Der Maharadscha von Travancore setzte sich 1934 als Erster für den Schutz des Waldes und für ein Jagdverbot ein; 1950 wurde das Gebiet auf 777 km² erweitert und 1982 eine Kernzone von 350 km² zum Nationalpark erklärt. Dieser gehört seit 1977 auch zu den Tigerschutzgebieten Indiens. Periyar ist einer der wenigen Parks mit einem **»echten« Dschungel**. Shola nennt man den hiesigen Regenwald mit 40 bis 50 m hohen Bäumen. Er bedeckt ungefähr 40 % des Terrains, der Rest besteht aus Laubwald, insbesondere Eukalyptusbäumen, und Grasland.

★★
◄ Tigerschutzgebiet

Elefanten am Periyar-Stausee

Der geschmückte Tempelelefant berührt die Gläubigen mit seinem Rüssel und segnet sie.

HERR DER HINDERNISSE

Unter den 400 Säugetieren Indiens ist der Elefant das größte Tier. Von seinem afrikanischen Verwandten, der um einiges größer und schwerer ist, unterscheidet sich der indische Elefant (Elephas maximus) äußerlich durch einen proportional kleineren Kopf, kleinere Ohren und kürzere Stoßzähne. Er wird bis zu 5000 kg schwer und erreicht eine Schulterhöhe von bis zu 3 Metern.

Seine Beziehung zum Menschen reicht Jahrtausende zurück und spiegelt sich in einer noch älteren Mythologie. Vermutlich wurde er schon vor 4500 Jahren als Reittier domestiziert. Als Arbeitselefant eignet er sich aber erst ab einem Alter von etwa 20 Jahren. Die gewaltigen Tiere vertilgen bis zu 250 kg Gras am Tag und ihre Stärke wird von den **Mahouts**, den Elefantenreitern, für schwere Waldarbeiten genutzt. Denn es heißt, kein Fahrzeug sei derart manövrierfähig und könne es in der Überwindung von Hindernissen mit den Elefanten aufnehmen. Die Dickhäuter bahnen sich Wege durch eine fast undurchdringliche Vegetation, sind in der Lage, steile Berge zu erklettern und auch Sturzbäche zu durchqueren. Zur Zeit leben in Indien etwa 15 000 Elefanten, davon etwa 6000 in den südlichen Bundesstaaten Kerala, Tamil Nadu und Karnataka; daneben kommen sie auch in großer Anzahl in Bengalen und Assam vor. Doch die Bedeutung der Elefanten beschränkt sich in Indien keineswegs auf ihre Nutzung als Arbeitstier.

Von Mythen umrankt

Im Gegenteil: Sie gelten als heilige, von zahlreichen Mythen umrankte Tiere. So heißt es über ihre Herkunft, durch die Kraft des Gesangs sei aus der einen Schale des Welten-Eis der göttliche Elefant Airavata geschlüpft, dem noch weitere sieben Elefanten folgten. Aus dem anderen Teil der Schale stiegen daraufhin acht weibliche Elefanten. Diese 16 Urelefanten waren demnach die Ahnen aller Elefanten. In vielen großen Tempeln Südindiens gibt es **Tempelelefanten**,

die die Prozessionen der Gottheiten begleiten. Man sagt, der Anblick eines Elefanten reinige die Seele, und wenn das Tier den Kopf einer Person mit dem Rüssel berührt, glaubt man, dass diese gesegnet wird. Dies ist auch der Grund dafür, dass man in einigen Heiligtümern beobachten kann, wie Eltern den Kopf ihrer Kinder von dem Tempelelefanten berühren lassen und dafür dem Elefanten bzw. dem Mahout eine Banane oder eine Rupie schenken. In der indischen Kultur gilt der Elefant zudem als ein **Symbol für Wohlstand und Fruchtbarkeit**, da er in enger Verbindung zu Lakshmi, der Göttin des Wohlstands und Reichtums, steht. Man sagt ihm Glück bringende Fähigkeiten nach wie z. B. das Regenmachen, denn er könne Regenwolken magisch anziehen und somit Dürrezeiten überwinden.

In alten Legenden heißt es, die Elefanten hätten einst Flügel gehabt und seien die **Freunde der Wolken** gewesen: »Einst besaßen die Elefanten Flügel und bewegten sich gleich ihren Gesellen, den Wolken, durch den Himmel und konnten ihre Form verändern. Eines Tages ließen sich einige übermütige Elefanten auf einem riesigen Baum im Himalaja nieder. Unter diesem Baum unterrichtete gerade ein Asket seine Schüler. Die Elefanten waren jedoch selbst für den großen Zweig zu schwer, er brach ab und begrub einige der Schüler unter sich. Die Schüler starben auf der Stelle, die Elefanten aber flogen unbekümmert weiter und setzten sich auf einen anderen Ast. Der Asket war über die leichtsinnigen Elefanten derart erzürnt, dass er sie verfluchte. Von da an verloren sie ihre Flügel und blieben am Boden, aber sie haben immer noch die Fähigkeit, ihre Gesellen, die Wolken, anzuziehen.«

Heute leben die Elefanten fest auf der Erde, doch die Gabe, regenschwangere Wolken anzuziehen, wird ihnen weiterhin zugeschrieben. **Weiße Elefanten**, die dabei über ein spezielles Talent verfügen sollen, gelten als besonders heilig. In manchen Prozessionen werden auch heute noch Elefanten mit Asche weiß bestrichen. Könige waren schon immer bestrebt, ein solches Tier zu besitzen. Auch eine Geschichte über Buddha besagt, er habe in seinem früheren Leben als

Verkehrte Welt: Kleiner Ganesha auf großer Ratte

König seinen weißen Elefanten einem benachbarten Regenten, dessen Land unter Dürre litt, geschenkt.

Elefantenköpfiger Ganesha

Die Zuneigung der Inder zu diesen Tieren zeigt sich auch in der Verehrung des dickbäuchigen, elefantenköpfigen Gottes Ganesha, Sohn der Götter Shiva und Parvati. Der Legende nach soll Shiva, nachdem er nach langer Abwesenheit zurückgekehrt war, seinem Sohn den Kopf abgeschlagen haben, da er ihn für einen Liebhaber seiner Frau hielt. Um das Missgeschick möglichst schnell zu beheben, setzte er Ganesha den Kopf des Lebewesens auf, das ihm als erstes begegnete – ein Elefant. Ganesha gilt als **Gott der Klugheit, der Wissenschaft und der Politik**. Er soll Wohlstand und Geschäftserfolg gewähren und er hat deshalb in vielen Hausschreinen und Eingängen seinen Platz. Oft ist er als Fruchtbarkeitsidol zusammen mit Linga und Yoni oder Schlangensteinen in Dorfschreinen anzutreffen. Mit seinen Frauen Siddhi (Erfolg) und Buddhi (Verstand) fungiert er zudem als Helfer der Schriftsteller, da er mit einem abgebrochenen Stoßzahn eines der heiligen Bücher geschrieben haben soll. Deswegen versäumt auch kein Schüler oder Student vor der Prüfung, Ganesha ein kleines Opfer darzubringen.

Sein Reittier ist eine Ratte, was in körperlicher Hinsicht nicht gerade passend erscheint für die riesenhafte, dickbäuchige Gottheit. Doch sie ergänzt durch ihre Kleinheit den Elefanten in idealer Weise, denn beiden ist gemein, dass sie **Hürden gut überwinden und umgehen** können. Von Ganesha heißt es, er breche durch die Hindernisse wie ein Elefant im Dschungel, der Büsche niedertritt, Bäume umbiegt oder entwurzelt und Flüsse durchwatet. Die Ratte mit ihrer geringen Größe und Flinkheit verschafft sich dagegen Zugang zum verriegelten Getreidespeicher und anderen Vorratskammern. So verkörpern die beiden die Macht dieses Gottes, jedes Hemmnis auf dem Weg zur Erlösung zu beseitigen. Als **Glücksbringer** und als Herr über alle Arten von Hindernissen ziert er häufig das Armaturenbrett von Bussen und LKWs.

PERIYAR-NATIONALPARK ERLEBEN

AUSKUNFT

Tourist Office
Nahe der State Bank of Travancore
Kumily
Tel. 048 69 – 22 26 20
www.keralatourism.org

ANREISE

Von Ernakulam, Kottayam und Madurai fährt ein Bus zum Nationalpark. Da die Fahrt von Ernakulam bzw. Kottayam landschaftlich sehr reizvoll ist und man dann auf Wunsch anhalten kann, empfiehlt es sich, ein Taxi zu nehmen.

SHOPPING

Auf der Hauptstraße in Kumily findet man Läden mit vielen frischen Gewürzen.

ESSEN / ÜBERNACHTEN

► Luxus

Spice Village
Kumily, Tel. 048 69 – 22 45 14
www.cghearth.com
Zwischen Kaffeesträuchern, Pfeffer, Kardamom und vielen anderen Gewürzpflanzen stehen die Holzbungalows von Spice Village. Es werden interessante Ausflüge in die umliegenden Kaffee- und Gewürzplantagen organisiert und natürlich in den Periyar-Nationalpark. Ein Ayurvedazentrum, Pool, zwei Restaurants und eine Bar im Kolonialstil gehören ebenfalls zu diesem herausragenden Resort.

► Luxus / Komfortabel

Aranya Nivas
Tel. 04 869 – 22 20 23
www.ktdc.com
Das Hotel liegt im Nationalpark und man hat von der Terrasse einen schönen Blick auf den Periyarsee.

► Günstig

Hotel Kumily Gate
Kumily
Tel. 048 69 – 22 22 79
Mit Blick auf den Periyar-Damm.

Tierbestand

Der Park ist bekannt für seine großen Elefantenherden, auch allerlei Hirscharten wie Axis und Sambar sind zu sehen. Wildschweine, verschiedene Affen- und Halbaffenarten zählen ebenfalls zu den Bewohnern von Periyar. Für die Begegnung mit einem Leoparden oder einem der ca. 50 Tiger braucht man wie überall eine große Portion Glück. Das Schutzgebiet ist vor allem ein Paradies für Ornithologen. 275 Vogelarten wurden hier gezählt, darunter je ein Dutzend Kuckucks- und Spechtarten, 29 Greifvögelarten und allein acht Eulenarten. Am Ufer des Stausees sind Kormorane, Schlangenhalsvögel, Eisvögel und Fischadler zu beobachten.

Stausee

Eine der Hauptattraktionen Periyars sind die Bootsfahrten auf dem Stausee. Besonders in den trockenen Monaten März und April hat man gute Gelegenheiten zur Beobachtung der Tiere, da diese dann zur Tränke an den See kommen. Unheimlich wirken die **»ertrunkenen Bäume«**, deren Stümpfe bisweilen aus dem Wasser ragen und

! Baedeker TIPP

Wo der Biopfeffer wächst

Auch in Indiens Gewürzplantagen ist organischer Anbau ein Thema. Besonders interessant ist ein Besuch der Biopfefferplantagen, die im Rahmen eines dörflichen Entwicklungsprogramms von der örtlichen Stammesbevölkerung bewirtschaftet werden. Anmeldung über das Hotel Spice Village (siehe Hotels) in Kumily.

von den Schiffsführern höchste Aufmerksamkeit verlangen. Auf ihnen lassen sich oft Vögel nieder.

Die Gegend um den Periyar-Park ist ein berühmtes Anbaugebiet für verschiedene Gewürzsorten, sie heißt deswegen auch **Kardamom Hills**. Doch nicht nur das »Lebkuchengewürz« wächst in den regenreichen Höhen der Western Ghats. Pfeffer-, Kaffee- und Teeplantagen gibt es hier, Zimt, Nelken und Vanille werden ebenfalls angebaut. In der Umgebung von Kumily können verschiedene Plantagen besichtigt werden. Außerdem gibt es im Ort selbst viele Geschäfte, wo man Gewürze frisch kaufen kann.

★ Pondicherry (Unionsterritorium)

F 14

Höhe: Meeresspiegel
Einwohner: 400 000
Entfernung: 160 km südl. von Chennai

Pondicherry ist eine moderne, aufstrebende Stadt an der Südostküste Indiens, die nicht mit überragenden Kulturdenkmälern aufwarten kann, aber wegen ihres europäischen Charmes gern besucht wird.

Seine einstige Bestimmung als Hauptstadt des französisch besetzten Gebiets kann Pondicherry nicht leugnen, im Gegenteil: Vieles in der Stadt, nicht zuletzt die streng gittermäßig angelegten Straßen mit den französisch anmutenden Häusern und das für indische Verhältnisse ungewohnt übersichtliche, geradezu geordnet wirkende Stadtbild lassen europäische Einflüsse erkennen. Die besondere Attraktion der Stadt sind zwei Institutionen, die ihre Gründung dem Philosophen **Sri Aurobindo Ghose** (► Berühmte Persönlichkeiten) verdanken: der Aurobindo Ashram und Auroville.

Heute ist Pondicherry Verwaltungszentrum mehrerer verstreut liegender ehemaliger französischer Enklaven, die 1954 zum Union Territory of Pondicherry zusammengefasst wurden. Beim Masi Magham im Februar / März werden Götterfiguren aus den Tempeln der Region zum Meer gebracht.

Geschichte

Nicht weit von Pondicherry entfernt, das auf Tamil auch Pudu Ceri (neue Stadt) genannt wird, liegt das Fischerdorf Arikamedu. Einst war es die Hafenstadt, von der die Schiffe in See stachen. Zahlreiche römische Münzfunde belegen, dass die Bewohner von Arikamedu

PONDICHERRY ERLEBEN

AUSKUNFT

Tourist Office Pondicherry
40, Goubert Avenue
Tel. 04 13 – 233 94 97
www.tourism.pon.nic.in

Sri Aurobindo Ashram in Auroville
Informationen über den Ashram und seine Aktivitäten bekommt man unter: www.sriaurobindosociety.org.in

ANREISE

Zugverbindung über Villupuram nach Chennai, Madurai, Thiruvananthapuram. Zudem zahlreiche Busverbindungen, z. B. nach Bangalore, Chidambaram.

ESSEN / ÜBERNACHTEN

► **Komfortabel**
Hotel De L'Orient
17, Rue Romain Rolland
Tel. 04 13 – 234 30 67
www.neemranahotels.com
Stilvolles Hotel in alter Villa mit gutem Restaurant.

► **Komfortabel / Günstig**
Kailash Beach Resort
Tel. 04 13 – 233 18 72
www.kailashbeachresort.com
10 km außerhalb von Pondicherry, direkt am Strand, Kulturprogramm, Ayurveda und ein Restaurant mit französischer und indischer Küche.

► **Günstig**
Park Guesthouse
Goubert Salai
Tel. 04 13 – 233 44 12
Das Guesthouse mit einem großen Garten liegt direkt am Meer, zudem bietet es saubere Zimmer und eine Cafeteria.

bereits im 1. Jh. n. Chr. Handelsbeziehungen zu den Römern pflegten. Die Franzosen wählten diese Region 1673 aus, um einen Handelsposten zu gründen. Sie erwarben vom Sultan von Bijapur ein Fischerdorf namens Puliceri (Puli = Tamarinde), aus dem sich die heutige Stadt Pondicherry entwickelte. In den kriegerischen Auseinandersetzungen zwischen Holländern, Engländern und Franzosen wurde Pondicherry mehrfach erobert und während der Besatzungszeit völlig zerstört. Im Jahr 1954 übergaben die Franzosen ihre Gebiete freiwillig an das unabhängige Indien. Die Stadt erhielt den Status eines Unionsterritoriums und bildet heute eine eigene Verwaltungseinheit, der auch die verstreut liegenden ehemaligen französischen Enklaven unterstellt sind.

★ Aurobindo Ashram

Entstehung

Der bengalische Philosoph **Sri Aurobindo Ghose** (1872 – 1950; ►Berühmte Persönlichkeiten) siedelte sich 1910 in Pondicherry an. Sein Engagement für die indische Unabhängigkeitsbewegung führte dazu, dass er 1909 seine von den Engländern beherrschte Heimatstadt Kalkutta verlassen musste. Ein Jahr später ließ er sich in der französischen Kolonie Pondicherry nieder und widmete sich dem Yoga. Zusammen mit der Französin Mira Arfassa, die seit 1914 bei ihm lebte, gründete er 1920 den Ashram, der zu den reichsten und erfolgreichsten in ganz Indien gehört. Ab 1926 zog sich Aurobindo vom Ashram zurück und widmete sich dem **»Integralen Yoga«**. Mira Arfassa leitete den Ashram weiter und wurde im Lauf der Zeit zur »Mutterfigur« dieser Einrichtung.

Heutige Situation

Heute ist der Ashram für etwa 2000 Menschen, die den ehemals »weißen« Stadtteil dominieren, das geistige, wirtschaftliche und kulturelle Zentrum. In ungefähr 400 Gebäuden leben und arbeiten die Mitglieder des Ashrams, der eine einflussreiche Institution der Stadt ist. Das von Aurobindo entwickelte Integrale Yoga zieht immer noch zahlreiche Besucher aus dem In- und Ausland an. Im Hauptgebäude des Ashrams befindet sich ein Informationsbüro und bei genügend Anmeldungen wird vormittags eine zweistündige Rundfahrt zu den verschiedenen Räumlichkeiten des Ashrams durchgeführt. Inzwischen sind auch verschiedene Geschäfte und Produktionsstätten angegliedert, die man besichtigen kann. Die hier hergestellten Gegenstände, seien es handgeschöpftes Papier, Räucherstäbchen oder Edelstahlwaren, gehören zu den besten in Indien.

Samadhis

Im Hauptgebäude des Ashrams auf der Rue de la Marine sind das Grabmal (samadhi) von Aurobindo und Mira Arfassa zu besichtigen sowie ihre Räumlichkeiten.

Weitere Sehenswürdigkeiten

Stadtbild

Die Altstadt von Pondicherry ähnelt einem Oval und wird durch den von Norden nach Süden verlaufenden Kanal in zwei Teile geteilt. Im östlichen, am Strand liegenden Teil wohnten früher die Franzosen. Diese »weiße« Stadt hat mit ihrer Strandpromenade immer noch das Flair einer mediterranen Stadt.

An der Strandpromenade befindet sich das **Gandhi Memorial** mit acht Säulen aus der Festungsstadt Gingee, die von den Franzosen 1761 hierher transportiert wurden. Besonders abends kommen viele Spaziergänger und Händler an die Promenade.

Kaum fünf Minuten vom Gandhi Memorial in westlicher Richtung entfernt liegt der **Government Park** mit einem schönen alten Baumbestand und einigen Denkmälern. Zu beiden Seiten des Parks befinden sich Gebäude aus der französischen Zeit. Südlich der Anlage stößt man auf die **Romain-Rolland-Bibliothek** mit einer Sammlung von über 50 000 Bänden. Nördlich des Parks steht das herrschaftliche Raj Niwas, die Residenz der Gouverneure, auf das man nur von außen einen Blick werfen kann. Im südlichen Teil des Gartens steht das **Pondicherry-Museum** mit einer Sammlung von Steinskulpturen und einer Ausstellung über die französische Kolonialgeschichte (Öffnungszeiten: tgl. außer Mo. 10.00 – 17.00 Uhr).

Pondicherry besitzt mehrere **Kirchen**, u. a. Notre Dame de la Conception (1865) in der Nähe des Telegraph Office und Sacre Coeur de Jesus am Südrand der Stadt. Die **Strände** sind stark verschmutzt; relativ sauber ist nur der Strandabschnitt im südlichen Teil der Stadt beim Children's Park.
Der über 150 Jahre alte **Botanische Garten** in der Nähe des Busbahnhofes hat einen schönen alten Baumbestand und ist ein angenehmer Ort in der Mittagshitze.

Vor der Herz-Jesu-Kirche

★ **Auroville**

Die Gründung der »Zukunftsstadt« Auroville (12 km nördlich von Pondicherry) geht auf eine Idee von Mira Arfassa zurück. Sie wollte einen Platz schaffen, an dem die Menschen **nach der Lehre von Sri Aurobindo** zusammenleben können. Unter Beteiligung internationaler Institutionen wie der UNESCO wurde 1968 auf einem großen Gelände (6 km nördlich von Pondicherry) mit dem Bau von Auroville begonnen. Das Zentrum der in Form eines Mandala angelegten Stadt bilden ein Banyanbaum und der kugelförmige Matri Mandir. Die Menschen, die in Auroville leben, wohnen verstreut in einzelnen Siedlungen. Sie arbeiten in der Landwirtschaft oder in unterschiedlichen Handwerksberufen wie z. B. der Töpferei.

★ Thanjavur (Tanjore)

F 14

Bundesstaat: Tamil Nadu
Einwohner: 200 000
Höhe: 59 m ü. d. M.
Entfernung: 334 km südlich von Chennai

Thanjavur liegt im fruchtbaren Kaveridelta, eine der fruchtbarsten Reisanbauregionen Tamil Nadus. Der einstige Herrschaftssitz der Cholas ist heute eine pulsierende Stadt sowie ein Zentrum für Kunsthandwerk (Bronze und Glasmalerei) und Rohseide.

Die neue Tamil-Universität, die mit viel Aufwand außerhalb Thanjavurs auf einem großen Areal angelegt wurde, bemüht sich um die Pflege der alten dravidischen Sprache. Besucher der traditionsreichen Stadt interessieren sich vor allem für den Brihadeshwarar-Tempel, ein Meisterwerk der Chola-Architektur, von der ansonsten in Thanjavur kaum bauliche Zeugnisse erhalten sind. Die zweite bedeutende Sehenswürdigkeit ist der königliche Palast der Nayaks und Marathas, von dem allerdings nur Teile zur Besichtigung freigegeben sind.

Geschichte Thanjavur erlebte seine glanzvollste Periode unter König Vijayalaya aus der Dynastie der Cholas. Er erhob den Ort zur Hauptstadt des südindischen Reichs. Bald darauf wurde sie von den Rashtrakutas zerstört, jedoch kurze Zeit später von König Rajaraja I. wieder aufgebaut. Die Cholas, die um 1279 von den Pandyas besiegt wurden, bauten in ihrem Kernland, der fruchtbaren Kaveriebene, zahlreiche Tempel, die bis heute erhalten sind. Nach den Pandyas gewannen die Vijayanagar-Könige die Herrschaft über die Region, die sie von ihren Vizekönigen, den Nayaks, verwalten ließen. Ebenso wie Madurai wurde auch Thanjavur von den Nayaks regiert und 1673 von den Nachbar-Nayaks aus Madurai erobert. Auch der Marathenkönig Venkaji und Muhammed Al, der Nawab von Karnatik, besetzten die Stadt, die schließlich von den Briten übernommen wurde. Heute ist Thanjavur eine Distrikthauptstadt.

Sehenswertes in Thanjavur

★★ Brihadeshwarar-Tempel Der Brihadeshwarar-Tempel ist dem Gott Shiva geweiht und zugleich das größte Monument, das der mächtige Herrscher Rajaraja I. (985 – 1012) hinterlassen hat. Die in den breiten Sockel eingravierten Texte geben detailliert Auskunft über den Bau des Tempels, über die

1000 Jahre alt ist der Brihadeshwarar-Tempel – er gilt als prächtigstes Bauwerk der Chola-Architektur.

THANJAVUR ERLEBEN

AUSKUNFT

Tamil Nadu Tourist Office
Hotel Tamil Nadu Complex
Tel. 043 62 – 23 09 84
www.tamilnadutourism.org

ANREISE

Busse fahren von Chennai, Madurai, Pondicherry und Tiruchirapalli. Zudem existieren Zugverbindungen z. B. mit Chennai und Tiruchirapalli.

ÜBERNACHTEN / ESSEN

► Luxus / Komfortabel

Sterling Swamimalai
6/30 Agraharam
Thimmakudy Village
bei Kumbakonam
Tel. 04 35 – 248 00 44
www.sterlingswamimalai.net
Auf dem schön angelegten Areal eines alten Herrschaftshauses kann man sich entspannen bei Musikkonzerten, ayurvedischen Behandlungen oder am Pool, der einem Tempelteich nachempfunden ist. Das Hotel liegt mitten im »Tempelland«, 35 km nördlich von Thanjavur.

► Günstig

TTDC Hotel Thanjavur
Gandhiji Road
Tel. 043 62 – 23 14 21
Hotel von Tamil Nadu Tourism mit einfachen Zimmern, die teilweise mit Klimaanlage ausgestattet sind.

Öffnungszeiten:
tgl. 6.00 – 13.00 u.
15.00 – 20.00

Geschenke des Königs und die Verwaltung des Heiligtums. So waren in dem Tempel Köche, Gärtner, Musiker, Tänzer, Bildhauer, Maler, Wachleute und natürlich Brahmanen angestellt. In seiner Blütezeit sollen hier allein 400 Tempeltänzerinnen (Devadasis) und 200 Brahmanen beschäftigt gewesen sein. Sie alle wurden von den Einnahmen aus Landschenkungen bezahlt.

Man betritt den Tempel durch **zwei Gopurams**, von denen der erste zwar größer, der zweite aber dank seines Figurenschmucks beeindruckender ist. An den Paneelen des Gopurams werden Szenen aus dem Leben der Götter geschildert, unter anderem die Hochzeit von Shiva und Parvati. Bemerkenswert sind die zwei gewaltigen, grimmig aussehenden Dvarapalas (Tempelwächter), die den Eingang des zweiten Gopurams einfassen. Sie **zählen zu den größten monolithischen Skulpturen Indiens** und sollen die bösen Kräfte vom Betreten des Tempelbezirks abschrecken. Nachdem man den zweiten Gopuram passiert hat, öffnet sich ein 152 x 76 m großer Tempelinnenhof, der von einer großen Mauer und einer daran angebauten Säulengalerie umgeben ist. Zuerst kommt man in eine Halle mit dem **drittgrößten Nandi Indiens** (4 m hoch, 5 m lang). Das aus einem Steinblock gehauene Reittier Shivas blickt zur Cella, wo sich ein ebenso gewaltiger, 3,6 m hoher **Lingam**, das Adavallan (Meister des Tanzes) genannt wird, befindet.

Der eigentliche **Tempel mit Halle und Vorhalle** erhebt sich auf einem Sockel. Der Turm über der Cella mit dem quadratischen Unterbau ist mit fast 61 m der höchste in ganz Indien. Um den Sockel herum verläuft ein Fries mit Tierdarstellungen. Darüber befinden sich die bereits erwähnten Inschriften. Weiter oben sind an drei Seiten des Tempels in zwei Reihen in Nischen gestellte Figuren von Gottheiten zu sehen. Der **Vimana** wird von einer riesigen Kuppel bekrönt, die angeblich 81 Tonnen wiegt. Einer weit verbreiteten Legende zufolge soll dieser Steinblock über eine 6 km lange Rampe, die im Dorf Sarapallam begann, an seinen Platz geschoben worden sein. Glaubt man einer anderen Überlieferung, dann wurde die Kuppel auf einer spiraligen Erdrampe von Elefanten hochgezogen. Das Innere des Tempels ist nur für Hindus zugänglich.

✶ Subramaniya-Tempel ►

An der Nordwestecke des Tempelgeländes steht der kleine, mit schönen Skulpturen geschmückte Tempel des Kriegsgottes Subramaniya. Er wurde im 16. / 17. Jahrhundert von den Nayaks erbaut und wird bis heute von vielen Pilgern besucht. Außerdem stehen noch ein von der Vijayanagar-Dynastie errichteter Ammantempel und ein von den Marathas erbauter Ganeshaschrein auf dem Tempelgelände.

Palast

Öffnungszeiten: tgl. 10.00 – 17.30

Die Palastanlagen in Thanjavur wurden im 16. Jh. von den Nayaks erbaut und später von den Marathen vollendet. Der Palast ist inzwischen zum großen Teil baufällig und lässt nur in manchen Teilen, wie beispielsweise der Durbar-Halle, die einstige Pracht erahnen. Vom Palast aus hat man einen schönen Blick über die Stadt Thanjavur. Unbedingt sehenswert ist das im Palast untergebrachte Nayak Durbar Hall Art Museum mit einer wunderbaren Sammlung klassischer südindischer Bronzefiguren.

✶ Nayak Durbar Hall Art Museum ►

Sarasvati Mahal Library

In der Anlage befinden sich auch die Sarasvati Mahal Library (Tamil University Library) mit einer einmaligen Sammlung alter Manuskripte, die nur der wissenschaftlichen Arbeit zur Verfügung stehen, und das Rajaraja Chola Museum mit einer Sammlung von Steinskulpturen sowie ein schöner Museumsshop.

Schwartz-Kirche

Aus dem Jahr 1799 stammt die in einem Garten gelegene Kirche, die ein marathischer Herrscher für den dänischen Missionar F. C. Schwartz erbauen ließ. Er war im Vorjahr in Thanjavur verstorben.

Umgebung von Thanjavur

Kumbakonam

Die alte Cholastadt Kumbakonam (36 km von Thanjavur) am Ufer des Kaveri besitzt viele Tempel, die zum Teil beeindruckende Gopurams und schöne Skulpturen aufweisen. Alle zwölf Jahre findet im **Mahamakham-Tempelteich** ein bedeutendes Fest statt, da dann das heilige Wasser des Ganges in diesen Teich fließen soll.

Sehenswert sind auch der Nagheshvara-Tempel, der Kumbeshvara-Tempel (Shivatempel) und der dem Gott Vishnu geweihte Sarangapati-Tempel aus dem 12. / 13. Jh. mit einem riesigen, 50 m hohen

Gopuram. Ansonsten ist Kumbakonam berühmt als Umschlagplatz für Edelstahl und Seide.

In der kleinen Ortschaft Darasuram (33 km nordöstlich von Thanjavur, 5 km von Kumbakonam) verdient ein sehr schöner Tempel aus der Zeit Rajarajas II. (1146 bis 1173) einen Besuch. Nur wenige Touristen besuchen den **Airavateshvara-Tempel**, doch er besticht durch seinen guten baulichen Zustand und seinen herrlichen Skulpturenschmuck. Im gesamten Tempel findet man zahlreiche Darstellungen, die das zu jener Zeit sehr beliebte Tanzlehrbuch Bharata Natyashastra illustrieren.

Opfergaben

Der für diese Stilepoche typische Eingangsturm der ansonsten gut erhaltenen Tempelanlage wurde leider zerstört. Die Eingangshalle erreicht man über zwei sehr schön gestaltete Treppen im Norden und Süden. Auffallend sind die Elefanten mit Reitern, die das Treppengeländer schmücken und Reichtum symbolisieren. Die acht großen Säulen der Halle werden von Yalis (Fabelwesen) getragen. Die Lotoskapitelle und der im Lotosmuster gestaltete Abakus gelten als ein besonderes Stilmerkmal dieser Periode. Die Pfeiler sind mit kleinen Reliefs verziert, die verschiedene mythologische Themen illustrieren. Auch der Sockel der Halle ist mit Nischen geschmückt, in denen verschiedene Gottheiten dargestellt sind. Sie alle verehren Shiva, die Hauptgottheit des Tempels.

✶ **Darasuram**

Auch die Haupthalle ist wie die Eingangsshalle reich geschmückt. Viele Nischen sind jedoch leer, da die Figuren verloren gegangen sind. Um den Schrein ist eine kleine, mit Lotosmotiv und Nandi dekorierte Mauer gezogen, die früher die Umfassung eines Wasserbeckens bildete. Dadurch war die Temperatur im Innenraum des Tempels angenehm kühl. Im Westen der Anlage steht eine Opferhalle (yagasala). Bei dem hier abgebildeten Königspaar handelt es sich vermutlich um die Stifter des Tempels Rajaraja II. und seine Frau.

✶ **Thiruvarur**

Auf der Straße von Thanjavur nach Nagapattinam erreicht man nach 55 km die alte Cholahauptstadt Thiruvarur. Über drei Jahrhunderte lang bauten hier die Cholas und die Nayaks am Thyagaraja-Tempel, einer der größten Tempelanlagen Tamil Nadus. Besonders beeindruckend sind die gewaltigen Gopurams.

Point Calimere Das Vogelschutzgebiet Point Calimere (Kodikkarai) liegt 101 km südöstlich von Thanjavur entfernt an der Küste und ist ein wichtiger Sammelplatz für Wasser- und Zugvögel. Die beste Zeit für die Vogelbeobachtung sind die Monate Januar und Februar.

★ Thiruvananthapuram (Trivandrum)

E 15

Hauptstadt von Kerala
Einwohner: 750 000
Höhe: Meeresspiegel
Entfernung: 761 km südl. v. Bangalore

Auf sieben Hügeln, die sich einige Kilometer hinter der Küste ausbreiten, liegt Thiruvananthapuram, Keralas Hauptstadt. Obwohl breite Straßen und repräsentative Gebäude, vorwiegend aus der Kolonialzeit, seine Bedeutung als Verwaltungszentrum unterstreichen, hat Thiruvananthapuram seinen eher provinziellen Charakter behalten.

Name »Thiru-ananta-puram« bedeutet »Stadt der heiligen Schlange« – damit ist Shesha oder auch Ananta gemeint, die Schlange, auf der Gott Vishnu ruht. Sie soll hier geboren worden sein.

Geschichte Historische Bedeutung erlangte die Stadt unter den Maharadschas von Travancore. Der Herrscher Marthanda Varma (1729 – 1758) war ein erfolgreicher Kriegsherr und trotzte den holländischen Kolonialherren einen beträchtlichen Teil ihrer Besitzungen ab. In seine Regierungszeit fällt auch die Vergrößerung des Padmanabhaswamy-Tempels. Padma-nabha heißt Lotosnabel und bezeichnet eine Inkarnation Vishnus, der ein Lotos aus dem Bauchnabel wächst. Die Travancore-Maharadschas verehrten diese Form Vishnus als Hausgott.
Der nächste Regent, Karthika Tirunal Rama (1758 – 1798), machte Thiruvananthapuram zur Hauptstadt seines Reichs. Während der britischen Herrschaft war die Stadt wie die gesamte Region der Madras Presidency angegliedert. Erst 1956, im Zuge der Neuregelung der Bundesstaaten nach Sprachgrenzen, erhielt sie wieder ihre alte Bedeutung – nun aber als Hauptstadt Keralas.

Sehenswertes in Thiruvananthapuram

Padmanabhaswamy Temple Das Padmanabhaswamy-Heiligtum befindet sich am südlichen Ende der Mahatma Gandhi Road. Es ist nicht im Stil der Holztempel Keralas gebaut, sondern im dravidischen Stil Tamil Nadus mit einem siebenstöckigen, 17 m hohen Eingangsgopuram. Das Innere bleibt, wie bei den meisten Tempeln in Kerala, für Nichthindus verschlossen. Die einzige Gelegenheit, das Götterbild zu Gesicht zu bekommen, besteht beim zweimal jährlich stattfindenden Aratfest im März / April und im November / Oktober. Dann wird die Figur Vishnus, begleitet

von einer großen, vom Maharadscha angeführten Prozession, zur rituellen Waschung ans Meer gebracht. Salutschüsse, Musik und abendliches Feuerwerk begleiten die Feierlichkeiten.
Im Tempelbezirk gibt es einen Badeteich, umgeben von schönen, reich verzierten Brahmanenhäusern.

Mahatma Gandhi Road

Folgt man der Hauptgeschäftsstraße, der Mahatma Gandhi Road, nach Norden, passiert man rechts das säulengeschmückte Regierungsgebäude. An der gleichen Straße konzentrieren sich auch Kunsthandwerk- und Antiquitätenläden. Am Ende der MG Road liegt rechts der Connemara-Markt, auf dem vom Kamm bis zur Ananas alles feilgeboten wird. Auch die Parkanlagen mit dem Napier-Museum, der Sri Chitra Art Gallery und der Zoo befinden sich hier.

Thiruvananthapuram Orientierung

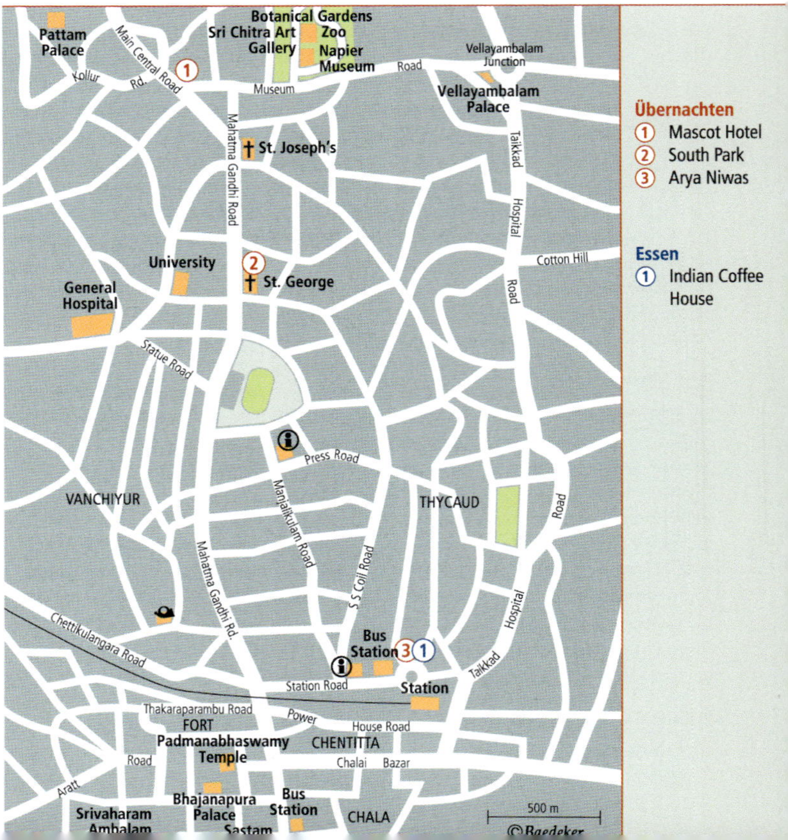

THIRUVANANTHAPURAM • KOVALAM ERLEBEN

AUSKUNFT

Tourist Offices
gibt es am Flughafen, am Bahnhof oder am Busbahnhof. Das Hauptoffice ist gegenüber dem Napier-Museum (Tel. 04 71 – 232 11 32). Weitere Informationen unter www.keralatourism.org.

ANREISE

Mit dem Flugzeug erreicht man Thiruvananthapuram von allen größeren indischen Städten, aber auch von Sri Lanka, den Malediven und den Golfstaaten. Zudem existieren zahlreiche Bahn- und Busverbindungen z. B. von Mumbai, Bangalore, Kochi und Margao (Goa).

SHOPPING

Bekannte Märkte sind der Connemara (Palayam) Market und der Chalai Market. Schönes Kunsthandwerk findet man bei Kairali Handicrafts (nahe der Statue Junction), Produkte der Gandhi-Produktionsstätten(Khadi Gramodyog Bhavan) bei der Ayurveda College Junction.

ESSEN

► Preiswert

① ***Indian Coffee House***
Station Road, neben dem Busbahnhof (Thampanoor)
Gute Adresse, um auf südindische Art zu frühstücken. Das Restaurant ist in einem roten Turm untergebracht und man geht einen gewundenen Gang nach oben. Auf jeder Etage werden Idlis, Dosas und Wadas gegessen (s. S. 142).

ÜBERNACHTEN

► Luxus / Komfortabel

① ***Mascot Hotel***
PMG Junction
(MG Road / Museum Road)
Thiruvanathanpuram
Tel. 04 71 – 231 89 90
www.ktdc.com
Man wohnt in einem alten Kolonialgebäude. Es gibt einen Swimmingpool, ein Ayurvedazentrum und ein gutes Restaurant.

② ***South Park***
Zentral gelegen an der MG Road
Thiruvananthapuram
Tel. 04 71 – 233 33 33
Zu den vielen Angeboten des Hotels zählen ein Restaurant (internationale Küche), ein Pub, eine Bäckerei, ein Café, ein Buchladen – und massieren lassen kann man sich auch.

Somatheeram und Manaltheeram Ayurvedic Beach Resorts
Chowara (9 km südlich von Kovalam)
Tel. 04 71 – 226 81 01
www.somatheeram.in und
Tel. 04 71 – 226 62 22
www.manaltheeram.com
Sehr angesehene ayurvedische Resorts in schönem Ambiente.

Surya Samudra Holiday Resort
Pulinkudi Mullur (Kovalam)
Tel. 04 71 – 226 71 24
www.suryasamudra.com
Das Resort liegt etwa 10 km südlich von Kovalam. Man wohnt in traditionellen Kerala-Häusern oder Hütten. Gutes Restaurant mit traumhaftem Blick, zudem ayurvedische Behandlungen und Pool.

► Komfortabel / Günstig

Hotel Rockholm
Lighthouse Road; Kovalam
Tel. 04 71 – 24 03 91
Das Hotel liegt direkt am Wasser und hat ein schönes Terrassenrestaurant.

Hotel Blue Sea
Kovalam
Tel. 04 71 – 248 14 01
Einfache Zimmer in altem Kerala-Holzhaus und komfortable Zimmer in neuen Gebäuden. Außerdem bietet das 10 Min. vom Strand entfernte Hotel einen Swimmingpool und einen schönen Garten.

► **Günstig**
③ ***Arya Niwas***
Manorama Road
Thampanoor
Thiruvananthapuram
Tel. 04 71 – 233 07 89
Angenehme, saubere Zimmer und ein hervorragendes vegetarisches Restaurant.

★★ **Napier Museum**

Öffnungszeiten:
tgl. außer Mo.
10.00 – 18.00

Das interessante Napier-Museum wurde um 1880 erbaut. Schon von weitem zieht das Gebäude durch seinen außergewöhnlichen Baustil den Blick des Besuchers auf sich: Der britische Architekt Chisholm kombinierte hier Elemente der Kolonialarchitektur mit denen traditioneller Kerala-Häuser. Das Museum beherbergt einige **hervorragende Elfenbein- und Holzschnitzereien**, exzellent gearbeiteten Goldschmuck, Cholabronzen aus dem 12. Jh., einen Tempelwagen und vieles mehr.

Sri Chitra Art Gallery

Ganz in der Nähe befindet sich auch die Sri Chitra Art Gallery. Hier sind Miniaturen aus der Rajput- und Mogulschule sowie Malereien der Thanjavurschule ausgestellt. Ebenso werden Gemälde aus China, Japan und Tibet und Bilder des russischen Malers Nicolaus Roerich sowie Werke Raja Ravi Varmas, des bekannten Porträtisten verschiedener Herrscher Keralas, gezeigt. Die Öffnungszeiten entsprechen denen des Museums.

! *Baedeker* TIPP

Lieber Kaffee als Tee gefällig?

Indiens Antwort auf die Kaffeehäuser Wiens bis zu Starbucks und Co. heißt »Indian Coffee House«. Die Kette der Indian Coffee Workers Cooperative unterhält ungefähr 160 Cafés in ganz Indien, viele davon in Kerala. Leckeres indisches Frühstück und guter Kaffee für ein paar Rupien zwischen den Schwarz-Weiß-Porträts von indischen Freiheitskämpfern.

Umgebung von Thiruvananthapuram

★ **Kovalam**

Im vergangenen Jahrzehnt hat sich das kleine Fischerdorf Kovalam (13 km südlich von Thiruvananthapuram) zu einer der Hauptattraktionen Keralas entwickelt. Verantwortlich dafür sind zwei palmengesäumte, durch vorspringende Felsen voneinander getrennte Buchten mit einem insgesamt **4 km langen, weißen Sandstrand**. Vor allem in der Hauptsaison von November bis Februar ist diese Alternative zu Goa meist voller Touristen. An der südlicheren der beiden Buchten, die durch den Leuchtturmfelsen begrenzt wird, reihen sich Strandcafés, Restaurants, Souvenirläden und kleine Hotels.
Wer den Tag nicht am Strand oder in einem Café verbringen möchte, kann einen schönen Spaziergang zum etwas südlicher gele-

Fischerhafen am südlichen Strandabschnitt von Kovalam

genen Fischerdorf **Vizhinjam** machen. Der Weg führt entlang der Straße, vorbei am Leuchtturm, von dem man eine schöne Sicht auf die Küste und den Fischerhafen hat. Er ist allerdings nur nachmittags zwischen 14.00 und 16.00 Uhr für Besucher zugänglich.
Der Fischerhafen von Vizhinjam wird bestimmt von einer großen modernen Moschee, die an exponierter Stelle errichtet wurde. Am Strand kann man den Fischern beim Flicken ihrer Netze oder beim Einbringen ihres Fangs zuschauen.

Varkala Als Alternative zum Kovalam Beach wird der schöne Strand von Varkala (50 km nördlich von Thiruvananthapuram) gepriesen. Besucher sollten allerdings bedenken, daß dies für die Hindus ein heiliger Ort ist. Papanashini, d. h. Zerstörer der Sünden, wird er im Volksmund genannt. Gläubige bringen die Asche ihrer verstorbenen Verwandten hierher, um sie dem Meer zu übergeben oder um für die Seelen der Vorfahren zu beten. Im Ort selbst steht der Janardhana-Swamy-Tempel, ein Vishnuheiligtum und Ziel vieler Pilger. Von Kollam und Thiruvananthapuram aus verkehren regelmäßig Busse nach Varkala.

! *Baedeker* TIPP

Toller Tagesausflug

Wer Abwechslung vom Strandleben sucht, kann mit dem Taxi einen schönen Tagesausflug nach Kanyakumari an die Südspitze Indiens machen. Nicht auslassen sollte man dabei den wunderbaren Holzpalast von Padmanabhapuram und das Tempelstädtchen Suchindaram.

63 km südöstlich von Thiruvananthapuram liegt **Padmanabhapuram**, der eindrucksvolle Holzpalast der ehemaligen Maharadschas von Travancore. Von 1550 bis 1570 re-

gierten sie von hier aus ihr Reich. Der Ort trägt den Namen der Schutzgottheit des Fürstengeschlechts Padmanabha, einer Form Vishnus. Im Jahr 1550 hatte der damalige Raja den Titel Padmanabhasa (»Diener Padmanabhas«) angenommen und regierte fortan das Reich als Statthalter Gottes – eine damals übliche Form der Machtlegitimation hinduistischer Herrscher.

✶ **Padmanabhapuram**

Der überwiegend aus Holz erbaute Palast besteht aus mehreren miteinander verbundenen Gebäuden. Ihre Ziegeldächer mit dreieckigen, zum Teil schön geschnitzten Giebeln weisen auf den typischen Baustil Keralas hin, der sich auch in vielen Tempeln und alten Häusern wiederfindet. Enge Treppen verbinden die verschiedenen Stockwerke des Komplexes miteinander. Man betritt das Gebäude durch die verandaförmige Eingangshalle. Dort hängt eine Öllampe von der mit 90 verschiedenen Blumenmotiven geschmückten Holzdecke. Auf dem Granitbett in der Ecke ruhte der Maharadscha vermutlich an heißen Sommernachmittagen. Im ersten Stock befindet sich die ehemalige Versammlungshalle. Ihr schwarz glänzender Boden wurde aus einer heute nicht mehr gebräuchlichen Mischung aus verbrannter Kokosnuss, Eiweiß, Kalk, Sand u. a. hergestellt.

Öffnungszeiten:
tgl. außer Mo.
9.00 – 16.30

Sehr sehenswert ist auch das Schlafzimmer des Herrschers: das **imposante, mit reichen Schnitzereien versehene Bett** besteht aus 16 verschiedenen, medizinisch wirkenden Hölzern. Direkt über dem Schlafzimmer befindet sich der Meditationsraum mit eindrucksvollen Wandmalereien. Zwei Öllampen brennen hier seit seiner Einweihung. Zum Palast gehören auch eine Tanzhalle und ein Speisesaal, in dem bis zu 2000 Brahmanen gespeist werden konnten.

Suchindaram

Auf dem weiteren Weg nach Kanyakumari kann man dem Städtchen Suchindaram mit seinem Hanumantempel einen Besuch abstatten. Das sehr lebendig wirkende Heiligtum liegt neben einem reizvollen kleinen Tempelsee, der von Brahmanenhäusern umgeben ist.

Thrissur (Trissur, Trichur)

E 14

Bundesstaat: Kerala
Einwohner: 300 000
Höhe: Meeresspiegel
Entfernung: 472 km südwestlich von Bangalore

Thrissur, die Hauptstadt des früheren Cochin-Staats, ist um einen Hügel gebaut, der gleichzeitig das Zentrum markiert. Hier steht auch der schöne Vadakkunatha-Tempel, zu dem Nichthindus allerdings keinen Zutritt haben.

Geschichte

Heiß umkämpft war der Ort im 18. Jh., wo er sowohl dem Zamorin von Calicut als auch Tipu Sultan aus Mysore in die Hände fiel. Dem Raja von Kochi, Shaktan Tampuran, hat Thrissur sein größtes Festi-

THRISSUR ERLEBEN

AUSKUNFT

District Tourism Promotion Council
Palace Road (ggü. dem Rathaus)
Tel. 04 87 – 232 08 00
www.keralatourism.org

ANREISE

Mit der Bahn von Ernakulam und Kozhicode; mit dem Bus u. a. von Thiruvananthapuram und Kochi.

FESTE

Im April / Mai wird das Puram-Fest gefeiert, Keralas größtes Fest mit prachtvollen Elefantenprozessionen.

ÜBERNACHTEN / ESSEN

► Luxus / Komfortabel

Kalari Kovilakom
Kollengode –678 506
Palakkad (60 km nordöstl. v. Thrissur)
Tel. 04923-263 155
www.cghearth.com
Im stilvoll wieder hergerichteten alten Palast von Kollengode ist eines der besten Ayurvedazentren Keralas untergebracht. Wer Ruhe und Entspannung sucht, sich einer ayurvedischen Behandlung (inklusive persönlichem Speiseplan und individuellen Yogastunden) unterziehen möchte, der ist hier richtig. Da das Haus in der Art eines Ashrams geführt wird, muss auf Rauchen, Alkohol und Handy verzichtet werden.

Kadappuram Beach Resort
Nattika Beach (25 km von Thrissur)
Tel. 04 87 – 239 49 88
www.kadappurambeachresorts.com
Nahe an einem schönen Sandstrand gelegene Bungalows, Ayurvedazentrum und Restaurant mit ayurvedischer Küche, Rauchverbot in der Anlage.

► Komfortabel / Günstig

Casino Hotel
TB Road
Tel. 04 87 – 242 46 99
Beim Bahnhof, mit Restaurant, Bar, Internetcafé und Garten.

► Günstig

Siddharta Regency
Tel. 04 87 – 242 47 73
Beim Bahnhof gelegen, mit Pool und Restaurant, wo süd- und nordindische Küche serviert werden. Kleine, nette Zimmer.

val zu verdanken, das Puram-Fest, zu dem alljährlich Menschenmassen aus ganz Kerala und natürlich auch ausländische Besucher in die Stadt strömen.

Sehenswertes in Thrissur

Vadakkunatha-Tempel

Auf alle Fälle einen Besuch wert ist der Vadakkunatha-Tempel aus dem 16. Jahrhundert. Auch wenn es Nichthindus verboten ist, das Innere des Tempels zu betreten, lohnt sich der Gang zum Hügel in der Mitte der Stadt. Das Gott Shiva in seiner Form als Vadakkunatha gewidmete Heiligtum ist ein **gutes Beispiel für Keralas Tempelarchitektur**. Das gesamte Bauwerk ist mit Holz verkleidet. Besondere Aufmerksamkeit verdient das dreifach gestaffelte Giebeldach mit ebenfalls hölzernem Dachgebälk. Typisch ist auch der steinerne Lampenständer in Form einer Schildkröte, der vor dem Haupteingang des Tempels errichtet wurde. Das Heiligtum beherbergt neben dem Hauptschrein für Vaddakunatha noch zahlreiche weitere Schreine, u. a. für Rama und Krishna, sowie das Kuttambalam-Theater.

★ Puram-Fest

Der Tempelhügel ist alljährlich Schauplatz des farbenprächtigen Puram-Festes, bei dem zwei große Tempel um das beste Aufgebot an **Elefanten, Musikern und Feuerwerk** wetteifern. In zwei separaten Prozessionen nähern sich die jeweils 15 Elefanten des Tiruvambadi- und des Paramekkavu-Tempels dem Ort, begleitet vom ohrenbetäubenden Getöse zahlloser Trommeln, Becken und Blasinstrumente. Eine jubelnde Menschenmenge begrüßt die Mahouts mit ihren goldgeschmückten Elefanten, die Seidenschirme in grell schimmernden Farben tragen. Bis spät in die Nacht dauern die Feierlichkeiten, die mit einem mächtigen Feuerwerk zu Ende gehen. Viel Geld lassen sich die Tempel diese Demonstration von Pracht und Wohlstand kosten, die mittlerweile zum größten Fest Keralas aufgestiegen ist.

Aufmarsch der goldgeschmückten Elefanten beim Puram-Fest

Museum

Öffnungszeiten: tgl. außer Mo. 10.00 – 17.00

Vom Straßenring, der um den Tempelhügel führt, verläuft eine Straße in östlicher Richtung, auf der man nach ungefähr 10 Minuten das Museum der Stadt erreicht. Es enthält einige schöne Bronzen und Holzschnitzereien; auch Kopien verschiedener Wandmalereien aus Tempeln und Palästen sind zu sehen.

Lourdes-Kathedrale

Noch weiter im Osten der Stadt steht die syrisch-katholische Lourdes-Kathedrale. Die Krypta birgt eine Imitation der Grotte von Lourdes. Unter den Statuen in der Kirche befindet sich auch die hl. Alphonsa, eine Nonne aus Kottayam, die 1986 hier vom Papst heilig gesprochen wurde.

Ringstraße

Einkäufe erledigt man am besten an der Ringstraße im Zentrum, dort gibt es eine Reihe guter Kunsthandwerksläden, die spezielle Produkte aus Kerala anbieten.

Umgebung von Thrissur

Guruvayur

Der hiesige Krishna-Tempel macht Guruvayur (32 km nördlich von Thrissur, 20 000 Einwohner) zu einem der wichtigsten Pilgerorte Keralas. Täglich strömen unzählige Menschen zu dem berühmten Heiligtum, in das Nichthindus der Eintritt untersagt ist. Der Tempel, dessen Ursprünge im Dunkeln liegen, stammt in seiner heutigen Form vermutlich aus dem 16. Jahrhundert. Lebhaftes Treiben herrscht auf den Straßen vor dem Eingang.

Elefanten-Trainingscamp in Punnathur Kotta

Öffnungszeiten: 9.00 – 17.00

Interessant für Reisende ist das Elefanten-Trainingscamp in Punnathur Kotta, 4 km außerhalb der Stadt. Auf dem Gelände werden ca. 40 Elefanten gehalten und auf ihre Einsätze bei den vielen Prozessionen vorbereitet. Gegen ein geringes Entgelt kann man den Mahouts beim Waschen der Tiere im Teich und beim Füttern zusehen. In einer separaten Sektion befindet sich die »psychiatrische Abteilung« des Camps. Dort sind (gut angebunden) besonders aggressive Tiere untergebracht, die mit ayurvedischer Medizin behandelt werden. Innerhalb der Umfriedung liegt auch der alte Maharadschapalast, der schon öfter die Kulisse für Kinodramen abgegeben hat.

Kodungallur (Craganore)

Einer Insel gleich liegt Kodungallur (35 km südlich von Thrissur) zwischen dem Meer, den Backwaters und zwei Flussmündungen. An dieser Stelle befand sich der antike Hafen Muziris, wo Keralas Gewürze in alle Welt verladen wurden. Hier hatte auch der sagenhafte König Cheraman Perumal, der später zum Islam konvertierte und nach Mekka auswanderte, seine Hauptstadt errichtet. Der **Apostel Thomas** soll dort 52 n. Chr. indischen Boden betreten und das Christentum auf den Subkontinent gebracht haben. Kodungallur ist mit dem Bus oder Taxi von Thrissur aus zu erreichen.

Spuren dieses frühen Nebeneinanders verschiedener Religionen sind auch heute noch zu finden. So steht etwa 1,5 km vom Stadtzentrum entfernt die **Cheraman Jami Masjid**, die als älteste Moschee Indiens gilt. Sie soll im 7. Jh. von Cheraman gestiftet worden sein. Der heutige Bau ist allerdings erst im 16. Jh. errichtet worden. Im Zentrum der Stadt befindet sich das große Heiligtum der Hindus, der alte, im typischen Keralastil gebaute **Kurumba-Bhagavati-Tempel**.

St.-Thomas-Kirche in Azhicode

Ein paar Kilometer entfernt, in Azhicode, erinnert die St.-Thomas-Kirche (Mar Thomas Pontifical Shrine) an den Apostel, der in Indien mit den frühen Tagen des Christentums verknüpft wird. Das von Kolonnaden umrahmte Gotteshaus – **eine Art Miniaturnachbildung des Petersdoms in Rom** – beherbergt einen Fingerknochen des hl. Thomas als Reliquie. Da die Kirche zauberhaft an einer palmengesäumten Flussmündung liegt, bietet sich ein Ausflug mit dem Boot oder Taxi von Kodungallur aus an.

Tiruchirapalli (Tiruchirappalli, Tiruchi, Trichy)

F 14

Bundesstaat: Tamil Nadu
Einwohner: 775 000
Höhe: 88 m ü. d. M.
Entfernung: 320 km südl. v. Chennai

Die am Ufer des Kaveri gelegene Stadt ist das Handelszentrum des fruchtbaren Flussdeltas, das als die Kornkammer Tamil Nadus gilt. In Tiruchirapalli werden vor allem Textilien, Leder, künstliche Diamanten und landwirtschaftliche Maschinen umgeschlagen.

Tiruchirapalli hat nur wenige touristische Attraktionen, aber die stark expandierende Stadt bietet sich als Ausgangspunkt für eine Reise in die nahe gelegene **Tempelstadt Sri Rangam** an.
Die Geschichte Tiruchirapallis reicht zurück bis in die klassische Sangam-Periode. Später bauten die Cholas das Fort zu einer kleinen Festung aus. Sie wurden jedoch im 14. Jh. von den muslimischen Herr-

TIRUCHIRAPALLI ERLEBEN

AUSKUNFT

Tamil Nadu Tourist Office
Tel. 04 31 – 246 01 36
oder
www.tamilnadutourism.org

ÜBERNACHTEN / ESSEN

► **Luxus**
Hotel Sangam
Collector's Office Road
Tel. 04 31 – 246 47 00
hotelsangam@vsnl.com
Modernes Hotel mit schönem Pool und gutem Restaurant.

► **Günstig**
TTDC Hotel Trichy
Mc Donald's Road
Tel. 04 31 – 241 43 46
Tamil Nadu Tourism bietet einfache Zimmer mit oder ohne Klimaanlage, aber mit TV.

schern besiegt. Ab Mitte des 16. Jh.s geriet die Stadt unter die Herrschaft der Nayaks und wechselte sich mit Madurai als Hauptstadt ab. Eine weiterhin wechselvolle Geschichte erlebte die Stadt während der karnatischen Kriege sowie während der Kriege zwischen Franzosen und Engländern um die Vorherrschaft in der Region.

Fein gemacht für den Spaziergang durch die Straßen Sri Rangams

Sehenswertes in Tiruchirapalli

Über dem ansonsten flachen Land erhebt sich ein 80 m hoher, von Wind und Wetter blank polierter Granitfels, der von einem **Ganeshatempel** bekrönt wird. Eine enge, überdachte Treppe ermöglicht den etwas mühsamen **Aufstieg über 435 Stufen**, der mit einem atemberaubenden Blick auf die Stadt und die ein paar Kilometer nördlich gelegene Tempelanlage von Sri Rangam belohnt wird. Der Tempel selbst ist nur für Hindus zugänglich. Am Fuß des Felsens liegt ein künstlicher See, Teppakulam, der von alten Häusern und zahllosen kleinen Geschäften umgeben ist. Im März findet hier das Floßfest statt, bei dem Gottheiten auf Flößen auf den Teich gebracht werden. Der ehemalige Nayakpalast steht an der nordöstlichen Ecke des Teppakulams, er kann jedoch heute nicht mehr besichtigt werden.

Kirchen Von den zahlreichen Kirchen der Stadt sind die St. Josephs College Church und die Christ Church die wichtigsten. Die erste ist eine Nachbildung der Kirche von Lourdes. Der Bau der zweiten geht auf die Bemühungen des in Thanjavur verstorbenen dänischen Missionars Schwartz zurück.

✶✶ Sri Rangam

Stadt Auf der schmalen, grünen Insel zwischen dem Kaveri und seinem Seitenarm Kollidam breitet sich das Städtchen Sri Rangam aus. Die

Attraktion von Sri Rangam, das 3 km von Tiruchirapalli entfernt liegt, ist der beeindruckende Ranganatha-Tempel, der als **größter Tempel Indiens** gilt.

Ranganatha-Tempel

Das Ranganatha-Heiligtum ist einer Form von Vishnu geweiht, die im Sanktum auf der heiligen Schlange Sesha ruhend dargestellt ist. Teile des Tempels wurden bereits von den Cholas erbaut und später im 13. Jh. von den Pandyas erweitert. Die Könige des Vijayanagar-Reiches und ihre Vasallen, die Nayaks, fügten weitere Anbauten hinzu, die an Größe die bereits vorhandenen Tempelgebäude überragten. Der letzte und größte Gopuram, durch den man heute die Tempelanlage betritt, wurde erst um 1990 fertig gestellt.
Sri Rangam ist das klassische Beispiel für eine **Tempelstadt**. Um den relativ kleinen Haupttempel gruppieren sich sieben Höfe mit insgesamt 21 Gopurams. In den ersten drei Höfen befinden sich zahlreiche Geschäfte, Unterkünfte der Brahmanen und Schlafmöglichkeiten für die vielen Pilger. Erst nach dem vierten Hof beginnt der eigentliche Tempel, für dessen Besuch man die Schuhe ausziehen muss.

★ ◄ Pferdehalle

Lohnend ist eine Besichtigung der Pferdehalle im vierten Hof. An den monolithischen Säulen entdeckt man sich aufbäumende Pferde, Krieger und Fabeltiere. Sehenswert ist auch der Krishnatempel mit schönen Darstellungen von sich schmückenden Gopis (Hirtenmädchen). Das Sanktum des Tempels ist für Nichthindus verschlossen.

Sich aufbäumende Rösser zieren die Pfeiler der Pferdehalle in Sri Rangam.

Der Tempel wird das ganze Jahr über von zahlreichen Pilgern besucht und ist für seinen reichen Gold- und Edelsteinschmuck bekannt.

Jambukeshwara-Tempel Etwa 4 km östlich des Ranganatha-Tempels in dem kleinen Dorf Thiruvannaikaval befindet sich ein berühmtes Shivaheiligtum. Der Jambukeshwara-Tempel besteht aus fünf Höfen und wird von fünf Gopurams bekrönt. Im Sanktum wird Shiva als Lingam verehrt, jedoch befindet er sich unter Wasser, da der Tempel wohl über einer Quelle erbaut wurde. Nichthindus dürfen das Sanktum nicht betreten.

Vijayawada

G 11

Bundesstaat: Andhra Pradesh
Einwohner: 1,01 Mio.
Entfernung: 433 km nördl. von Chennai

Am Ufer des Flusses Krishna, am Schnittpunkt wichtiger Eisenbahnlinien, liegt die aufstrebende Großstadt Vijayawada. Der dortige Stausee ist für die Wirtschaft des Krishnadeltas von eminenter Bedeutung, wird durch ihn doch rund 1 Mio. ha Land bewässert und für den Getreideanbau nutzbar gemacht.

Als Ausgangspunkt für Ausflüge in die Region bietet Vijayawada dank seiner zentralen Lage und der guten Verkehrsanbindung beste Voraussetzungen. Vor allem die Ruinenstätte Amaravathi wird von Vijayawada aus gern besucht.

Geschichte Am fruchtbaren Krishnadelta war bereits vor 2000 Jahren ein wichtiges Gemeinwesen im buddhistischen Vengireich entstanden. Um 605 wurde die Stadt von dem Chalukya-König Vishnuvardhana erobert und der Buddhismus verlor immer mehr an Bedeutung. Im 11. Jh. gelang es den Cholas, diese Region für zwei Jahrhunderte unter ihre Kontrolle zu bringen. 1323 geriet die Stadt bis zur Eroberung durch die Engländer unter islamischen Einfluss. Dieser wurde nur unterbrochen von einer kurzen Periode, in der die lokale Dynastie der Reddis sich selbstständig machte. Ab 1427 regierten die Qutb-Shahi-Könige aus Golconda / Hyderabad, die aus Vijayawada einen wichtigen Inlandshafen machten.

Sehenswertes in Vijayawada

Arkanna-Madanna-Tempel Das aus dem 7. Jh. stammende Heiligtum mit schlichten, streng anmutenden Säulen ist auf zwei Ebenen als Höhlentempel in den Berg gehauen. Von hier aus hat man eine gute Aussicht auf die Stadt.

VIJAYAWADA ERLEBEN

AUSKUNFT

APTDC Tourist Office
Tel. 08 66 – 257 02 55
www.aptourism.com

ANREISE

Vijayawada liegt an der Bahnstrecke zwischen Chennai und Kolkata. Zugverbindung nach Hyderabad.

ESSEN / ÜBERNACHTEN

► **Komfortabel**

Hotel DV Manor
MG Road
Vijayawada
Tel. 08 66 – 247 44 55
www.hoteldvmanor.com
Zentral gelegenes, moderne Hotel mit ausgezeichentem Restaurant.

Victoria Jubilee Museum

Das Victoria Jubilee Museum besitzt mehrere Skulpturen und Bilder, darunter auch eine weithin bekannte Kolossalstatue Buddhas.

Weitere Sehenswürdigkeiten

Zu den Sehenswürdigkeiten von Vijayawada gehören des Weiteren der Höhlentempel von Mogalrajapuram, zwei 1000 Jahre alte Jaintempel und die von den Qutb-Shahi-Herrschern erbaute Hazratbal-Moschee mit einer Reliquie des Propheten Mohammed.

Umgebung von Vijayawada

Undavalli

Etwa 5 km südöstlich der Stadt, am anderen Ufer des Flusses, liegt das kleine Dorf Undavalli, das mit einer Reihe von Höhlentempeln aufwartet. Die Heiligtümer aus der Zeit der Vishnukundin-Dynastie (6. Jh.) gelten als Vorbild für die Höhlentempel der Pallava-Dynastie in Mamallapuram und als Vorläufer des südindischen Tempeltyps.

Amaravathi

Amaravathi (60 km von Vijayawada) war vom 2. Jh. v. Chr. bis zum 2. Jh. n. Chr. das kulturelle Zentrum des südindischen Buddhismus und die Hauptstadt der Satavahanas, die Hinduismus und Buddhismus förderten. Heute sind inmitten der riesigen Ruinenanlage nur noch Überreste des einst größten Stupas Indiens zu sehen. Seine Marmorverkleidung sowie die Umzäunung waren einst mit wunderbaren Reliefs geschmückt.

★ ◄ Reliefs

Die Reliefs von Amaravathi, die Szenen aus Buddhas Leben darstellen, gehören zu den Meisterwerken indischer Kunst. Die Figuren entstanden als eine Synthese beider Religionen in einer Zeit, als der König ein Hindu und die Königin eine Buddhistin war. Die meisten Fundstücke von Amaravathi befinden sich heute im Chennai Government Museum oder im British Museum in London. Das kleine **Archäologische Museum** vor Ort besitzt einige Originalskulpturen aus der Zeit vom 3. Jh. v. Chr. bis zum 5. Jh. n. Chr. sowie einige Gipsabgüsse.

GLOSSAR ZU GEOGRAFIE, RELIGION UND KULTUR

Adinatha erster Furtenbereiter (Tirthankara) des Jainismus
Adivasi Ureinwohner Indiens; Bezeichnung für Stämme
Agni vedischer Feuergott
Ahimsa Gewaltlosigkeit; weder in Worten noch in Taten einem anderen Wesen Schaden zufügen
Apsara himmlische Nymphe, Halbgöttin
Ardhanarishvara Shiva-Darstellung: halb Mann, halb Frau
Arjuna Pandu-Prinz und Held der Bhagavadgita
Asana Yogastellung
Ashram Wohnstätte, wo der Guru und seine Schüler zusammenleben
Atman individuelle Seele
Avalokiteshvara Mitleid verkörpernder und daher am häufigsten angeflehter Bodhisattva, Helfer des Buddha
Ayurveda »Wissen vom Leben«, eine der traditionellen medizinischen Lehren Indiens
Bagh Park
Bhagavadgita Kernstück des Mahabharata
Bhakti religiöse Hingabe, fromme Gottesliebe – wird in der Bhagavadgita gelehrt
Bharat Indien
Bhavan Haus, Gartenpavillon
Bodhibaum Baum, unter dem Buddha seine Erleuchtung fand
Bodhisattva »Erleuchtungswesen«: Buddha, der auf den Eintritt in das ► Nirwana verzichtet, um den Menschen zu helfen, dem Kreislauf der Wiedergeburten zu entfliehen; B.s werden oft bei Alltagsproblemen angefleht.
Brahma Weltenschöpfer, einer der drei ►Trimurti
Buddha Siddharta Gautama Shakya, Stifter der Buddhismus; »Erleuchteter«, der aus eigener Kraft die Nichtigkeit der Welt erkannt hat.
Buddhas der drei Zeitalter Vergangenheit, Gegenwart, Zukunft: Häufige Gruppe in der Haupthalle von Tempeln: in der Mitte Shakyamuni, rechts Maitreya.
Cantonment Verwaltungs- und Militärbezirk einer Stadt aus der britischen Kolonialzeit
Chaitya urspr. frühbuddhistischer Grabhügel; entwickelte sich zu einem Tempel mit breitem Mittelschiff und zwei schmalen Seitenschiffen, an dessen Ende sich die Dagoba mit Umwandlungsgang befindet
Chakra Scheibe, Symbol Vishnus, Rad der Lehre Buddhas
Chamunda Schreckensaspekt der Muttergöttin Devi
Char Bagh viergeteilter, quadratischer Garten
Chhatri Grabstätte in Form einer offenen Schreins
Chowk offener Platz
Dagoba Flaschenpagode; kleine Innen-Stupa am Ende der Chaitya-Halle
Devadasi Tempeltänzerin

Devi Göttin; Urform von Parvati, Kali etc.
Dharamsala Pilgerherberge
Dharma Gesetz des Seins sowie die Lehre des ►Buddha darüber, oft dargestellt als »Rad der Lehre«, die weiter und weiter gegeben wird.
Dhoti traditionelle Beinkleidung der Männer
Digambaras »Luftbekleidete«, Anhänger der Jainismus
Diwali Lichterfest der Hindus (Okt. / Nov.)
Dravidastil südindischer Baustil
Draviden nicht-indoarische Urbevölkerung Südindiens
Durga hinduistische Muttergottheit in vielerlei Gestalten, ►Devi
Ganesha hinduistische Schutzgottheit mit Elefantenkopf, Sohn ►Shivas
Ganga hinduistische Flussgöttin und Name für den Ganges
Garbhagriha Mutterschoß, das Allerheiligste des Sanktums
Garuda Sonnenvogel, Reittier Vishnus
Ghat Badetreppen, ansteigendes Gebirge
Ghee geklärte Butter
Gompa tibetisches Kloster, Höhle
Gopuram Tempelturm im südindischen Baustil, befindet sich an den Eingängen zur Tempelanlage
Gumbaz persische Kuppel
Gopi Hirtenmädchen, Gespielin Krishnas
Guru Lehrer, Meister
Hanuman Sohn des Windgottes, Affengeneral aus dem Ramayana
Harem Frauentrakt in einer muslimischen Palastanlage
Harijan »Kinder Gottes«, Bezeichnung Gandhis für die Unberührbaren
Hatha Yoga Yoga-Form, beschäftigt sich mit Körperhaltungen und Atembeherrschung
Haveli Kaufmannshaus in Nordindien mit schönen Verzierungen (Holzschnitzereien, Wandmalereien)
Hill Station von den Engländern eingerichteter Luftkurort
Hinayana frühe, strenge Form des Buddhismus (»Kleines Fahrzeug«)
Jainismus Religionsgemeinschaft des Jainas; von Jina, einem Zeitgenossen Buddhas (6. Jh.), gegründet
Jami Masjid Große Moschee, Freitagsmoschee
Jati hinduistische Bezeichnung für die Kaste als Gemeinschaft, in die der Mensch hineingeboren ist
Jauhar Massenselbstverbrennung der Rajputenfrauen, um der Gefangennahme zu entgehen
Kali Furcht erregende Erscheinungsform der Devi, wird v.a. in Bengalen verehrt
Kamasutra altindisches Lehrbuch der Liebe
Karma Wirkung des Schicksals
Krishna achte Inkarnation Vishnus
Kshatriya Angehöriger der Kriegerkaste
Kumari Jungfrau, unverheiratetes Hindumädchen
Kumbh(a) Mela Festtag der Hindus bei Sonnenfinsternis; findet alle vier Jahre in abwechselnden Städten statt
Lakshmi hinduistische Göttin des Wohlstands und der Schönheit; Gattin Vishnus

Lingam phallisches Symbol für Shiva
Mahabharata größtes Epos der klassischen Literatur Indiens
Mahadeva »großer Gott«, beliebter Name für Shiva
Mahal Palast
Maharadscha »großer König«, Herrscher eines Fürstentums
Maharani »große Königin«, Herrscherin oder Gemahlin des Maharaja
Mahatma »große Seele«, Ehrentitel für Gandhi
Mahavira 24. und letzter Furtenbereiter des Jainismus
Mahayana »großes Fahrzeug«, spätere volkstümliche Form des Buddhismus
Maheshvara Name Shivas
Mahout Elefantenführer
Maidan öffentlicher Platz
Mandala symmetrisches, aus Kreisen und Quadraten aufgebautes, den Kosmos symbolisierendes Diagramm
Mandapa offene oder geschlossenen Pfeilerhalle eines hinduistischen Tempels
Mandir Tempel
Mantra Beschwörungs- und Gebetsformel
Masjid Moschee
Medrese Koranschule, islamische Hochschule
Meru Weltenberg
Mihrab Gebetsnische in einer Moschee
Minar Turm einer Moschee
Mithuna Paare oder Gruppen beim Liebesakt
Naga Schlange, Schlangengott
Nagarastil nordindischer Baustil im Unterschied zum südindischen Dravidastil
Nagaraja Schlangenkönig
Nandi Stier, Reittier Shivas
Narasimha Mann-Löwe-Inkarnation Vishnus
Nataraja Shiva als kosmischer Tänzer
Nawab (Nabob) muslimischer Herrschertitel eines selbstständigen Fürsten, vergleichbar mit dem Maharadscha
Nirwana »Verwehen«, »Verlöschen«; bezeichnet in der buddhistischen Lehre den Zustand, der nach dem Stillstand des Rads der Wiedergeburten erreicht wird.
Padmapani Lotosträger, Form des Avalokiteshvara, ständiger Begleiter Buddhas ab dem Mahayana-Buddhismus
Paisa 1/100 Rupie, kleinste Währungseinheit
Pandit gelehrter Brahmane
Paria kastenlos, unrein, außerhalb der vier Kasten stehend; von Gandhi als Harijans bezeichnet
Parvati hinduistische Göttin, Gattin Shivas
Pol Tor
Puja hinduistische Zeremonie, bei der die Götter verehrt werden
Raja lokaler Herrscher; während der Kolonialzeit auch für Briten benutzt
Rama Held des Ramayana, siebte Inkarnation Vishnus
Ramayana nach dem Mahabharata das zweitgrößte Heldenepos der Hindus
Ratha Tempelwagen
Sad(d)hu heiliger Mann, Asket

Sagar künstlich angelegter See
Samsara Kreislauf der Wiedergeburten
Sanskrit älteste arische Sprache Indiens, in der die heiligen Schriften der Hindus abgefasst sind
Sarasvati Göttin der Wissenschaft, Gemahlin Brahmas
Sari 5,5 bis 6 m langes Frauengewand, wird um den Körper gewickelt
Sati Witwenverbrennung an der Bahre des toten Mannes, ebenfalls Bezeichnung für die auf diese Weise verstorbene Witwe
Shakti weibliche Muttergöttin, weibliche Energie
Shikhara Turm nordindischer Tempel
Shiva einer der drei höchsten Götter des Hinduismus; Weltenzerstörer, einer der ►Trimurti
Shivalinga phallisches Symbol für Shiva
Singh »der Löwe«, Name aller Sikhs
Stupa buddhistischer Sakralbau; entwickelte sich vom Grab- oder Reliquienhügel zur Pagode
Sufi islamischer Mystiker
Surya Sonne, vedischer Sonnengott
Tantrismus Ausdruck der schöpferischen Kraft Gottes; im Hinduismus: mit dem Shaktismus in Verbindung stehende Literatur
Thangka religiöses Rollbild des Buddhismus
Tirthankara Furtenbereiter im Jainismus
Trimurti dreiköpfige Darstellung der höchsten hinduistischen Götter – Brahma, Vishnu und Shiva – in einer Figur
Trishul Dreizack, Symbol Shivas
Vahana Reittier einer hinduistischen Gottheit
Vaishya Ackerbauer und Gewerbetreibender, Angehöriger der dritten Kaste
Vajrayana »diamantenes Fahrzeug«, späte Entwicklungsphase des Buddhismus
Varaha Eber-Inkarnation Vishnus
Varna »Farbe«, Bezeichnung für Kaste (Brahmanen weiß, Kshatriyas rot, Vaishyas gelb, Shudras schwarz)
Vav Brunnen, Treppenbrunnen
Veden religiöse Schriften des Hinduismus
Vihara buddhistisches Kloster, bereits in der frühbuddhistischen Felsarchitektur
Vimana Bezeichnung für den südindisch-dravidischen Stufen- oder Terrassentempelturm, im Gegensatz zum parabelförmig aufschwingenden shikhara des nordindischen Nagarastils
Vishnu Welterhalter, einer der ►Trimurti
Yamuna hinduistische Flussgöttin, dargestellt mit Schildkröte
Yatha Hinduwallfahrt
Yoga philosophische Lehre, die eine Reihe geistiger und körperlicher Übungen umfasst
Yogini weibliche Dämonen, die als Begleiterinnen Durgas im tantrischen Ritual die zentrale Rolle der Shakti spielen
Yoni Symbol für das weibliche Geschlechtsteil; Gegenstück zum Lingam
Yonilingam Lingam mit Yoni, in Form eines Beckens mit Ablauf für das Opferwasser

REGISTER

a

b

c

d

e

f

g

h

VERZEICHNIS DER KARTEN & GRAFISCHEN DARSTELLUNGEN

BILDNACHWEIS

Afra S. 614
akg-images S. 8, 40, 68, 71, 74, 77, 94, 105, 120, 125, 230, 232, 439
Baedeker-Archiv 23 (li.), 193
Bilderberg S. 64, 249, 402
Comtours S. 207 (unt.), 210, 514, 515, 555, 577, 585, 592
Dhamotharan S. 31, 104, 199, 213 (unt.li.), 215 (re.) 303, 308, 310, 354, 363, 552, 596
Dinodia S. 11, 101, 103, 127, 209 (li. ob.), 219 (ob.), 243, 264, 280, 375, 434, 437 (unt, re.), 467, 499, 513, 534, 538, 561, 611, 631,
Friedrichsmeier S. 337, 341
Friedrichsmeier/Heil S. 213 (ob. li.), 213 (unt. re.), 456, 437 (ob. li.), 437 (unt. li.), 438
Hackenberg S. 459
HB S. 58, 176, 205, 231 (li. ob.), 237, 312, 350, 357, 361, 364, 366
Hellige S. 201 (ob. li.), 273, 275, 279, 287, 288, 340, 347, 462
Interfoto vordere Umschlaginnenseite, 35, 86, 97, 99, 114, 160
Krisch S. 183
Kummerow S. 46, 106, 343
Lahr S. 43, 202, 314, 321, 336
laif S. 3, 10 (ob.), 15 (ob.), 178, 195, 200, 201 (unt.), 209 (re. ob.), 214, 219 (Mitte und unt.), 269, 322, 424, 426, 429, 431, 441, 442, 452, 454, 479, 508, 510, 519, 528, 532, 546, 559, 562, 575, 603, 605, 609, 628
laif/Aurora S. 268
laif/Bialobrzewski S. 267
laif/Bungert S. 133
laif/Celentano S. 222
laif/Glogowski S. 277
laif/Hahn S. 41
laif/Harscher S. 217 (ob. re.), 297, 348
laif/Herzau S. 26
laif/Heuer S. 483
laif/Hilger S. 240
laif/Hoa-Qui S. 2, 9, 95 (li. ob.), 95 (re. unt.), 175, 217 (unt. re.), 246, 300, 389, 571,
laif/Hollandse H. S. 404
laif/Huber S. 154, 181, 220/221, 456, 522, 541, 549, 568
laif/Jaenicke S. 123
laif/Jonkmanns S. 48, 481, 569, 623
laif/Keystone S. 118
laif/Kohlbecher S. 423
laif/Le Figaro S. 18, 132, 201 (Mitte), 209 (unt.), 317, 388, 590, 597, 620, 634, 635,
laif/Modrow S. 15 (unt.), 25, 33
laif/Roemers S. 578
laif/RAPHO S. 14, 17, 29, 36, 81, 91, 126/127, 157, 177, 188, 262, 353, 400, 403 (ob. li.), 496, 613
laif/Schoene S. 6, 39, 113
laif/TOP S. 135, 215 (li.), 328
laif/Westrich S. 95 (ob. re.), 403 (unt.)
look/Hoffmann S. 12/13, 198/199, 226
look/Maeritz S. 20
Müller S. 10 (unt.), 67, 164, 167, 170, 238, 260, 391, 604
Necke S. 213 (ob. re.), 335, 396, 409
picture-alliance S. 84, 96, 116, 146, 399, 488
Santor S. 61
Schreitmüller S. 4, 13, 139, 141, 144, 162, 172, 253, 291, 298, 319, 325, 359, 370, 381, 437 (ob. re.), 468, 494, 550, 565, 582
Schuster S. 1, 619
Szerelmy S. 7, 15 (Mitte), 16 (3x), 23 (unt.), 49, 52, 55, 56, 59, 88, 89, 92, 109, 149, 150, 191, 201 (ob.re.), 207 (ob. 2x, Mitte 2x), 217 (li. 2x), 221, 225, 231 (re. ob.), 231 (unt.), 233, 257, 258, 292, 373, 379, 384, 403 (ob. re.), 412, 415, 417, 418, 419, 461, 471, 473, 474, 475, 486, 490, 493, 502, hintere Umschlagklappe, hintere Umschlagaußenseite
Wurth S. 51, 73, 448, 587, 599

Titelbild: Bilderberg – Mädchen im Palast von Jaisalmer

IMPRESSUM

Ausstattung:
321 Abbildungen, 48 Karten und grafische Darstellungen, ein großer Cityplan
Text:
Karen Schreitmüller
mit Beiträgen von Mohan Dhamotharan und Beate Szerelmy
Bearbeitung:
Baedeker Redaktion
(Beate Szerelmy, Jens Wassermann)
Kartografie:
Christoph Gallus, Hohberg; Franz Huber, München; MAIRDUMONT/Falk Verlag, Ostfildern (Reisekarte)
3D-Illustrationen:
jangled nerves, Stuttgart
Gestalterisches Konzept:
independent Medien-Design, München
(Kathrin Schemel)

Sprachführer in Zusammenarbeit mit Ernst Klett Sprachen GmbH, Stuttgart, Redaktion PONS Wörterbücher

Chefredaktion:
Rainer Eisenschmid,
Baedeker Ostfildern

5. Auflage 2007
Völlig überarbeitet und neu gestaltet

Urheberschaft:
Karl Baedeker Verlag, Ostfildern

Nutzungsrecht:
MAIRDUMONT GmbH & Co KG; Ostfildern

Printed in China

BAEDEKER VERLAGSPROGRAMM

- Ägypten
- Algarve
- Amsterdam
- Andalusien
- Athen
- Australien
- Bali
- Baltikum
- Barcelona
- Belgien
- Berlin
- Bodensee
- Brasilien
- Bretagne
- Brüssel
- Budapest
- Bulgarien
- Burgund
- Chicago • Große Seen
- China
- Costa Blanca
- Costa Brava
- Dänemark
- Deutsche Nordseeküste
- Deutschland
- Djerba • Südtunesien
- Dominikanische Republik
- Dresden
- Elba
- Elsass • Vogesen
- Finnland
- Florenz
- Florida
- Franken
- Frankfurt am Main
- Frankreich
- Fuerteventura
- Gardasee
- Gomera
- Gran Canaria
- Griechenland
- Griechische Inseln
- Großbritannien
- Hamburg
- Harz
- Hongkong
- Indien
- Irland
- Island
- Istanbul
- Istrien • Kvarner Bucht
- Italien
- Italien • Norden
- Italien • Süden
- Italienische Adria
- Italienische Riviera
- Japan
- Jordanien
- Kalifornien
- Kanada • Osten
- Kanada • Westen
- Kanalinseln
- Kenia
- Köln
- Kopenhagen
- Korfu • Ionische Inseln
- Korsika
- Kos
- Kreta
- Kroatische Adriaküste • Dalmatien
- Kuba
- La Palma
- Lanzarote
- Lissabon
- Loire
- Lombardei • Mailand • Oberitalienische Seen
- London
- Madeira
- Madrid
- Malaysia
- Malediven

- Mallorca
- Malta • Gozo • Comino
- Marokko
- Mecklenburg-Vorpommern
- Menorca
- Mexiko
- Moskau
- München
- Namibia
- Nepal
- Neuseeland
- New York
- Niederlande
- Norwegen
- Oberbayern
- Österreich
- Paris
- Peking
- Piemont
- Polen
- Portugal
- Prag
- Provence • Côte d'Azur
- Rhodos
- Rom
- Rügen • Hiddensee
- Sachsen
- Salzburger Land
- St. Petersburg
- Sardinien
- Schottland
- Schwäbische Alb
- Schwarzwald
- Schweden
- Schweiz
- Sizilien
- Skandinavien
- Slowenien
- Spanien
- Sri Lanka
- Stuttgart
- Südafrika
- Südengland
- Südtirol • Dolomiten
- Sylt
- Syrien
- Teneriffa
- Tessin
- Thailand
- Toskana
- Tschechien
- Tunesien
- Türkei
- Türkische Mittelmeerküste
- Umbrien
- Ungarn
- Usedom
- USA
- USA • Nordosten
- USA • Südstaaten
- USA • Südwesten
- Venedig
- Vietnam
- Washington DC • Capital Region
- Weimar
- Wien
- Zypern

LIEBE LESERINNEN, LIEBE LESER,

ein herzliches Dankeschön, dass Sie sich für einen Baedeker Allianz Reiseführer entschieden haben. Er wird Sie zuverlässig auf Ihrer Reise begleiten und Sie nicht im Stich lassen.
Natürlich beschreibt er die wichtigen Sehenswürdigkeiten, aber er empfiehlt auch die schönsten Strände, dazu Hotels für den großen und kleinen Geldbeutel, gibt Tipps für Restaurants, Shopping und für vieles mehr, was eine Reise zum Erlebnis macht. Dafür hat die Autorin Karen Schreitmüller Sorge getragen. Sie ist für Sie regelmäßig nach Indien gereist und hat all ihre Erkenntnisse in diesen Reiseführer gepackt.

Trotzdem: Die Erfahrung zeigt, dass Fehler und Änderungen nach Drucklegung, für die der Verlag keine Haftung übernehmen kann, nicht ausgeschlossen werden können. Für Kritik, Berichtigungen und Verbesserungsvorschläge sind wir Ihnen außerordentlich dankbar. Schreiben Sie uns, mailen Sie uns oder rufen Sie an:

▶ **Verlag Karl Baedeker GmbH**
Redaktion
Postfach 3162
D-73751 Ostfildern
Tel. (0711) 4502-262, Fax -343
E-Mail: info@baedeker.com

Besuchen Sie uns auch im Internet unter www. baedeker.com. Hier finden Sie jeden Monat den aktuellen Reisetipp der Redaktion und das gesamte Verlagsprogramm. Hier können Sie auch lesen, wer Karl Baedeker war und wie er seinen ersten Reiseführer geschrieben hat. Mit seinen über 175 Jahren ist der Karl Baedeker Verlag der älteste Reiseführer-Verlag der Welt.

www.baedeker.com

ZU GEWINNEN: STADTREISE NACH LONDON

Unter allen Einsendungen verlost der Verlag am Jahresende – unter Ausschluss des Rechtswegs – eine Städtekurzreise für zwei Personen nach London.
Freuen Sie sich auf ein spannendes Wochenende in London. Natürlich ist ein Baedeker Allianz Reiseführer London auch dabei!